Wolf Brixner

Die Mystiker

Wolf Brixner

Die Mystiker

Leben und Werk

Titelbild: „Teresa von Avila in der Verzückung“
Altar von Gianlorenzo Bernini (1598–1680).
Cappella Cornaro in der Kirche Santa Maria della Vittoria, Rom.
Die dargestellten Mystikerporträts (v. links)
Bernhard von Clairvaux, Hildegard von Bingen und Augustinus.

Die Texte der Mystiker wurden weitgehend in der Originalform belassen. Die Besonderheiten der Sprache, Rhythmus und Reim sollen auf diese Weise erhalten bleiben. Die vorgenommenen Änderungen betreffen die für den Sinn notwendigen Korrekturen in Orthographie und Satzbau.

Pattloch 1987

Umschlaggestaltung: Dieter Lidl, München
Satz: Fotosatz Völkl, Germering bei München
Gesamtherstellung: Wiener Verlag, Himberg bei Wien

ISBN 3-557-91365-1

Inhalt

Vorwort des Herausgebers

Unsere Zeit ist offen für Fragestellungen, die über vordergründige Rationalität hinausreichen und Bereiche anrühren, die anzusprechen lange Zeit als unschicklich oder doch wenigstens befremdlich galt.

Als Gegenbewegung zu Intellektualität und strenger Wissenschaftsgläubigkeit hat sich ein breites Interesse an Fragen der Psyche und der Transzendenz entwickelt – nach dem Sinn des Lebens, nach einem sinnvollen Miteinander von Mensch und Schöpfung und nicht zuletzt nach dem Urheber der Gesetzmäßigkeiten, innerhalb derer menschliches Denken, Fühlen und Wollen zu vielfältigen Auseinandersetzungen mit der „Wirklichkeit“ geführt hat, ohne daß je ein Punkt erreicht worden wäre, an dem menschliches Erkennen Ruhe gefunden hätte.

Aus der Enge unserer abendländischen Denktradition richteten sich in den vergangenen Jahrzehnten in verstärktem Maße die Blicke auf die religiösen und spirituellen Praktiken des Ostens.

Ist die Jugend des Westens fasziniert von fernöstlichen Kampfsportarten, so finden unter den Erwachsenen asiatische Techniken der Meditation und der Selbsterfahrung überzeugte Anhänger. Der Vorwurf an die Kirche, Esoterik, Okkultismus und Teufelskult seien bei vielen Jugendlichen deshalb „im Trend“, weil das Mystische und Jenseitige im Zuge einer überschnellen Anpassung an rationalistische Tendenzen vernachlässigt worden sei, scheint zutreffend.[1]

Die im Christentum seit Jahrhunderten vorhandene reiche kontemplative Tradition ist zum Teil in Vergessenheit geraten, zum Teil nicht mehr zugänglich oder aber nicht mehr verständlich.

Wer sich dennoch auf das Gedankengut der abendländischen Mystik einläßt, läuft Gefahr, mißverstanden zu werden.

„Mystik bedeutet für viele etwas Verschwommenes, Schwärmerisches und wird vielfach mit parapsychologischen Phänomenen gleichgesetzt.“[2]

Daß derartige Verwechslungen geschehen können, liegt nur zum Teil an der etymologischen Verwandtschaft der Begriffe „Mystik“ und „Mysterium“. Religiöse Erfahrung rückt so in die Nähe des Geheimbündlerischen, das nur für Eingeweihte gedacht ist.

Noch stärker erschwert wird die Beschäftigung mit „Mystik“ heute dadurch, daß viele Zeugnisse religiösen Erlebens, die aus der „Einfalt des Herzens“ kamen, die „Stimme der inneren Frömmigkeit“ waren, innerhalb komplexer historischer, theologischer und sprachpsychologischer Zusammenhänge um ihr eigenständiges Überleben kämpfen und den interessierten Laien eher abschrecken als ermutigen, sich selbst auf mystische Texte und Erfahrungen einzulassen.

„Mystik für Anfänger“ ist, von der Zielsetzung her betrachtet, die Ausnahme in der Fülle der Literatur zum vorliegenden Thema.[3]
Dieses Buch versucht, dem interessierten Laien einen Zugang zum Gedankengut der mystischen Bewegung zu vermitteln, einer Bewegung, die auch deshalb als „deutsche“ Mystik bezeichnet wird, weil namhafte Vertreter inmitten der Welt des lateinischen Mittelalters versuchten, in der Sprache des „gemeinen Mannes“ zu denken, zu reden und zu schreiben.
Im Gegensatz zur Mystik des Ostens propagiert abendländische Mystik keinen Rückzug aus der Welt. Sie versucht vielmehr, kontemplatives und aktives Leben zu vereinen: „Ora et labora!“ So ist christliche Mystik zum einen das Versenken in das göttliche Licht, zum anderen Ausführung des Auftrages, dieses Licht weiterzugeben.
Das Ziel mystischer Gotteserfahrung ist die „unio mystica“, die unmittelbare Vereinigung des Glaubenden mit Gott. Damit ist von Anfang an, aber auch in späteren Jahrhunderten „Mystik“ nicht an konfessionelle Grenzen gebunden, und so sind die Verse des wohl bedeutendsten Mystikers der reformierten Kirche, des Bandwebers Gerhard Tersteegen vom Niederrhein, programmatisch zu verstehen, sowohl im Hinblick auf das Verständnis der mystischen Bewegung in Deutschland als auch auf die Wirkung dieses Buches auf den Leser:

„Gut's lesen nutzt oft viel,
Gut's schreiben ist auch gut;
Doch sind es Bilder nur,
Bis man's erfährt und tut:
Ich laß die Bilder da
Und mich ins Wesen wende;
Mein Leser, tu es auch,
Dies ist des Lesens Ende.“[4]

Was ist Mystik?

Geheimnisvolles, Dunkles, Unergründliches liegt nicht nur im Wortsinn der Form von religiöser Erfahrung, die wir die mystische nennen.
Vom Griechischen „myein“ (sich Augen und Mund schließen lassen) abgeleitet, meint Mystik das „eingeweiht werden“ in einen Weg, der die „unio mystica“, die wesenhaft erfahrene Einung des menschlichen Selbst mit der göttlichen Wirklichkeit, zum Ziele hat.
Mystik ist nicht Religion. Mystik entsteht innerhalb einer vorhandenen Religion zu einem bestimmten Zeitpunkt ihrer Entwicklung, nämlich dann, wenn deren tradierte Offenbarungsform zu erstarren beginnt und dem religiösen Leben nur ungenügend Nahrung bietet.
Die abendländische christliche Kirche erhielt ihr Gefüge in den ersten Jahrhunderten der neuen Zeitrechnung durch die „Kirchen-Väter“ (Augustinus, Clemens, Tertullian, Origenes), die Überlieferungen, Berichte, Zeugnisse und Rituale zu einem Lehrgebäude zusammenfaßten.
Diese Epoche der *Patristik* wird im 9. Jahrhundert durch eine neue Phase der kirchlichen Entwicklung abgelöst. Vor allem von den Klosterschulen geht der Versuch aus, die von den Kirchenvätern festgelegten Glaubenssätze in ein philosophisch-theologisches Wissenssystem zu überführen, das ermöglicht, Glaubensinhalte zu definieren und nachvollziehbar zu machen.
Die Theologie des Mittelalters ist geprägt von den Versuchen, über die Vernunft Einsicht in den Glauben zu gewinnen. Wir bezeichnen diese Zeit der Kirchengeschichte als *Scholastik.*
Die Vorgehensweise dieser Ansätze sei verdeutlicht anhand eines der Versuche, die Existenz Gottes zu beweisen.
Anselm vom Canterbury (1033–1109) analysiert in seinem „ontologischen Gottesbeweis“ den Begriff Gottes und folgert daraus dessen Existenz:

> Wenn Gott das höchste Wesen sein soll, das ich denken kann, so kann dieses Wesen nicht nur in meiner Vorstellung sein. Es muß auch in Wirklichkeit existieren.
> Würde Gott nur in meiner Vorstellung und nicht außer mir existieren, so könnte ich mir ein Wesen denken, das in meiner Vorstellung und dazuhin noch außer mir existiert. Dieses wäre dann noch vollkommener. Da Gott aber das vollkommenste Wesen ist, so muß ihm auch Existenz zukommen.

In der Scholastik des 13. Jahrhunderts hatte sich die rational-spekulative Methode, religiöse Wahrheiten zu entwickeln und darzustellen, durchgesetzt gegenüber einer grundsätzlich anderen Richtung, wie sie in der von *Bernhard von Clairvaux* (1090–1153) vertretenen Theologie zum Ausdruck kommt: Unbefriedigt von der spekulativen Behandlung der theologischen

Wahrheit, wie sie Anselm von Canterbury eingeleitet hatte, „erfaßte er mit seinem klaren Geist fast unmittelbar und intuitiv den tiefsten Sinn und die volle Schönheit jener Wahrheiten, die ihm die Heilige Schrift und Väterlehre verbürgten. Unter dem Einfluß der Kreuzzugbewegung, vor allem aber persönlicher Erlebnisse, entwickelte er das Verhältnis der Seele zu Christus und darüber das bräutliche Verhältnis zum ewigen Wort Gottes in einer Weise, daß er als der Vater der Christus- und Brautmystik angesprochen werden kann."[5]
Dieser Versuch, Unendlichkeit bereits im Endlichen zu erfassen und zu beschreiben, bestimmt den Ansatz mystischer Erfahrung.
Beide Richtungen, Mystik und Scholastik, verfolgen im Grunde genommen dasselbe Ziel: das Einswerden des menschlichen Bewußtseins mit dem Wesen Gottes; aber während die Scholastiker dieses Ziel erst im jenseitigen Leben für erreichbar halten, will mystische Gotteserfahrung die Überschreitung aller verstandesmäßigen Vermittlung schon im Diesseits erreichen. Der rationale Aspekt ist bei der mystischen Erfahrung zwar nicht ausgeschlossen, und doch geschieht das Wesentliche auf einer anderen Ebene: in der Mitte der Person, im Herzen. Die Mystik des Mittelalters beruht auf der Lehre vom „Fünklein der Seele", das im Grunde der Seele als „göttliche Glut" erhalten blieb und bleibt – trotz Sündenfall und aller menschlichen Verirrungen.
Denn wenn Gott den Menschen nach seinem Bilde geschaffen hat, so hat er in den Menschen einen Teil seiner selbst gelegt, der unzerstörbar ist und immer zu Gott, seinem Schöpfer, zurückdrängt.
Das Gefühl der Hingabe, des Versinkens in die Wesenstiefe des Menschen kennzeichnet den Akt mystischen Erlebens. *Johannes Tauler* umschreibt diesen Zusammenhang folgendermaßen:

> „Die Seele hat einen Funken, einen Grund in sich, dessen Durst Gott, der doch alle Dinge vermag, mit nichts anderem zu löschen vermag als mit sich selber."[6]

Definitionen haben den Zweck, Sachverhalte einzugrenzen, festzuschreiben und sie dadurch mitteilbar zu machen. Für die geistige Erfahrung, die Gott schenkt, ist dies nicht möglich. Alle Versuche, mystisches Erleben zu definieren, müssen unpräzise bleiben. Aus dem Ungenügen an vorhandenen Ausdrucksformen heraus ist zu verstehen, daß der Mystiker für das, was er sagen will, neue Möglichkeiten sucht, die dem Außerordentlichen seines Erlebens entsprechen: Bilder, Vergleiche, Paradoxien, Übersteigerungen, synästhetische Beschreibungen – und doch bleiben sie alle unzulänglich, weil sie am Widerspruch, Unaussprechliches in Worte fassen zu wollen, scheitern müssen.

Der Gedanke, ob dann der des mystischen Erlebens Teilhaftige nicht dem Wortsinn von „myein“ entsprechen, nämlich schweigen solle, ist naheliegend. Doch stärker als die Not des Ausdrucks ist für den Mystiker der Drang, sich mitzuteilen und anderen zu geben von der eigenen Erfahrung. Nicht das individuelle Genießen Gottes, die „fruitio Dei“ ist das Ziel, sondern „in Gott bleibend, doch auszugehen zu allen Geschöpfen in umfassender Liebe“, wie es der flämische Mystiker *Jan van Ruysbroeck* ausdrückt. In dieser Einheit von Liebe zu Gott *und* zu seiner Welt liegt die Bestimmung des mystischen Lebens. *Mechthild von Magdeburg* (1210–1285) fand hierfür Worte, deren Intensität uns auch heute noch berührt:

„Der Fisch kann im Wasser nicht ertrinken,
der Vogel in der Luft nicht versinken.
Das Gold kann im Feuer nicht verderben,
denn es empfängt da seine Klarheit
und seine leuchtenden Farben.
Gott hat allen Kreaturen das gegeben,
daß sie nach ihrer Natur leben.
Wie könnte also ich meiner Natur widerstehen?
Ich muß von allen Dingen in Gott gehen,
der mein Vater ist von Natur, mein Bruder
nach seiner Menschheit, mein Bräutigam
aus Liebe, und ich sein ohne Anbeginn.“[7]

Der mystische Weg

Nach innen geht der geheimnisvolle Weg, der den Mystiker zur Erfahrung Gottes führt.
Das bedingt eine Veränderung der Einstellung zur Wirklichkeit, die Aufgabe der Aufspaltung des Erkenntnisvorganges in Subjekt und Objekt, in Ich und Welt.
Für den Mystiker kommt es darauf an, „den Schwerpunkt der Aufmerksamkeit von außen nach innen zu verlegen.
Denn solange das Vordergründig-Sinnliche der äußeren Phänomene das ganze Interesse beansprucht und solange das Bedürfnis nach kritischer Analyse dominiert, ist der Innenweg noch nicht betreten.
Vielmehr gilt es, eine geistig-seelische Verfassung herzustellen, bei der es zu sinnlichkeitsfreier Wahrnehmung kommen kann, nämlich durch ein sinnendes Betrachten, durch eine meditative Einkehr und durch ein kontemplatives Schweigen."[8] Diese aus unserer Zeit stammende Beschreibung der Voraussetzung der mystischen Vereinigung ist in der Geschichte der Mystik auf unterschiedliche Weise durchgeführt und beschrieben worden. Die Hingabe an Gott kann zur Verzückung, zur Ekstase, zu Visionen, zu alle Empfindungsbereiche umschließender Erfahrung, zu bild- und symbolhaften Erscheinungen und zur Formulierung in Worten führen.
Der Weg zu diesem Ziel wird meist als stufenförmiges Hinbewegen dargestellt, so etwa bei Bernhard von Clairvaux in Form eines Dreischrittes vom Zustand der „Reue" über die „Erleuchtung" zur „Einigung mit Christus".
Jan van Ruysbroeck gebraucht das Bild der vier Jahreszeiten, Johannes vom Kreuz das des „Aufstiegs zum Berg Karmel". Tauler predigt von den „drei Staffeln", die der Mensch hinaufsteigen müsse „zu wahrem Frieden und Reinheit des Herzens".
In der lateinischen Terminologie ist von der ersten Stufe des mystischen Weges als „via purgativa" die Rede, dem Weg der Reinigung. Auf sie folgt die „via illuminativa", der Weg der Erleuchtung, und das Endziel bildet nach der „via unitiva" die „unio mystica", die mystische Gemeinschaft mit Christus, in der mit Gott und Mensch auch Mensch und Gottes Schöpfung eins werden.
Im „Fließenden Licht der Gottheit" Mechthilds finden wir diese drei Stufen in den drei letzten Zeilen eines Gedichtes wieder:

„Herr, so bitt' ich denn mit Hunger und mit Durste,
mit Jagen und mit Luste,
bis an die spielende Stunde,
daß aus Deinem göttlichen Munde

fließen die erwählten Wort,
die von niemand sind gehort,
außer von der Seele allein,
die sich von der Erd' entkleidet
und legt ihr Ohr vor Deinen Mund.
ja die begreift der Minne Fund."[9]

Heinrich Seuse beschreibt die drei Stufen des mystischen Weges zur „immerwährenden Seligkeit":

„Die *Läuterung* besteht in einer Austreibung alles dessen, was Kreatur oder kreatürlich ist: irreführendes Anhaften, Verlangen oder Traurigkeit, kurz alles, was den Menschen in irgendeiner Weise hindern kann, und wäre es der höchste Geist der Seraphim oder der heilige Johannes oder was es auch sei, was Kreatur ist: aus dem muß er heraus. Und es könnten gute Menschen von diesen Dingen wohl verwirrt werden, wenn sie es auch in guter Meinung täten; aber gute Meinung genügt nicht in allen Dingen. Es gebot unser Herr hiervon durch den milden Moses und sprach: Was recht und gut ist, das sollst du recht und ordentlich tun; sonst wird das Rechte unrecht.
Nach der Läuterung kommt dann *Licht und Wahrheit*; denn Wahrheit ist Licht, das die dunkle Finsternis der Unwissenheit vertreibt. Und das Licht, das die Seele in Freude erneuert und sie mit göttlichen Formen erfüllt, wird zuweilen mittelbar, zuweilen unmittelbar empfangen. Je mehr davon dem Menschen in der Zeit zuteil werden mag, desto mehr fällt alles Irdische von ihm ab und desto mehr wird das unvergängliche Kleid des künftigen immerwährenden Lichtes, aller Zeitlichkeit überdrüssig, angeeignet.
Und daraus entspringt wahre Vollkommenheit, die da besteht in der *Vereinigung der höchsten Seelenkräfte mit dem Ursprung der Wesenheit* in hohem Schauen, inbrünstigem Lieben und süßem Genießen des höchsten Gutes, soviel sie das bei der Krankheit des schweren Leibes vermag. Da aber die Seele wegen der Krankheit des schweren Leibes dem lauteren Gute in bildloser Weise nackt nicht allezeit anhaften kann, so muß sie etwas Bildliches haben, das sie da hineinleite. Und das Beste dazu ist, soviel ich verstehe, das liebreiche Bild Jesu Christi; denn da hat man Gott und Mensch, da hat man den, der alle Heiligen geheiligt hat, da findet man Leben, das ist der höchste Lohn und oberste Nutzen. Und so der Mensch in dieses Bild gebildet wird, wird er alsdann von Gottes Geist in die göttliche Herrlichkeit des himmlischen Herrn überbildet von Klarheit zu Klarheit, von der Klarheit seiner zarten Menschheit zu der Klarheit seiner Gottheit. Denn je öfter wir ihn mit

begierigen Augen liebreich anblicken und unser ganzes Leben nach ihm bilden, desto adeliger werden wir in Ewigkeit seine immerwährende Seligkeit genießen."[10]

Diese erste Begegnung mit einem umfassenderen Text aus der Zeit der deutschen Mystik mag angedeutet haben, was mit der Schwierigkeit, „Unendliches" in endlichen Begriffen auszudrücken, gemeint ist. Texte der Mystiker sind Texte zum „Nach-Denken", nicht zum bloßen Überlesen.
Um dem Leser eine vorbereitende Hilfe für die ausführlichen Textauszüge im Hauptteil dieses Buches zu geben, ist im folgenden Abschnitt eine Reihe von „Denk-Anstößen" zusammengefaßt – „Anstöße" im doppelten Sinn des Wortes: als Anregungen zum Denken und als Widerstände, an denen Selbstverständliches zerbricht und zu neu erkannter Wahrheit wird.

„Denk-Anstöße“

Zeichen der Zeit

In dieser schwächlichen Zeit will niemand sich selber wehe tun; die Menschen sind Liebhaber ihrer selbst geworden.

Tauler

Schicksalsglaube

Da sitzen sie und rechnen. Sie berechnen Entfernung, Lauf, Umlaufgeschwindigkeit, Stand und Bewegung. Sie beobachten, beschreiben, raten. Sie scheinen gelehrt und groß zu sein, aber die ganze Gelehrtheit ist schließlich nichts anderes als eine Beschönigung der Sünde. Du wirst ein Ehebrecher, denn du stehst im Zeichen der Venus. Du ein Mörder, denn du gehörst zum Mars. Folglich ist Mars der Mörder, nicht du. Und Venus betrügt deinen Mann, nicht du. Gib nur acht, daß nicht doch du selbst statt Mars und Venus in die Verdammnis kommst!

Augustinus

Sichtweisen

Da gehen die Menschen hin und bewundern die Bergesgipfel, die Meeresfluten ohne Grenzen, den breiten Strom gewaltiger Flüsse, die Weiten des Ozeans und den Lauf der Sterne. Sich selber sehen sie aber nicht und finden in sich selbst nichts zu staunen.

Augustinus

Das Licht der Erkenntnis

Wenn einmal die Seele über die Nebel, die die ganze Erde bedecken, hinauskommt, so wird sie von einem Lichtblitz getroffen und fällt dann in ihre Ohnmacht zurück. Es bleibt in ihr eine lebendige Sehnsucht, wieder aufgerichtet zu werden. Je mehr einer diese Sehnsucht besitzt, um so größer ist er. Je weniger, um so kleiner.

Augustinus

Hunger nach Wahrheit

Die Naturlehre sagt, daß dem Hunger ein unangenehmes Gefühl am Eingang des Magens vorangeht, auf daß die Natur, sich selbst zu erhalten bemüht, angeregt werde, sich zu kräftigen. So glaube ich mit Recht, daß das Staunen, die Ursache des Philosophierens, dem Wissensbegehr vorausgeht, damit der verstehende Geist, dessen Sein Verstehen ist, durch das Streben nach Wahrheit vollendet werde.

Nikolaus von Kues

Versäumtes Leben

O weh, als ich in der Zeit war, da wog ich sie nicht recht, ich ließ sie eitel und töricht verlaufen; nun ist sie mir entrückt, ich vermag sie nicht wieder herzubringen, ich vermag sie nicht einzuholen. Es war kein Stündlein so kurz, ich hätte es kostbarer achten sollen und dankbarer als ein armer Mensch, dem man ein Königreich zu eigen gäbe. Sieh, darum vergießen meine Augen die lichten Tränen, weil sie das nicht wiederzubringen vermögen. O weh, Gott vom Himmelreich, daß ich so manchen Tag leichtsinnig vergessen habe und mir das nun so wenig hilft! O weh, warum lernte ich in all der Zeit nicht sterben? Eya, ihr blühenden Rosen, die ihr eure Tage noch vor euch habt, seht mich an und werdet gewitzigt, kehret eure Jugend zu Gott und vertreibet die Zeit mit ihm allein, damit euch nicht ebenso geschehe. O weh, Jugend, wie habe ich dich verzehrt! Herr vom Himmelreich, laß es dir immer geklagt sein! Ich wollte niemand glauben, mein wildes Gemüt mochte auf niemand horchen; ach Gott, nun bin ich in die Falle des bitteren Todes gefallen! Die Zeit ist hin, die Jugend ist fort; mir wäre besser gewesen, der Mutterleib wäre mir zum Grabe geworden, als daß ich all die schöne Zeit so unnütz vertrieben habe.

Seuse

Trutz Gott selber!

Wenn die Seele im Innersten lebt, wo sie Gottes Ebenbild ist, so hat sie rechte Einung, und alle Kreaturen können sie nicht mehr davon trennen. Trutz Gott selber! Trutz den Engeln! Trutz allen Kreaturen! Sie können die Seele nicht mehr trennen von dem Urbild, darin sie eins mit Gott ist! Das ist rechte Einung, und darin liegt die wahre Seligkeit.

Eckhart

Die Gestalt der Seele

Alles, was in der Welt ist, ist unstet und unruhig; das Herz findet nichts daran, wo es ruhen könnte, außer an Gott allein. Die Seele ist nach Gott geformt und gebildet, darum vermag sie auf keinem anderen Ding zu ruhen als auf ihrer eigenen Form, der sie aufgedrückt ist wie ein Siegel auf seinen Stempel.

David von Augsburg

Hingabe

Nimm hin, Herr, und empfange meine ganze Freiheit, mein Gedächtnis, meinen Verstand und meinen ganzen Willen, meine ganze Habe und meinen Besitz; Du hast es mir gegeben. Dir, Herr, gebe ich es zurück; alles ist Dein, verfüge nach Deinem ganzen Willen; gib mir Deine Liebe und Gnade, das ist mir genug.

Ignatius von Loyola

In Pflichten gefangen

Es ist viel klüger, Du entziehst Dich von Zeit zu Zeit Deinen Beschäftigungen, als daß sie Dich ziehen und Dich nach und nach an einen Punkt führen, an dem Du nicht landen willst. Du fragst, an welchen Punkt? An den Punkt, wo das Herz hart wird. Frage nicht weiter, was damit gemeint sei; wenn Du jetzt nicht erschrickst, ist Dein Herz schon so weit.

Bernhard von Clairvaux

Selbstzerfleischung

Wenn du einen Menschen siehst, der seine Hände kratzt und sie bis aufs Blut zerkratzt, so hast du an ihm ein treffendes Bild für die Seele, die sich der Sünde verschreibt. Jener Genuß weicht dem Schmerz, und auf den Juckreiz folgt die Pein. Solange dieser Mensch sich gekratzt hat, wußte er das durchaus, aber er wollte es nicht wahrhaben. So zerfleischen und verwunden wir mit eigenen Händen unsere unglücklichen Seelen, und das ist um so schlimmer, als die Seele ein viel erhabeneres geistliches Geschöpf ist und entsprechend schwieriger geheilt werden kann. Wir tun das nicht aus vorsätzlichem Mutwillen, sondern weil wir im Innern stumpfen Sinnes und gefühllos sind.

Bernhard von Clairvaux

Alibi

Mein GOTT, wie viele Feste bereiten Dir die Menschen, wovon der Teufel mehr hat als Du!

Johannes vom Kreuz

Wie edel die Wahrheit ist

Was ist die Wahrheit? – Die Wahrheit ist etwas so Edeles: Wär's, daß Gott sich abkehren könnte von der Wahrheit, ich wollte mich an die Wahrheit haften und wollte Gott lassen!

Eckhart

Paradoxon

Wer nicht mehr glauben will, als er weiß, der ist unweise.

David von Augsburg

Gott ist ein Verneinen des Verneinens

Das göttliche Eine ist ein verneinendes Verneinen und ein verlangendes Verlangen. Was bedeutet „Eines“? Etwas, dem nichts hinzugefügt ist. Die Seele nun ergreift die Gottheit, wo sie lauter in sich selber, wo nichts zu ihr hinzugefügt ist, wo es gar nichts mehr zu denken gibt. Das Eine ist ein Verneinen des Verneinens. Alle Kreaturen haben eine Verneinung in sich; die eine verneint, daß sie die andere sei; ein Engel verneint, daß er eine andere Kreatur sei. Gott aber hat ein Verneinen des Verneinens, er ist Eines und verneint alles andere, denn es ist überhaupt nichts außer Gott.

Eckhart

Die lebenden Toten

Wisse, wie auf dem Kirchhof viele Tote sind, so sind in der heiligen Kirche viele und manche Menschen tot.

Tauler

Gott ist in allen Dingen

In allen Kreaturen ist Gott uns gleich nahe. Der weise Mann sagt: Gott hat alle seine Netze und Stricke auf alle Kreaturen ausgebreitet, so daß man ihn in einer jeden finden und erkennen kann, wenn man es nur wahrnehmen will. Es gehe einer über Feld und spreche sein Gebet und werde Gottes inne, oder er sei in der Kirche und werde Gottes inne: Gott ist der gleiche an allen Stätten und immer bereit, sich in gleicher Weise zu geben, soweit das an ihm liegt.

Eckhart

Schöpfung und Erlösung

Wenn Gott Mensch werden konnte, kann er auch Stein, Pflanze, Tier und Element werden, und vielleicht gibt es auf diese Art eine fortwährende Erlösung in der Natur.

Novalis

Leib und Seele

Sage mir, o Mensch: Was meinst du gewesen zu sein, als du noch nicht warst nach Leib und Seele?
Du weißt nicht, wie du geschaffen bist!
Jetzt aber, o Mensch, willst du Himmel und Erde durchforschen und über die Richtigkeit der Einrichtungen Gottes ein Urteil fällen und das Höchste unterscheiden, während du das Niedrigste nicht zu ergründen vermagst, weil du nicht weißt, wie du im Körper lebst oder wie du vom Körper entledigt wirst.

Hildegard von Bingen

Wer bin ich?

Alles erwacht in mir! Mein Geist'!
Höhen – Tiefen – ich schaudre – die nur Gott durchmißt! –
Dunkel liegt mein Grund – Leidenschaft durchfleußt Ihn unendlich und braust – braust! – Geist, du bist
Eine Welt, ein All, ein Gott, Ich! –

Herder

Höhe und Tiefe

Wer kommen will in Gottes Grund, in sein Größtes, der muß erst kommen in seinen eigenen Grund, in sein Kleinstes; denn niemand kann Gott erkennen, der nicht zuvor sich selber erkannt hat. Er soll treten in sein Niedrigstes und in Gottes Innerstes, soll treten in sein Erstes und in sein Oberstes; denn dort läuft zusammen, was Gott zu leisten vermag.

Eckhart

Mein und dein

Seneca spricht: Wären zwei Worte nicht in der Welt, so lebten die Leute einmütig miteinander ohne allen Krieg, nämlich: „mein“ und „dein“. Diese zwei Worte waren anfangs nicht in der Christenheit, da ihnen alle irdischen Dinge gemeinsam waren, als ob sie alle nur ein Herz und eine Seele hätten. Das war eine Form des Friedens und christlicher Vollkommenheit. Die hier auf Erden zu bleiben gedacht haben und die sich begnügen mit der Welt Wonne, die bedürfen wohl, wie viel sie davon haben mögen, denn es ist dennoch wenig genug. Die aber verlangen zu himmlischer Freude zu kommen und alle Tage darauf warten, die versäumen sich und verirren sich, wenn sie sich um irdische Dinge über die rechte Notdurft bekümmern; denn sie kleben ihnen an wie dem Lehm und verunreinigen und beschweren sich an den Federn, mit denen sie zum Himmel fliegen sollten, das ist Reinheit von Hauptsünden und Fleiß in guten Werken.

David von Augsburg

Wie Gott dich will

Gott sucht nicht große Rosse und starke Ochsen, das heißt Leute, die von großen, flinken Übungen sind. Er sucht allein Demut, Sanftmut, das heißt kleine gelassene Menschen, die sich von Gott suchen lassen.

Tauler

Liebe und Demut

Die Größe der Seele entfaltet sich in der Liebe, und die Schönheit des Leibes kommt von der heiligen christlichen Taufe. Denn es gibt nichts Höheres als die Liebe, und außerhalb der Christenheit ist keine Herrlichkeit. Darum betrügen die sich selber sehr, die mit ungeheurer menschlicher Anstrengung die Höhe zu ersteigen wähnen und dabei doch in ihrem Herzen lieblos sind, weil sie die heilige Tugend der Demut nicht haben, die die Seele in Gott hineinführt. Vielmehr nistet sich bei ihnen gern falsche Heiligkeit ein, da der eigene Wille die Führung des Herzens hat.

Mechthild von Magdeburg

Von der Einheit des Herzens

Einheit ist, daß der Mensch sich um den festen Mittelpunkt seines Herzens innerlich mit allen Kräften versammelt fühlt. Einheit erzeugt inwendiges Gleichgewicht und Herzensfrieden. Einheit ist ein Band, das beides: Leib und Seele, Sinn und Herz, die Kräfte von innen und die von außen in die Einheit des Liebens verschlingt und zusammenfaßt.

Jan van Ruysbroeck

Der Mittelpunkt des Handelns

Ich hab' es schon öfters gesagt: Die ein gutes Leben beginnen wollen, die sollen es machen wie einer, der einen Kreis zieht. Hat er den Mittelpunkt des Kreises richtig angesetzt und steht der fest, so wird die Kreislinie gut. Das soll heißen: Der Mensch lerne zuerst, daß sein Herz fest bleibe in Gott, so wird er auch beständig werden in allen seinen Werken. Denn wenn sein Herz unstet ist, so mag er noch so große Dinge tun, es hilft ihm nichts.

Eckhart

Innerlichkeit

Willst du ein inwendiger Mensch werden, so mußt du äußerliche Dinge abstreichen, alles, was der Inwendigkeit zuwider ist. Besieh dich selber in all deinem Wandel, in Liebe, Gesinnung, Worten, Werken, Kleidern, Kleinodien, Freunden, Verwandten, Gut, Ehre, Bequemlichkeit, Lust, Benehmen und Sitten: Was von deinem ganzen Leben dich daran hindert, daß Gott noch nicht in dir lebt und wirkt und wovon er noch nicht die wahre Ursache ist: wahrlich, Kind, das mußt du alles abstreichen, wenn du ein inwendiger, edler Mensch werden sollst.
Dann sollst du die äußeren Übungen prüfen, die einen großen Schein haben. Findest du, daß sie dich hindern, so streiche sie ab! Warum sage ich nichts

von großem Fasten und Wachen? Wisset, daß Fasten und Wachen eine gar große, starke Hilfe ist zu einem göttlichen Leben, so es der Mensch vermag! Aber wenn ein schwacher Mensch kranken Hauptes ist und dieser Mensch findet, daß es seine Natur quetscht und verderben müßte, so streiche er es ab! Und wäre auch ein Tag, da man fasten sollte, so hole Erlaubnis von deinem Beichtiger, und wenn dir die Erlaubnis nicht zuteil wird, so magst du von Gott Erlaubnis holen und etwas essen bis morgen, daß du zu dem Beichtiger und Priester kommen kannst, und sage: „Ich war krank und aß“ und lasse dir so nachträglich Erlaubnis geben. Die heilige Kirche wollte und gedachte noch nie, daß sich jemand verderben sollte.
Was dich am höchsten Weg der Wahrheit hindert, das streiche alles ab, es sei auswendig oder inwendig, es sei leiblich oder geistlich, es scheine oder heiße, wie es wolle.

Tauler

Gott als Kuh

Etliche Leute wollen Gott mit den Augen ansehen wie sie ein Rind ansehen, und wollen Gott ebenso minnen, wie sie ein Rind minnen. Das minnst du um der Milch und des Käses und um deines eigenen Nutzens willen. Ebenso machen es alle die Leute, die Gott minnen um auswendigen Reichtums oder inwendigen Trostes willen; die minnen Gott nicht recht, sondern sie minnen Gott um ihres eigenen Nutzens willen. Ja, ich sage fürwahr: Alles, was du dir vornimmst in deinem Sinn – ist das nicht Gott in sich selber, dann mag es so gut sein, wie es will, es ist dir ein Hindernis der innersten Wahrheit!

Eckhart

Ruhelose Geschäftigkeit

Das sieht man leider erstaunlich viel in der ganzen Welt, unter Geistlichen und Weltlichen, diese wunderliche Geschäftigkeit und ständige Ruhelosigkeit, die die Welt treibt. Man könnte den Kopf davon verlieren, so viel ist des Wunders an Kleidern, an Speisen, an Zimmern, so viel, daß man nicht die Hälfte bedarf. Und doch sollte hier nur ein Durchgang zur Ewigkeit sein und sollte nur so viel sein, daß Leib und Seele beieinander bleiben könnten. Der Mensch sollte lieber Hungers sterben, als alle diese Bekümmerungen haben.
Liebe Kinder, seht euch vor: Gott hat euch von der falschen Welt gerufen, ihm zu dienen. Wir sollen uns mit aller Kraft von aller üppigen Geschäftig-

keit und Mannigfaltigkeit und was nicht bare Notdurft ist, abkehren und uns zu uns selber kehren und unserer Berufung harren: wie, wohin und in welcher Weise uns der Herr gerufen hat.

Tauler

Geduld erreicht alles

Nichts soll dich ängstigen; nichts dich erschrecken!
Alles vergeht; Gott bleibt derselbe; Geduld erreicht alles.
Wer Gott besitzt, dem kann nichts fehlen; Gott nur genügt.

Teresa von Avila

Du und Gott

„Vertraue so auf Gott, als ob der Erfolg der Dinge ganz von dir, nicht von Gott abhinge; wende dennoch dabei alle Mühe so an, als ob du nichts, Gott allein alles tun werde.“

Ignatius von Loyola

Eigenliebe

Der Mensch soll sich gönnen, soviel er will, vorausgesetzt, er ist darauf bedacht, genausoviel seinem Nächsten zu besorgen.

Bernhard von Clairvaux

Glück

Gott mischt unter irdisches Glück Bitternisse, damit man ein anderes Glück sucht, dessen Süßigkeit nicht trügerisch ist.

Augustinus

Sehnsucht

Dir, Seele, genügt nichts anderes als jener, der dich erschaffen hat. Was immer auch du anderes ergreifst, es wird elend, weil dir nur der genügen kann, der dich nach seinem Gleichnis erschaffen hat.

Augustinus

Was Gott will

Was hilft es, wenn du GOTT das gibst, was ER nicht von dir verlangt? Achte vielmehr darauf, was GOTT von dir will, und tue das. Damit wirst du letzten Endes dein Herz mehr befriedigen, als wenn du deiner eigenen Neigung nachgibst.

Johannes vom Kreuz

Beten

Das Gebet ist ein Gespräch mit einem Freund, mit dem wir oft und gern allein zusammenkommen, um mit ihm zu reden, weil wir sicher sind, daß er uns liebt.

Teresa von Avila

Vom Sinn des Leidens

Liebe Kinder, es muß immer gelitten sein. Der Mensch, er sei wo er sei, er muß stets leiden, wenn er dem Feinde in der Welt dient. Sehet, wie mancher stolze Held und frische Geselle ihr Leben wagten und haben es verloren in dem Dienste, dem kein anderer Lohn wird als: das Fleisch den Würmern und die Seele dem Teufel. Oder was gibt ihnen jemand dafür? So könnt ihr gern um Gottes willen leiden, der euch sich selber und das Himmelreich und das ewige Leben geben will.

Tauler

„Ich lebe gerne!"

Ich habe mitunter gesagt: Wer Gott sucht und dabei irgend *etwas* mit Gott sucht, der findet Gott nicht; wer aber in Wahrheit allein *Gott* sucht, der findet Gott nimmer allein; denn mit Gott findet er zugleich alles, was Gott zu bieten vermag. Suchst du Gott und suchst ihn um deines eigenen Nutzens oder um deiner eigenen Seligkeit willen, fürwahr, so suchst du ja *Gott* nicht! Darum spricht unser Herr, daß die wahren Anbeter den *Vater* anbeten, und er spricht gar wohl. Wenn man einen guten Menschen fragte: „Warum suchst du Gott?", so würde er antworten: „Darum, weil er Gott ist." – „Warum suchst du die Wahrheit?" – „Darum, weil es Wahrheit ist." – „Warum suchst du die Gerechtigkeit?" – „Darum, weil es Gerechtigkeit ist." Diese

Leute haben ganz recht. Denn alle Dinge, die in der Zeit sind, die haben ein Warum. Zum Beispiel, wer einen Menschen fragte: „Warum issest du?“ würde die Antwort erhalten: „Darum, daß ich Kraft habe.“ – „Warum schläfst du?“ – „Eben darum.“ – Und ebenso steht es mit allen Dingen, die da in der Zeit sind. Wer aber einen guten Menschen fragte: „Warum minnest du Gott?“, der würde die Antwort erhalten: „Ich weiß es nicht – weil er eben Gott ist.“ – „Warum minnest du Wahrheit?“ – „Der Wahrheit wegen.“ – „Warum minnest du Gerechtigkeit?“ – „Der Gerechtigkeit wegen.“ – „Warum minnest du Güte?“ – „Der Güte wegen.“ – „Und warum lebst du?“ – „Meiner Treu, ich weiß es nicht – *ich lebe gerne!*“

Eckhart

Was bist du?

Sieh an, was du bist: Woher bist du gekommen? Von einer unflätigen, faulen, bösen, unreinen Materie, die mißgestaltet und abscheulich ist an sich selber und allen Menschen. Und nun, was bist du geworden? Ein unreines, riechendes Gefäß voller Unflat. Und keine noch so reine und edle Speise oder Trank kommt noch so schön und so rein in dich, es wird in dir eine unflätige, unleidlich riechende Unreinheit daraus. Und es hat niemand den andern so lieb, und wenn er auch darum oft sein ewiges Leben aufs Spiel gesetzt und ein ewiger Höllenbrand zu sein gewagt hat, daß er ihn, wenn er stirbt, bei sich leiden kann, vielmehr flieht er ihn mehr als einen toten Hund.
Nun hat Gott alle Kreaturen der menschlichen Natur entgegengesetzt: den Himmel, die Sonne, die Sterne; bald friert dich, bald ist dir zu heiß; bald Reif, bald Schnee, bald ist dir wohl, bald darauf weh; bald Hunger, bald Durst, bald die Wölfe, bald die Spinnen, bald die Fliegen, die Flöhe, deren du dich oft nicht erwehren kannst. Nun sieh, wie die dummen Tiere in ihrer Natur viel herrlicher sind: Ihnen wachsen ihre Kleider, die ihnen genügen, ob es warm oder kalt ist. Und du mußt von ihnen dein Kleid leihen und, indem du sie arm machst, suchst du noch Lust und Befriedigung und Hoffart? Ist das nicht eine unaussprechliche Blindheit? Die Tiere, das Vieh, begnügen sich mit Speise, mit Trank, mit Kleidern, mit Betten, wie Gott sie gemacht. Und dann sieh, was gehört Wunders viel dazu, daß deine arme Natur unterhalten werde! Und dann sucht man dabei große Lust und verübt große Sünden in der Benutzung der toten Tiere.
Vor Zeiten, wenn die Heiligen essen sollten, so weinten sie, und wenn sie sterben sollten, so lachten sie.

Tauler

Vorbilder der Mystik

Mystik beschreibt das besondere Verhältnis eines Glaubenden zu Gott, eine Erfahrung, die einzigartig ist und die doch dem einen gemeinsamen Schöpfer gilt.

Im Bilde gesprochen: „Der Fokus aller mystischen Erfahrung ist Gott; dort liegt die Einheit; aber die Strahlen von Gott her brechen sich in der Individualität der Menschen.“[1] „Individualität“ ist – wörtlich übersetzt – „Unteilbarkeit“, und weil mystische Erfahrung immer individuelles Erleben ist, kann es keine „Vorbilder“ der Mystik geben, deren Nachahmung zum Ziel der „unio mystica“ führen würde.

Die zuweilen zwanghaft anmutende Gleichheit der Ausdrucksformen innerhalb mystischer „Bewegungen“ zeigt die Gefahr bloßen Nachempfindens anstatt persönlichen Betroffenseins.

Nehmen wir die schon genannte grundsätzliche Schwierigkeit des Mystikers hinzu, auf die Unzulänglichkeit der Sprache angewiesen zu sein, um Unaussprechliches mitteilen zu können, dann stellt sich die Frage, was mit „Vorbildern der Mystik“ gemeint sei.

„Wer verstehen will, was eine Religion, eine Heilslehre zu sagen hat, muß zu ihren Erfahrenen gehen, denen die Mitte ihrer Weltdeutung zum Erleben geworden ist – oder doch zum Stachel der Sehnsucht, der sie hinstreben ließ nach dem, den sie Gott oder das Göttliche oder den Sinn oder das Sein nennen.“[2]

„Vorbilder der Mystik“ meint jene „Erfahrenen“, die „Erleben“ und „Deutung“ verbinden, die ihre eigene Betroffenheit erfahren, sie aber auch übersteigen und zur „Mit-teilung“ machen.

Die unter diesem Gesichtspunkt vorgenommene Auswahl von Frauen und Männern erfolgt aus der Distanz der Geschichte. Die Biographien vieler christlicher Denker zeigen, daß weder Selbsteinschätzung noch öffentliche Geltung oder kirchliche Anerkennung zu Lebzeiten zutreffende Hinweise darauf geben, welche prägende Kraft von ihnen ausgehen sollte.

Und nicht von ungefähr bewegte sich gerade mancher der „Mystiker“ auf dem schmalen Grat zwischen „Rechtgläubigkeit“ und „Ketzerei“.

Von *Aurelius Augustinus* stammt eine der bewegendsten Beschreibungen mystischen Verlangens:

„Zu dir hast du uns geschaffen, und ruhelos ist unser Herz, bis es Ruhe findet in dir.“[3]

Augustinus ist nicht nur „Kirchenvater“. Als Bischof von Hippo ist er auch Vertreter der nordafrikanischen Tradition des lateinischen Christentums und damit zugleich Zeuge dafür, daß die Geschichte des abendländischen Christentums nicht nur in Rom, sondern auch in der „Provinz“ geschrieben wurde.

Dies bestätigen die nachfolgend ausgewählten „Vorbilder der Mystik“: *Bernhard von Clairvaux* wirkte vom westfränkischen Raum aus; *Dominikus, Teresa von Avila, Johannes vom Kreuz* und *Ignatius von Loyola* nahmen über Jahrhunderte von der Iberischen Halbinsel aus Einfluß auf die Entwicklung der Mystik; *Franz von Assisi* und *Caterina von Siena* (italienische Schreibung; im Deutschen gebräuchlich als Katharina von Siena) veränderten vom italienischen Umland Roms aus Denken und Fühlen der Christen in ganz Europa. Bei all den Genannten lassen sich Ereignisse aufzeigen, die ihr Leben veränderten.

Augustins „Bekenntnisse“ bezeugen eine existentielle Wende. Franz von Assisi wurde durch Haft und Krankheit auf einen anderen Weg geführt. Ignatius von Loyola fand aus der physischen Zerstörung heraus zu einem neuen Lebenssinn. Caterina von Siena brach aus der Ordnung des Elternhauses aus. Bei Teresa von Avila stand der körperliche Zusammenbruch am Anfang ihres mystischen Weges. Für Johannes vom Kreuz wurde die Einkerkerung zur „Nacht der Reinigung“. Bernhard von Clairvaux wurde aus innerer Einsamkeit zum Begründer klösterlicher Gemeinschaft, und Dominikus zog aus dem Erlebnis eines grausamen Religionskrieges die Konsequenz, Frieden und Glaube durch das Wort zu verbreiten. Neben schriftlichen Zeugnissen haben alle hier vorgestellten „Vorbilder der Mystik“ ein institutionelles Erbe hinterlassen:

Die Regeln der religiösen Gemeinschaften, die Augustinus, Franz von Assisi, Bernhard von Clairvaux, Ignatius von Loyola, Teresa von Avila, Dominikus und Johannes vom Kreuz begründeten, bestimmen nicht nur den äußeren Ablauf des Zusammenlebens, sondern führen auch auf dem „Weg nach innen“ zur Einheit von Gott und Mensch.

Zeitlich am kürzesten wirkte diese Form der Weitergabe des Glaubens in der „famiglia“, der „Familie der Nächstenliebe“ Caterinas von Siena. Ihr Vermächtnis lebt heute in keiner Ordensgemeinschaft weiter, und doch ist die Summe ihres Leben, dargelegt im „Buch der göttlichen Vorsehung“, richtungsweisend für alle mystische Erkenntnis:

> „Weil Gott den Menschen aus Liebe erschaffen hat,
> kann der Mensch nicht leben, ohne zu lieben.“[4]

Aurelius Augustinus
(354–430)

Aurelius Augustinus wurde am 13. November 354 als erster Sohn des Patricius, eines Kleingrundbesitzers in Thagaste in Nordafrikas römischer Provinz Numidien, geboren.
Monica, die Mutter, war Christin, der Vater Heide.
Beide versuchten auf ihre Weise den Jungen zu beeinflussen. Während die Hauptsorge der Mutter zeitlebens auf den christlichen Glauben des Sohnes gerichtet war, setzte der Vater seinen Ehrgeiz daran, Augustinus durch Bildung zu gesellschaftlichem Aufstieg zu verhelfen: Er sollte Rhetor, Meister der Rede- und Vortragskunst, werden.

Augustinus besuchte von 361–365 die Schule in seiner Vaterstadt und durfte dann auf die Schule im benachbarten Madaura überwechseln – eine Entscheidung, die die finanziellen Kräfte des Vaters überforderte, so daß Augustinus nach einem Jahr nach Thagaste zurückkehren mußte.
Nach Jahren des Müßigganges konnte er 370 mit Unterstützung eines reichen Bürgers von Thagaste seine Studien in Karthago fortsetzen. Die Großstadt nahm den jungen Augustinus völlig gefangen.
„Ich kam nach Karthago, und rings um mich her brodelte laut der wallende Kochtopf schmutzigen Liebestreibens“[1], so urteilt Augustinus im Rückblick in seinen „Bekenntnissen“. Aus der Verbindung mit einer uns Unbekannten, mit der Augustinus noch viele Jahre zusammenlebte, entstammte ein Sohn, dem der 18jährige Vater den Namen „Adeodatus“ („Der von Gott Gegebene“) gab.
Neben dem Studium der Rhetorik beginnen nun philosophische Fragen Augustinus zu beschäftigen.
Ein Werk Ciceros beeindruckt ihn tief, eine erste Begegnung mit den Schriften der Apostel ermüdet ihn. Dagegen fasziniert ihn die Lehre des Mani, eines 277 nach 26tägiger Kettenhaft gestorbenen Babyloniers, der sich als „Bote des Lichtes“ verstand und den irdischen Kampf zwischen Gut und Böse, zwischen Licht und Finsternis, entscheiden wollte.
Wir finden schon hier ein lebensbestimmendes Merkmal Augustins deutlich ausgeprägt: Das Fragen nach den Wurzeln und nach der Bestimmung des Menschseins läßt ihn keine Ruhe finden. Auch die Lehre der Manichäer ist nur eine vorläufige Antwort.
Neun Jahre später – Augustin hat inzwischen als Rhetoriklehrer in Thagaste und Karthago gewirkt – kommt es 383 zur Begegnung mit dem geistigen Führer der Manichäer, Faustus von Mileve, die enttäuschend verläuft und zur Distanzierung Augustins von dieser Lehre führt. Als sich im selben Jahr die Gelegenheit bietet, als Rhetoriklehrer in Rom zu arbeiten, verläßt er Karthago – ein Aufbruch, der zugleich Suche nach einem neuen Sinn, aber auch Flucht vor den Versuchen der Mutter ist, ihm diesen Sinn im christlichen Glauben nahezubringen.
Nach einem Jahr in Rom übersiedelt Augustinus auf Vermittlung von Freunden nach Mailand. Dort wirkt Ambrosius, der frühere kaiserliche Statthalter von Norditalien, als Bischof. Er beeindruckt Augustinus durch seine Beredsamkeit, aber auch durch seine Interpretation der biblischen Schriften, die ihn bisher nicht angesprochen hatten.
Wieder beginnt sich Augustinus gegenüber neuen Lebensdeutungen zu öffnen. Die Schriften Plotins und des Apostels Paulus berühren ihn; das Bewußtsein, bisher immer nur denkender Sucher, aber nicht eine Überzeugung real Vollziehender gewesen zu sein, führt dazu, daß Augustinus sich selbst zu hassen beginnt. Sein „Damaskus“ kündet sich an.

Als ein afrikanischer Bekannter, der Christ Ponticianus, ihn in Mailand aufsucht, hört Augustin zum erstenmal von dem ägyptischen Mönchsvater Antonius und wie dessen Beispiel Freunde des Ponticianus dazu bewogen hatte, sich für Christus zu entscheiden. Auch für Augustinus ist die Stunde der Wahrheit gekommen. In den „Bekenntnissen“ beschreibt er die Bekehrungsszene im Garten:

> „Ich warf mich unter einen Feigenbaum nieder und ließ meinen Tränen freien Lauf; Ströme brachen aus meinen Augen, ein Dir wohlgefälliges Opfer, und ich sagte Dir vieles, nicht in diesen Worten, aber in diesem Sinn: ‚Und Du, Herr, wie lange noch? Wie lange noch? Wirst Du mir bis ans Ende zürnen? Ach, gedenke nicht meiner alten Sünden.‘ Denn nur sie, ich fühlte es, hielten mich noch zurück. Jämmerliche Worte stieß ich aus: ‚Wie lange, wie lange noch? Immer nur morgen? Warum denn nicht heute? Warum nicht zu dieser Stunde das Ende meiner Schmach?‘
> Sprach es und weinte in der bitteren Zerknirschung meines Herzens. Und auf einmal hörte ich aus einem Nachbarhaus die Stimme eines Knaben oder Mädchen wiederholt sagen: ‚Nimm, lies, nimm, lies.‘ Sogleich veränderte sich mein Gesicht, und ich begann angestrengt darüber nachzudenken, ob Kinder bei irgendeinem Spiel etwas derartiges zu singen pflegen; doch ich entsann mich nicht, es je gehört zu haben. Ich dämmte die Tränenflut und stand auf, ich wußte keine andere Deutung, als daß Gott mir befehle, ein Buch zu öffnen und die Stelle zu lesen, auf die ich als erste stieße.
> Ich hatte nämlich von Antonius vernommen, er habe aus einer zufällig aufgeschlagenen Stelle im Evangelium eine persönliche Mahnung herausgehört, als sei ihm bei der Lesung zugesprochen worden: ‚Geh, verkauf alles, was du hast, und gib es den Armen, und du wirst einen Schatz im Himmel haben, und komm und folge mir nach.‘ Auf diesen Wahrspruch hin habe er sich sogleich zu Dir bekehrt.
> So kehrte ich eilends zu dem Platz zurück, wo Alypius saß, dort hatte ich nämlich beim Aufstehen das Buch des Apostels hingelegt. Ich nahm es, schlug es auf und las die erste Stelle, worauf meine Augen fielen: ‚Nicht in Schmausereien und Trinkgelagen, nicht in Beischlaf und Unzucht, nicht in Streit und Gezänk, sondern zieht den Herrn Jesus Christus an und pflegt nicht den Leib zur Erregung der Begierlichkeit.‘ Weiter wollte ich nicht lesen, es war nicht nötig. Denn kaum hatte ich den Satz zu Ende gelesen, ergoß sich wie ein Licht die Gewißheit in mein Herz, und alle Schatten des Zweifels waren zerstoben.“[2]

Monica, die Augustinus nach Mailand gefolgt war, erfährt als erste von der Entscheidung.

Wenige Tage nach diesem Ereignis, im August des Jahres 386, zieht sich Augustinus mit Freunden auf einen Landsitz bei Mailand zurück. Die ersten Schriften entstehen, Versuche einer Standortbestimmung im Nachdenken über die Skepsis der Akademiker („Contra Academicos"), den Sinn des Lebens („De beata vita") und in Form von Selbstgesprächen („Soliloquia") über den „Ort Gottes":

> „Eines kann ich dir weisen, nichts anderes weiß ich. Von Grund auf sollte man die Sinnenwelt fliehen, und man muß sich gut in acht nehmen, solange man den Menschenleib trägt, daß unsere Flügel, durch das Leibliche verklebt, nicht stocken, denn wir brauchen sie unversehrt und vollständig, um uns aus unserer Finsternis bis zu jenem Lichte emporzuschwingen, das sich denjenigen Seelen, die noch in diesem Käfig eingesperrt sind, nicht einmal zu zeigen geruht, sofern sie nicht die Kraft besitzen, ihn aufzubrechen und zu zertrümmern und in ihre eigenen Sphären zu entfliehen. Darum, glaube mir, wenn du soweit bist, daß dich nichts rein Irdisches mehr erfreuen kann, dann wirst du im gleichen Augenblick, ja, in derselben Sekunde, schauen, was du sehen willst."[3]

Im Frühjahr 387 kehrt Augustinus nach Mailand zurück. Er hat beschlossen, sich taufen zu lassen und dann nach Nordafrika zurückzukehren. In der Osternacht empfangen sein Sohn und er die Taufe durch Ambrosius, da macht der Tod Monicas eine Verschiebung der Reise notwendig. 388 beginnt Augustinus in dem ererbten väterlichen Anwesen mit einem Freundeskreis ein Leben in asketischer klösterlicher Gemeinschaft. In der Auseinandersetzung mit der Lehre der Manichäer, in späteren Jahren mit Donatisten und Pelagianern, bestimmt er das Selbstverständnis der katholischen Kirche Nordafrikas und wird zum „Vater" der abendländischen Kirche. 389 stirbt sein Sohn Adeodatus.

Augustins Schriften nähern sich immer mehr der Frage, wie die Seele zur Erkenntnis der Wahrheit und zur Schau des göttlichen Lichtes geführt werden könne („De quantitate animae" – Vom Ausmaß der Seele; „De vera religione" – Von der wahren Religion).

Die Beschränkung auf die geistige Auseinandersetzung im Kreise Gleichgesinnter wird im Jahre 391 abrupt beendet. Valerius, Bischof von Hippo Regius, fordert Augustinus auf, in der Gemeinde zu wirken. Er wird zum Priester geweiht und tritt 396 die Nachfolge des Valerius als Bischof an. Bis zu seinem Tode, also fast 40 Jahre lang, trägt Augustinus die Lasten dieses Amtes.

> „Versuchen wir, uns ein Bild von dem zu bewältigenden Arbeitspensum zu verschaffen, dann steht vor uns: der Seelsorger und Lehrer, der

> bald von seinen Gemeindegliedern, bald von Rechtsbeistand Suchenden, bald von seinen Schülern angegangen wird; der Bischof und Priester, der die Sakramente spendet, Gottesdienste, Andachten und Predigten hält; der Theologe, der das Alte und das Neue Testament auslegt und der wesentliche Beiträge zur gedanklichen Durchdringung des christlichen Dogmas liefert; der Kirchenpolitiker und der Apologet, der in der geistigen Auseinandersetzung mit den geistigen und religiösen Strömungen seiner Zeit seine Stimme erhebt; schließlich steht vor uns der ungemein fruchtbare Schriftsteller, dessen geschriebenes Wort in ungezählten Briefen, Abhandlungen sowie in zahlreichen umfangreichen philosophisch-theologischen Werken der Nachwelt erhalten geblieben ist. Erst in der Zusammenschau der einzelnen Aufgabenstellungen und der konkreten Resultate seines Schaffens läßt sich die Lebensleistung des Kirchenvaters Aurelius Augustinus ermessen."[4]

Zu den Werken, die die Weltliteratur beeinflussen sollten, gehören Augustins „Confessiones", die 397 begonnen wurden. Es sind „Bekenntnisse" im doppelten Sinne: zum einen Offenlegung des eigenen, oft verfehlten Denkens und Handelns, zum anderen Bekennen der Gnade Gottes. Die Leitidee Augustins wird deutlich: Der Aufstieg zu Gott geschieht durch Einkehr in die Seele. Ihre Erforschung dient der Entdeckung der Spur Gottes im Menschen:
„Gott und die Seele will ich erkennen.
Weiter nichts?
Weiter nichts als das!"[5]
Irdische Gotteserfahrung ist immer unvollkommen. Wir können zwar „Gott spüren", aber diese Erfahrung geht rasch vorüber. Es bleibt die Sehnsucht der Seele nach der „fruitio Dei", dem „Genuß" Gottes, der unbegreiflich, unfaßbar, unsagbar ist. Augustin weiß darum, wenn es um die Mitteilung eigener Erfahrungen oder Einsichten geht:

> „Was sollen wir, Brüder, von Gott sagen? Wenn nämlich du etwas aussagen willst und du hast es in Worte gefaßt, dann ist es nicht Gott. Wenn du etwas begreifen konntest, dann hast du statt Gott etwas anderes begriffen. Wenn du so begreifen konntest, hast du dich in deinem Denken getäuscht. Das ist er nämlich nicht, was du begriffen hast. Wenn er es aber ist, hast du ihn nicht begriffen. Wie also willst du aussprechen, was du nicht begreifen konntest?"[6]

Augustinus drückt trotzdem aus, was er weiß und fühlt. In immer neuen Anläufen versucht er, sich dem Unaussprechlichen zu nähern.

„Zwinge dein Herz, das Göttliche zu denken, dräng es, bestürm es. Wenn dir beim Denken etwas Körperähnliches einfällt, verwirfs, noch kannst du nicht sagen: das ist Gott. Sag wenigstens: das ist Gott nicht. Wann nämlich wirst du sagen können: das ist Gott? Nicht einmal, wenn du schauen wirst. Denn was du schauen wirst, ist unaussprechlich.“[7]

Theologie und Philosophie des Mittelalters sind geprägt von den Vorgaben Augustins. Auch die Geschichte der Mystik ist undenkbar ohne die Idee des ruhelosen Suchens nach der Einheit von menschlicher Erfahrung und göttlicher Offenbarung. Die Attribute, mit denen bildende Künstler den später Heiliggesprochenen darstellen, bringen dieses Streben zum Ausdruck: das aufgeschlagene Buch als Zeichen der Weisheit, das flammende Herz als Zeichen der Liebe.

„Was aber liebe ich, wenn ich meinen Gott liebe? Nicht die Wohlgestalt eines Körpers noch den Rhythmus der bewegten Zeit, nicht den Glanz des Lichtes, der da so lieb ist den Augen, nicht die süßen Melodien in der Welt des Tönens aller Art, nicht der Blumen, Salben, Spezereien Wohlgeruch, nicht Manna und nicht Honig, nicht Liebesglieder, die so köstlich sind in der leiblichen Umarmung. Nichts von alledem liebe ich, wenn ich liebe meinen Gott. Und dennoch liebe ich ein Licht und einen Klang und einen Duft und eine Speise und eine Umarmung, wenn ich liebe meinen Gott. Licht und Klang und Duft und Speise und Umarmung meines inneren Menschen. Dort erstrahlt meiner Seele, was kein Raum erfaßt, dort erklingt, was keine Zeit entführt, dort duftet, was kein Wind verweht, dort mundet, was keine Sattheit vergällt, dort schmiegt sich an, was kein Überdruß auseinanderlöst. Das ist es, was ich liebe, wenn ich liebe meinen Gott.“[8]

Possidius, der erste Biograph Augustins, hegte Zweifel daran, ob es je einem Menschen gelingen würde, alles von Augustin Geschriebene zu lesen. Aus der Fülle von 113 Schriften, 218 Briefen und etwa 500 Predigten, die uns vorliegen, stellen wir dem Leser drei verschiedenartige Texte vor:
Das *„Gebet des Philosophen“*, das aus den „Selbstgesprächen“ stammt, vereint gedankliche Tiefe und liebendes Verlangen nach Gott.
Die *„Predigt über den 42. Psalm“* zeigt, wie intensiv der Meister der Redekunst auf seine Zuhörer einging.
Die *„Mönchsregel“*, die um das Jahr 400 entstand, ist die älteste Regel des Abendlandes und wurde richtungweisend für zahlreiche Ordensregeln des Hochmittelalters. Augustins Regel ist mehr als ein Ordnungsschema; sie spiegelt wider, was er selbst sein Leben lang zu verwirklichen suchte: Gottinnigkeit und Nächstenliebe, apostolische Armut und Selbstlosigkeit, Demut und Herzensgüte.[9]

Das Gebet des Philosophen

„O Gott, Du Gründer des Weltalls, gewähre mir zuerst, daß ich Dich gebührend anflehe, sodann, daß mein Benehmen Deiner Erhörung würdig werde, und zuletzt, daß Du mich ganz frei machst.

Gott, durch den alles, was durch sich nicht sein könnte, nach dem Sein strebt. Gott, der Du noch nicht einmal *das* zugrunde gehen läßt, was sich gegenseitig vernichtet. Gott, der Du aus dem Nichts jene Welt erschaffen hast, die aller Augen als sehr schön empfinden.

Gott, der Du nichts Schlechtes hervorbringst und das Sein so erschaffst, daß es nicht ganz schlecht wird. Gott, der Du den Wenigen, die zu dem, was Wahrheit ist, ihre Zuflucht nehmen, zeigest, daß das Übel ein Nichts ist.

Gott, durch den das Universum auch mit seiner widerwärtigen Seite vollkommen ist. Gott, von dem aus selbst der bis zum Äußersten gehende Mißklang nichts ist, da ja das Schlechte mit dem Besseren wohl zusammenklingt.

Gott, den alles liebt, was lieben kann, wissend oder nicht-wissend.

Gott, in dem alle Dinge sind, für den jedoch der gesamten Schöpfung Häßlichkeit nicht häßlich ist, dem böser Wille nicht schadet, dem Irrtum nicht in die Irre geht. Gott, der Du nur die Reinen das Wahre wissen lassen wolltest.

Gott, Vater der Wahrheit, Vater der Weisheit, Vater des wahren und höchsten Lebens, Vater der Glückseligkeit, Vater des Guten und Schönen, Vater des geistigen Lichtes, Vater unserer Wachsamkeit und Erleuchtung, Vater des Unterpfandes, durch das wir angetrieben werden, zu Dir zurückzukehren.

Dich rufe ich an, Gott Wahrheit, in dem und von dem und durch den alle Dinge wahr sind, welche wahr sind. Gott Weisheit, in dem und von dem und durch den weise sind alle Wesen, die weise sind.

Gott wahres und höchstes Leben, in dem und von dem und durch den leben alle die Wesen, die im wahren und höchsten Sinne leben. Gott Glückseligkeit, in dem und von dem und durch den glückselig sind alle Wesen, die glückselig sind.

Gott Güte und Schönheit, in dem und von dem und durch den alle Dinge geistig leuchten, die geistig leuchten. Gott, dessen Reich eine ganze Welt ist, die unser Sinn nicht kennt. Gott, aus dessen Reich das Gesetz auch in diese irdischen Reiche hinab geschrieben wird.

Gott, von dem Sichabwenden Fallen, zu dem Sichhinwenden Wiederaufstehen, in dem Bleiben Feststehen ist. Gott, von dem Fortgehen Sterben, zu dem Zurückkehren Wiederlebendigwerden, in dem Wohnen Leben ist.

Gott, den nur verliert, wer betört ist, den nur aufsucht, wer aufgefordert ist, den nur findet, wer gereinigt ist. Gott, den Verlassen gleich ist mit Untergehen, zu dem Hinstreben gleich ist mit Lieben, den Sehen gleich ist mit Besitzen.

Gott, zu dem der Glaube hintreibt, die Hoffnung anregt, die Liebe Bande schlingt. Gott, durch den wir den Feind besiegen, Dich flehe ich herab. Gott, durch den wir empfingen, daß wir nicht ganz zugrunde gehen. Gott, von dem wir ermahnt werden, daß wir Wache halten: Gott, durch den wir das Gute von dem Schlechten unterscheiden. Gott, durch den wir das Schlechte fliehen und dem Guten folgen. Gott, durch den wir es haben, daß wir keiner Widerwärtigkeit weichen. Gott, durch den wir gut dienen und gut herrschen.

Gott, durch den wir lernen, daß uns fremd ist, was wir einst für unser, und daß unser ist, was wir einst für fremd hielten. Gott, durch den es kommt, daß wir an dem Köder und den Lockmitteln der Bösen uns nicht festbeißen. Gott, durch den es kommt, daß uns Kleinliches nicht kleinlich macht. Gott, durch den es kommt, daß unser besseres Ich nicht dem schlechteren unterworfen wird. Gott, durch den der Tod in Sieg aufgelöst wird.

Gott, der Du uns bekehrest. Gott, der Du uns dessen, was nicht ist, entledigst und mit dem, was ist, bekleidest.

Gott, der Du uns der Erhöhung würdig machst. Gott, der du uns stark machst. Gott, der Du uns in jeglicher Wahrheit einführest. Gott, der Du uns alles Gute sagst und uns weder unsinnig machst noch von irgend jemand machen lässest.

Gott, der Du uns auf den Weg zurückrufst.

Gott, der Du uns zur Pforte hinführst.

Gott, der Du den Anklopfenden öffnen läßt.

Gott, der Du uns das Brot des Lebens gibst.

Gott, durch den wir nach dem Trank dürsten, nach dessen Genuß wir niemals mehr durstig sein werden.

Gott, der Du die Welt wegen Sünde, Gerechtigkeit und Gericht zur Rechenschaft ziehen wirst. Gott, durch den es kommt, daß die uns nicht beeinflussen, die gar keinen Glauben haben. Gott, durch den es kommt, daß wir den Irrtum derer tadeln, die glauben, daß es bei Dir keinerlei Verdienste der Seele gebe.

Gott, durch den wir den schwachen und dürftigen Elementen nicht dienen. Gott, der Du uns läuterst und für die göttliche Belohnung vorbereitest – Komm Du in Deiner Gnade zu mir.“

Predigt über den 42. Psalm

„Wohlan, meine Brüder, macht euch mein Verlangen zu eigen, nehmt teil an meiner Sehnsucht! Laßt uns zusammen lieben, zusammen im gleichen Durst entbrennen, zusammen zur Quelle der Einsicht eilen! Wie der Hirsch wollen wir uns nach der Quelle sehnen, nicht nach der Quelle, nach der die

Taufkandidaten sich sehnen zur Vergebung ihrer Sünden; nein, wir, die schon getauft sind, wollen nach jener Quelle verlangen, von der die Schrift anderswo sagt: ‚Denn bei Dir ist die Quelle des Lebens.' Er selbst ist ja Quelle und Licht; denn ‚in seinem Licht werden wir schauen das Licht' (Ps 35, 10). Wenn er nun Quelle und Licht ist, dann ist er auch Einsicht, weil er ja auch die Seele sättigt, die nach Wissen verlangt, und weil jedes mit Vernunft begabte Wesen nicht von einem körperlichen, fleischlichen, äußeren Licht, sondern von einem inneren Licht erleuchtet wird. Es gibt also, Brüder, ein Licht in unserem Innern, das den unvernünftigen Wesen fehlt. Daher wendet sich der Apostel an die Seelen, die diesen Lebensquell ersehnen und bereits daraus schöpfen, mit der Bitte, ‚nicht mehr zu wandeln wie die Heiden in der Verkehrtheit ihres Geistes, mit verdunkelter Einsicht, in der Entfremdung vom Leben Gottes infolge der Unwissenheit, die in ihnen ist, und der Verblendung ihres Herzens' (Eph 4, 17 f.). Wenn also ihre Einsicht verdunkelt ist, d. h. wenn sie im Dunkel sind, weil sie keine Einsicht haben, dann sind die Einsichtigen im Licht. Eile zu den Quellen, verlange nach den Quellen lebendigen Wassers! Bei Gott ist die unversiegliche Quelle des Lebens, in seinem Licht ist ein Licht, das niemals verdunkelt werden kann. Nach diesem Licht verlange, nach dieser Quelle und diesem Licht, das deine Augen nicht kennen, einem Licht aber, für dessen Schau das innere Auge eingerichtet ist, und einer Quelle, nach deren Wasser der innere Durst entbrennt. Eile zur Quelle, verlange nach der Quelle! Aber nicht auf irgendeine Art, wie irgendein Tier, sondern wie der Hirsch sollst du eilen. Was heißt das: ‚wie der Hirsch'? Im Laufen sei nicht träge, laufe mit Eifer, mit Eifer verlange nach der Quelle! Denn das Wort Hirsch will sagen: mit großer Schnelligkeit.

Aber das ist es wohl nicht allein, was wir nach der Heiligen Schrift vom Hirsch lernen sollen. Höre also die anderen Eigenschaften des Hirsches: Er tötet die Schlangen, und wenn er sie getötet hat, erwacht in ihm ein noch größerer Durst; wenn er die Schlangen getötet hat, eilt er mit noch größerem Eifer zu den Quellen. Die Schlangen sind deine Laster: vernichte die Schlangen der Bosheit, dann wirst du noch stärker nach der Quelle der Wahrheit verlangen! Vielleicht zischt dir die Schlange des Geizes etwas aus der Finsternis zu: sie zischt gegen das Wort Gottes, gegen seinen Befehl. Und wenn man dir sagt: ‚Du sollst ein Gut verachten, um keine Sünde zu begehen', während du selbst lieber die Sünde begehen als einen zeitlichen Vorteil verachten willst, dann ziehst du den Biß der Schlange ihrer Vernichtung vor. Wenn du deinem Laster, deiner Begierde, deinem Geiz, deiner Schlange noch Vorschub leistest, wenn ich also in dir noch ein solches Verlangen finde, wie kannst du dann zur Quelle lebendigen Wassers eilen? Wie kannst du nach der Quelle der Weisheit verlangen, solange du noch krank bist vom Gift der Bosheit? Töte alles in dir ab, was der Wahrheit widerspricht; und wenn du dich frei siehst von schlechten Begierden, dann bleibe nicht stehen wie einer, der gar kein Verlangen mehr hat! Denn es gibt noch etwas, zu dem du dich aufschwingen kannst, wenn du das in dir, was dich daran hindert, niedergeworfen hast. Denn ich höre schon, wie du mir als ein guter Hirsch sagst: ‚Gott weiß, daß ich nicht mehr geizig bin, daß ich nicht mehr das Gut des Nächsten begehre, daß ich die Begierde nach Ehebruch in mir ausgelöscht habe, daß ich nicht mehr krank bin vor Haß und Neid gegen den Nächsten' und dergleichen mehr. Du willst mir sagen: ‚Ich habe diese Laster nicht', und vielleicht suchst du etwas, das dir Freude machen darf. Richte dein Verlangen auf den Ursprung der Freude: auf die Quellen des ewigen Wassers. Gott kann dich erquicken, und wenn du zu ihm kommst, schnell wie der Hirsch, wird er den Durst stillen, der dich nach der Vernichtung der Schlangen quält …

Doch ein solcher Hirsch, von dem wir sprechen, der im Glauben steht, der zwar noch nicht sieht, was er glaubt, aber bereits zu erkennen wünscht, was er liebt, stößt auf die Feindschaft der andern, die noch nicht Hirsche sind wie er, sondern deren Einsicht verdunkelt ist, die in der inneren Finsternis leben, verblendet von ihren lasterhaften Begierden. Sie verspotten obendrein den Gläubigen; und weil er ihnen noch nicht zeigen kann, woran er glaubt, fragen sie ihn: ‚Wo ist dein Gott?' …

Täglich höre ich die Frage: ‚Wo ist dein Gott?' Und während Tränen mein tägliches Brot waren, habe ich Tag und Nacht über das Gehörte nachgedacht: „Wo ist dein Gott?" Da begab ich mich selbst auf die Suche nach meinem Gott, um, wenn es möglich ist, nicht nur zu glauben, sondern auch etwas von ihm zu erschauen. Denn ich sehe zwar die Geschöpfe meines Gottes, ihn selbst aber, ihren Schöpfer und meinen Gott, sehe ich nicht …

Aber ist der Gott der Seele etwas von ihrer eigenen Art? Gott kann gewiß nur mit der Seele begriffen werden; aber er kann nicht auf die gleiche Weise begriffen werden wie sie. Denn diese Seele sucht ja ein Gottesbild, über das man nicht mehr spotten kann: ‚Wo ist dein Gott?' Sie sucht eine unveränderliche Wahrheit, ein unendlich vollkommenes Wesen. Die Seele aber ist nicht von dieser Art: sie wächst und nimmt ab, sie weiß und weiß doch nicht, sie erinnert sich und vergißt, bald will sie und bald will sie nicht. Eine solche Veränderlichkeit aber kann Gott nicht zukommen …

Während ich meinen Gott in den sichtbaren und körperlichen Geschöpfen suche und nicht finden kann, und während ich sein Wesen in mir selbst suche, als wäre es etwas von meiner Art, und es auch hier nicht finde, merke ich, daß Gott etwas ist, was auch die Seele übersteigt. So habe ich, um ihn zu erfassen, ‚darüber nachgedacht und meine Seele über mich hinaus wachsen lassen'. Wie könnte meine Seele erfassen, was über ihr gesucht werden muß, wenn sie nicht über sich hinaus wüchse? Denn wenn sie in sich selbst bliebe, sähe sie nur sich selbst; und wenn sie sich selbst sähe, dann sähe sie doch nicht ihren Gott. Mögen nun meine Spötter fragen: ‚Wo ist dein Gott?‘ Laß sie reden: ich aber werde, solange ich nicht sehe, solange mein Schauen noch aufgeschoben ist, ‚Tag und Nacht das Brot meiner Tränen essen‘. Und wenn sie noch einmal fragen: ‚Wo ist dein Gott?‘ – ich suche meinen Gott in jedem körperlichen Geschöpf, sei es am Himmel oder auf der Erde, und ich finde ihn nicht; ich suche sein Wesen in meiner Seele und finde es nicht; aber dennoch lasse ich nicht in meinen Überlegungen von der Suche nach meinem Gott. Ich verlange ‚aus seinen Geschöpfen zu Gottes unsichtbarem Wesen in der Erkenntnis aufzusteigen‘ (Röm 1, 20). ‚Ich ließ meine Seele über mich hinaus wachsen‘, und schon habe ich alles erfaßt – bis auf meinen Gott. Denn dort, über meiner Seele, ist das Haus Gottes. Dort wohnt er, von dort schaut er auf mich herab, von dort hat er mich erschaffen, von dort lenkt er mich, von dort sorgt er für mich, von dort ruft er mich, von dort ermutigt er mich, von dort leitet er mich, von dort führt er mich, von dort geleitet er mich zum Ziel.

Denn er, der in tiefer Verborgenheit seine erhabene Wohnung hat, hat auch auf Erden ein Zelt. Sein Zelt ist auf Erden, seine Kirche ist noch auf der Wanderschaft. Aber hier muß man ihn suchen; denn bei diesem Zelt findet man den Weg, auf dem man zu seinem Hause kommt. Denn als ich meine Seele über mich hinaus wachsen ließ, um meinen Gott zu erfassen: wozu tat ich das? ‚Weil ich hintreten will an den Ort des Zeltes, jenes wunderbaren Zeltes, um hinzugelangen zum Hause Gottes.‘ Denn ich bewundere ja schon vieles in diesem Zelt ... Ich bewundere schon die Fähigkeiten in der Seele, und doch weile ich noch am Ort des Zeltes. Aber ich lasse es hinter mir; und wie wunderbar auch das Zelt sein mag, meine Verwunderung wächst noch, wenn ich zum Hause Gottes komme ... Denn dort ist die Quelle der Einsicht, im Heiligtum Gottes, in seinem Hause. Dort hat der Psalmist das Ende von allem erkannt ...

Doch während er noch bewunderte, was zum Zelt gehört, wurde er zum Hause Gottes geführt: Er wurde angezogen von einer Süßigkeit, von einer inneren geheimnisvollen Freude, als ob vom Hause Gottes der süße Klang einer Musik herniederkäme. Und während er noch unter dem Zelte einherging, hörte er einen inneren Klang, ließ sich von der Süßigkeit leiten und folgte den Tönen, brachte allen Lärm von Fleisch und Blut zum Schweigen und kam zum Hause Gottes. Er selbst erwähnt ja seinen Weg und seine Führung, als ob wir ihn gefragt hätten: ‚Wie bist du, der du das Zelt auf dieser Erde bewunderst, bis zum Innersten des Hauses Gottes gekommen?‘ ‚Das geschah‘, so antwortete er, ‚durch diesen Klang des Jubels und des Lobes, wie er erklingt, wenn man ein Fest feiert ...‘ Im Hause Gottes ist ein ewiges Fest. Denn dort gibt es kein Fest, das gefeiert wird und dann vorüber ist. Der Chor der Engel feiert ein ewiges Fest, und das ewig gegenwärtige Antlitz Gottes schenkt eine Freude ohne Ende ... Von dieser ewigen und immer-

währenden Festfeier erreicht ein süßer und melodischer Klang die Ohren des Herzens – aber nur wenn das Getöse der Welt verstummt ist. Wer unter diesem Zelte geht und Gottes Wunder zur Erlösung seiner Gläubigen betrachtet, in dessen Ohren klingt schon der Gesang dieses Festes und zieht ‚den Hirsch zu den Quellen lebendigen Wassers.'
Aber, meine Brüder, da wir, solange wir noch im Körper sind, fern vom Herrn wandeln (2 Kor 5, 6), beschwert unser vergänglicher Körper die Seele, und die irdische Wohnung lastet auf dem Geist, der viel nachdenkt (Weish 9, 15). Selbst wenn wir manchmal auf unserem Wege die Wolken durch unsere Sehnsucht zerstreuen und diesen Klang vernehmen, so daß wir in unseren Mühen etwas von jenem Hause Gottes erfahren, wir fallen dennoch, wie durch die Last unserer Schwäche gezogen, in unser gewöhnliches Leben zurück und geben uns wieder den nichtigen Gewohnheiten hin. Und wie wir dort Grund zur Freude fanden, so haben wir hier reichlich Grund zur Trauer. Denn der ‚Hirsch', von dem wir sprechen, ‚der Tag und Nacht das Brot seiner Tränen verzehrt', den die ‚Sehnsucht nach den ewigen Wasserquellen' zieht, d. h. nach der Süßigkeit Gottes, die er innerlich verspürt, der ‚seine Seele über sich hinaus wachsen läßt', um das zu erfassen, was seine Seele übersteigt, der ‚hingeht zum Ort des wunderbaren Zeltes, ja bis zum Hause Gottes', der sich so leiten läßt von der Schönheit jenes innerlich vernehmbaren Klanges, daß er alles Äußere verachtet und ganz hingerissen wird von diesen inneren Erlebnissen – er bleibt doch noch ein Mensch, er seufzt noch hienieden, er trägt noch einen gebrechlichen Körper, er hat immer noch Gefahren zu bestehen inmitten der Fallstricke dieser Welt. So schaut er auf sich selbst hernieder wie jemand, der von dort oben kommt, und in diese Trübsal verbannt, vergleicht er sie mit der Freude an jenem Ort, den er zu ihrem Genuß betreten und nach ihrem Genuß wieder verlassen hat, und er spricht zu sich selbst: ‚Warum bist du traurig, meine Seele, und warum betrübst du mich?' Siehe, wir durften uns ja schon an einer inneren Wonne erfreuen; siehe, wir konnten ja schon mit der Seelenspitze, wenn auch nur ganz schwach und wie im Vorübergehen, etwas Unveränderliches schauen: Warum betrübst du mich da noch und warum bist du da noch traurig? Du willst doch nicht an deinem Gott zweifeln? Du bist ja jetzt für dich nicht mehr ohne Antwort gegen jene, die fragen: ‚Wo ist dein Gott?' Ich habe bereits etwas Unwandelbares erfahren: ‚Warum betrübst du mich noch?' ‚Hoffe auf Gott!' Und da ist es, als wenn ihm seine Seele schweigend die Antwort gäbe: ‚Warum betrübe ich dich? Doch nur deshalb, weil ich noch nicht dort bin, wo jene Süßigkeit wohnt, die mich in einem kurzen Augenblick schon so entzückt hat.'"

Die Mönchsregel des heiligen Augustinus

Erstes Kapitel

Das Ziel des klösterlichen Lebens
Das augustinische Armutsideal

Vor allen Dingen, liebe Brüder, sollt ihr Gott lieben, sodann den Nächsten; denn das sind die Hauptgebote, die uns gegeben sind.
Das ist es, was wir euch im Kloster gebieten. Das erste Ziel eures gemeinschaftlichen Lebens ist, in Eintracht zusammenzuwohnen und „*ein* Herz und *eine* Seele" (Apg 4, 32) in Gott zu sein. Deshalb nennt nichts euer eigen, sondern alles gehöre euch gemeinsam; durch euren Obern werde jedem von euch Nahrung und Kleidung zugeteilt, nicht allen in gleicher Weise, weil ihr nicht alle die gleiche Gesundheit habt, sondern vielmehr jedem nach seinem Bedarf. So lest ihr ja in der Apostelgeschichte (4, 32.35): „Alles hatten sie gemeinsam und jedem wurde zugeteilt, je nachdem er es bedurfte."
Die in der Welt Vermögen besaßen, sollen nach ihrem Eintritt ins Kloster gerne sehen, daß es Gemeingut wird. Die aber in der Welt nichts besaßen, sollen nicht im Kloster das suchen, was sie auch draußen nicht haben konnten. Was sie aber wegen ihrer Schwächlichkeit brauchen, sollen sie erhalten, selbst wenn ihre Armut in der Welt so groß war, daß sie nicht einmal das Notwendige finden konnten. Nur sollen sie sich nicht deswegen glücklich schätzen, weil sie Nahrung und Kleidung gefunden haben, wie sie es draußen nicht finden konnten.

Zweites Kapitel

Das Fundament der Demut
Die gegenseitige Liebe und Hochschätzung

Sie sollen auch nicht den Kopf hoch tragen, weil sie in die Gesellschaft von Menschen kommen, denen in der Welt näher zu treten sie nicht gewagt hatten; ihr Herz soll vielmehr nach oben gerichtet sein und irdische Eitelkeit nicht suchen. Sonst könnte es so weit kommen, daß die Klöster bloß den Reichen zum Nutzen wären, nicht auch den Armen, indem die Reichen dort demütig, die Armen dagegen überheblich würden.
Andererseits sollen aber auch jene, die in der Welt etwas zu bedeuten schienen, ihre Mitbrüder nicht geringschätzen, die aus armen Verhältnissen zu dieser heiligen Gemeinschaft gekommen sind. Sie sollen mehr danach trachten, sich des Zusammenlebens mit armen Mitbrüdern zu rühmen als der hohen Stellung ihrer reichen Eltern. Auch sollten sie sich nicht überheben, wenn sie der Gemeinschaft einen Teil ihres Vermögens zugeführt haben;

sonst könnte die Zuwendung des Reichtums an das Kloster sie stolzer machen als sein Genuß in der Welt. Denn jede andere Sünde geschieht durch böse Werke, die man tut; der Stolz dagegen schadet auch den guten Werken und macht sie zunichte. Was nützt es denn, sein Vermögen an die Armen hinzugeben und arm zu werden, wenn die unglückliche Seele durch die Verachtung des Reichtums hochmütiger wird als sie es vorher war in seinem Besitze? Lebt also alle in Eintracht und Liebe beisammen und ehrt in euch gegenseitig Gott, dessen Tempel ihr geworden seid.

Drittes Kapitel

Gemeinsames und privates Gebet
Der liturgische Gesang

Dem Gebet obliegt mit Eifer zu den festgesetzten Stunden und Zeiten. Im Oratorium soll jeder nur das tun, wozu es bestimmt ist und woher es auch seinen Namen hat. Sonst würden jene, die auch außerhalb der vorgeschriebenen Stunden in ihrer freien Zeit beten wollen, von solchen gestört, die glauben, sie müßten dort etwas anderes tun.

Wenn ihr in Psalmen und Hymnen zu Gott betet, soll auch im Herzen leben, was der Mund ausspricht; und singt nur das, was nach der Vorschrift zu singen ist. Was nicht für den Gesang geschrieben ist, soll auch nicht gesungen werden.

Viertes Kapitel

Abtötung in Speise und Trank
Das gemeinsame Mahl

Euer Fleisch bezähmt durch Fasten und Enthaltsamkeit in Speise und Trank, soweit es die Gesundheit erlaubt. Wenn aber jemand nicht fasten kann, soll er wenigstens außerhalb der Tischzeit keinerlei Speise zu sich nehmen, er sei denn krank.

Wenn ihr zu Tisch geht, hört, bis ihr wieder aufsteht, die übliche Lesung ohne Lärmen und Streiten an; denn nicht nur der Mund soll für euch Nahrung aufnehmen, sondern auch die Ohren sollen nach dem Worte Gottes hungern.

Fünftes Kapitel

Rücksichtnahme und Diskretion

Wenn solche, die wegen ihrer früheren Lebensweise schwächlich sind, eine andere Kost bekommen, dürfen es diejenigen, die infolge einer anderen Lebensgewohnheit kräftiger wurden, nicht übelnehmen oder ungerecht finden. Sie sollen diese auch nicht für glücklicher halten, weil sie etwas bekommen, was sie selbst nicht erhalten; vielmehr sollen sie froh sein, daß sie vermögen, wozu die anderen nicht die Kraft haben. Und wenn solchen, die aus besseren Lebensverhältnissen ins Kloster gekommen sind, an Nahrung, Kleidung, Betten und Decken etwas gegeben wird, was den Stärkeren und deshalb Glücklicheren nicht gegeben wird, so müssen letztere bedenken, wieviel jene von ihren Lebensgewohnheiten in der Welt schon aufgegeben haben, wenn sie auch die Anspruchslosigkeit der körperlich Kräftigeren noch nicht erreichen konnten. Es darf doch nicht die ganze Gemeinschaft das haben wollen, was sie einige wenige zusätzlich bekommen sieht. Denn sie erhalten es nicht, weil man sie bevorzugt, sondern weil man sie erträgt; sonst ergäbe sich der verwerfliche Widersinn, daß im Kloster die Reichen sich nach Kräften abmühen, die Armen dagegen bequem werden.

Kranke allerdings sollten weniger erhalten, um ihnen keine Beschwerden zu verursachen. Nach der Krankheit aber sind sie so zu pflegen, daß sie sich recht schnell wieder erholen, wären sie auch aus den ärmlichsten Verhältnissen in der Welt gekommen. Räumt ihnen doch die eben überstandene Krankheit dasselbe Recht ein, wie den Reichen ihre frühere Lebensweise. Wenn sie jedoch ihre früheren Kräfte wieder erlangt haben, mögen sie zu ihrer – eben doch glücklicheren – Lebensweise zurückkehren. Je anspruchsloser sie ist, desto besser steht sie dem Diener Gottes an. Sind sie wieder bei Kräften, sollen sie sich nicht vom Verlangen nach Speisen beherrschen lassen, die sie zur Stärkung nötig hatten, solange sie schwach waren. Sie sollen die für reicher halten, die im Ertragen von Entbehrungen tapferer sind; denn wenig brauchen ist besser als viel haben.

Sechstes Kapitel

Sittsamkeit und Herzensreinheit
Die Verantwortung füreinander

Euer Benehmen sei unauffällig; legt Wert darauf, nicht durch Kleidung, sondern durch sittliche Haltung angenehm aufzufallen. Wenn ihr ausgeht, so geht miteinander; seid ihr ans Ziel gekommen, so bleibt beisammen. Im Gehen, Stehen, Auftreten und all euren Bewegungen komme nichts vor, was bei irgend jemand Anstoß erregen könnte; sondern alles entspreche eurem heiligen Stande.

Wenn euer Blick auf eine Frau fällt, soll er auf ihr nicht haften bleiben; zwar ist es euch nicht verwehrt, wenn ihr ausgeht, Frauen zu sehen, aber sie zu begehren oder von ihnen begehrt werden zu wollen, ist schuldhaft. Denn nicht nur in Berührungen und Zuneigung äußert sich die Begierlichkeit und zeigt sie sich in Frauen, sondern auch in Blicken. Sagt doch nicht, euer Herz sei rein, wenn die Augen unrein sind; denn der unkeusche Blick verrät das un-

keusche Herz. Und wenn die Herzen im wortlosen Austausch von Blicken einander ihre Unlauterkeit verraten und infolge der fleischlichen Begierde in Leidenschaft zueinander entbrennen, so ist es um die Keuschheit schon geschehen, auch wenn die körperliche Unversehrtheit nicht verletzt wird. Wer mit seinen Blicken eine Frau sucht und es gerne hat, wenn auch sie ihn sucht, soll nicht glauben, daß er dabei ungesehen bleibt; ganz gewiß wird er gesehen, und zwar von Beobachtern, an die er gar nicht denkt.
Doch wenn es auch unbemerkt bliebe und kein Mensch es beobachtet hätte, was will er denn anfangen gegenüber dem Zeugen aus der Höhe, dem nichts verborgen bleiben kann? Oder will man glauben, der sehe deshalb nichts, weil seine Geduld ebenso groß ist wie seine Weisheit? Ihm zu mißfallen fürchte der Gottgeweihte, damit er nicht einer Frau in sündhafter Weise zu gefallen sucht. Er soll daran denken, daß Gott alles sieht, damit er nicht eine Frau schuldhaft anzusehen verlangt. Die Furcht vor Ihm ist auch in diesem Punkte anempfohlen durch das Schriftwort: „Lüsterne Augen sind dem Herrn ein Greuel" (Spr 27, 20).
Wenn ihr also in der Kirche, und wo sonst Frauen sind, beisammen seid, wacht gegenseitig über eure Reinheit; denn Gott, der in euch wohnt, wird euch auch auf diese Weise durch euch selbst schützen.

Siebtes Kapitel

Brüderliche Zurechtweisung

Wenn ihr nun diese Zuchtlosigkeit der Augen, von der ich spreche, an einem unter euch bemerkt, mahnt ihn gleich, damit die bösen Anfänge nicht erst weiter wachsen, sondern sofort behoben werden. Seht ihr ihn aber, auch nach Ermahnung, wenngleich an einem anderen Tage, dasselbe abermals tun, dann soll, wer immer es wahrnehmen konnte, ihn zur Anzeige bringen; denn er ist gewissermaßen verwundet und braucht Heilung. Vorher aber soll man noch einen zweiten oder dritten darauf aufmerksam machen, damit er durch zwei oder drei Zeugen überführt und mit gebührender Strenge bestraft werden kann.
Glaubt nicht, lieblos zu sein, wenn ihr so etwas aufdeckt. Ihr seid nicht schuldloser, wenn ihr eure Mitbrüder, die ihr durch Anzeige bessern könntet, durch Stillschweigen ins Verderben stürzen laßt. Hätte dein Mitbruder am Körper eine Wunde und wollte sie geheimhalten, weil er sich fürchtet, sie schneiden zu lassen, wäre es da nicht grausam von dir, darüber zu schweigen, dagegen barmherzig, es zu offenbaren? Um wieviel mehr mußt du es kundtun, damit sich nicht noch schlimmere Fäulnis in seinem Herzen bildet.
Ehe man jedoch andere aufmerksam macht, die ihn überführen sollen, falls er leugnet, ist es Pflicht, ihn zuvor dem Oberen anzuzeigen, wenn er trotz Zurechtweisung sich nicht bemüht hat, besser zu werden. So kann man ihn

vielleicht mehr im geheimen zurechtweisen, ohne daß es den anderen zu Ohren kommt. Leugnet er aber, dann sind noch weitere beizuziehen, damit er nun in Gegenwart aller nicht bloß von einem Zeugen beschuldigt, sondern von zweien oder dreien überführt werden kann. Ist er aber überführt, dann soll er nach dem Ermessen des Vorgesetzten oder auch des Priesters, in dessen Amtsbereich es fällt, zu seiner Besserung eine Strafe auf sich nehmen. Sträubt er sich dagegen, so soll er, auch wenn er nicht von selbst geht, aus eurer Gemeinschaft ausgeschlossen werden; denn auch das geschieht nicht aus Härte, sondern aus Barmherzigkeit, damit er nicht durch unheilvolle Ansteckung noch viele andere ins Verderben zieht.

Was ich über unbeherrschte Blicke gesagt habe, soll auch beim Aufdecken, Abwehren, Anzeigen, Überführen und Bestrafen anderer Verfehlungen gewissenhaft und treu beachtet werden, mit Liebe zu den Menschen, aber mit Haß gegen die Sünde. Wäre aber jemand im Bösen so weit gegangen, daß er von einer Frau Briefe oder irgendwelche kleine Geschenke heimlich annähme, so soll man ihn, wenn er dies aus freien Stücken eingesteht, schonend behandeln und für ihn beten; wird er aber ertappt und überführt, dann soll er nach dem Urteil des Priesters oder des Vorgesetzten durch eine strenge Strafe gebessert werden.

Achtes Kapitel

Das Leben in Armut und Gemeinschaft

Eure Kleidung verwahrt gemeinsam unter der Pflege eines oder zweier Mitbrüder oder so vieler eben nötig sind, um sie auszustäuben, damit sie nicht unter Motten leidet; und wie ihr aus *einer* Speisekammer genährt werdet, so sollt ihr auch aus *einer* Kleiderkammer gekleidet werden. Es soll – soweit möglich – nicht von euch abhängen, was euch je nach der Jahreszeit zum Anziehen ausgehändigt wird, ob nun jeder das wiedererhält, was er abgegeben hat, oder etwas, das ein anderer hatte. Nur darf keinem das, was er nötig hat, versagt werden.

Wenn aber deswegen unter euch Streit und Murren aufkommt und einer sich beklagt, ihm sei etwas Schlechteres ausgehändigt worden, als er zuvor gehabt, und er habe es nicht verdient, daß man ihn nicht ebenso gut kleide wie den Mitbruder, so seht darin einen Beweis, wieviel euch noch an jenem inneren, heiligen Kleid der Seele fehlt, da ihr über die Kleidung des Leibes streitet. Immerhin, wenn man eure Schwachheit hingehen läßt und ihr wiederbekommt, was ihr abgelegt habt, so hebt doch das Abgelegte an einem Ort unter gemeinsamer Obhut auf. Es soll ganz in dem Geist geschehen, daß niemand etwas für sich persönlich tut, sondern alle Arbeit bei euch mit größerem Eifer und mit mehr Freude für die Gemeinschaft geleistet wird, als wenn ihr sie für euch selbst verrichten würdet. Von der Liebe steht ja geschrieben: Sie sucht nicht das Ihrige (vgl. 1 Kor 13, 5). Dies ist so zu verstehen: Sie stellt das Gemeinsame über das Eigene, nicht das Eigene über das Gemeinsame. Wisset also: Ihr seid um so weiter vorangekommen, je mehr ihr um die Gemeinschaft statt um eure privaten Interessen besorgt seid, so daß alle zeitlichen Bedürfnisse überstrahlt werden von der Liebe, die ewig bleibt.

Daraus folgt also, daß Kleidungsstücke oder andere notwendige Dinge, die jemand seinen Kindern oder Angehörigen im Kloster zuwendet, nicht heimlich angenommen werden; sondern der Obere soll das Recht haben, es zum Gemeingut zu machen und dem zu überlassen, der es nötig hat. Wenn jemand ein Geschenk verheimlicht, soll er des Diebstahls für schuldig befunden werden.

Neuntes Kapitel

Gesundheitspflege und Pflichten der Verwaltung

Eure Kleidung soll nach dem Urteil des Oberen gewaschen werden, entweder von euch selbst oder in der Wäscherei, damit nicht eine übertriebene Sorge um ein sauberes Gewand im Innern die Seele befleckt.

Ein Bad für den Körper ist keineswegs abzulehnen, wenn schwache Gesundheit es erfordert. Es soll nach dem Rat des Arztes ohne Widerrede geschehen, so daß einer auch gegen seine Neigung auf das Geheiß des Oberen tut, was für seine Gesundheit notwendig ist. Sollte aber einer danach verlangen, obwohl es ihm vielleicht nicht bekommt, dann soll man seinem Begehren nicht nachgeben; denn manchmal hält man etwas Angenehmes für nützlich, obgleich es schädlich ist. Bei inneren körperlichen Schmerzen soll man dem Diener Gottes, wenn er sagt, was ihm weh tut, ohne Bedenken glauben. Ist es jedoch nicht sicher, ob zur Heilung jener Schmerzen das Angenehme auch das Geeignete ist, soll man den Arzt beiziehen.

Auch sollen zu den Bädern oder auf sonstwie notwendigen Gängen nicht weniger als zwei oder drei gehen; und wer irgendwohin zu gehen hat, muß mit den Begleitern gehen, die der Obere bestimmt.

Mit der Sorge für die Kranken und Genesenden oder sonstwie Schwächlichen, auch wenn sie kein Fieber haben, soll jemand betraut werden, damit dieser aus der Küche verlangt, was nach seinem Ermessen jeder nötig hat.

Wer die Küche, die Kleidung oder die Bücher verwaltet, soll den Mitbrüdern ohne Murren dienen. Die Bücher sollen täglich zu bestimmter Stunde verlangt werden. Wer sie außer der Zeit verlangt, soll sie nicht erhalten. Wer jedoch mit der Verwahrung der Kleider und Schuhe betraut ist, soll sie auf Verlangen unverzüglich aushändigen, wenn sie notwendig gebraucht werden.

Zehntes Kapitel

Brüderliche Liebe und Versöhnlichkeit

Streit solltet ihr eigentlich gar nicht haben oder möglichst schnell beendigen. Sonst wird Zorn zu Haß, macht aus dem Splitter einen Balken und aus der Seele eine Mörderin. Denn so steht geschrieben (1 Joh 3, 15): „Wer seinen Bruder haßt, ist ein Mörder." Wer durch ein Schimpfwort, durch üble Nachrede oder gar den Vorwurf eines Vergehens jemand verletzt hat, der soll sehen, daß er so schnell wie möglich das wiedergutmacht, was er angerichtet hat. Der Beleidigte aber verzeihe ohne lange Verhandlungen. Haben sie aber einander beleidigt, so müssen sie sich auch gegenseitig die Schuld vergeben – um eurer Gebete willen. Je häufiger ihr betet, desto besser sollt ihr beten.

Denn wenn einer rasch zornig aufbraust, dann aber schnell um Verzeihung bittet, wenn er merkt, daß er Unrecht getan, ist er besser als einer, der nicht so schnell zornig wird, sich aber auch nur schwer zur Abbitte bereit findet. Wer seinem Bruder nicht vergeben will, darf keine Frucht aus seinem Gebet erhoffen. Wer aber niemals um Verzeihung bitten will oder nicht aus ehrlichem Herzen bittet, ist ohne Berechtigung im Kloster, selbst wenn man ihn nicht hinausweist. So hütet euch denn vor verletzenden Reden; sind sie aber eurem Munde entschlüpft, dann sträubt euch nicht, mit demselben Mund, der die Wunde geschlagen hat, auch das Heilmittel zu bieten.

Wenn die Notwendigkeit, Zucht und Ordnung aufrechtzuerhalten, euch zu harten Worten verleitet und ihr selbst spürt, daß ihr darin das rechte Maß überschritten habt, so wird von euch doch nicht verlangt, eure Untergebenen um Verzeihung zu bitten; es könnte sonst bei denen, die nun einmal untertan sein müssen, durch eine übertriebene Demut die Achtung vor der Amtsgewalt untergraben werden. Den Herrn aller Menschen müßt ihr aber um Verzeihung bitten, der weiß, mit welch wohlwollender Liebe ihr auch denen zugetan seid, die ihr vielleicht zu hart getadelt habt. Jedoch nicht sinnlich, sondern geistig soll eure Liebe zueinander sein.

Elftes Kapitel

Der klösterliche Gehorsam
Die Pflichten der Oberen und Untergebenen

Dem Vorgesetzten sollt ihr gehorchen wie einem Vater, noch viel mehr dem Priester, der sich um euch alle sorgt. Damit also alle diese Vorschriften eingehalten und die Übertretungen nicht leichthin übersehen, sondern gründlich gebessert werden, soll es vor allem Aufgabe des Vorgesetzten sein, dem Priester, der bei euch die höheren Befugnisse hat, das vorzulegen, was über seinen Bereich und seine Kraft hinausgeht.

Der Obere soll sich nicht deshalb glücklich schätzen, weil er kraft seines Amtes gebieten, sondern weil er in Liebe dienen kann. Durch seine Stellung in eurer Gemeinschaft stehe er über euch, vor dem Angesichte Gottes liege er in Furcht zu euren Füßen. Allen gegenüber soll er ein Vorbild guter Werke sein. Unruhestifter soll er zurechtweisen, Kleinmütige aufrichten, der Schwachen sich annehmen, mit allen Geduld haben, die Klosterordnung lieben und verantwortungsbewußt durchführen. Und, obwohl beides unerläßlich ist, soll er doch mehr danach streben, von euch geliebt als gefürchtet zu werden, und sich immer bewußt bleiben, daß er für euch vor Gott einst Rechenschaft ablegen muß. Habt deshalb durch willigen Gehorsam nicht bloß mit euch, sondern auch mit ihm Erbarmen; denn je höher seine Stellung unter euch ist, desto größer ist auch die Gefahr, in der er lebt.

Zwölftes Kapitel

Schlußmahnung

Der Herr gebe, daß ihr – gleichsam als Freunde geistlicher Schönheit – dies alles in Liebe beobachtet und durch einen guten Lebenswandel den Wohlgeruch Christi ausstrahlt – nicht wie Sklaven unter dem Gesetz, sondern wie Freie unter der Gnade.

Damit ihr euch aber in diesem Büchlein wie in einem Spiegel betrachten könnt und ihr nicht aus Vergeßlichkeit etwas vernachlässigt, soll es euch einmal in der Woche vorgelesen werden. Wenn ihr dann findet, daß ihr befolgt, was geschrieben steht, so dankt dem Herrn, dem Geber alles Guten. Wenn aber jemand noch einen Fehler an sich sieht, dann bereue er das Vergangene, nehme sich für die Zukunft in acht und bete, daß ihm die Schuld vergeben und er nicht in Versuchung geführt werde. Amen.

Bernhard von Clairvaux
(1090–1153)

Bernhard, der zweite Sohn des burgundischen Adeligen Tescelin le Saur und seiner Frau Aleth wurde auf Schloß Fontaine bei Dijon geboren und erhielt schon früh bei den Stiftsherren von Châtillon eine umfassende Bildung. Der Tod der Mutter, die einmal selbst vor der Entscheidung für ein geistliches oder ein weltliches Leben gestanden hatte, brachte den ursprünglichen Wunsch Bernhards, Ritter zu werden, ins Wanken. Schließlich schlug er das Angebot seines Vaters, eine „Hohe Schule" in Deutschland zu besuchen, aus und überzeugte statt dessen 30 Verwandte und Freunde, mit ihm 1112 in das wegen seiner strengen Ordnung bekannte Kloster von Cîteaux einzutreten.

1115 wurde Bernhard an der Spitze von zwölf Mönchen ausgesandt, an einem Ort, der im Volke „Wermutstal“ hieß, ein neues Kloster zu gründen. Aus dem düsteren Platz wurde ein „lichtes Tal“: „Clairvaux“ war entstanden, Ausgangspunkt der Zisterzienserbewegung, der beim Tode des Abtes Bernhard über 350 Klöster mit zum Teil mehreren hundert Mönchen angehörten.
Bernhard unterwarf sich den asketischen Anforderungen seines Klosters so intensiv, daß er sich 1118 eine fortdauernde schwere Erkrankung zuzog. Dies bedeutete für ihn jedoch keinen Rückzug in die Klausur. Sein Leben war vielmehr in den folgenden Jahren von einem ständigen Wechsel zwischen Kontemplation und Aktion bestimmt. Vieles deutet darauf hin, daß Bernhard an diesem inneren Widerspruch litt, sich jedoch in der Spannung zwischen Einsamkeit und Öffentlichkeit erst entwickeln konnte.
Selbstkritisch äußerte er einmal: „Ich bin gleichsam die Chimäre meines Jahrhunderts. Ich lebe weder das Leben eines Mönches, noch das eines Laien. Dem klösterlichen Lebensstand habe ich schon längst entsagt, aber nicht dem Gewand.“[1] Von 1128 an, seit der Teilnahme am Konzil von Troyes als Sekretär, engagierte sich Bernhard so sehr in kirchenpolitischen Fragen, daß 1145, nach der Wahl eines früheren Mönches von Clairvaux zum Papst, die öffentliche Meinung war, der eigentliche Papst sei nicht Eugen III., sondern Bernhard. Dessen zeitgeschichtliche Bedeutung ist heute großenteils vergessen, vielleicht mit Ausnahme des Aufrufes zum zweiten Kreuzzug im Jahre 1146, dessen Losung „Gott will es!“ von Bernhard stammte und dessen Scheitern ihn bis zu seinem Tode im Jahre 1153 bedrückte. Jenes „Gott will es!“ ist nicht nur eine massensuggestiv wirksame Formel. Dahinter steht, was Bernhard unter Mystik versteht: das bedingungslose Eingehen auf Gottes Willen, denn die Vereinigung mit Gott ist Einswerden mit dem Willen Gottes.
Als irdische Vorform der ewigen Einheit mit Gott kann der Mensch in ekstatischen Momenten – Bernhard bezeichnet diese Ereignisse mit „raptus“ (Hingerissenwerden) und „excessus“ (Außer-Sich-Treten) – „gleichförmig werden mit Gott“. Zielpunkt dieser Vereinigung ist für Bernhard Christus, der als Gottes-Sohn zugleich „wahrer Mensch“ wurde und durch sein Leiden mit den Menschen verbunden ist.

> „Es gibt viele Menschen, die unter Mühsal und Schmerzen leiden; aber sie tun es nur gezwungen und sagen nicht ja dazu. Sie sind nicht dem Bild des Sohnes Gottes gleichförmig. Wenn ich ihn aber freiwillig nachahme, ist mir das die sicherste Gewähr, daß für mich das Leben des Erlösers und sein Menschsein fruchtbar werden. Das gibt der Mühsal und dem Leiden einen ganz eigenen Geschmack und seine Frucht.“[2]

Die Hinwendung zum Mit-Menschen in Form des Mit-Leids beginnt in der Besinnung des einzelnen auf sich selbst. Ursprünglich in der Ebenbildlichkeit Gottes geschaffen, angelegt auf Freiheit und Liebe, entdeckt der Mensch sich bei dieser Selbstbesinnung in der Enge seiner Mängel und Fehler, gefesselt durch eine Liebe, die nur ichbezogen ist.
Und doch kommt diesem Rest von Liebesfähigkeit eine entscheidende Bedeutung zu:

> „Um diesen restlichen Funken Liebe im Menschen neu zur Gottesliebe zu entfachen, ist Gott in Jesus Christus ganz irdisch geworden: so kann der Mensch den Menschen Jesus lieben und durch ihn unmerklich – weil dieser Mensch zugleich Gott ist – zu Gott weitergeführt werden. Jesus lehrt ihn das rechte Menschsein, vor allem das Mitleid mit anderen Menschen.“[7]

Ausgangspunkt der Zuwendung zum Nächsten ist die Wendung auf das Selbst.

> „Der Blick auf die eigenen Nöte öffnet den Blick für die Nöte der anderen; und durch das, was man selbst erleidet, wird man fähig, mit anderen Leidenden mitzuleiden.“[4]

Mit Bernhard gewinnt die Mystik nicht nur in der Akzentuierung als „Christusmystik“ eine neue Richtung.
Neu im mystischen Denken verankert wird auch die bildhafte Darstellung der Beziehung zwischen Seele und Christus als Brautverhältnis, die von besonderem Einfluß auf die Frauenmystik werden sollte.
In 86 Predigttexten, die von 1135 bis zu seinem Tod entstanden, interpretierte Bernhard die Vereinung von Gott und Mensch. Vielleicht liegt hier der beste Zugang zum Verständnis des paradoxen Prinzips des heiligen Bernhard von Clairvaux:

> „Der Grund, weshalb wir Gott lieben sollen, ist ganz einfach Gott, und das Maß ist die Maßlosigkeit.“[5]

Der Weg zu Gott ist der Weg der Liebe

„Die Liebe ist etwas Großes. Aber es gibt in ihr Stufen. Die Braut steht auf der obersten Stufe.
Denn auch die Söhne lieben, aber sie denken an die Erbschaft. Sie leben in der Furcht, diese Erbschaft durch irgendeinen Umstand zu verlieren, und

deshalb ist in ihnen mehr Furcht vor ihm, von dem sie die Erbschaft erwarten, und ihre Liebe ist geringer.
Zweifelhaft ist mir eine Liebe, deren Antrieb nur die Hoffnung ist, an etwas anderes heranzukommen. Eine Liebe, die beim Schwinden dieser Hoffnung auf etwas anderes entweder erlischt oder geringer wird, ist eine kranke Sache. Eine solche Liebe, die auf etwas anderes aus ist, ist unlauter. Die lautere Liebe lebt nicht vom Lohn. Die lautere Liebe schöpft ihre Kräfte nicht aus der Hoffnung auf einen Gewinn außerhalb ihrer selbst, und sie leidet keinen Schaden, wenn solche Aussichten schwinden. Das ist die Liebe der Braut, denn so ist die Braut, wer immer sie ist. Die Habe und Hoffnung der Braut ist einzig und allein die Liebe. An ihr hat die Braut Überfluß, und das genügt dem Bräutigam. Er sucht nichts anderes, und sie hat nichts anderes. Deshalb ist er der Bräutigam, und sie ist die Braut. Diese Liebe ist dem Bräutigam und der Braut vorbehalten, und niemand anderer reicht an sie heran, nicht einmal der Sohn.
Seinen Söhnen ruft Gott zu: ‚Wo ist meine Ehre?' (Mal 1,6), und nicht: ‚Wo ist meine Liebe?', denn diesen Vorzug behält er der Braut vor. Dem Menschen wird auch befohlen, seinen Vater und seine Mutter zu *ehren,* und dabei ist nicht vom *Lieben* die Rede: nicht weil die Kinder ihre Eltern nicht lieben sollten, aber weil viele Kinder dazu neigen, ihre Eltern eher zu ehren als zu lieben. Die Ehre des Königs mag das Urteil lieben (Ps 99, 4); aber die Liebe des Bräutigams, ja die Liebe in Person, der Bräutigam, sucht einzig und allein den Austausch und das Bleiben in der Liebe. So kann die Braut ihm seine Liebe erwidern. Und könnte die Braut, die Braut der Liebe, etwa nicht lieben? Könnte die Liebe anders als sich lieben lassen?
So gibt sie mit Recht alle anderen Strebungen auf und widmet sich einzig und völlig der Liebe, denn sie soll der Liebe entsprechen, indem sie ihr Liebe zurückschenkt.
Wenn sich die Braut ganz verflüssigt zu einem Strömen der Liebe, wieviel ist das im Vergleich zum ewigen Strom, der aus der Quelle der Liebe fließt? Die Liebende und die Liebe, die Seele und das *Wort,* die Braut und der Bräutigam, der Schöpfer und das Geschöpf fließen nicht in gleicher Fülle, sondern sie lassen sich vergleichen mit einem Durstigen und einer Quelle. Was bedeutet das? Wird zunichte, wird völlig inhaltslos, was in der Braut vorgeht: ihr Gelöbnis zur Vermählung, ihre Sehnsucht und ihr Seufzen, ihre glühende Liebe, ihre kühne Zuversicht, weil sie nicht als Ebenbürtige mit dem Riesen laufen kann, nicht an Süße es mit dem Honig gleichtun kann, nicht an Milde dem Lamm, an makellosem Leuchten der Lilie, an Strahlkraft der Sonne, an Liebe dem, der die Liebe ist? Nein. Denn mag auch das Geschöpf weniger lieben, weil es kleiner ist, so fehlt ihm doch an der Fülle der Liebe nichts, wenn es mit seinem ganzen Wesen liebt. Und deshalb habe ich gesagt: *so* lieben, heißt vermählt worden sein. Denn wenn die Seele so voll-

kommen liebt, kann es gar nicht anders sein, als daß sie ebenso vollkommen geliebt wird; und wenn zwei ganz übereinstimmen, ist das eine völlige und vollkommene Vermählung.
Es besteht kein Zweifel, daß die Seele vom *Wort* zuerst und mit größerer Liebe geliebt wird. So kommt ihr das *Wort* mit der Liebe zuvor und besiegt sie. Selig, die es verdient, von solcher köstlicher Segnung überrundet zu werden! Selig, der es geschenkt ist, eine Umarmung von solcher Süße erfahren zu dürfen! Das ist nichts anderes als die heilige und keusche Liebe, die süße und köstliche Liebe, die heitere, weil so lautere Liebe, die gegenseitige Liebe, die innige und starke, die zwei Wesen nicht in *einem Fleisch,* sondern in *einem Geist* verbindet; die zwei nicht mehr als zwei läßt, sondern *eins* macht, so wie Paulus sagt: ‚Wer Gott umarmt, ist *ein* Geist mit ihm' (1 Kor 6,17)."

Aus dir selbst bist du nichts, aber Gottes Liebe macht dich groß

„Ich bin kein Mensch tiefen Empfindens, und ich kann vor euch nicht etwas von mir geben, was ich nicht selbst verkostet habe. Dennoch will ich erzählen, was ich zuweilen in mir vorgehen fühle. Sollte jemand das für sich selbst für brauchbar halten, dann kann er es ja nachahmen.
Es war vor etlicher Zeit, da kam ich zu der Überzeugung, ich müsse Erbarmen mit meiner Seele haben, um dadurch Gott besser zu gefallen. Seitdem denke ich oft an sie. Hätte ich doch nur immer Zeit, noch mehr an sie zu denken!
Es gab eine Zeit, wo mir eine solche Erwägung gar nicht zusagte, weil ich meine Seele weniger, oder eigentlich nicht weniger, sondern gar nicht liebte. Denn wie könnte jemand einen lieben, dessen Tod er liebt? Wenn – was wahr und unbezweifelbar ist – die Schlechtigkeit den Tod der Seele bedeutet, dann stimmt auch unbedingt der Satz, daß ‚wer die Schlechtigkeit liebt, seine Seele haßt' (Ps 11, 6). Ich haßte meine Seele also, und ich würde sie bis zur Stunde hassen, wenn mir nicht der, der sie als erster geliebt hat, den Anfang dazu geschenkt hätte, sie wenigstens ein bißchen zu lieben. Es war also sein Geschenk, daß ich zuweilen an sie denken mußte. Und als ich das tat, kam es mir vor, so gestehe ich, als fände ich in ihr zwei entgegengesetzte Dinge.
Wenn ich sie ganz nüchtern betrachte, wie sie in sich und aus sich ist, dann kann ich nichts Wahreres von ihr empfinden, als daß sie zu *nichts* geworden ist. Ist es überhaupt notwendig, ihre erbärmlichen Eigenschaften der Reihe nach aufzuzählen? Im Licht der Wahrheit betrachtet, erscheinen schon alle

unsere gerechten Eigenschaften wie ein schmutziges Tuch (Jes 64, 4). Wie werden dann erst unsere ungerechten Seiten aussehen? Wenn das Licht, das in uns ist, schon Finsternis ist, wie dunkel werden dann erst unsere Finsternisse sein (Lk 11, 35)?

Wenn jeder von uns gründlich sein ganzes Inneres erforscht, sich dabei nichts vormacht und ohne Ansehen der Person urteilt, fällt es ihm nicht schwer, den Beweis zu erbringen, daß der Apostel völlig recht hat, und er kann ganz wie er ausrufen: ‚Wer meint, er sei etwas, wo er doch nichts ist, der betrügt sich selbst' (Gal 6, 3). ‚Was ist der Mensch, daß du ihn für groß hältst', lautet ein ehrliches und ergebenes Bekenntnis, ‚oder warum bringst du dein Herz gegen ihn auf?' (Hiob 7, 17). Was? Zweifellos ist der Mensch wie ein eitles Trugbild. Zu nichts geworden, ist der Mensch nichts.

Aber ist der Mensch denn wirklich durchaus nichts, wo ihn doch Gott so groß macht? Wie sollte er nichts sein, wo doch Gott sein Herz gegen ihn ins Spiel bringt?

Laßt uns aufatmen, Brüder: sollten wir auch in unseren eigenen Herzen spüren, daß wir *nichts* sind, so kann dennoch im Herzen Gottes etwas Gutes über uns verborgen sein.

O Vater der Erbarmungen, o Vater der Erbärmlichen, weshalb bringst du dein Herz gegen sie ins Spiel? Ich weiß, ich weiß, weshalb: ‚Wo dein Schatz ist, da ist auch dein Herz' (Mt 6, 21). Wie könnten wir also nichts sein, wo wir doch dein Schatz sind? ‚Alle Völker sind vor dir wie ein Nichts, und wie nichts und nichtig gelten sie dir' (Jes 40, 17). So sind sie *vor* dir; aber sie sind nicht so *in* dir. So sind sie, wenn du sie von deiner Wahrheit aus beurteilst, aber sie sind nicht so in den Augen deiner Liebe und Zuneigung. Du rufst das, was nicht ist, hervor, als wäre es etwas (Röm 4, 17). Sie sind also nicht, denn du rufst hervor, was nicht ist; und sie sind, weil du sie hervorrufst. Von sich aus sind sie nichts, aber bei dir sind sie dennoch etwas, und zwar, wie der Apostel sagt, ‚nicht aufgrund eigener Werke, sondern weil du sie rufst' (Röm 9, 12). So, ja so tröstest du in deiner zärtlichen Liebe, den du in deiner Wahrheit gedemütigt hast. Wer sich mit Recht in seinem eigenen Herzen eng und beschränkt vorgekommen ist, den machst du wunderbar weit in deinem Herzen. Denn alle deine Wege sind Erbarmen und Wahrheit (Ps 25, 10) für diejenigen, die dein Vermächtnis und deine Satzungen suchen, das Vermächtnis deiner gütigen Zuneigung und die Satzungen deiner Wahrheit.

Lies, o Mensch, in deinem Herzen, lies in deinem Innern, was die Wahrheit darin über dich selbst hineingeschrieben hat. Sogar in diesem allgemeinen Licht wirst du finden, daß du unwürdig bist. Lies im Herzen Gottes das Vermächtnis, das im Blut des Mittlers besiegelt ist (Hebr 9, 15–17). Dir wird dann aufgehen, welche Kluft besteht zwischen dem, was du in der Hoffnung besitzt, und dem, was du in Wirklichkeit jetzt in Händen hältst. ‚Was ist der Mensch', heißt es, ‚daß du ihn so groß machst?' (Hiob 7, 17). Ja, groß, aber in Gott; denn von Gott wird er groß gemacht. Wie sollte der Mensch nicht in den Augen Gottes groß sein, wo er ihm doch so große Sorge zuwendet? ‚Denn er sorgt sich um uns', sagt der Apostel Petrus (1 Petr 5, 7). Und der Prophet: ‚Ich aber bin ein Bettler und Armer. Der Herr sorgt für mich' (Ps 40, 18).

Das ist doch eine wunderbare Verknüpfung zweier gegenläufiger Erwägungen: der Mensch steigt gleichzeitig hinab und hinauf, wenn er sich als Armen und Bettler sieht und Gott als den, der sich um ihn sorgt.

Es wird dich nicht wundern, unter den Eigenschaften des Menschen derart gegensätzliche Dinge zu finden, wenn du aufmerksam darauf achtest, welche Unterschiede der Naturen bereits in seinem Wesen zusammentreffen. Denn was steht höher als der Odem des Lebens? Und was ist niedriger als der Kot der Erde (vgl. Gen 2, 7)? Ich glaube, selbst den Weisen dieser Welt ist nicht verborgen geblieben, welch gegensätzliche Elemente im Menschen vereinigt sind, und so haben sie den Menschen definiert als ‚vernunftbegabtes, sterbliches Tier'. Das ist eine merkwürdige Verbindung von Vernunft und Tod, eine seltsame Gemeinschaft von Intelligenz und Verfall. Und was Wunder, daß wir keine geringere Widersprüchlichkeit, sondern sogar eine noch stärkere und größere Gegensätzlichkeit im Gebaren, in den Strebungen, in den Bemühungen der Menschen finden. Schau dir einmal die ganze Schlechtigkeit des Menschen für sich genommen an, und dann betrachte umgekehrt, was alles an Gutem in ihm steckt: du mußt es als reines Wunder ansehen, daß derart gegensätzliche Dinge in *einem* Wesen zusammen sein können. So kommt es, daß ein Mensch verdient, bald ‚Sohn des Jona', bald ‚Satan' genannt zu werden. Wundert euch nicht darüber. Erinnert euch, zu wem das im Evangelium gesagt wird, und beides entspricht der Wahrheit, denn beide sagt die Wahrheit selbst, nämlich zuerst: ‚Selig bist du, Simon, Sohn des Jona' (Mt 16, 17), und nicht viel später: ‚Weiche von mir, Satan!' (Mk 8, 33). Einer ist also beides. Allerdings kommt nicht beides von einem. Das eine kommt vom Vater, das andere vom Menschen, und der Mensch war beides. Woher war er der ‚Sohn des Jona'? Daher, daß ihm nicht Fleisch und Blut, sondern der Vater offenbart hatte, was er sagte (Mt 16, 17). Und woher war er ein ‚Satan'? Daher, daß er nach Menschenart dachte, nicht nach Gottes Art (Mk 8, 33).

Wenn wir also nach beiden Seiten hin sorgfältig erwägen, was wir sind: nach der einen Seite, daß wir nichts sind, nach der anderen Seite, welche Größe wir haben, wenn ein so erhabener Gott sich um uns sorgt und sein Herz um unseretwillen einsetzt, dann, denke ich, wird unsere Selbstherrlichkeit zwar gedämpft, aber in Wirklichkeit verstärkt, nämlich auf solideren Grund gestellt: dann rühmen wir uns nicht mehr in uns selbst, sondern im Herrn. Nur auf dieses eine achten wir dann noch und sagen: wenn er beschlossen hat, uns zu retten, dann werden wir auch in die Freiheit gelangen.

Laßt uns jetzt an diesem hochgelegenen Aussichtspunkt, auf den wir gelangt sind, ein bißchen verweilen. Laßt uns ausschauen nach dem Haus Gottes, ausschauen nach dem Tempel, ausschauen nach der Stadt, ausschauen nach der Braut. Ich habe es nicht vergessen, sondern ich sage es mit Bangen und Ehrfurcht. Das sind *wir*. Das, sage ich, sind wir, und zwar im Herzen Gottes. Das sind wir. Wir sind es, weil er es uns gewährt hat, nicht weil wir selbst dessen würdig sind. Der Mensch soll nicht in Beschlag nehmen, was Gott gehört, damit er nicht anfängt, sich selbst zu verherrlichen. Denn es steht Gott zu, den Menschen groß zu machen, und wenn man das nicht ihm überläßt, erniedrigt er den, der sich selbst erhöht. Und wenn wir in kindlichem Ungestüm meinen, uns ohne Beistand der Gnade retten zu müssen, werden wir zu Recht nicht gerettet. Das Verleugnen unserer Erbärmlichkeit verstellt dem Erbarmen den Weg, und wo einer sich selbst die Ehre gibt, kann ihn Gott nicht beehren; ein demütiges Eingeständnis seines Leidens dagegen weckt das Mitleid. Nur das Eingeständnis hat zur Folge, daß uns der Hausvater von seinem Reichtum in unserem Hunger ernährt, und unter seinem Dach finden wir Brot in Fülle (vgl. Lk 15, 17). Folglich ist der sein Haus, dem niemals die Speise des Lebens fehlt. Und bedenke, daß er sagt, sein Haus müsse ein Haus des Gebets sein (Mt 21, 13). Das stimmt offensichtlich ganz mit dem Zeugnis des Propheten zusammen, der sagt, im Gebet speise er uns mit dem Tränenbrot und reiche uns den Trank der Tränen (Ps 80, 6). Im übrigen gebührt nach dem gleichen Propheten – und wir haben das oben auch schon erwähnt – diesem Haus Heiligkeit (Ps 93, 5). Die Tränen der Reue werden ja von Lauterkeit und Enthaltsamkeit begleitet. So wird, was bereits ein Haus war, schließlich zum Tempel Gottes. ‚Seid heilig', sagt er, ‚weil ich heilig bin, der Herr, euer Gott' (Lev 19, 2). Und der Apostel: ‚Wißt ihr nicht, daß eure Körper der Tempel des Heiligen Geistes sind und daß der Heilige Geist in euch wohnt? Wenn einer den Tempel Gottes schändet, wird Gott ihn verderben' (1. Kor 6, 15–19; 1 Kor 3, 16–17)."

Dominikus
(um 1170–1221)

Den um 1170 in Spanien im kastilischen Caleruega geborenen Dominikus auf dieselbe Weise wie Augustinus und Bernhard von Clairvaux als „Vorbild der Mystik“ darzustellen, stößt auf die Schwierigkeit, daß wir über keine schriftlichen Überlieferungen verfügen, „aus denen wir heute ein Lehrsystem aufbauen, genaue Anweisungen für unser religiöses Leben ermitteln oder sogar unsere Empfindsamkeit anregen können“.[1]
Von der Wirkungsgeschichte her betrachtet, nimmt der Begründer des Ordens der Predigerbrüder allerdings eine überragende Bedeutung für die Entwicklung der mystischen Bewegung ein. Albertus Magnus, Tauler, Seu-

se, Ulrich von Straßburg, Dietrich von Freiberg, Berthold von Moosburg, Meister Eckhart entstammen der Schule der Dominikaner. Der von Papst Clemens IV. 1267 erteilte Auftrag an diesen Orden zur Nonnenseelsorge ist von entscheidendem Einfluß auf die deutsche Frauenmystik.
Dominikus wirkte durch seine Persönlichkeit. Er beeinflußte durch das gesprochene Wort und war andererseits in hohem Maße empfindsam und rührbar. Die nach seinem Tode entstandenen zahlreichen Legenden sprechen immer wieder von den Tränen des Heiligen, doch führte das Leiden an der Welt bei ihm nicht zum resignierenden Rückzug in die Innerlichkeit. In nur fünf Jahren schuf er mit den „Predigerbrüdern" ein Instrument, das über Generationen hinweg wirksam blieb, „weil sie durch das Wort der Verkündigung viele Menschen zum Heil anspornen, besonders da sie nichts predigen, was sie nicht selber zu leben versuchen".[2]
Dominikus, der möglicherweise dem Adelsgeschlecht der „Guzman" angehörte, wurde mit sieben Jahren einem Onkel, der Priester war, übergeben. Er lernte dort Latein und studierte anschließend in Palencia vom 15. bis zum 25. Lebensjahr die „Freien Künste", dann Philosophie und Theologie. 1195 trat er in das Domkapitel von Osma ein und empfing dort auch die Priesterweihe. Durch die Reformierung der Ordensgemeinschaft nach den Regeln Augustins erfuhr Dominikus Anregungen, die er später bei der eigenen Ordensgründung anwandte. Als 1203 Bischof Diego von Osma im Auftrag König Alfons' VIII. nach Dänemark reiste, um am dortigen Hofe eine Braut zu werben, nahm er Dominikus zum Begleiter. Auf der Rückreise trafen die beiden in Montpellier drei päpstliche Gesandte aus dem Zisterzienserorden, die den Auftrag hatten, kriegerische Maßnahmen gegen die ketzerischen Albigenser einzuleiten. Dominikus vertrat demgegenüber die Ansicht, nur demütiges Auftreten und gewissenhaftes Auslegen des Wortes könnten zur Bekehrung der Abtrünnigen führen.
Zusammen mit Diego begann Dominikus mit der Mission im Languedoc und gründete 1206 ein Nonnenkloster. Als 1208 ein päpstlicher Legat von den Albigensern ermordet wurde, kam es zu einem blutigen Kreuzzug, der 1215 mit der Niederwerfung der Ketzer endete. Für Dominikus war diese Form der Auseinandersetzung letzter Anstoß, einen Orden zur Verbreitung des Wortes zu gründen.
Auf der Augustiner-Regel basierend, wurde der Orden 1216 durch Papst Honorius III. bestätigt. Das erste Dominikanerkloster entstand in Toulouse, von wo 1217 die ersten 16 Prediger ausgesandt wurden. Frankreich, Italien, Spanien und Polen wurden die ersten Ziele der weltweit wirkenden Dominikaner, die 1220 beschlossen, auf jegliches Eigentum zu verzichten und bloß von Almosen zu leben.
Dominikus, der das Gelübde der Armut und der Zuwendung zu den Erniedrigten in vollkommener Weise erfüllte, starb 1221, symbolisch auf Asche gebettet, in Bologna.

Eines der wenigen Zeugnisse, das über die Spiritualität des Dominikus Auskunft gibt, geht auf den Dominikanermönch Aldobrandinus von Tuscanella zurück.
Er schrieb im 13. Jahrhundert „Neun Gebetsweisen des hl. Dominikus" auf, die wir nachfolgend mit modernen Abbildungen wiedergeben. Alle neun Gebetsweisen zeigen die Einheit von Leib und Seele, von Sinn und äußerer Form, wobei in der achten die vier Elemente der Hinführung zu Gott (Lesung, Gebet, Meditation, Kontemplation) genannt werden.

Neun Gebetsweisen des heiligen Dominikus

„Heilige Kirchenlehrer wie Augustinus, Ambrosius, Gregor, Hilarius, Isidor, Johannes Chrysostomos und Johannes der Damaszener, Bernhard und andere fromme griechische wie lateinische Lehrer haben ausführlich über das Gebet gesprochen. Sie empfehlen es eindringlich, beschreiben seine Notwendigkeit und seinen Nutzen, die Art und Weise des Betens, wie man sich darauf vorbereitet, und auch die entsprechenden Schwierigkeiten und Hindernisse. Aber auch unser berühmter und geachteter Lehrer Bruder Thomas von Aquin und Albert vom Orden der Predigerbrüder in ihren Schriften wie Wilhelm in seiner Abhandlung von den Tugenden legen sehr eindrücklich, auf eine schöne und gründliche, heilige Weise jene Formen des Betens dar, bei denen der Geist sich der Glieder des Körpers bedient, um so inniger zu Gott zu gelangen; denn wo der Geist den Körper bewegt, wird er seinerseits vom Körper bewegt, bis er in Ekstase gerät wie manchmal bei Paulus oder in Verzückung wie beim Propheten David. Auf diese Weise hat oft auch Dominikus gebetet, und darüber wird im folgenden einiges gesagt.
Denn auch von den Heiligen des Alten und Neuen Testamentes heißt es, sie hätten manchmal auf solche Weise gebetet. So zu beten fördert die Haltung der Hingabe, weil einerseits der Geist auf den Körper, andererseits der Körper auf den Geist einwirkt. Wenn Dominikus in dieser Weise betete, war er oft leidenschaftlich bis zu Tränen gerührt, und die Innigkeit seines guten Willens steigerte sich dermaßen, daß er diese innere Erregung nicht mehr verbergen konnte; dann wurde seine ganze Hingabe in den Gliedern seines Körpers sichtbar. Während er so betete, erhob sich sein Geist in Bitten, Fürbitten und Danksagung.
Die folgenden beschriebenen Gebetsweisen pflegte Dominikus neben den üblichen, aber ebenso intensiven Formen des Betens in der Feier der hl. Messe und im Psalmengebet. Da erschien er oft plötzlich von einem inneren Eifer gepackt, außer sich, zu Gott und den Engeln erhoben, sei es nun im Chor oder auf der Straße.

Die erste Gebetsweise

Seine erste Gebetsweise bestand darin, sich demütig vor dem Altar zu verneigen, als wäre Christus, den der Altar zeichenhaft darstellt, nicht nur in dieser symbolischen Gestalt, sondern wirklich und persönlich anwesend. Und in den Worten Judiths sprach er: ‚Die Bitte der Geringen und Sanftmütigen findet bei dir immer Wohlgefallen‘ (Jdt 9, 16). In Demut haben die kananäische Frau und der verlorene Sohn erhalten, was sie erbaten; denn ‚Ich bin nicht würdig, daß du eingehst unter mein Dach‘ (Mt 8, 8), und ‚Herr, vor dir bin ich in Demut tief gebeugt‘ (Ps 146, 6).
So stand unser heiliger Vater aufrecht da, neigte sein Haupt, um demütig Christus als sein Haupt zu verehren, indem er seine Wenigkeit im Lichte der Erhabenheit Christi betrachtete und sich ganz dieser Verehrung hingab. Er hielt die Brüder an, ein Gleiches zu tun, wenn immer sie dem Kreuz, dem Zeichen der Demütigung Christi, begegneten, damit Christus, der für uns so tief gedemütigt wurde, uns vor seiner Erhabenheit demütig sehe. In gleicher Weise wies er seine Brüder an, sich demütig vor der ganzen Dreifaltigkeit zu verneigen, wenn sie feierlich das ‚Ehre sei dem Vater‘ beteten.

Die zweite Gebetsweise

Oft betete der hl. Dominikus, indem er sich ganz ausgestreckt auf den Boden warf, das Gesicht der Erde zugekehrt. Dann war sein Herz von tiefer Reue gerührt, und er erinnerte sich der Worte des Evangeliums, die er oft so laut vor sich hersagte, daß man sie gut verstehen konnte: ‚O Gott, sei mir armem Sünder gnädig!‘ (Lk 18, 13). Und wieder sprach er voll Ehrfurcht und Hingabe die Worte Davids: „Ich bin es, der vor dir gesündigt und ungerecht gehandelt hat‘ (Ps 50, 5). Dann weinte er und seufzte heftig und sagte danach: ‚Ich bin nicht würdig, auf die Höhen des Himmels zu sehen, wegen der Größe meiner Sünde, denn ich habe deinen Zorn erregt und vor dir Böses getan.‘ Und aus dem Psalm ‚Gott, mit unseren Ohren haben wir es gehört‘ betete er mit starker und ergebener Stimme: ‚Denn meine Seele ist in den Staub gebeugt, mein Leib klebt an der Erde‘ (Ps 43, 2.26). Und weiter: ‚Meine Seele klebt am Staube, belebe mich nach deinem Wort“ (Ps 118, 25).
Manchmal wenn er die Brüder lehren wollte, wie sie mit Ehrfurcht beten sollten, sagte er ihnen: ‚Als die Weisen, jene ehrfürchtigen Könige, das Haus betraten, fanden sie das Kind mit seiner Mutter, und sie warfen sich nieder und huldigten ihm‘ (Mt 2, 11). Auch wir wissen, daß wir ihn gefunden haben, Gott und Mensch mit Maria, seiner Magd. ‚Kommt laßt uns anbeten und niederfallen vor Gott, wehklagen vor dem Herrn, der uns geschaffen hat‘ (Ps 94, 6). Die jüngeren Brüder ermahnte er auch mit den Worten: ‚Wenn ihr eure Sünden nicht beklagen könnt, weil ihr keine habt, dann

denkt an die vielen Sünder, die der Barmherzigkeit und der Liebe zugeführt werden können. Für sie haben die Propheten und die Apostel gewehklagt, und als Jesus sie sah, weinte er bitterlich.' In gleicher Weise flehte der hl. David, wenn er sagte: ‚Ich sah die Abtrünnigen, und große Trauer überkam mich' (Ps 118, 158).

Die dritte Gebetsweise

Im gleichen Sinne und im Anschluß an das soeben beschriebene Gebet erhob er sich vom Boden und geißelte sich mit einer Eisenkette, indem er sprach: ‚Deine Zucht richtet mich aus aufs Ziel' (Ps 17, 36). Deshalb wurde im ganzen Orden verordnet, daß sich alle Brüder in verehrender Erinnerung an das Beispiel des hl. Dominikus an den Ferialtagen nach der Komplet mit einer mit Holzkugeln bestückten Geißel auf die nackten Schultern Bußschläge erteilen sollten, und das, indem sie den Psalm ‚Misere mei Deus' (‚Erbarme dich meiner, o Gott') oder das ‚De Profundis' (‚Aus der Tiefe rufe ich zu dir') beteten. Das taten sie für ihre eigenen Sünden oder für die Sünden jener, von deren Gaben sie lebten. So sollte sich keiner diesem heiligen Beispiel entziehen, mochte er auch noch so unschuldig sein.

Die vierte Gebetsweise

Danach stellte sich der hl. Dominikus vor den Altar hin oder stand im Kapitelsaal vor dem Kreuz und richtete seinen Blick ganz aufmerksam auf den Gekreuzigten. Dabei machte er die Kniebeuge, oft auch mehrere hintereinander. Sehr oft verbrachte er so die ganze Zeit nach der Komplet bis Mitternacht, indem er eine Zeitlang aufrecht stand, dann wieder kniete wie der Apostel Jakobus oder der Aussätzige des Evangeliums, der auf den Knien bat: ‚Herr, wenn du willst, kannst du mich rein machen' (Lk 5, 12). Und wie Stephanus, der sich auf die Knie warf und mit lauter Stimme rief: ‚Herr, rechne ihnen diese Sünde nicht an!' (Apg 7, 60). In dieser Weise wuchs in unserem heiligen Vater Dominikus ein großes Vertrauen in die Barmherzigkeit Gottes, daß sie sich ihm und all den Sündern zuwende und seine jüngsten Brüder bewahre, die er überallhin zu den Menschen zur Verkündigung der Frohbotschaft gesandt hatte. Manchmal konnte er seine Stimme nicht mehr zurückhalten, und dann hörten ihn seine Brüder beten: ‚Zu dir, o Herr, will ich rufen, schweige mir nicht, denn wenn du mich im Schweigen verläßt ... usw.' (Ps 27, 1), und ähnliche Worte der Heiligen Schrift sprach er laut vor sich hin.

Zu anderen Zeiten redete er zu seinem Herzen, und seine Stimme war nicht zu vernehmen. Da verweilte er auf seinen Knien, ganz in sich selbst versunken, und das über längere Zeit. In solchen Momenten, wenn er so betete,

schien es, als hätte sein Geist den Himmel durchdrungen; sein Gesicht erstrahlte plötzlich in Freude, und er wischte sich die überströmenden Tränen vom Gesicht. Es war, als empfände er ein großes Verlangen, wie es der Durstige verspürt, der endlich den Brunnen erreicht, oder der Wanderer, der sich nach langer Reise seiner Heimat nähert. Sein Gebet wurde noch inniger und intensiver, was sich in seinen zusehends bewegteren, aber doch würdevollen Gesten zeigte; dazu erhob er sich oft und kniete wieder hin.
Das Kniebeugen war ihm so zur Gewohnheit geworden, daß er selbst auf Reisen, in den Gaststätten nach einem beschwerlichen Tag oder auch auf dem Weg selber, wenn die anderen schliefen und sich ausruhten, zu dieser besonderen Gebetsweise zurückfand; sie war Ausdruck seines persönlichen Dienstes der Anbetung. Und diese Gebetsweise lehrte er seine Brüder mehr durch sein Beispiel als mit vielen Worten.

Die fünfte Gebetsweise

Manchmal, wenn der heilige Vater Dominikus sich in einem Konvent befand, stellte er sich mit seinem ganzen Körper aufrecht stehend vor den Altar hin, ohne sich irgendwie abzustützen oder anzulehnen. Dann hielt er seine Hände vor die Brust wie ein offenes Buch und verweilte so andächtig und tiefversunken, als würde er tatsächlich in der Anwesenheit Gottes lesen. Man konnte beobachten, wie er im Beten das Wort Gottes betrachtete, indem er sich selbst die Worte der Schrift mit viel Feingefühl und innerer Freude immer wieder vorsagte. Regelmäßig betete er so, weil es die Weise unseres Herrn war, wie wir es bei Lukas nachlesen können: ‚Und Jesus ging nach seiner Gewohnheit (d. h. am Sabbat) in die Synagoge; dort stand er auf, um vorzulesen‘ (Lk 4, 16). Und in den Psalmen heißt es: ‚Da stand Phinees auf und betete, und die Plage nahm ein Ende‘ (Ps 105, 30).
Dann legte Dominikus seine Hände fest aneinander und hielt sie so verbunden vor seine Augen, ganz in sich selbst versunken; oft breitete er sie auch auf der Höhe der Schultern aus, wie es der Priester beim Messelesen zu tun pflegte, und er schien dabei mit seinen Ohren aufmerksam hinzuhören, als ob vom Altar her etwas Besonderes zu vernehmen wäre. Wer ihn so in Andacht versunken, aufrecht dastehen und beten sah, der konnte gewiß denken, er sehe einen Propheten, der mit einem Engel oder mit Gott selbst im Gespräch verweilte; mal schien er zu reden, dann wieder hinzuhören oder still zu überdenken, was ihm gerade offenbart worden war.
Auf Reisen entfernte er sich oft heimlich, um Zeit fürs Gebet zu finden, und er war augenblicklich so davon eingenommen, als wäre er mit ganzem Herzen auf den Himmel ausgerichtet. Hätte man ihn da reden hören können, seine sanfte Stimme hätte in tiefer Bewegtheit einige der wunderbarsten Worte, meistens vom Kern der Heiligen Schrift, preisgegeben, so als wür-

den sie ihm frisch von ‚der Quelle des Erlösers' geschenkt. Die Brüder waren tief berührt, wenn sie ihren Vater und Meister in solchen Momenten des Betens erleben durften; und für die Getreuen unter ihnen war es der beste Weg zu lernen, was ehrfürchtiges und immerwährendes Beten bedeutete: ‚Wie die Augen der Magd zu ihrer Gebieterin Hand und wie die Augen der Knechte hin zur Hand ihres Herrn ...' (Ps 122, 2).

Die sechste Gebetsweise

Sehr oft konnte man den heiligen Vater Dominikus beobachten, wie er beim Gebet die Arme und Hände in der Form des Kreuzes weit ausstreckte und dabei bemüht war, möglichst aufrecht zu stehen. Auf diese Weise betete er, als Gott auf seine Fürbitte in St. Sixtus zu Rom den Knaben Napoleon zum Leben erweckte; er betete so in der Sakristei und in der Kirche während der Feier der hl. Messe. In dieser Stellung wurde er auch vom Boden abgehoben, wie es die fromme und heilige Schwester Cäcilia erzählte, die dabei war und es mit vielen anderen gesehen hat. Wie Elias, als er den Sohn der Witwe zum Leben erweckte, streckte Dominikus seine Arme aus und legte sich auf den Knaben. Auf ähnliche Weise betete er, als er in der Nähe von Toulouse englische Pilger vom Ertrinken im Fluß errettete. Ebenso betete der Herr, am Kreuze hängend, Arme und Hände ausgestreckt, mit lautem Rufen und Wehklagen und in Tränen; und er wurde erhört und errettet aus der Not wegen seiner Demütigung.
Der hl. Dominikus pflegte nur dann auf diese Weise zu beten, wenn er aus einer Eingebung Gottes erahnte, daß etwas Großes und Wunderbares durch die Kraft seiner Fürbitte geschehen sollte. Er hat seinen Brüdern nicht verboten, so zu beten, doch hat er sie dazu auch nicht ermuntert. Wir wissen nicht, was er sagte, als er den Knaben betend zum Leben erweckte und mit ausgestreckten Armen und Händen in der Form des Kreuzes dastand. Vielleicht sprach er die Worte des Elias: ‚Herr, mein Gott, ich bitte dich, laß die Seele dieses Knaben in seinen Körper zurückkehren' (1 Kön 17, 21). Alle konnten sehen, wie er sich jener Ausdrucksform mit Beten bediente, doch weder Brüder und Schwestern noch Herren und Kardinäle oder irgend jemand von denen, die sich in seiner Nähe aufhielten und die für sie so fromme und auch wundersame Gebetsweise beobachteten, konnte sich der Worte erinnern, die er ausgesprochen hatte. Nachträglich fanden sie es nicht angebracht, den heiligmäßigen und bewunderungswürdigen Dominikus zu befragen, denn bei allen hatte es große Ehrfurcht und Achtung für seine Person hervorgerufen.
Die Worte der Psalmen, die jene Gebetsweise zum Ausdruck bringen, trug er jeweils mit viel Bedacht und besonderem Nachdruck vor, und so sprach er: ‚Herr, mein Gott und mein Heil, bei Tag rufe ich zu dir, und des Nachts

schreie ich vor dir' … bis zum Vers: ,den ganzen Tag rufe ich dich an, Herr, und zu dir strecke ich meine Hände aus' (Ps 87, 2–10). Und weiter: ,Herr, erhöre mein Gebet, vernimm mein Flehen … nach dir breite ich meine Hände aus … eile, erhöre mich, Herr' (Ps 142, 1–7).
Damit konnte jeder fromme Mensch das Beten und die Lehre unseres Vaters in dieser Gebetsform nachvollziehen, wenn er durch die Kraft des Gebetes sich wundersam zu Gott hingezogen fühlte, oder besser, wenn er durch eine geheimnisvolle Eingebung spürte, wie Gott, der Erhabene, ihn bewegte, für sich selber oder jemand anderen eine bestimmte Gnade zu erlangen. Wenn Dominikus so betete, dann leuchtete in ihm die Liebe Davids, das Feuer Elias', die Liebe Christi und seine eigene Hingabe an Gott auf. Das Bild illustriert das.

Die siebte Gebetsweise

Oft sah man ihn auch sich im Gebet in seiner ganzen Größe zum Himmel recken, wie ein Pfeil, der vom gespannten Bogen geradewegs in die Höhe schnellt: Seine Hände waren über seinem Kopf hochgestreckt, fest zusammengehalten oder leicht geöffnet, so als wollte er etwas vom Himmel in Empfang nehmen. Dabei, so glaubte man, vermehrte sich in ihm die Gnade, und entrückt erhielt er von Gott für seinen Orden, den er gegründet hatte, die Gaben des Heiligen Geistes, damit er selbst und seine Brüder im Leben der Seligpreisungen die Kostbarkeit der Sanftmut erfahren und sich in äußerster Armut, in bitterer Trauer, schwerer Verfolgung, in großem Hunger und Durst nach Gerechtigkeit sowie in besorgtem Mitleid stets glücklich schätzen; und daß sie im eifrigen Beachten der Gebote und dem Erfüllen der evangelischen Räte ihre wahre Freude finden könnten. In solchen Momenten schien der heilige Vater plötzlich wie ins Allerheiligste und in den dritten Himmel entrückt. Wenn er so gebetet hatte, dann handelte er nach der Weise eines wahren Propheten, sei es nun im Predigen, im Gewähren einer Dispens, oder wenn er seine Mitbrüder zurechtwies.
Er konnte in dieser Gebetsweise nicht lange verharren, und er war dabei so in sich gekehrt, daß es schien, als würde er von einer langen Reise zurückkehren; dann glich sein Gebaren dem eines Fremden, was man an seinem Gesichtsausdruck und seinem Benehmen ablesen konnte. Seine Brüder hörten ihn laut beten und wie der Prophet rufen: ,Höre mein lautes Flehen, Herr, wenn ich zu dir rufe und meine Hände erhebe zu deinem heiligen Tempel' (Ps 27, 2). Und er lehrte seine Brüder durch sein heiliges Beispiel und mit Worten, beständig zu beten, und er wiederholte immer wieder die folgenden Psalmenverse: ,Auf, lobet den Herrn, all ihr Knechte des Herrn …' (Ps 133, 1) und weiter: ,Herr, ich rufe zu dir, erhöre mich, merk auf meine Stimme, denn ich schreie nach dir …' usw. bis: ,des Nachts erhebt

eure Hände zum Heiligtum ...' und ,... meine Hände erhebe ich zum Abendopfer' (Ps 140, 1–2).

Die achte Gebetsweise

Der heilige Vater Dominikus kannte noch eine andere schöne, erhabene und offenherzige Gebetsweise, die er vor allem in der Zeit nach dem liturgischen Chorgebet oder nach der gemeinsamen Danksagung bei Tisch pflegte. Bedacht und gleichzeitig doch angeregt in seinem Geiste von den göttlichen Worten, die soeben im Chor oder im Refektorium gesungen worden waren, zog er sich im Geist der Hingabe schnell an einen einsamen Ort zurück und setzte sich in einer Zelle oder sonst irgendwohin, um in sich gesammelt und in der Gegenwart Gottes zu lesen und zu beten. Da saß er dann ruhig und öffnete ein Buch, nachdem er sich zuerst bekreuzigt hatte; so las er und ließ sein Gemüt vom Gelesenen sanft bewegen, als könnte er den Herrn selber zu sich reden hören, wie es im Psalm heißt: ,Lauschen will ich auf das, was der Herr, mein Gott in mir spricht ...' (Ps 84, 9). Es war, als würde er mit einem Gefährten ein bewegtes Gespräch führen; manchmal war seine Stimme und sein Gebaren ungeduldig, dann hörte er wieder ruhig hin, diskutierte und argumentierte, lachte und weinte gleichzeitig, richtete seinen Blick fest auf etwas Bestimmtes oder senkte seinen Kopf; dann redete er wieder ruhig vor sich hin und schlug sich an die Brust. Hätte ihn ein Neugieriger beobachten wollen, er hätte gesehen, wie der heilige Vater Dominikus Mose gleich in das Innere der Wüste vorstieß, zum Gottesberg Horeb kam und da den brennenden Dornbusch sah, in dem der Herr zu ihm sprach und vor dem er sich niederwarf. Der Gottesberg stellt die prophetische Weise dar, wie man leicht von der Lesung zum Gebet, vom Gebet zur Meditation und von der Meditation zur Kontemplation gelangen kann. Wenn er so alleine las, verneigte er sich oft vor dem Buch und küßte es, um ihm die Ehre zu erweisen, besonders wenn es das Evangelienbuch war oder wenn er mit seinen eigenen Lippen Worte Christi aussprach. Manchmal wendete er sein Gesicht ab und verbarg es in seiner Kappa, oder er legte sein Antlitz in seine Hände und verhüllte es wiederum leicht mit seiner Kapuze. Dann weinte er auch aus innerster Sorge und voller Sehnsucht. Darauf stand er wieder ehrfurchtsvoll auf und neigte sein Haupt, als wollte er einer vornehmen Person für erhaltene Wohltaten danken. Und wieder ganz in sich zur Ruhe gekommen und entspannt, setzte er seine Lektüre im Buch fort.

Die neunte Gebetsweise

In der folgenden Weise betete Dominikus, wenn er von Land zu Land reiste, vor allem, wenn er in eine einsame Gegend kam; da widmete er sich ganz der

Meditation, ja der Kontemplation, und sagte dann oft zu seinem Weggefährten: ‚Es steht bei Hosea geschrieben: »Ich werde sie in die Einsamkeit führen und zu ihrem Herzen sprechen«‘ (Hos 2, 14). Darauf wandte er sich von seinem Gefährten ab, ging ihm voran, oder öfters folgte er ihm auf Distanz, und indem er alleine dahinschritt, betete er im Gehen und lebte in der Meditation auf, als würde in ihm ein Feuer entfacht. Wenn er so im Gebet versunken wanderte, machte er zuweilen Handbewegungen, als wollte er glimmende Asche und Fliegen vor seinem Gesicht verscheuchen; er schien sich auch mit dem Kreuzzeichen zu wehren.
Nach der Meinung der Brüder erreichte der Heilige in dieser Gebetsweise die Fülle der Heiligen Schrift und gelangte zum Mark der Einsicht in die göttlichen Worte; sie schenkte ihm auch die Kraft und den Mut zur überzeugenden Predigt und einen vertrauten Umgang mit den Tiefen des Hl. Geistes im Erkennen von verborgenen Geheimnissen.“

Franz von Assisi
(1181–1226)

Francesco – „Französchen“, so wurde der als Johannes getaufte Sohn von seinem Vater, dem reichen Tuchhändler Pietro Bernardone, gerufen. Unklar ist, ob dieser dadurch auf die provençalische Heimat der Mutter Francescos anspielen wollte oder ob er damit die französische Lebensart seines Sohnes meinte, die ihn zum Führer der „jeunesse dorée“, der leichtlebigen Jugend seiner Vaterstadt werden ließ.
Überliefert ist, daß Francesco nur eine geringe schulische Bildung erhielt (er konnte zeitlebens nicht fehlerfrei schreiben), nur wenig Latein konnte, von der Mutter aber Französisch geläufig sprechen lernte.

Assisi war damals Teil des Herzogtums von Spoleto. Dessen Herrscher, der Deutsche Konrad von Irslingen, wurde 1198 in den Streit der gleichzeitig zum Kaiser gewählten deutschen Fürsten Philipp von Schwaben und Otto von Braunschweig verwickelt. Seine Abwesenheit benutzten die Bürger von Assisi, um die Adelsgeschlechter zu stürzen und im Jahre 1200 die Republik auszurufen.

Francesco nahm sowohl an dem Umsturz als auch an dem zwei Jahre später folgenden Krieg gegen die Nachbarstadt Perugia teil, geriet nach der Niederlage der Truppen Assisis in Gefangenschaft und wurde im Jahre 1203 wieder freigelassen. Das Schicksal des jungen Francesco ist bis zu diesem Zeitpunkt nicht außergewöhnlich. Er wird in eine Welt hineingeboren, „in der Untreue, Gewinnsucht und Gewalt herrschen“[1], und er ist Teil dieser Welt, bis eine Reihe von Ereignissen zur Wende führt. Eine lange Krankheit hinterläßt bei Francesco eine depressive Stimmung, der er durch die erneute Teilnahme an einem Kriegszug, diesmal auf seiten des päpstlichen Heeres, zu entkommen versucht. Wieder erkrankt er und vernimmt zum erstenmal eine göttliche Stimme, die ihm befiehlt, nach Hause zurückzukehren. Damit ist die ritterliche Existenz aufgegeben. Die Abkehr von den bisherigen Lebensumständen beginnt mit der Begegnung mit einem Aussätzigen. Zunächst versucht Francesco, Gutes zu *tun,* indem er dem Kranken ein Silberstück anbietet, dann *überwindet* er sich und küßt die zerfressene Hand: Er hat den „Bruder Christ“ entdeckt. Francesco geht in sich, überdenkt sein Leben, versenkt sich ins Gebet, sucht die Einsamkeit. Als er außerhalb der Stadt in der Kirche San Damiano betet, vernimmt er wiederum die Stimme Gottes: „Franziskus, bau mein Haus auf, das am Einstürzen ist!“

Francesco zögert nicht, entnimmt dem väterlichen Geschäft Geld und bietet es dem Priester der Kirche an. Vor dem Zorn des Vaters flieht Francesco in eine Höhle, bis er den Mut findet, sich seinem Vater zu stellen. Dieser erhebt Anklage gegen ihn, es kommt zu einer dramatischen Szene vor dem Bischof, wobei Francesco sich als Diener Gottes bekennt, vom Vater enterbt wird und sich von ihm lossagt.

Er kehrt nach San Damiano zurück und stellt zuerst diese Kirche, dann San Pietro und schließlich die verlassene Kapelle Santa Maria degli Angeli, genannt „Portiuncula“, wieder her, um den göttlichen Auftrag zu erfüllen.

Am 24. Februar 1209 wird Franziskus durch das Tagesevangelium die Erleuchtung zuteil: Nicht das steinerne Gotteshaus ist vom Einsturz bedroht, die Kirche selbst ist in Gefahr, sie gilt es zu retten. Franziskus nimmt den Auftrag an. Er führt, zuerst allein, dann mit einigen Anhängern, ein ordensähnlich geregeltes Leben zwischen Predigt, Arbeit und Kontemplation. 1210 versucht Franziskus, von Innozenz III. die Anerkennung als kirchliche Ordensgemeinschaft zu erhalten. Der Papst zögert zunächst, wird aber durch einen Traum, in dem er Franziskus als Retter der vom Einsturz be-

drohten Laterankirche sieht, umgestimmt und genehmigt so den ersten Orden im franziskanischen Geist, den „Minderbrüder-Orden", d. h. die Gemeinschaft derer, die sich selbst als „gering" betrachten und bereit sind zu dienen. Ordenssitz wird „Portiuncula".
In San Damiano entstand 1212 ein zweiter „Orden der armen Frauen", nach der ersten Ordensmutter später „Klarissen" genannt. 1221 folgte schließlich der dritte Orden der „Tertiären", der bis heute Laien offensteht, die im Geiste des heiligen Franziskus leben wollen.
Schon von seinen Zeitgenossen wurde Franziskus als „seraphimischer Heiliger" bezeichnet. Seraphime sind jene Engel, die Gott von Angesicht zu Angesicht sehen und authentische Künder seiner Heiligkeit sind.
Es war Franziskus' Ziel, Jesus gleich zu werden, ihn zu lieben und von ihm geliebt zu werden. Was er in der Ordensregel von 1221 vorschreibt, „Jesus Lehre und Fußspuren zu folgen", verwirklichte Franziskus in oft kindlich anmutender Gläubigkeit und Spontaneität.
Von daher ist es auch verständlich, daß die Botschaft des Heiligen nur in geringem Maße schriftlich fixiert ist. „Er lebte seine Freude und Passion Tag für Tag, ohne seine religiösen Erfahrungen zu analysieren, ohne auf seine Seelenzustände zurückzukommen, ohne zu versuchen, hinsichtlich der Gnaden, die er von Gott empfing, Bilanz zu ziehen."[2]
In diesem Lebensvollzug ist auch die Trennung von Gotteserfahrung und Handeln in der Welt nur eine äußere.
Zeiten der Kontemplation, des Rückzuges in die Einsamkeit, der Meditation münden stets in Phasen, in denen Franziskus die Welt sucht.
„Die Biographen des heiligen Franziskus schildern uns, wie er sich rückhaltlos der geringsten Berührung des heiligen Geistes überläßt und auf diese Weise in den vertrauten Umgang mit Gott versenkt, ohne Zeit und Ort zu beachten. Hernach bricht er zu seinen Wanderungen auf und predigt das Reich Gottes."[3]
Die Welt ist Schöpfung Gottes, Ort der Zuwendung zu Gott, und Franziskus bezeugt allem von Gott Geschaffenen gegenüber die Liebe und Dankbarkeit, die er Gott gegenüber empfindet. „Alles ist ihm Sym-bol, Zusammenfallen des Ganzen, ein Fragment, Hinweis auf das Geheimnis Gottes."[4]
Gerade für unser gegenwärtiges Bewußtsein ist diese ganzheitliche, geradezu „ökologische" Betrachtungsweise der Natur richtungweisend: „Franziskus, der das Wasser, das er zum Waschen gebraucht hat, nicht mit den Füßen zertreten möchte; der Fackeln und Kerzen mit äußerster Behutsamkeit ausblasen möchte; der den Blumen predigt und die Gärtner anweist, doch auch dem wilden und scheinbar unnützen Unkraut Raum zu geben; der auch auf steinigem Boden seine Füße nur behutsam und zärtlich aufsetzt ..."[5]
Franziskus' Leben ist nicht regional begrenzt. Wohl ist Italien der Schwerpunkt seines Wirkens, doch unternimmt er auch Versuche, im Orient (1213)

und in Afrika (1214) Gottes Botschaft zu verkündigen. Beide Male zwingt sein geschwächter Körper ihn, die Pläne aufzugeben. Erst 1219 gelingt ihm eine Fahrt ins Heilige Land. Die Eindrücke, die er bei der Eroberung der Festung Damiette durch das Heer der Kreuzfahrer gewinnt, entmutigen ihn. In der Folge verbringt er mehrere Monate an den heiligen Stätten der Christenheit und versenkt sich in Jesu Leiden und Sterben. Nach der Rückkehr nach Assisi wird die Sehnsucht, Jesus gleich zu werden, immer stärker. Am Fest der Kreuzerhöhung, am 17. September 1224, betete, so berichtet einer seiner Brüder, Franziskus voller Inbrunst: „O Herr Jesus Christus, ich bitte Dich, schenke mir zwei Gnadengaben, bevor ich sterbe: die erste ist, daß ich so sehr wie möglich in meiner Seele und in meinem Leibe die Leiden spüren möge, die Du, o milder Jesus, in deiner bitteren Passion hast ausstehen müssen; die zweite, daß ich so sehr wie möglich in meinem Herzen jene Liebe ohne Maßen empfinden möge, von der Du, der Sohn Gottes entflammt bist, und die Dich bewog, freiwillig so viel für uns, elende Sünder, zu leiden!“[6] Franziskus erfährt die Gnade der Stigmatisation: Er ist Jesus innerlich und äußerlich gleich geworden.
Die letzten Lebensjahre sind gekennzeichnet durch den Verfall der körperlichen Kräfte, immer wieder unterbrochen von kurzen Zeiten des Reisens und Predigens. Am 3. Oktober 1226 stirbt Franziskus, auf dem Fußboden liegend, zum Zeichen der Demut mit Asche bestreut, in Portiuncula.
Die Verse des 142. Psalms waren seine letzten Worte: „Führ' meine Seele aus ihrem Kerker, damit ich preise Deinen Namen; die Gerechten warten, daß Du mir Gutes tust.“[7]

Testament des heiligen Franziskus

„1. So hat der Herr mir, dem Bruder Franziskus, gegeben, das Leben in Buße zu beginnen: denn da ich in Sünden war, erschien es mir unerträglich bitter, Aussätzige anzublicken. Und der Herr selbst hat mich unter sie geführt, und ich habe ihnen Barmherzigkeit erwiesen. Und während ich fortging von ihnen, wurde mir gerade das, was mir bitter schien, in Süßigkeit der Seele und des Leibes verwandelt. Und danach verweilte ich nur kurze Zeit und verließ die Welt.
2. Und der Herr verlieh mir in den Kirchen einen solchen Glauben, daß ich in Einfalt also betete und sprach: ‚Wir beten Dich an, Herr Jesus Christus – und in allen Deinen Kirchen, die in der ganzen Welt sind, und wir preisen Dich, weil Du durch Dein heiliges Kreuz die Welt erlöst hast.‘
3. Weiter gab und gibt mir der Herr zu den Priestern, die nach der Vorschrift der Heiligen Römischen Kirche leben, ein solch großes Vertrauen wegen ihrer Weihe, daß ich, wenn sie mich verfolgen würden, dennoch zu ihnen mei-

ne Zuflucht nehmen will. Und wenn ich solch große Weisheit besäße, wie Salomon sie gehabt hat, und fände armselige Priester dieser Welt – in den Pfarreien, in denen sie wohnen, will ich nicht ohne ihren Willen predigen. Und diesen und allen anderen will ich Ehrfurcht erweisen, will sie lieben und ehren wie meine Herren. Und ich will bei ihnen nicht die Sünde beachten, weil ich den Sohn Gottes in ihnen erblicke und sie meine Herren sind. Und deswegen tue ich das, weil ich in dieser Welt von Ihm, dem höchsten Sohne Gottes, leiblicherweise nichts sehe als seinen heiligsten Leib und sein heiligstes Blut, das diese empfangen und sie allein anderen darreichen. Und ich will, daß diese heiligsten Geheimnisse über alles geehrt, angebetet und an kostbaren Stellen aufbewahrt werden. Seine niedergeschriebenen heiligsten Namen und Worte will ich aufsammeln, wo immer ich sie an ungehörigen Stellen finde, und ich bitte darum, man möge sie aufsammeln und an ehrbarer Stelle niederlegen. Und alle Gottesgelehrten und jene, die uns die heiligsten Worte Gottes vortragen, müssen wir hochachten und ihnen Ehrerbietung erzeigen als solchen, die uns Geist und Leben spenden.

4. Und nachdem mir der Herr Brüder gegeben hatte, zeigte mir niemand, was ich zu tun hätte, sondern der Allerhöchste selbst hat mir geoffenbart, daß ich nach der Weise des heiligen Evangeliums leben solle. Und ich habe es mit wenigen Worten und schlicht aufschreiben lassen, und der Herr Papst hat es mir bestätigt. Und jene, die da kamen, dies Leben anzunehmen, gaben alles, was sie haben mochten, den Armen. Und sie waren zufrieden mit einem Habit, der innen und außen geflickt war, mit einem Strick und den Hosen. Und mehr wollten wir nicht haben. Die Tagzeiten beteten wir Kleriker wie andere Kleriker, die Laien beteten das Vaterunser. Und sehr gern verweilten wir in den Kirchen. Und wir waren ungebildet und jedermann untertan.

5. Und ich arbeitete mit meinen Händen und will arbeiten. Und ich will nachdrücklich, daß alle anderen Brüder einer Arbeit nachgehen, die ehrbar ist. Die das nicht können, sollen es lernen nicht aus Sucht, für die Arbeit einen Lohn zu erhalten, sondern um des Beispiels willen und um den Müßiggang zu vertreiben. Und wenn uns einmal der Arbeitslohn nicht gegeben werden sollte, so wollen wir zum Tische des Herrn Zuflucht nehmen und von Tür zu Tür um Almosen bitten.

6. Als Gruß, so hat mir der Herr geoffenbart, sollten wir sagen: ‚Der Herr gebe dir den Frieden.‘

7. Hüten mögen sich die Brüder, daß sie Kirchen, ärmliche Wohnungen und alles, was für sie gebaut wird, in keinem Fall annehmen, wenn sie nicht sind, wie es der heiligen Armut entspricht, die wir in der Regel versprochen haben; wir sind ja dort immer nur zu kurzem Verweilen wie Fremdlinge und Pilger.

8. Ich befehle streng im Gehorsam allen Brüdern, wo sie auch sind, daß sie

nicht wagen sollen, irgendeinen Schutzbrief bei der römischen Kurie zu erbitten, weder selbst noch durch einen Vermittler, weder für eine Kirche noch für irgendeinen anderen Ort, weder unter dem Vorwande der Predigt noch wegen leiblicher Verfolgung. Vielmehr sollen sie, falls man sie irgendwo nicht aufgenommen hat, in ein anderes Land fliehen, um dort mit Gottes Segen Buße zu tun.

9. Und es ist mein fester Wille, dem Generalminister dieser Bruderschaft zu gehorchen und weiter dem Guardian, den er mir nach seinem Ermessen geben mag. Und derart will ich als ein Gefangener in seinen Händen sein, daß ich ohne den Gehorsam gegen ihn und ohne seinen Willen nicht gehen noch handeln kann, weil er mein Herr ist. Und obgleich ich einfältig und krank bin, will ich doch immer einen Kleriker haben, der mir das Offizium hält, wie es in der Regel steht.

10. Und alle anderen Brüder sollen verpflichtet sein, in gleicher Weise ihren Guardianen zu gehorchen und die Tagzeiten nach der Vorschrift der Regel zu beten. Und sollte man solche finden, daß sie die Tagzeiten nicht nach der Regelvorschrift beteten und eine andere, abweichende Art einführen wollten oder nicht katholisch wären – alle Brüder, wo sie auch sind, sollen im Gehorsam verpflichtet sein, daß sie einen solchen, wo sie ihn auch finden, dem nächsten Kustos des Ortes, wo sie ihn gefunden haben, vorführen müssen. Und der Kustos soll streng im Gehorsam verpflichtet sein, ihn wie einen Gefangenen bei Tag und Nacht scharf zu bewachen, so daß er seinen Händen nicht entrissen werden kann, bis er ihn in eigener Person den Händen seines Ministers übergibt. Und der Minister soll streng im Gehorsam verpflichtet sein, ihn durch solche Brüder zu schicken, die ihn bei Tag und Nacht wie einen Gefangenen bewachen, bis sie ihn vor den Herrn von Ostia gebracht haben, welcher der Herr der gesamten Brüderschaft ist und sie in Schutz und in Zucht nimmt.

11. Und die Brüder sollen nicht sagen: ‚Dies ist eine andere Regel', denn dies ist eine Erinnerung, Ermahnung und Ermunterung und mein Testament, das ich, der ganz geringe Bruder Franziskus, euch, meinen gebenedeiten Brüdern, aus dem Grunde mache, daß wir die Regel, die wir zu halten dem Herrn versprochen haben, besser katholisch beobachten.

12. Und der Generalminister und alle anderen Minister und Kustoden sollen im Gehorsam verpflichtet sein, bei diesen Worten weder Zusätze noch Abstriche vorzunehmen. Und allezeit sollen sie dieses Schreiben neben der Regel bei sich haben. Und auf allen Kapiteln, die sie halten, sollen sie auch diese Worte verlesen, wenn sie die Regel verlesen. Und allen meinen Brüdern, den Klerikern und den Laien, befehle ich streng im Gehorsam, daß sie keine Erklärungen zur Regel oder zu diesen Worten anfügen und sagen: ‚So wollen sie verstanden werden.' Sondern wie mir der Herr gegeben hat, die Regel und diese Worte schlicht und klar zu sagen und zu schreiben, so schlicht

und ohne Erklärung sollt ihr sie verstehen und mit heiligem Wirken bis ans Ende beobachten.
13. Und ein jeder, der dies beobachtet, werde im Himmel erfüllt mit dem Segen des allerhöchsten Vaters und werde auf Erden erfüllt mit dem Segen seines geliebten Sohnes in Gemeinschaft mit dem Heiligsten Geiste, dem Tröster, und mit allen Kräften der Himmel und allen Heiligen. Und ich, Bruder Franziskus, euer ganz geringer Diener, bestätige euch, soviel ich nur kann, innen und außen diesen heiligsten Segen."

Liebe zur Schöpfung

„Es wäre zu weitschweifig und unmöglich, alles aufzuzählen und zu sammeln, was der glorreiche Vater Franziskus getan und gelehrt, solange er im Fleische wandelte. Denn wer könnte je das Übermaß seiner Liebe zum Ausdruck bringen, mit der er für alles, was Gutes ist, beseelt war? Wer vermöchte die Süßigkeit zu schildern, die er empfand, wenn er in den Geschöpfen die Weisheit des Schöpfers, seine Macht und Güte betrachtete? Wahrlich, er wurde bei dieser Betrachtung oft mit wunderbarer und unaussprechlicher Freude erfüllt, so, wenn er zur Sonne aufschaute, den Mond betrachtete, zu den Sternen und zum Firmament aufblickte. O einfältige Frömmigkeit, o fromme Einfalt! – Selbst gegen die Würmlein entbrannte er in übergroßer Liebe, weil er vom Erlöser das Wort gelesen hatte: ‚Ein Wurm bin ich, nicht mehr ein Mensch.' Deshalb pflegte er sie vom Wege aufzusammeln und legte sie an einem geschützten Ort nieder, damit sie nicht von den Vorübergehenden mit den Füßen zertreten würden. – Was soll ich von den anderen niedrigen Geschöpfen sagen? Ließ er doch den Bienen im Winter, damit sie nicht vor Kälte und Frost zugrunde gingen, Honig oder besten Wein hinstellen. Ihre emsige Arbeit und ihren vorzüglichen Instinkt pries er zu Ehren des Herrn so hoch, daß er oft einen ganzen Tag auf ihr und der anderen Geschöpfe Lob verwandte; denn wie einst die drei Jünglinge im brennenden Feuerofen alle Elemente zum Lobe und zur Verherrlichung des Weltschöpfers einluden, so ließ auch dieser Mann, voll des Geistes Gottes, nicht ab, in allen Elementen und Geschöpfen den Schöpfer und Lenker aller Dinge zu verherrlichen, zu loben und zu preisen.
Wie erheiterte doch seinen Geist die Blumenpracht, wenn er ihre reizende Gestalt sah, und ihren lieblichen Duft einsog! Sofort lenkte er sein betrachtendes Auge auf die Schönheit jener Blume, die leuchtend zur Lenzfestzeit aus der Wurzel Jesse hervorging und durch ihren Duft Tausende und aber Tausende von Toten belebte. Und wenn er eine große Anzahl von Blumen fand, dann predigte er ihnen und lud sie zum Lob des Herrn ein, als ob sie vernunftbegabte Wesen wären. So erinnerte er auch Saatfelder und Wein-

berge, Steine und Wälder und die ganze liebliche Flur, die rieselnden Quellen und alles Grün der Gärten, Erde und Feuer, Luft und Wind in lauterster Reinheit an die Liebe Gottes und mahnte sie zu freudigem Gehorsam. – Endlich nannte er alle Geschöpfe ‚Bruder' und erfaßte in einer einzigartigen und für andere ungewohnten Weise mit dem scharfen Blick seines Herzens die Geheimnisse der Geschöpfe; war er doch schon zur Freiheit der Gotteskinder in ihrer Herrlichkeit gelangt. – Nun lobt er im Himmel mit den Engeln Dich, o guter Jesus, den Wunderbaren, er, der schon auf Erden allen Geschöpfen dies als den liebeswürdigen gepredigt hat.

Eine Liebe, über alles menschliche Begreifen hinaus, ergriff ihn, wenn er Deinen Namen, heiliger Herr, nannte. Dann war er ganz des Jubels und der keuschesten Freude voll, und er schien wirklich ein neuer Mensch zu sein und aus einer anderen Welt zu stammen. – Wenn er daher irgendwo, sei es auf der Straße oder in einem Hause oder auf dem Boden etwas Geschriebenes fand, mochte es von Gott handeln oder den Menschen, so hob er es mit der größten Ehrfurcht auf und legte es an einem heiligen oder ehrbaren Ort nieder, aus Besorgnis nämlich, es könnte der Name des Herrn oder ein auf ihn sich beziehendes Wort darauf geschrieben sein. – Als ihn eines Tages ein Bruder fragte, warum er auch die Schriften der Heiden und solche, in denen der Name des Herrn nicht stand, so eifrig sammle, antwortete er: ‚Mein Sohn, weil in ihnen die Buchstaben vorkommen, aus denen man den glorwürdigsten Namen des Herrn, unseres Gottes, zusammensetzen kann. Auch eignet das Gute, das sich dort findet, nicht den Heiden noch irgendwelchen Menschen, sondern Gott allein, dem jegliches Gute zu eigen gehört.' – Und was nicht weniger verwunderlich ist: Wenn er einige Zeilen zum Gruße oder zur Ermahnung schreiben ließ, gestattete er nicht, daß ein Buchstabe oder eine Silbe ausgestrichen werde, mochten sie auch oft überflüssig sein oder an unrechter Stelle stehen.

Wie schön, wie strahlend, wie herrlich erschien er in der Unschuld seines Lebens, in der Einfalt seiner Worte, in der Reinheit seines Herzens, in der Liebe Gottes, in der brüderlichen Liebe, in dem verzehrenden Gehorsam, in der einträchtigen Fügsamkeit, in seinem engelgleichen Antlitz! Liebenswürdig im Umgang, von Natur sanft, freundlich im Reden, taktvoll im Ermahnen, getreu im Anvertrauten, vorsichtig im Ratgeben, wirksam im Handeln, gefällig in allem; heiteren Sinnes, von angenehmer Gemütsart, besonnenen Geistes, in der Beschauung ganz versenkt, im Gebet beständig, in allem voll Feuereifer; standhaft im Vorsatz, fest in der Tugend, beharrlich in der Gnade, in allem derselbe; schnell im Verzeihen, langsam zum Zorne, frei im Geiste, begabt mit einem glänzenden Gedächtnis, scharfsinnig bei der Erörterung, umsichtig in der Wahl und einfältig in allem; streng gegen sich, gütig gegen andere, feinfühlig bei allem.

Er war ein außerordentlich redegewandter Mann mit fröhlichem Antlitz und

gütigem Gesichtsausdruck, frei von Feigheit, ohne jede Überheblichkeit. Von nicht sonderlich großer Gestalt, eher klein als groß, hatte er einen nicht ausnehmend großen runden Kopf, ein etwas längliches und gedehntes Gesicht, eine ebene und niedrige Stirne, nicht besonders große schwarze, unverdorbene Augen, dunkles Haar, gerade Augenbrauen, eine gleichmäßige, gerade und feine Nase, aufwärts gerichtete, aber kleine Ohren, flache Schläfen, eine gewinnende, feurige und scharfe Sprache, eine mächtige, liebliche, klare und wohlklingende Stimme, dichte, gleichmäßige und weiße Zähne, schmale und zarte Lippen, einen schwarzen, nicht vollen Bart, einen schlanken Hals, gerade Schultern, kurze Arme, zarte Hände, lange Finger, etwas vorstehende Nägel, dünne Beine, sehr kleine Füße, eine zarte Haut, war sehr mager, trug ein rauhes Gewand, gönnte sich nur kurzen Schlaf, besaß eine überaus freigiebige Hand. – Und weil er der Demütigste war, erwies er allen Menschen jegliche Sanftmut und glich sich in passender Weise dem Charakter aller an. Unter Heiligen noch heiliger, unter Sündern wie einer von ihnen. –
Stehe daher den Sündern bei, Du Liebhaber der Sünder, heiligster Vater, und würdige Dich, so bitten wir, denjenigen durch Deine glorreiche Fürsprache barmherzig wieder aufzuhelfen, die Du in Sündenschmutz kläglich darniederliegen siehst!“

Der Sonnengesang

Höchster, allmächtiger, guter Herr,
Dein ist das Lob, der Ruhm, die Ehre und alle Benedeiung:
Dir, Höchster, nur gebühren sie,
und kein Mensch ist würdig, Dich zu nennen.

Gelobt seist du, mein Herr, mit allen Deinen Geschöpfen,
vornehmlich mit der edlen Herrin Schwester Sonne,
die uns den Tag schenkt durch ihr Licht.
Und schön ist sie und strahlend in großem Glanze:
Dein Sinnbild, Höchster!

Gelobt seist Du, mein Herr,
durch Bruder Mond und die Sterne,
am Himmel schufest Du sie
leuchtend und kostbar und schön.

Gelobt seist Du, mein Herr,
durch Bruder Wind und die Luft,

durch wolkig und heiter und jegliches Wetter,
durch das Du Deine Geschöpfe erhältst.

Gelobt seist Du, mein Herr,
durch Schwester Wasser,
gar nützlich ist sie und demütig und köstlich und keusch.

Gelobt seist Du, mein Herr,
durch Bruder Feuer,
durch den Du die Nacht uns erleuchtest,
und schön ist er und fröhlich und gewaltig und stark.

Gelobt seist Du, mein Herr,
durch unsere Schwester Mutter Erde,
die uns ernährt und erhält,
vielfältige Frucht uns trägt und bunte Blumen und Kräuter.

Gelobt seist Du, mein Herr, für alle, die verzeihen aus Liebe zu Dir,
und Krankheit ertragen und Not,
selig, die solches ertragen in Frieden,
denn sie werden die Krone von Dir, Höchster, empfangen.

Gelobt seist Du, Herr, für unsere Schwester, das leibliche Sterben,
dem kein lebender Mensch entrinnen kann.
Weh jenen, die in Todsünden verscheiden.
Selig, die Deinem heiligsten Willen sich fügen,
denn der zweite Tod wird ihnen kein Leid antun.

Lobet und preiset meinen Herrn und dankt und dient ihm in großer Ergebung.

Lobpreis Gottes

Du bist der heilige Herr, Gott allein. Wunderwerke vollbringst Du.
Du bist der Starke.
Du bist der Große.
Du bist der Höchste.
Du bist der allmächtige König. Du heiliger Vater, König des Himmels und der Erde.
Du bist der Dreifaltige und der Eine, Herr und Gott, alles Gut.

Du bist das Gute, alles Gut, das höchste Gut, Herr und Gott, lebendig und wahr.
Du bist die Liebe, die Minne.
Du bist die Weisheit.
Du bist die Demut.
Du bist die Geduld.
Du bist die Sicherheit.
Du bist die Ruhe.
Du bist die Freude und das Frohlocken.
Du bist die Gerechtigkeit und das Maßhalten.
Du bist aller Reichtum zur Genüge.
Du bist die Schönheit.
Du bist die Milde.
Du bist der Beschützer.
Du bist der Wächter und der Beschirmer.
Du bist die Stärke.
Du bist die Erquickung.
Du bist unsere Hoffnung.
Du bist unser Glaube.
Du bist unsere große Wonne.
Du bist unser ewiges Leben, großer und wunderbarer Herr, allmächtiger Gott, barmherziger Heiland.

Caterina von Siena
(1347–1380)

Die als 23. Kind des Wollfärbers Giacomo Benincasa und seiner Frau Lapa geborene Caterina ist eine der erstaunlichsten Frauen ihres Jahrhunderts: Ein Mädchen aus einfachen Verhältnissen, in einer Großfamilie aufgewachsen, verläßt diesen festgefügten Rahmen, lebt nur ihrer Überzeugung und ihrem Gewissen verpflichtet, nimmt auf Päpste, Heerführer, geistliche und weltliche Herren Einfluß, wird schon als Heilige verehrt, als sie im Alter von nur 33 Jahren stirbt.

In dieser kurzen Zeitspanne erfährt sie das Scheitern ihrer kirchenpolitischen Pläne: Am Ende ihres Lebens steht, statt der geeinten reformierten

Kirche, die Spaltung; die immer wieder von ihr geforderten Kreuzzüge gegen den Islam kommen nicht zustande; ausländische Söldnerheere verwüsten nach wie vor ihre Heimat. Sie erlebt jedoch auch die Gnade der Vereinigung mit Gott, die in der Stigmatisation besiegelt wird, und wird für viele ihrer Zeitgenossen zur Bewahrerin des Glaubens in einer Zeit der Kämpfe und des Hasses.

Caterinas Kindheit lag in den Jahren der Heimsuchung Europas durch die Pest. Es ist zu vermuten, daß die frühe Reife und Ernsthaftigkeit des Mädchens von der Erfahrung des „memento mori" herrührt. Im Alter von sieben Jahren hatte Caterina ihre erste Vision: Christus im Bischofsgewand, umstrahlt von himmlischem Glanz, lächelte ihr zu.

> „Und von jener Stunde an blieb in ihr ein innerer Schmerz, eine Reue und eine Angst vor der Sünde, soweit es in ihrem Alter nur möglich war."[1]

Caterina legte im stillen das Gelübde der Jungfräulichkeit ab, geriet aber dadurch in Streit mit ihren Eltern, die sie zu einer frühen Vermählung drängten. Unter dem Einfluß ihrer Schwester Bonaventura scheint zunächst der Widerstand gegen eine „normale" Lebensweise geringer geworden zu sein, doch als diese 1362 starb, setzte sich Caterina gegen den Willen ihrer Eltern durch und schnitt sich zum Zeichen ihres Gelöbnisses die Haare ab. Da dieser Teil der monastischen Jungfrauenweihe im Mittelalter Rechtskraft hatte, blieb der Familie nichts anderes übrig, als die Entscheidung zu akzeptieren – nicht ohne sich zu rächen, indem die Tochter zur Magd wurde.

Die später verfaßten Heiligenviten berichten, in einer zweiten Vision habe ihr Dominikus sein Gewand versprochen, falls sich Caterina für ein Leben in seinem Orden entscheiden würde. Entgegen der naheliegenden Lösung, als Nonne in Klausur zu gehen, wählte Caterina mit 17 Jahren den dritten Orden der Dominikanerinnen, die wegen ihres schwarzen Mantels „Mantellaten" genannt wurden und in der Welt den Ordensregeln folgten.

> „Die drei ersten Jahre ihres Ordenslebens wurden von entscheidender Bedeutung für ihre spätere Entwicklung. In völliger Zurückgezogenheit, in Gebet und strengster Askese erfährt sie in ihrer Zelle eine immer tiefere Einigung mit Gott und gelangt zur letzten Erkenntnis der Abhängigkeit ihres Menschtums vom göttlichen Sein. Sie wird darüber belehrt, daß Gott allein ‚der ist, welcher ist, wir aber nicht sind' (außer in und durch Gott). Ihre innige Einigung mit Gott läßt sie den Standort finden, von dem aus sie sich selbst, den Nächsten und die Welt beurteilen lernt."[2]

Nach drei Jahren trat Caterina wieder an die Öffentlichkeit, rasch umgeben von einem Gefolge von Frauen und Männern, die sie als ihre „famiglia“ bezeichnete und die ihr über den Tod hinaus die Treue hielten. Ihr Lebenskreis weitete sich: Sie widmete sich Armen und Kranken, predigte in der Umgebung Sienas, wurde 1374 vor das Ordenskapitel der Dominikaner nach Florenz geladen, pflegte in Siena aufopferungsvoll die an der Pest Erkrankten, setzte sich 1375 für den „santo passagio“, den heiligen Kreuzzug gegen die Türken, ein, predigte im selben Jahr in Pisa und versuchte, die Bildung einer Städte-Allianz gegen den in Avignon residierenden Papst zu verhindern. In Pisa empfing sie am 1. April 1375 die Wundmale Christi, die auf ihr Gebet hin zu Lebzeiten unsichtbar, für sie selbst aber fühlbar blieben und erst am Tage ihres Todes offenbar wurden. 1376 war der Streit zwischen Papst und Florenz so weit eskaliert, daß Gregor XI. das Interdikt über die Republik verhängte. Caterina machte sich zur Fürsprecherin der geächteten Florentiner und reiste nach Avignon, um den Papst zur Aufhebung des Bannes sowie zur Rückkehr nach Italien zu bewegen. Während sie dieses Ziel erreichte, wurde sie von Florenz bei den entscheidenden Friedensgesprächen im Stich gelassen und mußte das Scheitern der Verhandlungen hinnehmen.
Man würde Caterina unrecht tun, wenn man sie als politischen Menschen charakterisieren würde. Ihre Einmischung in das Tagesgeschehen steht unter einem höheren Ziel. In ihrem „Buch von Gottes Vorsehung“ bittet die Seele in vierfacher Hinsicht um Erbarmen: für die Bittstellerin, also Caterina selbst; für die gesamte Welt; für die heilige Kirche und für die Vorsehung Gottes für die Schöpfung. Was Caterina tat, geschah unter heilsgeschichtlichem Aspekt. Das wird auch deutlich in ihrem ausführlichen Briefwechsel. In jedem der erhaltenen 373 Briefe weist sie auf die Gnade der Erlösung hin, meist ausgedrückt in einer bilderreichen Symbolik des Blutes, und auf die Verpflichtung, sich in der Welt dieser Gnade als würdig zu erweisen.
Nach dem Tod Gregors XI. 1378 stellte sich Caterina dem neuen Papst Urban VI. als Beraterin zur Verfügung.
Im November 1378 traf sie in Rom ein. Kurz zuvor hatte sie ihr „Buch“ abgeschlossen, um das sie zwei Jahre, teilweise in ekstatischer Entrückung, gerungen hatte.
Es sollte ihr Vermächtnis werden. Die Spaltung der Kirche unter den rivalisierenden Päpsten Urban VI. und Clemens VII. hatte sie nicht verhindern können. Vergeblich hatte sie Gott ihr Leben als Opfer angeboten – letzte Konsequenz des Verhältnisses zwischen Gott und Welt, wie sie es in der Einleitung ihres „Buches“ beschrieb:

> „O, ewiger Vater, an Dich wende ich mich, auf daß Du meine Verfehlungen noch in dieser Zeitlichkeit strafst.
> Da ich ja um meiner Sünden willen die Ursache der Leiden bin, die

mein Nächster ertragen muß, so bitte ich Dich, Du wollest sie in Güte an mir strafen."[3]

Am 29. April 1380 starb Caterina nach schwerem Leiden in Rom. 1461 sprach Pius II., ebenfalls aus Siena stammend, Caterina Benincasa heilig.

Brief an Frater Raimondo von Capua und seine Gefährten (1376)

Im Namen Jesu Christi des Gekreuzigten und der süßen Maria.

Meine geliebtesten Söhne in Christus Jesus! Ich, armselige Mutter, habe mit sehnlichstem Wunsche verlangt und verlange es noch, Euch mit Herz und Sinn ans Kreuz geheftet zu sehen; mit dem Band vereint und gebunden, das verknüpfte und aufpfropfte Gott dem Menschen und den Menschen Gott. Desgleichen wünscht meine Seele Euer Herz und Gemüt ins fleischgewordene Wort, den liebsten Jesus eingepfropft zu sehen, so daß weder Mensch noch Teufel Euch je von ihm trennen kann; obschon ich nicht zweifle, daß wenn Ihr im liebsten Jesus entflammt und verbunden sein werdet, alle Teufel der Hölle mit all Ihren Ränken Euch aus solch süßer Vereinigung nicht zu reißen vermöchten. So will ich denn, da es von so großer Kraft und so großer Wichtigkeit für Euch ist, daß Ihr nie aufhöret Holz auf das heilige Feuer des Verlangens zu legen, das Holz nämlich der Erkenntnis Eurer selbst; dies ist das Holz, welches das Feuer der Liebe zu Gott unterhält, und diese Liebe erlangt man in der Erkenntnis der unauslotbaren Liebe Gottes. Dabei vereinigt sich die Seele mit ihrem Nächsten, und je mehr Materie sie dem Feuer gibt, nämlich Holz der Selbsterkenntnis, um so mehr wächst die Liebesglut zu Christus und zum Nächsten. Haltet Euch darum in der Erkenntnis Eurer selbst verborgen und stellt Euch nicht außerhalb, auf daß Euch der Teufel nicht zusammen mit vielen Einbildungen und Hintergedanken einstecke; dies täte er, um Euch die Vereinigung mit der Liebe Gottes zu rauben. So will und befehle ich, daß einer dem anderen sich unterstelle, einer des anderen Fehler trage, von der liebsten ersten Wahrheit lernend, die sich zum Geringsten machte und demütig all unsere Sünden und Fehler auf sich nahm. So will ich, daß auch Ihr tuet, meine Söhne.
Liebet Euch, liebet Euch, liebet Euch alle. Freut Euch und frohlocket, denn die Sommerszeit ist nahe. Denn am ersten April enthüllte mir Gott in der Nacht in besonderer Weise seine Geheimnisse, mir seine wunderbaren Werke zeigend, so daß meine Seele nicht mehr im Körper zu sein schien und solcher Freude und Fülle teilhaftig wurde, wie keine Zunge es beschreiben

könnte. Stück für Stück wurde ihr da auseinandergesetzt und erklärt das Geheimnis der gegenwärtigen Verfolgung der heiligen Kirche sowie ihrer Erneuerung und Erhöhung, die sie in der Zukunft erfahren sollte; und daß das Gegenwärtige zugelassen sei, um sie ihrem wahren Zustand zuzuführen. Die erste Wahrheit führte folgende zwei Stellen aus dem heiligen Evangelium an: „Es ist notwendig, daß Ärgernis in die Welt kommt", „aber wehe dem, durch den es kommt". Als ob sie sagen wollte: „Ich lasse diese Verfolgungszeit zu, daß die Dornen, von denen sie ganz überwachsen ist, meiner Braut ausgerissen werden. Aber das böse Trachten der Menschen lasse ich nicht zu. Weißt du, was ich tue? Ich mache es, wie damals, als ich in der Welt war, als ich mir aus Stricken Geißeln fertigte, mit denen ich vertrieb, wer kaufte und verkaufte, damit das Haus meines Vaters nicht zu einer Räuberhöhle würde. So sage ich dir, daß ich aus Menschen eine Geißel gemacht habe; und mit dieser Geißel verjage ich die schmutzigen habgierigen und habsüchtigen, von Hochmut aufgeblähten Händler, welche die Gnadengaben des heiligen Geistes kaufen und verkaufen." Mit der Geißel der Verfolgungen von seiten der Menschen trieb er sie also hinaus, nämlich durch die Macht der Not, und durch Verfolgung nahm er ihnen das zucht- und ehrlose Leben.

Während das Feuer des heiligen Verlangens in mir zunahm, gewahrte ich schauend das christliche Volk und das ungläubige in die Seite des gekreuzigten Christus eingehen und ich trat aus Sehnsucht und Liebeswunsch mitten unter ihnen mit ihnen in Christus den liebsten Jesus ein, begleitet von meinem Vater, dem heiligen Dominikus, und dem besonders geliebten Johannes, zusammen mit meinen sämtlichen Söhnen und Töchtern. Dann gab er mir das Kreuz auf die Schultern und den Ölzweig in die Hand, wie wenn er wollte – und so sagte er auch –, daß ich sie dem einen und dem anderen Volk reiche. Er sprach zu mir: „Sag zu ihnen: Ich verkündige Euch eine große Freude." Daraufhin erfüllte sich meine Seele noch mehr; sie war mit den wahren Genießern durch Hingabe und Vereinigung in die göttliche Wesenheit versunken. Und so groß war die Wonne, welche meine Seele empfand, daß der vorherige Verdruß beim Anblick der Beleidigung Gottes entschwand, und ich sogar ausrief: O selige und glückbringende Schuld! Da lächelte der liebe Jesus und meinte: „Nun soll glücklich sein die Sünde, die ein Nichts ist? Weißt du, was Gregorius meinte, als er sagte: glückliche und heilbringende Schuld? Was, glaubst du, sei an ihr heilbringend und selig, und was sagt Gregorius?" Ich antwortete, wie er es mir eingab: Mein lieber Herr, ich sehe und weiß wohl, daß die Sünde keines Glückes würdig, in diesem Sinne nicht selig und glücklich ist, aber die Frucht, welche sie zeitigt. Dies scheint mir, wollte Gregorius sagen: Um Adams Sünde willen gab uns Gott das Wort seines eingeborenen Sohnes, und das Wort schenkte uns das Blut; sein Leben dahingebend stattete er uns die Gnade mit übergroßem Liebes-

feuer zurück. So daß die Sünde nicht als solche glücklich ist, aber wegen der Frucht und der Gabe, die daraus hervorgeht und die wir durch diese Sünde haben. Nun so ist es. So entstand aus der Beleidigung der schlechten Christen, die sie in der Verfolgung der Braut Christi antun, Erhöhung, Erleuchtung, Wohlgeruch der Tugend für eben diese Braut. Und das war so trostreich, daß kein Vergleich möglich war zwischen der Beleidigung und der unermeßlichen Güte Gottes und der Barmherzigkeit der Braut gegenüber. Da freute ich mich und frohlockte, und ich war so sehr mit Zuversicht in die künftige Zeit bekleidet, daß ich sie schon zu besitzen und zu genießen schien. Darauf sagte ich wie Simeon: „Nun entlässest du deinen Diener, Herr, in Frieden." Und so viele Geheimnisse enthüllten sich da, daß keine Zunge es zu sagen, kein Herz es auszusinnen, noch das Auge es zu schauen vermöchte. Doch welche Zunge könnte von den Wundertaten Gottes berichten? Gewiß nicht die meine, ich arme Elende. So will ich schweigen und nur noch die Ehre Gottes, das Heil der Seelen und die Erneuerung und Erhöhung der heiligen Kirche suchen und durch die Gnade und Kraft des heiligen Geistes darin aushalten bis zum Tode. Und von diesem Verlangen erfüllt rief ich und werde ich immerzu in großer Liebe und in Mitleid unserem Christus auf Erden zurufen, und Euch, Vater samt allen lieben Söhnen. Ich brachte Euer Gesuch vor, und es wurde mir gewährt.
Freuet Euch, freuet Euch und frohlocket! O süßer Gott, der du bist die Liebe, erfülle bald die Wünsche deiner Diener! Mehr will ich nicht sagen, und nichts habe ich gesagt. Ich ersterbe vor Verlangen. Habt Mitleid mit mir. Bittet die göttliche Güte und den Christus auf Erden, man möge bald handanlegen. Verbleibet in der heiligen süßen Liebe Gottes.
Versenkt Euch im Blute Christi des Gekreuzigten und durch nichts lasset den Mut sinken; vielmehr fasset Mut. Freut Euch, freut Euch der seligen Mühen. Liebet Euch, liebet Euch, liebet Euch alle. Liebster Jesus, guter Jesus, Jesus die Liebe, Jesus, Jesus.

Das „Buch von Gottes Vorsehung"

Eingang: Die vier Bitten der Seele

„Wenn eine Seele, von tiefstem Verlangen nach der Ehre Gottes und dem Heil der Seelen bedrängt, sich selber überstiegen, eine Zeitlang im Guten sich bewährt und angewöhnt hat, in der Zelle der Selbsterkenntnis zu weilen, um Gottes Liebe in ihr besser zu erkennen – denn die Liebe folgt auf das Erkennen –, dann versucht sie liebend der Wahrheit nachzufolgen und sich mit ihr zu bekleiden. Und da sie auf keine andere Weise die Wahrheit so verkostet und von ihr so erleuchtet wird als im demütigen und unablässigen Gebet, das in der Selbst- und Gotteserkenntnis gründet, und da das auf die erwähnte Art geübte Gebet die Seele auf den Spuren des gekreuzigten Christus mit Gott vereint, so macht es aus ihr durch Verlangen, Hingabe und Liebeseinigung ein anderes Ich.

Dies wollte offenbar Christus sagen, als Er sprach: *Wer Mich liebt und Meine Worte hält, dem werde Ich Mich offenbaren, und er wird eins sein mit Mir und Ich mit ihm.* Noch an mehreren Stellen finden wir ähnliche Worte, aus denen wir erkennen können, daß Er die Wahrheit ist und die Seele durch die Liebeshingabe ein zweiter Er wird.

Um dies anschaulicher zu machen: ich entsinne mich, von einer Dienerin Gottes gehört zu haben; als diese betend in großer Geistesentrückung emporgehoben wurde, da verbarg Gott ihrem Geistesauge Seine Liebe zu Seinen Knechten keineswegs, vielmehr offenbarte Er sie ihr und sprach: Öffne das Auge deines Geistes und schau in Mich, hier wirst du die Würde und Schönheit Meines vernunftbegabten Geschöpfes erkennen. Und mit dieser Würde, die Ich der Seele verlieh, als Ich sie nach Meinem Bild und Gleichnis erschuf, betrachte auch die Schönheit derer, die mit dem hochzeitlichen Gewand bekleidet und mit vielen echten Tugenden geschmückt, Mir in der Liebe geeint sind. Und fragtest du Mich, wer sie seien, Ich würde dir antworten (so sprach das süße, liebreiche Wort): Sie sind Mein zweites Ich: sie haben ihrem eigenen Willen entsagt, ihn ertötet und sich mit dem Meinigen bekleidet, indem sie sich mit ihm eins und gleichförmig machten.

Es ist also wahr, daß die Vereinigung der Seele mit Gott in der Liebeshingabe geschieht, und zwar so tief, daß jene Seele, im Verlangen, die Wahrheit besser zu erkennen und ihr kühner nachzufolgen, ihr Sehnen emporrichtete, zuerst für sich selbst, indem sie erwog, daß sie dem Nächsten weder durch Unterweisung noch Beispiel und Gebet nützen könne, falls sie sich nicht zuvor selber helfe, nämlich das Gute in sich selbst habe und erwerbe. Deshalb trug sie dem höchsten und ewigen Vater vier Bitten vor:

Die erste für sich selbst.

Die zweite für die Erneuerung der heiligen Kirche.

Die dritte für die gesamte Welt im allgemeinen und im besonderen für den Frieden unter den Christen, die der heiligen Kirche ohne jede Ehrfurcht nachstellen und sich gegen sie empören.

In der vierten flehte sie die göttliche Vorsehung an, für alle insgesamt und im besonderen zu sorgen.

Ihr Verlangen war groß und anhaltend; es steigerte sich aber noch um vieles, als ihr von der ewigen Wahrheit die Not der Welt gezeigt worden war, und in welcher Empörung und Feindschaft wider Gott sie sich befindet. Dies hatte sie auch aus einem Brief ihres geistlichen Vaters erfahren, der über die Beleidigung Gottes, das Verderben der Seelen und die Verfolgung der heiligen

Kirche unsäglichen Schmerz verriet. All das entflammte in ihr das Feuer heiligen Verlangens, den Schmerz über das Unrecht und zugleich eine frohgemute Zuversicht, die sie von Gott Abhilfe so großer Übel erhoffen ließ. Und da die Seele bei der Kommunion ja inniger mit Gott vereint wird und sie Seine Wahrheit tiefer erfaßt (die Seele ist ja dann in Gott und Gott in der Seele, wie der Fisch im Meer und das Meer im Fisch), deshalb sehnte sie den Morgen herbei, um der heiligen Messe beiwohnen zu können; es war aber ein Marientag. Als der Morgen angebrochen und die Stunde der Messe gekommen war, da fand sie sich mit brennender Sehnsucht ein, in tiefer Selbsterkenntnis und voll Scham über ihre Fehler. Diese schienen ihr die Ursache alles Unheils auf der gesamten Welt zu sein, und so erfaßte sie Haß und Abscheu gegen sich selbst mitsamt einer Empfindung heiliger Gerechtigkeit. In solcher Erkenntnis, Abscheu und Gerechtigkeit reinigte sie sich von den Befleckungen der Schuld, die sie in ihrer Seele wahrzunehmen meinte, und die auch darin waren, und betete so: O ewiger Vater, an Dich wende ich mich, auf daß Du meine Verfehlungen noch in dieser Zeitlichkeit strafst. Da ich ja um meiner Sünden willen die Ursache der Leiden bin, die mein Nächster ertragen muß, so bitte ich Dich, Du wollest sie in Güte an mir strafen."

Antwort auf die erste Bitte: Erbarmen für die Bittstellerin

Die Gabe der Unterscheidung
Endliches Leid genügt nicht zur Sühne unendlicher Schuld

Da entrückte und zog die ewige Wahrheit das Verlangen der Seele gewaltiger zu Sich empor und tat, was Er im Alten Bund zu tun geruhte, wenn sie Gott ein Opfer bereiteten, und Er im Feuer herabfuhr, um die Ihm wohlgefällige Gabe zu sich emporzunehmen. So tat die süße Wahrheit mit dieser Seele, sandte das milde Feuer des Heiligen Geistes herab und ergriff das ihm bereitete Opfer ihres Verlangens mit den Worten: Weißt du denn nicht, mein Kind, daß sämtliche Leiden, die eine Seele in diesem Leben erduldet oder erdulden könnte, niemals ausreichen, auch nur die geringste Schuld zu sühnen? Denn die Mir, dem höchsten Gut, angetane Beleidigung fordert unendliche Sühne. Ich will daher, daß du einsiehst: nicht alle Leiden in diesem Leben werden zur Strafe gesandt, sondern zur Besserung, damit das Kind gezüchtigt werde, wenn es sündigt. Das aber ist wahr: durch das Verlangen der Seele geschieht Genugtuung, nämlich in der wahren Reue und in der Abscheu vor der Sünde. Wahre Reue leistet Sühne für Schuld und Strafe, nicht aber aufgrund begrenzter Leiden, die der Mensch erdulden könnte, sondern durch sein grenzenloses Verlangen; denn Gott, der Unendliche, will unendliche Liebe und unendlichen Schmerz.

Unendlichen Schmerz fordert Er in zweierlei Hinsicht: einmal über das Unrecht, das man selbst seinem Schöpfer angetan hat, und ferner über das Unrecht, das man den Nächsten tun sieht. Weil solche Seelen ein grenzenloses Verlangen in sich tragen (das heißt mit Mir in Liebe geeint sind und sich aus diesem Grund betrüben, wenn sie selber sündigen und andere sündigen sehen), deshalb erhält jedes von ihnen erduldete Leiden, sei es körperlicher oder geistiger Art und woher immer es ihnen auch zukommen mag, unendlichen Wert und sühnt jene Schuld, die unendliche Strafe verdient hätte. Mögen es auch endliche und in der vergänglichen Zeit vollbrachte Werke sein: da sie in der Tugend getan und die Leiden in Verlangen, Reue und grenzenloser Abscheu vor der Sünde ertragen worden sind, haben sie Gültigkeit.

Verlangen und Herzensreue aus Liebe vermögen zu sühnen

Ich habe dir gezeigt, geliebtestes Kind, daß die Schuld in dieser Zeitlichkeit durch kein noch so großes Leiden je gesühnt werden kann, sofern man es bloß als ein solches erduldet. Hingegen gereicht es zur Sühne, wenn es in Verlangen, Liebe und Herzenszerknirschung ertragen wird. Denn dieses Verlangen, wie jede andere Tugend, empfängt Wert und Lebenskraft vom gekreuzigten Christus, Meinem eingeborenen Sohn, und zwar in dem Maße, als die Seele aus Ihm ihre Liebe geschöpft hat und mannhaft Seinen Spuren gefolgt ist.
Du erflehst dir Leiden von Mir, um für das Unrecht zu sühnen, das Mir Meine Geschöpfe antun, und verlangst danach, Mich höchste Wahrheit zu erkennen und zu lieben. Wenn du zur vollen Erkenntnis gelangen und Mich, ewiges Leben, verkosten willst, dann ist dies der Weg: nie darfst du aus der Selbsterkenntnis heraustreten; verharre erniedrigt, wie du bist, im Tal der Demut, so wirst du Mich in dir erkennen und aus dieser Einsicht dir schöpfen, was du brauchst und was dir unentbehrlich ist.
Keine Tugend kann aus sich selber das Leben haben; sie schöpft es aus der Liebe. Die Amme und Nährmutter der Liebe aber ist die Demut. In der Selbsterkenntnis wirst du dich demütigen, weil du einsiehst, daß du durch dich selbst nichts bist; in Mir wirst du dein Sein erkennen; in Mir, der Ich euch geliebt habe, ehe ihr wart. In Meiner unaussprechlichen Liebe zu euch und in der Absicht, euch aus Gnade zu schaffen, habe Ich euch im Blut Meines eingeborenen Sohnes, das er in solch brennender Liebe für euch vergossen hat, gewaschen und neugeschaffen.
Wer die Wolke der Eigensucht durch Selbsterkenntnis in sich zerstreut hat, den läßt dieses Blut die Wahrheit erkennen, und er wird sich in unsäglicher Liebe an Meiner Erkenntnis entzünden; diese Liebe aber schafft der Seele auch dauernde Pein, keine belastende zwar, die sie bedrücken oder ausdörren würde, im Gegenteil, sie läßt sie aufblühn. Aber weil sie Meine Wahrheit und ihre eigene Schuld wie auch den Undank und die Blindheit des Nächsten erkannt hat, leidet sie unbeschreiblich; sie leidet, weil sie Mich liebt.

So werdet ihr also, du und Meine anderen Knechte, sobald ihr Meine Wahrheit erkannt habt, vielerlei Drangsale, Schmähungen und Vorwürfe in Wort und Tat zu erdulden haben bis zum Tod, zu Ruhm und Lobpreis Meines Namens. Ertraget also in wahrer Geduld, im Schmerz über die Schuld und in Liebe zur Bewährung im Guten. Wenn ihr also tut, dann will Ich für deine Sünden und die Meiner anderen Knechte genugtun, damit eure erduldeten Leiden in der Kraft der Liebe für euch selber und für die andern zu sühnen und zu zahlen vermögen. Früchte des Lebens werdet ihr einheimsen, die Makel eurer Unwissenheit sollen getilgt sein, und Ich werde Mich nicht mehr daran erinnern, daß ihr Mich je beleidigt habt. Den übrigen aber will Ich eure Liebe und Hingabe anrechnen und ihnen je nach ihrer Bereitschaft Meine Gaben schenken. Denen vor allem werde Ich Schuld und Strafe nachlassen, die sich in Demut und Ehrfurcht bereitmachen, die Unterweisung Meiner Knechte aufzunehmen.

Um eures Verlangens willen werden sie Verzeihung und Gnadengaben empfangen, sofern ihre Verstocktheit nicht derart ist, daß sie aus Verzweiflung von Mir verstoßen werden wollen und die Kraft des Blutes verachten, mit dem sie in solcher Milde erkauft worden sind. Und worin besteht die Frucht, die sie erhalten? Darin, daß Ich sie, bezwungen von den Gebeten Meiner Knechte, erwarte, ihnen Licht gewähre und den Hund des Gewissens in ihnen wecke. Ich lasse sie den Duft eines guten Lebens verkosten und Freude finden im Umgang mit Meinen Knechten.

Die unermeßliche Liebe, mit der Ich sie erschuf, zwingt Mich dazu, und auch die Gebete, das Verlangen und der Schmerz Meiner Knechte, denn Ich bin kein Verächter ihrer Tränen und ihres Schweißes und demütigen Gebetes, sondern nehme es auf: Ich bin es ja, der sie lieben und über das Verderben der Seelen trauern lehrt. Den allgemeinen Sündern erlasse Ich dann wohl die Schuld, nicht aber die Strafe, da sie ihrerseits nicht gewillt sind, Meine Liebe und die Meiner Knechte in vollkommener Liebe entgegenzunehmen. Sie tragen ihren Schmerz nicht in der Bitternis vollkommener Reue über ihre Schuld, sondern nur in unvollkommener Liebe und Reue, weil sie aber unvollkommen sind, nehmen sie auch das vollkommene Verlangen derer, die es Mir in Schmerzen für sie anbieten, auf unvollkommene Weise entgegen.

Falls sie das ihnen Auferlegte als Läuterung annehmen und der Milde des Heiligen Geistes keinen Widerstand entgegensetzen, gewinnen sie daraus das Gnadenleben und lassen ab von der Sünde. Bleiben sie aber unbelehrbar Mir gegenüber, und undankbar und verständnislos für die Anstrengungen Meiner Knechte, so wird ihnen das aus Erbarmen Geschenkte zu Verderben und Verdammnis. Nicht Meine Barmherzigkeit hat hier versagt, noch der Mensch, der Erbarmen für den Undankbaren erflehte, einzig ihre eigene Erbärmlichkeit und Herzenshärte. Sie haben mit der Hand ihrer vernunft-

haften Willensfreiheit ihr Herz mit einem diamantharten Stein verriegelt, der, falls er nicht unter der Wirkung des Blutes birst, nicht wegzusprengen ist.
Doch Ich sage dir: ein solcher Mensch kann trotz seiner Herzenshärte, solange es noch Zeit ist, seine freie Vernunft gebrauchen und das Blut Meines Sohnes erbitten, das er mit derselben Hand auf sein hartes Herz bringen soll. Dadurch wird er es aufsprengen und so der Frucht des für ihn bezahlten Blutes teilhaftig werden. Verschiebt er das aber und es vergeht die Zeit, dann gibt es für ihn kein Hilfsmittel mehr, weil er die Mitgift, die Ich ihm mitgegeben habe, nicht zurückerstattet hat. Denn Ich gab ihm das Gedächtnis, damit er sich Meiner Wohltaten erinnere, den Verstand, damit er die Wahrheit erkenne, und das Liebesvermögen, damit er Mich, ewige Wahrheit, die er erkannte, nun auch liebe.
Du siehst, wie das Verlangen einer in Mir, dem unendlichen Gut, geeinten Seele zu sühnen vermag: wenig oder sehr viel, je nach der Liebesvollkommenheit dessen, der Gebet und Verlangen darbietet, und je nach dem Verlangen des andern, der empfängt. Nach der Liebeskraft, womit der eine Mir gibt und der andere entgegennimmt, wird diesem von Meiner Güte zugemessen werden. Also wachse das Feuer deines Verlangens: laß keine Zeit verstreichen, ohne mit demütiger Stimme und unermüdlichem Gebet für sie zu Mir zu rufen. Darum sage Ich dir, wie auch dem Vater deiner Seele, den Ich dir auf Erden bestimmt habe: tragt mannhaft, und du sei jeder Sinnlichkeit erstorben.
Das Verlangen, jede Art von Leiden und Mühsal für das Heil der Seelen bis zum Tod zu ertragen, ist Mir sehr wohlgefällig. Je mehr der Mensch auf sich nimmt, desto mehr zeigt er, daß er Mich liebt. Je mehr er Mich aber liebt, desto tiefer dringt er in die Erkenntnis Meiner Wahrheit ein, und je größer diese Erkenntnis wird, um so unerträglicher schmerzt ihn das Mir angetane Unrecht.
Du verlangtest, die Sünden anderer zu tragen und zu sühnen und hast nicht bemerkt, daß du damit Liebe, Licht und Erkenntnis der Wahrheit erbatest, denn Ich sagte dir schon: je größer die Liebe ist, um so mehr steigern sich Schmerz und Leid. Also sage ich euch: *Bittet und ihr werdet empfangen.* Wer Mich in Wahrheit bittet, dem werde Ich nichts versagen. Denk daran, die göttliche Liebe ist in der Seele mit der vollkommenen Geduld so eng vereint, daß die eine nicht verlorengehen kann, ohne daß auch die andere entschwindet. Darum muß die Seele, so wie sie die Liebe zu Mir erwählt, auch das Leiden für Mich auf sich nehmen, was und wie immer Ich ihr zuteile. Die Geduld bewährt sich nur im Leiden. Duldet also tapfer, sonst erweist ihr euch nicht als Meine teuren Angelobten und die Kinder Meiner Wahrheit und wärt es auch nicht, noch läge euch etwas an Meiner Verherrlichung und am Heil der Seelen.

Jedes Gute und jedes Unrecht geschieht in Verbindung mit dem Nächsten

Ich lasse dich wissen: alles Gute und jedes Unrecht geschieht in Verbindung mit dem Nächsten. Wer Mir gegenüber ohne Liebe bleibt, schadet dem Nächsten und sich selbst als dem Allernächsten, und zwar im allgemeinen wie im besonderen. Ihr seid verpflichtet, den Nächsten wie euch selbst zu lieben. Liebend sollt ihr ihm geistig durch euer Gebet und ratend durch euer Wort helfen und ihm im Geistigen und Zeitlichen beistehen, je nach seiner Bedürftigkeit, wenigstens der Absicht nach, wenn es anders nicht geht.
Ebenso geschieht auch alles Unrecht in Verbindung mit dem Nächsten; denn wer Mich nicht liebt, hat keine Nächstenliebe. Und alle Übel sind darauf zurückzuführen, daß es der Seele an Liebe zu Mir und zum Nächsten gebricht. Wer nichts Gutes wirkt, tut eben damit schon Unrecht. Und gegen wen richtet sich das Unrecht und an wem erweist es sich? Zuerst gegen den Menschen selbst und dann gegen seinen Nächsten: nicht aber gegen Mich, denn Mir kann kein Schaden zugefügt werden, außer insoweit als Ich das, was man dem Nächsten antut, als Mir angetan erachte. Der Mensch schadet sich selbst durch die Sünde, die ihn der Gnade beraubt, und Schlimmeres kann ihm nicht zustoßen. Dem Nächsten schadet er, indem er ihm die geschuldete Zuneigung und Liebe versagt, kraft welcher Liebe er ihm mit Gebet und heiligem Verlangen, das er Mir für ihn darbringt, beistehen soll. Unterläßt er dies, dann schadet er dem Nächsten, weil er ihm nicht bloß das geschuldete Gute vorenthält, sondern fortwährend Böses und Schaden zufügt. Und wie das? Indem die Sünde, die in der Tat und im Geiste geschieht, geistig bereits geschehen ist, wenn der Mensch Lust an der Sünde und Abscheu gegen das Gute in sich empfangen hat, nämlich Lust an seiner sinnlichen Selbstsucht. Dies hat ihn der Mir und dem Mitmenschen geschuldeten Liebe beraubt. Hat er auf solche Weise empfangen, dann gebiert er Unrecht über Unrecht gegen den Nächsten, wie es seine entartete Sinnlichkeit gelüstet.
Ärgernis, Haß, Grausamkeit und alles Ungebührliche entstammt dieser Wurzel der Selbstsucht. Sie hat die ganze Welt vergiftet, hat den mystischen Leib der heiligen Kirche und den weltumfassenden Leib der Christenheit verseucht. Darum sagte Ich dir, daß sich alles Gute im Nächsten, nämlich in der Liebe zu ihm begründet, und das ist Wahrheit. Die Nächstenliebe verhilft allen Tugenden zum Leben, und ohne Liebe kann man keine haben; das heißt: Tugend erwirbt sich nur aus reiner Liebe zu Mir.
Sobald der Mensch sie empfangen hat, gebiert er sie unverzüglich dem Nächsten, denn anders ließe sich nicht erweisen, daß er sie wahrhaft empfangen hat. Doch wenn er Mich wirklich liebt, ist er auch dem Nächsten von Nutzen; das kann gar nicht anders sein, weil die Liebe zu Mir und zum Nächsten ein und dieselbe Liebe ist: im Maße als die Seele Mich liebt, liebt sie auch ihn, denn Mir entströmt die Liebe, die sie zu ihm trägt.

Ignatius von Loyola
(1491–1556)

Iñigo López de Oñaz y Loyola, der seinen Namen während seiner Pariser Studienzeit zu dem uns geläufigen „Ignatius“ latinisierte, wurde als 13. Kind eines baskischen Adeligen auf Schloß Loyola geboren. Seine Mutter verlor er früh, drei seiner Brüder fanden als Offiziere den Tod.
Iñigo schien für die übliche Laufbahn nachgeborener Söhne ausersehen: Schon als Kind empfing er die Tonsur zum Zeichen einer künftigen geistlichen Tätigkeit. Ungeachtet dessen trat er im Alter von 15 Jahren als Page in die Dienste des kastilischen Hofes. 1515 beging er, wie er in seiner Lebensbeschreibung bemerkt, ein „sehr schweres Vergehen“, über dessen Art die

Mutmaßungen auseinandergehen, das ihn aber zwang, sich dem Diözesangericht in Pamplona zu stellen. Wir wissen von keiner Verurteilung. Bereits 1517 ist Iñigo Offizier des Vizekönigs von Navarra. Die Karriere endete abrupt, als er 1520 beim Kampf um die Festung Pamplona schwer verwundet wurde. Nach 14tägigem Transport durch das unwegsame Gebirge erreichte Iñigo das väterliche Schloß. Zwei Operationen brachten ihn an den Rand des Todes, führten aber nicht zur vollen Heilung: Er blieb zeitlebens hinkend. Während des langen Krankenlagers vertiefte sich Iñigo in zwei zufällig im Schloß vorhandene Bücher: die als „Legenda aurea" bekannten Heiligenlegenden des Jakob de Voragine und das „Leben Jesu" Ludolfs von Sachsen.

Der Umgang mit diesen Texten ist bezeichnend für den späteren Ignatius: Er nimmt nicht nur den Inhalt zur Kenntnis und macht sich dabei die Idee einer Pilgerfahrt nach Jerusalem zu eigen; er analysiert vielmehr, wie er auf das Gelesene reagiert, was ihn ermutigt, was ihn traurig macht und wie lange die jeweiligen Stimmungslagen anhalten. „Diskretion" in des Wortes doppelter Bedeutung, als genaues Unterscheiden und als taktvolles Urteilen, wird auch später wichtiger Bestandteil der Seelenforschung, die Ignatius in den „Geistlichen Übungen" systematisiert.

Iñigo entschied sich noch auf dem Krankenbett, den Heiligen nachzueifern und sein Leben nicht nur notgedrungen zu ändern.

1522 unternahm der Genesene eine Sühne-Wallfahrt, zunächst zur Marienkirche von Aranzazu, dann zum heiligen Berg Montserrat, wo er die Waffen niederlegte und den Pilgerstab ergriff. Während eines mehrmonatigen Aufenthaltes als Einsiedler in Manresa begann Iñigo ein „Tagebuch des inneren Lebens" anzulegen. Er hielt darin auch eine „Erleuchtung" fest, durch die ihm die „Augen der Vernunft" geöffnet wurden.

> „Nicht als ob er irgendeine Erscheinung gesehen hätte, sondern es wurde ihm das Verständnis und die Erkenntnis vieler Dinge über das geistliche Leben sowohl wie auch über die Wahrheiten des Glaubens und über das menschliche Wissen geschenkt. Dies war von einer so großen Erleuchtung begleitet, daß ihm alles in neuem Licht erschien.
> Und das, was er damals erkannte, läßt sich nicht in Einzelheiten darstellen, obgleich es deren sehr viele waren. Nur daß er eine sehr große Klarheit in seiner Vernunft empfing."[1]

Was Ignatius hier rückblickend beschreibt, ist die Erfahrung einer inneren intellektuellen Schau, die sich merkwürdig abstrakt ausnimmt, wenn wir Vergleiche ziehen mit gefühlsbetonten, bildhaften mystischen Erlebnissen, etwa der Liebesmystik Bernhards oder der Blutmystik Caterinas. Und doch kommt schon hier das besondere Moment ignatianischer Mystik zum Ausdruck: Es geht ihm nicht um das Verschmelzen von Gott und Mensch, sondern um ein Begegnen, wobei die Ungleichheit zwischen Gott und Mensch akzeptiert wird, wenn beider Wille gleichförmig geworden ist. Daß derartige mystische Erfahrung nicht andere, an Sinnlichkeit und Gefühl orientierte Formen ausschließen muß, wird an Iñigos Reise nach Jerusalem deutlich. 1523 erreichte er von Barcelona aus über Rom und Venedig die heilige Stadt und verfiel dem „genius loci".

Die Orte, an denen Christus gelebt hatte, weckten in Iñigo die Sehnsucht nach Identifikation und den Wunsch, seine Botschaft zu verkünden. Indes stieß er auf zwei Hindernisse: Die mit der Betreuung der heiligen Stätten beauftragten Franziskaner drohten dem unbekannten Schwärmer mit der Ausweisung, und Iñigo selbst erkannte, daß er als ungebildeter Laie den apostolischen Auftrag nicht erfüllen konnte. Mit der ihm eigenen Konsequenz begann er, nach der Rückkehr nach Barcelona seine Schulbildung zu ergänzen und dann an den Hochschulen von Alcala, Salamanca und ab 1528 in Paris Philosophie und Theologie zu studieren. 1533 schloß Ignatius seine Studien mit dem „Magister artium" ab.

Während seiner Pariser Zeit hatte er einen Freundeskreis um sich versammelt, mit dem er „Geistliche Übungen" durchführte.

„Es handelte sich um eine ganz neue Art von Übungen. Sie bestanden darin, daß der Teilnehmer sich völlig in die Einsamkeit eines abgelegenen, ruhigen Zimmers zurückzog und sich einer wohldurchdachten Folge von Gebeten und Betrachtungen hingab, die alle auf das eine Ziel ausgerichtet waren: sich zu sammeln und fern von aller Zerstreuung zu sich selbst zu kommen und sich klar zu werden über das Ziel des Daseins und die eigenen Absichten ..."[2]

Gebet und Introspektion sind Methoden im Dienste des einen großen Zieles, das Ignatius' Leben bestimmte: den Willen Gottes zu erkennen und den eigenen Willen „gleichförmig" zu machen, damit die Bitte des Vater-unser erfüllt werde: „Dein Wille geschehe – im Himmel wie auf Erden."

Diesem Ziel verpflichteten sich Ignatius und sechs Freunde, indem sie Armut, Keuschheit und Bekehrung der Ungläubigen im Heiligen Land gelobten. Falls die letztgenannte Aufgabe nicht durchführbar sein sollte, wollten sie sich direkt dem Papst unterstellen und dessen Weisung folgen.

Dieses 1534 auf dem Montmartre abgelegte Gelübde ist die Geburtsstunde des Ordens der Jesuiten, der im Laufe der Jahrhunderte immer wieder daran erinnert werden sollte, daß er auf dem „Berg der Märtyrer" ins Leben gerufen wurde.

1537 wurde Ignatius in Venedig zum Priester geweiht. Die Missionstätigkeit im Heiligen Land war wegen der drohenden Kriegsgefahr nicht möglich. So zogen die Gefährten nach Rom. Ignatius erhielt bei La Storta die göttliche Bestätigung seiner Sendung, die „Gesellschaft Jesu" zu gründen.

> „Als er eines Tages vor der Ankunft in Rom in einer Kirche weilte und dort betete, hat er eine solche Umwandlung in seiner Seele verspürt und so deutlich eine Schau gehabt, wie Gott der Vater ihn Christus Seinem Sohn zugesellte, daß er daran überhaupt nicht mehr zweifeln konnte, Gott der Vater habe ihn Seinem Sohn zugesellt."[3]

Die Satzung des Ordens wurde von Ignatius 1539 fertiggestellt, 1540 erfolgte die Genehmigung durch den Papst, zunächst mit der Auflage, nicht mehr als 60 Mitglieder aufzunehmen. Wahlspruch der „Gesellschaft Jesu" ist: „Omnia ad maiorem Dei gloriam" (Alles zur größeren Ehre Gottes).
Von dieser Losung aus wird die Mystik des Ignatius ins rechte Licht gerückt. Es ist eine Mystik des Dienens, des Unterwerfens unter den göttlichen Willen, denn außerhalb des göttlichen Willens gibt es keinen anderen Willen, der zu rechtfertigen wäre.
Die Aufgabe des eigenen Willens allein ist indes keine Besonderheit, sie steht am Anfang jedes mystischen Weges.

> „Bei Ignatius geht diese Form der Askese aber nicht über in die passive Erwartung der göttlichen Gnade in einer Seele, die sich ihrer selbst entleert hat, um die unendliche Fülle aufzunehmen, sondern in den Tatendrang, der sich vollkommen eins weiß mit dem göttlichen Willen."[4]

1541 begann der letzte Abschnitt im Leben des Ignatius. Er wurde an die Spitze der „Gesellschaft Jesu" gewählt und behielt dieses Amt bis zu seinem Tode.
Der frühere Offizier war zum „General" des Ordens geworden, der 1556 bereits mehr als 1000 Mitglieder zählte.
Heute ist er nach den Franziskanern zahlenmäßig der stärkste christliche Orden.
Am Abend des 30. Juli 1556 fühlte Ignatius, daß sein Ende nahe war. Allein, wie er seinerzeit Gott gefunden hatte, trat er ihm wieder gegenüber. Ein Bruder hörte in der Nacht Ignatius' letzten Ruf – „O Gott!" – und fand ihn am Morgen tot.
Am Ende der Anweisungen zu den „Geistlichen Übungen", die 1551 veröffentlicht worden waren, hatte Ignatius geschrieben:

> „Je mehr sich unsere Seele allein und abgeschieden befindet, um so mehr macht sie sich geeignet, ihrem Schöpfer und Herrn sich zu nahen und bei ihm anzukommen ..."[5]

Ignatius' „Geistliche Übungen" stellen ein vier Wochen dauerndes Programm dar, dessen einzelne Phasen und Stufen aufeinander bezogen sind.

Die nachfolgend ausgewählten Teile dieses kunstvoll zusammengefügten Systems von Übungen und Betrachtungen können keinen Eindruck von der Struktur des Gesamtwerkes vermitteln.
Sie zeigen aber doch andeutungsweise gedankliche Schärfe, Einfühlungsvermögen und Praxisnähe der Exerzitien.

Geistliche Übungen

um über sich selbst zu siegen
und sein Leben zu ordnen
ohne sich durch irgendeine ungeordnete Neigung bestimmen zu lassen.

(Unter dem Namen geistliche Übungen versteht man jede Art, das Gewissen zu erforschen, sich zu besinnen, zu betrachten, mündlich und rein geistig zu beten und andere geistliche Tätigkeiten, wie später noch erklärt wird. Denn so wie Spazierengehen, Marschieren und Laufen körperliche Übungen sind, gleicherweise nennt man geistliche Übungen jede Art, die Seele vorzubereiten und dazu bereit zu machen, alle ungeordneten Neigungen von sich zu entfernen, und nachdem sie abgelegt sind, den göttlichen Willen zu suchen und zu finden in der Ordnung des eigenen Lebens zum Heil der Seele.)

Vorbemerkung

Damit sowohl der, welcher die geistlichen Übungen gibt, wie der, welcher sie macht, sich gegenseitig mehr helfen und nützen, müssen sie voraussetzen, daß jeder gute Christ mehr dazu bereit sein muß, die Aussage des Nächsten für glaubwürdig zu halten, als sie zu verurteilen. Vermag er sie nicht zu rechtfertigen, so forsche er nach, wie jener sie versteht; versteht jener sie aber in üblem Sinn, so verbessere er ihn mit Liebe; und wenn das nicht genügt, so suche er nach allen angemessenen Mitteln, damit jener zu ihrem richtigen Verständnis gelange und so sich rette.

Prinzip und Fundament

Der Mensch ist geschaffen dazu hin,
Gott Unseren Herrn zu loben, Ihm Ehrfurcht zu erweisen und zu dienen,
und damit seine Seele zu retten.
Die andern Dinge auf der Oberfläche der Erde sind zum Menschen hin geschaffen, und zwar damit sie ihm bei der Verfolgung des Zieles helfen, zu dem hin er geschaffen ist.

Hieraus folgt,
daß der Mensch dieselben so weit zu gebrauchen hat, als sie ihm auf sein Ziel hin helfen, und sie so weit lassen muß, als sie ihn daran hindern.
Darum ist es notwendig,
uns allen geschaffenen Dingen gegenüber gleichmütig zu verhalten in allem, was der Freiheit unseres freien Willens überlassen und nicht verboten ist.
Auf diese Weise sollen wir von unserer Seite
Gesundheit nicht mehr verlangen als Krankheit,
Reichtum nicht mehr als Armut,
Ehre nicht mehr als Schmach,
langes Leben nicht mehr als kurzes,
und folgerichtig so in allen übrigen Dingen.
Einzig
das sollen wir ersehnen und erwählen, was uns mehr zum Ziele hinführt, auf das hin wir geschaffen sind.

Betrachtung zur Erlangung der Liebe

Bemerkung: Zunächst ist auf zwei Dinge zu achten.
Das erste ist, daß die Liebe mehr in die Werke als in die Worte gelegt werden muß.
Das zweite: Die Liebe besteht in der Mitteilung von beiden Seiten her; das heißt, daß der Liebende dem Geliebten gibt und mitteilt, was er hat, oder von dem, was er hat oder kann, und als Erwiderung ebenso der Geliebte dem Liebenden; hat also der eine Wissen oder Ehren oder Reichtümer, so teilt er sie dem mit, der sie nicht besitzt, und so auch der andere dem einen.
Gebet: das übliche Vorbereitungsgebet.
Die erste Vorübung besteht im Aufbau des Schauplatzes; das ist hier: schauen, wie ich stehe vor Gott unserem Herrn, vor den Engeln, vor den Heiligen, die für mich Fürbitte einlegen.
Die zweite: bitten um das, was ich begehre; das ist hier: bitten um eine tiefe Erkenntnis so großer empfangener Wohltaten, damit ich sie ganz und gar anerkenne und so in allem Seine Göttliche Majestät lieben und Ihr dienen kann.
Der erste Punkt: Ins Gedächtnis rufen die empfangenen Wohltaten der Schöpfung, der Erlösung und der besonderen Gaben, indem ich mit großer Hingebung abwäge, wieviel Gott unser Herr für mich getan hat und wieviel Er mir von dem gegeben, was Er besitzt, und folgerichtig, wie sehr derselbe Herr danach verlangt, Sich selbst mir zu schenken, soweit er es nur vermag gemäß seiner göttlichen Anordnung. Und dann mich zurückbesinnen auf mich selbst, indem ich mit vielen Gründen der Vernunft und der Gerechtigkeit erwäge, was ich von meiner Seite Seiner Göttlichen Majestät anbieten

und geben muß, nämlich alles, was ich habe, und mich selber damit, wie einer, der sich mit großer Hingebung darbringt.
Nimm hin, Herr, und empfange meine ganze Freiheit, mein Gedächtnis, meinen Verstand und meinen ganzen Willen, meine ganze Habe und meinen Besitz; Du hast es mir gegeben, Dir, Herr, gebe ich es zurück; alles ist Dein, verfüge nach Deinem ganzen Willen; gib mir Deine Liebe und Gnade, das ist mir genug.
Der zweite: Betrachten, wie Gott in den Geschöpfen wohnt, in den Elementen, indem er ihnen Dasein gibt, in den Pflanzen, indem er ihnen das Leben schenkt, in den Tieren, indem er ihnen sinnenhafte Wahrnehmungen gibt, in den Menschen, indem er ihnen geistige Einsicht verleiht; und so auch in mir: wie Er mir Dasein gibt, mich belebt, mir Sinne erweckt und geistige Einsicht verleiht, wie Er gleichfalls einen Tempel aus mir macht, da ich zum Gleichnis und Bild Seiner Göttlichen Majestät geschaffen bin. Und abermals mich zurückbesinnen auf mich selbst in der Weise, wie im ersten Punkt gesagt wurde, oder auf eine andere, wenn ich diese als die bessere spüre. Ebenso verfahre ich bei jedem nachfolgenden Punkt.
Der dritte: Erwägen, wie Gott um meinetwillen in allen geschaffenen Dingen auf dem Angesicht der Erde arbeitet und sich müht, das heißt, Er verhält sich wie einer, der mühsame Arbeit verrichtet. So zum Beispiel an den Himmelskörpern, Elementen, Pflanzen, Früchten, Tieren usw., indem Er Dasein gibt und erhält, Wachstum und Sinnesleben usw. Dann zurückbesinnen auf mich selbst.
Der vierte: Schauen, wie alles Gute und alle Gabe von oben herabsteigt, so wie auch die mir zugemessene Kraft von der höchsten und unendlichen von oben herab; und so auch Gerechtigkeit, Güte, Pietät, Barmherzigkeit usw., gleichwie von der Sonne absteigen die Strahlen, von der Quelle die Wasser usw. Dann zum Schluß mich zurückbesinnen auf mich selbst in der gesagten Weise.
Schließen mit einem Zwiegespräch und einem Vaterunser.

Regeln, um sich künftig beim Essen zu ordnen

Die erste Regel ist, daß man sich vom Brot weniger zu enthalten braucht, weil es keine Speise ist, bei der sich die Eßlust in so ungeordneter Weise zu äußern pflegt oder zu der die Versuchung so anreizt wie zu den übrigen Speisen.
Die zweite: In bezug auf das Trinken scheint die Enthaltsamkeit angemessener als in bezug auf das Essen des Brotes; deshalb muß ernstlich erwogen werden, was nützlich ist, damit es zugelassen, und was Schaden bringt, damit es entfernt werde.

Die dritte: Bei den Mahlzeiten muß eine größere und vollständigere Enthaltsamkeit beobachtet werden, weil an dieser Stelle sowohl die Eßlust je mehr zur Unordnung hinneigt wie auch die Versuchung je mehr Anreiz bietet. Die Enthaltsamkeit in bezug auf Speisen kann man deshalb, um Unordnung zu vermeiden, auf zweierlei Weise üben: einmal so, daß man sich daran gewöhnt, gröbere Speisen zu essen; zum andern so, daß man feinere nur in geringerer Menge genießt.

Die vierte: Vorausgesetzt, daß er sich davor hütet, in eine Krankheit zu fallen, wird der Mensch um so schneller zur richtigen Mitte gelangen, die er beim Essen und Trinken einhalten soll, je mehr er sich vom Zukömmlichen entzieht; und dies aus zwei Gründen: erstens weil er – indem er sich so selbst fördert und bereitstellt – oftmals die inneren Wahrnehmungen, Tröstungen und göttlichen Eingebungen je besser verspüren wird, durch die ihm die Mitte gezeigt wird, die ihm zukommt; zweitens weil die Person, die bei solcher Enthaltsamkeit nicht mehr die genügende Körperkraft und Disposition für die geistlichen Übungen in sich vorfindet, leicht dazu gelangen wird, zu entscheiden, was ihrem leiblichen Unterhalt angemessener ist.

Die fünfte: Während man ißt, soll man sich vorstellen, man schaue Christus unseren Herrn, wie Er mit seinen Aposteln zusammen ißt, wie Er trinkt und wie Er umherblickt und wie Er spricht, und man bemühe sich, Ihn nachzuahmen. So sei der Verstand zum größeren Teil mit der Erwägung Unseres Herrn, zum geringeren aber mit dem Unterhalt des Leibes beschäftigt, damit man so bezüglich der Art, wie man sich benehmen und beherrschen soll, ein je größeres Gleichmaß und eine größere Ordnung gewinne.

Die sechste: Zuweilen kann man auch während des Essens eine andere Erwägung vornehmen, entweder über das Leben der Heiligen oder eine andere fromme Betrachtung oder über irgendeine geistliche Angelegenheit, die man auszuführen hat. Richtet man nämlich seine Aufmerksamkeit auf einen solchen Gegenstand, so wird man weniger Lust und Sinnengenuß aus der leiblichen Speise ziehen.

Die siebte: Vor allem hüte man sich, den ganzen Sinn auf das zu richten, was man ißt, und man sei beim Essen nicht aus lauter Eßlust zu hastig, sondern bleibe Herr seiner selbst, sowohl bezüglich der Art zu essen, als auch bezüglich der Menge, die man nimmt.

Die achte: Um die Unordnung abzulegen, ist es von großem Nutzen, nach dem Mittag- oder Abendessen oder zu einer anderen Stunde, da man keine Eßlust verspürt, bei sich selbst für die nächste Mittags- oder Abendmahlzeit, und so fort jeden Tag, die Menge zu bestimmen, die man tunlich nehmen kann und über die man weder aus irgendwelcher Eßlust noch wegen einer Versuchung hinausgehen soll. Im Gegenteil, man nehme vielmehr, um jede ungeordnete Eßlust und Versuchung des Feindes je besser zu besiegen, falls man versucht wird, mehr zu essen, gerade weniger zu sich.

Gebet zur Seele Christi

Alma de Cristo, sanctifícampe.	Seele Christi, heilige mich.
Cuerpo de Cristo, sálvame.	Leib Christi, rette mich.
Sangre de Cristo, embriágame.	Blut Christi, berausche mich.
Aqua del costado de Cristo, lávame.	Wasser der Seite Christi, wasche mich.
Pasión de Cristo confórtame.	Leiden Christi, stärke mich.
Oh mi buen Jesús, óyeme!	Gütiger Jesus, erhöre mich!
Dentro de tus llagas escóndeme.	In Deinen Wunden berge mich.
No permitas que me aparte de Ti.	Von Dir laß nimmer scheiden mich.
Del maligno enemigo defiéndeme.	Vor dem bösen Feind verteidige mich.
En la hora de mi muerte llámame.	In meiner Todesstunde rufe mich.
Y mándame ir a Ti.	Und heiße zu Dir kommen mich.
Para que con tus santos te alabe.	Mit Deinen Heiligen zu loben Dich.
Por los siglos de los siglos.	In Ewigkeit ewiglich.
Amen.	Amen.

Teresa von Avila
(1515–1582)

Terese de Ahumada, die meist nach ihrem Geburtsort Teresa von Avila genannt wird, sich selbst aber ab 1562 nach ihrer „mystischen Verlobung" „Teresa des Jesus" nannte, ist eine der herausragenden Gestalten der Kirchengeschichte. Dem gibt die 1970 erfolgte Anerkennung als „Kirchenlehrerin" Ausdruck, ein Titel, den die Kirche ihr als erster Frau verlieh.
Aber auch unabhängig von dieser Ehrung wird bei der Betrachtung ihres Lebensweges und ihres Wirkens deutlich, daß in ihr tiefe Geistigkeit, existentielle Wahrhaftigkeit, dichterische Kraft der Sprache und organisatorisches Geschick in überzeugender Weise vereint sind.

In einer Zeit, in der die Kirche mehr als je zuvor Gefahr lief, durch Verweltlichung auf der einen, Intoleranz gegenüber neuen Formen der Frömmigkeit auf der anderen Seite ihre zentrale Aufgabe zu verfehlen, wies Teresa den Weg zur Erneuerung durch das Gebet und zur Begegnung mit Gott.
Was uns heute an Teresa berührt, ist, daß sie „Erfahrungen" mitteilt und damit von einer Ebene aus argumentiert, die wir (trotz aller zeitgeschichtlichen Besonderheiten, denen sie zweifellos verhaftet sind) kennen.
Das erschöpft sich nicht, wird aber doch deutlich in ihrem Nachdenken über die Rolle der Frau.
Ihr Widerspruch gegen die Annahme der damaligen Theologie, Frauen hätten nicht die Befähigung zum „inneren Gebet", d. h. zur Versenkung in Gott, brachte sie vor das Inquisitionsgericht in Sevilla. Teresa erkennt, daß „es für die Richter dieser Welt, weil sie Söhne Adams und schließlich lauter Männer sind, auch nicht *eine* Tugend einer Frau gibt, die sie nicht für verdächtig hielten".[1]
Diese souveräne Haltung ist indes eine Frucht der späteren Lebenserfahrung. Teresas erste Lebensphasen zeigen sie in einem Zustand der Unsicherheit und Unentschlossenheit.
Ob dies im Zusammenhang mit ihrer Herkunft gesehen werden muß, ist verschiedentlich erörtert worden. Als nach dem Fall Granadas 1492 die maurische Herrschaft über Spanien beendet war, wurden in den Folgejahren alle Mohammedaner des Landes verwiesen.
Gleichzeitig stellte die spanische Krone die Juden vor die Wahl, zu konvertieren oder ebenfalls das Land zu verlassen. Teresas Großvater war dieser Entwicklung zuvorgekommen und schon 1485 zum Christentum übergetreten. Seine Söhne hatten in spanische Adelsgeschlechter eingeheiratet, waren sich aber der Stabilität ihres Status nicht sicher. Von Teresas Vater wissen wir, daß er sehr fromm war, „von großer Liebe zu den Armen und Mitgefühl mit den Kranken und sogar mit den Bediensteten".[2]
Zweifellos zeigte sich das Vorbild des Vaters auch in Teresas Begeisterung für das Leben der Heiligen und in dem Wunsch, schon als Kind ein Märtyrerschicksal zu erleiden, um „sicher und schnell in den Himmel zu kommen".[3]
1531 trat sie in die Schule des Augustinerinnenklosters von Avila ein. Als sie 1535 auf das Karmelitinnenkloster am selben Ort überwechselte, hatte sie wohl ein geistliches Leben als Ziel, doch fehlte ihr die bejahende Einstellung zu dieser Entscheidung.
Letztlich war es die Furcht vor Fegefeuer und Hölle, die sie bestimmte, 1537 das Gelübde abzulegen.
Was dennoch blieb, waren Gewissenskonflikte, ein ständiger Wechsel von „Stürzen" und „Aufstehen". Ihrer Umwelt blieben die Kämpfe weithin verborgen. Mit der ihr eigenen Gabe, auf die Mitmenschen sympathisch zu wirken und bei allen beliebt zu sein[4], überspielte Teresa ihre Konflikte.

1538 kommt es zu einem physischen und psychischen Zusammenbruch. Rückblickend erkennt Teresa, wie ihr zu helfen gewesen wäre:

> „Sehr schlimm ist es für eine Seele, wenn sie in so vielen Gefahren allein ist. Wenn ich jemand gehabt hätte, mit dem ich über all das hätte reden können, so meine ich, hätte mir das geholfen, nicht immer wieder erneut zu fallen, und wenn es schon deswegen gewesen wäre, weil ich mich vor ihnen geschämt hätte, da ich vor Gott noch keine Scheu hatte."[5]

Der Vater reiste mit ihr nach Becedas, wo eine berühmte Heilpraktikerin Hilfe bringen sollte. Deren Bemühungen blieben erfolglos. Statt dessen gelang es Teresa, den dortigen Priester zu bekehren, indem sie sich vorbehaltlos auf dessen Situation einließ, ohne sich selbst aufzugeben.

> „In dem Ort, an den ich zur Kur ging, lebte ein Pfarrer mit guten Qualitäten und Geistesgaben und auch wissenschaftlich gebildet, wenn auch nicht so sehr. Bei ihm begann ich zu beichten, denn ich bin immer eine Liebhaberin der Wissenschaften gewesen, Halbgelehrte allerdings haben mir großen Schaden zugefügt, denn so gebildet wie ich sie gerne gewollt hätte, habe ich sie nie gefunden ... Sobald ich also begann, bei dem erwähnten Priester zu beichten, faßte er bald eine äußerst große Zuneigung zu mir, denn damals, zu der Zeit, als ich gerade ins Kloster eingetreten war, hatte ich wenig zu beichten im Gegensatz zur großen Schuld später. Seine Zuneigung zu mir war an sich nicht schlecht, aber da sie zu groß war, hörte sie auf, gut zu sein. Er hatte genau verstanden, daß ich niemals in etwas einwilligen würde, das gegen Gott wäre, in keiner Weise, und er sagte, daß er auch so denke, und so war der Austausch sehr rege. Bei meiner damaligen Begeisterung für Gott gingen meine Unterhaltungen vorzugsweise über ihn; und da ich noch so jung war, brachte das den Pfarrer ganz durcheinander, als er es merkte. Wegen der großen Zuneigung, die er zu mir hatte, begann er mir den Zustand seiner Verderbtheit darzulegen, und diese war nicht gering, denn seit fast sieben Jahren lebte er in einem gefährlichen Zustand der Abhängigkeit und des Umgangs mit einer Frau aus dem Ort; und in dieser Verfassung hielt er Messe. Das war bereits öffentlich bekannt, so daß er Ehre und Ansehen verloren hatte, und es niemand mehr wagte, darüber zu sprechen. Mir tat er sehr leid, denn ich hatte ihn sehr gern. Darin bestand damals meine Oberflächlichkeit und Blindheit, daß ich es für eine Tugend hielt, jemandem, der mich liebte, dankbar und anhänglich zu sein. Verflucht sei jene Dankbarkeit, die so weit geht, daß sie sogar gegen die Treue zu Gott ist! Das ist eine der Unsinnigkeiten, die es in

der Welt gibt, und der auch ich verfiel, während wir doch alles Gute, das uns getan wird, Gott verdanken; wir aber halten es für Tugend, eine Freundschaft nicht zu brechen, auch wenn es darum geht, gegen ihn zu handeln. O Blindheit der Welt! Wäre es doch so gewesen, mein Herr, daß ich all diesen Gepflogenheiten gegenüber untreu gewesen wäre, dafür aber dir gegenüber auch nicht in einem Punkt! Aber wegen meiner Sünden war es genau umgekehrt!

Ich versuchte noch mehr über diesen Priester zu erfahren und bei Leuten aus seinem Haus mich zu erkundigen; so wurde mir seine Verlorenheit noch offenkundiger. Ich sah, daß den Armen nicht so viel Schuld traf, denn die Unglückselige von Frau hatte ihm ein Bildchen in ein kupfernes Amulett hineingezaubert und ihn gebeten, es aus Liebe zu ihr um den Hals zu tragen, und niemand ist in der Lage gewesen, es ihm wieder wegzunehmen.

Ich glaube zwar nicht im geringsten an diese Geschichten von Zaubereien, aber ich sage das, was ich sah, damit die Männer sich vor Frauen in acht nehmen, die es auf diese Weise versuchen. Sie mögen wissen, daß diese auch nicht das geringste Vertrauen mehr verdienen, sobald sie die Gottesfurcht verloren haben, denn die Frauen sind mehr als die Männer zu Ehrenhaftigkeit verpflichtet. Um nur ja ihren Willen durchzusetzen und jene Anhänglichkeit zu fördern, die der Böse ihnen vormacht, haben sie vor nichts mehr Scheu. Trotz meiner Schlechtigkeit bin ich doch nie in eine derartige Verfehlung gefallen, noch war ich darauf aus, Böses zu tun, noch hätte ich mir die Zuneigung eines anderen zu mir erzwingen wollen, weil mich der Herr davor bewahrt hat; aber wenn er mich hätte fallen lassen, hätte ich das Böse, das ich tat, auch in diesem Punkt getan, denn auf mich kann man sich gar nicht verlassen.

Sobald ich das alles von ihm wußte, begann ich ihm noch mehr Zuneigung zu erweisen. Meine Absicht dabei war gut, mein Tun schlecht, denn um ein auch noch so großes Gut zu wirken, darf man selbst ein kleines Übel nicht begehen. Ich sprach mit ihm sehr häufig von Gott, und das mußte ihm von Nutzen gewesen sein, auch wenn ich glaube, daß in diesem Fall die Tatsache bestimmend war, daß er mich sehr gern hatte. Um mir einen Gefallen zu erweisen, kam er eines Tages und gab mir das Amulett, das ich in einen Fluß werfen ließ.

Nachdem das weg war, kam ihm, ähnlich einem, der aus einem tiefen Schlaf erwacht, allmählich zu Bewußtsein, was er in all diesen Jahren getan hatte. Er war über sich selbst erschrocken, bereute seine Verderbnis und kam schließlich so weit, daß er sein Tun verabscheute. Unsere Liebe Frau muß ihm wohl sehr geholfen haben, denn er verehrte das Geheimnis ihrer Empfängnis sehr, das er auch alljährlich mit großer Feierlichkeit beging. Schließlich gab er den Umgang mit dieser Frau

ganz auf und konnte Gott gar nicht genug danken, daß er ihm Licht gegeben hatte. Nach Ablauf eines Jahres starb er genau an dem Tag, an dem ich ihn kennengelernt hatte. Er hatte schon viel im Dienst Gottes getan, denn in jener großen Zuneigung, die er zu mir hatte, sah ich nie etwas Schlechtes, wenn sie auch hätte noch reiner sein können. Aber es gab auch Augenblicke, in denen es zu schweren Beleidigungen Gottes gekommen wäre, wenn ich nicht Gott vor Augen gehabt hätte. Wie ich schon sagte, hätte ich damals nie etwas getan, was ich als schwere Sünde empfunden hätte, und diese meine entschlossene Haltung, glaube ich, half ihm, zu mir Zuneigung zu empfinden. Ich glaube tatsächlich, daß alle Männer die Frauen bevorzugen, die mehr auf dem Weg der Tugend gehen und selbst in bezug auf das, um was es ihnen hier auf Erden geht, dürften sie auf diese Weise mehr bei den Männern erreichen, wie ich nachher noch sage.
Ich bin sicher, daß er gerettet ist, denn er starb gut und weit entfernt von dieser Abhängigkeit; es scheint tatsächlich so, als habe ihn der Herr auf diese Weise retten wollen."[6]

Auch diese Episode ist geschildert aus der Distanz des Alters. Was in Teresas Leben folgte, war die Verschärfung ihrer Krise. Wohl erfuhr sie 1542, nach Anrufung des heiligen Josef, Linderung ihrer körperlichen Beschwerden. Mit ihrer inneren Einstellung wurde Teresa jedoch immer unzufriedener, bis sie schließlich, verzweifelt über ihre Unfähigkeit, das „innere Gebet" ganz aufgab.

„Und so begann ich von Zeitvertreib zu Zeitvertreib, von Nichtigkeit zu Nichtigkeit und von einer Gelegenheit in die andere zu stolpern und mich so großen Versuchungen auszusetzen und meine Seele mit so großen Nichtigkeiten zu ermüden, daß ich mich geradezu schämte, in einer so großen Freundschaft, wie es das Gebet ist, mich Gott erneut zuzuwenden. Dazu kam, daß beim Anwachsen der Sünden allmählich der Geschmack und die Freude an der Tugend abnahmen. Ich sah sehr deutlich, mein Herr, daß mir dies deswegen zu fehlen begann, weil ich mich dir gegenüber verfehlte. Das war der größte Schwindel, den mir der Böse unter dem Anschein von Demut vormachen konnte, daß ich nämlich begann, aus Furcht nicht mehr zu beten, weil ich mich für so verkommen hielt. Mir schien es besser zu sein, mich so zu verhalten wie die vielen anderen – denn im Schlechtsein war ich eine der Schlechtesten – und das mündlich zu beten, wozu ich verpflichtet war, und das innerliche Gebet und den vertrauten Umgang mit Gott nicht mehr zu pflegen, ich, die ich verdient hatte, bei den Dämonen zu sein und die ich die Leute hinterging, denn nach außen hin machte ich einen guten Eindruck. Dafür kann man nicht dem Kloster die Schuld geben, in dem ich lebte, da ich es mit Hilfe meines Geschickes fertigbrachte, in einem guten Ruf zu stehen, wenn ich auch nicht bewußt einen christlichen Geist vorheuchelte. Was aber die Scheinheiligkeit und Eitelkeit betrifft, so erinnere ich mich, Gott sei Dank, nicht, ihn einmal beleidigt zu haben, soweit ich das weiß, denn bei der ersten Versuchung in dieser Richtung tat mir das so weh, daß der Böse abgeschlagen wurde und wieder gehen mußte, und ich siegreich blieb; deshalb hat er mich in dieser Hinsicht auch nur selten versucht. Aber gesetzt den Fall, Gott hätte ihm erlaubt, mich auch da so zu versuchen wie auf anderen Gebieten, so wäre ich auch da gestürzt. Doch bis jetzt hat mich Seine Majestät davor bewahrt, wofür sie immer gepriesen sei; ja noch mehr, es tat mir sehr weh, daß die anderen so gut von mir dachten, da ich doch wußte, wie ich war."[7]

Im Jahre 1554 kommt es schließlich, nach 20jährigem Ringen, zur endgültigen Hinwendung zu Gott. Vorbereitet wird das Ereignis durch die Lektüre von Augustins „Bekenntnissen":

„In dieser Zeit gaben sie mir die ‚Bekenntnisse' des hl. Augustinus zu lesen; es scheint, daß der Herr das so angeordnet hat, denn ich hatte mich nicht danach umgesehen noch hatte ich sie vorher gekannt. Ich verehre den hl. Augustinus sehr, weil das Kloster, in dem ich zur Erziehung war, zu seinem Orden gehörte, aber auch weil er ein Sünder war. Bei den Heiligen, die der Herr nach ihrem Sündenleben zu sich gezogen hat, fand ich eher reichen Trost, weil ich meinte, daß ich bei ihnen Hilfe finden könnte. Da der Herr ihnen vergeben hat, ist er mächtig genug, so auch an mir zu handeln. Eines nur deprimierte mich, wie ich schon sagte, daß der Herr diese nur einmal hatte rufen müssen, und sie dann nicht mehr fielen, während er mich schon so oft gerufen hat, so daß ich deswegen schon ganz mutlos war. Doch wenn ich wieder an die Liebe dachte, die er zu mir hatte, faßte ich von neuem Mut, weil ich das Vertrauen auf seine Barmherzigkeit niemals verloren habe, das Vertrauen zu mir aber schon oft.

O mein Gott, wie erschreckt mich doch die Verhärtung, die meine Seele trotz so großer Hilfe von seiten Gottes bewies! Es wird mir jetzt noch Angst, wenn ich an die geringe Macht denke, die ich über mich hatte, und wie sehr ich verstrickt war und mich nicht dazu durchrang, mich ganz und gar Gott auszuliefern.

Als ich begann, die ‚Bekenntnisse' zu lesen, fand ich mich in ihnen wieder. Ich empfahl mich immer mehr diesem glorreichen Heiligen. Und als ich in der Lektüre bei seiner Bekehrung angekommen war und las, wie er jene Stimme im Garten gehört hat, war es mir nicht anders als

hätte der Herr mich gerufen: so stark vernahm ich seine Stimme in mir. Lange Zeit verblieb ich in Tränen aufgelöst und war ganz niedergeschlagen und erledigt.
O mein Gott, was hat eine Seele zu erleiden, wenn sie die Freiheit verliert, die sie zur Herrin über sich macht, und welche Leiden macht sie durch! Ich wundere mich heute, wie ich in dieser Qual leben konnte. Gott sei gelobt, der mir Leben schenkte, um diesem drohenden Tod zu entgehen."[8]

Dann, beim Anblick einer Darstellung Jesu an der Geißelsäule, wird Teresa innerlich erschüttert.

„Der Schmerz, den ich empfand, weil ich mich für jene Wunden nur in so geringem Maß dankbar zeigte, war so groß, daß es mir das Herz zu zerreißen schien. Aufgelöst in Tränen warf ich mich vor ihm nieder und bat ihn, mir für immer Kraft zu geben, ihn nicht mehr zu beleidigen."[9]

Von nun an entwickelte sich in Teresa ein neues Verhältnis zu Gott. Er wird zum Freund. Der Weg zur Begegnung mit ihm ist das „innere Gebet", in ihrer berühmt gewordenen Umschreibung „nichts anderes, als Umgang und vertraute Zwiesprache mit einem Freund, mit dem wir oft und gern allein zusammenkommen, um mit ihm zu reden, weil wir wissen, daß er uns liebt".[10]
Teresas Furcht vor Sünde und Verdammnis ist Vergangenheit. Die Qualen der Hölle sind nichts im Vergleich zu der Vorstellung, „die schönen, gütigen und lieben Augen des Herrn von Zorn erfüllt"[11] sehen zu müssen.
Teresas ganzes Leben steht im Zeichen dieser Freundschaft. „Erst wenn der Mensch zu einer intensiven Gottverbundenheit gelangt ist, wird sein Einsatz für die Mitmenschen fruchtbar und wirkungsvoll."[12]
Teresa öffnet sich für ihre Mitmenschen, „actio" und „contemplatio" fallen zusammen. Was sie im folgenden tut, ist Ausdruck ihrer Freundschaft mit Gott und ihrer Liebe zu den Menschen.
Die Reform des Karmeliterordens erwächst aus dem Gespräch mit Schwestern und Laien in den Jahren 1560–1562.
Teresa schlägt vor, ein kleines Kloster zu gründen und dort nach den ursprünglichen Regeln des Ordens, die 1432 durch den Papst gemildert worden waren, zu leben.
Im Mittelpunkt des Ordenslebens sollte das Gebet stehen. In ihrer bildhaften Sprache unterscheidet Teresa vier Stufen des Gebetes am Beispiel der Bewässerung eines Gartens: Wasser kann eimerweise aus einem Brunnen geschöpft werden – dem entspricht das Sprechen „mündlicher" Gebete; Wasser kann mit Hilfe eines Schöpfrades gefördert werden – dem entspricht das Gebet der Ruhe, in dem Gott die Seele berührt; wird Wasser aus einem

Bach abgeleitet, so entspricht das dem Gebet, in dem der Mensch sich mit Gott vereint erfährt; die Bewässerung ohne menschliche Bemühung geschieht durch den Regen – es ist das Gebet der Verzückung, der Gipfel mystischen Erlebens, nicht verstehbar und noch viel weniger aussprechbar.
1562 erfolgte die Gründung des ersten Klosters, San José in Avila, das der reformierten Regel folgte. 1567 erteilte der Ordensgeneral Teresa Vollmacht für die Gründung weiterer Klöster nach der neuen Regel – ein einmaliger Vertrauensbeweis für eine Frau. Im selben Jahr kam es zur Begegnung zwischen Teresa und Johannes vom Kreuz. Beide einigten sich auf die Einrichtung eines reformierten Männerklosters in Duruelo. Insgesamt entstanden bis zum Tode Teresas 17 Frauenklöster und zwei Männerklöster in Spanien und Portugal.
Ihr Erfolg fand Anerkennung und Neider. Immerhin existierten nun innerhalb des Karmeliterordens zwei verschiedene Richtungen, vom Volk als „Beschuhte" und „Unbeschuhte" bezeichnet. 1575 zog das Generalkapitel des Ordens in Piacenza die Reformgenehmigung zurück. Das Lebenswerk Teresas schien vernichtet, da entwarf sie innerhalb von zwei Monaten das Werk, das eine Zusammenschau ihrer geistlichen Lehre darstellt: „Die Seelenburg". Wieder bedient sie sich einprägsamer Bilder: Die Seele wird als Burg dargestellt, in deren Mitte Gott wohnt. Das Eingangstor zur Burg ist das Gebet. Innerhalb der Burg sind sieben Wohnungen, die zur Mitte hinführen. Drei der Wohnungen symbolisieren das asketische Hinbewegen zu Gott, die vier weiter innen liegenden stehen für die mystischen Erfahrungen des geistlichen Lebens. Die siebente Wohnung ist der Ort der Vereinigung mit dem Herrn. Zu ihr vorzudringen vermag kein Mensch aufgrund seiner eigenen Bemühungen, wer dahin kommt, hat Gottes Freundschaft und Gnade erfahren. Die Darlegungen Teresas blieben nicht ohne Folge: 1580 wurde den „Unbeschuhten Karmeliten" Eigenständigkeit innerhalb des gemeinsamen Ordens gewährt. Die Ausbreitung des Ordens und der Schriften Teresas in ganz Europa begann.
Heute stellt der reformierte Orden der Karmelitinnen mit 13000 Mitgliedern in über 70 Ländern den größten kontemplativen Orden der katholischen Kirche dar.
Die jüngste seiner großen Gestalten ist Edith Stein, jüdische Philosophin und christliche Märtyrerin, die 1942 in Auschwitz-Birkenau ermordet wurde und am 1. Mai 1987 die Seligsprechung erfuhr.
In dem 1566 entstandenen Buch „Weg der Vollkommenheit", das die Priorin Teresa ihren Schwestern vom Kloster San José in Avila widmete, gibt sie Ratschläge und Anweisungen, darunter im 22. Hauptstück eine Erklärung des zentralen Begriffs „innerliches Gebet", jener Gebetsform also, die für die kirchliche Gerichtsbarkeit grundsätzlich, bei Frauen aber besonders verdächtig war.

Weg der Vollkommenheit

„Innerliches Gebet"

„Wenn ich euch erklären soll, was innerliches Gebet ist, so wisset, meine Töchter: Das Wesen des innerlichen Gebetes besteht nicht im Schließen des Mundes allein. Wenn ich beim Aussprechen der Worte mit ganzem Gemüte aufmerke und bedenke, daß ich mit Gott rede und eben darauf mehr achte als auf die Worte selbst, die ich spreche, so bete ich mündlich und innerlich zugleich. Sagt man euch aber, daß ihr mit Gott redet, wenn ihr das Vaterunser betet, und dabei an die Welt denkt, so will ich darüber nur schweigen. Wenn ihr mit Gott reden wollt, so müßt ihr auch so mit ihm sprechen, wie es sich einem so großen Herrn gegenüber geziemt; und da sollt ihr billigerweise bedenken, wer der ist, mit dem ihr redet, und wer ihr seid, damit ihr wenigstens mit Anstand redet. Wie könntet ihr wohl dem König die ihm gebührenden Titel geben, oder wie könntet ihr wissen, welches Zeremoniell ihr bei eurer Anrede einem großen Herrn gegenüber beobachten müßt, wenn ihr weder seinen noch euren Stand recht kennt? Dem Stande und der Sitte gemäß muß doch auch die Ehrenbezeigung sein. Dies alles müßt ihr kennen, wenn ihr nicht als ungebildete Menschen unverrichteter Dinge wieder fortgejagt werden wollt. Aber du, mein Herr und Gebieter, welches Benehmen gegen dich erträgst du nicht? Du, mein Gott, bist ein König, der ewig herrscht; denn dein Reich ist kein Lehenreich.

Wenn ich im Credo höre, dein Reich habe kein Ende, so empfinde ich fast immer eine besondere Freude. Ich lobe dich, o Herr, und preise dich in Ewigkeit. Ja, dein Reich wird ewig dauern. Möchtest du darum, o Herr, doch nie gestatten, daß man sich begnüge, nur mit dem Munde zu reden, wenn man mit dir spricht! O Christen, die ihr sagt, innerliches Gebet sei nicht notwendig, was denkt ihr euch denn? Versteht ihr wohl, was ihr da sagt? Ich meine, gewiß nicht, und daher wollt ihr, daß wir alle so töricht seien wie ihr. Ihr wißt weder, was innerliches Gebet ist, noch auch, was Beschauung ist; denn wüßtet ihr es, so würdet ihr nicht auf einer Seite tadeln, was ihr auf der anderen lobt.

Ich will immer, falls ich es nicht vergesse, mit dem mündlichen Gebete auch das innerliche besprechen, damit man euch, meine Töchter, nicht erschrekke; denn da ich selbst in dieser Beziehung einiges gelitten, so weiß ich, wohin es führt, wenn man auf die Reden unvernünftiger Menschen achtet. Darum möchte ich nicht, daß euch jemand beunruhige, weil es schädlich ist, auf dem Wege des Gebetes furchtsam zu wandeln. Hingegen ist es sehr wichtig für euch, zu wissen, daß ihr auf dem rechten Wege seid, damit es euch nicht ergehe wie einem Reisenden, dem man sagt, er habe den Weg verfehlt und gehe irre. Während er nach allen Richtungen umherschweift, um den rechten Weg zu finden, ermüdet er, verliert die Zeit und kommt später am Ziele seiner Reise an.

Wer kann es für unrecht halten, wenn wir die Tagzeiten oder den Rosenkranz damit beginnen, daß wir erwägen, wessen Standes der Angesprochene und die zu ihm Sprechenden sind, um zu wissen, wie wir uns gegen ihn zu verhalten haben? Wenn ihr aber, meine Schwestern, alles gehörig erwägt, was in diesen zwei Punkten liegt, so sage ich: Ihr übt schon bei Beginn des mündlichen Gebetes, das ihr verrichten wollt, eine geraume Zeit das innerliche. Wir würden ja doch auch zu einem Fürsten, mit dem wir reden wollten, nicht so unvorbereitet gehen wie zu einem Bauern oder wie zu einem Armen, wie wir es sind; mit diesen kann man reden, wie es eben kommt. Zwar verschmäht es der himmlische König in seiner Demut nicht, mich anzuhören, wenn ich auch wegen meiner Ungeschicklichkeit nicht recht mit ihm zu reden verstehe. Er wehrt es mir deshalb nicht, mich ihm zu nähern, und seine Leibwachen entfernen mich nicht von ihm; denn die Engel, die in der Nähe ihres Königs sind, kennen dessen Eigenschaften gut und wissen, daß die Einfalt eines armen, demütigen Hirten, von dem er weiß, daß er es besser machen würde, wenn er könnte, ihm mehr gefällt als die feinsten Reden der größten Gelehrten, wenn sie nicht demütig sind. Aber deshalb, weil dieser König so gut ist, dürfen wir nicht unartig sein. Zum Dank dafür, daß er den üblen Eindruck erträgt, wenn er solche wie mich in seiner Nähe duldet, sollten wir uns wenigstens befleißen, seine Reinheit und Erhabenheit kennenzulernen. Freilich kennt man ihn schon, sobald man sich ihm naht, wie es auch bei den Herren dieser Welt der Fall ist. Sagt man uns von einem, wer sein Vater gewesen, welche Einkünfte und welchen Titel er habe, so brauchen wir nichts weiter zu wissen; denn hier in der Welt nimmt man bezüglich der Ehrenbezeigungen nicht Rücksicht auf die Verdienste der Person, sondern auf ihre Reichtümer.

O erbärmliche Welt! Preiset Gott von ganzem Herzen, meine Töchter, daß ihr etwas so Verächtliches wie diese Welt verlassen habt, wo man nicht das achtet, was einer an sich selbst hat, sondern was seine Pächter und Vasallen besitzen! Verliert er dies, so hat es mit den Ehrenbezeigungen der Welt sogleich ein Ende. Diese Lächerlichkeit mag für euch ein Gegenstand der Unterhaltung in eueren gemeinsamen Erholungsstunden sein; denn es ist ein nützlicher Zeitvertreib, zu sehen, in welcher Blindheit die Weltmenschen ihre Zeit verleben.

O du, unser Gebieter, höchste Macht, höchste Güte, die Weisheit selbst, ohne Anfang und ohne Ende! Deine Vollkommenheiten haben keine Grenzen; sie sind unendlich und übersteigen allen Begriff; sie sind ein bodenloser Abgrund von Wundern. Du Schönheit, die alle Schönheiten in sich begreift! Du, die Stärke selbst! O Gott! Ich weiß zwar wohl, daß alles menschliche Wissen nichts ist. Aber hätte ich doch die ganze Wissenschaft und Bered-

samkeit aller Sterblichen zusammen, um, soweit es hienieden möglich ist, nur eine von den vielen Eigenschaften, die wir betrachten können, recht zu verstehen und zu erklären, damit wir wenigstens einigermaßen das Wesen dieses Herrn, dieses unseres höchsten Gutes erkennen würden!
Bedenket doch und erkennet es, wenn ihr vor ihn hintretet, wer der ist, mit dem ihr reden wollt, oder während ihr betet, mit wem ihr jetzt redet! Wenn wir tausendmal so lang lebten, als wir leben, so würden wir doch nie genug erkennen, mit welcher Ehrfurcht wir mit diesem Herrn reden sollen, vor dem die Engel zittern, der über alles gebietet, der alles vermag, dessen Wollen schon Wirken ist. Gewiß, meine Töchter, tun wir recht, wenn wir uns an den Herrlichkeiten unseres Bräutigams zu erfreuen suchen, wenn wir bedenken, mit wem wir verlobt sind, und was für ein Leben wir deshalb führen müssen. Mein Gott! Will sich eine Person in dieser Welt verheiraten, so kennt sie ihren Bräutigam zuvor; sie weiß, wer er ist und welches Vermögen er hat. Und wir, die wir schon verlobt sind, sollten unseren Bräutigam nicht kennenzulernen uns bemühen, ehe er uns zur Hochzeit in sein Haus einführt? Ist dies den Verlobten hier auf Erden nicht verwehrt, warum sollte es uns nicht gestattet sein? Warum sollten wir nicht nachdenken dürfen, wer unser Bräutigam, wer dessen Vater ist, was für ein Land es ist, wohin er uns führen will, was für Güter er uns zu geben verspricht, welche Eigenschaften er hat, wie wir ihm am besten gefallen und wodurch wir ihm Freude bereiten können? Warum sollte es uns nicht gestattet sein, darnach zu trachten, daß unser Verhalten dem seinigen gleichförmig werde? Einer Frau, die in ihrer Ehe glücklich leben will, empfiehlt man nur das eine, daß sie sich ihrem Manne anbequeme, selbst wenn er von ganz geringem Stande ist. Um dich aber, mein Bräutigam, soll man in allem weniger besorgt sein als um die Menschen? Wenn die Welt nichts tun will, um dir zu gefallen, so möge sie doch deine Bräute ungestört lassen, die mit dir leben müssen! Sie führen in Wahrheit ein glückliches Leben. Ist aber ein Bräutigam so eifersüchtig, daß seine Braut mit keinem anderen verkehren darf, so wäre es doch wohl nicht schön von ihr, wenn sie nicht darauf bedacht sein würde, sich ihm hierin gefällig zu erzeigen. Da sie an ihrem Bräutigam alles hat, was sie verlangen kann, so ist es auch billig, daß sie sich auch seinem Wunsche füge und nicht mit einem anderen zu verkehren verlange.
Dies also, meine Töchter, die Erkenntnis dieser Wahrheiten, ist innerliches Gebet. Wollt ihr euch während des mündlichen Gebetes im Geiste damit beschäftigen, so ist es mir ganz recht. Aber denket ja nicht an andere Dinge, während ihr mit Gott redet! Denn dies wäre ein Beweis, daß ihr kein Verständnis habt für das Wesen des innerlichen Gebetes. Ich glaube, dies hiermit erklärt zu haben. Der Herr gebe, daß wir auch darnach zu handeln wissen! Amen."
„Die Seelenburg" wurde von Teresa 1577 innerhalb von zwei Monaten ver-

faßt. Vorarbeiten zu dem Thema hatte sie schon in ihrer Lebensbeschreibung geleistet, doch war jenes Buch 1575 der Inquisition in Madrid vorgelegt worden und noch nicht zurückgegeben worden.
Wir stellen hier das 1. Hauptstück vor, in dem das Bild der Burg und der zu ihr führenden Pforte des Gebetes angelegt wird.

Die Seelenburg

1. Hauptstück

„Als ich heute zu unserem Herrn flehte, er möchte für mich reden, weil ich nicht wußte, was ich sagen und wie ich das mir vom Gehorsam aufgetragene Werk beginnen sollte, bot sich mir, um gleich anfangs eine Grundlage zu haben, ein Gleichnis dar, das ich jetzt erwähnen will. Betrachten wir unsere Seele als eine Burg, die ganz aus einem Diamant oder sehr klarem Kristall hergestellt ist; dort gibt es viele Gemächer, gleichwie auch im Himmel viele Wohnungen sind. Ja, meine Schwestern, wenn wir es recht bedenken, so ist die Seele des Gerechten nichts anderes als ein Paradies, in dem der Herr, wie er selbst sagt, seine Lust hat. Wie meint ihr nun, muß die Wohnung beschaffen sein, in der ein so mächtiger, so weiser, so reiner und an allen Gütern so reicher König sich ergötzt? Ich finde nichts, womit ich die erhabene Schönheit und Fähigkeit einer Seele vergleichen könnte. Und wahrlich, so scharfsinnig auch unser Verstand sein mag, er wird es doch nicht dahin bringen, diese zu erfassen, sowie er auch nicht dazu gelangen kann, Gott zu begreifen, der selbst sagt, daß er uns erschaffen nach seinem Bilde und Gleichnis. Es wäre darum eine vergebliche Mühe, wollten wir die Schönheit dieser Burg ergründen, obwohl zwischen der Seele und Gott ein Unterschied ist wie zwischen einem Geschöpfe und dem Schöpfer, weil ja auch die Seele ein Geschöpf ist. Übrigens genügt der Ausspruch der göttlichen Majestät, daß die Seele nach Gottes Bild erschaffen ist, um daraus auf ihre große Würde und Schönheit schließen zu können.
Es ist aber nicht wenig zu bedauern und keine geringe Schande, wenn wir durch eigene Schuld uns selbst nicht kennen und nicht wissen, wer wir sind. Wäre es, meine Töchter, nicht eine große Unwissenheit, wenn jemand auf die Frage nicht zu antworten wüßte, wer sein Vater, wer seine Mutter, welches seine Heimat sei? Schon dies wäre ein Zeichen von großer Unvernunft, die sich aber noch unvergleichlich steigern würde, wenn wir uns nicht um die Erkenntnis unser selbst kümmerten, sondern uns nur mit unserem Leibe befaßten; ja, es wäre höchst unvernünftig, wenn wir nur so obenhin, vielleicht aus der Erfahrung oder durch den Glauben, wissen, daß wir eine Seele haben, selten aber an die Güter denken würden, die sie in sich schließen kann,

und uns weder ihren hohen Wert noch auch den vergegenwärtigen, der sie bewohnt. Dies ist auch der Grund, warum man sich so wenig darum kümmert, ihre Schönheit mit aller Sorgfalt zu bewahren. Alle unsere Sorge ist nur auf die rohe Einfassung, auf die Ringmauern der Burg, d. i. auf unseren Leib, gerichtet.

Denken wir uns also, diese Burg habe, wie schon erwähnt, viele Wohnungen, die einen oben, die anderen unten, wieder andere an den Seiten; im Innersten der Burg aber, in der Mitte von all diesen Wohnungen, sei die vornehmste, in der zwischen Gott und der Seele sehr geheime Dinge vorgehen. Dieses Gleichnis müßt ihr im Gedächtnis bewahren! Vielleicht gefällt es dem Herrn, daß ich durch dasselbe in euch einigermaßen das Verständnis für die Gnaden, die Gott nach seinem Wohlgefallen den Seelen verleiht, sowie für deren Vielgestaltigkeit wecken kann, soweit ich dies als möglich erkenne; denn alle diese vielfachen Gnaden kann niemand, am allerwenigsten ein so armseliges Geschöpf wie ich, erkennen. Beschenkt euch dann der Herr mit solchen Gnaden, so wird es für euch ein großer Trost sein, zu wissen, daß dies möglich ist; gewährt er sie aber nicht, so wird das Wissen um diese Gnaden zum Anlaß werden, seine große Güte zu preisen. Wie uns die Betrachtung der himmlischen Dinge und des Genusses der Seligen keinen Nachteil bringt, sondern vielmehr Freude in uns weckt und uns mit dem Bestreben beseelt, auch zu diesem Genusse zu gelangen, ebensowenig wird uns die Erkenntnis zum Nachteil sein, daß ein so großer Gott selbst in dieser Verbannung so übelriechenden Würmern sich mitteilt und sie mit einer so unendlichen Güte und unermeßlichen Barmherzigkeit liebt. Nach meiner Überzeugung fehlt es dem sehr an Demut und Nächstenliebe, dem die Erkenntnis der Möglichkeit schaden würde, daß Gott schon in dieser Verbannung eine so große Gnade verleiht. Wie wäre es sonst möglich, daß wir uns nicht freuten, wenn Gott einem unserer Brüder dergleichen Gnaden spendet, da ihn dies ja nicht hindert, sie auch uns zu verleihen? Wie wäre es möglich, daß wir uns nicht freuten, wenn die göttliche Majestät ihre Wunderwerke, an wem es auch immer sei, offenbart? Der Herr mag seine Gnaden zuweilen wohl nur zu dem Zwecke spenden, damit seine Werke offenbar werden. Darauf wies er selbst hin, als ihn die Apostel betreffs des Blindgebornen, dem er das Augenlicht gab, fragten, ob dieser wegen seiner Sünden oder wegen der Sünden seiner Eltern mit Blindheit gestraft worden sei. Und so geschieht es denn, daß der Herr manchen seine Gnaden nicht deshalb mitteilt, weil diese heiliger sind als andere, sondern damit seine Größe offenbar werde, wie wir dies am hl. Paulus und an Magdalena sehen, sowie auch, damit wir ihn preisen in seinen Geschöpfen.

Man könnte einwenden, solche Dinge schienen unmöglich, und es sei nicht gut, den Schwachen Ärgernis zu geben. Allein es ist weniger verloren, wenn diese nicht daran glauben, als wenn man den Fortschritt jener zu fördern unterläßt, denen Gott solche Gnaden erweist, die sich freuen und zu innigerer Liebe dessen ermuntert werden, der ihnen so große Erbarmungen erzeigt. Zudem weiß ich, daß ich zu solchen rede, bei denen keine Gefahr des Ärgernisses vorhanden ist; denn sie glauben und wissen, daß Gott noch viel größere Beweise seiner Liebe gibt. Übrigens weiß ich auch, daß einer, der dies nicht glaubt, davon auch nichts erfahren wird; denn der Herr liebt es gar sehr, daß man seinen Werken keine Grenzen setze. Möchte dies, meine Schwestern, bei jenen aus euch nie vorkommen, denen der Herr diesen außerordentlichen Weg versagt!

Wir wollen nun wieder zu unserer schönen und wonniglichen Burg zurückkehren und sehen, wie wir in sie eintreten können. Dies scheint zwar eine unsinnige Rede und dasselbe zu sein, wie wenn ich zu jemand sagen würde, er solle in ein Zimmer gehen, in dem er schon ist; denn wenn diese Burg unsere Seele ist, so folgt ja klar, daß wir nicht hineinzugehen brauchen, weil beides, die Burg und die Seele, dasselbe ist. Ihr müßt jedoch wissen, daß man in sehr verschiedener Weise an einem Orte sein kann. Viele Seelen halten sich nur innerhalb der Ringmauern der Burg auf, wo die Wachen stehen, und kümmern sich nicht, in die Burg selbst zu kommen; sie wissen auch nicht, was dieser kostbare Palast in sich birgt, wer darin wohnt, noch auch, welche Gemächer er hat. Ihr werdet schon vernommen haben, daß der Seele in einigen Büchern, die vom Gebete handeln, der Rat gegeben wird, in ihr Inneres einzukehren; das gleiche sage ich auch hier.

Ein sehr gelehrter Mann bemerkte unlängst mir gegenüber, daß die Seelen, die das Gebet nicht üben, einem vom Schlagfluß gelähmten oder gichtbrüchigen Körper gleichen, der zwar Füße und Hände hat, aber sich nicht bewegen kann. Und so ist es in der Tat. Es gibt Seelen, die so elend und gewohnheitsmäßig, so mit äußerlichen Dingen beschäftigt sind, daß es ihnen unmöglich scheint, in ihr Inneres einzukehren. Denn die Gewohnheit, immer mit den kriechenden und anderen Tieren, die sich um die Burg herum aufhalten, umzugehen, hat sie diesen fast gleich gemacht. Obwohl von so edler Natur und fähig, mit Gott selbst zu verkehren, bleiben sie doch in ihrem bedauerlichen Zustand. Wenn solche Seelen sich nicht bemühen, ihr Elend einzusehen und ihm abzuhelfen, werden sie, weil sie ihren Blick nicht auf sich selbst richten, zu Salzsäulen, ähnlich dem Weibe Lots, die sich umwandte und zurücksah.

Soviel ich verstehen kann, ist die Pforte, durch die man in diese Burg eingeht, das Gebet und die Betrachtung. Ich meine hier nicht bloß das innerliche Gebet, sondern auch das mündliche, das, um ein Gebet zu sein, ebenso wie jenes mit Aufmerksamkeit und Überlegung verrichtet werden muß. Denn ein Gebet, bei dem man nicht bedenkt, mit wem man redet, um was man bittet, wer der ist, der da bittet, und jener, den man bittet, nenne ich gar nicht Gebet, mag man dabei auch noch so eifrig seine Lippen bewegen. Und

wäre es, wenn man auf das Gesagte nicht achtet, doch manchmal ein Gebet, so nur insofern, als man die Worte schon öfters im Munde geführt hat. Wenn aber jemand mit der Majestät Gottes wie mit seinem Sklaven zu reden gewohnt wäre, und, ohne zu bedenken, ob er etwa unrecht rede, nur sagte, was ihm in den Mund kommt oder was er durch öfteres Hersagen auswendig weiß, so hielte ich dies nicht für Gebet. Gott verhüte, daß ein Christ also bete! Was euch betrifft, meine Schwestern, so hoffe ich, die göttliche Majestät werde nicht zulassen, daß so etwas vorkomme, weil ihr ohnehin gewohnt seid, euch mit innerlichen Dingen zu beschäftigen; denn dies ist ein sehr gutes Mittel zur Bewahrung vor solcher Unvernunft.
Von jenen lahmen Seelen aber wollen wir nicht weiter reden. Wenn der Herr nicht selbst kommt und sie wie den Kranken, der dreißig Jahre lang am Teiche lag, aufstehen heißt, so sind sie sehr unglücklich und in großer Gefahr. Ich will also von anderen Seelen reden, die endlich doch noch in die Burg eingehen. Diese haben, obgleich sie noch tief in der Welt stecken, doch wenigstens ein gutes Verlangen. Sie empfehlen sich dann und wann unserem Herrn und denken, wenn auch nicht lang, über sich selbst nach. Ein und das andere Mal im Monat beten sie mündlich, wenn auch mit tausend Gedanken an ihre Geschäfte, in die sie fast beständig vertieft sind, die sie so sehr fesseln, daß sie selbst die Notwendigkeit erkennen, sich davon loszumachen. Manchmal nehmen sie sich dies auch vor; denn wo ihr Schatz ist, da ist auch ihr Herz. Aber sie haben schon viel gewonnen, wenn sie sich selbst erkennen und einsehen, daß sie den rechten Weg nicht gehen, auf dem man zum Eingang in die Burg gelangt. Am Ende treten sie doch noch in die ersten Gemächer des Erdgeschosses ein; allein die Menge des Ungeziefers, das sie mit sich nehmen, läßt sie die Schönheit der Burg nicht sehen und gestattet ihnen keine Ruhe. Sind sie indessen nur eingetreten, so haben sie dadurch schon viel getan.
Es mag euch, meine Töchter, scheinen, als treffe dies bei euch nicht zu, weil ihr, dank der Güte des Herrn, nicht zu solchen Seelen gehört. Aber ihr müßt Geduld haben, da ich euch anders nicht zu erklären wüßte, wie ich einige innere Zustände des Gebetes verstehe. Der Herr gebe, daß ich wenigstens auf diese Weise das Rechte treffe; denn was ich euch erklären möchte, ist sehr schwer zu verstehen, wenn man hierin keine Erfahrung besitzt! Habt ihr sie aber, so werdet ihr auch einsehen, daß ich nicht umhin kann, auch das zu berühren, vor dem uns der Herr in seiner Barmherzigkeit bewahren wolle."

Ermahnungen Teresas an ihre Nonnen

1. Die Erde, die nicht bearbeitet wird, bringt nur Disteln und Dornen hervor, sollte sie auch fruchtbar sein; in gleicher Weise verhält es sich auch mit der Seele des Menschen.

2. Von allen geistlichen Personen, wie von Ordensleuten, Priestern und Einsiedlern, sprich nur Gutes!
3. Wenn du unter vielen bist, so rede stets nur wenig!
4. Sei bescheiden in allem, was du tust und redest!
5. Sei nie allzu hartnäckig, zumal in Dingen, an denen wenig gelegen ist!
6. Rede mit allen in gemäßigter Frömmigkeit!
7. Spotte nie über etwas!
8. Weise niemanden zurecht ohne Bescheidenheit, Demut und eigene Betretenheit!
9. Richte dich nach der Stimmung dessen, mit dem du umgehst; sei fröhlich mit den Fröhlichen, traurig mit den Traurigen; kurz: Werde allen alles, um alle zu gewinnen!
10. Rede nie etwas, ohne es vorher wohl überlegt und unserem Herrn angelegentlich empfohlen zu haben, damit du niemals etwas sprichst, was ihm mißfällt!
11. Entschuldige dich nie, wenn du nicht einen sehr triftigen Grund hast!
12. Sprich nie etwas zu deinem Lobe, z. B. von deinem Wissen, von deiner Tugend, von deiner Herkunft, außer du habest Hoffnung, daß es zum Guten diene; dann geschehe es aber mit Demut und mit der Erinnerung, daß es Gaben Gottes sind!
13. Rede von keiner Sache mit Übertreibung, sondern sage deine Ansicht mit Mäßigung!
14. Allen deinen Gesprächen und Unterhaltungen mische immer etwas Geistliches bei; dadurch werden müßige Worte und üble Nachreden vermieden!
15. Behaupte nie etwas, was du nicht weißt!
16. Dränge dich in keiner Sache mit deiner Ansicht vor, wenn du nicht darum gefragt wirst, oder wenn es nicht die Liebe fordert!
17. Spricht jemand von geistlichen Dingen, so höre in Demut zu wie ein Schüler und nimm das Gute, das einer sagt, zu deiner Belehrung hin!
18. Deinem Obern und Beichtvater entdecke alle deine Versuchungen, Unvollkommenheiten und Kämpfe, damit er dir Rat und Mittel angebe, wie du sie überwinden kannst!
19. Halte dich nicht außer deiner Zelle auf und gehe nicht aus ihr ohne Ursache; wenn du aber hinausgehst, so bitte Gott um seinen Beistand, daß du ihn nicht beleidigen mögest!
20. Iß und trink nur zu den gewöhnlichen Stunden – und da mit innigem Dank gegen Gott!
21. Verrichte alles so, als sähest du die göttliche Majestät wahrhaft vor dir gegenwärtig! Auf diese Weise gewinnt eine Seele viel.
22. Über niemand, außer über dich selbst, höre oder rede etwas Böses! Kannst du dich der üblen Rede über dich freuen, so machst du gute Fortschritte.

23. Jedes Werk, das du tust, richte auf Gott; opfere es ihm auf und bitte ihn, daß es zu seiner Ehre und Verherrlichung gereichen möge!
24. Bist du fröhlich, so überlasse dich nicht übermäßigem Lachen; deine Freude sei demütig, bescheiden, anmutig und erbauend!
25. Betrachte dich immer als die Dienerin aller, und in allem blicke auf Christus, unsern Herrn! Dann wirst du Achtung und Ehrfurcht vor allen haben.
26. Zur Erfüllung des Gehorsams sei immer so bereit, als ob Christus selbst durch deinen Prior oder Vorgesetzten dir befohlen hätte!
27. Bei jedem Werke und zu jeder Stunde erforsche dein Gewissen! Bemerkst du Fehler, so suche sie mit der Gnade Gottes zu bessern! Auf diese Weise wirst du die Vollkommenheit erreichen.
28. Denke nicht an die Fehler anderer, sondern an ihre Tugenden und an deine eigenen Fehler!
29. Habe immer ein großes Verlangen, in allem und bei jeder Gelegenheit etwas um Christi willen zu leiden!
30. Jeden Tag opfere dich Gott fünfzigmal auf, und zwar mit großem Eifer und feurigem Verlangen nach Gott!
31. Was du am Morgen betrachtest, das halte dir den ganzen Tag über gegenwärtig; verwende darauf allen Eifer; denn dadurch machst du große Fortschritte!
32. Bewahre sorgfältig die Gefühle, die der Herr dir mitteilt; und die frommen Anregungen, die er dir in der Betrachtung eingibt, setze ins Werk!
33. Vermeide stets soviel wie möglich die Sonderheit; denn in einer geistlichen Gemeinde ist sie ein großes Übel!
34. Die Vorschriften und die Regel deines Ordens lies oft und halte sie gewissenhaft!
35. In jedem Geschöpfe betrachte die Vorsehung und Weisheit Gottes; ihn preise in allen Dingen!
36. Mache dein Herz los von allen Dingen, suche Gott, und du wirst ihn finden!
37. Zeige nie in deinem Äußeren eine Andacht, die du nie in deinem Inneren empfindest; deine Unandacht aber darfst du wohl verbergen!
38. Offenbare nie deine innere Andacht ohne große Notwendigkeit! Mein Geheimnis ist für mich! sagen der heilige Franziskus und der heilige Bernhard.
39. Über die Speisen, seien sie nun gut oder schlecht bereitet, beklage dich nicht; denke vielmehr an die Galle und den Essig, die man Jesus Christus reichte!
40. Bei Tisch rede mit niemand und erhebe deine Augen nicht, um andere anzusehen!
41. Betrachte die himmlische Tafel, bei der Gott die Speise und die heiligen

Engel die Gäste sind; zu dieser Tafel erhebe die Augen mit dem Verlangen, dabei zu sein!

42. Vor deinen Oberen, in denen du Jesus Christus schauen sollst, rede immer nur das Notwendige und dies mit großer Ehrerbietung!
43. Man soll nie etwas tun, was man nicht vor jedermann tun könnte.
44. Vergleiche keinen mit einem anderen; denn dies ist eine gehässige Sache!
45. Wirst du über etwas zurechtgewiesen, so nimm es mit innerlicher und äußerlicher Demut an und bitte Gott für den, der dich zurechtgewiesen!
46. Wenn dir ein Oberer etwas befiehlt, so sage nicht, ein anderer habe dir das Gegenteil aufgetragen, sondern denke, alle Oberen haben heilige Zwecke im Auge, und verrichte gehorsam, was man dir befiehlt!
47. Was dich nicht angeht, davon rede und darnach frage nicht vorwitzig!
48. Vergegenwärtige dir dein vergangenes Leben, um es zu beweinen! Denke an deine gegenwärtige Lauheit und wieviel dir noch fehlt, um von hier in den Himmel zu kommen, damit du in Furcht lebest! Dadurch wirst du große Güter erlangen.
49. Tue immer, was deine Hausgenossen dir sagen, wenn es nicht wider den Gehorsam ist, und antworte ihnen mit Demut und Freundlichkeit!
50. Begehre nie etwas Besonderes, weder in der Nahrung noch in der Kleidung, wenn nicht eine große Not dich drängt!
51. Lasse nicht ab, dich bis zum Tod zu demütigen und abzutöten in allen Dingen!
52. Erwecke recht oft Akte der Liebe; denn sie entzünden und erweichen die Seele!
53. Auch Akte der übrigen Tugenden sollst du erwecken!
54. Opfere dem ewigen Vater alles auf in Vereinigung mit den Verdiensten seines Sohnes Jesus Christus!
55. Sei mild gegen alle, gegen dich aber streng!
56. An den Festtagen der Heiligen betrachte ihre Tugenden und bitte den Herrn, daß er sie dir verleihe!
57. Die abendliche Gewissenserforschung verrichte mit großer Sorgfalt!
58. An Kommuniontagen betrachte des Morgens, daß du trotz deines Elendes Gott empfangen darfst; beim Abendgebet aber, daß du ihn empfangen hast!
59. Bist du über andere gesetzt, so weise niemand im Zorne zurecht, sondern erst, wenn der Zorn vorüber ist; so wird die Zurechtweisung nützen!
60. Strebe eifrig nach der Vollkommenheit und Andacht, und damit verrichte alle deine Werke!
61. Übe dich ernstlich in der Furcht des Herrn; denn sie macht die Seele zerknirscht und demütig!

62. Bedenke wohl, wie schnell die Menschen sich ändern und wie wenig man sich auf sie verlassen kann; darum halte dich fest an Gott, der unveränderlich ist!
63. Berate die Angelegenheiten deiner Seele mit deinem Beichtvater, wenn er gelehrt und im geistlichen Leben erfahren ist; ihm teile sie mit und folge seinem Rate!
64. Sooft du kommunizierst, erbitte dir irgendeine besondere Gnade von Gott um der großen Barmherzigkeit willen, in der er zu deiner armen Seele gekommen ist!
65. Wenn du auch viele Heilige zu Fürbittern hast, so verehre doch als solchen ganz besonders den heiligen Joseph; denn er erlangt viel von Gott!
66. Zur Zeit der Traurigkeit und der Beunruhigung unterlasse nicht deine gewöhnlichen Gebets- und Bußübungen! Deshalb sucht dich der böse Feind zu beunruhigen, damit du diese Übungen unterlassest. Verrichte im Gegenteil mehr als sonst, und du wirst sehen, wie schnell der Herr dir hilft!
67. Deine Versuchungen und Unvollkommenheiten verbirg vor jenen im Hause, die weniger als du in der Tugend begründet sind, sonst würdest du dir und ihnen schaden; nur mit Vollkommenen rede darüber!
68. Gedenke, daß du nur *eine* Seele hast und nur *einmal* sterben wirst; – daß du nur *ein* Leben, und zwar ein kurzes, dir selbst eigenes Leben hast, – daß es nur *eine,* und zwar ewige Glorie gibt! Auf diese Weise wirst du von vielen Dingen lassen.
69. Dein Verlangen sei, Gott zu schauen, – deine Furcht, ihn zu verlieren, – dein Schmerz, ihn noch nicht zu genießen, – deine Freude, daß er dich zu sich führen kann! Dann wirst du in großem Frieden leben.

Johannes vom Kreuz

(1542–1591)

Juan de Yepes wurde 1542 in dem kleinen Dorf Fontiveros in der spanischen Provinz Avila geboren. Er ist damit nicht nur Zeitgenosse, sondern auch Landsmann von Teresa von Avila. Beide gehörten demselben Orden der Karmeliter an und standen in persönlichem Kontakt.

„Senequito" – kleiner Seneca, so nannte Teresa Juan de la Cruz (diesen Namen hatte er 1568 angenommen) und meinte damit die unbeirrbare Konsequenz, die er im Denken und Handeln zeigte. Mystik ist für Johannes „Wissenschaft der Liebe"[1] und Menschen zu möglichst vollkommener Liebe zu Gott zu führen, das war sein Ziel.

Doch nicht nur von der Systematik seiner Lehre her nimmt Johannes eine Sonderstellung ein. Er ist zugleich Meister der Sprache. In empfindsamer Lyrik verleiht er der Sehnsucht der Seele nach Vereinigung mit Gott Ausdruck, und vieles, was uns aus der Dichtung des Barock bekannt ist, finden wir bei Johannes vorbereitet. Was der 1952 zum Schutzpatron der spanischen Dichter Erwählte schrieb, gehört zum Besten, was in kastilischer Sprache gesagt wurde.[2]

Von der katholischen Kirche wurde Johannes 1675 seliggesprochen, 1726 erfolgte die Heiligsprechung durch Benedikt XIII., und 1926 ernannte Pius XI. den „doctor mysticus“ zum Kirchenlehrer.

Entgegen allen postumen Ehrungen ist der Lebensweg Juans gekennzeichnet durch Erniedrigung, Demut und Selbstverleugnung. Das Adelsgeschlecht der Yepes war verarmt, so daß der Vater Juans den Beruf eines Seidenwebers ausüben mußte. Als er 1545 starb, war die Mutter gezwungen, mit ihren drei Kindern bittend und bettelnd bei Verwandten und Freunden vorzusprechen. Eine feste Bleibe fand die Familie erst 1548 in Arévalo und dann ab 1551 in Medina del Campo.

Juan erhielt im Waisenhaus die erste schulische Unterweisung und versuchte sich dann in verschiedenen Handwerksberufen. Er scheiterte als Schreiner, Schneider, Holzschnitzer und Maler wegen mangelnder körperlicher Voraussetzungen. Zeitgenossen schildern Juan als „von kleiner unproportionierter Statur, welche mit dem Feuer seines Geistes und seiner tiefen Einsicht in sonderbarem Widerspruch stand“.[3]

Bis 1563 verrichtete Juan Hilfsdienste als Krankenpfleger im Hospital von Medina und erhielt gleichzeitig am Kolleg der Jesuiten eine Einführung in humanistische Studien.

Dann trat er in den Karmel in Medina ein, wo er 1564 das Ordensgelübde ablegte. Nach Studien in Salamanca wurde Juan 1567 zum Priester geweiht und hätte damit seinen beruflichen und sozialen Weg als abgeschlossen betrachten können. Was ihn bewegte, war die Art des Zusammenlebens in den Konventen des Karmelitenordens. Er hatte immer ein kontemplatives Leben angestrebt, doch dies ließ der Aufbau seines Ordens, der als Bettelorden konzipiert war, nicht zu. Als Juan den Gedanken erwog, sich als Karthäuser in eine Einsiedelei zurückzuziehen, kam es zu dem entscheidenden Zusammentreffen mit Teresa, die ihn von der Notwendigkeit, das Leben auch in den Männerklöstern des Karmelitenordens zu reformieren, überzeugte.

Juan erkannte, daß „actio“ und „contemplatio“ keinen unaufhebbaren Gegensatz darstellen müssen: „Durch Demütigungen, Abtötungen und geistliche Übungen kann der Mensch das aktive Leben mit dem kontemplativen vereinen; denn um Gott erfolgreich zu finden und die Tugenden zu erlangen, ist das eine wie das andere notwendig.“[4]

1568 gründete er das erste Männerkloster der „Unbeschuhten Karmeliten" in Duruelo. Die Ordensreform gewann an Boden. Als 1570 das erste Studienhaus des reformierten Zweiges in Alcalà de Henares eröffnet wurde, wurde Johannes zum ersten Rektor bestellt.
1572 bis 1577 war er geistlicher Ratgeber und Beichtvater bei den Karmelitinnen Teresas in Avila.
Johannes war ein Mensch, der durch seine Persönlichkeit wirkte. In vielfältigen „Anweisungen" und „Ratschlägen" nahm er Einfluß auf die von ihm betreuten Brüder und Schwestern. An zwei Beispielen wird deutlich, wie sehr er selbst lebte, was er anderen vorgab:

> „Liebe es, dich nicht wichtig zu nehmen und von anderen nicht anerkannt und bemerkt zu werden; und achte niemals auf den Reichtum Fremder, aber auch nicht auf ihre Fehler."[5]

> „Halte dich stets in geistiger Stille mit liebevollem Hinmerken auf GOTT; wird es aber notwendig, zu sprechen, dann tue das in Liebe, Ruhe und im Frieden."[6]

Die Richtungskämpfe innerhalb des Karmelitenordens waren inzwischen zum offenen Konflikt eskaliert.
Als Johannes die Zurücknahme der von ihm eingeleiteten Reformen ablehnte, wurde er von Vertretern des konservativen Zweiges gefangengenommen, nach Toledo verschleppt und dort unter unmenschlichen Bedingungen in Haft gehalten. Die Gefangenschaft wurde ihm zur „Nacht der Reinigung". Unter diesem Schlüsselwort versteht Johannes die Läuterung der *„Sinne"* und des *„Geistes"*. Beide Phasen gehen ineinander über: Die Anhänglichkeit an die Welt der Dinge muß aufgegeben werden, damit der Mensch frei wird von äußeren Begierden. Der menschliche Geist muß sodann auf seine Weisen des Erkennens verzichten, damit Gott ihm seine Offenbarung schenken kann. Diese „eingegossene Beschauung"[7] reinigt und erleuchtet die Seele für die Liebesbegegnung mit Gott.
Der „Geistliche Gesang", der während Johannes' Einkerkerung entstand, zeigt im Gespräch zwischen „Bräutigam" und „Seele" die Wege der „Reinigung", „Erleuchtung" und „Einigung" bis zum Ziel der „Vollkommenheit". Persönliches Leiden und überindividuelles Verlangen fallen zusammen in den einleitenden Versen:

> „Wo ist der Ort, wo mein Geliebter weilet?
> Warum hat seufzend er mich hier verlassen?
> Dem Hirsche gleich ist flüchtig er enteilet
> Und hat verwundet mich zurückgelassen."[8]

Die Demutshaltung, die Johannes' ganzes Leben kennzeichnet, wird von ihm später in seiner Schrift „Aufstieg zum Berge Karmel" zusammengefaßt:

„1. Sei damit beschäftigt, dich herabzusetzen, und wünsche, daß alle es so tun.
2. Sorge dafür, daß du von dir verächtlich redest, und auch, daß alle es so tun.
3. Übe die Selbstverachtung und wünsche, daß keiner dich beachtet.
Denn
willst du dahin gelangen, alles zu verkosten,
so suche in nichts Genuß;
willst du dahin gelangen, alles zu wissen,
verlange in nichts etwas zu wissen;
willst du dahin gelangen, alles zu besitzen,
verlange in nichts etwas zu besitzen;
willst du dahin gelangen, alles zu sein,
verlange in nichts etwas zu sein;
und
willst du erlangen, was du nicht genießest,
mußt du hingehen, wo du nichts genießest;
willst du zu dem gelangen, was du nicht weißt,
mußt du hingehen, wo du nichts weißt;
willst du zu dem gelangen, was du nicht besitzest,
mußt du hingehen, wo du nichts besitzest;
willst du erlangen, was du nicht bist,
mußt du hingehen, wo du nichts bist."[9]

1578 gelang Johannes die Flucht.
In seinem wohl schönsten Gedicht, „Die dunkle Nacht", finden wir in Bildern, die an die Hymnen des Novalis erinnern, die Verschmelzung von Befreiung und mystischer Vereinigung:

„Du warst mir Führer, Nacht;
Nacht, süßer als der Morgen,
Hast Herz zu Herz gebracht,
Hast uns in Lieb geborgen,
Mich im Geliebten, ihn in mir verborgen."[10]

In den folgenden zehn Jahren führte Johannes ein unruhiges Leben. Er zog predigend durch Spanien und Portugal.
Gleichzeitig fand er Zeit, seine vier Hauptwerke zu vollenden und ihre Aussagen aufeinander abzustimmen: „Aufstieg zum Berge Karmel" und „Die

dunkle Nacht" veranschaulichen aktives und passives Verhalten der Seele gegenüber der göttlichen Gnade, „Liebesflamme" und „Geistlicher Gesang" verdeutlichen den Einigungsweg, die „via unitiva".
1588 wird Johannes zum Prior in Segovia berufen.
Wieder gerät er in Auseinandersetzungen mit der Leitung des Ordens um die Bewahrung des Geistes der Reformen Teresas, und wieder zeigt er sich des Vertrauens würdig, das sie einst bei der Gründung von Duruelo in ihn gesetzt hatte:

> „Obwohl er von Natur aus klein ist, so weiß ich doch, daß er groß ist in den Augen Gottes."[11]

In den Augen seiner Oberen war er lästig geworden. Man verbannte ihn in die Einsiedelei von La Penuela.
Pläne, ihn ganz aus dem Orden auszuschließen oder doch wenigstens in die Mission nach Mexiko abzuschieben, wurden gegenstandslos. Am 14. Dezember 1591 starb Johannes im Kloster Ubeda. Juan de la Cruz hatte das Kreuz getragen und war sich treu geblieben:

> „Am Abend deines Lebens wird man dich an deiner Liebe prüfen; deshalb lerne zu verstehen, wie Gott geliebt werden will, und verlaß deine Sinnesart."[12]

Johannes vom Kreuz zeigt in der Einleitung des „Aufstieg zum Berge Karmel" den Zusammenhang mit dem berühmten Gedicht „Die dunkle Nacht" auf:

> „Die ganze Lehre, die ich in vorliegendem ‚Aufstieg zum Berge Karmel' zu behandeln gedenke, ist im nachfolgenden Liede zusammengefaßt. Es ist nämlich in demselben angegeben, wie man zum Gipfel des Berges gelangt. Unter diesem Berge ist der erhabene Stand der Vollkommenheit zu verstehen, die wir im folgenden ‚Vereinigung der Seele mit Gott' nennen."[13]

Wir stellen zunächst das Lied vor,

> „in welchem die Seele das beseligende Los besingt, das sie beim Wandel durch die dunkle Nacht des Glaubens in Selbstentäußerung und Läuterung empfand, bis sie zur Vereinigung mit dem Geliebten gelangte"[14],

und geben mit der „Vorrede des Verfassers" einen Überblick über den gedanklichen Aufbau des „Aufstieg zum Berge Karmel". Aus dem 4. Kapitel

entnehmen wir Johannes' Antwort auf die Frage, „Was ist die Vereinigung der Seele mit Gott?"
Den Abschluß unserer Textauswahl bilden das „Gebet der liebenden Seele" und die Romanze über den Psalm „An den Flüssen von Babylon ..."

Aufstieg zum Berge Karmel

Die dunkle Nacht

Es war in dunkler Nacht,
Ich brannt' von Liebeswehen,
– O Glück, das selig macht! –
Entwich ich ungesehen
Und ließ mein Haus in Ruhe stehen.

Gehüllt in dunkle Nacht,
Vermummt, mußt' ich entsteigen.
– O Glück, das selig macht! –
In heimlich dunklem Schweigen
Lag still das Haus, das mir zu eigen.

In jener Nacht voll Glück,
Da sich kein Aug' mir wandte,
Der Augen blöder Blick
Kein weisend Licht erkannte
Als das, so mir im Herzen brannte.

Mit ihm fand sichrer ich
Als in des Mittags Schimmer
Ihn, der geharrt auf mich,
Den ich geliebt schon immer.
Ein ander Gut traf ich dort nimmer.

Du warst mir Führer, Nacht;
Nacht, süßer als der Morgen,
Hast Herz zu Herz gebracht,
Hast uns in Lieb' geborgen,
Mich im Geliebten, ihn in mir verborgen.

An meiner seligen Brust,
Die ihm allein zu eigen,

Ruht er in süßer Lust.
Und ich: mich liebend zu ihm neigen,
Ihm Kühlung weh'n mit Zedernzweigen.

Als schon der Morgenwind
Begann sein Haar zu spreiten,
Um meinen Nacken lind
Ließ er die Rechte gleiten:
Mir schmolz das Herz in Seligkeit.

Ich gab, ergab mich ganz,
Das Haupt am Lieb geborgen.
Es schwand der Dinge Glanz,
Vergessen war mein Sorgen,
Da ich in Lilienduft geborgen.

Vorrede des Verfassers

Um jene dunkle Nacht zu deuten, welche die Seele durchwandern muß, wenn sie zum Gotteslicht der vollkommenen Liebesvereinigung mit Gott gelangen will, – soweit solches natürlich hienieden überhaupt erreichbar ist – sollte man freilich mehr Wissen und Erfahrung haben als ich. Denn in geistlicher wie leiblicher Hinsicht sind der lichtlosen und dornenvollen Wege, welche gemeiniglich jene begnadeten Seelen zurücklegen müssen, um zu diesem Stand der Vollkommenheit zu gelangen, gar viele. Da reicht menschliches Wissen nicht hin, sie verständlich zu machen, noch auch Erfahrung, um darüber reden zu können. Ich sage ausdrücklich: Erfahrung, um darüber reden zu können, denn nur, wer solches durchgemacht hat, weiß, was es darum ist, und doch wird es auch ihm an entsprechenden Ausdrücken mangeln. Wenn ich nun über diese dunkle Nacht etwas sagen will, so baue ich dabei weder auf meine Erfahrung, noch auf mein Wissen; denn beides kann mich im Stiche lassen und täuschen. Ich will vielmehr, ohne dabei ganz abzusehen von diesen beiden Stützen, mich ganz und gar von der Gnade Gottes führen lassen, zumal da, wo es sich handelt um wichtige und für das Verständnis dunkle Stellen der Heiligen Schrift. Denn sofern wir uns ihrer Führung überlassen, können wir nicht irregehen, da aus ihr der Heilige Geist zu uns spricht. Sollte ich trotzdem in irgendeinem Punkte nicht das Rechte treffen, sei es nun hinsichtlich der richtigen Erklärung der Heiligen Schrift oder sonstwie, so möchte ich mich hierin durchaus nicht von dem Pfade der unverfälschten Lehre unserer heiligen Mutter, der katholischen Kirche, entfernen. In diesem Fall überlasse und unterwerfe ich mich rückhaltlos ihrer Entscheidung, ja sogar dem besseren Urteil eines jeden anderen.

Was mich bewogen hat, diese Schrift abzufassen, war nicht etwa die Einbildung, daß ich mich für ein so hohes und schwieriges Unternehmen eigne. Nein, ich vertraue vielmehr auf den Herrn; der wird mir beistehen, daß ich etwas bringen kann, was der großen Bedrängnis so mancher Seelen abzuhelfen imstande ist. Denn es gibt so viele Seelen, welche den Pfad der Tugend betreten haben, die aber, sobald sie von Gott in jene dunkle Nacht eingeführt werden, durch die sie zur Vereinigung mit Gott gelangen sollen, nicht mehr weiterfinden. Die einen wollen dann nicht eingehen in jene dunkle Nacht oder sich nicht einführen lassen, die anderen finden sich nicht zurecht oder es fehlt ihnen an tüchtigen und erfahrenen Führern, die sie bis zum Gipfel des Berges leiten könnten. Ist es doch bedauerlich, so viele Seelen sehen zu müssen, denen Gott Fähigkeit und Gnade verliehen hat, um Fortschritte zu machen, die, wenn sie sich nur etwas ermannen wollten, sicher auf diese hohe Stufe gelangen würden. So aber bleiben sie auf einer niedrigeren Stufe des Verkehrs mit Gott stecken, weil es ihnen entweder an der nötigen Willenskraft oder Einsicht fehlt, oder weil sie niemand haben, der sie führt und belehrt, wie sie sich von diesen ersten Anfängen losmachen sollen. Und selbst wenn unser Herr sie schließlich derart begnadigt, daß er sie ohne eigenes Wagen und ohne belehrende Führung in diese Nacht eingehen läßt, so gelangen sie erst sehr spät und mit größerem Kraftaufwand und mit weniger Verdienst ans Ziel, weil sie sich nicht Gott überlassen haben und sich nicht willig auf den reinen und sicheren Weg der Vereinigung führen ließen. Es ist wohl richtig: Gott, der die Seelen führt, kann sie auch ohne ihr Zutun führen. Aber sie kommen weniger voran, da sie sich nicht führen lassen, sondern ihrem Führer widerstehen. Und darum haben sie auch nicht soviel Verdienste, da sie ihren Willen nicht beugen, und sie müssen eben darum auch mehr ausstehen. Ja es gibt Seelen, die anstatt sich Gott zu überlassen und sich von ihm helfen zu lassen, vielmehr ihm durch ihre unbesonnene Handlungsweise und ihr Widerstreben direkt entgegenarbeiten. Sie sind wie kleine Kinder, die strampeln und heulen, sobald sie die Mutter auf den Arm nehmen will, und um jeden Preis selbständig gehen wollen, auch wenn sie noch gar nicht vorwärts kommen, oder wenn auch, dann doch nur mit Kleinkinderschrittchen.

Damit also die Seelen lernen, sich der Führung Gottes zu überlassen, wann es der göttlichen Majestät beliebt sie vorwärtszubringen, so wollen wir hier mit Gottes Hilfe sowohl für Anfänger wie für Fortgeschrittene einige Ratschläge und Anweisungen erteilen. Diese mögen ihnen behilflich sein, daß sie sich selbst kennenlernen oder sich wenigstens von Gott führen lassen. Denn es gibt so manche Beichtväter und Seelenführer, die weder Wissen noch Erfahrung in diesen Wegen haben, und eben deshalb solche Seelen, denen sie Helfer und Führer hätten sein sollen, eher aufhalten und hemmen auf diesem Wege. Es geht ihnen wie einst den Bauleuten von Babylon, die anstatt passendes Material beizubringen, ganz ungeeignetes beibrachten, weil sie sich gegenseitig nicht mehr verstanden. Und eben darum kam nichts zustande. Es ist deshalb etwas gar Unangenehmes und Peinliches, wenn sich eine Seele in solchen Fällen selbst nicht kennt noch auch jemand hat, der sie versteht. Kann es doch bisweilen vorkommen, daß Gott eine Seele auf dem erhabensten Weg dunkler Beschauung und Trockenheit führt, während die Seele meint, sie gehe verloren; oder während sie so von Finsternis und Verwirrung und Beängstigungen und Versuchungen gepeinigt wird, findet sie wohl gar noch jemand, der ihr wie einst die Freunde Jobs sagt: es sei das alles nur Melancholie, Trübsinn oder Naturanlage; ja es könne auch sein, daß irgendein geheimes Laster schuld sei, warum sie Gott verlassen habe. Und sogleich sind dann solche Menschen mit ihrem Urteil fertig: diese Seele müsse doch ganz schlecht sein oder wenigstens gewesen sein, da es ihr so schlimm ergehe. Wieder andere behaupten sogar, mit dieser Seele gehe es rückwärts, weil sie keinen Geschmack und keine Freude mehr habe an den göttlichen Dingen, wie ehedem. So macht man es dieser armen Seele doppelt schwer. Es kann nämlich sehr wohl sein, daß die große Bitterkeit, welche die Seele empfindet, aus der Erkenntnis ihrer eigenen Armseligkeit herkommt, indem sie in jenem Licht der Erkenntnis, das Gott ihr in der dunklen Nacht der Beschauung mitteilt (wie wir später ausführen werden), sonnenklar erkennt, sie sei voller Fehler und Sünden. Wenn nun gar jemand der gleichen Ansicht ist wie sie selbst und ihr sagt, daß sie an allem selber schuld sei, so steigert sich die Bitterkeit und Not dieser Seele ins Ungemessene und wird sie sterbensunglücklich: Aber noch nicht genug, daß solche Beichtväter behaupten, es rühre das alles von früheren Sünden her, veranlassen sie solche Seelen, immer wieder ihr Gewissen zu erforschen, und lassen sie eine Generalbeichte um die andere machen und kreuzigen sie so immer wieder aufs neue. Sie sehen eben nicht ein, daß jetzt weder für das eine noch für das andere der rechte Augenblick da sei, daß man vielmehr solche Seelen der Läuterung überlassen müsse, die Gott ihnen geschickt hat, und sie trösten und ermutigen solle, sich in das zu fügen, was Gott mit ihnen vorhat. Denn solange Gott nicht Wandel schafft, ist doch alles umsonst, mögen diese tun und jene sagen, was sie wollen. Davon nun wollen wir, so Gott will, später reden, wie sich in solcher Lage die Seele zu verhalten und was ihr Beichtvater dabei zu tun habe. Auch davon, an welchen Merkmalen man erkennen kann, ob jener Zustand die Läuterung der Seele ist; und wenn, ob man es mit der Läuterung des sinnlichen Menschen oder jener des geistigen zu tun hat, – die dunkle Nacht, wie wir sie nennen wollen – ferner, woran man erkennen kann, ob es sich nur um Schwermut oder um eine andere sinnliche oder geistige Störung handelt. Es kommt nämlich vor, daß manche Seelen oder auch deren Beichtväter glauben, Gott führe sie auf dem Wege durch die dunkle Nacht der geistigen Läuterung, während es sich in Wirklichkeit nur um eine der genannten Störungen handelt. Anderseits können manche Seelen meinen, sie könnten gar nicht beten, während sie in der Tat eine sehr hohe Gebetsweise üben; und wieder andere gibt es, die auf hoher Gebetsstufe zu sein wähnen, während ihr Gebet weniger als nichts ist.

Es gibt ferner manche Seelen, die sich ganz jämmerlich abmühen und quälen, und die doch nicht vorwärts kommen. Diese halten nämlich für Fortschritt, was keiner ist, sondern vielmehr ein Hindernis. Wieder andere hingegen schreiten in Ruhe und Sicherheit auf dem Wege der Vollkommenheit weit voran. Einigen Seelen wieder gereichen gerade die Gnadengaben, die Gott ihnen zur geistlichen Förderung verleiht, zum Anstoß und Hindernis, so daß sie nicht vorwärtskommen. Und noch manch anderes kann denen, die diesen Weg wandern, begegnen. Freud' und Leid, Hoffnung und Schmerz, was teils im Geiste der Vollkommenheit, teils in dem der Unvollkommenheit seinen Ursprung hat. Von alledem wollen wir mit Gottes Hilfe reden, damit jeder Leser einigermaßen den Weg erkenne, auf dem er wandelt, aber auch den, den er zu gehen hat, sofern er auf den Gipfel dieses Berges gelangen will.

Da nun diese Lehre von der dunklen Nacht handelt, durch welche die Seele zu Gott gelangen soll, so darf sich der Leser auch nicht wundern, wenn ihm manches dunkel vorkommt. Doch ich glaube, es wird ihm das nur am Anfang der Lektüre so vorkommen. Je weiter er im Lesen kommt, desto besser wird er das Vorausgehende verstehen, weil ja das eine wieder Licht auf das andere wirft. Und liest er es gar ein zweites Mal, so wird ihm, denke ich, noch ein helleres Licht aufgehen und ihm die Lehre noch vernünftiger erscheinen. Sollten sich manche Personen in der Lektüre nicht zurechtfinden, so ist daran nur mein geringes Wissen und meine unzulängliche Schreibweise schuld, da die Sache an sich gut und überaus wichtig ist. Übrigens, wenn auch der Stoff, der hier behandelt werden soll, mit mehr Vollendung und Meisterschaft dargestellt würde, als es von mir geschieht, so meine ich, würde er trotzdem bei vielen keinen Beifall ernten. Denn es sollen hier nicht moralische und ästhetische Abhandlungen geboten werden für schöngeistige Menschen, welche nur auf Rosenwegen zu Gott gelangen möchten, sondern, was hier geboten wird, soll eine nahrhafte und kräftige Lehre sein für die einen wie für die anderen, wenn sie zur geistigen Entselbstung gelangen wollen, wie sie hier beschrieben wird. Es war auch von Anfang an nicht meine Absicht, diese Belehrungen an alle zu richten, sondern sie sind fürs erste nur bestimmt für einige Mitglieder unseres heiligen Ordens vom Berge Karmel, die nach der ursprünglichen Regel leben, und zwar Brüder wie Schwestern. Denn diese haben mich darum gebeten, da sie Gott in seiner Gnade auf den Weg zu diesem Berge geführt hat. Diese dürften wohl auch, da sie sich ja ohnehin schon der irdischen Dinge dieser Welt entäußert haben, diese Lehre von der geistigen Entblößung besser erfassen.

Was ist die „Vereinigung der Seele mit Gott“?

„Um zu verstehen, worin die zu behandelnde Vereinigung bestehe, muß man sich vergegenwärtigen, daß Gott in jeder Seele, auch in der des größten Sünders auf der Welt, seinem Wesen nach zugegen ist und wohnt. Diese Art der Vereinigung zwischen Gott und allen Dingen, will sagen Geschöpfen, besteht immer; denn durch sie erhält er sie in ihrem Sein. Würde also für sie diese Art der Vereinigung aufhören, dann würden sie sofort in das Nichts zurücksinken und aufhören zu sein. Wenn wir jedoch von der Vereinigung der Seele mit Gott reden, dann meinen wir nicht diese wesenhafte Einigung, die immer zwischen Gott und allen Geschöpfen besteht, sondern wir verstehen darunter jene Vereinigung und Umgestaltung der Seele in Gott durch die Liebe, die nicht immer besteht, sondern nur dann vorhanden ist, wenn die Seele zur Ähnlichkeit in der Liebe gelangt ist. Darum nennt man sie eine Vereinigung bis zur Ähnlichkeit, geradeso wie man die obengenannte eine wesenhafte Vereinigung nennt oder auch eine Vereinigung dem Sein nach. Diese ist eine natürliche, jene eine übernatürliche. Letztere kommt dann zustande, wenn der Wille beider, der Wille der Seele und der Wille Gottes, in *einen* verschmolzen sind, so daß es nichts gibt, was dem einen in dem anderen widerstreben würde. Wenn sich also die Seele so vollständig dessen entäußert, was dem göttlichen Willen entgegen und nicht mit ihm gleichförmig ist, dann ist sie durch die Liebe in Gott umgestaltet. Darunter ist nicht nur jede einzelne dem göttlichen Willen entgegengesetzte Handlung zu verstehen, sondern auch jede ihm widerstrebende Gewohnheit. Darum muß die Seele nicht nur die freiwilligen Akte der Unvollkommenheit von sich fernehalten, sondern sie muß auch alle irgendwie unvollkommenen Neigungen zu ihnen vernichten. Und weil kein Geschöpf und nichts von dem, was so ein Geschöpf leistet und vermag, an das Wesen Gottes heranreicht oder ihm entspricht, so muß sich die Seele losmachen von jeglichem Geschöpf und allen seinen Werken und Fähigkeiten, d. h. von ihrem Verstehen, Kosten und Empfinden. Erst wenn sie all das, was verschieden von Gott und nicht in Einklang mit ihm zu bringen ist, abgelegt hat, vermag sie zur Ähnlichkeit mit Gott zu gelangen. Nichts mehr darf in ihr Platz haben, was nicht mit dem Willen Gottes übereinstimmt. Nur so vollzieht sich die Umgestaltung in Gott.

Gott ist zwar, wie gesagt, immer in der Seele gegenwärtig und teilt ihr durch seine Gegenwart ihr natürliches Sein mit und erhält es; aber desungeachtet teilt er ihr nicht immer auch das übernatürliche Sein mit. Denn letzteres wird der Seele nur zuteil durch Gnade und Liebe. Aber nicht alle Seelen befinden sich im Stande der Gnade und Liebe. Und die, welche sich in diesem Stande befinden, besitzen Gnade und Liebe nicht in gleich hohem Grade; denn die einen stehen auf einer niedrigeren, andere auf einer höheren Stufe der Lie-

be. Darum kommt jene Seele Gott um so näher, welche auch in der Liebe weiter voran ist, d. h. deren Wollen dem Willen Gottes gleichförmiger ist. Und jene, deren Wille dem Willen Gottes ganz und gar gleichförmig und ähnlich ist, ist auch vollkommen mit ihm vereint und übernatürlich in Gott umgestaltet. Je mehr also eine Seele, das ist die Schlußfolgerung daraus, noch im Geschöpflichen steckt und an ihrer Geschicklichkeit der Neigung nach oder in ihrem Gehaben hängt, desto weniger tauglich ist sie für eine solche Vereinigung. Denn eine solche Seele überläßt sich nicht ausschließlich Gott, damit er sie ins Übernatürliche umgestalte. Darum braucht sich die Seele nur dieser Gegensätze und natürlichen Unähnlichkeiten zu entkleiden, wenn Gott, der sich ihrem natürlichen Sein auf natürliche Weise mitteilt, sich ihr auch in übernatürlicher Weise durch die Gnade mitteilen soll. Dies wollte offenbar auch der heilige Johannes andeuten in den Worten: Qui non ex sanguinibus, neque ex voluntate carnis, neque ex voluntate viri, sed ex Deo nati sunt, als wollte er damit sagen: er gab die Kraft, Kinder Gottes zu werden, d. h. in Gott umgestaltet zu werden, nur denen, die nicht geboren sind aus dem Geblüte, d. h. aus natürlicher Beschaffenheit und Bildung, noch aus dem Willen des Fleisches, d. h. aus der Willkür natürlicher Geschicklichkeit und Fähigkeit, noch aus dem Willen des Mannes, worin jede Art des verstandesmäßigen Urteilens und Verstehens inbegriffen ist. Keinem von diesen gab er die Macht, in aller Vollkommenheit Kinder Gottes zu werden, sondern nur denen, die aus Gott geboren sind, d. h. denen, die durch die Gnade wiedergeboren und zuerst allem abgestorben sind, was den alten Menschen ausmacht, denen, die sich dann über sich selbst zum Übernatürlichen erheben und dafür von Gott diese Wiedergeburt und Kindschaft empfangen, die über alles erhaben ist, was sich denken läßt.
Denn so steht beim gleichen Johannes an anderer Stelle geschrieben: Nisi quis renatus fuerit ex aqua et Spiritu Sancto, non potest introire in regnum Dei. Dies soll heißen: Wer nicht wiedergeboren wird im Heiligen Geiste, der kann das Reich Gottes nicht schauen, d. h. nicht zu diesem Stand der Vollkommenheit gelangen. Hienieden jedoch vollkommen wiedergeboren werden aus dem Heiligen Geiste heißt, eine Seele besitzen, die Gott ganz und gar ähnlich ist an Reinheit, die auch nicht die leiseste Spur einer Unvollkommenheit an sich duldet. So vollzieht sich sodann die lautere Umgestaltung durch Teilnahme an der Vereinigung, wenn auch diese keine wesenhafte ist.
Zum besseren Verständnis des einen wie des anderen wollen wir einen Vergleich bringen: Ein Sonnenstrahl fällt auf ein Glasfenster. Hat nun dieses Fenster einige Flecken oder blinde Stellen, so kann der Sonnenstrahl es nicht ganz durchdringen und infolgedessen es nicht so ganz in sein Licht umwandeln, als wenn es frei wäre von diesen Flecken und völlig sauber. Ja, er wird es um so weniger mit seinem Lichte durchdringen können, je mehr sol-

che Flecken und blinde Stellen das Fenster hat. Da liegt nun aber die Schuld nicht am Sonnenstrahl, sondern am Fenster. Wäre das Fenster klar und völlig rein, dann würde der Strahl es derart durchleuchten und gleichsam umgestalten, daß man meinen möchte, es sei selber Strahl geworden und es würde von sich das Licht ausstrahlen. Gleichwohl aber bliebe es doch, was es in Wirklichkeit ist, ein Fenster, wenn es auch dem Sonnenstrahl gliche, und es würde seine vom Sonnenstrahl völlig verschiedene Natur beibehalten. Doch, wir könnten sagen, dieses Fenster sei Sonnenstrahl oder Licht vermöge der Mitteilung desselben. Wie bei diesem Glasfenster ist es auch mit der Seele. Immerfort strömt in sie ein, oder besser gesagt, wohnt in ihr natürlicherweise jenes göttliche Licht des göttlichen Wesens. Wenn nun die Seele sich gänzlich Gott überläßt, d. h. wenn sie von sich jeden Schmutzflecken entfernt, der ihr durch das Geschöpfliche anhaftet, indem sie ihren Willen vollkommen mit dem Willen Gottes vereinigt, – Lieben heißt ja nichts anderes, als sich um Gottes willen alles dessen entledigen, was nicht Gott ist, – dann wird sie alsbald erleuchtet und in Gott umgestaltet. Gott teilt ihr sodann sein eigenes übernatürliches Sein mit, so daß sie Gott selber zu sein scheint und ihr eigen nennt, was Gottes ist. Wenn also Gott in einer Seele diese außerordentliche Gnade wirkt, dann geht diese Vereinigung so weit, daß alles, was Gott und der Seele zu eigen ist, eins wird in dieser Mitteilung und Umgestaltung. So scheint dann die Seele mehr Gott zu sein als Seele. Wohl ist sie Gott, aber nur durch Teilnahme an seinem Wesen; gleichwohl aber behält sie trotz ihrer Umwandlung in Wirklichkeit ihr natürliches vom göttlichen so ganz verschiedenes Sein wie vorher bei, wie auch das Glas, das vom Sonnenstrahl beschienen ist, seine von diesem verschiedene Natur beibehält.

Daraus ersehen wir noch deutlicher, daß nicht das natürliche Verstehen, Kosten, Empfinden oder Vorstellen Gottes, noch sonst irgend etwas es ist, was die Seele zu dieser Vereinigung fähig macht, sondern lediglich die lautere Liebe, die in der Entäußerung und dem völligen Verzicht auf beides um Gottes willen besteht; ebenso, daß da keine vollkommene Umgestaltung zustande kommt, wo keine vollkommene Reinheit ist; ferner, daß auch dem größeren oder geringeren Grad der Reinheit ein höherer oder minderer Grad des Lichtes und der Helligkeit in der Seele und der Einigung mit Gott entspricht. Darum wird diese, wie gesagt, nie ganz vollkommen sein, wenn nicht auch die Seele ganz rein und klar ist.

Dies läßt sich noch mehr veranschaulichen an folgendem Gleichnis: Denken wir uns ein Bild, das ganz vollkommen ist, mit feinem Kunstsinn gemalt, von zartem und auserlesenem Farbenschmelz. Einige dieser Farben sind so hervorragend schön, daß man sie ob ihrer Zartheit und Feinheit kaum mehr unterscheiden kann. Wenn nun einer vor diesem Bilde steht, der ein minder feines und geschärftes Auge dafür hat, so wird der an diesem Bild auch weniger Schönheit und Feinheit entdecken. Ein anderer hingegen, der dafür ein feineres Auge hat, wird auch mehr Kunst und Vollendung in demselben entdecken. Und wieder ein anderer, der ein noch schärferes Auge hat, wird noch mehr Vollkommenheit in ihm finden. Jener endlich, der die beste und schärfste Sehkraft hat, wird auch die meisten Schönheiten und Vollkommenheiten an demselben wahrnehmen. An dem Bild gibt es eben soviel zu sehen, daß immer noch mehr zu sehen bleibt, je mehr man auch zu sehen meint. Dasselbe Verhältnis, können wir behaupten, besteht zwischen der Seele und Gott in jenem Zustand der Erleuchtung und Umgestaltung. Zwar kann jede Seele je nach ihrer geringeren oder größeren Empfänglichkeit zur Vereinigung gelangen, doch erreichen darin nicht alle die gleiche Stufe, sondern eben jene, welche der liebe Gott einer jeden Seele zugedacht hat. Ähnlich ist es ja auch im Himmel: die Seelen schauen hier Gott, die einen auf vollkommenere, die anderen auf minder vollkommene Weise. Doch alle schauen Gott, und sie alle sind zufrieden und gesättigt. Denn je nach ihrem größeren oder geringeren Verdienst ist auch ihre Fähigkeit, Gott zu schauen, gestillt. So findet man auch in diesem Leben Seelen, welche die gleiche Ruhe und den gleichen inneren Frieden im Stande der Vollkommenheit genießen, und von denen eine jede vollauf gesättigt ist. Und doch kann es sein, daß die eine oder andere um viele Stufen höher steht in dieser Vereinigung, obwohl sie auch nicht in höherem Grade gesättigt ist, weil eben die Fähigkeit der einen wie der anderen, Gott zu genießen, gestillt ist. Jene Seele jedoch, die nicht zu der ihrem Vermögen entsprechenden Reinheit gelangt, wird auch nie zu wahrem Frieden und zur vollen Befriedigung gelangen, weil sie noch nicht jene Entäußerung und Leere in ihren Kräften errungen hat, wie sie zur lauteren Vereinigung mit Gott erforderlich sind."

Gebet der liebenden Seele

Herr, mein Gott, mein Geliebter, wenn du immer noch meiner Sünden gedenkst und dich weigerst, meine Bitte zu erhören, so geschehe hierin dein Wille. Das ist mein einziger Wunsch. Erzeige mir deine Güte und Barmherzigkeit, und meine Sünden offenbaren, was du bist. Und wenn du, um meinen Bitten Erhörung zu gewähren, auf meine Werke wartest, so gewähre dieselben und wirke sie in mir, indem du als Sühne die Leiden annimmst, die ich auf mich zu nehmen bereit bin. Wartest du aber auf meine Werke nicht, auf was rechnest du dann, mein barmherzigster Herr? Warum zögerst du? Wenn ich mich zuletzt doch nur auf deine Gnade und Barmherzigkeit verlassen muß, um die ich dich durch die Verdienste deines Sohnes bitte, so nimm deinem Willen gemäß mein schwaches Können an und gewähre mir dieses Gut, da dies auch deinem Willen entspricht.

Wer ist imstande, o mein Gott, sich von den armseligen Wegen und Weisen, dich zu lieben, frei zu machen, wenn du ihn nicht selbst zu dir erhebst in der Reinheit der Liebe?
Wie könnte sich der Mensch, erzeugt und geboren in Armseligkeit, zu dir erheben, wenn du, o Herr, ihn nicht an dich ziehen würdest durch die Hand, die ihn erschaffen?
Du wirst mir, o mein Gott, nicht das entziehen, was du mir in deinem eingeborenen Sohne gegeben, in dem du mir alles geschenkt hast, was ich verlange; und deshalb darf ich mich auf deine Ankunft freuen, wenn ich auf dich hoffe.
Wie magst du noch länger zuwarten, meine Seele? Kannst du denn nicht von diesem Augenblicke an Gott lieben von ganzem Herzen?
Mein ist der Himmel und mein die Erde, mein sind die Völker, die Gerechten und Sünder. Mein sind die Engel, die Mutter Gottes und alle geschaffenen Dinge; Gott selbst ist mein und für mich, da Jesus Christus mein und ganz für mich ist. Was verlangst du, was suchst du noch mehr, meine Seele? All das ist dein und alles für dich.
Halte dich nicht für klein und begnüge dich nicht mit den Brosamen, die vom Tische deines Vaters fallen; steh auf von deiner Niedrigkeit und rühme dich deiner Herrlichkeit, verbirg dich in ihr, und du wirst alles besitzen, was dein Herz begehrt!
Mein Vielgeliebter, alles für dich und nichts für mich; aber auch nichts für dich und alles für mich. Alles Harte und Beschwerliche wünsche ich für mich und nicht für dich.
O wie süß ist deine Gegenwart für mich, der du das höchste Gut bist! Ich will mich dir in der Stille nähern und deine Fußspuren zu entdecken suchen, damit es dir gefällt, mich mit dir zu vereinigen und mich als deine Braut anzunehmen. Ich werde nur glücklich sein, wenn mich deine Arme umfangen. Und jetzt bitte ich dich, o Herr, verlaß mich nie, damit ich stets in dir gesammelt bleibe; denn meine Seele will alles hingeben für dich.

Romanze über den Psalm: Super flumina Babylonis …

An dem Ufer jener Ströme,
Die in Babel sich ergießen,
Saß ich nieder, und zur Erde
Ließ ich meine Träne fließen.

Dein gedacht' ich, o mein Sion,
Meiner Seel' alleinig Minnen,

Und dein süß Gedenken machte
Reicher meine Tränen rinnen.

Meine Festgewande ließ ich,
Barg in Leidgewand die Glieder;
An die grünen Weiden hängt' ich
Stumm und still das Spiel der Lieder.

Ließ es ruhen in dem Sehnen,
Das in dir nur findet Frieden;
Dort hat Liebe mich verwundet
Und das Herz von mir geschieden.

Ich beschwor sie, mich zu töten,
Weil sie solche Wunden bringe,
Und ich warf mich in die Flamme,
Wissend, daß ich drin verginge.

Pries das Vöglein, das zum Opfer
Bringt den Flammen sein Gefieder,
Gab in mir dem Tod anheim mich,
Fand in dir den Odem wieder.

Starb in mir durch dich mir selber,
Ward durch dich erweckt zum Lichte;
Leben schuf dein Angedenken
Mir und macht' es mir zunichte.

Es ergötzen sich die Fremden,
Die mit Banden mich umstrickten,
Und verlangten die Gesänge,
Welche Sion einst erquickten.

„Sing uns einen Sang von Sion
Laß uns sehen, wie er klinget!" –
Sagt! Wie säng' ich, wo um Sion
Mir die Trän' ins Auge dringet,

In der Fremde, jene Wonne,
Die in Sion mir geblieben?
Sie vergäß' ich, wenn ich wollte
Freuden in der Fremde lieben.

Mög auch immerdar der Gaumen
Die verdorrte Zunge binden,
Wenn mir je dein Angedenken
Konnte in der Fremd' entwinden,

Sion, jene grünen Zweige,
Welche Babel mir beschieden;
Mein vergesse meine Rechte
Die zumeist ich liebt' hienieden,

Wenn ich deiner nicht gedenke,
Wo ich Freudenkränze schlinge;
Wenn ich einen Festtag halte,
Den ich ohne dich beginge.

Tochter Babels, unglücksel'ge
Und vom Elend hart umstrickte!
Preisen darf sich der glückselig,
Der auf jenen hoffend blickte,

Der dir einst verhängt die Rute,
Der aus deiner Hand entrissen
Und gesammelt seine Kinder
Und auch mich aus Kümmernissen.

Auf den Fels des Heiles, – Christus,
Der die Bande mir zerrissen.

Zeichen „deutscher“ Mystik

Die Geschichte hat uns gelehrt, mit nationalen Merkmalen vorsichtig umzugehen.
Weshalb also die Begrenzung einer Bewegung, die weder an bestimmte Konfessionen noch an staatliche Territorien gebunden ist, auf „deutsche“ Eigenart?
Es gehört zu den Irrwegen der Mystikdeutung, das „deutsche“ in einer beherrschenden Richtung auf das „Eine“ zu sehen, in der „Gradlinigkeit“ und der „gothischen Kühnheit“ geistigen Strebens.[1]
„Deutsch“ an der Bewegung, die im 12. und 13. Jahrhundert ihren Anfang nimmt, ist in erster Linie die Sprache, die die Mystiker gebrauchen.
Das Bedürfnis, sich der Volkssprache zu bedienen, erwächst aus den gesellschaftlichen Zusammenhängen der Zeit. Kreuzzüge, Kriege und Seuchen hatten zu einer Verschiebung der Bevölkerungszusammensetzung geführt. Für die vielen verwitweten oder ehelosen Frauen wurde eine besondere religiöse Unterweisung notwendig. Die Gründung von Frauenklöstern (allein in Straßburg waren es sieben) bedeutete für die Kirche ein neues Aufgabenfeld. Dazuhin führte die zunehmende Mündigkeit der Laien zu Versuchen, außerhalb der Kirche religiöse Gemeinschaft zu finden und Lebensformen der frühen Christenheit zu praktizieren.
Unmittelbarer Anlaß zur Entfaltung der klassischen deutschen Mystik war der Auftrag Clemens' IV. im Jahre 1267 an die Dominikaner zur Unterweisung der Nonnen und Schwestern mit dem Ziel, eine kirchliche Grundlage für diese Bewegungen zu schaffen.
Die geistlichen Väter gestalteten ihren Auftrag pragmatisch: Sie verkündeten eine Theologie, deren Thema die Einung von Gott und Seele war und deren Ziel eine „Geistigkeit des Herzens“. Träger der Gesamtbewegung der „deutschen“ Mystik sind daher geistliche Frauen und Männer, vor allem in Klöstern lebend, aber auch Weltgeistliche und Laien, die an der Verweltlichung und Erstarrung der mittelalterlichen Kirche leiden und den „Weg nach innen“ gehen – teils spekulativ, teils gefühlsmäßig in visionärer Liebe zu Christus entflammt.
Verbreitet wurde das Gedankengut der „Mystiker“ in vielfältiger Form: Gespräche, Predigten, biographische Schriften, Briefe, Gebete, Sinnsprüche, aber auch zusammenhängende Abhandlungen tauchen auf, häufig in deutscher Sprache, aber auch lateinisch abgefaßt, wobei paradoxerweise die Ausstrahlung der „deutschen“ Mystik auf das ganze Abendland auf der Verbreitung eben der lateinischen Texte beruht.
Bereits im 12. Jahrhundert gewann *Hildegard von Bingen* (1098–1179)

durch ihre apokalyptische Bildersprache weiten Einfluß auf Klerus und Volk.

Noch stärkere Beachtung unter den Zeitgenossen fanden die Visionen der *Elisabeth von Schönau* (1129–1164).

Die „ekstatische Bewegung“ in Flandern an der Wende vom 12. zum 13. Jahrhundert bringt durch die Zisterzienserin *Beatrix von Aa* (gest. 1268) die erste mystische Dichtung in niederdeutscher Sprache („Seven Manieren van Minne“).

Der Dominikaner Heinrich von Halle sammelte seit 1250 die Aufzeichnungen der *Mechthild von Magdeburg* (1210–1285), die nach einem mehr als 30jährigen Bußleben als Begine ihren Lebensabend im Zisterzienserkloster Helfta verbrachte. Die Sammlung „Das fließende Licht der Gottheit“ ist das erste große mystische Werk in deutscher Sprache.

Unter dem Einfluß Mechthilds lebten ebenfalls in Helfta *Mechthild von Hackeborn* (1241–1299) und *Gertrud die Große* (1256–1302). Während Mechthild ihr „Liber specialis gratiae“ („Buch von der besonderen Gnade“) in lateinischer Sprache abfaßte, liegen Berichte über die Visionen Gertruds lateinisch und deutsch vor.

Ebenfalls im 13. Jahrhundert verfaßten die Franziskaner *David von Augsburg* (1200–1272) mit seinem „Spiegel der Tugend“ und *Lamprecht von Regensburg* (~ 1240) mit seinem berühmten Lehrgedicht von der „Tochter Sion“ deutsche Texte.

Das 14. Jahrhundert bringt gegenüber den beiden vorangegangenen die Verlagerung mystischer Erfahrung auf die großen Meister. Unter den Dominikanern, die scholastisches Denken und mystische Frömmigkeit in Beziehung setzen, sind *Johannes von Sterngassen* (gest. 1327), Ulrich Engelberti, genannt *Ulrich von Straßburg* (gest. 1277) und vor allem *Dietrich von Freiberg* (geb. um 1250) zu nennen.

Der Einfluß des Letztgenannten auf *Meister Eckhart* (1260–1327) und *Johannes Tauler* (1300–1361) ist bedeutsam.

Der Konstanzer *Heinrich Seuse* (1295–1366) steht in der Schule Meister Eckharts. In seinem „Büchlein der Wahrheit“ versucht Seuse, Eckharts Mystik vor den Mißdeutungen zu bewahren, die zu dessen Verurteilung geführt hatten.

Die Bedeutung des Weltpriesters *Heinrich von Nördlingen* (um 1340) liegt vor allem in seiner Tätigkeit als Berater des Kreises der *„Gottesfreunde“*, einer Gruppe von Mystikerinnen, aus der *Margarete Ebner* (um 1351) herausragt, deren Briefwechsel mit Heinrich zugleich die älteste erhaltene Briefsammlung in deutscher Sprache darstellt. Anklänge an mystisches Gotteserleben enthalten die Predigten des Laien *Hermann von Fritzlar* aus den Jahren 1343–1349.

Die „Meditationes vitae Christi“ des *Ludolf von Sachsen* (1300–1377) blie-

ben von weitreichender Wirkung auf die Exerzitien des hl. Ignatius von Loyola.
Im niederländisch-flämischen Raum erlebt die deutsche Mystik mit *Jan van Ruysbroeck* (1293–1381) ihren Höhepunkt. Sein „Spiegel der ewigen Seligkeit" gibt eine umfassende Unterrichtung im geistlichen Leben. Verbreitung finden auch sein Traktat „Vom Reich der Liebenden" und die „Zierde der geistlichen Hochzeit", ein Werk, das als die kunstreichste mystische Schrift des Mittelalters gilt.
Im 14. Jahrhundert zeugen auch zahlreiche Memoiren und biographische Darstellungen aus Frauenklöstern von dem Ergriffensein der Suchenden, so die „Lebensgeschichte der Schwestern zu Töß" von Elsbeth Stagel (gest. 1360), der geistlichen Freundin Seuses, und die der Nonnen von Engelthal, die *Christine Ebner* (1277–1355) in ihrem „Büchlein von der Gnaden Überlast" berichtet.
Verbunden mit der Ausbreitung der mystischen Bewegung war zwangsläufig die Gefahr der Verflachung und Entartung.

> „Je größer der Kreis wurde, der nach mystischer Erfahrung strebte, je mehr die Mystik zur Weise des religiösen Daseins wurde, die man lehren und lernen wollte, um so eher wurde Vision zum Schema, einmaliges Erlebnis zur Manier und kam es zu Nachahmungssucht, unfruchtbarer Reflexion und Zergliederung innerseelischer Vorgänge."[2]

Johannes Gerson (1363–1429) wandte sich in seinem Werk „De mystica theologia" (1408) gegen die Gefahren unechter, zwanghafter Mystik und ihrer sinnlichen Verfälschung.
Im 15. Jahrhundert verfaßte der Benediktiner *Johann von Kastl* in der Oberpfalz seine Schrift „De adhaerendo Deo", die lange Zeit Albertus Magnus zugeschrieben wurde.
Johann Nider (1380–1438) aus Straßburg erinnert in seinen „Vierundzwanzig guldin Harfen" in vielem an Seuse und Tauler, doch wird bei ihm der Bedeutungswandel zentraler Begriffe erkennbar: „Aus der mystischen Spekulation ist eine von der Seelsorge her bestimmte Anweisung zum frommen Leben geworden. Diese Wende zum Ethischen, Praktischen und Konkreten, verbunden mit einer stärkeren Distanzierung gegenüber der Welt, ist kennzeichnend für das 15. Jahrhundert überhaupt."[3]
Ein anonymer Frankfurter Weltpriester gibt um 1400 in seiner „Theologia deutsch" eine zusammenfassende Beschreibung der bisherigen Mystik. Dadurch, daß Luther diese Schrift 1516 herausgeben läßt, gewinnt die Mystik direkten Einfluß auf die Reformation.
Das 15. Jahrhundert bringt mit *Nikolaus von Kues* (1401–1464), einem „Universalgenie durch Vereinigung von philosophischer Mystik mit Kir-

chenpolitik, persönlicher Innerlichkeit und Seelsorgseifer“[4], eine Spätblüte mystischer Erfahrung und Reflexion.
Nikolaus von Flüe (1417–1487), der im Alter von 50 Jahren Haus, Hof und Familie verließ und sich als Einsiedler zurückzog, ist eine der überzeugendsten mystischen Existenzen des Spätmittelalters.
Wie schon dargelegt, werden dem Mystiker konfessionelle Bindungen oft bedeutungslos. Gegen Ende des 16. Jahrhunderts kommt es zu einer Verlagerung und zugleich Renaissance der deutschen Mystik innerhalb des Protestantismus.
Zeugnisse hierfür sind vor allem Gebetstexte und Kirchenlieder, die uns heute noch vertraut sind, so von *Martin Moller* (1547–1606), *Philipp Nicolai* (1556–1608) und *Johann Arnd* (1555–1621).
Sebastian Franck (1499–1543) macht den Gegensatz von Innerlichkeit und Äußerlichkeit zum Ausgangspunkt einer Geschichtsphilosophie.
Jakob Böhme (1575–1624) vertritt eine Gottheit und Natur umschließende Mystik, die besonders für das Lebensgefühl der Goethezeit und der Romantik wichtig werden sollte.
Sprachgewalt, tiefe Innerlichkeit und Lust an paradoxen Aussagen kennzeichnen die Mystik des Dichters Johann Scheffler (1624–1677), der sich nach seiner Konversion zum katholischen Glauben *Angelus Silesius* nannte.
Auch im protestantischen Kirchenlied *Paul Gerhardts* (1607–1676) finden wir reiches mystisches Gedankengut. Stark beeinflußt von den Auswirkungen mystischen Denkens ist der deutsche *Pietismus*. So kommt *Gottfried Arnold* (1666–1714) in seiner „Unparteiischen Kirchen- und Ketzer-Historie“ zu einer ehrlichen Würdigung der mystischen Bewegung.
Nikolaus Ludwig von Zinzendorf (1700–1760), der Begründer der Herrnhuter Brüdergemeine, verbindet Motive des Urchristentums mit mystischer Reflexion. Der Laie *Michael Hahn* (1758–1810) baut seine Gemeinschaft unter Bezug auf die Mystik Jakob Böhmes auf.
Den Höhepunkt der protestantischen Mystik bildet jedoch *Gerhard Tersteegen* (1697–1769), dessen Lieder und Briefe an die innere Tiefe der frühen Mystiker erinnern. Der Gang durch sieben Jahrhunderte machte deutlich, daß Mystik als Versuch, mit den Möglichkeiten der deutschen Sprache die Offenbarung zu durchdringen, nicht mit einem bestimmten Datum endet, sondern immer wieder lebendig wird.
So ist auch mit den in diesem Band abschließend dargestellten Gedanken *Johann Gottfried Herders* (1744–1803) und *Friedrich von Hardenbergs* (1772–1801) kein Abschluß gemeint, sondern ein Hinweis darauf, daß mystisches Denken Lebenselement unserer abendländischen Kultur auch an der Schwelle zur Neuzeit geblieben ist.
Hardenberg nannte sich „Novalis“. In diesem Namen liegt mehr als der vordergründige Hinweis auf eines der Güter seiner Familie. Das Pseudonym

meint zugleich den immer neuen Aufbruch in jenes Land, zu dem der Weg nach innen führt:

> „Wir träumen von Reisen durch das Weltall:
> ist denn das Weltall nicht in uns?
> Die Tiefen unseres Geistes kennen wir nicht.
> Nach Innen geht der geheimnisvolle Weg.
> In uns, oder nirgends ist die Ewigkeit
> mit ihren Welten, die Vergangenheit und Zukunft.“[5]

Buchillustration aus „Scivias“ – Wisse die Wege

Hildegard von Bingen
(1098–1179)

Eine Frau, die in der „finsteren" Welt des Mittelalters, inmitten einer von Männern bestimmten Gesellschaft zum Gesprächspartner und Ratgeber des Kaisers, von Königen, Päpsten, Bischöfen und Laien aus dem „einfachen Volk" wurde, die „drei Jahrzehnte lang wie ein Magnet die Menschen an sich zog"[1], die in der Stille des Klosters und auf der Bühne der großen Welt wirkte, deren Schaffen Theologie, Philosophie, Anthropologie, Kosmologie, Musik, Naturkunde und Heilkunde umfaßte – das ist Hildegard von Bermersheim, die wir heute nach ihrer Klostergründung auf dem Rupertsberg bei Bingen als Hildegard von Bingen kennen.

1098 in Bermersheim bei Alzey in Rheinhessen als letztes von zehn Kindern des Edelfreien Hildebert von Bermersheim und seiner Frau Mechthild geboren, wurde Hildegard 1106, schon im Alter von acht Jahren, der geistlichen Obhut der Meisterin Jutta von Spanheim übergeben.
Dort, in der dem Mönchskloster Disibodenberg angebauten Klause, entschloß sich Hildegard zum klösterlichen Leben nach der Benediktinerregel und empfing zwischen 1112 und 1115 von Bischof Otto von Bamberg den Schleier.
1136, nach Juttas Tod, wurde Hildegard zur Äbtissin gewählt.
Von Kind an hatte Hildegard die besondere Gabe der „Vision" gehabt.

> „Bei meiner ersten Gestaltung, als Gott mich im Schoße meiner Mutter durch den Hauch des Lebens erweckte, prägte er dieses Schauen meiner Seele ein"[2], so erzählt Hildegard in ihrem Lebensbericht und beschreibt zugleich das Bedrängende dieser Erfahrungen:
> „In meinem dritten Lebensjahr sah ich ein so großes Licht, daß meine Seele erbebte, doch wegen meiner Kindheit konnte ich mich nicht darüber äußern ... Bis zu meinem fünfzehnten Lebensjahr sah ich vieles, und manches erzählte ich einfach, so daß die, die es hörten, sich sehr wunderten, woher es käme und von wem es sei. Da wunderte ich mich auch selbst und verbarg die Schau, so gut ich konnte."[3]

35 Jahre lang lebte Hildegard in der Stille des Disibodenberger Klosters, bis im Jahre 1141 der Auftrag Gottes an sie erging: „Schreibe, was du siehst und hörst!"
Ermutigt durch die päpstliche Zustimmung, „alles, was sie im Heiligen Geist erkenne, kundzutun"[4], schuf Hildegard in den folgenden Jahrzehnten ein gewaltiges Werk. Bei der Abfassung des lateinischen Urtextes unterstützt von dem Mönch Volmar und im Gespräch mit Richardis von Stade, Hildegards vertrauter geistlicher Schwester, entstand in den Jahren 1141–1151 das erste große Buch der Visionen mit dem Titel „Scivias" („Wisse die Wege"). In überwältigenden Bildern wird das Geheimnis der Schöpfung und der Erlösung entfaltet, von der Erschaffung der Welt bis zum Jüngsten Gericht. Die Jahre 1158–1163 umfaßt die Entstehungszeit des „Liber vitae meritorum" („Buch der Lebensverdienste"), einer Lebenskunde, in der in 35 Gegensatzpaaren Gut und Böse, Tugend und Laster gegenübergestellt werden.
Hildegards dritte Visionsschrift, das „Liber divinorum operum" (1163–1170), das „Buch der Gotteswerke", beruht auf der Meditation des Prologs zum Johannesevangelium. „In diesem Werk schildert Hildegard die Schöpfung in ihren engen Beziehungen zum Schöpfergott. Der Mensch steht inmitten der Weltelemente, die ihn tragen, ihm dienen und die er in der von Gott gesetzten Ordnung sich untertan machen soll."[5]

Auszüge aus diesen drei Schriften werden dem Leser die Tiefe und die Sprachgewalt der Visionen verdeutlichen. Nur hingewiesen sei in diesem Zusammenhang auf die Schriftten Hildegards über Naturkunde („Physica") und Heilkunde („Causae et curae"), ihren Briefwechsel, aus dem uns mehr als 300 Briefe überliefert sind und ihre Gedichte und Lieder.
Seit 1150 leitete Hildegard das von ihr gegründete Kloster Rupertsberg, 1165 gründete sie ein weiteres Kloster in Eibingen bei Rüdesheim. Trotz häufiger Krankheit unternimmt sie in den Jahren 1158–1171 verschiedene Predigtreisen, von denen die einzelnen Stationen belegt sind (Mainz, Wertheim, Würzburg, Kitzingen, Ebrach, Bamberg, Trier, Metz, Krauchtal b. Zabern; Boppard, Andernach, Siegburg, Köln, Werden/Ruhr, Lüttich; Rodenkirchen, Maulbronn, Hirsau, Kirchheim/Teck, Zwiefalten).
Als Hildegard am 17. September 1179 stirbt, geht ein Leben zu Ende, das Gottes-Erfahrung und Welt-Verantwortung, mystische Schau und tätiges Handeln in überzeugender Weise verband.
Tiefe und Klarheit kennzeichnen Hildegards „Schauungen":

> „Ich sehe diese Dinge nicht mit den äußeren Augen und höre sie nicht mit den äußeren Ohren, ich sehe sie vielmehr einzig in meiner Seele, mit offenen leiblichen Augen, so daß ich niemals die Bewußtlosigkeit einer Ekstase erleide, sondern wachend schaue ich dies bei Tag und Nacht."[6]

Die ihre Schriften mehrfach einleitende Bemerkung, dies sei „geschaut von einem einfachen, einfältigen Menschen", ist keine Formel, sondern Ausdruck echter Demut.
In einem Brief an Elisabeth von Schönau beschreibt Hildegard den Auftrag, den sie annahm und erfüllte:

> „Gott züchtigt immer die, die seine Posaune blasen, und achtet darauf, daß das Tongefäß nicht zerbricht, sondern ihm wohlgefällt. Ich, die ich kleinmütigen Herzens darniederliege und immer wieder von Furcht beunruhigt erlahme, erklinge zuweilen wie ein schwacher Posaunenton des lebendigen Lichtes.
> So helfe mir Gott, daß ich in seinem Dienste ausharre."[7]

Briefwechsel Hildegards mit Bernhard von Clairvaux

Hildegard an Abt Bernhard von Clairvaux

Verehrungswürdiger Vater Bernhard, wunderbar stehst du da in hohen Ehren aus Gottes Kraft. Schreckenerregend bist du für die unziemliche Torheit dieser Welt. Mit dem Banner des heiligen Kreuzes fängst du voll hohen Ei-

fers in brennender Liebe zum Gottessohn die Menschen, damit sie im Christenheer Krieg führen wider die Wut der Heiden. Ich bitte dich, Vater, beim lebendigen Gott, höre mich, da ich dich frage.
Ich bin gar sehr bekümmert ob dieser Schau, die sich mir im Geiste als ein Mysterium auftat. Niemals schaute ich sie mit den äußeren Augen des Fleisches. Ich, erbärmlich und mehr als erbärmlich in meinem Sein als Frau, schaute schon von meiner Kindheit an große Wunderdinge, die meine Zunge nicht aussprechen könnte, wenn nicht Gottes Geist mich lehrte zu glauben.
Milder Vater, du bist so sicher, antworte mir in deiner Güte, mir, deiner unwürdigen Dienerin, die ich von Kindheit an niemals in Sicherheit lebte, nicht eine einzige Stunde. Bei deiner Vaterliebe und Weisheit forsche in deiner Seele, wie du im Heiligen Geiste belehrt wirst, und schenke deiner Magd aus deinem Herzen Trost.
Ich weiß nämlich im Text den Sinn der Auslegung des Psalters, des Evangeliums und der anderen Bücher, der mir durch diese Schau gezeigt wird. Wie eine verzehrende Flamme rührt sie mir an Herz und Seele und lehrt mich die Tiefen der Auslegung. Doch Schriften in deutscher Sprache lehrt sie mich nicht; die kenne ich nicht. Ich kann nur in Einfalt lesen, weiß aber nicht den Text zu zergliedern. So antworte mir: Was dünkt dich von alledem? Ich bin ja ein Mensch, der durch keinerlei Schulwissen über äußere Dinge unterwiesen wurde. Nur innen in meiner Seele bin ich unterwiesen. Deshalb spreche ich wie im Zweifel. Aber da ich von deiner Weisheit und Vaterliebe höre, werde ich getröstet. Denn keinem Menschen wagte ich es zu sagen – weil es unter den Menschen, wie ich die Leute sagen höre, viele Spaltungen gibt –, nur einem Mönche, den ich geprüft und in seinem klösterlichen Wandel erprobt gefunden habe. Ihm habe ich alle meine Geheimnisse geoffenbart, und er hat mich getröstet mit der Sicherheit: sie seien erhaben und schauererregend.
Um der Liebe Gottes willen begehre ich, Vater, daß du mich tröstest. Dann werde ich sicher sein.
Ich sah dich vor mehr als zwei Jahren in dieser Schau als einen Menschen, der in die Sonne blickt und sich nicht fürchtet, sondern sehr kühn ist. Und ich habe geweint, weil ich so sehr erröte und so zaghaft bin.
Gütiger Vater, mildester, ich bin in deine Seele hineingelegt, damit du mir durch dein Wort enthüllst, ob du willst, daß ich dies offen sagen oder Schweigen bewahren soll. Denn große Mühen habe ich in dieser Schau, inwieweit ich das, was ich gesehen und gehört habe, sagen darf. Ja bisweilen werde ich – weil ich schweige – von dieser Schau mit schweren Krankheiten aufs Lager niedergeworfen, so daß ich mich nicht aufrichten kann. Trauernd klage ich deshalb vor dir: Ich werde so leicht niedergeschlagen vom fallenden Hebebaum der Kelter in meiner Natur, der aus der Wurzel stammt, die

durch Teufelseinfluß in Adam entsprang, so daß er ausgewiesen wurde in die heimatlose Welt.
Nun aber erhebe ich mich und eile zu dir. Ich sage dir: *Du* wirst nicht niedergeschlagen, sondern du richtest ständig den Baum empor und bist Sieger in deiner Seele. Und du richtest nicht allein dich selbst, sondern auch die Welt zum Heile auf. Du bist der Adler, der in die Sonne blickt.
Ich bitte dich bei der strahlenden Klarheit des Vaters und bei Seinem wunderbaren Wort und bei der süßen Tränengabe der Zerknirschung – dem Geist der Wahrheit – und bei dem heiligen Schall, durch den die ganze Schöpfung schallt: bei Ihm, dem Worte, aus dem die Welt geworden ist. Bei der Hoheit des Vaters, der in zarter Erweckungskraft das Wort in den Schoß der Jungfrau sandte, aus der es das Fleisch sog, wie der Honig ringsum von der Wabe umbaut wird.
Und dieser Schall, die Kraft des Vaters, falle in dein Herz und richte deine Seele auf, daß du nicht bei den Worten dieses Menschen teilnahmslos erstarrst, da du doch alles bei Gott, beim Menschen oder beim Geheimnis selbst suchst, bis du durch den Spalt deiner Seele so weit vordringst, daß du all dies in Gott erkennst. Leb wohl, leb wohl in deiner Seele, und sei ein starker Kämpfer in Gott. Amen.

Abt Bernhard von Clairvaux an Hildegard

Für die in Christo geliebte Tochter Hildegard betet Bruder Bernhard, genannt Abt von Clairvaux, wenn das Gebet eines Sünders etwas vermag.
Da du von unserer Wenigkeit weit anders zu denken scheinst, als unser Gewissen sich selbst einschätzt, so glauben wir dies einzig deiner Demut beimessen zu sollen. Doch habe ich keineswegs übersehen, den Brief deiner Liebe zu erwidern, obwohl die Menge der Geschäfte mich zwingt, es kürzer zu tun, als ich gern möchte. Wir freuen uns mit dir über die Gnade Gottes, die in dir ist. Und was uns angeht, so ermahnen und beschwören wir dich, daß du sie als Gnade erachtest und ihr mit der ganzen Liebeskraft der Demut und Hingabe entsprichst. Du weißt ja, daß „Gott den Stolzen widersteht, den Demütigen hingegen Gnade gibt“. Im übrigen, was sollen wir noch lehren oder ermahnen, wo schon eine innere Unterweisung besteht und eine Salbung über alles belehrt? Vielmehr bitten und verlangen wir inständig, daß du unser bei Gott gedenkest und auch derer, die uns in geistlicher Gemeinschaft in Gott verbunden sind.

Auszüge aus: „Scivias – Wisse die Wege“ – „geschaut von einem einfältigen Menschen“

Vorrede

UND SIEHE! Im dreiundvierzigsten Jahre meines Lebenslaufes schaute ich ein himmlisches Gesicht. Zitternd und mit großer Furcht spannte sich ihm mein Geist entgegen.
Ich *sah* einen sehr großen Glanz. Eine himmlische Stimme erscholl daraus. Sie sprach zu mir: „Gebrechlicher Mensch, Asche von Asche, Moder vom Moder, sage und schreibe, was du siehst und hörst! Doch weil du schüchtern bist zum Reden, einfältig zur Auslegung und ungelehrt, das Geschaute zu beschreiben, sage und beschreibe es nicht nach der Redeweise der Menschen, nicht nach der Erkenntnis menschlicher Klügelei noch nach dem Willen menschlicher Abfassung, sondern aus der Gabe heraus, die dir in himmlischen Gesichten zuteil wird: wie du es in den Wundern Gottes siehst und hörst. So tu es kund wie der Zuhörer, der die Worte seines Meisters erlauscht und sie ganz, wie der Meister es meint und will, wie er es zeigt und vorschreibt, weitergibt. So tu auch du, o Mensch! Sage, was du siehst und hörst, und schreibe es, nicht wie es dir noch irgendeinem andern Menschen gefällt, sondern schreibe es nach dem Willen dessen, der alles weiß, alles sieht, alles ordnet in den verborgenen Tiefen seiner geheimen Ratschlüsse.“
Und wiederum hörte ich die Stimme vom Himmel: „Tu kund die Wunder, die du erfährst. Schreibe sie auf und sprich!“
Im Jahre 1141 der Menschwerdung des Sohnes Gottes, Jesu Christi, als ich zweiundvierzig Jahre und sieben Monate alt war, kam ein feuriges Licht mit Blitzesleuchten vom offenen Himmel hernieder. Es durchströmte mein Gehirn und durchglühte mir Herz und Brust gleich einer Flamme, die jedoch nicht brannte, sondern wärmte, wie die Sonne den Gegenstand erwärmt, auf den sie ihre Strahlen legt. Nun erschloß sich mir plötzlich der Sinn der Schriften, des Psalters, des Evangeliums und der übrigen katholischen Bücher des Alten und Neuen Testamentes. Doch den Wortsinn ihrer Texte, die Regeln der Silbenteilung und der grammatischen Fälle und Zeiten erlernte ich dadurch nicht.
Die Kraft und das Mysterium verborgener, wunderbarer Gesichte erfuhr ich geheimnisvoll in meinem Innern seit meinem Kindesalter, das heißt seit meinem fünften Lebensjahr, so wie auch heute noch. Doch tat ich es keinem Menschen kund, außer einigen wenigen, die wie ich im Ordensstande lebten. Ich deckte alles mit Schweigen zu bis zu der Zeit, da Gott es durch seine Gnade offenbaren wollte.
Die Gesichte, die ich schaue, empfange ich nicht in traumhaften Zuständen,

nicht im Schlafe oder in Geistesgestörtheit, nicht mit den Augen des Körpers oder den Ohren des äußeren Menschen und nicht an abgelegenen Orten, sondern wachend, besonnen und mit klarem Geiste, mit den Augen und Ohren des inneren Menschen, an allgemein zugänglichen Orten, so wie Gott es will. Wie das geschieht, ist für den mit Fleisch umkleideten Menschen schwer zu verstehen.

Als ich die Mädchenjahre überschritten hatte und zu dem erwähnten gereiften Alter gekommen war, hörte ich eine Stimme vom Himmel sagen: „Ich bin das lebendige Licht, das alles Dunkel durchleuchtet. Den Menschen, den Ich erwählt und den Ich, wie es Mir gefiel, machtvoll erschüttert habe, stellte Ich in große Wunder hinein, mehr noch als die Menschen der alten Zeiten, die viele Geheimnisse in Mir schauten. Doch warf Ich ihn zur Erde nieder, damit er sich nicht in Geistesaufgeblasenheit erhebe. Die Welt hatte keine Freude und kein Ergötzen an ihm und fand ihn ungeschickt für weltliche Geschäfte, denn Ich habe ihn von trotziger Verwegenheit befreit. Furcht erfüllt ihn, und er zittert in seinen Mühen. Er leidet Schmerzen in seinem Marke und in den Adern seines Fleisches. Sinn und Gefühl sind ihm beengt, und schweres Leiden duldet er in seinem Körper, so daß keine Sicherheit in ihm wohnt, er sich vielmehr in allem als schuldig erachtet. Die Ritzen seines Herzens habe Ich umzäunt, damit sein Geist sich nicht in Stolz und Ehrsucht erhebe, sondern aus all dem mehr Furcht und Schmerz als Freude und Lust schöpfe.

So sann er denn aus Liebe zu Mir in seiner Seele nach, wo er den fände, der ihm helfend entgegenkomme. Und er fand einen und liebte ihn in der Erkenntnis, daß er ein treuer Mensch sei, der gleich ihm sich um den Auftrag Gottes mühe. Und er hielt ihn fest. Gemeinsam arbeiteten sie im hochstrebenden Eifer, Meine verborgenen Wunder kundzutun.

Er aber erhob sich nicht über sich selbst, sondern neigte sich in der Selbsterhöhung der Demut und in der Zielstrebigkeit guten Wollens seufzend dem zu, den er gefunden.

Du also, o Mensch, der du all dies nicht in der Unruhe der Täuschung, sondern in der Reinheit der Einfalt empfängst, hast den Auftrag, das Verborgene zu offenbaren.

Schreibe, was du siehst und hörst!"

All dieses sah und hörte ich, und dennoch – ich weigerte mich zu schreiben. Nicht aus Hartnäckigkeit, sondern aus dem Empfinden meiner Unfähigkeit, wegen der Zweifelsucht, des Achselzuckens und des mannigfachen Geredes der Menschen, bis Gottes Geißel mich auf das Krankenlager warf. Da endlich legte ich, bezwungen durch die vielen Leiden, Hand ans Schreiben. Ein adeliges Mädchen von guten Sitten und der Mann, den ich, wie oben gesagt, heimlich gesucht und gefunden hatte, waren meine Zeugen. Als ich nun zu schreiben begann und alsbald, wie anfangs berichtet, die Gabe tiefsinnender

Schriftauslegung in mir wirksam fühlte, kam ich wieder zu Kräften und stand von meiner Krankheit auf. Nur mit Mühe brachte ich in zehn Jahren dieses Werk zustande und vollendete es.
In den Tagen des Erzbischofs Heinrich von Mainz, des Römischen Königs Konrad und des Abtes Kuno von Disibodenberg, unter dem Papste Eugenius sind diese Gesichte und Worte an mich ergangen. Und ich sagte und schrieb dies nicht nach der Erfindung meines Herzens oder irgendeines Menschen, sondern wie ich es in Himmelskundgebungen sah, hörte und empfing durch die geheimen Geheimnisse Gottes.

Der Leuchtende

ICH SCHAUTE – UND SAH etwas wie einen großen, eisenfarbigen Berg. Darauf thronte ein so Lichtherrlicher, daß seine Herrlichkeit meine Augen blendete. Von beiden Schultern des Herrschers ging, Flügeln von wunderbarer Breite und Länge gleich, ein matter Schatten aus. Vor Ihm, zu Füßen des Berges, stand ein Wesen, das über und über mit Augen bedeckt war – so sehr, daß ich wegen der Augen nicht einmal die menschlichen Umrisse erkennen konnte. Vor diesem Wesen stand ein anderes, im Kindesalter, mit mattfarbenem Gewand und weißen Schuhen. Über sein Haupt ergoß sich von dem, der auf dem Berge saß, solchen Lichtes Fülle, daß ich des Mägdleins Antlitz nicht zu schauen vermochte. Auch gingen von dem, der auf dem Berge saß, viele lebendige Funken aus, die die Gestalten mit sanftem Glühen lieblich umflogen. Der Berg selbst hatte sehr viele kleine Fenster, in denen Menschenhäupter, teils bleich, teils weiß, erschienen.
Und siehe, der auf dem Berge saß, rief mit starker, durchdringender Stimme und sprach:
Gebrechlicher Mensch, Staub vom Staub der Erde, Asche von Asche, rufe und sage, wie man in die Erlösung, die alles wiederherstellt, eingeht, damit die unterrichtet werden, die, obgleich sie den innersten Gehalt der Schriften kennen, ihn dennoch nicht aussprechen oder verkünden wollen. Denn sie sind lau und schwerfällig, die Gerechtigkeit Gottes zu beobachten. Ihnen tue die verschlossenen Geheimnisse kund, die sie furchtsam in verborgenem Acker fruchtlos vergraben. Ergieße dich wie ein überreicher Quell, und ströme geheimnisvolle Lehre aus, damit durch die Flut deiner Wasser die aufgerüttelt werden, die um der Sünde Evas willen dich als Frau für verächtlich halten. Denn du empfängst diese Geistesschärfe und Tiefe nicht von einem Menschen. Von dem himmlischen, furchtbaren Richter wird sie dir von oben her gegeben, wo dieses starke Licht unter den Leuchtenden mit heller Klarheit flammen wird.
Erhebe dich also, rufe und sprich, was dir durch die so starke Kraft göttlicher Hilfe kund wird, denn der, der seine ganze Schöpfung mit Macht und Milde

regiert, durchströmt die, die Ihn fürchten und Ihm mit hingebender Liebe im Geiste der Demut dienen, mit dem Lichte himmlischer Erleuchtung und führt sie, wenn sie auf dem Wege der Gerechtigkeit verharren, zu den Freuden der ewigen Schau.

Erkenne nun, was du siehst:

Der große, eisenfarbene Berg bedeutet die Kraft und Ständigkeit des ewigen Reiches Gottes, das durch keinen Angriff hinfälliger Veränderlichkeit zerlöst werden kann. Der auf dem Berge in so hellem Lichte thront, daß die Herrlichkeit deine Augen blendet, sinnbildet im Reiche der Seligkeit den Beherrscher des ganzen Erdkreises im Blitzesleuchten unvergänglichen Lichtes, in göttlicher Hoheit. Unfaßbar ist Er dem menschlichen Geiste. Aber von seinen beiden Seiten geht, Flügeln von wunderbarer Breite und Länge gleich, ein matter Schatten aus. Das ist der treuhegende, milde Schutz, der in Ermahnung und Züchtigung die Geschöpfe beseligend umschirmt und die unaussprechliche Gerechtigkeit im endlichen Sieg ausgleichender Weisheit gerecht und gütig offenbart.

Vor Ihm steht zu Füßen des Berges ein Wesen, über und über mit Augen bedeckt. Es ist die „Furcht des Herrn", die vor Gott steht. In Demut schaut sie auf das Reich Gottes, ganz eingehüllt in die durch-dringende Schau guter und gerechter Zielstrebigkeit. Eifer und Beständigkeit wirkt sie in den Menschen. So groß ist die Menge der Augen, daß du ihretwegen nicht einmal die menschlichen Umrisse an ihr erkennen kannst, denn durch ihr unentwegtes Schauen schüttelt sie jedes Vergessen der göttlichen Gerechtigkeit, das häufig den Geist des Menschen einschläfert, von sich ab, und kein neugieriges Forschen, das den Sinn der Sterblichen entnervt, erschüttert ihre Wachsamkeit.

Daher erscheint auch vor ihr ein anderes Wesen, im Kindesalter, mit mattfarbenem Gewand und weißen Schuhen. Wenn nämlich die Furcht des Herrn vorangeht, folgen ihr die Armen im Geiste. Denn die Furcht des Herrn ist in der Hingabe der Demut der starke Halt für die Beseligung durch die Armut im Geiste. Nicht auf Prahlerei und Herzenshochmut sinnt sie, sondern liebt Einfalt und Nüchternheit des Geistes. Sie schreibt nicht sich, sondern Gott ihre guten Werke zu – darauf deutet ihr mattfarbenes Gewand – und folgt getreulich – mit weißen Schuhen – den lichten Spuren des Gottessohnes. Über ihr Haupt ergießt sich von dem, der auf dem Berge sitzt, solchen Lichtes Fülle, daß du des Mägdleins Antlitz nicht zu schauen vermagst. Denn mit so großer Macht und Kraft der Beseligung durchströmt die lichte Heimsuchung dessen, der jedes Geschöpf preiswürdig beherrscht, diese Tugend, daß dein unzureichendes, sterbliches Sinnen die Spannweite solcher Seligkeit nicht zu fassen imstande ist. Hat doch Er selbst, der die Reichtümer des Himmels besitzt, sich in Demut unter die Armut gestellt.

Wenn endlich von dem, der auf dem Berge sitzt, viele lebendige Funken ausgehen, die die beiden Gestalten mit sanftem Glühen lieblich umfliegen, so bedeutet dies, daß vom allmächtigen Gott mannigfaltige, überstarke und in göttlicher Herrlichkeit leuchtende Kräfte kommen, um die, die wahrhaft Gott fürchten und getreulich die Armut im Geiste lieben, helfend und schützend zu umgeben und sie mit der sänftigenden Glut ihres Wirkens zu umfangen.

Darum sieht man auch im Berge selbst sehr viele Fensterchen, in denen Menschenhäupter, teils bleich, teils weiß, erscheinen. Denn der hocherhabenen, abgrundtiefen, alles durchschauenden Erkenntnis Gottes kann das Streben der menschlichen Handlungen nicht verhehlt noch verborgen werden. Sie tragen das Zeugnis ihrer Lauheit oder Reinheit in sich selbst. Manchmal ermatten nämlich die Menschen in ihren Herzen und Taten und überlassen sich schmachvollem Schlafe. Manchmal sind sie angeregt und wachen in Ehre, wie Salomon nach meinem Willen bezeugt: „Eine lässige Hand schafft Not, aber die Hand der Starken sammelt Schätze“.

Das heißt: Schwach und arm macht sich der Mensch, der nicht Gerechtigkeit wirken noch die Bosheit vernichten noch seine Schulden lösen will. In seinem Müßiggang hat er keinen Teil an den wunderbaren Werken der Seligkeit. Wer aber die heldenstarken Werke des Heiles tut und den Weg der Wahrheit läuft, der gräbt sich einen Quell unversieglicher Herrlichkeit, durch den er sich die kostbarsten Schätze auf Erden und im Himmel erwirbt. Wer immer Erkenntnis im Heiligen Geiste und die Flügel des Glaubens besitzt, der gehe nicht achtlos an meiner Ermahnung vorüber, sondern er koste, umfange und trage sie in seiner Seele!

Mensch und Kosmos

Darauf sah ich ein riesenhaftes Gebilde, rund und schattenhaft. Wie ein Ei spitzte es sich oben zu, wurde in der Mitte breiter und nach unten zu wieder schmäler.

Seine äußerste Schicht ringsum war lichtes Feuer. Darunter lagerte eine finstere Haut. In dem lichten Feuer schwebte ein rötlich funkelnder Feuerball, so groß, daß das ganze Gebilde von ihm sein Licht empfing. Drei Leuchten brannten der Reihe nach über ihm. Sie gaben ihm Halt durch ihre Glut, damit er nicht versinke. Zuweilen hob sich der Feuerball empor, und viel Feuer sprühte ihm entgegen, so daß seine Flammen weiter hinausloderten. Zuweilen neigte er sich nach unten. Doch kam ihm von daher viel Kälte entgegen, und rasch zog er seine Flammen wieder zurück. Von der lichten Feuerzone, die rings das Gebilde umgab, ging ein Wind mit seinen Wirbeln aus. Auch aus der finsteren Haut, die darunter lagerte, brach ein Wind und blies mit seinen Wirbeln da- und dorthin durch das Gebilde. In dieser Haut glühte ein solch schauerlich düsteres Feuer, daß ich es nicht anzuschauen vermoch-

te. Es wütete so stark, daß die ganze Haut davon erschüttert ward, denn es war voll von Getöse, Sturmgebrause und spitzigen Steinen, groß und klein.
Wenn es zu toben begann, dann gerieten auch das lichte Feuer, die Winde und die Luft in Aufruhr. Sie entsandten ihre Blitze, die dem Getöse zuvorkamen, denn das Feuer verspürte sogleich in sich die erste Regung des Getöses.
Unter der finsteren Haut flutete der reinste Äther. Er hatte keine Haut unter sich, doch erblickte ich in ihm eine sehr große, weißglänzende Feuerkugel. Deutlich sichtbar standen über ihr zwei Leuchten, die sie hielten, auf daß sie die ihr vorgezeichnete Bahn nicht überschreite. Und eine Menge kleinerer Lichtkegel war durch den Äther verstreut. In sie entleerte sich zuweilen die Feuerkugel. Dabei verlor sie ihren hellen Schein. Doch alsbald kehrte sie unter den früher erwähnten rotfunkelnden Feuerball zurück und entzündete an ihm aufs neue ihre Flammen, um sie dann wieder unter die Kugeln auszustrahlen. Auch von dem Äther brach ein Wind aus und durchjagte das ganze Gebilde.
Unterhalb des Äthers sah ich dunstige Luft und darunter eine weiße Haut. Der Dunst flutete hin und her und versorgte das ganze Gebilde mit Feuchtigkeit. Manchmal ballte er sich plötzlich zusammen. Dann entströmten ihm heftig rauschende Platzregen. Dann wieder dehnte er sich gelinde aus und träufelte wohltuendes, sanft herabfallendes Naß. Auch in ihm nahm ein Wind seinen Ursprung und wehte mit seinen Wirbeln überallhin durch das Gebilde.
Inmitten all dieser Elemente schwebte eine gewaltige Sandkugel, so von ihnen ringsum gehalten, daß sie nach jeder Seite vor dem Herabfallen gesichert war. Doch wenn zuweilen die Elemente und die Winde einander schüttelten, brachten sie durch ihre Wucht auch die Kugel ein wenig ins Schwanken.
Darauf sah ich zwischen Norden und Osten einen riesigen Berg. Seine Nordseite lag im Finstern, während die dem Osten zugekehrte Fläche in hellem Lichte strahlte, so jedoch, daß weder das Licht die Finsternis, noch die Finsternis das Licht berühren konnte.
Nun hörte ich wieder die Stimme vom Himmel. Sie sprach zu mir:
Gott, der das All durch seinen Willen ins Dasein rief, hat jegliches geschaffen, damit sein Name erkannt und geehrt werde. Aber nicht das Sichtbare und Zeitliche allein tut Er durch seine Schöpfung kund, sondern auch das Unsichtbare und Ewige. Darauf deutet das Gesicht, das du schaust.
Das riesenhafte Gebilde, das dir erscheint – rund und schattenhaft, eiförmig nach oben zugespitzt, in der Mitte breiter und nach unten zu wieder schmäler –, weist den Glaubenden hin auf den allmächtigen Gott, der unfaßbar in seiner Majestät, unerforschlich in seinen Geheimnissen, die Hoffnung aller Gläubigen ist …

Die äußerste Schicht ringsum ist lichtes Feuer, und darunter lagert eine finstere Haut. Das sinnbildet, daß Gott die Menschen, die sich außerhalb des wahren Glaubens stellen, im Feuer seiner Rache ausglüht, die andern aber, die im katholischen Glauben verharren, im Feuer der Tröstung läutert. So wirft Er die Finsternis teuflischer Verkehrtheit nieder, wie es auch geschah, als der von Gott geschaffene „Lichtträger" sich wider Ihn zu stellen wagte. Zurückgeschlagen, stürzte er in ewiges Verderben.
Ein rötlich funkelnder Feuerball schwebt in diesem Feuer, so groß, daß das ganze Gebilde von ihm sein Licht empfängt. Mit dem Glanze seiner Herrlichkeit weist er auf den Eingeborenen in Gott, den Vater: den Unnennbaren, die Sonne der Gerechtigkeit im Blitzesleuchten brennender Liebe. In solcher Herrlichkeit strahlt Er, daß jegliches Geschöpf von der Klarheit seines Lichtes erhellt wird.
Drei Leuchten brennen der Reihe nach über dem Feuerball. Sie geben ihm Halt durch ihre Glut, damit er nicht versinke. Dienend künden sie – im Geheimnis der Dreieinigkeit –, daß eben dieser Sohn Gottes vom Himmel zur Erde niederstieg. Die Engel im Himmel verließ Er und tat den Menschen, die in Seele und Körper wesen, das Himmlische kund. Lobpreisend werfen sie in der Gefolgschaft seiner lichten Klarheit allen schadenbringenden Irrtum ab, wenn sie Ihn als den wahren Gottessohn, der Fleisch ward aus der wahren Jungfrau, anerkennen. So kündete Ihn der Engel, und der Mensch, der in Seele und Körper lebt, nahm Ihn mit gläubiger Freude auf.
Darum hebt sich zuweilen der Feuerball empor, und viel Feuer sprüht ihm entgegen, so daß seine Flammen weiter hinauslodern. Sie zeigen die Stunde an, da der Eingeborene Gottes zur Erlösung und Erhebung des Menschengeschlechtes nach dem Willen des Vaters Fleisch annehmen sollte. Wundersam wirkte da der Heilige Geist aus der Kraft des Vaters himmlische Geheimnisse in der seligen Jungfrau, und Glorienschein umleuchtete die Jungfräulichkeit, weil Gottes Sohn aus der Züchtigkeit eines Mägdleins den einzigartigen Glanz jungfräulicher Fruchtbarkeit entsandte. Denn in der adeligen Jungfrau wurde die Erfüllung aller Sehnsucht, die Menschwerdung Gottes, Wirklichkeit.
Zuweilen neigt sich der Feuerball nach unten. Doch kommt ihm von daher viel Kälte entgegen, und rasch zieht er seine Flammen wieder zurück. Das besagt: Als der Eingeborene Gottes, aus der Jungfrau geboren, sich milde zur Armut des Menschen neigte, begegneten Ihm viele Leiden, und Er gab seinen Leib in mannigfache Not. Doch nachdem Er sich im Fleische der Welt geoffenbart hatte, ging Er von der Welt hinüber und fuhr in Gegenwart seiner Jünger zum Vater auf, wie geschrieben steht: „Vor ihren Augen ward Er erhoben, und eine Wolke entzog Ihn ihren Blicken."
Aber du siehst weiter, daß von der Feuerzone, die rings das Gebilde umgibt, ein Wind mit seinen Wirbeln ausgeht. So ergeht von dem allmächtigen Gott,

der das All der Welt mit seiner Macht erfüllt, im rechten Predigtwort die wahre Kunde, die Ihn, Gott, den Lebendigen und Wahren, den Menschen offenbart in der Wahrheit.

Aber auch aus der Haut darunter bricht ein anderer Wind mit seinen Wirbeln. Denn auch von der Teufelsraserei, die nicht in Unkenntnis Gottes ist und Ihn fürchtet, geht überböses Gerücht mit nichtswürdigem Gerede aus. Und wie diese Winde, die da- und dorthin durch das Gebilde blasen, gehen unter den Völkern vielfach hohle und unnütze Reden herum.

Auch glüht in dieser Haut ein solch schauerlich düsteres Feuer, daß du es nicht anzuschauen vermagst. Das ist grauenhafter Menschenmord, der aus den überbösen, nichtswürdigen Neidereien des alten Verräters mit solch verheerender Brunst hervorbricht, daß menschlicher Verstand sein Wüten nicht begreifen kann. So stark wütet dieses Feuer, daß die ganze Haut davon erschüttert wird. Denn solches Morden umgreift mit seinen Schrecken alle teuflischen Bosheiten. Drang es doch schon in den Erstlingen des Menschengeschlechtes, vom Zorn zum Haß aufquellend, zum Brudermorde durch. Darum ist das Feuer auch voll von Getöse, Sturmgebraus und spitzigen Steinen, groß und klein. Denn der Menschenmord ist voll von Habgier, Raserei und spitzigen Härten, die erbarmungslos wüten in großen wie in kleineren Schandtaten.

Aber wenn es zu toben beginnt, geraten auch das lichte Feuer, die Winde und die Luft in Aufruhr. Wenn Menschenmord in Blutgier knirscht, dann erwachen die himmlischen Gerichte, die Stürme fliegenden Zornes und die Wallungen wogender Geschicke in der Rache gerechten Gerichtes. Und sie entsenden ihre Blitze, die dem Getöse zuvorkommen, denn das Feuer verspürt sogleich in sich die erste Regung des Getöses. So wirft die Hoheit des offenbar werdenden Gottesgerichtes siegreich die Gottlosigkeit nieder. Denn noch ehe dieses rasende Wüten offen zu Tage tritt, schaut es die göttliche Majestät mit dem sehenden Auge, vor dem alles Wesen nackt ist.

Doch unter der finsteren Haut flutet der reinste Äther, der keine Haut unter sich hat. Gerade unter den Nachstellungen des alten Verräters strahlt hellicht der Glaube auf. Kein Schwanken, wie es der Ungläubigkeit eigen ist, erschüttert seine Gewißheit, denn er gründet nicht in sich, sondern streckt sich nach Christus aus.

Darum siehst du auch in dem Äther eine sehr große, weißglänzende Feuerkugel. Sie sinnbildet in wahrer Schau die unbesiegte Kirche, die im Glauben den weißen Glanz lichtklarer Unschuld und hoher Ehre – wie dir gezeigt wird – ausstrahlt.

Und wie deutlich sichtbar über der Kugel zwei Leuchten stehen, die sie halten, auf daß sie die ihr vorgezeichnete Bahn nicht überschreite, so ziehen zwei Testamente, von oben stammend – das Alte und das Neue –, die Kirche zu den göttlichen Vorschriften der himmlischen Geheimnisse empor. Sie geben ihr Halt, damit sie nicht im Wandel wechselnder Sitten sich verderblich auslasse. Denn beide, der Alte wie der Neue Bund, bezeugen ihr die Seligkeit des himmlischen Erbes.

Eine Menge kleinerer Lichtkugeln ist durch den Äther verstreut, in die die große Feuerkugel sich zuweilen entleert, so daß sie ihren hellen Schein verliert. Viele und glänzende Werke der Hingabe werden in der Reinheit des Glaubens sichtbar, in die die Kirche mit der reifenden Zeit die Schönheit ihrer Wunder hinüberleitet, mag auch sie selber zeitweise Unterdrückung dulden. In Trauer liegt sie dann, aber mit Staunen sieht sie den lichten Widerschein ihres früheren Wirkens in vollkommenen Menschen.

Doch kehrt die Feuerkugel alsbald unter den früher erwähnten rotfunkelnden Feuerball zurück und entzündet an ihm aufs neue ihre Flammen, um sie dann wieder unter die kleineren Kugeln auszustrahlen. So eilt die Kirche, wenn sie niedergetreten wird, unter den Schutz des Eingeborenen Gottes. Von Ihm empfängt sie die Tragkraft göttlicher Stärkung und tut aufs neue die Liebe zum Himmlischen in seligen Werken kund. Denn auch von dem Äther bricht ein Wind mit seinen Wirbeln aus und durchjagt das ganze Gebilde. Das ist die siegesstarke Kunde der wahren und vollkommenen Lehre, die zur Hilfe der Menschen von der Einheit des Glaubens ausströmte und mit großer Schnelligkeit bis an die Grenzen des ganzen Erdkreises vorstieß.

Darum siehst du auch unterhalb des Äthers dunstige Luft und darunter eine weiße Haut. Hin und her flutet der Dunst und versorgt das ganze Gebilde mit Feuchtigkeit. Das deutet, wie dir in wahrhaftigster Schau gezeigt wird, auf die Wasser der Taufe, die sich unter dem reinen Äther, das heißt unter dem Glauben, wie er in den Vätern der alten und neuen Zeit lebendig war, ausbreitete. Fest gegründet in der Unschuld seliger Beständigkeit und durch göttliche Hauchung überallhin getragen, brachte sie dem ganzen Erdkreis – in denen, die glauben – die Fluten des Heils. Manchmal ballt sich der Dunst plötzlich zusammen. Dann entströmen ihm heftig rauschende Platzregen. Dann wieder dehnt er sich gelinde aus und träufelt wohltuendes, sanft herabfallendes Naß. So stauten sich gleichsam die Wasser der Taufe und strömten überreich aus der Geistestiefe der Wahrheitsboten in ihrer schnell dahineilenden Predigt. Und in drängender Wortfülle geistbegabter Rede wurden sie den aufhorchenden Menschen kund. Zu anderen Zeiten aber hielten sie gleichsam an sich – in der milden Anpassung und helfenden Rücksicht der Prediger –, um durch linde Befeuchtung die Völker zu gewinnen.

Darum nimmt auch in diesem Dunstkreis ein Wind seinen Ursprung und weht mit seinen Wirbeln überallhin durch das Gebilde. Denn vom Wogendrang der Taufe, die den Glaubenden das Heil bringt, geht mit den Worten siegesstarker Predigt die Wahrheitskunde aus und durchflutet die ganze Welt mit der Kunde ihrer Beseligung, wie schon jetzt in den Völkern ersicht-

lich ist, die den Unglauben verlassen und sich verlangend dem katholischen Glauben öffnen.
Doch inmitten all dieser Elemente schwebt eine gewaltige Sandkugel, so von ihnen ringsum gehalten, daß sie nach jeder Seite vor dem Herabfallen gesichert ist. In klarer Sicht weist diese auf den Menschen, der mitten in der Kraft der vernunftlosen Gottesgeschöpfe als das einzige Wesen besinnlicher Tiefe steht. Aus Erdenlehm geheimnisvoll in vieler Herrlichkeit geschaffen, ist er von der Kraft aller Geschöpfe so umgeben, daß er auf keine Weise von ihnen getrennt werden kann. Denn die Elemente der Welt sind für den Menschen geschaffen und bieten ihm ihre Dienste dar. Der Mensch hingegen thront in ihrer Mitte und beherrscht sie nach göttlicher Verfügung, wie David, von meinem Geiste berührt, gesagt hat: „Mit Herrlichkeit und Ehre hast Du ihn gekrönt und ihn über die Werke Deiner Hände gesetzt". Das besagt: Du, Gott, hast wunderbar das All geschaffen. Den Menschen aber hast Du mit dem goldenen Purpurdiadem des Verstandes und dem Ehrengewande sichtbarer Schönheit gekrönt. Als Fürsten hast Du ihn auf den Gipfel der Vollkommenheit Deiner Werke gestellt, die Du alle in Deiner Schöpfung gerecht und gut geordnet hast. Denn vor den anderen Geschöpfen hast Du den Menschen mit großen, staunenswerten Würden begabt.
Doch wenn zuweilen die Elemente und die Winde einander schütteln, bringen sie durch ihre Wucht selbst die Kugel ein wenig ins Schwanken. Wenn die Gottesgeschöpfe in ihrem Zeitenlauf einander in der Kündung der Schöpfungswunder begegnen, so daß Wunder an Wunder sich reiht mit gewaltigem Offenbarungsklang, dann spürt der Mensch, von der Größe dieser Wunder niedergeworfen, eine Erschütterung seines Geistes und Leibes, und überwältigt erwägt er die Schwäche seiner Gebrechlichkeit.
Weiter siehst du zwischen Norden und Osten einen riesigen Berg, dessen Nordseite im Finstern liegt, während die dem Osten zugewandte Fläche in hellem Lichte strahlt. Das ist der Sünden-Fall des ersten Menschen, der sich riesengroß zwischen Teufelsbosheit und Gottesgüte türmt. Durch bitterböse Täuschung hat er in den Verworfenen viele Leiden der Verdammnis und durch das ersehnte Heil in den Erwählten reichstes Glück der Erlösung gewirkt.
So jedoch, daß weder das Licht die Finsternis noch die Finsternis das Licht berühren kann. Denn niemals verbinden sich die Werke des Lichtes mit den Werken der Finsternis, noch steigen die Werke der Finsternis zu den Werken des Lichtes empor. Mag auch der Teufel viele Male durch böse Menschen das Licht zu verdunkeln sich mühen, wie er es in den Heiden, Irrlehrern und Lügenpropheten und all denen tut, die sich durch trügerische Vorspiegelungen von ihnen fangen lassen.
Indem sie Dinge wissen wollen, die sie nicht wissen sollen, ahmen sie den nach, der danach schnaubte, dem Allerhöchsten gleich zu sein. Aber sie fol-

gen damit dem, der ihnen nach ihrem Willen die Lüge als Wahrheit vortäuscht. Mit Mir sind sie nicht, und Ich bin nicht mit ihnen. Denn sie wandeln Meine Wege nicht, sondern lieben fremde Pfade, da sie beim vernunftlosen Geschöpf zu erforschen suchen, was es ihnen über die Zukunftsursachen trügerisch kündet. Diese Menschen versuchen Mich durch ihre gottlose Kunst. Können sie etwa durch ihre Untersuchungen die Lebenszeit, die ihnen von ihrem Schöpfer zugeteilt ist, verlängern oder verkürzen? Gewiß nicht, weder einen Tag noch eine Stunde. Oder können sie die Vorherbestimmung Gottes ändern? Durchaus nicht. Ihr Elenden! Zwar erlaube Ich den Geschöpfen manchmal, daß sie euch auf das, was ihr zu leiden habt, hinweisen, aber diese Bedeutung kommt ihnen dann nur deshalb zu, weil sie Mich, Gott, fürchten wie der Knecht, der die Macht seines Herrn kundtut, und wie Ochs und Esel und die übrigen Tiere, die den Willen ihres Herrn dadurch offenbaren, daß sie ihn in ihrem Dienste getreulich erfüllen.
Ihr Toren, wenn ihr Mich der Vergessenheit überliefert, wenn ihr nicht auf Mich schauet, Mich nicht anbetet, sondern aus dem Geschöpf, das doch geringer ist als ihr, herausklügeln wollt, was es euch künde und anzeige, dann verwerfet ihr Mich in widerspenstigem Sinn, da ihr das schwache Geschöpf an Stelle eures Schöpfers verehrt. Deshalb sage ich dir: O Mensch, warum verehrst du das Geschöpf, das dich nicht trösten, dir nicht helfen, dir kein Glück bringen kann, wie es die Sterndeuter, die die Todeskonstellationen errechnen und den Heiden in ihrem Unglauben nachfolgen, behaupten. Sie sagen, daß die Sterne euch Menschen das Leben gäben und all eure Handlungen bestimmten. Ihr Elenden, wer hat die Sterne gemacht? Manchmal wohl sollen die Sterne, weil Ich es so erlaube, den Menschen etwas andeuten, wie auch mein Sohn im Evangelium sagt: „Es werden Zeichen sein an der Sonne, dem Mond und den Sternen." Das heißt: Zum Dienst des Menschen geben diese Leuchten ihr Licht, und durch ihren Kreislauf künden sie die Zeiten der Zeiten. Deshalb werden auch die tränenreichen, gefahrbringenden Zeiten am Ende der Tage an ihnen erkennbar sein, weil Ich gestatte, daß der Strahl der Sonne, der Glanz des Mondes und das Licht der Sterne dereinst verbleichen, damit die Herzen der Menschen dadurch erschüttert werden. So wollte Ich auch, daß durch einen Stern die Menschwerdung meines Sohnes angezeigt werde. Aber der einzelne Mensch hat nicht seinen eigenen Stern, der seinen Lebenslauf bestimmt, wie törichtes, irrendes Volk zu behaupten wagt. Es dienen vielmehr alle Sterne allem Volke zu gemeinsamem Nutzen.
Daß jener Stern zu Bethlehem heller leuchtete als die übrigen, wies darauf hin, daß mein Eingeborener vor den übrigen Menschen in jungfräulicher Geburt sündenlos geboren war. Einen anderen Dienst leistete er meinem Sohne nicht, als daß er seine Menschwerdung allem Volke getreulich anzeigte, denn alle Sterne und Geschöpfe fürchten Mich und vollziehen einzig

Meine Befehle. Aber in sich enthalten sie keinerlei geheimnisvolle Vorausdeutung ... Wenn der Künstler eine Münze gießt, so prägt er sie in die ihm gefällige Form. Dann weist die Münze ihre Prägung dar und hat doch die Gestaltungskraft nicht in sich selber. Sie weiß es nicht, wenn der Künstler ihr eine andere Prägung geben will und unterscheidet nicht die längere oder kürzere Dauer ihrer Gestalt. So tun auch die Geschöpfe nur Meinen Willen kund, wenn es Mir so gefällt. Was soll das? O Mensch, wenn ein Stein vor dir läge und du würdest dir einbilden, er sei ein Orakel, und du würdest ihn anstarren und entweder dein Glück oder dein Unglück aus ihm herauslesen und du würdest je nach deinem Phantasiegebilde traurig oder beglückt ausrufen: „Weh mir, ich werde sterben, welch ein Unglück!“ oder „Heil mir, ich werde leben, welch ein Glück!“, würde der Stein dir dann etwas eintragen? Könnte er dir etwas nehmen oder geben? Er vermöchte dir nicht zu schaden und nicht zu nutzen. So können weder die Sterne noch das Feuer noch die Vögel noch andere derartige Geschöpfe, wenn du sie auch noch so sehr ausforschest, dir Hilfe oder Verderben bringen. Aber Ich werde, wenn du im Vertrauen auf das dir untergebene Geschöpf Mich, deinen Schöpfer, verwirfst, nach meinem gerechten Gerichte dich aus meinen Augen verstoßen und das Reich meiner Seligkeit dir vorenthalten.

Ich will nicht, daß du die Sterne, das Feuer, die Vögel und andere Geschöpfe über die Zukunft befragest. Wenn du in dieser eigenwilligen Absicht deinen Blick auf sie richtest, so mißfallen deine Augen Mir, und Ich werde dich hinwegfegen wie den gefallenen Engel, der die Wahrheit verließ und jählings hinabstürzte in den Abgrund der ewigen Verdammnis. O Mensch, wo warst du, als die Sterne und die übrigen Geschöpfe gemacht wurden? Hast du etwa zu ihrer Bildung Gott deinen Rat gegeben? Die Anmaßung solchen Forschens ist eine Folge der ersten Spaltung, als die Menschen Gott so beiseite schoben, daß ein Volk um das andere sich mit stolzem Sinn den Geschöpfen zuwandte, um aus ihnen die Zukunftszeichen zu lesen. Da erhob sich der Irrtum Baals, als die Getäuschten das Geschöpf Gottes als Gott anbeteten. Teufelstrug hatte sie dazu verleitet, und sie selber hatten ihn heraufbeschworen, da sie in der Gier nach verbotenem Wissen mehr auf das Geschöpf als auf den Schöpfer schauten.

Aber noch schlimmere Dinge traten zutage: Mit Satans Hilfe fingen die Menschen an, sich dem Wahnsinn magischer Künste auszuliefern. Den Teufel selbst sehen und hören sie, während er sie mit Worten und Zeichen betrügt, so daß sie ein Geschöpf für ein anderes halten, als es in Wirklichkeit ist ... Schwer schuldbar sind sie in diesem bösen Treiben, denn sie verleugnen dadurch Mich, ihren Gott, und laufen dem alten Verführer nach.

O Mensch, im Blute meines Sohnes habe Ich dich gesucht, nicht in Bosheit und Härte, sondern in großer Gerechtigkeit. Du aber verlässest Mich, den wahren Gott, und folgst dem Lügner. Ich bin die Gerechtigkeit und Wahr-

heit. Deshalb ermahne Ich dich in Treue, ermuntere dich in Liebe und führe dich zurück durch Buße, damit du, obgleich mit blutenden Sündenwunden bedeckt, dich aus dem Sturz deiner Zerrüttung erhebest ...
Und warum befragt ihr Toren das Geschöpf über eure Lebenszeit? Keiner von euch kann die Tage seines Lebens wissen, daran vorbeikommen oder darüber hinwegspringen. Von Mir ist euch die Zeit des Lebens gesetzt. Ist deine Heilszeit erfüllt, dann wirst du die gegenwärtige Weltzeit eintauschen gegen die, die keine Grenze kennt. Ist ein Mensch so stark, daß er mehr als andere in Mir brennt ..., so raffe Ich seinen Geist nicht aus seinem Körper hinweg, bevor er seine köstlichen Früchte in lieblichem Duft zur Reife gebracht hat. Sehe Ich aber einen Menschen in so großer Schwäche, daß er ob schwerer Körperleiden und unter den Lockungen des bösesten Feindes mein Joch nicht zu tragen vermag, so nehme Ich ihn fort, bevor er mit welkender Seele zu vertrocknen beginnt. Denn Ich weiß alles. Alle Gerechtigkeit biete Ich dem Menschen zum Pfand, damit keiner sich entschuldigen kann. Auch wenn Ich das Todesgericht nur scheinbar über ihn kommen lasse, als ob er stürbe und er soll doch noch weiterleben, so tue ich es deswegen, weil kein Mensch leben oder über seine Lebensdauer verfügen kann als allein gemäß der Frucht, die Ich in ihm erschaue und gemäß meinem Willen, mit dem Ich ihm zu leben gestatte, wie Job durch Mich bezeugt: „Du hast ihm die Grenzen festgesetzt, unüberschreitbar." Das heißt: Du, der Du über allen bist und alles vorausweißt, bevor es geschieht, Du hast im Geheimnis Deiner Majestät die Grenzen des Menschenlebens hinterlegt. Weder Wissen noch Klugheit noch List irgendeines Wesens vermag sie hinauszurükken, in keinem Alter, nicht in der Kindheit, nicht in der Jugend, nicht im Greisentum, wenn Du es in der Vorsehung Deiner geheimen Ratschlüsse verfügst. Du, der die Menschen zur Ehre seines Namens erschaffen wollte. Denn vor der Grundlegung der Welt habe Ich, o Mensch, um dich gewußt ... Weshalb verachtest du Mich? Habe Ich dir nicht meine Propheten gesandt und meinen Sohn für dein Heil an das Holz des Kreuzes gegeben? Habe Ich nicht meine Apostel beauftragt, dir durch die Frohbotschaft den Weg der Wahrheit zu zeigen? Du hast also keine Entschuldigung, als hätte Ich nicht alles Gute für dich bereitgelegt. Weshalb schiebst du Mich beiseite? ... Du Tor! Überlege, wer Ich bin ... Gott über alles und in allem. Aber du willst Mich zu einem Hörigen machen, der seinen Herrn fürchtet. Du willst, daß Ich deinen Willen tue, während du meine Gebote verachtest. Ein solcher Gott wäre kein Gott. Gott braucht nicht Ratschläge am Anfang noch Furcht am Ende. Die Himmel hallen wider von Meinem Lob. Denn sie hängen an meinem Blick und gehorchen Mir nach der Ordnung, die Ich ihnen gesetzt. Sonne, Mond und Sterne halten ihre Zeiten ein. Winde und Regen laufen durch die Lüfte, wie es ihnen bestimmt ist. Aber du, der Mensch, hältst meine Satzungen nicht, sondern läufst deinem Eigenwillen nach ...

Dummheit ist es, wenn du Mich stellen und Mir ins Gesicht schleudern willst: „Wenn es Gott gefällt, daß ich gerecht und gut bin, warum macht Er mich dann nicht gerecht?“ Damit willst du Mich fangen, wie ein mutwilliger Bock einen Hirsch anfällt. Das mächtige Geweih des Hirsches wird ihn aufgabeln und durchbohren. So werde auch Ich tun, wenn du dich unterfängst, durch deinen Wandel mit Mir dein Spiel zu treiben. Meine Hörner sind die Vorschriften des Gesetzes. Durch sie werde Ich dich zunichte machen in meinem gerechten Gerichte. Wie Posaunen sollten sie dir in den Ohren tönen. Du aber folgst ihnen nicht, sondern läufst dem Wolfe nach, den du so in deiner Gewalt zu haben glaubst, daß er dir nicht schaden könne. Aber der Wolf wird dich verschlingen, da er sich sagt: „Dieses Schaf ist vom Wege abgeirrt. Es wollte seinem Hirten nicht folgen. Mir ist es nachgelaufen, darum verschlinge ich es, denn es hat mich erwählt und seinen Hirten verlassen.“
O Mensch, Gott ist gerecht. Deshalb hat Er alles, was Er im Himmel und auf Erden gemacht hat, in gerechter Ordnung grundgelegt.
Ich bin der große Arzt für alles Siechtum und handle wie ein Arzt, wenn er den heilsbegierigen Kranken sieht. Ist die Krankheit leicht, so hilft er ihm schnell. Zu einem Schwerkranken aber spricht er: „Gold und Silber fordere ich. Nur um diesen Preis werde ich dich gesund machen.“ So tue auch Ich, o Mensch. Kleinere Sünden wasche Ich ab, wenn der Mensch in Seufzen und Tränen und gutem Willen sich zu Mir kehrt. Für schwere Schulden aber verlange Ich: Tue Buße, o Mensch, und bessere deine Sitten, so werde Ich dir Barmherzigkeit erzeigen und dir das ewige Leben schenken. Die Sterne und die anderen Geschöpfe erforsche nicht über dein Schicksal, den Teufel bete nicht an noch rufe zu ihm noch befrage ihn über etwas. Denn wenn du mehr wissen willst, als du sollst, wirst du von dem alten Verführer betrogen, wie er den ersten Menschen, der nach zu Hohem strebte, hintergangen und zu Fall gebracht hat. Doch eines wußte der Teufel nicht: daß der Mensch erlöst werden würde durch den Sohn Gottes, der den Tod tötete und die Macht der Hölle brach. Im Anfang besiegte der Teufel den Menschen durch ein Weib, und am Ende der Zeiten zertrat Gott den Teufel durch das Weib, das den Sohn Gottes gebar, und dieser vernichtete auf wunderbare Weise die Werke des Teufels, wie mein geliebter Jünger Johannes bezeugt: „Dazu ist der Sohn Gottes erschienen, daß er die Werke des Teufels zerlöse.“
Wer immer Erkenntnis im Heiligen Geiste und die Flügel des Glaubens besitzt, der gehe nicht achtlos an meiner Ermahnung vorüber, sondern er koste, umfange und trage sie in seiner Seele!

Auszüge aus: „Liber vitae meritorum – Das Buch der Lebensverdienste“ –

„offenbar gemacht aus dem lebendigen Licht durch einen einfachen Menschen“

UND ES GESCHAH im neunten Jahr, nachdem eine wahre Schau mir, einem einfältigen Menschen, jene wahrhaften Visionen gezeigt hatte, unter denen ich mich zehn Jahre lang abmühen mußte.

Es war das erste Jahr, nachdem dieses Gesicht mir folgende Schriften zu erklären gegeben hatte: „Die Feinheiten der verschiedenen Naturen der Geschöpfe“, ferner Antworten und Ermahnungen an zahlreiche Personen hohen und niederen Standes, alsdann die „Sinfonie der Harmonie himmlischer Offenbarungen“ und „Die unbekannte Sprache“, schließlich die Briefe mit einigen anderen Erklärungen, unter denen ich insgesamt acht Jahre lang nach den erwähnten Visionen ausgeharrt hatte, durch viel Kranksein und starke körperliche Beschwernisse belastet.

Als ich nun sechzig Jahre alt geworden, erlebte ich eine gewaltige und wunderbare Schau, und auch mit diesem Gesicht hatte ich ein halbes Jahrzehnt hindurch zu tun.

Zu Beginn meines einundsechzigsten Lebensjahres also, im Jahre 1158 nach der Menschwerdung des Herrn, da der Apostolische Stuhl bedrängt war und Kaiser Friedrich das Römische Reich regierte, da hörte ich eine Stimme vom Himmel zu mir sprechen:

„Du, der du von deiner Kindheit an durch den Geist des Herrn nicht auf leibliche Weise, sondern geistig in der wahren Schau unterwiesen wurdest, verkünde nun das, was du jetzt siehst und hörst. Denn von Beginn deiner Schau an wurden dir einige Erscheinungen gleichsam wie flüssige Milch gezeigt; andere wieder wurden dir gleich einer erquickenden, leichten Speise angeboten; noch andere wurden dir wie feste und vollkommne Nahrung angewiesen. So rede denn auch jetzt wiederum nach Mir und nicht nach dir, und schreibe Mir nach und nicht dir nach!“

Und ich legte Hand ans Schreiben, wie jener Mann bezeugen kann, den ich, wie in früheren Visionen erwähnt, im geheimen gesucht und gefunden hatte, und wie auch ein bestimmtes Mädchen bezeugt, das mir behilflich war.

Und wiederum hörte ich die Stimme vom Himmel, die zu mir sprach und mich folgendermaßen belehrte:

Ich sah einen Mann von solch hohem Wuchs, daß er von der obersten Höhe der Himmelswolken bis hinunter in die Abgründe reichte. So stand er da: Von seinen Schultern an ragte er über die Wolken hinaus in den strahlendsten Äther. Von den Schultern abwärts bis zu seinen Hüften umschwebte ihn, unterhalb der erwähnten Wolkenschicht, eine andere blendendweiße Wolke. Von den Hüften bis zu seinen Knien umspielte ihn die irdische Luft. Von den Knien bis zu seinen Waden befand er sich in der Region der Erde. Seine Füße schließlich tauchten in die Wasser des Abgrundes, jedoch so, daß er dabei noch über dem Abgrund stand.

So stand er, dem Osten zugewandt, und schaute nach Osten und Süden. Sein Antlitz aber strahlte von solcher Herrlichkeit, daß ich es nicht voll und ganz anzuschauen vermochte. Vor seinem Munde ballte sich eine blendendweiße Wolke zu einer Art Posaune zusammen; sie war erfüllt vom Klang einer geschwind aufbrausenden Musik. Jedesmal, wenn dieser Mann dort hineinblies, sandte sie drei Winde aus: Der eine trug eine Feuerwolke über sich, der andere eine Sturmwolke, der dritte eine Lichtwolke, und zwar so, daß diese Winde jeweils ihre Wolken über sich trugen. Der Wind mit der Feuerwolke blieb vor dem Angesicht des Mannes stehen. Die beiden anderen senkten sich mit ihrer Wolke bis zu seiner Brust hinab und wallten dort in die Breite. Der Wind mit seiner Wolke vor dem Angesicht des Mannes aber breitete sich vom Osten zum Süden hin aus.

In dieser Feuerwolke befand sich eine große Schar feuriger Lebewesen. Sie alle waren in der Einmütigkeit ihres Willens und in ihrer innigen Verbundenheit ein einziges Leben. Vor ihnen breitete sich eine Tafel aus, über und über besetzt mit Federn, die nach Gottes Vorschrift ihren Flug nahm, so wie Gottes Geheiß sie trug. Manches Verborgene hatte das Wissen Gottes daraufgeschrieben. Auf diese Tafel blickte die ganze Schar in einhelliger Begeisterung. Sobald sie auf diese Inschrift schauten, erfaßte sie alle die Kraft Gottes so, daß sie wie in einem einzigen mächtigen Posaunenstoß jegliche Art von Wohlklang ertönen ließen.

Der Wind aber, der die Sturmwolke trug, führte diese vom Süden bis zum Westen und zog sie in ihrer ganzen Länge und Breite wie eine Straße hin, die solche Ausdehnung annahm, daß menschlicher Verstand sie nicht zu begreifen vermochte. In dieser Wolke befand sich eine riesige Schar von Seligen, die alle den Geist des Lebens trugen und die niemand zählen konnte. Ihre Stimmen erklangen wie das Rauschen vieler Wasser. Und sie sprachen: „Wir haben zwar unsere Wohnungen, wie es dem Urheber dieses Windes gefällt. Wann aber werden wir sie wirklich in Besitz nehmen? Erst dann wohl, wenn wir sie ganz bei uns haben, werden wir uns noch mehr als jetzt an ihnen erfreuen können."

Die erwähnte Schar aber, die sich in der Feuerwolke aufhielt, antwortete ihnen in lobsingendem Chore: „Wenn die Gottheit ihre Posaune berührt, dann wird sie Blitz, Donner und flammendes Feuer über die Erde entsenden. Sie wird sogar jenes Feuer anrühren, das im Kern der Sonne glutet, so daß die ganze Welt ins Wanken kommt. Dann wird der Augenblick da sein, in dem Gott Seine großen Zeichen offenbar machen will. Und dann wird Er

mit dem Schall jener Posaune alle Stämme aller Zungen der Erde rufen, alle die nämlich, die in dieser Posaune eingeschrieben sind. Und alsdann werdet ihr endgültig eure Wohnungen beziehen."
Der Wind schließlich, der die Lichtwolke trug, zog diese mit sich hin vom Osten bis zum Norden. Doch nun stieg vom Westen her schwarze Finsternis in mächtiger Dichte und mit großen Schrecken herauf und stellte sich in wachsender Ausdehnung der lichten Wolke entgegen. Gleichwohl mußte sie vor dieser Lichtwolke haltmachen. Inmitten dieser lichten Wolke erschienen nun Sonne und Mond. In der Sonne stand ein Löwe, im Mond ein Steinbock. Diese Sonne erstrahlte über den Himmeln und im Himmelsgewölbe, auf der Erde und unter dem Erdball, und so kam sie hervor in ihrem Aufgange und neigte sich wieder in ihrem Niedergang. Mit der aufgehenden Sonne wuchs auch der Löwe in ihr und riß gewaltige Beute an sich. Bei ihrem Niedergang zog sich auch der Löwe zurück, wobei er vor Freude ein gewaltiges Brüllen ausstieß. Auch der Mond, und mit ihm der Steinbock, folgten den Bewegungen der Sonne im Aufstieg wie im Niedergang nach. Dabei gab jener Wind ein Brausen von sich, das sagen sollte: „Das Weib wird Frucht gebären, und der Steinbock wird ankämpfen wider den Norden."
Inmitten der erwähnten Finsternis nun befand sich eine ungezählte Schar verlorener Seelen, die sich von dem Lobgesang des Chores im Süden abgewandt hatten, da sie keine Gemeinschaft mit ihm haben wollten. Ihr Führer trug den Namen „Verführer". Denn den Taten dessen sind sie gefolgt, der von Christus niedergestoßen wurde und der nun keine Macht mehr hat. Sie alle schrien in einem fürchterlichen Geheul: „Weh und abermals wehe dem schadenbringenden entsetzlichen Werke, welches das Leben floh und das nun in uns dem Tode zusteuert!"
Alsdann sah ich vom Norden her eine Wolke, die sich gegen diese Finsternisse ausdehnte. Sie war aller Freude leer und aller Seligkeit bar. Denn die Sonne hatte sie nie berührt und sich ihr nicht einmal gezeigt. Voll war sie von bösen Geistern, die in ihr unruhig herumfuhren, um gegen die Menschen lauter Bosheiten im Schilde zu führen. Doch vor dem Manne mußten sie erröten. Und ich hörte, wie die alte Schlange bei sich selber sprach: „Alle Kraft meines Vermögens will ich zum Endkampf einsetzen, und ich will losschlagen gegen meine Feinde, so sehr ich vermag." Und sogleich stieß sie voller Giftigkeit ihren Geifer, und damit alle ihre Laster, unter die Menschen aus. Sie zischte sie höhnisch an und sprach: „Ha, ha! Sonnen nennen sie sich ihrer leuchtenden Taten wegen! Ich aber will sie zu Schadenstiftern und Finsterlingen machen und zu Ungeheuern der Nacht!" Einen ganz abscheulichen Nebelschwaden stieß sie aus, der den ganzen Erdkreis wie mit nachtschwarzem Rauch bedeckte, aus dem ein fürchterliches Gebrüll ertönte. Und sie schrie: „Daß ja kein Mensch einen anderen Gott anbetet als den, den er sieht und kennt! Was wäre das auch für ein Unfug, daß der Mensch et-

was verehrte, das er nicht einmal versteht!“ In diesem Nebel erblickte ich nun in sinnbildlicher Gestalt eine Reihe verschiedenartiger Laster. Unter ihnen konnte ich folgende sieben Erscheinungen im einzelnen erkennen.

Die erste Gestalt: Die Liebe zur Welt

Die erste Gestalt sah aus wie ein Mensch, war aber schwarz wie ein Mohr. Ganz nackt stand sie da. Mit ihren Armen und Beinen hielt sie einen Baum unterhalb seines Astwerks umklammert, aus dem die schönsten Blüten hervorsproßten. Mit ihren Händen griff sie nun hinein in die Blüten, riß sie herunter und sprach:
„Alle Reiche der Welt, ich halte sie fest mit ihrer ganzen Blütenpracht! Wieso sollte ich hinwelken, wo ich doch vor grünender Lebenskraft strotze? Sollte ich mich hinschleppen wie ein Greis, da ich doch in der Jugendfrische blühe? Soll ich das schöne Licht der Augen in Blindheit halten? Schamrot müßte ich werden, wenn ich mich so verhalten würde! Solang ich noch dieser Welt Schönheit genießen kann, will ich sie mit Wonne umfangen. Ein anderes Leben kenne ich nicht, und nichts besagen mir die Fabeleien, die ich davon höre.“
Kaum hatte die Gestalt geendet, da verdorrte der Baum bis auf die Wurzeln. Er stürzte in die obenerwähnte Finsternis und riß die ganze Erscheinung mit sich in die Tiefe.

Die himmlische Liebe antwortet

Da hörte ich aus der Sturmwolke eine Stimme erschallen, die dieser Gestalt folgende Antwort gab: „Du bist wohl ganz verrückt, wenn du glaubst, in einem Funken der Asche schon das volle Leben besitzen zu können! Du jedenfalls suchst nicht das wahre Leben, das in seiner Jugendschöne nimmermehr welkt und das sich selbst in der Reife des Alters nicht erschöpft. Dir fehlt aber auch jedes Licht! In die finstere Nacht stolperst du, und in das Verlangen des Menschen wühlst du dich ein wie ein Wurm. Von Augenblick zu Augenblick lebst du dahin, um dann wie Heu zu verdorren. Und so stürzest du in den See des Verderbens. Dort wirst du enden mit alledem, was du ins Herz schließen möchtest und was du Blüten nennst, da du noch aufrecht stehst.
Ich aber bin eine Säule himmlischer Harmonie, und alle Freude des Lebens liegt mir im Sinn. Das wahre Leben verschmähe ich keineswegs. Aber alles, was schadet, das zermalme ich, so wie ich auch für dich nichts als Verachtung übrig habe. Ich bin allen Tugenden ein Spiegel, in dem jeder Gläubige sich sorgfältig betrachtet. Du aber rennst dahin auf Pfaden der Nacht, und deine Hände bewirken nur Ohnmacht.“

Die zweite Gestalt: Die freche Ausgelassenheit

Die zweite Gestalt sah aus wie ein Hund, der zu streunen pflegt. Er stand auf seinen Hinterpfoten und hatte die Pranken an einen aufrecht stehenden Stock gelegt, während sein Schwanz spielerisch hin- und herwedelte. Und er sprach:
„Was könnte dem Menschen schon eine Freude schaden, die ihm wenigstens etwas zum Lachen bringt? Trägt er doch in seinem Wesen solch schönen Seelenhauch, da darf er wohl auch seine wohlklingende Natur zeigen! Was wäre auch ein Mensch, dem es immer nur zum Sterben zumute ist? Ein Nichts! Drum laßt uns fröhlich sein, solange es hier noch was zum Freuen gibt!"

Es antwortet die Zucht

Und wiederum vernahm ich, wie aus der Sturmwolke eine Stimme dieser Gestalt antwortete: „Du ganz verruchtes Wesen, mit den ungepflegten Manieren verspielter Menschen gleichst du dem unsteten Winde, und in deiner Wechselhaftigkeit bist du wie das Gewürm, das sich im Erdreich verwühlt. Wo die Menschen dir begegnen, da finden sie Zuneigung zu dir, da du ihnen stets lustig entgegenkommst, so wie dies der Hunde Art ist. Ganz schön verstehst du es, sie so zu nehmen, daß sie nur noch begehren, was immer sie mögen. Mit deinen müßigen, verbrecherischen Redensarten setzest du den Herzen der Menschen arg zu. Und dein Verhalten richtest du nur äußerlich nach dem Gesetz ein, um so die Menschen besser zu fangen.
Ich aber, ich bin ein Gürtel der Heiligkeit und ein Mantel der Ehrbarkeit. Zur Hochzeit des Königs bin ich geladen, und ich erscheine dort auch mit Freuden und in Züchten. Strahlend trete ich dort auf, in aller Pracht der Gerechtigkeit."

Die dritte Gestalt: Die Vergnügungssucht

Die dritte Erscheinung glich einem Menschen, der eine völlig verunstaltete Nase hatte. Seine Hände sahen aus wie Bärentatzen, und die Füße erschienen wie Greifenklauen. Er hatte schwarzes Haar und trug ein mattfarbenes Gewand. Und die Gestalt sprach:
„Wieviel besser ist es doch, sich zu verlustieren, statt Trübsal zu blasen! Spiel und Spaß sind doch wohl kein Unrecht! Der Himmel freut sich und jedes seiner Geschöpfe. Warum sollte ich nicht auch lustig sein? Würde ich vor meinen Mitmenschen nur Trauer tragen, so würden sie mir aus dem Wege gehen und vor mir fliehen. So was will ich nicht tun! In lustigem Wirbel will ich mich drehen, damit alles mit mir seinen Spaß treibt. Gott schuf ja die

Luft, die mir so süßen Klang zuträgt. Frische Blumen läßt sie mir sprießen, eine Augenweide für mein fröhliches Herz. Warum sollte ich mich nicht an ihnen ergötzen? Mensch und Tier und Tier und Mensch, sie treiben lustig ihr Spiel miteinander! So ist es recht, so soll es sein!"

Die Schamhaftigkeit gibt Antwort

Und abermals hörte ich aus der Sturmwolke eine Stimme dieser Gestalt antworten: „Du dienst einem Götzen, wenn du immer nur deinen Lüsten nachlebst. Ein toter Schall wirst du schließlich sein, gemacht von Menschenhand. Dein Wollen gibt sich teils menschlich, teils viehisch, da du dich bald nach Menschenart, bald wie ein Tier benimmst. Insgesamt aber gleicht dein Verhalten mehr der toten Kreatur als einem Lebewesen, da du nur das erhaschst, wonach dir der Sinn steht. Auf der Bahn wahnhafter Widersprüchlichkeit schreitest du einher.

Ich aber werde bei alledem rot vor Scham und suche Schutz unter den Flügeln der Cherubim. Mir werden in den Vorschriften der Schrift die Geheimnisse Gottes kund. Und so bin ich in himmlischen Dingen lauter Leben. Ich schaue mit den Augen der Unschuld, und allüberall bekomme ich in ehrbarer Haltung nach Gottes Willen das zu sehen, was du in blinder Unwissenheit fliehst."

Die vierte Gestalt: Die Herzenshärte

Die vierte Erscheinung ballte sich wie ein dichter Rauch zu einer menschlichen Gestalt zusammen. Menschliche Glieder besaß sie jedoch nicht, nur große schwarze Augen glotzten aus ihr heraus. Sie ging nicht vorwärts, nicht rückwärts, bewegte sich weder nach rechts noch nach links, verharrte vielmehr völlig unbeweglich in der erwähnten Finsternis. Und sprach:

„Ich habe nichts hervorgebracht und auch niemanden ins Dasein gesetzt. Warum sollte ich mich um etwas bemühen oder gar kümmern? So was werde ich schön bleibenlassen. Ich will mich für niemanden stärker einsetzen, als auch er mir nützlich sein kann. Gott, der da alles geschaffen, der soll auch schön dafür geradestehen und für Sein All Sorge tragen! Würde ich auch nur einen Ton von mir geben und mich eine Spur nur in die Angelegenheiten anderer einmischen, was würde das mir nützen? Ich würde keinem was Gutes noch was Böses damit antun. Würde ich nämlich immer nur solches Mitleid in mir hegen, daß ich rein gar nicht mehr zur Ruhe käme, was würde dann von mir selber noch übrigbleiben? Was für ein Leben müßte ich führen, wenn ich auf alle Stimmen der Freude oder der Trauer antworten wollte! Ich weiß nur von meiner eigenen Existenz; möge auch jeder andere wissen, wer er ist!"

Die Barmherzigkeit antwortet

Und wiederum hörte ich aus der erwähnten Wolke eine Stimme, die dieser Gestalt folgende Antwort gab: „O du versteinertes Wesen, was behauptest du denn da? Die Kräuter bieten einander den Duft ihrer Blüten; ein Stein strahlt seinen Glanz auf die andern, und jedwede Kreatur hat einen Urtrieb nach liebender Umarmung. Auch steht die ganze Natur dem Menschen zu Diensten, und in diesem Liebesdienst legt sie ihm freudig ihre Güter ans Herz. Du aber bist nicht wert, auch nur die Gestalt eines Menschen zu haben. Nur ein grausamer Blick geht unbarmherzig von dir aus. Ein bitterböser Rauch bist du in der Bosheit Schwärze.
Ich aber, ich bin in Luft und Tau und in aller grünenden Frische ein überaus liebliches Heilkraut. Übervoll ist mein Herz, jedwedem Hilfe zu schenken. Ich war schon zugegen, als das ‚Es werde!' erscholl, aus dem alle Welt hervorging, die nun dem Menschen zur Verfügung steht. Dir aber ist jenes Wesen verschlossen. Mit liebendem Auge berücksichtige ich alle Lebensnöte und fühle mich allem verbunden. Den Gebrochenen helfe ich auf und führe sie zur Gesundung. Eine Salbe bin ich für jeden Schmerz, und meine Rede ist rechtens, während du ein so bitterer Rauch bleibst!"

Die fünfte Gestalt: Die Feigheit

Die fünfte Gestalt hatte zwar den Kopf eines Menschen, aber das linke Ohr sah aus wie das eines Hasen, war aber so groß, daß es das gesamte Haupt überdeckte. Der übrige Leib glich dem Körper eines Wurms, eines knochenlosen Weichtieres, das in seinem Schlupfwinkel eingeschlossen liegt wie ein in Tücher gewickelter Säugling. Bebend vor Angst begann dieses Wesen zu sprechen:
„Ich will nur ja keinem ein Leid zufügen, damit auch ich selber nicht ohne Trost und Hilfe bleibe. Denn würde ich etwas zum Schaden anderer unternehmen, so könnte ich meine eigene Existenz dabei aufs Spiel setzen und hätte gar keine Freude mehr. Lieber will ich den Vornehmen und Reichen schmeicheln. Um die Heiligen aber und um die Armen brauche ich mich nicht zu kümmern, da sie mir sowieso keine Wohltaten zuteil werden lassen. Jedem zu Gefallen will ich leben, damit ich nicht zu kurz komme. Würde ich nämlich mit jemandem streiten, so würde er mich doch sicherlich kleinkriegen. Und täte ich einem nur ein bißchen Unrecht, so gäbe er mir bald ein größeres zurück. Solange ich unter Menschen weile, will ich in Frieden mit ihnen leben. Ob sie Böses oder Gutes treiben, ich werde schön den Mund halten. Für mich kommt mehr dabei heraus, auch mal zu lügen oder zu täuschen, als immer nur die Wahrheit zu sagen. Besser ist es, etwas einzuheimsen, als zu verlieren, besser auch, den Mächtigen aus dem Weg zu gehen, als

sich gegen sie zu stellen. Was würde es mir auch nützen, wenn ich etwas in Angriff nähme, was ich dann doch nicht vollenden kann? Die Siegreichen wie die Weisen, sie machen sich zwar lustig über mich; doch mögen sie gern behalten, was sie haben. Ich jedenfalls besitze mein Häuschen, das ich mir ausgesucht habe. Oft verlieren ja gerade die ihre Habe, die da die Wahrheit sagen. Und wer den Kampf aufnimmt, kommt wohl auch darin um."

Die Antwort von Gottes Sieg

Und wieder hörte ich aus der erwähnten stürmischen Wolke eine Stimme dieser Gestalt die Meinung sagen: „Da du beim ersten Irrtum deine Stimme wider Gott erhoben, begannst du schon zu irren und wolltest der Gerechtigkeit nicht folgen. Und wie du in deiner Haltlosigkeit, zitternd und gefühllos, in die Verbannung gingst, so hast du im Wankelmut deiner Gunst die Menschen hintergangen. Denn dir fehlt aber auch alles rechte Maß.
Ich hingegen besitze das Schwert der überstarken Kräfte Gottes, mit dem ich alles Unrechte ausrotte. Schon habe ich es gezückt, um auch deine Kinnlade zu zerschmettern. Hart will ich gegen dich sein; denn du bist Asche in Asche. Was du auch immer verlangst und an dich ziehst, es ist nur kleinliches und geringfügiges Zeug. Denn ich mag kein Leben, das in der Asche liegt, und ich will nicht die nichtigen Eitelkeiten der Welt. Ich begehre vielmehr, an den springenden Quell selbst zu gelangen. Ich nehme den Kampf auf gegen die alte Schlange, und all ihre Rüstung zerstöre ich mit dem Geheimnis der heiligen Schriften. Sie sind meine Waffen gegen die Fangnetze des Teufels. Und so werde ich stetig in Gottes Wahrheit verbleiben."

Die sechste Gestalt: Der Zorn

Die sechste Erscheinung hatte das Gesicht eines Menschen. Nur ihr Mund glich dem eines Skorpions, und das Weiß ihrer Augen quoll über die Pupillen hinaus. Ihre Arme sahen aus wie Menschenarme, hingegen waren die Hände verkrüppelt und gingen in lange Krallen über. Brust und Bauch wie auch der Rücken sahen ganz wie ein Krebs aus, die Schenkel wie Heuschrekken und die Füße wie die von Schlangen. Sie war so zwischen die Speichen eines stillstehenden Mühlrades geschlüpft, daß sie sich mit ihren Händen an die oberen Speichen des Rades klammerte, während sie mit ihren Füßen auf den unteren stand. Auf ihrem Kopf trug sie keinerlei Haar, war auch sonst am ganzen Leibe nackt. Aus ihrem Mund aber fauchte sie Feuer um Feuer wie brennende Fackeln. Und sie sprach:
„Ich zermalme und vernichte alles, was mir in die Quere kommt. Sollte ich das Unrecht gar noch dulden? Was einer will, das man ihm nicht tut, das soll er gefälligst auch mir nicht zufügen. Mit dem Schwert schlage ich um mich, und mit Knüppeln haue ich drein, wenn jemand mir ein Leid antun wollte."

Die Geduld gibt Antwort

Wiederum hörte ich aus der erwähnten Sturmwolke eine Stimme dieser Gestalt antworten: „Mein Loblied erschallt in den Höhen, und ich bedecke ganz die Erde. Heilenden Balsam schwitzt mein Wesen aus dem Erdreich. Du aber bist voller Trug! Blut trinkst du und verhältst dich in allen Dingen wie der Norden.
Ich aber bin aller Grüne ein milder Hauch. Ich lasse die Blüten und Früchte der Tugenden hervorsprießen und errichte ihnen im Herzen der Menschen eine feste Burg. Was immer ich auch beginne, ich halte es durch; ich bleibe beharrlich treu und vernichte niemanden. Alles halte ich fest in ruhiger Gesinnung, und niemand verachtet mich. Doch wenn du einen Turm aufrichtest, zerstöre ich ihn mit einem Wort, und all seine Zurüstung zerstreue ich. Und so gehst du flüchtig vorüber, ich aber werde bleiben in Ewigkeit."

Die siebente Gestalt: Die Ausschweifung

Die siebente Erscheinung hatte vom Scheitel bis zu den Lenden Menschengestalt, aber Hände wie ein Affe. Von den Lenden abwärts sah sie aus wie eine Ziege. Ihre Füße steckten so tief in der erwähnten Finsternis, daß ich sie nicht mehr vollkommen erkennen konnte. Auch trug sie keinerlei Gewand, war vielmehr ganz und gar nackt. Und sprach:
„In mir selber finde ich das süße Leben, und schön ist der Weg, den ich wandle. Warum sollte ich enthaltsam sein? Grad das Leben nämlich, zu dem ich geschaffen ward, hat Gott mir geschenkt. Was soll's auch, wenn mein Fleisch der Lust nur lebt? So ist auch Kupfer zunächst ganz hart und hat eine schwärzliche Farbe; dann aber wird es glänzend aussehn wie Gold. Genauso ist es auch mit mir, wenn noch Schmutz in meinen Trieben sein sollte; darum brauche ich mich nicht zu entschuldigen. Viele nämlich leben einfach so dahin in der Blindheit dieses Lebens, daß sie nicht einmal merken, was sie so treiben. Ich aber weiß genau, was ich von diesem Dasein zu halten habe. Und ich begehre nichts weiter, als mein Leben zu leben!"

Die Sehnsucht nach Gott antwortet

Und abermals hörte ich aus der Sturmwolke eine Stimme, die dieser Gestalt ihre Antwort gab: „Du nacktes Ding da, warum wirst du nicht schamrot, da du das blinde und stumme Dahinvegetieren schon für jenes wirkliche Leben hältst, das auch nicht einmal einen Schatten von Nacht und Düsternis kennt? Mit deiner Haltung überschreitest du aber auch alle Grenzen der Ehrbarkeit und Wahrhaftigkeit. Du lebst nun wirklich nicht auf vernünftige Weise.
Ich aber weiß nur zu wohl, daß alles weltliche Leben dahindorrt wie Heu.

Daher zielt meine Sehnsucht auf ein anderes Sein, das nie zu Ende geht. Ich ziehe die himmlische Harmonie an mich und in ihr alle Wonnen der Engel und Geister. An ihnen kann ich nicht satt werden, da ich in ihrer Gemeinschaft bin, und ich scheide nie mehr von ihnen."

„Liber Divinorum Operum – Das Buch der Gotteswerke"

Vorspruch

Und es geschah im sechsten Jahre, nachdem ich mich bereits fünf Jahre lang mit wunderbaren und wahren Visionen abgemüht hatte. In diesen Visionen hatte eine wahre Schau des unvergänglichen Lichtes mir, einem völlig ungebildeten Menschen, die Mannigfaltigkeit der verschiedenen Lebensweisen gezeigt.

Es war zu Beginn des ersten Jahres der vorliegenden Vision, als sich dieses ereignete; und ich stand in meinem fünfundsechzigsten Lebensjahr. Da hatte ich eine Schau, so tief geheimnisvoll und überwältigend, daß ich davon am ganzen Leibe erbebte und bei meiner körperlichen Gebrechlichkeit zu erkranken begann. Sieben Jahre lang schrieb ich an dieser Vision und konnte kaum damit fertig werden.

Es war im Jahre 1163 der Menschwerdung des Herrn, als die Unterdrückung des römischen Stuhls sich noch nicht gelegt hatte, unter Friedrich, dem römischen Kaiser. Da erscholl eine Stimme vom Himmel und sprach zu mir: „Armes Wesen, du Tochter vielfacher Mühsal, die du von so zahlreichen und schweren körperlichen Leiden gleichsam durchgekocht bist: Dich hat trotz allem die Tiefe der Geheimnisse Gottes durchströmt! Übermittle du zum Nutzen der Menschen mit festhaltender Schrift, was du mit inneren Augen siehst und mit den inneren Ohren deiner Seele vernimmst. Die Menschen sollen dadurch ihren Schöpfer erkennen lernen und sich nicht länger weigern, Ihn in Ehrfurcht würdig anzubeten. Deshalb schreibe dies auf, nicht wie dein Herz es möchte, sondern wie Mein Zeugnis es will, der Ich ohne Anfang und Ende des Lebens bin. Diese Schau ist nicht von dir erfunden noch von einem anderen Menschen je ersonnen, sondern Ich habe das alles vor Beginn der Welt festgesetzt. Und wie ich vor der Erschaffung des Menschen diesen schon im voraus kannte, so sah ich auch all das voraus, was ihm nottut."

Ich armes und gebrechliches Wesen begann also mit zitternder Hand zu schreiben, ungeachtet ich von zahlreichen Krankheiten erschüttert war. Ich vertraute dabei auf das Zeugnis jenes Mannes, den ich, wie schon in meinen

früheren Visionen erwähnt, insgeheim gesucht und auch gefunden hatte, und auf jenes Mädchen, das ich bereits in den früheren Visionen genannt habe. Während ich mich nun zum Schreiben anschickte, blickte ich abermals auf zu dem wahren und lebendigen Licht, was ich denn schreiben solle. Denn alles das, was ich schon in meinen ersten Visionen geschrieben hatte und später noch zu wissen bekam, das sah ich unter himmlischen Mysterien, aber ganz wachen Leibes und bei Sinnen. Ich schaute es mit dem inneren Auge meines Geistes, und ich vernahm es mit inneren Ohren. Niemals war ich dabei in einem schlafähnlichen Zustand, nie in einer geistigen Entrücktheit, wie ich schon bei meinen früheren Schauungen betont habe. Auch trug ich nichts vor, was ich zum Zeugnis der Wahrheit einer menschlichen Empfindungswelt entnommen hätte, vielmehr lediglich das, was ich aus den himmlischen Geheimnissen empfing.
Und wieder hörte ich die Stimme, wie sie vom Himmel aus mich belehrte. Und sie sprach: „Schreib also auf, was Ich dir sage!"

Von der Natur der Seele

(Die vierte Schau, Auszug)

Was aber als Seele im Menschen west, ist feuriger Substanz. Die Seele erwärmt die ganze Organisation des Menschen und macht seinen Leib lebendig. Weil sie feuriger Art ist, lebt der Mensch mit warmem Blute. Der Seele Bahnen sind windartig. Sie ist es, die den Lebenshauch im Körper einzieht und aussendet. Beim Einziehen trocknet der Mensch aus, was recht gut für ihn ist, da sein Fleisch durch diese Trockenheit gesund bleibt und gedeiht. Beim Ausstoßen dieses Hauches mindert sich das Feuer des Organismus und nimmt ihm Wärme fort. Voll höchster Empfindsamkeit ist so der ganze Körper aufgebaut, damit der Mensch lebendig sein kann und damit er alle fünf Sinne seines Leibes mit ihren Funktionskreisen in seiner Gewalt behalten kann. Würde jene Wärme nicht nach außen abgeführt, so würde das Feuer der Seele den Leib versengen, so wie ein Haus in der Feuersbrunst total zerstört wird.
Die Seelenkräfte sind es, die den Menschen mit Fleisch und Blut umkleiden und als Ganzes vollenden, ähnlich wie durch das Wehen der Winde alle Früchte der Erde ausgereift werden. Durch sein feuriges Seelenvermögen vermag der Mensch weiterhin zu erkennen, daß er Gott besitzt, und durch seinen Geisthauch versteht er, daß er in seinem Körper wirken kann. Aus diesem Grunde hat der Mensch sein Gesetz aus Gott: recht zu tun, was er wirkt. Nicht sollte er sein Augenmerk auf den leeren Ort im Norden richten, wo der erste Engel seine Herrschaft errichten wollte und zugrunde ging. Der

erste Engel hatte im Eigensinn sein Wollen überheblich auf sich selber konzentriert, woraus bald der Hochmut aufflog, der sich nach Norden wandte, wo er den Eigensinn vollenden wollte, ganz nach dem eigenen Willen. Diese Erhebung und solch auffliegender Hochmut aber gleichen den Wassern, die kein Schiff befahren kann, weil sie Gott und den Menschen beschwerlich sind und alles vernichten. Daher zerrinnt auch ihr Werk; nicht geht die Liebe hindurch. Sie können weder lieben noch von den Gläubigen geliebt werden. Was sie nicht haben, das wollen sie mit Beschlag belegen. Darüber wollen sie zu sagen haben, worüber ihnen gar keine Gewalt zusteht. Darum rennen sie in ihr Verderben.

Die Seele steht wie eine Herrin in ihrem Hause. Für sie hat Gott die ganze Behausung gebildet, damit sie davon Besitz ergreifen kann. Zwar sieht sie niemand, während sie im Leibe weilt, wie man auch Gott nicht erblickt, es sei denn, der Glaube mache einen sehend und lasse erkennen. Mit Hilfe der gesamten Natur, die aus Gott hervorgegangen ist, wirkt die Seele im Menschen. Wie die Biene in ihrer Wabe den Honig bildet, so vollendet auch der Mensch sein Werk, gleichsam wie Honig, und dies mit der Erkenntniskraft seiner Seele, die gleichsam etwas Fließendes ist. Von Gott gesandt, gießt sie Gedanken in das Herz und sammelt sie in der Brust; von hier aus steigen sie in den Kopf und von da in alle Gliedmaßen des Menschen. Auch die Augen durchdringt die Seele; sind diese doch ihre Fenster, durch welche sie die äußere Natur erkennt. Erfüllt von der Geisteskraft, kommt sie allein durch das Wort schon zur Unterscheidung der Naturkräfte. Unter diesen Umständen vollendet der Mensch sein Werk entsprechend dem Wollen seines Denkens, so wie es jeweilig die Notwendigkeit erheischt. Wenn der Geistwind des Erkennens im Gehirn in Bewegung gesetzt wird, steigt er vom Gehirn in die Gedanken des Herzens nieder; und so wird das Werk, das gewollt, vollendet. In ihrer Erkenntniskraft ist die Seele nämlich wie ein Säer; sie sät, was als Werk der Gedanken ausgeführt wird; sie kocht es durch mit ihrer Feuersglut; sie macht es schmackhaft für den, der es wissend erprobt.

Die Seele ist es auch, die Speis und Trank dem Organismus zur Erquickung zuführt, damit die Gewebe immer wieder aufgefrischt werden. Durch ihre Funktion gedeiht der Mensch in allen Einzelteilen seines Leibes und hält sich aufrecht; sie verteilt und ordnet und füllt mit jenen Kräften die einzelnen Organe auf. Sie selbst, die Seele, ist keineswegs Fleisch und Blut, aber sie erfüllt beide, macht beide mit sich lebendig; die vernünftige Seele hat ja ihren Ursprung in Gott, der der ersten Gestaltung das Leben eingehaucht hat. Daher existieren beide, Leib und Seele, trotz ihrer verschiedenen Naturen, dennoch als eine einzige Wirklichkeit. Dieses einheitliche „opus“ begreift man, wenn man sieht, wie die Seele ihrem leiblichen Organismus im Denkvorgang die Luft zuführt, bei jeder Konzentration die Wärme, mit der Stoffaufnahme das Feuer, ferner das Wasser bei der materiellen Einverleibung und die Grünkraft bei den Zeugungsvorgängen. Und so ist der Mensch von der ersten Bestimmung an zusammengesetzt; oben wie unten, außen wie innen, allüberall existiert er als Leiblichkeit. Und das ist das Wesen des Menschen.

Handelt der Mensch recht, so halten auch die Elemente ihre gesetzte Bahn. Verfällt er aber schlechten Taten, dann lenkt er auch das Elementare mit seinen strafenden Schicksalsschlägen auf sich. Der Leib handelt nämlich mit der Seele nach dem Begehren seines Wollens, und Gott richtet den Menschen nach seinem Werke, sei es zum Lohne oder zur Strafe. Hierbei durchströmt die Seele mit den Kräften des Denkens, Redens, Atmens den ganzen Körper wie ein Wind, der das ganze Haus mit seinem Wehen durchzieht. Solange der Leib mit der Seele im Menschen wirkt, bleibt er ortsgebunden und schwer, so daß er sich nicht von der Erdverhaftung befreien kann. Wird aber der Leib mit seiner lebendigen Seele erneuert werden, was am Jüngsten Tage geschieht, dann wird er leicht werden und kann dahinfliegen wie ein Vogel auf seinen Fittichen. Solange die Seele im Leibe weilt, spürt sie ihren Gott, weil sie von Ihm kommt, und solange sie in den Geschöpfen ihren Dienst tut, kann sie Gott nicht sehen. Ist sie aber aus ihrer leiblichen Werkstätte herausgeführt und vor das Angesicht Gottes gekommen, dann wird sie ihr eigenes Wesen erkennen wie auch das, was ihr anhing, solange sie im Körper weilte. Weil sie alsdann die Herrlichkeit ihrer eigenen Würde erkennen wird, fordert sie auch ihre leibliche Wohnstätte zurück, damit diese gleichfalls zum Bewußtsein dieser ihrer Herrlichkeit gelange. Daher harrt nunmehr die Seele begierig auf den Jüngsten Tag, da sie ja von ihrem geliebten Kleid, dem Gewande des Leibes, entblößt ist. Hat sie es dann zurückbekommen, so wird sie mit den Engeln die Herrlichkeit Gottes von Angesicht vollkommen erschauen. Was danach geschehen wird, davon werden aufs neue die Engel in ihren Lobgesängen entflammt, so wie sie auch am ersten Schöpfungstag durch den Sieg ihres Kampfes erleuchtet wurden. Denn nach dem Jüngsten Tage erst werden sie im Lobpreis Gottes vollendet. Sie werden ihr Loblied auf die neuen Wundertaten des Werkes Gottes, auf den Menschen, anstimmen. Von nun an werden sie die Zither schlagen, Klang herrlichster Freuden, und nicht mehr müde werden, nicht nachlassen, sie werden nimmer ein Ende dabei finden. Und wie sie verlangen, Gottes Angesicht ohne Unterlaß immerdar zu schauen, so werden sie auch nimmer nachlassen, zu staunen über die Werke Gottes im Menschen.

Solcherart ist des Menschen Gestalt: Der Mensch ist ein Wesen mit Leib und Seele, und er existiert als das Werk Gottes mitsamt aller Kreatur.

Vom Sinn der Geschichte
(Die sechste Schau, Auszug)

Und wiederum schaute ich: eine gewaltige Stadt. Sie war im Viereck angelegt und teils von einem besonderen Glanze, teilweise von gewissen Finsternissen ringsum wie von einer Mauer umgeben. Auch war sie mit einigen Bergen und Figuren ausgeschmückt. Inmitten der östlichen Gegend erblickte ich einen gewaltig hochragenden Berg aus hartem und hellem Gestein in der Form eines feuerspeienden Berges, von dessen Gipfel gleichsam ein Spiegel von solcher Herrlichkeit und Reinheit aufleuchtete, daß er der Sonne Glanz zu überstrahlen schien. In dem Spiegel erhob sich eine Taube mit ausgebreiteten Flügeln, als wolle sie auffliegen. Dieser Spiegel barg zahlreiche Geheimnisse in sich. Er entsandte einen Glanz von großer Breite und Höhe, in dem zahlreiche Mysterien und vielfältige Gestalten verschiedenster Figuren erschienen.

In dem gleichen Glanz, nach Süden hin, erschien eine Wolke, oben leuchtend weiß und unten schwarz. Auf ihr erglänzte eine große Schar von Engeln, von denen einige wie Feuer, andere klar leuchtend, die dritten wie Sterne strahlten. Sie alle wurden von einem Windhauche wie brennende Leuchten bewegt. Auch waren sie voll von Stimmen, die wie das Brausen des Meeres ertönten.

Und jener Wind ließ seine Stimme mit Zornesgewalt erschallen und entfesselte damit ein Feuer gegen die geschilderte Schärze der Wolke. Hierdurch entbrannte jene Wolke ohne Flamme auf die Schwärze zu. Bald aber blies er in sie hinein und ließ sie wie dichten Rauch entschwinden und vergehen. Auf diese Weise jagte er die Wolke in ihrer Auflösung vom Süden über den besagten Berg gegen Norden in einen unermeßlichen Abgrund. Sie konnte sich von nun an nicht mehr erheben, ließ vielmehr nur noch eine Nebelschicht über die Erde hinziehen.

Und ich hörte Posaunen vom Himmel erschallen und tönen: Was ist doch das, was bei aller Stärke seiner Eigenkraft verfiel? Und so erstrahlte der weiße Teil der genannten Wolke noch herrlicher als zuvor. Dem Winde aber, der mit seiner dreifachen Stimme die Schwärze dieser Wolke verjagt hatte, konnte nunmehr keiner widerstehen. Und abermals hörte ich eine Stimme vom Himmel sprechen:

Die Stadt Gottes

Gott hat alles in Seiner Vorausschau gewußt: Er hat alle Geschöpfe vorhergesehen, bevor sie Gestalt annahmen. Nichts ist Ihm verborgen von allem, was vom Anbeginn der Welt bis zu ihrem Ende entsteht. Das will die gegenwärtige Schau besagen.

Die Stadt im Rechteck bedeutet das feste Werk der göttlichen Bestimmung. Licht und Finsternis der Mauern weisen auf die Gläubigen und Ungläubigen hin. Der feuerspeiende Berg deutet auf Gott in der Kraft Seiner Gerechtigkeit.
Denn Gott ist gerecht. Er vernichtet alles Unrecht. Himmel und Erde sind auf Ihn gegründet, und Er hält das Firmament mit allen Geschöpfen so fest, wie ein Eckstein das ganze Gebäude zusammenhält.
Die über dem Spiegel auffliegende Taube ist ein Hinweis auf die Schöpfungsordnung Gottes in Seiner Vorsehung. Denn aus Gottes Wollen sind alle Geschöpfe hervorgegangen. Diese göttliche Ordnung breitet nun ihre Schwingen aus. Die beiden Flügel enthüllen das Wesen der geordneten Schöpfung: der Engel und der Menschen.
So sitzt auch wohl ein Mann schweigend da und bedenkt und ordnet alles, was er tun will. Indem Gott aber den Menschen mit dem Schutz der Engel versah, verlieh Er ihm im Wollen und Wirken gleichsam Flügel zum Fliegen. Und so schwieg Er auch im Alten Bunde und war wie stumm, da das ganze Gesetz nur hinweisende Bedeutung hat. Denn das hatte Er in allem vorausgesehen: Jene Gestalt, in der ein lebendiger Geisthauch und das Wissen waren, wußte noch nicht, was sie tun sollte, als sie durch den lebendigen Windhauch, die Seele, nach rechts und nach links schauen lernte. Wie sie sich jedoch nach dem Rechten wandte, sollte sie den Lohn des Lebens empfangen, neigte sie sich aber nach dem Linken, so sollte sie den verdienten Strafen verfallen. Diese Anordnung hielt Gott unter der Hülle Seiner Flügel. Wer aber auf Ihn zuflog und sprach: „Zu Dir jauchze ich auf, denn Du hast mich geschaffen, weshalb auch meine Seele an Dir hanget“, den soll Gottes Rechte aufnehmen, und Seine Rechte möge ihm den schönsten Schmuck verleihen. Wer sich Ihm aber verweigert, den soll Er – wie gesagt – zugrunde gehen lassen.
Als Gottes Sohn das Gewand des Fleisches genommen hatte, das der Heiligen Gottheit verbunden war, durch das Er Sein Werk, das Er noch nicht vollendet hatte, in Seiner Menschheit vollbringen wollte, da flog Er sogleich voll Kraft mit den Menschen auf, eine Tat, über welche die Engel in Staunen gerieten. Denn keiner der Menschen außer dem Worte Gottes im Fleische vermochte dies zu vollbringen. Und Er heiligte die Menschen durch das Gewand Seiner menschlichen Natur, damit sie im Aufblick zu Ihm sich selbst verleugneten und wie mit ausgebreiteten Flügeln mit Ihm zum letzten Ziel allen Sehnens hinflögen.
Einige von diesen Engeln zeigen sich in feuriger Natur, andere sind klar leuchtend, ein dritte Gruppe erglänzt wie Sterne. Die Feuerengel stehen fest in ihrer starken Kraft und sind durch nichts zu verrücken. Wollte Gott sie doch auf Sein Angesicht hin erschaffen, auf daß sie dieses immerfort anschauten. Die Engel der Klarheit hingegen können bewegt werden, und

zwar durch das Werk der Menschen, die hinwiederum Gottes Werk sind. Sind doch deren Werke lebendig im Angesicht Gottes vor diesen Engeln. Denn die Engel schauen immerfort die guten Werke und tragen ihren Duft vor Gott; sie wählen das Gute aus und verwerfen das Unnütze. Die Engel, die wie Sterne erscheinen, trauern mit der menschlichen Natur und stellen sie Gott vor Augen wie eine Schrift. Sie begleiten die Menschen. Sie reden ihnen vernünftig zu, wie Gott es ihnen eingibt. Der Menschen gute Werke loben sie vor Gott, von dem Schlechten aber wenden sie sich ab.
Alle diese Engel werden von jenem Windhauch wie brennende Leuchten getragen. Denn Gottes Geist, der lebt und in der Wahrheit brennt, bewegt diese engelhaften Geister in Seiner Zorngewalt gegen Seine Feinde.
Das Rauschen des Meeres bedeutet dabei die Fülle des Lobes der Schöpfung von Mensch und Engel. Die verlorenen Geister aber verneinten den Glanz und das Lob des Schöpfers, deshalb sind sie so verloren und leer wie ein Fetzen Papier, das nicht beschrieben ist und die Ehrung der Schrift nicht auf sich trägt. In sie fährt nunmehr der Sturmwind der guten Engelscharen.
Denn die Mehrzahl der guten Engel blickt auf zu Gott. Sie anerkennen Ihn mit allem Wohlklang ihres Lobpreisens und loben mit wunderbarer Einmütigkeit die Geheimnisse, die immerfort in Ihm waren und sind. Nimmermehr können sie davon ablassen, da sie von keinem irdischen Körper beschwert sind. Sie künden von der Gottheit mit dem lebendigen Tönen ihrer herrlichen Stimmen, die zahlreicher als der Sand am Meere sind und über alle Zahl an Früchten, die immer die Erde hervorbringen mag, reicher als alles Tönen, das die lebendigen Wesen hervorbrächten und leichter als der Glanz, der von Sonne, Mond und Sternen in den Gewässern funkelt. Herrlicher ist dieser Klang als die Musik des Äthers, die aus dem Brausen der Winde ersteht, welche die vier Elemente hochhalten und festfügen. Und doch vermögen die seligen Geister mit all diesem Stimmenjubel die Gottheit nicht zu fassen, weshalb sie auch immer Neues in ihren Stimmen hinzu erfinden ... Die Macht dieses Engelsturmes jagt die bösen Geister der finsteren Wolke in den Abgrund hinunter.
Eine große Schar von Engeln lebt geheimnisvoll mit Gott im Himmel. Diese durchstrahlt die Gottheit mit Ihrem Licht, während sie der menschlichen Kreatur verborgen sind, es sei denn, daß sie an leuchtenden Zeichen erkannt werden. Diese Schar ist durch ihre Geistigkeit mehr mit Gott als mit den Menschen verbunden. Sie erscheint den Menschen nur selten. Hingegen zeigen andere Engel, die im Umgang mit dem Menschen stehen, sich ihm unter gewissen Erscheinungen, so wie Gott es will. Da Gott diese für verschiedene Ämter ausgerüstet hat, bestimmte Er auch, sie sollten mit den Geschöpfen entsprechenden Umgang haben. Wiewohl sie nun verschiedene Aufgaben haben, verehren sie doch im Kult und im Erkennen alle den Einen Gott.

Wie sollte auch das Erkennen, wenn es nicht im Lobklang zu Dem aufflöge, von dem es stammt, vielmehr aus sich selbst etwas sein wollte –, wie sollte dieses Wissen anders bestehen können, da es in sich selbst keinen Grund hat? Es liegt ja im Wesen der Vernunft, daß sie den Klang ihres Rühmens immer auf einen anderen bezieht und somit vom anderen her erfreut wird. Würde sie in sich selber erklingen wollen, so würde sie wenig Ehre einernten. So machte es Satan, sobald er zu leben begann. Er hat mit seinem Lobpreis keine Rücksicht auf seinen Schöpfer genommen. Er wollte vielmehr auf sich selbst bestehen und stürzte, von der Gottheit getrennt und zertreten, wie die Spreu vom Korn getrennt und zertreten wird.
Daher soll jedwedes Geschöpf, das Leben hat, auf seinen Schöpfer Rücksicht nehmen und nicht danach trachten, aus sich selbst heraus seine Ehre zu finden. Die volle Freude darüber, daß er zu etwas nütze sei, kann ja der Mensch nicht aus sich selber haben; sie muß ihm vielmehr von einem anderen geschenkt werden. Erkennt der Mensch aber die Freude, die ihm vom andern entgegenkommt, so empfindet er in seinem Herzen ein großes Entzücken. Denn dann erinnert sich die Seele, wie sie von Gott geschaffen ist; sie schaut im Glauben zu Ihm auf, wie auch ein Mensch auf sein Antlitz im Spiegel blickt, wie es wohl ausschaue. Denn der allmächtige Gott schuf Sein Werk so, daß es mit Lobpreis zu Ihm aufblicke, da Er dies Werk so gewaltig und schön zu Ende führt, wobei die seligen Geister alles verwerfen sollten, was wahrer Glückseligkeit entgegensteht. Und so rufen sie aus: „Wer uns einschüchtern will, den werden wir niederschmettern!"

Elisabeth von Schönau

(geb. um 1129, gest. 1164)

Zeichnung aus „Hortus deliciarum“

Elisabeth, die Zeitgenossin ihrer großen Landsmännin Hildegard, wurde um 1129 am Mittelrhein geboren. Schon mit zwölf Jahren trat sie in das Benediktinerkloster Schönau, wo ihr Bruder Ekbert später Abt wurde, ein. In diesem Doppelkloster – wie häufig im Mittelalter bestand unter Leitung des Männerklosters am selben Ort ein Frauenkloster – wurde Elisabeth 1157 zur Oberin gewählt.
1152, im Alter von 23 Jahren, begannen die Visionen der in strenger Askese lebenden Nonne, die von ihr zuerst heimlich aufgezeichnet, später von ihrem Bruder gesammelt und überarbeitet wurden. Als Elisabeth noch jung, im Alter von 35 Jahren, starb, hinterließ sie ein reiches Schriftenwerk, das im 12. Jahrhundert viel gelesen wurde und stärkere Verbreitung fand als die schwerer verständlichen Texte Hildegards.
Im einzelnen liegen vor: drei Bücher der „Visionen“, die den Zeitraum von 1152–1160 umfassen und meist von Maria und den Heiligen des jeweiligen Tages handeln; das „Liber viarum Dei“ (Buch der Wege Gottes) mit zehn Mahn- und Trostreden an geistliche und weltliche Stände; das „Liber revelationum de sacro exercitu virginum Coloniensium“, eine Erweiterung der Ursula-Legende von Köln, und eine Sammlung ihrer Briefe.
Wir stellen im folgenden aus dem Buch der Visionen die Vision Elisabeths von der Himmelfahrt Marias vor, aus ihren Briefen ein Schreiben an Hildegard von Bingen und eines an ihren Bruder Ekbert.

Vision über die Himmelfahrt der gebenedeiten Jungfrau

In dem Jahre, in dem mir von dem Engel des Herrn das Buch von den Wegen Gottes eingegeben wurde, an dem Tage, an dem die Kirche die Oktave der Himmelfahrt unserer Herrin feiert, zur Stunde des göttlichen Opfers, geriet ich in Verzückung, und es erschien mir nach ihrer Gewohnheit sie, meine Trösterin, meine Königin der Himmel.

Da fragte ich sie, dem Auftrag eines unserer Vorgesetzten gehorsam: „Herrin, möge es deiner Gnade gefallen, uns zu belehren, ob du bloß dem Geiste nach oder auch dem Fleische nach in den Himmel aufgenommen wurdest?" – Diese Frage richtete ich aber an sie, weil es heißt, daß die Schriften der Väter diesen Punkt unentschieden lassen. Und sie erwiderte mir: „Noch kannst du keine Antwort deiner Frage bekommen, doch es wird alles durch dich einmal enthüllt werden."

In diesem ganzen Jahr wagte ich daher weder den Engel, der mein Vertrauter ist, noch sie selbst bei ihren Besuchen über diesen Gegenstand genauer zu befragen. Jener Bruder aber, der mich zu dieser Frage angetrieben hatte, gab mir einige Gebete auf, durch die ich die von ihr versprochene Offenbarung erhalten sollte. Als nun ein Jahr vergangen war und das Fest ihrer Himmelfahrt wiederkehrte, litt ich an einer mehrtägigen Krankheit, und im Bette liegend, zur Stunde des göttlichen Opfers, geriet ich abermals in Verzückung und litt heftig dabei. Da sah ich in weiter Ferne ein ganz von Licht umflossenes Grab, und darin lag eine weibliche Gestalt, und darum stand eine große Schar von Engeln. Und im nächsten Augenblick stand die Gestalt aus dem Grabe auf, und mit ihr stieg zugleich die ganze Engelsschar zur Höhe. Und als ich aufsah, siehe, da kam mir aus der Höhe der Himmel ein über alle Maßen strahlender Mann entgegen. In seiner Rechten trug er ein Kreuz, an dem eine Fahne sichtbar war, und ich begriff, daß er es selbst sei, unser Herr und Erlöser, und unzählige Tausende von Engeln waren bei ihm. Da erhoben sie die Frau mit heiligem Eifer und trugen sie unter lautem Singen zu den höchsten Himmeln empor.

Wenige Augenblicke nach diesem Anblick trat meine Herrin vor das Lichttor, in dem sie sich mir zu zeigen pflegte und ließ mich ihre ganze Herrlichkeit schauen.

In derselben Stunde stand der Engel des Herrn neben mir, der früher schon gekommen war, um mir die zehnte Rede des genannten Buches zu verkündigen. „Herr", sagte ich zu ihm, „was bedeutet dies erhabene Gesicht, das ich sah?" Und er antwortete: „In diesem Gesicht wurde dir gezeigt, wie unsere Herrin sowohl dem Geiste als dem Fleische nach zum Himmel fuhr." – In der darauffolgenden Oktave fragte ich den Engel, der auch damals zu mir gekommen war und das genannte Buch beendete, am wievielten Tage nach ihrem Entschlafen jene körperliche Auferstehung stattfand. Gütig gab er mir auch darüber Bescheid und sprach: „An dem Tag, an dem ihre Himmelfahrt jetzt gefeiert wird, schied sie aus dem Leben, und vierzig Tage später, das ist neun Tage vor den Kalenden des Oktober, stand ihr Leib auf." Noch fügte er hinzu: „Die heiligen Väter, welche das Fest ihrer Himmelfahrt in der Kirche eingeführt haben, hatten keine Sicherheit über den Tag ihrer körperlichen Erhebung, da sie aber an ihre körperliche Erhebung zweifellos glaubten, so machten sie den Tag ihres Entschlafens, das sie Himmelfahrt nannten, zum Festtage."

Darauf trug ich Bedenken, den Bericht über diese Offenbarung zu veröffentlichen, da ich fürchtete, für eine Erfinderin von Neuigkeiten zu gelten.

Als zwei Jahre vergangen waren und meine Herrin am Feste ihrer Himmelfahrt mir aufs neue erschien, fragte ich sie: „Meine Herrin, soll ich die Offenbarung über deine leibliche Auferstehung der Welt bekannt machen?" Und sie antwortete: „Das Volk darf nichts davon wissen, denn die Zeit ist böse, und die es hören, werden sich wie in Stricken verfangen und nicht wissen, sich daraus zu lösen." „Soll ich also", fragte ich aufs neue, „die Niederschrift dieser Offenbarung vollständig zerstören?" Und sie entgegnete: „Nicht zur Zerstörung und zum Vergessen wurde dir dieses offenbart, sondern zur Mehrung meines Ruhmes bei denen, die mich über alles lieben. Denn durch dich soll es meinen Freunden kund werden und offenbar denjenigen, die mir ihr Herz offenbaren, auf daß sie mir besondere Verehrung zollen und ich ihnen mit besonderem Danke vergelte. Denn groß ist die Zahl derer, die mit Begeisterung und Verehrung diese Botschaft annehmen werden."

Wegen dieser Enthüllungen feierten wir den genannten Tag ihrer leiblichen Himmelfahrt so gut es ging in unserer klösterlichen Gemeinschaft wie einen Festtag und verkündeten andächtig das Lob unserer ehrwürdigen Herrin.

Und während das geheimnisvolle göttliche Opfer dargebracht wurde, erschien sie mir nach ihrer Gewohnheit. Da fragte ich sie, als sie schon über verschiedene andere Dinge mit mir gesprochen hatte: „Herrin, wie lange Zeit hast du nach der Himmelfahrt des Erlösers noch auf Erden zugebracht? Bist du in demselben Jahre seiner Himmelfahrt zum Himmel aufgestiegen?" – Und gütig antwortete sie auf meine Frage: „Nach der Himmelfahrt des Herrn lebte ich noch ein ganzes Jahr im sterblichen Leibe auf der Erde und dazu noch die Tage vom Feste der Himmelfahrt bis zu dem Tage, an dem meine eigene Erhebung gefeiert wird." – Und noch eine Frage richtete ich an sie: „Waren die Apostel des Herrn bei deinem Begräbnis zugegen?" – „Alle waren zugegen", erwiderte sie, „und mit großer Ehrerbietung übergaben sie meinen Leib der Erde."

Als wir einmal das Fest der Verkündigung Mariä feierten und meine Herrin mir wiederum ihr glorreiches Antlitz zeigte, wagte ich es, sie auch zu fragen, in welchem Alter sie stand, als sie nach der Verkündigung des Engels das

Wort Gottes in ihrem jungfräulichen Schoße empfing. Sie ließ sich herab, auf diese Frage folgende Antwort zu geben: „Fünfzehn Jahre war ich alt und dazu die Zeit vom Gedenktage meiner Geburt bis zum Feste der Verkündigung."

Ein Brief Elisabeths an Hildegard von Bingen

Verfaßt zwischen 1152 und 1157

„Der Herrin Hildegard, der verehrungswürdigen Oberin der Christusbräute in Bingen, entbietet Elisabeth, eine demütige Nonne, mit aller Liebe ihre andächtigen Gebete. Die Gnade und der Trost des Allerhöchsten mögen Euch mit Freude erfüllen, weil Ihr mit unserer Bestürzung gütig Mitleid hattet, wie ich aus den Worten des Engels, meines Trösters, ersehen habe, den Ihr eifrig ermahntet, mich zu trösten. Wie Ihr sagtet, daß Euch über mich geoffenbart worden ist, so habe ich jüngst, ich gestehe es, im Geiste eine Wolke der Verwirrung wahrgenommen, infolge der törichten Reden des Volkes, das vieles von mir spricht, was nicht wahr ist. Allein das Gerede der gewöhnlichen Leute wollte ich noch leicht ertragen, wenn nicht auch solche Personen, die im Ordensgewande einhergehen, meinen Geist noch bitterer betrübten. Denn auch diese verspotten, ich weiß nicht durch welche Stachel angetrieben, die Gnade Gottes in mir und scheuen sich nicht, leichtfertig über das zu urteilen, was sie nicht verstehen. Ich erfahre auch, daß gewisse Leute unter meinem Namen gefälschte Briefe umgehen lassen, die sie nach ihrem eigenen Geiste geschrieben haben. Man hat die Nachricht verbreitet, ich hätte über den Tag des Jüngsten Gerichts prophezeit; das zu tun habe ich mir niemals angemaßt, weil seine Ankunft der Kenntnis aller Sterblichen entrückt ist. Aber ich will Euch den Anlaß zu diesem Gerüchte eröffnen, damit Ihr urteilen könnt, ob ich in dieser Sache irgendwie überheblich gehandelt oder gesprochen habe. Wie Ihr durch andere gehört habt, hat der Herr sein Erbarmen mit mir über jedes Maß hinaus verherrlicht, das ich verdient habe oder je irgendwie verdienen könnte, und zwar so weit verherrlicht, daß er sich herabließ, mir öfters gewisse himmlische Geheimnisse zu offenbaren. Auch bezeichnete er mir häufig durch seinen Engel, was über sein Volk in diesen Tagen kommen werde, wenn sie nicht Buße täten über ihre Ungerechtigkeiten; und er befahl mir, ich sollte dies öffentlich verkündigen. Ich aber strebte, soviel ich vermochte, dies alles zu verheimlichen, um den Anschein von Anmaßung zu vermeiden und nicht als Urheberin von Neuerungen zu erscheinen. Als ich nun an einem Sonntag nach gewohnter Weise in Geistesentrückung war, da trat der Engel des Herrn zu mir und sprach:

‚Warum verbirgst du das Gold im Kot? Ich meine das Wort Gottes, welches durch deinen Mund auf die Erde gesandt ist, nicht um verborgen zu werden, sondern um verkündet zu werden zum Preis und Ruhm unseres Herrn und zum Heile seines Volkes.' Nach diesen Worten schwang er eine Geißel über mich und schlug mich damit wie in großem Zorne fünfmal überaus schmerzhaft, so daß ich infolge dieser Schläge drei Tage lang an meinem ganzen Körper krank war. Dann legte er mir seinen Finger auf den Mund und sprach: ‚Du wirst stumm sein bis zur neunten Stunde, wo du offenbaren wirst, was der Herr an dir gewirkt hat.' Und so blieb ich stumm bis zur neunten Stunde. Dann bedeutete ich der Oberin, sie möge mir das Büchlein bringen, das ich in meiner Schlafstätte versteckt hatte und das zum Teil das enthielt, was der Herr an mir getan hatte. Als ich es in die Hände des Herrn Abtes legte, der mich zu besuchen gekommen war, ward meine Zunge gelöst und sprach diese Worte: ‚Nicht uns, Herr, nicht uns, sondern deinem Namen gib die Ehre!' Dann eröffnete ich ihm auch gewisse andere Dinge, die ich dem Pergament nicht hatte anvertrauen wollen, nämlich über das große Strafgericht des Herrn, das in kurzem über die ganze Welt kommen sollte, wie ich vom Engel erfahren hatte. Ich bat den Herrn Abt dringendst, er möge diese Mitteilungen bei sich verborgen halten. Er aber befahl mir, ich sollte dem Gebete obliegen und vom Herrn verlangen, daß er mir zu verstehen gebe, ob er meine Mitteilungen mit Stillschweigen bedeckt wissen wolle oder nicht. Als ich nun eine Zeitlang mich in dieser Angelegenheit mit eifrigem Gebete abgequält hatte, fiel ich in der Adventszeit, am Feste der hl. Barbara, nachts in der ersten Vigil in Ekstase; der Engel des Herrn trat zu mir heran und sprach: ‚Rufe laut und sprich Wehe! zu allen Völkern, weil die ganze Welt in Finsternis verwandelt ist. Und du wirst sprechen: Gehet hinaus! Jener hat euch gerufen, der euch aus Erde bildete, und er spricht: Tut Buße, denn das Reich Gottes ist nahe!' Auf diese Worte hin begann der Herr Abt jene Mitteilungen den kirchlichen Behörden und den Ordensgeistlichen bekanntzumachen. Einige derselben nahmen die Nachricht mit Ehrerbietung auf, andere aber nicht, sondern sprachen übel von dem Engel, der mein Vertrauter ist. Sie sagten, er sei ein Truggeist, verkleidet als Engel des Lichtes. Deshalb befahl mir der Herr Abt unter der Verpflichtung des Gehorsams, ich solle den Engel, wenn er mir erschiene, im Namen des Herrn beschwören, mir anzugeben, ob er ein wahrer Engel Gottes sei oder nicht. Ich aber hielt dies für anmaßend und empfing den Befehl mit großer Furcht. Und an einem Tage, als ich in meiner Entrückung war, da erschien er mir in gewohnter Weise und stand vor meinem Angesicht. Zitternd sprach ich zu ihm: ‚Ich beschwöre dich bei Gott Vater, dem Sohne und dem Heiligen Geist, daß du mir richtig sagest, ob du ein wahrer Engel Gottes seiest und ob die Visionen, die ich in meiner Entrückung schaute, sowie die Worte, die ich aus deinem Munde hörte, wahr seien.' Er antwortete und sprach: ‚Wisse als sicher, daß ich ein

wahrer Engel Gottes bin, daß die Visionen, die du schautest, wahr sind, und daß die Worte, die du aus meinem Munde hörtest, wahr sind und sein werden, wenn Gott sich nicht mit den Menschen versöhnt. Und ich selbst bin es, bin derjenige, der lange mit dir gearbeitet hat.'
Nachher in der Vigil von Epiphanie erschien mir, als ich betete, mein Herr, der Engel, abermals, aber er stand ferne von mir und hielt sein Gesicht von mir abgewendet. Ich erkannte seine Mißstimmung und sprach mit Furcht zu ihm: ,Mein Herr, wenn ich dir lästig gewesen bin mit meiner Beschwörung, bitte, rechne es mir nicht an! Ich flehe dich an, wende dein Antlitz zu mir und sei versöhnlich, denn ich habe es unter der Verpflichtung des Gehorsams getan; ich wagte nicht, das Gebot meines Vorgesetzten zu übertreten.' Als ich unter solchen Worten viele Tränen vergossen hatte, wandte er sich zu mir und sagte: ,Mir und meinen Brüdern hast du Schmach zugefügt, weil du gegen mich Mißtrauen hattest. Deshalb wisse als sicher, daß du fürder mein Antlitz nicht sehen und meine Stimme nicht hören wirst, wenn der Herr und wir nicht versöhnt werden.' Ich sagte: ,Mein Herr, wie könnt ihr versöhnt werden?' Er sprach: ,Du wirst deinem Abt sagen, er solle zu meinem und meiner Brüder Gedenken fromm das heilige Meßopfer darbringen.' Nachdem nun nicht bloß einmal, sondern mehrere Male sowohl der Herr Abt als auch die übrigen Brüder die Meßfeier zu Ehren der heiligen Engel abgehalten hatten und gleichzeitig die Schwestern sie durch Psalmenlesungen geehrt hatten, erschien mir mein Herr, der Engel, wieder mit freundlichem Gesicht und sprach zu mir: ,Ich weiß, daß aus Liebe und Gehorsam geschah, was du tatest. Darum hast du Verzeihung erlangt; und ich werde dich künftig öfter besuchen als bisher.' Darauf bereitete sich der Abt vor, von den Geistlichen eines bestimmten Ortes gebeten, dorthin zu gehen und dem Volke die Kunde von Gottes Drohung zu predigen, damit sie vielleicht Buße täten und Gottes Zorn von ihnen abgewendet würde. Vorher aber ging er daran, den Herrn gemeinsam mit uns allen zu bitten, er möge seiner Dienerin in Gnaden offenbaren, ob er die Mitteilung, die schon bekannt zu werden anfing, noch weiter verbreitet wissen wollte oder nicht. Während der Herr Abt das göttliche Mysterium zelebrierte und wir andächtigst beteten, da versagten mir plötzlich meine Glieder den Dienst, ich wurde ohnmächtig und geriet in Geistesentrückung. Und siehe, der Engel des Herrn stand vor meinem Angesicht, und ich sprach zu ihm: ,Mein Herr, gedenke, daß du mir, deiner Dienerin, gesagt hast: Das Wort Gottes sei durch meinen Mund auf die Erde gesandt, nicht um verborgen zu werden, sondern um verkündet zu werden zur Glorie Gottes und zum Heile seines Volkes. Und nun zeige mir an, was geschehen soll mit jenem Worte der Drohung, das du zu mir gesprochen hast. Ist es schon genügend bekanntgemacht oder soll es noch verkündet werden?' Aber er sah mich mit strengem Antlitz an und sprach: ,Versuche nicht Gott! Denn die, die Gott versuchen, werden zugrunde gehen. Und

dem Abt wirst du sagen: Fürchte nicht, sondern vollende, was du begonnen hast! Wahrhaft selig sind, die die Worte deiner Ermahnung hören und bewahren und sich nicht an dir ärgern. Und du wirst ihm beibringen, daß er die bisherige Form seiner Predigt nicht ändern soll; darin bin nämlich ich sein Ratgeber gewesen. Du sollst ihm sagen, daß er mitnichten die Worte derer beachte, die aus Mißgunst zweifelhaft von den Vorgängen an dir reden; er soll vielmehr das beachten, was geschrieben steht: ‚Bei Gott ist nichts unmöglich!‘ Durch diese Rede ermutigt, ging also der Herr Abt an den Ort, wie er geplant hatte, und ermahnte das Volk, das seine Ankunft erwartete, zur Buße. Er verkündete, der Zorn Gottes würde über alle kommen, wenn sie nicht durch Früchte der Buße ihn abzuwenden strebten. Welche Strafen aber der Welt drohten, davon hat er nicht, wie ausgestreut wurde, in irgendeiner Predigt gesprochen. Und so geschah es, daß viele, bei denen diese Rede verbreitet wurde, während der ganzen Fastenzeit in großer Furcht sich in Buße abhärmten und eifrig dem Almosengeben und Beten widmeten. In dieser Zeit nun hat jemand, ich weiß nicht von welchem Eifer geführt, im Namen des Herrn Abtes (ohne sein Wissen, Gott weiß es!) nach Köln einen Brief geschrieben, aus welchem vor den Ohren aller Leute gewisse schreckliche Drohungen vorgelesen wurden. Wenn nun auch aus diesem Anlasse von den Törichten über uns gespottet wurde, so haben doch, wie ich hörte, die Verständigen diese Nachricht ehrerbietig vernommen und es nicht verschmäht, Gott durch Früchte der Buße zu ehren. Es geschah aber am Mittwoch vor dem Ostertag, als ich nach großen körperlichen Leiden in Ekstase kam, da erschien mir der Engel des Herrn, und ich sprach zu ihm: ‚Herr, was wird aus dem Worte, das du zu mir geredet hast?‘ Er antwortete: ‚Sei nicht traurig und beunruhige dich nicht, wenn meine Voraussagung nicht an dem von mir bestimmten Tage eintrifft; denn der Herr ist durch die Genugtuung vieler versöhnt worden.‘ Darauf am Freitag kam ich um die dritte Stunde unter schwerem Leiden in eine Geistesentrückung, und wieder stand der Engel bei mir und sprach: ‚Der Herr hat die Betrübnis seines Volkes gesehen und den Zorn seiner Entrüstung von ihm abgewendet.‘ Und ich sagte ihm: ‚Was also nun, mein Herr? Werde ich zum Gespötte aller, bei denen jene Nachricht verbreitet worden ist?‘ Er sprach: ‚Alles, was dir aus diesem Anlaß widerfährt, sollst du geduldig und freundlich ertragen. Halte dein Auge eifrig auf denjenigen gerichtet, der, obwohl er der Schöpfer des ganzen Erdkreises ist, den Hohn der Menschen ertrug. Jetzt prüft der Herr zum ersten Male deine Geduld.‘

Seht, meine Herrin, ich habe Euch den ganzen Sachverhalt der Reihe nach dargelegt, damit auch Ihr meine sowie unseres Abtes Unschuld erkennt und anderen offenbaren könnt. Ich flehe Euch an, daß Ihr mich auch an Euren Gebeten teilnehmen lasset und, je nachdem es Euch der Geist des Herrn eingibt, mir etliche Trostworte zurückschreibet.“

Ein Brief Elisabeths an ihren Bruder Ekbert
Verfaßt nach 1155 (Auszug)

„Du verlangst von mir, Bruder und bist dazu gekommen, daß ich Dir erzähle von den Barmherzigkeiten Gottes, die er gemäß dem Ratschluß seiner Gnade in mir zu wirken geruht hat. Ich bin bereit, in allem Deiner Liebe genug zu tun; denn eben danach hat sich meine Seele lange gesehnt, daß mir Gelegenheit gegeben würde, mit Dir über all diese Dinge zu sprechen und Dein Urteil zu hören. Aber, bitte, halte noch ein wenig inne und achte auf die vielfältigen Beängstigungen meines Herzens, die mich bedrängen, mehr als man glauben kann. Wenn jene Kunde, von der Du gehört hast, in die Öffentlichkeit dringt – wie es durch gewisse unvorsichtige Brüder teilweise schon geschehen ist, aber Gott weiß es: gegen meinen Willen! –, was glaubst Du wohl, daß man über mich im Volke reden wird? Einige werden vielleicht sagen, ich besäße etwas Heiligkeit, und sie werden die Gnade Gottes meinen Verdiensten zuschreiben, in dem Wahne, ich wäre etwas, wo ich doch nichts bin. Andere aber werden bei sich denken und sagen: ‚Wenn sie eine Dienerin Gottes wäre, dann würde sie jedenfalls schweigen und nicht ihren Namen auf Erden verherrlichen lassen'; aber sie wissen nicht, mit welchen Stacheln ich zum Sprechen gedrängt zu werden pflege. Es wird auch nicht an solchen fehlen, die alles, was sie von mir hören, als Weibererfindung bezeichnen oder die mich vielleicht als vom Satan betrogen erklären. Auf solche und noch auf andere Art werde ich in den Mund der Leute kommen müssen, o Teuerster. Wie aber kommt mir das zu, daß ich irgendeinem Menschen bekannt werde, ich, die ich das Leben in der Verborgenheit erwählt habe und mich sicherlich nicht würdig erachte, daß jemand auch nur die Augen erhebt, um mich anzusehen? Auch das vermehrt meine Ängste nicht wenig, daß der Herr Abt beschlossen hat, meine Worte sollten schriftlich aufgezeichnet werden. Was bin ich denn, daß das dem Gedächtnis überliefert werden soll, was von mir handelt? Kann nicht auch dies als Anmaßung ausgelegt werden? Aber gewisse weise Männer sagen mir, daß der Herr mir diese Dinge nicht um meinetwegen allein getan hat, sondern daß er damit auch für die Erbauung anderer vorgesorgt hat, indem es sich einigermaßen auf die Stärkung des Glaubens zu beziehen scheine sowie auf die Tröstung derer, die um des Herrn willen betrübten Herzens sind. Und aus diesen vorgenannten Gründen glauben sie, die Werke Gottes dürften nicht mit Schweigen übergangen werden. Daß es wirklich so sei, wie sie sagen, glaube ich zum Teil, aus dem Grunde, den ich Dir jetzt nennen will. Manches Mal, wenn ich mir in meinem Herzen vorgenommen hatte zu verschweigen, was mir vom Herrn erzeigt worden war, da wurde ich von solcher Qual der Eingeweide erfaßt, daß ich mich dem Tod ganz nahe glaubte. Aber sobald ich meiner

Umgebung eröffnete, was ich geschaut hatte, wurde mir sofort leichter. Ich gestehe jedoch, daß ich nicht einmal dadurch völlig gewiß bin, was ich tun soll. Denn einerseits erkenne ich, daß es gefährlich für mich ist, die Großtaten Gottes zu verschweigen, anderseits aber fürchte ich, daß es noch gefährlicher sein wird, davon zu sprechen. Ich sehe, daß ich zu wenig Unterscheidungsvermögen besitze, um unterscheiden zu können, was von dem mir Geoffenbarten zu verkünden gezieme und was dagegen durch Schweigen geehrt werden müsse. Siehe, zwischen all diesem stehe ich in der Gefahr, so oder so fehlzugreifen. Deshalb, mein Geliebter, versiegen die Tränen nicht in meinen Augen, und mein Geist ängstigt sich beständig in mir.
Aber siehe, bei Deiner Ankunft begann meine Seele sich zu trösten, und es ward eine große Ruhe in mir. Gepriesen sei der Herr, weil er sich herabließ zu erhören das Gebet seiner Dienerin, worin ich ihn viele Tage um Dein Kommen bat. Und jetzt, wo Dich der Wille des Herrn von ferne her zu mir geführt hat, will ich mein Herz nicht vor Dir verbergen, sondern will Dir eröffnen, was es Gutes und Böses von mir gibt. Was dann geschehen soll, das zu entscheiden, steht bei Dir und bei dem Herrn Abte. Ich sage dem Herrn Dank als die Geringste unter seinen Armen, daß seit dem Tage, da ich unter der Ordensregel zu leben begann, bis auf diese Stunde die Hand des Herrn so stark über mir geworden ist, daß ich niemals aufhörte, seine Pfeile in meinem Körper zu tragen. Meine verschiedenen, andauernden Krankheiten haben nicht nur mich gepeinigt, sondern auch alle Schwestern meiner Umgebung. Möge ihnen der Herr Barmherzigkeit gewähren, denn sie haben die Last meines Unglücks in mütterlicher Liebe mit mir getragen. Zuweilen haben sie auch Heilmittel für meine Krankheiten angewendet, aber ich wurde nur um so kränker davon, und ich hörte in nächtlicher Vision eine Stimme, die zu mir sprach: ‚Unser Gott im Himmel hat alles vollbracht, was er wollte.' Daraus entnahm ich die Mahnung, daß ich meinen Körper nicht den Heilmitteln der Menschen, sondern dem Willen meines Schöpfers hingeben sollte; und so tat ich denn auch. Oft war ich von so großer Schwäche überwältigt, daß ich außer der Zunge keines einzigen Gliedes mächtig war; dennoch aber – es sei ohne Anmaßung gesagt! – blieb ich deshalb nicht weniger fleißig im Hersagen der Psalmen. Als aber auch die Zunge von der Lähmung ergriffen wurde, da ersetzte ich den Dienst der Zunge durch den Geist. Wie großen Mangel an Notwendigem ich bei meinen Krankheiten gelitten habe, das aufzuzählen würde zu lange dauern. Du weißt ja selbst, daß der Besitz unseres Hauses mäßig ist und daß diejenigen ferne von mir sind, die sich über mich hätten erbarmen sollen. Aber der Vater der Waisen, der Herr, ist besorgt um mich, und durch seine Gnade ist all mein Elend eine große Freude für mein Herz. Gebenedeit sei in allem der Tröster der Demütigen, Gott!"

Mechthild von Magdeburg

(geb. um 1212, gest. um 1294)

Wie schon die ungenauen Lebensdaten zeigen, sind die Nachrichten über Mechthilds Weg lückenhaft.

Sie wurde wohl als Kind adeliger, wohlhabender Eltern um 1212 im Erzbistum Magdeburg geboren.

Ihre Sprache, die den Wort- und Bilderschatz der höfischen Welt kennt, läßt auf eine gute weltliche Bildung schließen. Mechthild bezeichnete sich selbst als ungelehrt und unwissend, eine Äußerung, die im Hinblick auf die fehlende Kenntnis des Lateinischen und auf den Mangel an schulmäßigem theologischem Wissen zu verstehen ist. Im Alter von zwölf Jahren wird Mechthild zum ersten Mal „vom Heiligen Geist gegrüßt“. Wir dürfen annehmen, daß von dieser mystischen Erfahrung ausgehend eine Entwicklung einsetzt, die den Lebensweg der gebildeten Tochter aus gutem Hause allmählich radikal verändert.

Aus dem Willen, ganz für Gott zu leben, verzichtet die 20jährige auf Sicherheit, Wohlstand, Ehre und menschliche Bindungen und zieht alleine in die ihr fremde Stadt Magdeburg, wo sie über 30 Jahre als Begine, das heißt Mitglied einer religiösen Frauengemeinschaft ohne direkte Ordenszugehörigkeit, lebt.

Von Mechthild selbst haben wir Hinweise auf zwei Bereiche, die ihr Leben in Magdeburg prägten: die Sorge für Arme und Kranke und die kritische Stellungnahme gegen Formen der Verweltlichung und Entartung der Geistlichkeit.

Rückblickend beschreibt Mechthild im 4. Buch ihres Werkes vom „Fließenden Licht der Gottheit“ ihre damalige Entscheidung:

> „All mein Lebtag, eh ich dieses Buch begann und von Gott ein einziges Wort davon in meine Seele kam, da war ich einer der einfältigsten Menschen, die je im geistlichen Leben waren. Von des Teufels Bosheit wußte ich nichts. Die Armseligkeit der Welt kannte ich nicht. Geistlicher Leute Falschheit war mir auch fremd. Ich muß jetzt aber sprechen Gott zur Ehre und auch wegen des Buches Lehre. Ich unwürdige Sünderin wurde in meinem zwölften Jahre, als ich allein war, in überaus seligem Fließen vom heiligen Geiste gegrüßt, daß ich es nie mehr über mich brächte, mich zu einer großen, täglichen Sünde zu erbieten.

„Dies geschah während einunddreißig Jahren.

Von Gott wußte ich nicht mehr als allein durch den christlichen Glauben, und da strebte ich mit Fleiß immer danach, daß mein Herz rein sei. Gott ist selber mein Zeuge, daß ich ihn nie, weder in bewußter Weise, noch in Sehnsucht, darum bat, daß er mir diese Dinge geben solle, die in diesem Buch beschrieben sind.

Ich dachte auch nie, daß so etwas einem Menschen widerfahren könnte. Während ich bei meinen Verwandten und anderen Freunden war, denen ich stets die Liebste war, hatte ich von diesen Dingen keine Kenntnis. Aber ich hatte schon lange vorher gewünscht, ohne meine Schuld verachtet zu werden. Da zog ich um der Liebe Gottes willen in eine Stadt, in der außer einem Menschen niemand mein Freund war. Vor diesem hatte ich Angst, daß mir durch ihn die heilige Schmach und die lautere Gottesliebe entzogen würde. Da ließ mich Gott nirgends allein.

Er brachte mich in so wonnigliche Süßigkeit, in so heilige Erkenntnis und in so unbegreifliche Wunder, daß ich irdische Dinge wenig brauchen konnte.

Da wurde erst mein Geist über mein Gebet zwischen Himmel und Luft erhoben. Ich sah mit den Augen meiner Seele in himmlischer Wonne die herrliche Menschheit unseres Herrn Jesus Christus und erkannte an seinem hehren Antlitz die Heilige Dreifaltigkeit: die Ewigkeit des Vaters, die Leiden des Sohnes und die Süßigkeit des Heiligen Geistes."[1]

Über 30 Jahre schwieg Mechthild darüber, daß „Gottes Minne" Teil ihrer selbst war, daß ihr Körper unter der Intensität ihrer Gotteserfahrungen litt, ihre Seele aber mit Wonne erfüllt wurde. Dann vertraute sie sich ihrem Beichtvater, dem Dominikaner Heinrich von Halle, an und begann niederzuschreiben, was sie hörte und sah. Heinrich von Halle faßte die Texte zusammen, kommentierte auch einzelne Teile und hatte bis zu seinem Tode sechs Bände geordnet. Den Titel „Das fließende Licht der Gottheit" trägt die Sammlung auf Gottes Geheiß.

Mechthild weist darauf zu Beginn ihrer Aufzeichnungen ausdrücklich hin:

> „Ich sprach:
> Eia, Herr Gott, wer hat dies Buch gemacht?
> Und der Herr antwortete:
> Ich habe es gemacht, in meiner Ohnmacht, da ich meine Gabe nicht zurückzuhalten vermag.
> Ich sprach:
> Eia, Herr, wie soll dieses Buch, das nur Deiner Verherrlichung dienen soll, heißen?
> Und der Herr antwortete:
> Es soll heißen:
> Ein fließendes Licht meiner Gottheit
> in alle Herzen, die da leben ohne Falschheit."[2]

Das Aufsehen, das Mechthild mit ihren Schriften und als unbequeme Mahnerin in Magdeburg erregte, dürfte sie veranlaßt haben, 1270 um Aufnahme in das Zisterzienserinnenkloster von Helfta bei Eisleben zu bitten. Unter Leitung Gertrud von Hackeborns stand Helfta in hoher Blüte. Dort fand Mechthild auch Gesinnungsgefährtinnen: Mechthild von Hackeborn und Gertrud, die später „die Große" genannt werden sollte. Nach ihrem Eintritt in Helfta schrieb Mechthild nach fünfjähriger Pause den letzten Teil ihres Werkes, der heute als „7. Buch" vorliegt.

Verehrt von ihren Mitschwestern starb Mechthild, wahrscheinlich erblindet, um 1294, nach Meinung anderer Chronisten vielleicht auch schon 1283.

Die folgenden Textauszüge geben Einblick in verschiedene Teile der sieben Bücher des „Fließenden Lichtes der Gottheit". Die Darstellung von Mechthilds religiösen Erfahrungen ist häufig auf Texte und Bilder von Salomons „Hohem Lied der Liebe" bezogen.

Hans Urs von Balthasar, einer der profundesten Mechthild-Kenner, kennzeichnet die Bedeutung Mechthilds innerhalb der mystischen Bewegung des frühen Mittelalters und ihre Aktualität, die heutige Leser spüren, wenn ihnen die Bedeutung einer existentiellen Lebensentscheidung nicht fremd ist.

> „Wenn auch vieles, ja das meiste von religiösen Erfahrungen berichtet, die nicht jedermanns, auch nicht jedes Christen Sache sind, so unterscheidet sich Mechthild sehr stark und zu ihrem Vorteil von einer Flut bald darauf einsetzender mystischer Literatur zumals aus Frauenklöstern, die eines weltfremden, exaltierten, gelegentlich auch verzärtelten und schwülen geistlichen Minnespiels nicht entbehren. Bei der Magdeburgerin wirken die gleichen Bilder und Gedanken, die später verspielt klingen und zu Tode geritten werden, bei allem Überschwang der Erfahrung und des Gefühls durchaus geordnet und echt. Eine unerschütterliche Klugheit und Vernunft durchwaltet alles, ihr Geist ist in der Ordnung und im Gleichgewicht, ihr Leben, das für ihre Kühnheit Schweres zu bezahlen hat, ist es nicht minder. Diese durchsichtige Klarheit und ethische Kraft der ganzen Existenz, in der sich keine unaufgeräumten Winkel und Schatten finden, macht aus ihr die ‚sonnige Heilige‘ …“[3]

Das fließende Licht der Gottheit

Vorspruch:

„Dieses Buch sende ich nun als Boten allen geistlichen Leuten, die die Säulen der Kirche sind, den guten wie den schlechten, denn wenn die Säulen fallen, dann kann das Gebäude nicht überdauern. Es kündet allein von mir und offenbart mein Geheimnis, um Gott zu verherrlichen. Alle, die dieses Buch verstehen wollen, müssen es neunmal lesen.“[4]

Von diesem Buch und seinem Schreiber

Ich wurde vor diesem Buche gewarnt
Und von Menschen also belehrt:
Wolle man es nicht begraben,
Dann solle ein Brand darüber fahren!
Da tat ich, wie ich als Kind schon pflegte,
Wenn ich traurig war, fing an zu beten.
Ich wendete mich meinem Lieben zu

Und sprach: Eia, Herr, nun bin ich betrübt
Um Deiner Ehre willen;
Soll ich von Dir jetzt ungetröstet bleiben?
Denn Du hast mich dazu verleitet
Und hießest mich selber es schreiben.
Da offenbarte sich Gott meiner traurigen Seele ohne Verzug,
Indem er das Buch in seiner Rechten trug
Und sprach: „Meine Liebe, betrübe dich nicht zu sehr,
Die Wahrheit kann niemand verbrennen.
Wer Mir das Buch aus der Hand nehmen will,
Muß stärker sein als Ich.
Dieses Buch ist dreifaltig
Und bezeichnet alleine Mich.
Das Pergament, das es rings umhüllt,
Ist Bild Meiner reinen, weißen, gerechten Menschheit,
Die deinetwillen den Tod erlitt.
Die Worte bedeuten Meine wunderbare Gottheit.
Sie fließen von Stunde zu Stunde
In deine Seele aus Meinem göttlichen Munde.
Der Klang der Worte erklärt Meinen lebendigen Geist
Und erschließt mit ihm die richtige Wahrheit.
Nun sieh aus allen diesen Worten,
Wie rühmlich sie Mein Geheimnis verkünden.
Du sollst keinen Zweifel an dir finden."
Seele: Eia Herr, wär ich ein gelehrter geistlicher Mann
Und hättest Du dieses selten große Wunder an ihm getan,
Du würdest ewige Verherrlichung dafür empfangen.
Wer wäre Herr, der das nun glaubt,
Daß Du in einem unflätigen Pfuhl
Hast ein goldenes Haus erbaut,
In dem Du wahrhaft wohnst
Mit Deiner Mutter und aller Kreatur
Und mit all Deinem himmlischen Gesinde?
Herr, da kann Dich die irdische Weisheit nicht finden.
Gott: Tochter, es verliert manch weiser Mann sein kostbares Gold
Aus Nachlässigkeit auf einer breiten Heeresstraße;
Er wollte damit zur hohen Schule reisen.
Nun muß es jemand finden.
Von Natur aus hielt Ich es so manchen Tag:
Wenn Ich je außerordentliche Gnaden gab
Suchte Ich immer den niedrigsten Ort,
Die geringste, verborgenste Stätte.

Die höchsten Berge können sich nicht beladen
Mit der Offenbarung Meiner Gnaden.
Denn die Flut Meines Heiligen Geistes
Fließet von Natur aus zu Tal.
Man findet manchen weisen Meister der Schrift,
Der vor Meinen Augen dennoch ein Tor ist.
Und Ich sage dir noch mehr:
Es ist mir vor ihnen eine große Ehr
Und stärkt die heilige Christenheit gar sehr,
Daß der ungelehrte Mund
Die gelehrte Zunge aus Meinem Heiligen Geist belehrt.

Seele:

Eia, Herr, ich seufze und begehre
Und bitte Dich für die Schreiber,
Die das Buch nach mir geschrieben haben.
Du mögest auch ihnen zum Lohn die Gnade geben,
Die den Menschen nie verschlossen war.
Denn Deiner Gaben, Herr, sind es tausendmal mehr
Als Deine Geschöpfe, die sie empfangen können.

Da sprach unser Herr:
Sie haben das Buch in goldener Schrift geschrieben,
Nun sollen die Worte alle
Auf ihrem äußersten Kleide stehen
Ewig offenbar in Meinem Reiche
In himmlischem, leuchtendem Golde
Über all ihrem Schmuck geschrieben.
Denn die freie Minne muß stets das Höchste am Menschen sein.

Dieweil mir unser Herr diese Worte sprach,
Sah ich die herrliche Wahrheit
In ewiger Erhabenheit.
Eia, Herr, ich bitte Dich,
Du mögest dieses Buch behüten
Vor den Augen verlogener Aufmerksamkeit,
Die aus der Hölle zu uns gekommen;
Sie ward nie aus dem Himmel genommen.
Sie ist gezeugt in Luzifers Herz
Und ist geboren aus geistlichem Hochmut
Und ist genährt im Haß
Und schwoll in heftigem Zorn so mächtig an,
Daß sie glaubt, keine Tugend reiche an sie heran.

So müssen Gottes Kinder verderben
Und müssen in Schmach geknechtet werden,
Auf daß sie mit Christus höchste Ehre erwerben.
Eine heilige Aufmerksamkeit sollen wir für uns selber haben.
Und zu allen Zeiten in uns tragen,
Daß wir uns vor Gebresten bewahren.
Eine liebevolle Aufmerksamkeit
Sollen wir für andere Christen haben.
Ihnen die Fehler wohlmeinend offenbaren.
So können wir uns manch unnütze Rede ersparen.
Amen.

Zur Entstehungsgeschichte des Buches:

In einer Nacht war ich in der ersten Schlafenszeit in meinem Gebete. Da kam dieser Teufel durch die Luft gefahren und belauerte sehr aufmerksam die sündige Erde. Er war groß wie ein Riese, er hatte einen kurzen Schwanz und eine krumme Nase. Sein Haupt war so groß wie ein Zuber, aus seinem Munde flogen ihm feurige Funken, von schwarzer Flamme umzogen. Er lachte mit falschem Grimme in einer schrecklich greulichen Stimme. Die Seele fragte ihn, worüber er lache, was er suche und was er treibe. Er antwortete und sprach: „Weil ich dich selbst nicht quälen kann, freue ich mich wenigstens darüber, daß ich so viele finde, die wie Engel scheinen und die es gern für mich tun, dich zu quälen." Dann spricht er weiter: „Ich bin geistlicher Leute Kämmerer, und ich suche an ihnen zweierlei Schwächen, die sie am raschesten von Gott trennen: Das erste ist die verborgene oder heimliche Unkeuschheit. Wo immer ein Mensch in einem heiligen Leben ohne rechte Notwendigkeit und in allen seinen fünf Sinnen die Annehmlichkeiten seines Fleisches sucht, da werden sie unkeusch, d. h. stumpf und träge, und die wahre Gottesliebe erkaltet. Das zweite ist der verborgene Haß in offenbarer Zwietracht. Das ist mir eine so große, nützliche Sünde; wo immer ich sie am nächsten Morgen ungesühnt vorfinde, ist es für mich ein Gewinn. Denn dies ist ein Fundament für große Bosheit und der Verlust aller Heiligkeit."
Da sprach die Seele: „Du hast doch von Natur aus gar nichts Gutes an dir – wie kann das sein, daß du mir diese nützliche Rede über deine Bosheit vorbringen kannst?"
Da sprach er: „Wo immer ich mich auch hinwende, Gott hat mich so fest in seinen Händen, daß ich nichts zu tun vermag, er weise mich denn dazu."
Ich unseliger Mensch! Ich beging in meiner frühesten Kindheit so große Sünde, daß ich zehn Jahre im Fegefeuer hätte sein müssen, wäre ich ohne Reue und ohne Beichte geblieben. Nun, lieber Herr, wenn ich sterbe, will ich um Deiner Liebe willen mit Freuden darinnen leiden.

Dies spreche ich nicht aus meinem Sinne,
Es befiehlt es mir die Minne. –
Als ich zum geistlichen Leben kam
Und von der Welt Abschied nahm,
Da sah ich meinen Leib an:
Der war kräftig bewaffnet
Gegen meine arme Seele,
Mit großer Fülle einer starken Macht
Und mit vollkommen natürlicher Kraft.
Da sah ich wohl, daß er mein Feind war,
Und sah auch: Wollte ich dem ewigen Tode entrinnen,
So mußte ich ihn niederzwingen
Und mußte mit dem Streite beginnen.
Ich sah auch die Waffen meiner Seele an:
Das war die hehre Marter unseres Herrn Jesu Christ.
Damit wehrte ich mich.
Ich mußte mich stets in großen Ängsten haben,
Und während meiner ganzen Jugend mit heftigen Abwehrhieben auf meinen Leib einschlagen;
Das waren: Seufzen, Weinen, Beichten, Fasten, Wachen, Rutenschläge und immerwährende Anbetung.

Dies waren die Waffen meiner Seele. Mit diesen hab ich meinen Leib kräftig überwunden. Denn während zwanzig Jahren hatte ich nie Ruhe vor meinem Fleische und wurde müde, krank und schwach, zuallererst von Reue und von Leid, danach von heiliger Sehnsucht und von geistlicher Anstrengung, und hinzu kamen viele schwere natürliche Krankheiten. Dazu kam dann die gewaltige Macht der Minne und beraubte mich all meiner Kräfte und erfüllte mich so sehr mit diesen Wundern, daß ich es nicht zu verschweigen wagte. Jedoch in meiner Einfältigkeit litt ich sehr darunter und sprach: „Eia, gütiger Gott, was hast Du an mir gesehen? Du weißt doch recht gut, daß ich ein Tor bin, ein sündiger und armer Mensch an Leib und Seele. Diese Dinge solltest Du vollkommenen Menschen verleihen, dann würdest Du dafür gepriesen werden.“
Da erzürnte sich unser Herr über mich Arme gar sehr und fragte mich um mein Urteil: „Nun sage mir, du bist doch mein?“ – „Ja Herr, das begehre ich von Dir.“ – „Darf ich also nicht mit dir tun, was ich will?“ – „Doch, Herzallerliebster, von Herzen gern, sollte ich auch zunichte werden.“ Da aber sprach unser Herr: „Du sollst mir in diesen Dingen folgen und vertrauen, und du wirst auch lange krank sein, und ich werde dich selber pflegen, und alles, was du an Leib und an Seele bedarfst, werde ich dir geben.“
Da ging ich Arme zitternd in demütiger Scham zu meinem Beichtvater und

sagte ihm diese Rede und fragte auch um seine Meinung. Da sprach er: ich solle frohen und zuversichtlichen Mutes vorwärtsgehn. Gott, der mich geführt hat, würde mich auch sicher bewahren. Dann hieß er mich das, worüber ich mich oft weinend schämte, weil meine große Unwürdigkeit vor meinen Augen offen steht, das war: daß er einer schwachen Frau befahl, aus Gottes Herzen und Mund dieses Buch zu schreiben.

Also ist dies Buch minniglich von Gott gekommen
Und ist nicht aus menschlichem Sinnen genommen.

Von der Rute unseres Herrn

Nicht lange, nachdem ich ins Kloster kam, wurde ich so sehr von einer Krankheit gepeinigt, daß es meine Herrin erbarmte. Da sprach ich zu unserem Herrn: „Lieber Herr, was willst Du mit dieser Qual?“ Da sprach unser lieber Herr:

„Alle deine Wege sind bemessen,
Alle deine Fußspuren sind gezählt,
Dein Leben ist geheiligt,
Dein Ende wird fröhlich,
Und Mein Reich ist dir ganz nahe.“

„Herr, warum ist mein Leben geheiligt, da ich so wenig Gutes tun kann?“ Da sprach unser Herr: „Dein Leben ist damit geheiligt, daß Meine Rute nie von deinem Rücken kommt.“ – „Te Deum laudamus, da Gott so gut ist.“

Von dem Weg, für Gott freudig Pein zu leiden

Gott führt seine Kinder, die er erwählt,
Seltsame Wege.
Das ist ein seltsamer Weg
Und ein edler Weg,
Und ein heiliger Weg,
Den Gott selber ging:
Daß ein Mensch Pein leidet ohne Sünde und ohne Schuld.
Auf diesem Wege freut sich die Seele,
Die sich nach Gott verzehrt.
Denn sie freut sich von Natur zu ihrem Herrn hin,
Der durch seine Wohltat viel Leid erlitt.

Und unser lieber Herr, der himmlische Vater,
Gab seinen liebsten Sohn dahin,
Daß er gepeinigt ward von den Heiden,
Und gemartert von den Juden
Ohne seine Schuld.
Nun ist die Zeit gekommen,
Da etliche Leute, die geistlich scheinen,
Gottes Kinder peinigen am Leibe
Und martern im Geiste.
Denn Gott will, daß sie seinem lieben Sohne gleichen,
Der an Leib und an Seele gepeinigt ward.

Wie ein Mensch Gott suchen soll

Wenn dem Menschen Gott fremd wird, dann sucht er ihn und spricht:
„Meine Pein ist tiefer als der Abgrund,
Mein Herzeleid ist weiter als die Welt,
Meine Furcht ist größer als die Berge,
Meine Sehnsucht reicht höher als die Sterne.
In diesen Dingen kann ich Dich nirgends finden."

In diesem Jammer wurde die Seele ihren Liebsten bei sich gewahr; Er glich einem so herrlichen Jüngling, daß es unaussprechlich ist. Und noch hätte sie sich verborgen. Doch fiel sie ihm zu Füßen, um seine Wunden zu grüßen. Sie sind so voller Süße, daß sie all ihre Schmerzen und ihr Alter nicht mehr empfand. Da dachte sie: Weh, wie gerne sähest du sein Antlitz; dann aber müßtest du der Wunden entbehren. Und wie gerne vernähmest du seine Worte und sein Verlangen. Dann erhebt sie sich, in makelloser Züchtigkeit gekleidet und geschmückt, und er spricht: „Sei willkommen, meine Allerliebste!" – Am Klang der Worte erkannte sie, daß ihm jede Seele, die in seiner Huld Gott dient, die Allerliebste ist. – Da sprach er: „Ich muß dich im Genuß schonen, dich und Mich." Seele: „Dein Genuß ist unaussprechlich." Da sprach er: „Nimm diese Krone der Jungfrauen!" – Da kam die Krone von ihm und ging auf ihr Haupt. Sie leuchtete, als wenn sie aus lauterem Golde wäre. Die Krone war zweifältig und war auch der Minnen Krone. Da sprach unser Herr: „Diese Krone wird vor allem himmlischen Heer offenbar sein." – Da bat sie: „Möchtest Du morgen meine Seele empfangen, wenn ich Deinen heiligen Leib empfangen habe?" – „Nein", sprach er, „du solltest noch reicher werden mit Leiden." – „Herr, was soll ich hier in diesem Kloster tun?" – „Du sollst sie erleuchten und lehren und sollst mit ihnen verbleiben in großen Ehren." – Da dachte sie: Eia, jetzt bist du allein bei unserm Herrn.

Bei dem Gedanken sah sie zwei Engel neben sich stehen. Sie waren so prächtig wie irdische Fürsten vor armen Leuten. Da sprach sie: „Wie soll ich mich jetzt verbergen?“ Da sprachen sie: „Wir werden dich von Leiden zu Leiden, von Tugenden zu Tugenden, von Erkenntnis zu Erkenntnis, von Minne zu Minne bringen.“
Daß dies ein sündiger Mensch sprechen soll und muß, ist mir schwer. Und doch darf ich es vor Gott und aus Gehorsam nicht unterlassen; menschliche Scham und göttliche Furcht werde ich mein Leben lang behalten.

Von zwanzig falschen Tugenden. Wer darinnen wohnt, lebt in der Lüge

Ich habe einen Meister, das ist der Heilige Geist. Er lehrt mich sehr sanft, was er will, und das andere enthält er mir vor. Er spricht also:

Die Weisheit ohne Festigung des Heiligen Geistes
Wird zuletzt ein Berg des Hochmutes.

Der Friede ohne Band des Heiligen Geistes
Wird sehr schnell eine leere Tollheit.

Demut ohne Feuer der Minne
Endet zuletzt in offensichtlicher Falschheit.

Gerechtigkeit ohne Tiefe der Demut vor Gott
Wandelt sich auf der Stelle in fürchterlichen Haß.

Armut mit beständiger Begehrlichkeit
Ist in sich selber eine sündhafte Üppigkeit.

Grauenhafte Furcht aus wahrer Schuld
Bringt entsetzliche Ungeduld.

Einem schönen Gehaben mit Wolfsnatur
Kommen die Weisen gar schnell auf die Spur.

Heiliges Verlangen aus voller Wahrheit
Wird keinem zuteil ohne Mühseligkeit.

Ein herrliches Leben ohne zu kämpfen,
Wird für nützliche Dinge sehr träge.

Vermessene Tugend ohne Gottes Gnaden
Wird mit dem Hochmut niedergeschlagen.

Erhabene Gelübde ohne treue Tat
Ist Falschheit und Teufels Rat.

Große Zuversicht ohne wahre Sicherheit der Seele
Und des Heiligen Geistes Fülle
Führt die Seele zuletzt in unseligen Tod.

Große Geduld ohne Neigung des Herzens zu Gott
Ist heimliche Schuld.
Denn alle, die in allen Dingen
Nicht in Gottes Wahrheit hangen,
Werden gewiß dem ewigen Gott
In großer Schande entfallen.

Die Minne, ohne die Mutter der Demut
Und ohne den Vater der heiligen Furcht,
Die ist von allen Tugenden verwaist.

Von sechzehn Arten der Minne

Die verschwenderische Minne aus heiliger Barmherzigkeit
Vertreibt eitle Ehre und böse Krankheit.

Die wahre Minne aus göttlicher Weisheit
Bringt Sättigung und verzehrt unrühmliche Begierlichkeit.

Die demütige Minne aus heiliger Einfalt
Besiegt die Hoffart allein
Und führt die Seele mit Gewalt
In die heilige, wahre Erkenntnis ein.

Von der beständigen Minne aus guten Sitten
Wird keine Falschheit gelitten.

Die große Minne der kühnen Tat
Weiß in allen Dingen guten Rat.

Die wissende Minne von Gottes Vertraulichkeit
Blendet die Erde ohne Beschwerlichkeit.

Die gebundene Minne in heiliger Gewohnheit
Ruht nimmer und lebt in sich doch ohne Mühseligkeit.

Die eindringende Minne von strömender Überflut
Liegt gänzlich still, und alles ist ihr bitter denn alleine Gott.

Die rufende Minne aus edler Ungeduld
Schweigt nimmer und hat selig vergessen alle Schuld.

Die kündende Minne, von Gott belehrt,
Neigt sich noch zum Kinde unbeschwert.

Die herrliche Minne, von großer Gewalt,
Verjüngt die Seele, wird der Leib auch alt.

Die liebreiche Minne von offener Gabe
Vertilgt des bitteren Herzens Klage.

Die gewaltige Minne aus reicher Kost
Erfährt in Gott die süßeste Lust.

Die verborgene Minne birgt kostbaren Schatz
Des guten Willens in heiliger Tat.

Die klare Minne von spielender Flut
Bereitet der Seele süße Not,
Sie tötet sie auch ohne Tod.

Die wendische Minne aus Übermacht
Ist die, die niemand zu deuten vermag.

Von der Zunge der Gottheit. Von dem Lichte der Wahrheit. Von den vier Strahlen Gottes in die neun Chöre; von der Dreifaltigkeit und von Sankt Marien

O edler Aar! O süßes Lamm!
O Feuers Glut, entzünde mich!
Wie lange soll ich so dürre sein?
Eine Stunde ist mir viel zu lang,
Ein Tag dünkt mich tausend Jahre.
Wenn Du Dich mir entfremden willst,
Und währte es gar acht Tage:
Ich wollte lieber zur Hölle fahren,
In der ich doch schon bin.
Ist Gott der liebenden Seele fremd,
Das ist Pein über menschlichen Tod
Und über alle Pein, das glaubet mir.
Eine Nachtigall
Muß immer singen,
Denn ihre Natur ist lauter Klingen
In Minnen,
Wer ihr das nähme, brächt ihr den Tod.
Ei, großer Herr, bedenk meine Not!

Da sprach der Heilige Geist zu der Seele:
Eia, edle Jungfrau, bereitet Euch,
Euer Geliebter nahet heran! –
Sie erzittert' und ward doch inniglich froh
Und sprach: Eia, trauter Bote, geschäh es so!
Ich bin so gering, unbeständig dazu.
Ohne meinen Liebsten find ich nirgends Ruh.
Wenn ich fühle,
Daß ich in seiner Liebe ein wenig erkalte,
So ist mir an allen Enden weh.
Und es ist mir eine Gnade,
Ihm nachzugehn in Schmerzen. –
Da sprach der Bote:
Reinigt Euch und begießt Euch
Und bettet und streut Blumen! –

Da sprach die verlassene Seele:
Wenn ich mich reinige, muß ich mich schämen,
Wenn ich mich begieße, muß ich weinen,
Wenn ich bette, muß ich hoffen,
Wenn ich Blumen breche, muß ich minnen.
Wenn mein Herr kommt, gerate ich außer mir.
Denn er bringt mir manchen süßen Saitenklang
Und benimmt mir meines Fleisches Drang.
Und sein Saitenspiel ist voller Süßigkeit,
Damit nimmt Er mir alles Herzeleid.

Die große Zunge der Gottheit
Hat mir zugesprochen manch starkes Wort.
Dies vernahm ich mit den armseligen Ohren meiner Nichtigkeit,
Und das allerstrahlendste Licht hat sich aufgetan
Den Augen meiner Seele.
In ihm sah ich die unaussprechliche Ordnung
Und erkannte die unsägliche Herrlichkeit
Und das unfaßliche Wunder
Und die einzigartige Süße mit ihrer Unterscheidungsgabe
Und die höchste Sättigung
Und die größte Ordnung in der Erkenntnis
Und den Genuß mit Zurückhaltung
Gegenüber den begrenzten Kräften
Und die ungemengte Freude in der Einung
Und das lebendige Leben der Ewigkeit,

Wie es jetzt ist und immer sein wird.
Ich sah auch vier Strahlen,
Die schießen mit einemmale
Aus der edelsten Armbrust der Heiligsten Dreifaltigkeit
Vom göttlichen Thron durch die neun Chöre.
Da verbleibt niemand, ob arm oder reich,
Den er nicht träfe minnereich.

Der Strahl der Gottheit durchschießt sie
Mit einem unbegreiflichen Licht,
Die liebende Menschheit grüßt sie
In brüderlicher Freundschaft,
Der Heilige Geist berührt sie
Mit seiner fließenden Flut
Und der wunderbaren Schöpfung
Und der ewigen Wonne.
Der ungeteilte Gott speist sie
Mit dem Glanze seines hehren Antlitzes
Und erfüllt sie mit dem seligen Atem
Seines fließenden Mundes.
Und sie gleiten ohne Mühen
Wie die Vögel in den Lüften,
Wenn sie keine Feder rühren.
Und sie fliegen, wohin sie wollen
Mit Leib und mit Seele
Und bleiben doch in ihrer Ordnung voneinander getrennt.
Und wie die Gottheit klingt
Und die Menschheit singt
Und der Heilige Geist die Harfen des Himmels spielt,
Daß alle Saiten erklingen,
Die da gespannt sind in der Minne!

Ich sah auch jenes hehre, kostbare Gefäß,
In dem Christus sich neun Monate barg,
Mit Seele und mit Leib,
So wie es immer bleibt,
Nur noch nicht in der großen Pracht,
Die der himmlische Vater am Jüngsten Tag
Allen seligen Leibern erteilen wird:
Diese muß unsere Frau noch entbehren,
Solange die Erde treibt auf dem Meere.

Ich sah auch, wie schön unsere Frau zur Linken des himmlischen Vaters stand, in aller jungfräulichen Gestalt offenbar, und wie der menschliche Leib in das edle Licht der Seele unserer Frau getaucht und geordnet ist und wie die lustvollen unverborgenen Brüste voll der süßen Milch sind, daß die Tropfen dem himmlischen Vater zu Ehren und den Menschen zu Liebe dahinfließen, so daß der Mensch über alle Kreatur willkommen ist. Denn die hohen Fürsten, die Erzengel, erstaunen sehr, daß andere Fürsten, nämlich die Menschen, über sie gesetzt sind, und so ist es ruhmvoll, daß unser voller Zeuge dort ist. Zur rechten Hand unseres Herrn steht Jesus, unser Erlöser,
Mit offenen Wunden,
Blutig, unverbunden,
Zu überwinden des Vaters Gerechtigkeit,
Die manchem Sünder wäre bereit.
Solange die Sünde auf Erden ist,
Werden die Wunden Jesu Christ
Offen sein, blutig, ohne Leid.
Aber nach dem Gericht
Trägt Christus ein solches Kleid,
Wie es noch nie gesehen ward,
Es würde denn, was nicht geschah, von Gott geoffenbart.
Dann werden die süßen Wunden heilen,
Als wenn ein Rosenblatt
Gelegt wär an der Wunden Statt.
Man sieht sie dann in heiterer Minnefarb erstehen,
Die nimmer wird vergehen.
Dann wird der ungeschaffene Gott
All seine Schöpfungen neu gestalten
Und so neu, daß sie nie mehr veralten.

Nun gebricht mir mein Deutsch. Latein kann ich nicht. Ist etwas Gutes daran, ist's nicht meine Schuld. Denn es war nie ein Hund so böse, daß er nicht mit Freuden kam, wenn ihn sein Herr mit einer weißen Semmel lockte.

Es ist teuflisch, daß man sündigt

Einige Menschen, die gelehrt sind, sagen, es sei menschlich, daß man sündigt. Bei aller Versuchung meines sündhaften Leibes und bei aller Empfindung meines Herzens und bei aller Erkenntnis meiner Sinne und bei allem Adel meiner Seele konnte ich es nie anders finden, als daß es teuflisch und nicht menschlich sei, daß man Sünde tut.

Die Sünde sei klein oder groß,
Der Teufel ist immer ihr Genoß.

Unsere durch unsern freien Eigenwillen angenommene Teufelei, die allein ist uns verderblicher als unser ganzes Menschsein. Dies ist menschlich: Hunger, Durst, Hitze, Angst, Sorge, Frost, Leid, Jammer, Versuchung, Schlaf, Müdigkeit. Das sind Dinge, die Christus, der ein wahrer Mensch war, an sich selber ertrug um unsertwillen und mit uns. Wäre aber die Sünde nur menschlich, dann hätte auch er gesündigt, da er ein wahrer Mensch dem Fleische nach war und ein gerechter Mensch in der Weisheit und ein beharrlicher Mensch in den Tugenden und ein vollkommener Mensch im Heiligen Geiste. Und darüber hinaus war er ein ewiger Gott in der ewigen Wahrheit und nicht ein Sünder. Aber wollten wir ihm gleich werden, müßten wir auch gleich ihm leben oder durch Reue gerettet werden.

Du sollst bitten, daß dich Gott innig, häufig und lange liebt, dann wirst du rein, schön und heilig

Eia Herr!
Liebe mich innig,
Und liebe mich häufig und lang!
Denn je öfter Du mich liebst, desto reiner werde ich.
Je inniger Du mich liebst, desto schöner werde ich.
Je länger Du mich liebst, desto heiliger werde ich hier auf Erden.

Wie Gott der Seele antwortet

Daß ich dich oftmals liebe, das hab ich von Natur,
Weil ich die Liebe selber bin.
Daß ich dich innig liebe, hab ich von meiner Sehnsucht,
Weil ich ersehne, daß man mich herzlich liebt.
Daß ich dich lange liebe, kommt von meiner Ewigkeit,
Weil ich ohne Ende bin.

Wilst du den Berg anschauen, mußt du sieben Kräfte haben

In der Verzückung hab ich einen Berg gesehen,
Das war während kurzer Zeit geschehen.
Denn es könnte kein Leib ertragen,
Wenn die Seele einen Augenblick dort wäre.

Der Berg war unten wie die Wolken weiß,
Und oben auf der Höhe sonnenklar und heiß;
Beginn und Ende konnte ich nicht finden,
Und er strahlte in sich selber mitten drinnen
Von fließendem Gold in unsäglichem Minnen.

Da sprach ich: „Herr, selig sind die Augen,
Die das Minnefließen ewig schauen
Und dieses Wunder hier erkennen,
Ich kann es nicht benennen.“

Da sprach der Berg: „Deine Augen,
Sollen sie zu meiner Anschauung taugen,
Müssen verklärt sein mit sieben Dingen,
Denn anders kann es nie gelingen.
Diese heißen also:
Ungerne schuldig bleiben,
Mit Freuden verzeihen,
Und nichts für sich selbst behalten.
Edel sein gegen Gehässigkeit,
Liebevoll gegen Grausamkeit,
Rein von Schuld
Und bereit, alles zu empfangen.“

Von zweierlei armen Leuten, die mit Freuden oder unter Qualen arm sind

Ich habe zweierlei Leute arm gesehen. Die einen sind in Freuden arm und haben immer Angst, daß ihnen von dieser armen Erde zuviel werde. Die andern sind widerwillig und unter großer Qual arm und laufen hin und her und haben große Angst, daß ihnen nichts zuteil werde von dieser armen Erde. Hierauf antwortet unser Herr und spricht: „Die unter Qualen arm sind, stehen unter meiner Gerechtigkeit; denn besäßen sie viel irdische Güter, sie würden mich doch nicht minniglich minnen und heiligmäßig erkennen, darum muß ich sie mit dem Härtesten gewinnen. Denen, die mit Freuden arm sind, gebe ich mehr, als sie selbst zu begehren wagen; denn ich kann den Staub an ihnen nicht ertragen, daß sie sich mit irdischen Dingen zu sehr beschweren, und ich ersehne, daß ihr Herz immer zu mir hin offen ist und daß ich ohne Hinderung und ohne Unterlaß in ihnen leuchten und scheinen könne.“

Wie Gott seinen Freunden durch Leiden nahekommt

Wenn der Mensch in Traurigkeit fällt,
Auf die sein Sinn nie eingestellt,
Und ihm nur kleine Schuld zufällt,
Dann spricht unser Herr dazu:
„Ich habe ihn getroffen.
So wie Mein Vater Mich auf Erden traf.
Daher: die Ich auf Erden zu Mir herziehe,
Denen tut der Zug sehr weh.
Doch sie sollen es fürwahr wissen:
Je schmerzlicher Ich sie zu Mir hinaufziehe,
Um so näher werden sie Mir kommen.
Wenn der Mensch über sich selber siegt,
Daß ihm Schmerz und Trost ganz gleich wiegt,
Dann werd Ich ihn in die Süßigkeit heben
Und lasse ihn kosten das ewige Leben."

Wenn du stirbst, nimm Abschied von zehn Dingen

Wenn ich sterbe, nehme ich von allem, von dem ich scheide, Abschied. Ich nehme Abschied von der heiligen Christenheit und danke Gott dafür, daß ich ein Christ war und zum wahren christlichen Glauben gekommen bin. Und bliebe ich länger hier, so wollte ich mit Mühen und Arbeiten eine Hilfe für die heilige Christenheit sein, die in vielen Sünden steht.
Ich nehme Abschied von allen armen Seelen, die jetzt im Fegefeuer sind. Bliebe ich länger hier, würde ich gern eure Schulden tilgen helfen, und ich danke Gott, daß ihr Gnade finden werdet.
Ich nehme Abschied von allen Sündern, die in Hauptsünden liegen. Ich danke Gott, daß ich nicht ihr Gefährte bin, und bliebe ich hier, ich würde gern ihre Bürde vor Gott hintragen.
Ich nehme Abschied von allen Reuigen, die in ihrer Buße stehen. Ich danke Gott, daß ich ihr Gefährte bin. Bliebe ich länger hier, dann müßte ich sie liebhaben.
Ich nehme Abschied von allen meinen Feinden. Ich danke Gott, daß ich von ihnen nicht überwunden wurde. Bliebe ich länger hier, würde ich mich unter ihre Füße legen.
Ich nehme Abschied von allen irdischen Dingen. Ich klage Gott, daß ich sie nie gemäß seiner heiligen Ordnung gebrauchte.
Ich nehme Abschied von allen meinen lieben Freunden. Ich danke Gott und ihnen, daß sie in Nöten meine Hilfe gewesen sind. Bliebe ich länger hier,

müßte ich mich meiner Untugenden immer schämen, die sie an mir erkennen.
Ich nehme Abschied von all meiner Schlechtigkeit. Ich klage es Gott:

Daß ich seine heilige Gabe
An meiner Seele so verdorben habe,
Da sich nie ein Gebrechen so geringfügig fand,
Daß es nicht im Himmel an meiner Seele wäre bekannt.
Wie immer es auch gesühnt sei,
Ein Schaden war doch dabei.
Herr Jesus, ich klage es Dir,
Dennoch haftet die Schmach an Dir.

Ich nehme Abschied von meinem leidigen Leib. Ich danke Gott, daß er mich an vielen Orten vor vielen Sünden bewahrte. Bliebe ich länger hier, seine Schlechtigkeit ist so mannigfaltig, ich würde ihm nicht recht hold.

Nachwort

„In diesem Buch werden alle Betrübten und Verwirrten Trost finden. Alle aber, die anderen Trost annehmen, werden durch das darin Gesagte noch mehr verwirrt werden. Und der Herr sagt: Dieses Buch wird beständig unerschüttert bleiben. Denn es wird durch die allgemeine Annahme lieb und durch die Liebe gefestigt und durch seine Vollkommenheit dauerhaft, so daß ihm kein Widerspruch begegnen kann."[5]

Mechthild von Hackeborn

(1241–1299)

Mechthild stammte aus dem begüterten Geschlecht der Freiherren von Hackeborn in Thüringen.

Im Alter von sieben Jahren trat sie in das Zisterzienserkloster Rodersdorf ein, das sie bei einem Besuch ihrer älteren Schwester Gertrud kennengelernt hatte. Diese wurde 1251 als 19jährige zur Äbtissin gewählt; 1258 verlegte Gertrud von Hackeborn das Kloster wegen der unzureichenden Wasserversorgung von Rodersdorf nach Helfta bei Eisleben, wo danach gleichzeitig „das literarische Dreigestirn deutscher Frauenmystik“[1] – Mechthild von Hackeborn, Gertrud die Große und Mechthild von Magdeburg – lebte.

Mechthild hatte im Kloster die Stellung einer „cantrix“ (Sangesmeisterin), wurde aber in der Ausübung ihres Amtes durch vielfältige Krankheit behindert.
Die letzten acht Jahre ihres Lebens war sie ans Bett gefesselt. Ihre mystischen Visionen hatte Mechthild bis ins 50. Lebensjahr verborgen gehalten, dann erst teilte sie sich mündlich mit. Ihre Schülerin Getrud (die Große) hielt zusammen mit einer anderen Nonne heimlich fest, was Mechthild berichtete. Erst nach sieben Jahren erfuhr diese von der Existenz einer Sammlung ihrer Offenbarungen in deutscher Sprache und überarbeitete sie eigenhändig.
Während die ursprüngliche, deutschsprachige Fassung der Mechthild-Visionen verlorenging, blieb eine lateinische Übertragung unter dem Titel „Liber specialis gratiae“ (Buch von der besonderen Gnade) erhalten.
Wir geben im folgenden Auszüge aus diesem „Buch von der besonderen Gnade“ und fügen die beiden einzigen erhaltenen Briefe Mechthilds bei, die durch ihre bildhafte Sprache beeindrucken.

„Buch von der besonderen Gnade“ (Auszüge)

In der Heiligen Nacht ehrte sie so viel sie vermochte die höchste Dreifaltigkeit mit ihrem Lobpreis. Da erblickte sie in der Entrückung des Geistes einen lebendigen Brunnen, glänzender als die Sonne, der, in sich selber und aus sich selber strömend, einen wundersamen Wohlgeruch von sich ausgehen ließ. Das Brunnenhaus war aufs gediegenste und kostbarste gearbeitet, und der Brunnen hatte sein Schöpfgefäß in sich selber; er trank sich selber, ohne Vermittlung eines menschlichen Werkes, und er teilte sich allen Wesen verschwenderisch mit. Im festgegründeten Brunnenhaus sah sie einen Hinweis auf die Allmacht des Vaters; im Schöpfgefäß einen solchen auf die ungeschaffene Weisheit des Sohnes Gottes, der sich seinem Wohlgefallen gemäß allen freiwillig hinverströmt, und sich jedem nach seinem Willen ausschenkt und mitteilt; die Süße des Wassers aber stellte dar die unsagbare Süßigkeit und Güte des Heiligen Geistes. Die herrliche Luft besagte, daß Gott das Leben aller Dinge ist, denn wie der Mensch nicht leben kann ohne Luft, so lebt keine Kreatur ohne Gott.
Im Umkreis des Brunnens, an seiner Fassung angebracht, waren sieben Säulen mit Kapitälen aus Saphir; zwischen ihnen flossen sieben Bäche hervor zu allen Heiligen hin: dergestalt, daß einer zu den Engeln, ein zweiter zu den Propheten, ein dritter zu den Aposteln, ein vierter zu den Martyrern, ein fünfter zu den Bekennern, ein sechster zu den Jungfrauen, ein siebter zu allen übrigen Heiligen sich ergoß. Sie alle, in allen Gütern ersättigt, hauchten

einander wundersamen Wohlgeruch zu, den jeder mit ehrfürchtigem Eifer in sich sog. Das deutete an, daß die Heiligen ihre Freude und alle ihre in Gott besessenen Güter einander in strömender Hingabe mitteilen.

Am Fest der allzeit lobwürdigen Dreieinigkeit war sie im Gebet und fühlte den Wunsch, daß alle Heiligen, ja alle Kreatur die ehr- und lobwürdigste Dreieinigkeit für alle ihnen erwiesenen Wohltaten priesen und lobten. Da wurde sie plötzlich entrückt und bis zum Thron der Herrlichkeit geführt. Und sie sah die seligste Dreifaltigkeit selbst, in Gestalt eines lebendigen Quells, der anfangslos in sich selber strömte und alle Dinge in sich enthielt, der mit unendlicher Schönheit ausfließend dennoch in sich selber nicht gemindert wird, sondern unwandelbar verbleibend das All bewässert und zum Fruchttragen bringt. Die Seele aber, ganz aufgelöst in Liebe, ergoß sich in die Gottheit selbst hinein, diese aber strömte wiederum, unter unsäglichen Wonneschauern, in die Seele zurück. In dieser Einigung vernahm sie unter andern auch folgende an sie gerichtete Worte: „Sieh, mit meiner Allmacht zusammen bist du allmächtig geworden, und wenn du alles willst, was ich will, so wirst du immer auf ewig meiner Allmacht geeint sein. Auch hat dich meine unerforschliche Weisheit an sich gezogen; wenn alle meine Werke und Urteile dir gefallen, dann wirst du auf immerdar meiner Weisheit geeint sein. Auch meine Liebe hat dich so durchdrungen und durchströmt, daß du mich nicht mehr mit deiner, sondern mit meiner eigenen Liebe liebst, und in dieser Einigung wirst du mir ewig anhangen."

Als sie im Begriff war zu kommunizieren, ward ihr Geist mit solcher Freude erfüllt, daß sie selber darüber staunte und es nicht begriff. Da sprach der Herr: „Geh hin und kommuniziere deine Freude allen Heiligen." So trat sie denn zuerst zur Jungfrau Maria, kommunizierte ihr ihre Freude und sprach: „O gnadenvolle Jungfrau, zur Mehrung all deiner Glorie kommuniziere ich dir die übergroße Freude meines Herzens." Jene erwiderte ihr: „Und ich übergebe dir all meine Freude, in der ich mich mehr als je ein Geschöpf auf Erden oder im Himmel gefreut habe." Dann kommunizierte sie ihre Freude den Aposteln. Die sagten ihr: „Und wir geben dir alle Freude, die wir mit unserem milden Herrn und Meister erlebt haben, insbesondere da er uns vom Tode zu sich, dem ewigen Leben rief." Darauf den Martyrern, die zu ihr sprachen: „Und wir geben dir alle Freude, die wir im Feuer und im Eisen und in tausenderlei Toden aus Liebe zu ihm empfanden." Als sie zu den Bekennern kam, sagten sie zu ihr: „Und wir teilen mit dir alle Freude, die wir je in Arbeit und Strenge des Ordens um der Liebe Christi willen gehabt haben." Und als sie den Jungfrauen ihre Freude kommunizierte, sagten sie ihr: „Und wir schenken dir alle Freude, die wir durch besondere Bevorzugung in Gott unserem Bräutigam besitzen."

Als sie eines Tages wieder mit großer Anstrengung, wie fast immer, im Chor mitgesungen hatte und schon ganz müde war, kam es ihr vor, als söge sie alle

Luft, die sie einatme, aus dem Herzen Gottes, so daß sie nicht aus eigener Kraft, sondern gleichsam aus der Gottes sang. Sie pflegte nämlich aus allen Kräften Gott zu lobsingen, und mit solchem Eifer, daß ihr schien, sie würde auch dann weitersingen, wenn sie den eigenen Geist aushauchen müßte. Als sie nun in solcher Einigung mit Gott und in Gott sang, sprach der Herr zu ihr: „Wie du jetzt deinen Odem aus meinem Herzen zu ziehen scheinst, so widerfährt es einem jeden, der aus Liebe zu mir oder aus Sehnsucht nach mir seufzt: er zieht den Atem dazu nicht aus seinem, sondern aus meinem göttlichen Herzen, wie ein Gebläse, das in sich selber keinen Atem hat, sondern nur den, den es zuvor aus der Luft einzog."

Während aber der Hymnus „Lobpreist alle Werke des Herrn den Herrn" im Chor angestimmt ward, begehrte sie zu wissen, welches Lob Gott daraus ziehe, daß alle Geschöpfe eingeladen würden, ihn zu loben. Darauf erwiderte der Herr: „Wenn dieser Hymnus oder ein ähnlicher gesungen wird, worin die Kreaturen zum Gotteslob aufgerufen werden, dann geschieht es, daß alle geistlicherweise, als wären sie vernünftige Wesen, in meiner Gegenwart stehen, um jenes Menschen willen, der sie gerufen hat, oder überhaupt um aller Menschen willen, und für alles, was ich ihnen Gutes erwiesen habe, mir Lob erstatten."

Man soll nicht anzweifeln, daß unvernünftige Geschöpfe in der Art von lebendigen Personen vor Gott stehen, da doch dem nichts unmöglich ist, der „das Nichtseiende so ruft, als wäre es seiend" und dem kein Geschöpf unsichtbar ist. Wundersamer aber ist noch, ja anbetungswürdig, daß der liebe Herr so freundlich den Bitten der ihn liebenden Seelen willfährt und alle ihre Sehnsüchte weit über das Maß ihrer Natur kraft seiner Allmacht zu erfüllen geruht.

Da es ihr oft so schwer wurde, die Dienste anderer in Anspruch zu nehmen; da sie zudem fürchtete, mehr Bequemlichkeit als nötig sich zu gönnen, rief sie darob klagend Gott an und erhielt vom Herrn die Antwort: „Fürchte dich nicht und sei nicht verwirrt, denn alles was du leidest, das erdulde ich wahrhaft in dir, und deshalb werden alle Wohltaten, die die Menschen dir erweisen, mir selber erwiesen, und ich werde sie so würdig belohnen, als hätten sie sie mir getan. Allen auch, die dir fromm mitleidend in deiner Todesstunde beistehen werden, will ich es nicht weniger dankbar anrechnen, als wenn sie mitleidend meiner Passion beigewohnt hätten. Und die bei deinem Begräbnis andächtig zugegen sein werden, von diesen werde ich es so annehmen, als hätten sie meiner Grablegung mit gebührender Ehrfurcht beigewohnt."

Und als sie besonders für die sie Bedienende betete, sah sie den Herrn vor sich mit einem Gürtel voll goldener Ringlein. Er zeigte sie ihr und sagte: „Schau, das sind all die Fußtapfen derjenigen, die in deinem Dienst gerannt ist; sie alle stehen meinem ewigen Gedächtnis vor Augen, samt allen Dienstleistungen, die sie dir je erwiesen hat." Und der Herr befahl sie der Liebe an, daß die Liebe sich ihrer annehme und ihr in ihren Krankheiten diene.

Dabei erkannte sie, daß die Liebe auf drei Arten der Seele fruchtbar dient. Einmal so, daß sie alle Angelegenheiten des Menschen, wenn er sie ihr empfiehlt, aufs getreueste Gott vorstellt. Ferner so, daß sie alles ihr Anvertraute im Schreine des göttlichen Herzens aufs beste hinterlegt und beim Scheiden der Seele gemehrt und veredelt ihr wieder zustellt. Endlich so, daß sie dem Menschen in Mühsal und Bedrängnis wohl beisteht, ihn im Guten unterstützt und vor Bösem bewahrt.

Wenn also einer wenig Andacht in sich verspürt, wenn er sich kalt in der Liebe und von Gott entfernt fühlt, so rufe er die Liebe an und nehme sie als Gesandtin, sie bittend, sie möge sich würdigen, ihm die Gnade oder eifrige Andacht zu erwirken. Was immer er Gutes tut, befehle er ebenso der Liebe zur Aufbewahrung an, um es später in ein Besseres verwandelt von ihr zurückzubekommen. In aller Bedrängnis und Mühsal lade er die Liebe ein, ihm zu helfen; denn ist sie da, so spürt der Mensch keine Mühe und erliegt nicht im Kampf.

Während einer Messe wurde sie durch verschiedenen hindernden Gedanken des Verkostens Gottes beraubt. Sie bat die Mittlerin zwischen Gott und den Menschen, die Jungfrau Maria, ihr die Gegenwart ihres geliebten Sohnes zu erbitten. Auf ihre Fürbitte hin, so glauben wir, erblickte sie den König der Glorie, Jesus den Herrn, auf hohem kristallenem rein-durchsichtigem Thron, von dessen Vorderseite zwei wundersame lautere Bächlein, wonnigen Anblicks, ausgingen. Sie begriff, daß diese die Gnaden der Sündenvergebung und der geistlichen Tröstung seien, die beide bei jeder Messe auf Grund der göttlichen Vorsehung in besonderer Weise und leichter verliehen werden. Während der Opferung der geweihten Hostie nun stand der Herr vom Throne auf, und man konnte sehen, wie er sein heiliges Herz gleich einer helleuchtenden, bis oben gefüllten und überströmenden Lampe hochhob. Diese Lampe floß nach allen Seiten und mit so drängender Gewalt über, daß große Tropfen vom strömenden Überfluß wiederaufspritzten, und dennoch ward die Fülle der Lampe in nichts vermindert. Darin ward zu erkennen gegeben, daß, wiewohl aus der Fülle des Herzens Christi allen übergenugsam Gnade gespendet wird, entsprechend eines jeglichen Fassungskraft, gleichwohl der Herr in sich selber die überreiche, allselige Fülle bleibt und niemals irgendwelchen Abbruch erleidet. Nun sah sie auch, wie die Herzen aller, die zugegen waren, ebenfalls als Lampen wie durch eine Schnur mit dem Herzen des Herrn verbunden waren, manche davon standen aufrecht und brannten voll Öl, andere waren leer und hingen umgestürzt nach unten. Sie verstand, daß die brennenden und aufgerichteten Lampen die Herzen derer bezeichneten, die mit Andacht und Sehnsucht der Messe beiwohnten, die umgestürzten aber die Herzen derer, die es versäumten, sich durch Andacht zu erheben.

Einst sprach der Herr zu ihr: „Suche mich mit deinen fünf Sinnen und mache es wie ein Gastfreund, der beim Nahen eines sehr geliebten Freundes aus Fenster und Türen Ausschau hält, ob er wohl schon irgendwo des Ersehnten ansichtig werde. So soll die treue Seele in ihren fünf Sinnen, die ihre Fenster sind, mich immerdar suchen. Erblickt sie etwas Schönes und Liebliches, denke sie, wie schön und liebenswert und gut derjenige ist, der dies gemacht hat, und so lenke sie schnurstracks zu ihm, der alles erschuf. Hört sie eine süße Melodie oder sonst etwas, das sie begeistert, denke sie: ach, wie überlieb wird die Stimme dessen sein, der dich einst rufen wird, aus dem jede Anmut und jeder Wohlklang der Stimme ausging, und wenn sie die Menschen etwas reden hört oder wenn etwas vorgelesen wird, horche sie immer gespannt, ob sie wohl etwas vernehme, worin sie den Geliebten zu finden vermöchte. Und so suche sie auch in allem, was sie selber redet, die Ehre Gottes und das Heil des Nächsten. Und wenn sie liest oder singt, so überlege sie: was sagt dir dein Geliebter jetzt gerade, bei diesem Vers, in dieser Lesung, oder was trägt er dir auf? Und also soll sie ihn in allen Dingen so lange suchen, bis sie etwas Leises verspürt von der Süßigkeit Gottes. Mit dem Geruch und Getast halte sie es gleicherweise, und ziehe in ihr Gedächtnis, wie süß Gottes guter Geist ist und wie selig einst seine Küsse und Umarmungen sein werden. Und an welcher Kreatur sie immer sich ergötze, stets behalte sie Gottes Wonnen im Gedächtnis, der all dies Schöne, Erfreuliche und Bezaubernde uns dazu erschuf, daß er alle zur Erkenntnis und zur Liebe seines Gutseins heranlocke und hinbewege."

Briefe Mechthilds an eine unbekannte Empfängerin

Erster Brief

„Meine in Christo teuerste Tochter! Der Liebhaber Deiner Seele hält Deine Hand in seiner Rechten, jeden Deiner Finger mit den seinigen berührend, um Dir damit zu zeigen, wie er in Deiner Seele wirkt und wie Du ihm folgen und sein Beispiel nachahmen sollst.

Sein äußerster Finger bedeutet seinen überaus demütigen Wandel, wie er auf die Erde kam, nicht daß ihm gedient werde, sondern daß er diene und sich aller Kreatur unterwerfe. Zu diesem Finger sollst Du auch den Deinigen legen, das heißt, wenn Du vom Hochmut aufgebläht wirst, betrachte die Demütigung und Unterwürfigkeit Deines Gottes und bete, daß Du durch seine Demut allen Hochmut und Eigenwillen überwindest, der aus der Sonderliebe des Menschen zu sich selbst erwächst.

Sein Ringfinger bedeutet die Treue seines Herzens, mit der er eifrig für uns Sorge trägt, wie eine getreuste Mutter: er nimmt unsere Bürden und Beschwerden in seiner unaussprechlichen Herzenstreue auf sich und beschützt

uns vor allem Übel. Zu diesem Finger füge auch den Deinigen und erkenne, welche große Untreue Du Deinem allersüßesten, getreuesten Liebhaber erwiesen hast, als Du Deine Seele von ihm entferntest, die er sich zu Lieb und zu Lob erschuf, damit sie in ewigen Wonnen ihn allein genieße. Wie selten und wie lau gedachtest Du seiner!
Sein Mittelfinger bedeutet seine ewige, höchste, göttliche Liebe, die ihn so wunderbar und wirksam der Seele zuneigt und sein Herz nicht ruhen läßt, bis er sich ganz in die Seele ergießt, gleichwie gewaltsam strömendes Wasser, das sucht, wohin es sich ergieße. Zu diesem Finger lege auch den Deinigen, das ist, Deinen Willen! Wenn Du Gott nicht zu jeder Stunde wirklich lieben kannst, so gib wenigstens den Willen für die Tat: wenn Du aller Heiligen und aller Kreaturen Liebe besäßest, wolltest Du sie auf ihn allein richten.
Sein Zeigefinger bedeutet die wunderbare und unerforschliche Ordnung der göttlichen Vorsehung, die alle zukünftigen Dinge des Menschen barmherzig voraussieht und ihn, wenn er irregeht, mit so großer Weisheit und Herablassung zurückruft, bald durch Glück, bald durch Unglück. Zu diesem Finger sollst Du gerne den Deinigen legen, das heißt, Du sollst Gott glauben, daß alle Deine Schicksale, Fröhliches und Trauriges, nur aus seiner großen Liebe und zu Deinem großen Nutzen über Dich kommen. Wünsche Dir nichts anderes und auf keine andere Weise, und sage ihm für alles Lob und Dank!
Der Daumen bedeutet seine göttliche Allmacht und den mächtigen Schutz seiner väterlichen Güte. Damit hemmt und mindert er der treuen Seele alle Widerwärtigkeiten und läßt nur soviel über sie kommen, als zu ihrer Heiligung und zur Übung in den Tugenden notwendig ist. Auch zu diesem Finger sollst Du den Deinigen fügen, das heißt, auch Du sollst stark sein in der Übung der Tugenden und mannhaft den Fehlern widerstehn. Und mißtraue nicht der Barmherzigkeit Gottes, wenn er Dich in irgendeine Trübsal kommen läßt oder Dir den Trost seiner Gnade entzieht."

Zweiter Brief

„O getreue und gottliebende Seele! Erwäge eifrig und liebevoll das Gesetz, das Dir der kaiserliche Jüngling Jesus, der Sohn der väterlichen Güte, gegeben hat, als er Dich als Braut für sich erwählte, sich Dir als herrlichen Bräutigam hingab und aus sich selbst, durch sich selbst die Hochzeit feierte. Am Tage dieser Herrlichkeit und dieser Freude seines Herzens kleidete er sich um Deiner Liebe willen mit einem rosenfarbenen Kleide, das die Liebe mit seinem Herzblut gefärbt hatte. Auch setzte er auf sein Haupt einen Kranz von Rosen und Lilien, allenthalben umreiht mit den edelsten Perlen, nämlich den Tropfen seines überaus kostbaren Blutes. Handschuhe trug er an den Händen, wohldurchlöcherte, damit er ganz und gar nichts darin zurückbehalten könnte, sondern Dir alles gebe, was er bisher aller Welt verborgen hatte. Sein edles Bett war das harte Kreuz, auf das er so freudig und mit so brennender Liebe zueilte, wie noch nie ein Bräutigam sich an seinem Lager von Elfenbein und Seide erfreute. Auf diesem Liebesbett wartet er Deiner, in unbeschreiblicher Sehnsucht brennend, bis er Deiner Umarmungen genießt. Wenn Du nun seine Braut sein willst, mußt Du gänzlich aller Lust entsagen, an dieses Bett der Schmerzen und der Schmach herantreten und Dich an seine verwundete Seite schmiegen.

Erwäge eifrig, welches kostbare Pfand er Dir gegeben hat, indem er Dir sein übersüßes Herz, die Schatzkammer der Gottheit, öffnete und Dir daraus den herrlichen Becher seiner Liebe zutrank, der alle Krankheiten Deiner Seele heilt. Dieses hochedle Pfand ist von unschätzbarem Werte, weil es aller Gnade, aller Tugend und alles Guten Urquell ist. Dieses Pfand, sage ich, will er Dir nie entziehen, weil er dadurch sein Versprechen bekräftigt hat. Gleichwie ein König, der seine Braut noch nicht in sein Haus geführt hat, ihren Verwandten eine Stadt voll von Reichtümern als Pfand übergibt, so hat Dein Liebhaber und Bräutigam die Gott dem Vater kostbarste Gabe, sein göttliches Herz, Dir als Pfand gegeben, daß er Dich, seine Braut, nimmer verlassen wolle. Er opfert es auch täglich auf dem Altare für Dich auf, zum Erweise der Liebe, mit der er Dir von Ewigkeit zuvorgekommen ist.

Darum, Du Tochter des ewigen Vaters, Du auserwählte Braut seines einzigen, gleichewigen Sohnes, Du Freundin und ersehnte Ruhe des Heiligen Geistes, liebe diesen so herzlich Geliebten, von dem Du geliebt worden bist und der ganz Liebe ist. Sei ihm getreu, der die Treue selbst ist. Und wenn Dir irgendeine Trübsal begegnet, so nimm sie auf Dich wie eine goldene Kette, die Dir Gott auflegt, um Dich zur Liebe seines Sohnes zu ziehen. Ja, gib diesem Zuge gleichsam Deine Zustimmung, erhebe Dich selbst ganz und mache Dein Herz durch Dankbarkeit und Geduld geeignet, noch stärker gezogen zu werden, und habe sorgfältig acht, welches Heil Gott hierdurch in Deiner Seele wirken will.

Erwäge auch, was Dir an Tugenden noch gebricht! Bedarfst Du noch der Demut oder sonst einer Tugend, so schließ Dir mit dem Schlüssel der Liebe den köstlichen Schrein aller Tugenden auf, das göttliche Herz Jesu Christi, und bitte den Herrn der Tugenden, daß er Dir seine edlen Tugenden gebe, um alle Versuchung zur Sünde zu überwinden. Wenn aber die Räuberbande der bösen Gedanken Dich anfällt, dann eile zum Waffenschrank und nimm daraus die trefflichen Waffen, nämlich Deines Herrn Leiden und Tod! Diese sollst Du in steter Erinnerung so stark Deinem Herzen einprägen, daß dadurch die ganze Schar jener Gedanken vernichtet und verjagt wird. Wenn aber Gedanken der Verzweiflung Dich anfechten, dann eile zum Schreine der unerschöpflichen Güte, die niemanden untergehn lassen will, sondern zur Erkenntnis und Liebe der Wahrheit führen will, nur diejenigen ausgenommen, die freiwillig die Verdammnis erwählen. Bedenke, daß Gott mehr bereit ist, den Menschen aufzunehmen, als ein Mensch bereit sein kann, zu Gott zu kommen. Und das ersehnt Gott am meisten: daß der Mensch sich so verhalte, daß er ihm seine Gnade ohne Unterlaß eingießen und immer alle Güter in ihm mehren könne."

Gertrud die Große

(1256–1302)

Gertruds Herkunft ist unbekannt. Am 6. Januar 1256 in Thüringen geboren, wurde sie mit fünf Jahren als Waise der Obhut des Klosters Helfta übergeben.

Dieses wurde seit 1251 von Gertraud von Hackeborn geleitet und von dieser während ihrer 40jährigen Amtszeit zu einer der führenden deutschen Bildungsstätten entwickelt. Wir wissen von Gertrud, daß sie eine umfassende Erziehung genoß, die „sieben freien Künste" studierte (Grammatik, Rhetorik, Dialektik, Arithmetik, Geometrie, Astronomie, Musik) und daß sie in Gesang von Mechthild von Hackeborn unterrichtet wurde.

Die Laufbahn einer gelehrten Nonne schien vorgezeichnet, als ihr Leben am Abend des 27. Januar 1281 eine entscheidende Veränderung erfuhr: Nach Wochen innerer Unruhe erlebt Gertrud eine Vision, die sie zu einer intensiven Wendung nach innen führt. Mit der ganzen ihr eigenen Energie widmet sich Gertrud dem Studium der Heiligen Schrift und den Werken Augustins und Bernhards von Clairvaux.
Acht Jahre nach diesem Ereignis, am Gründonnerstag des Jahres 1289, erhält Gertrud den göttlichen Auftrag, ihre mystischen Erfahrungen aufzuschreiben. Zugleich erfaßt sie auch die Berichte Mechthilds von Hackeborn und stellt sie in dem „Buch von der besonderen Gnade“ zusammen.
Für ihre Mitschwestern gedacht sind Gertruds „Exercitia spiritualia“, sieben Meditationen, die zur immer vollkommeren Einheit mit Gott führen sollen und Verhaltensanweisungen mit Gebetstexten verbinden. Wir geben im folgenden aus diesem Werk Auszüge aus der 5. Übung („Zur Erweckung der göttlichen Liebe“) wieder.
Gertruds Hauptwerk ist der „Legatus divinae pietatis“ („Der Gesandte der göttlichen Liebe“), in dem Gertrud die Geschichte ihrer eigenen mystischen Erfahrungen schildert. Wir stellen nachfolgend Auszüge aus dem 2. Buch des Werkes vor, das Gertrud nachweislich selbst verfaßte. Gertrud von Helfta wurde schon im Spätmittelalter als „die Große“ gepriesen. Abweichend von ihrem Todestag (13.11.1302) wird ihr Gedenktag in der gesamten katholischen Kirche seit 1738 am 17.11 gefeiert.

Der Gesandte der göttlichen Liebe

2. Buch

Vorbemerkung: Im neunten Jahre nach dem Empfange der Gnade (der Offenbarung im Jahre 1281) – es war an einem Gründonnerstage –, während sie mit den übrigen Schwestern im Chore wartete, bis der Leib des Herrn einer Kranken gebracht wurde, empfing sie einen sehr heftigen Antrieb des Heiligen Geistes. Sie ergriff das Täfelchen an ihrer Seite und fing an, was sie im Herzen bei dem verborgenen Verkehr mit dem Geliebten empfand, eigenhändig in überwallendem Dankgefühle und zur Verherrlichung Gottes mit folgenden Worten niederzuschreiben.
Der Abgrund der unerschaffenen Weisheit rufe dem Abgrunde der staunenswürdigen Allmacht zum Lobpreise der so bewunderungswürdigen Güte, die im überwallenden Strome deiner Barmherzigkeit so tief herabgeflossen ist in das Tal meines Elendes. Es war im sechsundzwanzigsten Jahre meines Lebens, am Montage vor dem Feste der Reinigung deiner allerreinsten

Mutter, am 27. Januar, nach der Komplet beim Anfange der Dämmerung, als du, o Wahrheit, o Gott, heller denn jegliches Licht, aber tiefsinniger als jedes Geheimnis, weil du meine Finsternis zu verscheuchen beschlossen hattest, sanft und zart begannest, in dem du einen Sturm beschwichtigtest, den du einen Monat vorher in meinem Herzen erregt hattest. Durch diesen Sturm, glaube ich, suchtest du niederzustürzen den Turm meiner Eitelkeit und Neugier, in den mein Stolz ausgewachsen war, obgleich ich, ach, nutzlos Namen und Kleid des Ordensstandes trug, um vielleicht so den Weg zu finden, auf dem du mir dein Heil zeigen könntest.

Während ich also zu besagter Stunde inmitten unseres Schlafsaales stand und das Haupt, das ich zur ordensüblichen Ehrfurchtsbezeigung vor einer älteren mir begegnenden Schwester verneigt hatte, wieder erhob: da sah ich einen Jüngling mir zur Seite stehen, liebenswürdig und zart, von ungefähr sechzehn Jahren. Mit holdseligem Antlitze und sanften Worten sprach er zu mir: „Schnell wird kommen dein Heil. Warum verzehrst du dich in Trauer? Ist dir nicht ein Ratgeber zur Seite, da der Schmerz dich verändert hat?" Während er dies sagte, glaubte ich, obgleich ich wußte, daß ich körperlich am genannten Orte stand, dennoch in unserem Chore zu sein in der Ecke, wo ich mein lautes Gebet zu verrichten pflegte, und hörte dort folgende Worte: „Ich werde dich retten und befreien, fürchte nicht!" Sodann sah ich eine sanfte rechte Hand meine Rechte halten, als wollte sie dieses Versprechen bekräftigen. Und er fügte hinzu: „Mit meinen Feinden hast du Erde geleckt und Honig unter Dornen gekostet, kehre endlich zurück zu mir, und ich will dich aufnehmen und mit dem Strome meiner göttlichen Wonne berauschen." Bei diesen Worten sah ich umblickend zwischen mir und ihm, nämlich zu seiner Rechten und mir zur Linken, einen unabsehbar langen Zaun, und obenüber war derselbe mit so dichten Dornen überzogen, daß nirgendwo sich mir ein Zugang öffnete, um zu dem Jünglinge zurückzukehren. Während ich nun so zaudernd und wie verschmachtend dastand, da ergriff er mich, erhob mich und stellte mich neben sich.

Weil ich aber in jener seiner Rechten die erhabenen Denkmale der Wunden, wodurch die Handschriften aller zunichte werden, erkannt habe, so lobe, preise, bete ich an und danke deiner weisen Barmherzigkeit und barmherzigen Weisheit. Also suchtest du, mein Schöpfer und Erlöser, meinen harten Nacken deinem sanften Joche zu unterwerfen und hast meiner Krankheit den entsprechendsten und mildesten Trank bereitet. Denn von da an begann ich, durch neue geistige Fröhlichkeit erheitert, in dem Wohlgeruche deiner Salben einherzuschreiten, so daß auch ich dein Joch süß und deine Bürde leicht fand, während sie mir noch kurz vorher fast unerträglich erschienen war!

Von der Erleuchtung des Herzens

Sei gegrüßt, o mein Heil und Licht meiner Seele! Dank sage dir, was des Himmels Umkreis und der Erdenring und des Abgrundes Tiefe umschließt, für jene seltene Gnade, durch die du meine Seele in die Erkenntnis und Betrachtung des Innersten meines Herzens eingeführt hast, wofür ich vormals so wenig Sorge trug wie, wenn man so sagen kann, für das Innere meiner Füße. Da aber gewahrte ich vieles in meinem Herzen, was dein allerreinstes Auge beleidigen mußte, ja, mein ganzes inneres Wesen sah ich so ungeordnet und ungeregelt, daß es für dich, der du in ihm wohnen wolltest, keine Stätte darbot. Dennoch, o mein liebreichster Jesus, würdigtest du in jenen Tagen, in denen ich zu der lebenspendenden Nahrung deines Leibes und Blutes hinzutrat, mich häufiger deiner sichtbaren Gegenwart, wenngleich ich dich nicht deutlicher schaute als die Gegenstände in der Morgendämmerung. Durch diese huldvolle Herablassung hast du meine Seele angelockt, danach zu streben, daß sie dir inniger vereinigt würde, dich klarer erkenne und dich freier genösse.

Während ich nun beschloß, ernstlich zu ringen, um dies am Feste der Verkündigung Mariä, wo du die menschliche Natur im Schoße der Jungfrau dir vermählt hast, zu erreichen, da kamst du, der du sprichst: „Sieh, hier bin ich", bevor du noch angerufen wirst – du kamst jenem Tage zuvor, indem du mich Unwürdigste mit den Segnungen deiner Süßigkeit überraschtest. Es war an der Vigilie des genannten Festes, als das Kapitel wegen des Sonntags nach den Metten stattfand.

Weil ich aber durch keine Worte zu schildern vermag, in welcher Weise du, o Aufgang aus der Höhe, mit der herzlichsten Liebe und Süßigkeit mich damals heimgesucht hast, so gib mir, o Spender der Gaben, daß ich dir dafür das Opfer des Jubels auf dem Altare meines Herzens darbringe! Laß es mich auch erlangen, daß ich und alle deine Auserwählten deine süße Vereinigung und deine einigende Süßigkeit häufig erfahren! Denn im Hinblicke auf die Beschaffenheit meines Lebens bekenne ich in Wahrheit, daß es eine reine Gnade war, welche mir, der ganz Verdienstlosen, aus bloßer Huld gegeben wurde. Von da an beschenktest du mich mit einem viel helleren Lichte deiner Erkenntnis, infolge deren ich fortan mehr durch deine Liebe angelockt wurde, als die mir gebührende Strafe deiner Gerechtigkeit mich hätte bessern können.

Von der Lieblichkeit der Einwohnung des Herrn

Während du also an mir tatest und meine Seele also anlocktest, trat ich eines Tages – es war zwischen Ostern und Himmelfahrt des Herrn – vor der Prim in den Hof, setzte an den Weiher mich nieder und betrachtete die Lieblichkeit dieses Ortes, der mir überaus wohlgefiel. Denn durchsichtig hell floß das Wasser dahin, ringsum standen grünende Bäume, Vögel und besonders Tauben flogen in Freiheit hin und her, und überaus erfreute mich die traute Ruhe des verborgenen Sitzens. Da, o mein Herr und Gott, du Strom unschätzbarer Wonnen, der du, wie ich hoffe, den Anfang dieser Betrachtung eingegeben und auch das Ende derselben auf dich hingezogen hast, da flößtest du mir in den Sinn: Wenn ich den Fluß deiner Gnaden mit beständiger Dankbarkeit in dich, seinen Urquell zurückergösse; wenn ich durch gute Werke grünend und blühend in Weise der Bäume wüchse; wenn ich in freiem Fluge gleich der Taube dem Himmlischen zustrebte und hierdurch, mit den Sinnen des Körpers vom Lärm der Außenwelt hinweggezogen, die ganze Seele mit dir allein beschäftigte: dann würde mein Herz dir eine liebliche Wohnstätte darbieten.

Während ich nun an jenem Tage meinen Geist in solche Gedanken versenkt hielt und am Abend vor dem Schlafe zum Gebete auf den Knien lag, da kamen mir plötzlich die Worte in den Sinn: „Wenn jemand mich liebt, der wird mein Wort halten, und mein Vater wird ihn lieben, und wir werden zu ihm kommen und Wohnung bei ihm nehmen“ – und mein erdhaft Herz fühlte, daß du offenbar angekommen warst. O könnte ich doch, o könnte ich tausendmal das ganze Meer, in Blut verwandelt, durch meinen Geist leiten, damit wenigstens so ausgewaschen würde die Grube meiner Niedrigkeit, die du, o Endziel von unerforschlicher Hoheit, zur Wohnung auserwählt hast! Oder möchte es mir vergönnt werden, auch nur auf eine Stunde mein Herz mit glühenden Kohlen also zu läutern, daß es, von seinen ausgebrannten Schlacken rein, dir wenigstens keine allzu unwürdige Stätte darböte! Denn von jener Stunde an hast du, mein Gott, dich mir bald milder, bald strenger gezeigt, je nachdem mein Leben vollkommener oder lässiger wurde. Zwar konnte, um die Wahrheit zu gestehen, sogar die sorgfältigste Besserung, zu der ich auf einen Augenblick gelangte, wenn sie selbst meine ganze Lebenszeit angedauert hätte, auch nicht den am wenigsten milden Erweis deiner Gnade mir verdienen, wie ich ihn jemals nach so vielfältigen Vergehen und Fehlern empfangen habe. Deine allzu große Huld zeigt dich oftmals mehr betrübt als erzürnt durch meine Sünden. Hierdurch aber offenbarst du, wie mir deucht, eine größere Kraft der Geduld, als da du zur Zeit deines sterblichen Lebens deinen Verräter Judas liebreich duldetest.

Denn wie sehr ich auch mit meinem Geiste in den vergänglichen Dingen umherirrte und Freude suchend mich zerstreute, so habe ich dennoch, wenn ich zu meinem Herzen zurückkehrte, dich immer sogleich gefunden, von jener Stunde an bis jetzt, da seit dem Empfange dieser Gnade schon das neunte Jahr hinfließt. Ausgenommen hiervon waren einmal elf Tage vor dem Feste Johannes' des Täufers, in denen ich deine Gegenwart nicht genoß, und zwar, wie ich glaube, infolge weltlicher Unterhaltung an einem Donnerstag;

und dies währte bis zum Montag, der Vigilie Johannes' des Täufers, unter der Messe Ne timeas, Zacharia – „Fürchte nicht, Zacharias" usw. Denn damals schaute deine Herablassung und Huld auf mich, die in schlimmer Torheit den Verlust eines solchen Schatzes nicht einmal merkte. Nicht erinnere ich mich, darüber getrauert oder auch nur ihn zurückgewünscht zu haben, weshalb ich jetzt staune über die Verblendung, die meinen Geist gefangenhielt. Vielleicht wolltest du mich an mir selbst erfahren lassen, was Bernardus sagt: „Wenn wir fliehen, so folgst du uns nach; wenden wir den Rücken, so kehrst du vor unser Angesicht zurück; ja du flehst und wirst verachtet; und dennoch kann keine Beschämung, keine Geringschätzung dich davon gänzlich abbringen, unermüdet tätig zu sein, um uns zu dem hinzuziehen, was kein Auge gesehen, kein Ohr gehört hat und was in keines Menschen Herz gekommen ist." Und wie du zu Anfang ohne mein Verdienst, so hast du damals, da ich mehr als Mißverdienst hatte – denn Zurückfallen ist schlimmer als Fallen –, dich herabgelassen, die Freude deiner Gegenwart mir wieder zu schenken, und zwar andauernd bis zu dieser Stunde. Hierfür sei dir Lob und jene Danksagung dargebracht, welche, von der unerschaffenen Liebe hervorquellend, in einer jeder Kreatur unerfaßlichen Weise in dich selber zurückströmt!

Damit du aber dies Gut in mir bewahren mögest, opfere ich dir auf jenes erhabene, innige und wirksame Gebet, so du am Ölberge, von blutigem Angstschweiß übergossen, verrichtetest. Durch die Kraft dieses vollkommensten Gebetes bitte ich dich, du wollest mich gänzlich in der Vereinigung mit dir vollenden und im Innersten an dich ziehen, damit ich jedesmal, so oft ich zum Heile des Nächsten äußeren Geschäften mich widmen muß, nur zum Teil von ihnen in Anspruch genommen wurde und, nachdem ich sie auf die vollkommenste Weise zu deiner Ehre verrichtet habe, sogleich wieder ganz in mein Inneres zu dir zurückkehre, gleichwie der ungestüme Strom nach Entfernung des Hindernisses in die Tiefe stürzt. Mögest du auch meinen letzten Atemzug in deiner Umarmung mit so wirksamem Kusse empfangen, daß meine Seele ohne Verzug dort sich finde, wo du raumlos und unzerteilt, in Ewigkeit blühend, mit dem Vater und dem Heiligen Geiste lebst und regierst, wahrer Gott von Ewigkeit zu Ewigkeit. Amen.

Von einer vortrefflichen Vereinigung der Seele mit Gott

Es kam das Fest der hochheiligen Reinigung, an dem ich nach einer schweren Krankheit noch zu Bette lag und früh bei Tagesanbruch trauernd in mir klagte, daß ich deshalb der göttlichen Heimsuchung, durch die ich öfter an solchen Tagen war getröstet worden, entbehren mußte. Da empfing ich von der Vermittlerin des Mittlers zwischen Gott und den Menschen folgenden Trost: „Gleichwie du dich nicht erinnerst, einen heftigeren Schmerz in kör-

perlicher Krankheit erduldet zu haben, ebenso wisse, daß du auch niemals ein edleres Geschenk von meinem Sohne empfangen hast als dasjenige, das dir jetzt wird zuteil werden. Zu seinem würdigen Empfange hat die vorausgehende Krankheit des Körpers deinen Geist gekräftigt." Als ich hierdurch erleichtert – es war gerade die Stunde zur Prozession gekommen – nach dem Genusse der lebenspendenden Nahrung auf Gott und mich achtete, erkannte ich, daß, gleichwie das am Feuer erweichte Wachs dem Siegel zum Eindrücken nahe gebracht wird, also meine Seele der Brust des Herrn nahe war; und plötzlich schien es, als würde sie um ihn gelegt und zum Teil von jenem Schatzmeister eingezogen, in welchem leibhaftig wohnt die Fülle der Gottheit mit dem Gepräge der strahlenden und allzeit ruhenden Dreifaltigkeit.
O mein Gott, du verzehrende Kohle, bergend und entlockend und eindrükkend lebendige Glut! Während du so unauslöschlich bliebst und auf dem feuchten und schlüpfrigen Grunde meiner Seele deine Feuerkraft wuchs, da trocknetest du in ihr zuerst die Feuchtigkeit weltlicher Ergötzung auf und hast nachher auch die Starrheit ihres Eigensinnes erweicht, worin sie eine Zeitlang so sehr verhärtet gewesen. O wahrhaft verzehrendes Feuer, das seine Kraft also an den Fehlern ausübt, daß es die Stelle einer sanften Salbung in der Seele vertritt! In dir und durchaus in keinem andern empfangen wir die Kraft, wodurch wir nach dem Bilde und der Ähnlichkeit unseres Ursprunges erneuert werden. O brennender Ofen, der das Erz in geläutertes, auserwähltes Gold umwandelt, wenn endlich die von den Täuschungen ermüdete Seele mit voller Sehnsucht nur nach den Gütern deiner Wahrheit begehrt!

Wie die Seele noch inniglicher in Gott hineingezogen wurde

Hiernach am Sonntage Esto mihi hast du in der Messe mein Gemüt aufgeweckt und mein Verlangen zu jenen edleren Gütern, die du mir erteilen wolltest, besonders durch zwei Worte erweitert, beim Verse des ersten Responsoriums: „Loben und preisen will ich dich ...", und beim Verse des neunten Responsoriums: „Denn dir und deinem Samen will ich dieses Land geben." Hiermit hast du, mit deiner ehrwürdigen Hand deine beseligendste Brust berührend, mir gezeigt, welches Land deine allumfassendste Freigebigkeit versprach.
O seliges und mit Überfluß an Seligkeit beseligendes Land, o Flur der Wonnen, wovon das kleinste Körnlein dem Verlangen aller Auserwählten vollauf zu genügen vermag!
Während ich aber hieran dachte, wenn auch nicht, wie es sich geziemte, so doch wie ich konnte: sieh, da erschien die Güte und Menschenfreundlichkeit Gottes, unseres Erlösers, nicht wegen der Werke der Gerechtigkeit, wodurch ich Unwürdige dies hätte verdienen können, sondern nach ihrer un-

aussprechlichen Erbarmung, indem sie durch Wiedergeburt und Annahme an Kindes Statt mich befähigte, zu jener verehrungs- und anbetungswürdigen, himmlisch hehren und unschätzbaren Vereinigung mit dir zu gelangen.
Aber durch welches Verdienst meinerseits oder nach welchem Urteile deinerseits hat die Liebe, die der Würde vergißt, aber reich ist an Erbarmen, dich, o mein süßester Gott, bewogen, daß du so Ungleichartiges vereinigtest? Oder vielmehr die dir eingeborne und gleichwesentliche Güte, innerlich durchdrungen von der Süßigkeit der Liebe, womit du nicht bloß liebst, sondern auch ganz Liebe bist, und deren naturgemäße Wirkung du auf das Heil des ganzen Menschengeschlechtes hingekehrt hast, sie hat dich überredet, das am tiefsten stehende Menschenkind zur Gemeinschaft der königlichen, ja, göttlichen Hoheit zu berufen, damit hierdurch jeder in der Kirche stehende Mensch ein um so größeres Vertrauen gewinne. Dies hoffe und wünsche ich von jedem Christen wegen der Ehrfurcht, die meinem Herrn gebührt, daß niemand gefunden werde, der die Geschenke Gottes schlechter verwendet und dem Nächsten mehr Ärgernis gegeben hat als ich.
Weil aber das Unsichtbare an Gott durch die erschaffenen Dinge zum Verständnis nach außen ausgedrückt werden kann, wie ich oben erwähnte, so erschien der Herr in jenem Teile seiner gebenedeiten Brust, in welchem er am Feste der Reinigung meine Seele wie am Feuer erweichtes Wachs aufgenommen hatte, gleichsam rinnend von mächtig hervorbrechenden Schweißtropfen, als wäre jenes Wachs in solcher Zerschmelzung flüssig geworden. Diese Tropfen jedoch nahm jene göttliche Schatzkammer mit wunderbarer Kraft in sich auf.
O ewiger Sonnenstillstand, o sichere Wohnung, o Stätte, die alle Wonnen umschließt, o Paradies beständiger Freuden, wo ein Strom unschätzbarer Genüsse dahinrinnt, ein blütenduftiger Frühling durch jegliche Lieblichkeit anlockt, eine süßtönende Melodie geistiger Musik sanft und schmelzend ergreift, eine wohlduftatmende Luft durch lebenspendenden Würzgeruch erquickt! O selig, dreimal selig, und wenn es erlaubt ist zu sagen, o hundertmal heilig derjenige, der unter Führung der Gnade mit unschuldigen Händen und reinem Herzen und geläuterten Lippen dorthin nahe zu treten verdient! O was sieht, hört, riecht, kostet, empfindet er! Doch was versucht meine Zunge hiervon zu stammeln? Denn wurde ich auch durch die Gunst der göttlichen Güte zugelassen, so vermochte ich, weil ich von den eigenen Fehlern oder Nachlässigkeiten wie mit einem dichten Felle überzogen bin, dennoch nichts der Wahrheit Ähnliches zu erfassen. Würde selbst alle Kraft der Engel und der Menschen zu einer Wissenschaft vereinigt, auch sie vermöchte nicht einmal ein einziges Wort zu bilden, das an jene alles überragende Hoheit und Erhabenheit hinanreichte.

Von der unauflöslichen Vereinigung der Seele mit Gott

Nicht lange hiernach – es war in der Fastenzeit –, als ich abermals wegen schwerer Krankheit das Bett hüten mußte und allein dalag, da war der Herr mir zugegen, das prophetische Wort bewährend: „Ich bin bei ihm in der Trübsal." Denn er ließ aus der linken Seite wie aus dem Innersten seines gebenedeiten Herzens einen Strom von kristallheller Reinheit und zugleich von großer Stärke hervorfließen, welcher fortströmend seine verehrungswürdige Brust in Weise einer Halskette bedeckte und durchsichtig erschien in goldener und roter Farbe, die abwechselnd unter sich gemischt waren. Hierbei sprach der Herr: „Die Krankheit heiligt deine Seele darin: So oft du um meinetwillen in Gedanken, Worten oder Handlungen andern Hilfe bringst, wirst du niemals weiter von mir hinwegschreiten, als dir in diesem Strom gezeigt wurde. Und so wie jene goldene und rosenrote Farbe durch die kristallhelle Reinheit erglänzt, so werden die Tätigkeit meiner goldenen Gottheit und die vollkommene Geduld meiner rosenfarbenen Menschheit durch jede deiner Absichten wohlgefällig hervorleuchten."

O Würde jenes geringsten Stäubchens, das der vorzüglichste Juwel des himmlischen Adels aus dem Straßenstaube aufliest, um es sich anzusetzen! O Erhabenheit jenes winzigen Blümchens, das der Sonnenstrahl selbst aus sumpfigem Orte an sich zieht, damit es gleichsam mitleuchte! O Seligkeit jener glücklichen und gebenedeiten Seele, die der Herr der Majestät so hoch schätzt, daß er sie, obgleich er allmächtig im Schaffen ist, dennoch als Seele erschuf, als Seele sage ich, die, wenn sie auch mit seinem Bilde und Gleichnis geschmückt ist, dennoch so weit von ihm absteht wie das Geschöpf von dem Schöpfer! Und darum tausendmal selig jene Seele, der es gegeben wird, in solchem Stande zu verharren, zu dem ich leider, wie ich fürchte, niemals auch nur einen Augenblick gelangt bin; aber ich wünsche sehnlichst, die göttliche Güte möge mir irgendein Gnadengeschenk, welches es auch immer sein mag, durch die Verdienste derjenigen gewähren, welche sie so lange Zeit, wie ich hoffe, in diesem Stande erhalten hat.

O Geschenk über alle Geschenke, mit den Gewürzen der Gottheit so reichlich gesättigt und mit dem lautern Weine der Liebe getränkt zu werden! Daß du, o Herr und Gott, dies Geschenk deinen Auserwählten in deiner Allmacht geben könntest, darauf vertraue ich mit höchster Zuversicht. Daß du es auch mir in deiner liebreichen Güte geben wolltest, daran zweifle ich nicht. Wie du es mir aber bei meiner Unwürdigkeit zu geben weißt, hierin vermag ich deine unerforschliche Weisheit keineswegs zu ergründen. Darum lobe und preise ich jetzt deine weise und gütige Allmacht; ich verehre und bete an deine allmächtige und gütige Weisheit; ich danke Gott! Denn alles, was mir von deiner Freigebigkeit jemals konnte gespendet werden, immer hab' ich es unendlich weit über Verdienst empfangen.

Exercitia spiritualia – Geistliche Übungen

Fünfte Übung

Zur Erweckung der göttlichen Liebe

Sooft du die Liebe pflegen willst, ziehe dein Herz weg von allen ungeordneten Neigungen, Hemmnissen und Bildern. Wähle zu diesem Zweck einen geeigneten Tag und eine passende Zeit, wenigstens drei Stunden, und zwar je eine am Morgen, Mittag und Abend, als Genugtuung dafür, daß du Gott, deinen Herrn, niemals aus deinem ganzen Herzen, aus ganzer Seele und aus allen Kräften geliebt hast. Und dann, mit ganzem Herzen, mit völliger Hingabe und Aufmerksamkeit vereinige dich Gott im Gebete, wie wenn du deinen Bräutigam Jesus selbst gegenwärtig sehen würdest, der in Wahrheit in deiner Seele gegenwärtig ist ... Und zuerst am Morgen, wie hineilend zu deinem Gott, sprich folgendes Gebet mit seinen drei Versen.

Mein Gott! Mein Gott!
Zu dir erwache ich frühmorgens.

Es dürstet nach dir meine Seele;
wie sehr verlangt mein Leib nach dir.

In diesem weg- und wasserlosen Lande
erscheine ich vor dir im Heiligtum,
um deine Macht und Herrlichkeit zu schauen.

Eja, o Liebe, mein Gott, du allein bist meine Liebe. Du bist mein liebster Heiland. Du bist meine ganze Hoffnung und Freude, mein höchstes und bestes Gut. Vor dich, mein Gott, meine innigste Liebe, will ich frühmorgens hintreten und dich betrachten; denn du bist die immerwährende Lieblichkeit und Süßigkeit. Du bist mein Herzensdurst. Du bist die völlige Sättigung meines Geistes. Je mehr ich dich koste, um so mehr hungert mich. Je mehr ich dich trinke, um so mehr dürstet mich.

O Liebe, mein Gott, dein Anblick ist mir ein sonnenheller Tag: Jener eine Tag in den Vorhöfen des Herrn, der besser ist als tausend sonst, nach dem allein meine Seele, die du erlöst hast, seufzt. Eja, wann wirst du mich sättigen mit der Wonne deines honigfließenden Angesichts? Es sehnt und verzehrt sich meine Seele ob der Fülle deiner Lieblichkeit. Siehe, ich erwähle und ziehe vor, unbeachtet zu sein im Hause meines Gottes, auf daß ich desto inniger den Genuß deines süßesten Antlitzes erstreben kann.

O Liebe, dich schauen heißt in Gott verzückt werden. Dir anhangen heißt hochzeitlich mit Gott verbunden werden. O klarstes Licht meiner Seele und hellstrahlender Morgen, eja, nun werde Tag in mir und leuchte in mir so auf, daß ich in deinem Lichte das Licht schaue und durch dich meine Nacht sich in Tag verwandle. O mein teuerster Morgen, alles, was du nicht bist, will ich aus Liebe zu deiner Liebe als nichts und eitel erachten. Eja, suche mich schon morgens bei Tagesanbruch heim, auf daß ich in dich sofort ganz umgestaltet werde.

O Liebe, nicht nur lichttragend, sondern Gott tragend, nun ströme breit in mich ein, damit ich selig in dir zerfließe. Laß mich, mir selbst entschwunden, in dich überfließen ganz und gar, so daß ich mich niemals in der Zeit mehr zurückholen kann, sondern dir verschmolzen bleibe in alle Ewigkeit.

O Liebe, du bist jene einzigartige Schönheit, jene überragende Zier, die in dieser Welt nicht geschaut wird, es sei denn verhüllt durch die Flügel der Seraphim. O wann wird mich solche und soviel Schönheit erquicken? O kaiserlicher Morgenstern, von göttlicher Klarheit strahlend! O wann wird mich deine Gegenwart erleuchten?

O liebenswürdige Schönheit, wann wirst du mich mit dir sättigen? Mögen mir hienieden nur auf kurze Zeit einige schwache Strahlen deiner Schönheit zuteil werden, auf daß es mir vergönnt sei, deine Süßigkeit wenigstens ein Weilchen zum voraus zu genießen und dich, meinen besten Anteil, selig beglückt zum voraus zu verkosten. Eja, kehre dich jetzt ein wenig zu mir, damit ich auf dich, Blume der Blumen, mein Auge hefte.

Du bist der hellstrahlende Spiegel der heiligsten Dreifaltigkeit, den man drüben von Angesicht zu Angesicht, hier indes nur im Rätsel mit dem Auge eines reinen Herzens schaut. Eja, besprenge mich mit deiner Reinheit, und ich werde gereinigt sein. Berühre den Grund meines Herzens mit deiner Lauterkeit, und ich werde weißer als Schnee. Es überwiege, ich bitte darum, die Größe deiner Liebe, und es umhülle mich die Fülle deiner Verdienste, auf daß das Mißverhältnis zwischen meiner und deiner Anmut und Schönheit mich nicht fernhalte von dir.

Blick auf mich und schaue, und laß mich dich erkennen und verstehen. Du hast mich zuerst geliebt. Du hast mich erwählt, als ich dich nicht erwählte. Jedem, der nach dir dürstet, eilst du freiwillig entgegen. Der Glanz des ewigen Lichtes strahlt auf deiner Stirn.

Eja, zeige mir dein Angesicht, und laß mich deine Schönheit betrachten. Wie ist so lieblich und schön dein Antlitz, strahlend im herrlichsten Morgenrot der Gottheit. Auf deinen Wangen glüht wunderbar das Alpha und Omega. In deinen Augen funkelt unauslöschlich die lichte Ewigkeit. Dort leuchtet mir das Heil Gottes wie eine Fackel entgegen. Dort gesellt sich als fröhliche Gespielin die schöne Liebe zur lichtvollen Wahrheit. Duft des Lebens weht mir aus dir entgegen. Honig und Milch träufeln mir aus deinem Munde zu. Wie bist du so schön, o Liebe, mein Gott! Und wie anmutig, wie bewunderungswürdig und wie erhaben bist du, Teuerste, in deinen Wonnen!

Du, o Königin, ruhst als erste auf dem göttlichen Thron, erfüllt von den Reichtümern der kaiserlichen Dreifaltigkeit. Als Vermählte und Braut des höchsten Gottes erfreust du dich immerfort seines vertrauten Umgangs und bist durch unzertrennliche Minne verbunden mit Gottes Sohn.
O Liebe, beim Versinken meines Lebens wolle mir gnädig als frühestes Morgenlicht aufgehen! Und wenn du mich in dieser Fremdlingschaft verscheiden siehst, dann laß mich aus dir ewiges Leben schöpfen. Gib mir, diese Verbannung so zu beenden, daß ich unbehindert mit dir zur Hochzeit des Lammes eingehen kann. Laß mich an deiner Hand meinen wahren Bräutigam und Freund finden und durch dich ihm so innig vermählt werden, daß ich mich in Ewigkeit nicht mehr seiner Umarmung zu entziehen vermag. O Liebe, o Schlüssel Davids, erschließe und öffne mir alsdann das Allerheiligste, damit ich, von dir eingeführt, ohne Verzug in Sion froh den Gott der Götter schaue, ihn, nach dessen honigfließendem Antlitz jetzt mein Herz verlangt und sich heftig sehnt.

Um die Mittagsstunde nahe dich deinem von Liebe zu dir brennenden Bräutigam und bitte, daß er, die Sonne der Gerechtigkeit, deine Lauheit durch die Inbrunst seiner Liebe entflamme, damit die Kohle der göttlichen Liebe auf dem Altar deines Herzens immerfort brenne, ohne je zu erlöschen. Beginne dein Gebet mit folgenden Psalmversen:

Daß ich dich liebte, Herr, meine Stärke!
Mein Gott, mein Helfer,
Mein Beschirmer und Hort meines Heiles.

Eja, o Liebe, meiner Minne Erstlingsblume, du bist mein kostbarstes Verlobungsgeschenk und meine teuerste Hochzeitsgabe. Sieh, deinetwegen habe ich die Welt verschmäht und all ihre Freude wie Kot erachtet, nur um zur Vermählung mit dir zu gelangen. Eja, gib mir Zutritt zur Geheimkammer deiner Liebe. Sieh, schon brennt mein Herz nach deinem Liebeskuß. Öffne mir das traute Brautgemach deiner schönen Liebe. Sieh, es dürstet meine Seele nach der Umarmung deiner innigsten Vereinigung.
Eja, bereite jetzt das Festmahl deiner überreichen Erbarmung und lade mich zum Tische deiner Wonnen. Setze mir das köstliche Gericht deiner ewigen Versöhnung vor, das allein meinen Geist zu stärken vermag. Eja, laß uns jetzt zusammen Gastmahl halten, o mein teuerstes und höchstes Gut. Du bist in dir selbst über alles Ermessen an allen Gütern reich und überfließend und teilst dich der Kreatur wundersam mit.
Eja, erquicke mich reichlich mit dir selbst. Denn wie wird der Funken am Leben bleiben, wenn nicht in seinem Feuer, oder wie kann der Tropfen bestehen, getrennt von seiner Quelle?

Eja, deine teure Minneflamme verschlinge mich nun ganz, meinen Geist und meine Seele, und erfasse mich von allen Seiten so, wie es deine freigebige Allmacht mit einem geringen Stäublein spielend vermag.
O Liebe, o süßeste Mittagsglut, deine heilige Rast, so voller Frieden, ergötzt mich über alles. Deine heiß ersehnten Sabbate sind erfüllt von Gottes Gegenwart und übergossen von der Lieblichkeit des mildstrahlenden Antlitzes des Bräutigams.
Eja, o mein Geliebter, erwählt und auserkoren vor allen Kreaturen, laß mich in dir erkennen und zeige mir, wo du weidest, wo du am Mittag ruhst. Siehe, es erglüht und brennt mein Geist, wenn ich denke an die Wonne deiner Ruhestunde. O Liebe, hier im honigfließenden Schatten deiner Minne lasse ich all mein Hoffen und Vertrauen ruhen. Im Schoße deines Friedens wohnt Israel ohne Bangen. Nach dieser hocherwünschten Sabbatfeier sehnt sich inbrünstig meine Seele.
O Liebe, dich genießen führt zur huldvollsten und innigsten Verbindung des ewigen Wortes mit der Seele, zur vollkommenen Vereinigung mit Gott. Mit dir verkehren, heißt mit Gott verflochten werden. Dich genießen, heißt eins werden mit Gott. Du bist jener Friede, der allen Begriff übersteigt; und in ihm ist der Weg, der ins Brautgemach führt.
O wenn es mir Armen nur auf einen Augenblick gelingen möchte, zu rasten unter dem trauten Mantel deiner Liebe, auf daß mein Herz durch einen einzigen trostvollen Ausspruch deines lebendigen Wortes gestärkt würde und meine Seele aus deinem Munde dieses gute und süße Wort zu hören bekäme: „Dein Heil bin ich; siehe, schon steht dir offen die Brautkammer meines Herzens."
Weshalb denn, o edle Liebe, hast du ein so garstiges, häßliches Wesen geliebt, wenn nicht, um es in dir schön zu machen! Deine zärtliche Liebe zieht mich an und lockt mich, o liebliche Blume, entsprossen der Jungfrau Maria.
Laß meine Erwartung nicht zuschanden werden, sondern gib mir, in dir die Ruhe meiner Seele zu finden. Nichts Erwünschteres habe ich gefunden, nichts liebenswerter erachtet, nichts Teureres erwählt, als umschlungen zu werden, o Liebe, von deinen Umarmungen, unter den Fittichen meines Jesus zu ruhen und zu wohnen in den Zelten der göttlichen Minne. O Liebe, o schöner Mittag, sterben möchte ich tausendmal, auf daß in dir ich Ruhe fände. Ach, möchtest du doch, o Geliebtester, das so erhabene Antlitz deiner schönen Liebe mir zuwenden.
O wenn mir doch gegeben würde, dir ganz nah zu kommen, daß ich mich nicht nur neben dir, sondern in dir befände! Damit durch dich, Sonne der Gerechtigkeit, in mir, die ich Staub und Asche bin, die Blüten aller Tugenden aufgingen und meine Seele, dir, o Herr, vermählt, solche Fruchtbarkeit erhielte, daß in mir die ruhmreiche Kinderschar aller Vollkommenheiten geboren würde. Dann könnte ich einst, befreit aus diesem Tal des Elends, in

Ewigkeit vor deinem heißersehnten Angesicht mich rühmen, daß du, o Spiegel ohne Makel, nicht verschmäht hast, dich mit mir, einer so großen Sünderin, in Wahrheit aufs innigste zu vereinigen. Eja, o Liebe, in der Todesstunde mögen mich deine Worte, die köstlicher sind als Wein, erquicken und mich trösten deine Lippen, die süßer sind als Honig und Honigseim; und sei du selbst mir Weg, auf daß ich nicht in weglosem Land umherirre. Laß mich, laß mich mit deiner Hilfe, o Königin, ohne Hindernis zu den schönen, fruchtbaren und einsamen Gefilden Gottes gelangen, wo ich in Ewigkeit frohlockend die honigfließende Gegenwart meines göttlichen Bräutigams und Lammes genießen möge.
Es spreche alles: Amen.

Am Abend, ganz vergehend und verschmachtend in Erwartung der ewigen genießenden Anschauung des honigfließenden Antlitzes des göttlichen Lammes, eile wie ein emsiges Bienlein in die Umarmung deines geliebten Bräutigams Jesus. Im Kusse schmiege dich ganz seinem liebebrennenden Herzen an und erflehe von ihm einen so wirksamen Kuß, daß du, dir selbst absterbend und bei deinem Tod in Gott übergehend, e i n Geist mit ihm werdest. Nun rufe in Liebesdurst aus:

Wie der Hirsch verlangt nach den Wasserquellen,
so verlangt meine Seele nach dir, o Gott.

Meine Seele dürstet nach Gott,
dem Starken, dem Lebendigen.

Wann darf ich kommen und erscheinen
vor Gottes Angesicht?

Meine Tränen sind mir Brot Tag und Nacht,
da man mir täglich sagt: „Wo ist dein Gott?“

Eja, o Liebe, du süßer Kuß, du bist jene Wasserquelle, nach der mich dürstet. Siehe, nach dir verlangt ungestüm mein Herz. Ach, wolltest du doch, o volles Meer, mich geringes Tröpflein verschlingen. Du bist meiner Seele lebendiger und trauter Eingang, damit – von mir weg in dich hinein – mir werde ein Hingang.
Eja, öffne mir den rettenden Eingang deines geliebtesten Herzens. Siehe, mein Herz, ich habe es nicht mehr, sondern du, o mein teuerstes Kleinod, verwahrst es in dir unter sicherem Verschluß. Du bist der einzige, ganze und geliebteste Wesensgrund meines Herzens. Dir allein hängt meine kleine Seele mit Inbrunst an.
O wie selig ist deine Gesellschaft. Wahrhaftig, deine Vertraulichkeit ist weit

besser als viele Leben. Dein Duft ist wie der Seelenbalsam göttlichen Friedens und göttlicher Versöhnung. Du bist wie die übervolle und überreiche Vorratskammer des göttlichen Trostes. Ach Liebe, Königin, führe mich doch in deinen Weinkeller, damit ich in Süßigkeit verkoste deine hochedlen Weine, die dort verborgen sind. Siehe, all deine Gefäße sind voll von Gott und überfließend vom Heiligen Geist.

O wenn mir hienieden schon zuteil würde, wonach ich begehre und mir gegeben würde, daß sich mein liebster Wunsch erfüllte und du dich in Wahrheit zu mir kehren wolltest und mich erquicken mit dem unaussprechlich süßen Kuß deiner Versöhnung. Ach, o Geliebtester aller Geliebten, laß mich dich in meiner Seele Innerstem umfangen und küssen, auf daß ich dir wahrhaft geeint untrennbar anhange. O Liebe, du bist der wonnevolle Kuß der heiligsten Dreifaltigkeit, der Vater und Sohn machtvoll eint. Du bist jener heilbringende Kuß, den die kaiserliche Gottheit durch den Sohn unserer schwachen Menschennatur aufgedrückt hat.

O beseligender Kuß, schließe mich geringes Stäublein nicht aus von der Verbindung mit dir. Karge nicht mit deinen Liebkosungen und Umarmungen, bis ich mit Gott *ein* Geist werde. Laß mich in Wirklichkeit erfahren, welche Wonne es ist, dich, den lebendigen Gott, meine süßeste Liebe, in dir selbst zu umarmen und mit dir vereint zu werden. O Liebe, mein Gott, du bist mein kostbarster Besitz, ohne den ich im Himmel und auf Erden nichts erhoffe, nichts will noch wünsche. Du bist mein wahres Erbteil und meine ganze Erwartung, darauf all mein Zielen und Streben hingerichtet ist. Eja, o Liebe, deine in mir vollendete Minne sei mir Endziel und Vollendung meines Lebens. Den Ehevertrag, den mein Herz jetzt mit dir abschließt, zeige mir, wenn es Abend wird. – Auf dem Antlitz meines geliebten Gottes leuchtest du wie der Abendstern. – Wenn die Zeit meines Todes gekommen ist, wolle mir gnädig erscheinen, o mein teurer und herrlicher Abend, damit ich in dir den ersehnten Abend meiner Fremdlingschaft feiere, selig einschlummernd und ruhend an deinem Herzen, so voll von jeglicher Süßigkeit.

O Liebe, mein Gott, das Verlassen meiner irdischen Hülle werde mir zur Umkleidung meiner Seele mit dir, damit eingehüllt in dich, in deinen königlichen Schmuck, ich im hochzeitlichen Gewande mit meiner Brautgabe würdig vor dem unsterblichen Bräutigam erscheine.

Eja, o Liebe, meine Todesstunde möge besiegelt werden mit dem Siegel deiner trauten Liebe, dem das Prägebild deiner ewigen Versöhnung aufgedrückt ist, damit der Strom deines überreichen Segens mich ohne Verzug hinleite zum Anfang meiner ewigen Aufnahme in dir, zum immerwährenden Genuß deiner Anschauung und zu nie endendem Besitz.

O Liebe, mein trauter Abend, möge ich dich in der Todesstunde mit Freude und Frohlocken erblicken! Jene heilige Flamme, die in göttlicher Kraft immerfort feurig lodert, reinige wahrhaft meine Seele von allem Makel und aller Schuld. O mein wonniger Abend, wenn für mich der Abend dieses Lebens anbricht, laß mich in dir sanft einschlummern und jene selige Ruhe verkosten, die deinen Lieben bereitet ist. Das überaus milde und freundliche Herabschauen deiner schönen Minne ordne und regle huldvoll die Zurüstung meiner himmlischen Hochzeit. Überdecke und verhülle mit den Reichtümern deiner Güte die Dürftigkeit und Armut meines entarteten Lebens. In den Wonnen deiner Minne wohnt meine Seele voll Vertrauen. O Liebe, dann sei mir selbst ein so schöner Abend, daß deinetwegen meine Seele jauchzend und frohlockend meinem Leib ein liebes Lebewohl sage und mein Geist, zurückkehrend zu seinem Herrn, der ihn gegeben, unter deinem Schatten selig in Frieden ruhe. Dann ruf mir zu mit der dir eigenen Stimme, klingend wie liebliches Zitherspiel: „Sieh, der Bräutigam kommt, jetzt geh hinaus und eile in seine nächste Nähe, damit sein glanzumstrahltes Antlitz dich erfreue."

O wie glücklich, wie selig der, dessen Pilgerschaft in dir endigt. Weh mir, weh mir, wie lange wird sie noch währen? O wie wird jenes *Dann* sein, wenn für mich das überaus süße und liebliche *Nun* gekommen ist? Wenn die Herrlichkeit meines Gottes, Königs und Bräutigams sich mir offenbaren und mir erscheinen wird in nie endendem Genuß und ewiger Freude. Wenn ich in Wahrheit sehen und betrachten werde das ersehnte, erwünschte und minnigliche Antlitz meines Jesus, nach dessen Schönheit meine Seele so lange gedürstet und begehrt hat. O gewiß, dann werde ich erfüllt und gesättigt mit dem Strom jener Wonne, die, eingeschlossen in den verborgenen Kammern der Gottheit, mir jetzt schon so lange vorenthalten blieb. Dann werde ich sehen und schauen meinen Gott, meine teuerste Liebe, dessentwegen mir jetzt Geist und Herz entschwinden.

Wann, o wann wirst du dich mir zeigen, auf daß ich dich sehe und mit Freude aus dir schöpfe, o Gott, lebendiger Born? *Dann* werde ich trinken und mich berauschen an der Freudenfülle der lebendigen Quelle, sprudelnd aus der Ergötzlichkeit jenes honigfließenden Antlitzes, nach dem meine Seele verlangt.

O liebliches Antlitz, *wann* wirst du mich mit dir sättigen? *Dann* werde ich bis vor das Antlitz Gottes hintreten zur Stätte deines wunderbaren Zeltes, vor dessen Eingang mein Herz seufzend klagt ob der Dauer meiner Fremdlingschaft.

Wann wirst du mich mit Freude erfüllen durch dein honigfließendes Antlitz? *Dann* werde ich schauen und küssen meinen Jesus, den wahren Bräutigam meiner Seele, dem mein ganzes Herz schon in heißem Begehren angehangen und nachgegangen ist.

O wer wird mich befreien von dem Elend dieser Pilgerschaft, wer mich erlösen aus der Schlinge dieser Welt? O wann werde ich diesen elenden Leib verlassen, auf daß ich dich unmittelbar schaue, o Liebe, meinen Gott, Gestirn

der Gestirne. In dir, o teure Liebe, werde ich den Versuchungen dieser Sterblichkeit entrinnen, in dir, meinem göttlichen Liebhaber, die trennende Mauer meines Leibes sicher und frohlockend überspringen und dorthin gelangen, wo ich dich in Wahrheit, nicht mehr im Rätsel, schauen werde von Angesicht zu Angesicht.
Eja, du Quelle des ewigen Lebens, hole mich zurück in dein abgrundtiefes Meer, aus dem ich geflossen bin. Dort werde ich erkennen, wie ich erkannt bin, lieben, wie ich geliebt bin; damit, wie du bist, ich dich sehe, mein Gott – durch Schauen, Genuß und Besitz beseligt in Ewigkeit. Amen.

An diesem der Liebe geweihten Tag sollst du siebenmal dem Herrn deine Seele darbringen, um in dir die feurige Liebe seines göttlichen Herzens aufzufrischen. Und zuerst bitte zur Zeit der Metten den Herrn, daß er, der höchste Meister, mit der Salbung seines Geistes dich die Kunst des Liebens lehre und dich als seine Schülerin annehme, damit du unter seiner Leitung unermüdlich geschult wirst in der Tugend der Liebe. Sprich daher:

Herr Jesus Christus, ich flüchte mich zu dir, lehre mich, deinen Willen zu tun; denn mein Gott bist du.
O Liebe, mein Meister und Herr, höher als die Himmel und tiefer als der Abgrund! Deine wunderbare Weisheit beseligt durch einen einzigen Blick alle Geschöpfe. Getragen von den Cherubim, schaust du mit unendlicher Liebe in diesem Tal der Tränen auf das Niedrige herab und sammelst die Kleinen, um sie in deinen Heilslehren zu unterrichten. Eja, gehe nicht an mir, dem Auswurf aller, mit deiner Belehrung vorbei, sondern erquicke mich mit deiner belebenden Unterweisung. Möchtest du doch, ich wünsche es tausendmal, mich als Tochter annehmen, damit ich dir gehöre als dein Eigentum und Besitz. Eja, o Liebe, fange gleich an, deine Lehrtätigkeit an mir auszuüben, indem du mich zum Dienst an deiner lebendigen Minne loslösest von mir selbst und meinen Geist, o Liebe, besitzest, ihn heiligst und ihn erfüllst ganz und gar. Amen.

Zur Zeit der Prim bitte den Herrn, daß er dich in die Schule der Liebe einführe, um dort Jesus kennen und lieben zu lernen. Das geschehe durch folgendes Gebet und den Vers:

Deine Magd bin ich, teuerster Jesus, gib mir Einsicht, damit ich lerne dein Gebot.

O Liebe, mein Gott, wie gut, wie sorglich hegst und pflegst du deine Kücklein im Schoße der Liebe? Möchtest du doch, ich bitte dich tausendmal darum, mir gleich die Schule deiner Liebe öffnen, auf daß ich dort deine lie-

benswürdige Zucht an mir erfahre und durch dich eine Seele erlange, die nicht nur gut, sondern in Wahrheit heilig und vollkommen ist.
Eja, o Liebe, tauche meine Sinne in die Herzenstiefe deiner Minne, damit ich durch dich ein gutgeartetes Kind werde; du selbst sei mir in Wahrheit Vater, Lehrer und Meister. Es werde unter deiner väterlichen Segnung mein Geist von allen Schlacken der Sünde gänzlich gereinigt und geläutert, auf daß er tauglich und fähig werde, deine feurigen Worte vollkommen zu verstehen und damit meinem ganzen Wesen, o Liebe, dein heiliger, rechtlicher und hochgesinnter Geist innewohne.

Zur Zeit der Terz bitte den Herrn, er möge mit den lebendigen Buchstaben seines Geistes das feurige Gesetz seiner göttlichen Liebe in dein Herz einprägen, um mit ihm allzeit unzertrennlich verbunden zu bleiben. Das geschehe durch folgendes Gebet und den Vers:

Möchten doch, treuester Jesus, all meine Gedanken, Worte und Werke zu jeder Zeit auf die Befolgung deiner Satzungen gerichtet sein!

O Liebe, mein Gott, wie nahe bist du denen, die dich suchen; wie süß, wie liebenswürdig denen, die dich finden. O daß du mir doch jetzt dein wunderbares Alphabet offenbartest, damit mein Herz das gleiche Studium wie du betriebe. Künde mir nun in lebendiger Erfahrung Wesen und Weise des glorreichen und uranfänglichen Alpha deiner schönen Liebe; verhehle mir nicht das fruchtschwere Beta der Vollendung der Schöpfungsreihen deiner kaiserlichen Weisheit. Mit dem Finger deines Geistes zeige mir genau und der Reihe nach die einzelnen Buchstaben deiner Liebe, auf daß ich, durchdringend bis zum Kern des Vorgenusses deiner Wonnen, mit dem Auge eines reinen Herzens in Wahrheit sie erforsche und zu ergründen trachte, sie erlerne, auswendig kenne und, soweit es in diesem Leben möglich ist, sie auch ganz verstehe.
Lehre mich unter dem Beistand deines Geistes das Tau höchster Vollkommenheit und führe mich zu dem Omega allseitiger Vollendung. Laß mich in diesem Leben deine von Liebe und Zärtlichkeit erfüllte Schrift so vollkommen erlernen, daß an der Vollendung deiner Liebe in mir nicht ein Jota fehle, um dessentwillen ich Aufschub erleiden müßte, wenn du mich, o Liebe, mein Gott, meine traute Minne, zu dir rufst, um in dir selbst dich ewiglich zu schauen. Amen.

Zur Zeit der Sext bitte den Herrn, er möge dich in der Kunst seiner Liebe solche Fortschritte machen lassen, daß du in der Hand seiner Liebe ein gefügiges Werkzeug seist zur vollkommenen Erfüllung seines Willens und ganz nach dem Herzen Gottes werdest. Bete deshalb folgendes Gebet und den Vers:

Deinen gar süßen Segen gib mir, geliebter Jesus, mein wahrer Gesetzgeber, damit ich von Tugend zu Tugend schreite und dich, den Gott der Götter, auf Sion schaue.

O Liebe, mein Gott, wer dich nicht liebt, ist stumm und noch Kind, und nur der schreitet voran, der dir mit ganzer Seele anhangt, einzig dich liebend ohne Unterlaß. Eja, möge ich mir selbst in der Schule deiner Liebe nicht immer so überlassen sein wie ein zartes Kücklein deiner Fürsorge, das noch im Ei ruht, sondern laß mich in dir und durch dich, ja, mit dir gehen und fortschreiten von Tag zu Tag, von Tugend zu Tugend, täglich dir, meinem Geliebten, Frucht bringend auf einer neuen Stufe der Liebe. Auch genügt es mir nicht, dich bloß dem Wortlaut nach zu kennen, sondern ich verlange, begehre und wünsche es mir tausendmal, dich auch schauend zu erfassen, dich starkmütig und nicht nur zärtlich, sondern auch weise zu minnen und dir unaufhörlich anzuhangen, auf daß ich beginne, künftighin dir nicht mehr in mir, sondern einzig und allein in dir zu leben.
So laß mich denn, o Liebe, dich in Wahrheit erkennen und bereite dir in meiner Seele einen Thron in aller Heiligkeit. Amen.

Zur Zeit der Non bitte den Herrn, daß er, der König der Könige, dich den Kriegsdienst der Liebe ergreifen lasse und dich anleite, das süße Joch und die leichte Bürde auf dich zu nehmen, damit du deinem Herrn dein Kreuz nachtragest und deinem Gott mit ungeteilter Liebe anhangest. Das geschehe durch folgendes Gebet und den Vers:

Du, Herr, bist meine Hoffnung, mein Hort und meine Zuflucht; du bist bei mir in all meiner Trübsal.
O Liebe, mein Gott, jeder, der sich im Werk deiner Liebe mutig und schnell erweist, wird gewiß allzeit vor deinem königlichen Angesicht stehen. Eja, o Liebe, Königin der Königinnen, laß mich zu deinem Ruhm mit dir den Eid leisten auf den neuen Kriegsdienst deiner Minne. Lehre mich, die Hand an starke Werke zu legen und in dir und durch dich schnell und unverdrossen die allergetreuesten Dienstmühlen deiner Liebe zu übernehmen und zu vollbringen. Mit dem Schwerte deines Geistes umgürte meine Lenden, o Gewaltiger, und bekleide mich mit geistiger Kraft, damit ich in der Ausübung jeglicher Tugend mannhaft und entschlossen handle und festgegründet in dir mit unbesiegbarem Sinn unzertrennlich bei dir ausharre. All meine Kräfte seien deiner Liebe so zu eigen und meine Sinne seien so in dir gegründet und gefestigt, daß ich, wenn auch schwachen Geschlechtes, durch die Kraft der Seele und männlichen Mut zu jener großen Liebe gelange, die zum innersten Brautgemach der vollkommenen Vereinigung mit dir führt.
Nun, o Liebe, nimm und besitze mich als dein Eigentum; denn ich habe fortan weder Geist noch Seele außer in dir. Amen.

Zur Vesperzeit gehe mit Jesus, deinem Geliebten, in der Rüstung eines Liebenden jeder Versuchung furchtlos entgegen, damit du durch ihn (dessen Erbarmen dir immer hilft und dich tröstet) dein Fleisch, die Welt und den Teufel überwinden und über jede Versuchung rühmlich siegen kannst. Das erflehe durch folgendes Gebet und den Vers:

Mein trauter Jesus, laß nicht straucheln meinen Fuß; denn nicht schläfst noch schlummerst du, Hüter meiner Seele.

O Liebe, mein Gott, du bist mir Mauer und Wall. Siehe, die in dieser Welt Drangsale erdulden, wissen, welch schützendes Dach ihnen in deinem Frieden wider Hitze und Regen bereitet ist. Eja, nun blicke auf und sieh meinen Kampf und bilde selbst meinen Arm zum Kriege aus. Auch wenn ein Kriegsheer lagert wider mich – nicht bangt mein Herz, weil du selbst, mein treues Bollwerk und mein starker Turm, innerlich und äußerlich bei mir bist.
Wo ist mein Widersacher, wenn du mir beistehst? Er möge an mich herantreten, wenn du für mich einstehst. Mit einem Blick enthüllst du mir und deckest auf die Absichten Satans und blasest sie weg von mir mit einem Wort. Wenn auch tausendmal mich niederwirft der Feind, ich werde, fallend auf deine geliebte Hand, sie umfangen und inbrünstig küssen. Und wenn du für mich kämpfst und mich verteidigst, werde ich, unbeschädigt von allen Gefahren, tapfer dastehen.
Tritt in mir den Satan nieder unter deine Füße, und die Brut meiner Untugenden töte und verjage gänzlich! Vor deinem Angesicht sollen zu meiner Seite tausend niedersinken und tausendmal tausend zu meiner Rechten! Mir wird kein Unheil widerfahren, weil du mit mir bist, mein höchstes, wahres und teuerstes Gut.
Möchten doch, ich wünsche es tausendmal, sich endlich deine scharfen Pfeile auf mich richten, damit ich, die ich die Lanze deiner Minne in meinem Innersten trage, mitten in dir, o Liebe, vertrauensvoll wohne.
Jetzt aber, o Liebe, möge ich dir hienieden so gänzlich verfallen, daß ich deinen Händen nimmer entkomme in Ewigkeit. Amen.

Zur Zeit der Komplet wünsche mit dem Geliebten durch den Wein der Liebe berauscht zu werden, in der Vereinigung mit Gott der Welt zu entschlafen, in der Umarmung des Geliebten von dir weg in Gott den Geist auszuhauchen, und schon fast allem Menschlichen entkleidet, an Jesu Brust selig einzuschlummern, auf daß du, in Liebe täglich dir selbst absterbend und nur Gott allein lebend, in der letzten Stunde dem Tod mit Vertrauen entgegeneilst, ihn begrüßend als das Ende deiner Verbannung, als das Eingangstor des Gottesreiches und als die Pforte des Himmels. Das geschehe durch folgendes Gebet und den Vers:

Birg mich, geliebter Jesus, im Schutze deines Angesichts vor allen, die mir nachstellen, und laß meine Seele nicht zuschanden werden, wenn sie am Tor mit ihren Gegnern rechtet, sondern erfülle sie mit Freude durch dein honigfließendes Antlitz.
O Liebe, mein Gott, du bist die Vollendung und das letzte Ziel alles Guten. Du liebst bis zum Ende, was du erwählst. Was immer dir in die Hände kommt, wirfst du nicht von dir, sondern bewahrst es für dich selbst mit größter Sorgfalt auf. Eja, eigne dir an mein ganzes Wesen und meine allerletzte Vollendung mit dem Recht auf ewigen Besitz. Schone mich nicht länger, sondern verwunde mein Herz bis ins Mark des Geistes, so daß du auch keinen Funken eigenen Lebens zurücklässest. Ja, mein ganzes Leben trage mit dir fort, nur behalte dir meine Seele vor, auf daß sie sei in dir.
Wer gibt mir, in dir, o Liebe, zu sterben, durch deinen Tod aus dem Kerker des Leibes erlöst und aus dieser Fremdlingschaft befreit zu werden? Welch eine Seligkeit, o Liebe, dich zu schauen, dich zu eigen zu haben und dich ewig zu besitzen! An meinem Todestag sei mir gegenwärtig des großen Trostes wegen. Und dann segne mich im Licht der schönen Morgenröte deiner unverhüllten Anschauung. Nun, o Liebe, überlasse und befehle ich dir mein Leben und meine Seele. Und nun laß mich, ja laß mich, damit ich in Frieden ruhe und einschlummere in dir. Amen.

An jenem Tag, an dem du der Liebe pflegst, sollst du, damit deine Sinne von der wahren Sonne, die Gott selbst ist, belebt werden und du niemals ganz erkaltest, vielmehr von Tag zu Tag in der Liebe zunimmst, einen der folgenden Verse öfters langsam erwägen.

Selig die Augen, die dich sehen, o Liebe, mein Gott! – O wann, wann werde ich dorthin kommen, wo du bist, wahres Licht, Gott und Lamm? – Ich weiß, daß ich dich zuletzt doch mit meinen Augen sehen werde, Jesus, Gott, meinen Heiland.
Selig die Ohren, die dich hören, o Liebe, mein Gott, Wort des Lebens! – O wann, wann wird deine honigsüße Stimme mich trösten und einladen zu dir? – Eja, laß mich vor böser Kunde nicht erschrecken, sondern alsbald den herrlichen Klang deiner Stimme hören. Amen.
Selig der Atem, der dich in sich hineinzieht, o Liebe, mein Gott, süßer Duft des Lebens! – O wann, wann wird mir der Wohlgeruch deiner honigfließenden Gottheit entgegenwehen? – Eja, möge ich bald zu den fruchtbaren und lieblichen Auen deiner ewigen Anschauung gelangen. Amen.
Selig der Mund, o Liebe, mein Gott, der die Worte deines Trostes kostet, die süßer sind als Honig und Honigseim. – O wann, wann wird meine Seele gesättigt werden mit der Fülle deiner Wonne? Eja, möchte ich hienieden auf solche Weise kosten, wie süß du bist, mein Herr, daß ich dich im Himmel, o Gott meines Lebens, selig genieße in Ewigkeit. Amen.

Selig die Seele, die in unzertrennlicher Liebesumarmung sich dir anschmiegt, und selig das Herz, das, mit dir den Bund unauflöslicher Freundschaft schließend, den Kuß deines Herzens empfindet, o Liebe, mein Gott! – O wann, wann werde ich von deinen beglückenden Armen umschlungen werden, wann dich, o Gott meines Herzens, unmittelbar schauen? – Eja, bald, bald, aus dieser Verbannung befreit, laß mich dein honigfließendes Antlitz im Jubel schauen. Amen.

Endlich, zur Befestigung der Liebe, überlaß und übergib dich vollkommen der Minne Gewalt, Gott, deinem Geliebten, ganz anhangend, auf daß er in dir ein Werkzeug besitze zu aller Ergötzlichkeit seines göttlichen Herzens und dich-in-sich und sich-in-dir für sich selbst bewahre zum ewigen Leben. Bete deshalb folgendes Gebet:

In Liebe halte ich dich fest, o geliebtester Jesus, und werde dich nicht lassen; denn dein Segen genügt mir keineswegs, wenn ich dich nicht selbst festhalte und besitze, du mein bester Anteil, meine ganze Hoffnung und Erwartung. Du aber, o Liebe, lebenspendendes Leben, in Gottes lebendigem Wort, das du selber bist, belebe mich – wiederherstellend in mir, was an göttlicher Liebe in mir zerstört und erloschen ist.
O Liebe, mein Gott, der du mich erschaffen hast, in deiner Liebe erschaffe mich neu.
O Liebe, die du mich erlöst hast, was in mir in der Liebe zu dir vernachlässigt wurde, das ergänze du selbst und erlöse in mir.
O Liebe, mein Gott, der du mich im Blute deines Christus dir erkauft hast, in deiner Wahrheit heilige mich.
O Liebe, mein Gott, der du mich als Tochter angenommen hast, nach deinem Herzen nähre, ja, nähre mich.
O Liebe, die du mich dir und keinem andern erkoren hast, laß mich dir ganz anhangen.
O Liebe, mein Gott, der du mich ohne Entgelt geliebt hast, gib mir, daß ich dich aus ganzem Herzen, aus ganzer Seele und aus allen Kräften liebe.
O Liebe, allmächtiger Gott, in deiner Liebe befestige mich.
O Liebe, höchste Weisheit, gib mir, weise zu lieben dich.
O Liebe, Quelle aller Süßigkeit, gib mir, in Wonne zu verkosten dich.
O Liebe, teuer über alles, gib mir, dir allein zu leben.
O Liebe, treu über alles, in jeglicher Trübsal tröste mich und hilf mir.
O Liebe, gemeinschaftlich über alles, all meine Werke wirke in mir.
O Liebe, siegreich über alles, gib mir, bis ans Ende zu verharren in dir.
O Liebe, herzinnig über alles, die du mich niemals verlassen hast, dir empfehle ich meinen Geist. In der Todesstunde nimm mich auf zu dir. Mit eigenem Munde rufe mich zu dir und sprich: „Heute noch wirst du bei mir sein.

Nun verlasse die Verbannung und mache dich auf zum feierlichen Morgen der unverwelklichen Ewigkeit. Dort wirst du mich, *Jesus,* finden, das wahre Heute der göttlichen Klarheit, der ich Anfang und Endziel jeglicher Kreatur bin. Nicht mehr wird für dich der Morgen dieser Wandelbarkeit erfolgen, sondern in mir, dem wahren *Heute,* wirst du das immerwährende *Heute* besitzen, auf daß, wie ich lebe, auch du in mir lebst, deinem Jesus, deinem Gott und Geliebten – überglücklich jauchzend ohne Ende."
Amen sollen sprechen alle Kräfte, Gefühle und Regungen meines Leibes und meiner Seele.

David von Augsburg

(geb. um 1200, gest. 1271/72)

David wurde wohl um die Jahrhundertwende in Regensburg geboren und lebte seit 1243 in Augsburg.
Er trat in jungen Jahren dem Franziskanerorden bei und wurde schon früh mit dem Amt des Novizenmeisters betraut. Als solcher verfaßte er zahlreiche lateinische Schriften, aber auch eine Reihe von Traktaten in deutscher Sprache. Von besonderer Bedeutung ist seine Beziehung zu dem großen Berthold von Regensburg, mit dem er als einer der ersten deutschen Wanderprediger durch die Lande zog.
David widmete „Berchtold" nicht nur mehrere seiner Schriften, sondern schrieb auch Texte für seinen Freund und Schüler, gleichsam als Gesprächsgrundlage, wie das angefügte Beispiel beweist. Neben Davids berühmten „Sieben Staffeln des Gebets" sind auf uns überkommen: „Die sieben Vorregeln der Tugend", „Der Spiegel der Tugend", „Die vier Fittiche geistlicher Betrachtung", „Von der Anschauung Gottes", „Von der Erkenntnis der Wahrheit", „Von der unergründlichen Fülle Gottes" und zahlreiche Betrachtungen und Gebete.
Der nachfolgend wiedergegebenen „Weihnachtspredigt aus dem 13. Jahrhundert", die Hermann Kurz 1843 ins Neuhochdeutsche übersetzte, liegt die Betrachtung „Kristi leben unser vorbild" zugrunde.
„Es mag nicht zu viel behauptet sein, wenn man sagt, daß sie in ihrer geistvollen Einfachheit den besten Rednern unserer Kirchen Ehre machen würde"[1], meinte der Übersetzer damals, vielleicht auch der Leser von heute!

Eine Weihnachtspredigt aus dem 13. Jahrhundert

„Herre Jesus Christus, da du Mensch wurdest, da geschahen drei Dinge ungeschieden von einander: daß ein menschlicher Leib an allen Gliedern völlig ward geschaffen und dem Leiblein eingegossen ward eine reine Seele, vollkommen an allen ihren Kräften, und die ewige Gottheit, Gottes Sohn, den Leib und die Seele mit einander an sich empfing also ewiglich, daß sie nimmer sich schieden noch scheiden, weder Leib noch Seele, da doch Leib und Seele zu einer Zeit sich scheiden in dem Tod.
Du wolltest uns auch zeigen deine Kraft daran, daß du große Dinge thun wolltest, die nicht größer mochten seyn: da wurdest du klein, als daß ein Mensch vielleicht nie kleiner ward mit so vollkommener Gestalt. Da du uns alle stark machen wolltest, da wurdest du schwach und sterblich, als der ihm

selber nicht gehelfen mag. Da du uns Alle überreich machen wolltest mit dem unerschöpften Horte, da wurdest du arm, als der ihm selber einen Wassertrunk nicht leisten mag: auf daß wir daran erkennen, was deine Stärke und deine Allmacht und deine Herrschaft mag verrichten, da deine Kleine, deine Schwachheit, deine Armuth so große Dinge, so kräftige, so herrliche, vollbringen mag und thun.

Das ist über alle Dinge zu verwundern, daß ein Kindelein, nicht einer Hand lang, wie du warest in deiner Mutter Leibe, Himmel und Erde umschließet, und daß ein saugendes Kind, ein bewindeltes, das Hebens und Legens bedarf, und ein sterblicher Mensch, dem die Seele vor Schwachheit ausging, daß der alle Dinge träget und ordnet mit seiner Kraft, und daß ein armer Bettler, der nicht hatte, da er sein Haupt hinlege, daß der aller Reiche gewaltig ward im Himmel und auf Erden, und daß ein unsprechendes Kind mit seiner Weisheit die Engel lehrte im Himmel, und aller Weisheit gewaltig war über Hohes und Niederes. Hiemit hast du uns mehr deiner Kraft gezeiget, daß du schwach stark bist, und arm reich, und klein groß, und kindisch weise, denn so du große Dinge mit deiner Allmacht allein hättest vollbracht. Wir finden an deiner Menschheit die Größe klein, die Länge gekürzet, die Weite geenget, die Stärke geschwächet, die Höhe erniedriget, den Reichthum arm, die Weisheit thöricht gemacht, und, was noch mehr zu wundern ist, diese Thorheit ist die höchste Weisheit, diese Armuth gibt den übermäßigen Reichthum, diese Schwachheit füget die ewigen Kräfte, diese Kürze die Ewigkeit, diese Kleinheit die göttliche Wundergröße.

Du ewiger Sonnenschein, du hast dich herniedergelassen zu uns, daß du uns auf zu dir zögest mit deiner Hitze, gleichwie diese Sonne aufziehet der Erde Dampf und läutert ihn zu klarer Luft. Du bist des himmlischen Vaters ewiger Schein, da du von ihm ewiglich und ihm ebenbürtig erzeuget bist. Du hast dich herab zu uns geneiget mit der Demuth, daß du uns mit deiner Minnehitze auf zu dir ziehest von aller irdischen Liebe. Dein heiliger Geist, euer beider ewige Minne, ist die Hitze, die alle Herzen entzündet, die deiner göttlichen Klarheit sollen theilhaft werden, weil Niemand wird in die himmlische Klarheit verwandelt, denn durch die göttliche Minne. Die machet des Menschen Geist zu Einem Geiste mit Gott, als wie die erleuchtete Luft Ein Licht ist mit dem Sonnenscheine. Weil uns aber dein göttlich strahlender Schein zu stark war durch unserer Augen Blödigkeit, da dämpftest du uns das Licht mit der reinen Leuchte deiner lautern Menschheit, da die Gottheit innen verborgen war. Dieses Licht empfing die reinste Mutter, die die Magd blieb, von des heiligen Geistes Minne, und wie reiniglich sie dich empfing ohne alle Sünde, also reiniglich gebar sie dich ohne alle Wehen. Daß ihre magdliche Reinigkeit an beiden Enden nie geschädiget ward, das war kein Wunder von dir, der du alle Dinge vermagst, die du willst, wie wir auch sehen, daß ein Sonnenschein durch ein Glas bricht mit seinem Lichte, und doch das Glas ganz bleibet; und gleichwie der Sonnenschein sich nach dem Glase färbet, da er durch scheinet, also hast du, ewiger Sonnenschein, Jesus Christus, dich nach des Menschen Natur gefärbet, die du von der reinesten Mutter hast empfangen. Also bist du wahrer Gott und Mensch, Gottes Sohn, von Gott geboren ewiglich, und des Menschen Sohn, vom Menschen geboren reiniglich, denn du bist ein Brunnen aller Reinigkeit.

Nun du uns von dem himmlischen Vater gesandt bist zu einem Lehrer des Weges, der nach dem Himmelreiche geht, darum auch alles, was du in dieser Welt gethan und gesprochen hast, das ist uns eine Lehre, was wir glauben oder thun sollen, oder meiden oder leiden, und daß wir aus deiner Fußspur nimmer weichen; denn um deßwillen, daß du vom Himmel kommen bist, so ist der Weg dir alleine gänzlich kund, und ohne dich kann Niemand darkommen. Du bist das Licht, du bist der Weg, du bist der Weiser, du bist die ewige Speise, du bist der Schirm, du bist der Helfer, du bist der Lohn und der Löhner, du bist der fröhliche Weggeselle, der uns die Weile kürzet und die Mühsal sänftet und die Herberge bereitet. Darum wurdest du auf dem Wege geboren, nicht in der Heimath, daß wir unser Elend erkennen und dich zum Gefährten suchen, der du durch uns in's Elend gekommen bist. Du wolltest armer Leute Kind heißen und in Armuth geboren werden, daß wir sähen, wie hoch die zwo Tugenden vor deinen Augen sind: Demuth und willige Armuth, da sich der Ehren König mit geziert und gekleidet hat.

Deine erste Herberge war ein Stall, damit du uns lehrtest überflüssigen Fleiß verschmähen an äußerer Zierde und allen unsern Fleiß kehren an des Herzens Reinigkeit. Auch zeigtest du, daß wir zu Thieren geworden seyen mit thierischer Begierde und mit sündlichen Sitten und mit unwissendem Verstande, wie ein Thier, das seinen Herrn nicht kennet. Nun hast du dich in die Krippe geleget, daß wir dich lernen erkennen und für das Heu der irdischen Gelüste lernen das wahre Himmelsbrod essen, die ziemliche Menschenspeise.

Daß du vor Herode in Egyptum flohest, als ob du in dem Lande nicht hofftest zu genesen, und als ein Aechter das Land räumtest, damit stärktest du uns, wofern uns geschähe, daß wir um deinetwillen müßten das Elend bauen. Du lehrtest uns auch damit, daß wir unterweilen böser Leute Zorn mit Stille entweichen und ihnen nicht Böses mit Härtigkeit entgegnen, davon der Sünden noch mehr würde von hartem Widerstoße schneidender Worte.

Mit deiner Stille bis in's dreißigste Jahr lehrtest du uns alle die Vollkommenheit, deren ein Mensch bedarf, sich zum Lehren auszurüsten, daß Niemand sich vermesse, andere Leute zu berichten, der noch selber unberichtet ist, wie der Baum, der bringen will, eh er zeitig geworden ist. Darnach gingest du herfür unter die Leute zu lehren und zu offenbaren, warum du kommen wärest in diese Welt, nämlich daß du uns hinwieder gen Himmel brächtest; mit deiner Lehre zeigtest du uns den Weg dahin, und mit den Zeichen und

Wundern zeigtest du uns, daß du Gott bist, dem wir glauben sollen alles, das du uns lehrest, dem alle Dinge gehorsam sind in dieser Welt und sich neigen; denn du hast alles geschaffen, daß es dir diene zu dem erwählten Heile.

Dein erstes Zeichen vor deinen Jüngern in der Stadt Cana Galileä geschah, da du das Wasser in Wein verwandeltest bei der Hochzeit. Das lehret uns, daß du darum hast menschliche Natur mit deiner Gottheit zusammen vermählet, daß du unsere Begierden, die ungeschmackt sind wie das Wasser, verwandeln mögest in deine göttliche Süße, die uns dein wie trunken machen soll, daß wir Jammers und alles Gebrestens immer und ewiglich vergessen.

Daß du vor den Andern zwölf Jünger auswähltest, die du hießest deine Boten, da zeigtest du mit: wie dieser Welt Tag hat zwölf Stunden, also hast du, ewiger Sonnenschein, all die Welt erleuchtet mit deiner Lehre, die uns die zwölf Boten gekündet haben; die haben das Dunkel vertrieben, das von Adams Falle alle die Welt verdecket hat, die dich noch nicht erkannte.

Du wolltest in Armuth leben und Eigenes noch Gewisses in dieser Welt nicht haben. Damit lehrtest du deine Nachfolger den Geiz hassen und die Sorge auf Gott legen; denn der uns hat geschaffen, der weiß, daß wir Speise und Gewandes nicht entbehren mögen, der berathet uns desselben gern, als er weiß, daß wir sein bedürfen, ob wir ihm vertrauen, denn er will uns das Beste geben; der versaget uns nicht das Mindeste, deß uns Noth ist. Was er uns aber des Kleinen hie entziehet, deß will er uns ergötzen völliglich mit dem Besten. So ein Knecht seinem Herrn dienet auf Gnade und sorget nicht um die Speise, was er esse, und lässet es seinem Herrn, der besorget ihn, und fleißet sich nichts als wie er ihm wohl diene: wie viel mehr sollen wir dir, Herre, mit Fleiße dienen und mit Willen und vertrauen deiner Milde und dienen dir mit Treuen, daß du uns hie wohl berathest der Nothdurft und wohl gelohnest des Dienstes. Nun du ordnest alles, das da lebet und ist ohne Gebrechen, warum mißtrauen wir dir, die dir die Allerliebsten sind, und um deren willen du alle die Welt gemacht hast und verwaltest, daß dir je gegen uns zerrinne Macht oder Treue, daß du uns lassest Hungers und Frostes unter deinem Angesicht verderben, das auch ein Wolf nicht thäte seinem Kinde? Wir sind auf dem Wege des Himmelreiches und warten allezeit, wann des Weges ein Ende sey: wer sich aber auf kurzen Weg mit viel Wegzehrung ladet, der wird müde, eh er den Weg voll gehe, und muß gar leicht unterwegen bleiben. Also willst du, daß deine Nachfolger rüstig auf dem Wege und mit irdischen Dingen nicht überladen seyen. Haben sie etwas zu tragen, das theilen sie mit ihren Gefährten, die nichts haben: so ist ihre Bürde ringer und sind sie selber schneller und kommen desto fröhlicher zu Abend in die himmlische Herberge. Dieß hast du uns gelehrt mit deiner lautern Armuth; denn wer nicht viel auf den Weg trägt, den erschrecken die Räuber desto minder; denn mancher hat das Leben verloren um das, was er trug.

Doch wolltest du also gemessenes Leben haben an Essen, an Gewande und an den leiblichen Mühen, das beides, den Höchsten hoch wäre und den Geringen nicht zuwider, da du ein gemeines und ein vollkommenes Exempel bist aller Tugenden Hohen und Niedern, daß alle die Tugend begehren, an dir finden gänzlich aller Heiligkeit Lehre, aller Güte Spiegel.

Wer aber gerne wissen will dein Leben nach menschlichen Sitten, der male in seinem Herzen an einer jeglichen Tugend die gütlichsten Geberden, das züchtigste Aussehen, die demüthigsten Sitten, das aufrichtigste Wesen und an allen Dingen das Allertugendlichste, das immer mag daran erfunden werden, so trifft man Weniges von den Fußstapfen deiner Vollkommenheit.

Du wurdest uns von deinem Vater im Himmel gesandt zu einem Lehrer der Tugend und Weisheit: darum ist der selig, der dich alle Zeit vor Augen hat als ein Exempel, das er alle Zeit nachmale und sein Leben nach dir stelle an demüthigen Gebärden, an gütlichen Antworten, an bescheidenem Aussehen, an fleißigem Gehorsam, an mäßigem Reden, an Barmherzigkeit mit eines andern Gebresten, an Freuden über eines andern Frommen, und ansehe, wie unverdrossen du warest, einem andern zu dienen, wie du nicht verschmähetest, mit den Armen zu wohnen, wie angelegen dir war, wie du einen Menschen möchtest bessern und trösten, wie du die Sünder nicht verscheuchtest, um dessen Willen daß du sie bekehrtest, wie du Niemand liebkostest wegen seiner Gabe, wie du dich hütetest, daß Niemand von dir betrübet wurde oder geärgert, wie dir aller Geiz zuwider war, wie mild dein Herze war gegen die Armen und wie hold du ihnen warest, wie bescheiden dein Essen war und wie kurz dein Schlaf war, wie gütlich dein Anblick und deine Gebärde waren gegen alle Menschen, und wie süß und gütlich deine Worte, wie nimmer ein unnütz Wort aus deinem Munde kam und du solches auch nicht hören wolltest, wie nimmer ein Spottwort, noch Schimpf, noch Lachen aus deinem Munde ging, wie du dich in einem sanften, süßen und gütlichen Ernst alle Zeit hieltest, wie du dich hütetest vor Argwohn der Heimlichkeit, daß auch deine Jünger wunderte, da sie dich einesmales sahen reden alleine mit einer Frauen, darum daß sie es an dir ungewohnet waren; wie gar geduldig du warest und wie gütlich und sänftlich du deinen Feinden antwortetest, und wie gütlich und stille du schwiegest, da man dich anlog vor dem Gerichte und falsch Zeugniß auf dich brachte, daß sich dessen Pilatus wunderte, daß du so stille schwiegest, da man dich anlog, wie du dich ließest führen in einer dornenen Krone und in einem Mantel aus und ein zum Gespötte; wie gehorsam du ihnen warest, wie du dich entblößen ließest, wie gütlich du für deine Feinde batest, wie gar geduldig du warest, da man dich verspottete und lästerte und schalt und schlug und band und verschmähte und verspie und kreuzigte als einen Dieb und Mörder, wie sänftlich und gütlich du das littest, wie du alles Uebel hassetest und alle Tugendbilder vortrugest mit Worten und mit Werken. Aber wie dein Gewand gestaltet war, das wolltest du uns nicht lassen schreiben, daß wir deinen Sitten und deinen Werken mehr folgeten, denn den Kleidern, da wir anders uns selbst betrögen und rühmten uns vor den andern, wir seyen deine Nachfolger, so wir dir gleich gekleidet wären, und wähnten, uns sollte genügen damit, und ließen die Tugend unterwege, daran die rechte Kraft liegt deiner Nachfolger und deiner Schüler. Du wolltest auch Widerwärtige haben, die dir deine Reden verkehrten, deine Werke und deine Zeichen verleumdeten, dein Geschlechte schmähten, die dich um gute Dinge alle Zeit ächteten und verfolgten: damit du uns lehrtest, Ungemach leiden um der Gerechtigkeit willen, weil Niemand hier nichts Gutes haben mag ohne mit großen Mühsalen. Alles das edel ist, das gewinnt man kümmerlich und erwirbet es mühlicher denn das Unedle. Darum ist nicht unbillig, daß man die Gerechtigkeit mit Mühe erstreiten müsse: wäre sie nicht edel und nütze, so neideten uns die Feinde nicht darum. Ungemach ist dem guten Menschen, als die Feile dem Eisen, die nimmt ihm den Rost ab, und als das Grabeisen dem Goldgefäße, das machet es licht und glänzend: also wird die Seele reiner im Ungemache, da ihr der Sünden Rost und die Hoffahrt abgefeilet werden, die sie leicht gewinnt von dem Ruhme der guten Werke, und wird lichter glänzend mit solcher Lauterkeit in der himmlischen Jerusalem, daß sie des göttlichen Scheines desto mehr empfahe. Du wärest wohl gewaltig dessen, daß du uns die himmlische Ehre gäbest ohne Mühe; nun aber siehest du, daß uns diese kleine und kurze Mühsal so große Ehre gibt, daß sie wohl angewendet ist und wir sie gerne leiden sollen um deinetwillen und aus Liebe zu der Gerechtigkeit. Und daß uns die Mühe desto ringer sey, so bist du alles vorgegangen den Weg, daß wir gerne deinen Fußspuren nachfolgen wie die Schäflein thun ihrem Hirten. Du liefest den Wölfen entgegen, daß du deine Lämmlein errettetest aus ihrem Munde. Da zeigtest du uns dein minneheißes getreues Herze, daß dir unser Tod an der Seele näher ging denn deines eigenen Leibes Tod, da du dich in den Tod für uns gegeben hast und uns mit deinem Blute erlöset von dem Tode. Du hast auch deinen Tod wohl bestätiget an deinen Freunden, denn du hast sie damit an dich mit starker Liebe gebunden, daß sie dich um deine Kreuzesnoth, die du ihnen zu Liebe erlitten hast, immer und ewiglich müssen minnen mit allem was sie können und vermögen, und ist ihnen auch ewiglich desto sanfter bei dir, an dem sie Treue haben funden, die nicht höher mochte seyn. Weil du uns lieber hattest denn dich selbst, so sollen wir dich auch lieber haben denn uns selbst, wie das billig ist, da du besser bist denn wir, und deine Minne gegen uns edler ist, denn wir sind an uns selbst, so wolltest du uns eben damit das Vorbild geben, daß du uns minnetest über dich selbst, daß du dich für uns in den Tod hast gegeben, damit unser schwaches Herze nicht dawider murmelt, so wir etwas Hartes leiden müssen um deinetwillen, daß Jemand möchte sprechen wider dich, du muthest uns zu, was du doch um unseretwillen nicht wolltest leiden.

Das ist allen denen geboten, die deiner Liebe wollen werth seyn, wenn ihnen fürgelegt werde, den Tod zu leiden, oder dich zu verleugnen mit Munde oder mit Herzen oder mit sündlichen Werken, daß sie alles das leiden, was ihnen geschähe zu leiden am Leibe oder am Gute, oder an Ehren, oder an Freunden, oder an dem Leumund, eh daß sie dich als einzigen Freund wollen verlieren. Da du uns nun das geboten hast und uns solches zumuthest, so wolltest du auch uns das vorleisten, daß es uns billig dünke, daß wir dir's auch leisten. Wir müssen doch an das Sterben und alles das hinter uns lassen, das die Welt hat: warum sollten wir's denn nicht billig und gerne lassen um deinetwillen, von dem wir's alles haben zu Lehen und der uns alles reichlich lohnen mag und danken ewiglich? Was mir doch ein anderer nehmen wird ohne meinen Dank, das mag ich weit gerne meinem guten Freunde geben mit Willen, der mir dessen hohen Dank weiß. Das ist aber deiner Demuth und deiner süßen Güte Schuld, daß du uns deß Dank weißt, so wir dir geben mit Willen, was du uns verliehen hast und von uns nehmen könntest mit Recht und mit Gewalt, und was wir nicht behalten können; denn gern oder ungern, so müssen wir sterben und alle diese Welt hie lassen und alles was wir geminnet haben.
Da du uns, lieber Herre, ein Führer wolltest seyn des Weges zu dem Himmelreiche und ein vollkommenes Exempel aller Tugenden, so gedachtest du auch die höchste Tugend uns vorzuhalten, das ist, die Marter zu leiden und den scharfen Tod durch die Gerechtigkeit und durch die Wahrheit, durch den Gehorsam, durch die förderliche brüderliche Minne. Das sind die Dinge, um deren willen du uns gelehret hast leiden die Marter mit rechter Bescheidenheit, mit reinem Gewissen, mit williger Geduld, mit lauterer Minne. Diese Dinge sind alle einhellig an deiner Marter, du aller Marterer Vorbild und ihr Trost und ihre Kraft und ihr Lohn und ihr Urgrund. Wer deß werth ist, daß er dein Nachfolger werden soll in der Marter, der ist selig und der sieht auf dich alleine: anders so mag er verzagen oder irre werden an der Marter oder an der Schmach oder an dem Gebresten oder an williger Armuth. Du sollt ihm die Ursache seyn, darum er sie leiden soll, und die Gestalt, wie man sie tragen soll und leiden Gebresten; so mag auch deine Treue nicht ablassen, daß du ihn kräftigest mit deiner Minne Troste, daß er bestehen möge bis an das Ende: so findet er dich zum Lohne in dem Himmelreiche, da er nimmermehr von dir wird geschieden, noch von deinem fröhlichen Anschauen nimmer ewiglich entfremdet wird. Da hilf uns balde hin, lieber Herre Jesus Christus. Amen."

David an Bruder Berthold und die Novizen in Regensburg

Den in Christus Jesus geliebten Brüdern, Bruder Berthold und allen Novizen und Neuen in Regensburg, wünscht Bruder David guten Fortschritt auf dem Wege Gottes und stetiges Wachstum in den Tugenden und in der geistlichen Gnade. Obwohl ich dem Körper nach von euch abwesend bin, so bin ich doch mit meinem Herzen und mit meinen Worten oft bei euch und wünsche euch solche Festigung in dem neuen Leben der Heiligkeit, daß ich sichere Hoffnung auf dessen Vollendung und Vollkommenheit haben kann. Als erstes von allem will ich, daß die Glut jenes Willens in euch andaure, der euch aus der Welt zur Schule der Frömmigkeit geführt hat. Es wäre eine schwer schuldbare Nachlässigkeit und ein Zeichen von Verrücktheit, wenn man lange Zeit kostspielige Vorbereitungen zum Baue eines Hauses träfe und dann, sobald die rechte Gelegenheit da ist, in stumpfer Untätigkeit sowohl Zeit wie Geld verlöre; ebenso wäre es eine Schmach und ein unwiederbringlicher Verlust, wenn man den Entschluß zu einem rechten Leben gefaßt hätte und dann in der Frömmigkeit träge würde, die Bequemlichkeit des Fleisches suchen und in die Winkel des Eigenwillens zurückkehren wollte, auf den man doch für Christus verzichtet hatte. Beim Streben nach wahrer Frömmigkeit handelt es sich hauptsächlich um zwei Stücke: um die Ausübung der Tugend und um den Zustand der inneren Andacht. Das eine betrifft das tätige Leben, das andere das beschauliche Leben – beide versinnbildet durch die zwei Frauen Jakobs, die fruchtbare Lea und die schöne Rahel: Reicher an Zahl sind die Werke der Tugend, aber süßer im Geschmack ist der Genuß der Andacht. Lea gebar nämlich sechs Söhne, und diese bedeuten die sechs Stufen des Handelns, in denen ein guter Ordensmann sich beständig üben soll.

Die erste Stufe sind die Werke der Buße, durch die der Leib gezwungen wird, dem Geiste zu dienen: Enthaltsamkeit, Nachtwachen, Geißelung und dergleichen. Die zweite Stufe besteht darin, daß man die aufsteigenden Regungen der Sünde unterdrückt, den Stolz niederwirft, den Zorn erstickt, den Neid auslöscht, die Begierden verjagt, den Geiz von sich stößt, die Leckerhaftigkeit zähmt, die Üppigkeit verachtet und die Zunge im Zaum hält. Und all diese Triebe können am meisten dann unterworfen werden, wenn ihre Regungen am stärksten lärmen. Denn je größere Streitkräfte der Feind sammelt, desto schwerer ist er geschwächt, wenn er dann niedergeworfen wird; und je heftiger die Versuchung zur Sünde, desto glorreicher der Triumph. Die dritte Stufe besteht in der Ausübung der Tugendwerke, im demütigen und beharrlichen Gehorsam, im Dienste der Liebe, in Sanftmut der Sprache und so in verschiedenen Übungen des guten Beispiels. Und aus der Gewohnheit der tugendhaften Werke wurzeln auch die Tugenden selbst immer tiefer im Gemüte. Die vierte Stufe: jegliche Widerwärtigkeit erdulden lernen, wie z. B. Zurechtweisungen, auch unverdiente, Mangel an Lebensmitteln, Kleidern, Häusern, Büchern, ferner Krankheiten, Verhöhnung, Verachtung, Beleidigung, Verdächtigung, Beschwerden, Versuchungen, Verschrobenheit anderer, Unreinlichkeit, Verfolgung, Kerker und Tod. Dies sind die Ehrenzeichen der Geduld; und wer sich weigert, sie zu tragen, der beweist, daß er kein Ritter Christi ist. Und am Tage des Gerichts, wenn alle Heiligen rühmlich mit ihrem Triumphzeichen erscheinen werden, da wird er ruhmlos erröten vor Scham. Die fünfte Stufe: die Gedanken, Stimmungen und Absichten nach der Vernunftnorm zu regeln und alle Affekte zu Tugenden zu ordnen, so daß man nur das Liebenswerte liebt, und zwar so, wie es zu lieben ist, nur das Fürchtenswerte fürchtet, nur das Hassenswerte haßt, nur das Betrauernswerte betrauert, nur über das Erfreuliche sich freut. So soll man in allen Dingen durch die Führung der Vernunft gleichsam in natürlicher Bewegung still geleitet werden: Das ist den Vollkommenen und den Vorwärtsschreitenden eigen. Die sechste Stufe ist der Eifer für die Seelen, die geordnete Leidenschaft für die Gerechtigkeit, worin man das Heil aller Menschen begehrt und sich nach Kräften bemüht, dem Nächsten zu helfen und ihn aus dem Schiffbruch zu retten durch Lehren, Beraten, Ermahnungen, Trösten, Beichtehören, Lenken, Rügen, gutes Beispiel und Erbauungen auf jede Weise – und dies alles rein aus Liebe zu Gott und zum Heile des Nächsten. Man suche nicht Lob oder Ehren, nicht Geschenke, nicht die Freiheit, nach Belieben auszugehn und zu handeln, nicht die Bequemlichkeit des Fleisches, nicht die Beförderung der Freunde und dergleichen. Wer für solches und ähnliches ein höheres Amt begehrt, der ist unwürdig des Amtes und des Titels; er verdient nur Strafe, wird keine Frucht in anderen Menschen bringen und ist nicht ein Prediger Christi, sondern seiner selbst. Wir sollen ja nicht uns selbst predigen, sondern Jesum Christum, den Herrn, und uns selbst nur als seine Diener.

Die beiden Söhne der Rahel bedeuten das tiefe Forschen nach Wahrheit und des frommen Gebetes reine Absicht auf Gott. Das erste teilt sich in das Studium heiliger Lesung und die Emsigkeit heiliger Betrachtung; denn Joseph hat zweifache Schnur, den Losanteil zweier Stämme. Das Gebet aber zielt und führt unmittelbarer zu Gott als Lesung und Betrachtung. Diese beiden bewegen sich wohl um Gott herum, aber das Gebet zielt auf ihn selbst und spricht ihn gleichsam persönlich an, ist ihm darum vertrauter nahe und erreicht wirksamer, was es ersehnt. Deshalb war es einzig der Losanteil des Stammes Benjamin, in welchem der Herr sich ein Haus des Gebetes, den Tempel, erbauen lassen wollte, in dem ihm wohlgefällige Opfer dargebracht würden. Denn erst das fromme Gebet macht die übrigen Werke der Tugend schmackhaft; ohne es wären sie dürr und gäben weniger Vertrauen zu Gott.

Darum, Geliebteste, verwendet getreulich Mühe auf dieses Streben! Wer sich in den Schulen der Gelehrsamkeit nicht der Wissenschaft hingibt, verliert Zeit und Geld; und wer im Ordensleben nicht nach Tugenden strebt, und vor allem nach Gebetsandacht, welche vorzüglich Kenntnis Gottes und Vertrauen auf seine Huld verleiht, der verweilt nutzlos in der Schule des Ordens. Das mündliche Gebet ist gleichsam nur die äußere Schale, die innere Andacht aber ist gleichsam der Kern oder der daraus gepreßte Saft.
Ich wollte euch nur einen kurzen Gruß zur Erinnerung schreiben, damit ihr mich nicht vergesset wegen meiner langen Abwesenheit und damit ihr wisset, daß ich euch nicht vergesse in meinem bescheidenen Gebete; aber die Fülle des Stoffes war größer als mein Schreibpapier. Betet für mich, wie ich es von euch erhoffe!

David an Bruder Berthold

Dem in Christus geliebten Bruder Berthold wünscht Bruder David, er möge das durch Gottes Wirken gut Begonnene mit Gottes Mitwirkung noch besser vollenden. Teuerster Bruder, Du verlangst von mir, ich solle Dir etwas zur Erbauung schreiben, da ich nun ferne von Dir bin, so wie ich einstmals mündlich mit Dir zu sprechen pflegte, als ich in der Zeit Deines Noviziates Dir als Lehrmeister zugewiesen war. Und weil ich Dir versprochen habe, das zu tun, will ich mein Versprechen so erfüllen, wie der Herr es mir unterdessen gegeben hat. Große und erhabene Dinge verstehe ich nicht; aber ich will Dir etwas schreiben, was für einen Novizen geeignet ist, der Gott im Orden zu dienen anfängt. Höhere Dinge, wenn Du so weit vorgeschritten bist, wird der Herr Dich lehren, und durch die tägliche Erfahrung wirst Du immer bessere Erkenntnisse gewinnen. Denn je höher man vorwärtsschreitet in der Übung der Tugenden, desto klarer sieht man, was einem noch fehle und wie man das noch Übrige erreiche. „Aus deinen Geboten erhalte ich Einsicht“, sagt der Psalmist. Wer aber nicht strebt, in den Tugenden stets vorwärtszuschreiten, wird auch das Erreichte verlieren, weil er nicht den Weg zu den Tugenden kennt.

Lamprecht von Regensburg

(geb. um 1215, gest. nach 1250)

Lamprechts Leben läßt sich nur aus seinen beiden Werken „Francisken Leben“ und „Die Tochter Sion oder die minnende Seele“ rekonstruieren, in denen er verschlüsselte Angaben über seine Person macht.
Da Lamprecht schon als Laie Lateinkenntnisse hatte, muß angenommen werden, daß er in einer der Klosterschulen Regensburgs ausgebildet wurde.
Etwa um 1250 dürfte Lamprecht in den Franziskanerorden aufgenommen worden sein. In dieser Zeit entstand seine gereimte mittelhochdeutsche Bearbeitung des lateinischen Prosatextes von der „Tochter Sion“.
Thema des Gedichtes ist der Streit zwischen „Seele“ und „Leib“. Die „Tochter Sion“, eine Figur, die dem Hohen Lied Salomons entstammt, verkörpert die Seele, die Boten in die Welt sendet, um etwas zu finden, was „der Liebe wert“ sei. Als diese ergebnislos zurückkehren, eilen die Tugenden (Treue, Hoffnung, Weisheit, Mildtätigkeit) zu Hilfe und geleiten die Seele zur mystischen Vereinigung mit Gott. Das Gedicht ist ein eindrucksvolles Beispiel der bildhaften Darstellung des Verlangens nach der „unio mystica“ durch die Personen der Braut und des Bräutigams, der die „minnende Seele“ zu sich holt.
Wir stellen als Textauszug den Lobpreis der Tochter Sion nach der Vereinigung der Liebenden vor.
Der Text, an dessen Ende Lamprecht um das Gedenken seiner Leser bittet, wurde in der Übertragung ins Neuhochdeutsche, wie sie Karl Simrock 1851 vornahm, belassen.

„Herr, kein Wunder ist dir gleich;
Dein Antlitz ist der Gnaden reich.
Ich bin in deine Wunder kommen,
Die Welt ist mir nun ganz benommen.
Und doch, obwohl mit deinem Ring
Dir fest vermählt, den ich empfieng,
So senk ich dennoch in den Grund
Den Muth, besorgt zu aller Stund,
Ob ich der Gnaden mich auch werth
Erweise, die du mir gewährt.
Mein Lieb, du bist die Weisheit
Göttlicher Klarheit;
Dein Glanz muß mich durchglänzen,
Meine schwache Kraft ergänzen.

Meiner Seele Schatz, meines Herzens Hort,
Von Grund auf hoch bis über Bord
Hat deine Minne mich durchgossen,
Durchgangen und durchflossen.
Deine Schönheit ist wie Sonnenschein,
Du Balsam, du Myrrhe mein.
Ich lebe dir und sterbe mir;
Nach beider Wunsch vereint sind wir.
Mein Gemahl, mein König gut,
Du hast geedelt meinen Muth
Jener ersten Unschuld gleich,
In der Adam war in Edens Reich.
Deine Kraft läßt mich erblühn,
Drum bin ich gegen dich so kühn.
Da sprach der König: ‚Mein Gemahl,
Schwester und Freundin allzumal,
Gern leist ich alle dein Begehr;
Kein Maß hat unsre Minne mehr.‘
So übervoll der Gnaden
Ward sie da als ob sie baden
Im dreifaltgen Strome müße.
Sie empfieng da süße Küsse
Von ihres Bräutgams Munde.
Wer meldete von Grunde
Nun, wie wohl den Lieben ist?
Ach, Gefäß der Minne, Jesu Christ,
Laß Uns auch werden inne
Der Weisheit und der Minne,
Die sie trank aus Deinem Mund;
Nimm uns auch mit in den Bund,
Drin die Tochter Sion war,
So ward uns nie so wohl fürwahr!

Liebe Kinder, sprechet Amen,
Zu denen diese Worte kamen,
Und gedenket auch in Treuen mein;
Sprecht, er müße selig sein,
Der dieß Gedicht uns hat gemacht:
Sei das ewge Heil ihm zugedacht!“

Dietrich von Freiberg

(geb. um 1250, gest. nach 1310)

„Meister Dietrich", von dem eine Koblenzer Handschrift sagt, er sei seinerzeit der größte Prediger und einer der heiligsten Männer auf dem ganzen Erdreich gewesen[1], nehmen sowohl Freiburg im Breisgau als auch Freiberg in Sachsen als Sohn ihrer Stadt für sich in Anspruch.
Der Mitte des 13. Jahrhunderts Geborene trat an seinem Geburtsort dem Dominikanerorden bei und empfing wohl an der Hochschule des Ordens, dem „Studium Generale" in Köln seine Ausbildung. Als weitere Stationen seines Lebensweges sind uns Trier, Würzburg und Paris bekannt, wo Dietrich den Magistergrad erwarb und von 1285–1289 Theologie lehrte. 1293–1296 war Dietrich Provinzial der deutschen Provinz seines Ordens, 1310 Vikar der Provinz Teutonia. Dietrich verfaßte zahlreiche Schriften zur Naturphilosophie, zur Optik (darunter die von Descartes wiederentdeckte „Regenbogentheorie"), zur Logik, Erkenntnistheorie, Psychologie und Theologie. Seine Predigten, die von seinen Zeitgenossen gerühmt wurden, sind uns nicht erhalten, und doch kommt Dietrich ein Platz in einer Chronologie der mystischen Bewegung in Deutschland zu, denn er verkörpert die Nahtstelle zwischen scholastischem Denken und gläubiger Hingabe an Gott. Dieser ist im Seelengrund (Dietrich spricht vom „Herz der Seele") jedes Menschen gegenwärtig als „Schatzkammer der ewigen Wahrheit", in der wir „finden", was wir durch den Intellekt als Erkenntnis gewinnen: „Der tätige Intellekt erkennt in Gott auf die Weise Gottes"[2], eine These, die lange nach dem mittelalterlichen „Theodericus Teutonicus" Fichte in seiner Religionslehre ganz ähnlich formulierte:
„... es ist zwischen dem Absoluten oder Gott, und dem Wissen in seiner tiefsten Lebenswurzel, gar keine Trennung, sondern beide gehen völlig ineinander auf."[3]

Abhandlung über den Intellekt und den Erkenntnisinhalt

Vom Wesen des Intellektes

Der tätige Intellekt ist jener beseligende Ursprung, durch den wir, wenn wir überformt sein werden, das heißt, wenn er uns Form sein wird, aufgrund unserer Einung mit Gott durch unmittelbare beseligende Betrachtung, in der wir Gott wesentlich schauen werden, glückselig sind, weil es nicht wahrscheinlich ist, daß jenes Vortrefflichste und Höchste, das Gott in unsere Natur gesetzt hat, in jener Glückseligkeit untätig ist, vielmehr dürfte er, wie er gemäß der Natur das Höchste in uns ist, so auch im beseligenden Vollzug, der in der wesentlichen Schau Gottes besteht, leitendes Prinzip sein.

Der Intellekt aber, der ein durch sein Wesen seiender Intellekt ist, trat nicht nur auf diese Weise aus Gott ins Sein, auf die Weise, meine ich, die anderen Dingen gemein ist, die aus Gott als Dinge hervorgehen, die gemäß den ihnen eigentümlichen Artbestimmtheiten und hinsichtlich der Einzelwesen gemäß ideenhafter Formen bewirkt sind, wie gesagt worden ist, sondern er ging aus Gott ins Sein als sein Bild, dessen Bestimmtheit darin besteht, ihn auf die Weise von Erkenntnis zu erkennen, auf die seine nächste und unmittelbare Einung mit Gott statthat. Diese Annäherung nämlich ist gemäß einem inneren substantiellen Prinzip eines Dinges festzustellen, und deshalb wird sie in eigentümlicher Weise Bild genannt. Jede andere Annäherung aber, die gemäß einer zugeleiteten Form statthat, vollzieht sich gemäß einem Äußerlichen eines Dinges, worin vielmehr eine gewisse Ähnlichkeit als in eigentümlicher Weise ein Bild festzustellen ist.

Über die zweifache Weise, wie etwas aus der göttlichen Bestimmung hervorgeht

Es ist aber hier zu beachten, daß, obwohl in Gott Gott selbst und die Bestimmung in ihm identisch sind, dennoch gemäß der Weise des Erkennens eine Unterscheidung zu treffen ist, daß es nämlich ein anderes ist, daß etwas aus der Bestimmung hervorgeht, es aber ein anderes ist, gemäß der Bestimmung hervorzugehen.

Denn aus der Bestimmung hervorgehen bedeutet, wenn wir uns einer eigentümlichen Redeweise bedienen, daß die Bestimmung selbst in der Weise die Kraft und das Vermögen ist, etwas hervorzubringen, daß keine andere Kraft im Hervorbringenden erforderlich ist, die auf bewirkende Weise den Vollzug des Hervorbringens tätigte, wie wenn wir beobachteten, daß die Baukunst durch sich selbst ohne die andere Kraft oder das andere Vermögen des Baumeisters ein Haus hervorbrächte, was wir eben nicht beobachten können. Gemäß der Bestimmung hervorgehen aber bedeutet, daß eben die Bestimmung im Hervorbringenden anleitender Ursprung für das Hervorbringen ist, dem sich eine gewisse Kraft oder ein gewisses Vermögen zum Hervorbringen, fähig, das Hervorbringen zu tätigen, beigesellt, ohne das die Baukunst durch sich selbst keineswegs ein Haus hervorbrächte, wie beim Hausbauenden unmittelbar offenkundig ist.

Auf die erste Weise geht aus Gott die Substanz hervor, die durch ihr Wesen in Wirklichkeit seiender Intellekt ist, und daher geht sie aus Gott auf die Weise göttlichen Bildes hervor. So nämlich aus der Bestimmung hervorgehen bedeutet, daß der Intellekt auf intellektuelle Weise in völliger Angeglichenheit an denjenigen Intellekt hervorgeht, aus dem er hervorgeht. Und so geht er nach Ähnlichkeit mit der Substanz oder dem Wesen des Hervorbringenden hervor, nicht nur nach Ähnlichkeit mit einer ideenhaften oder urbildlichen Form in ihm.

Die anderen Dinge aber, die nicht durch ihr Wesen in Wirklichkeit seiende Intellekte sind, gehen aus Gott in der zuvor genannten zweiten Weise hervor, das heißt gemäß der Bestimmung, und daher gehen sie nicht in völliger Angeglichenheit an die Substanz des Hervorbringenden hervor, sondern nach Ähnlichkeit mit einer urbildlichen Form, die sich im Hervorbringenden findet, und deshalb ist ihr Hervorgehen nicht in eigentümlicher Redeweise nach dem Bild des Hervorbringenden.

Allgemein aber ist in erweiterter Bedeutung von Bild und im Sinne einer wie auch immer beschaffenen Ähnlichkeit auch bei den Gelehrten anzutreffen, daß die anderen Dinge gewisse göttliche Bilder sind, wie Boethius in der Schrift „Über die Dreieinheit" sagt, daß jegliche geschaffenen Dinge Bilder derjenigen Form sind, die wesentlich Gott ist. Und in der Schrift „Über den Trost" bemerkt er:

„Du leitest alles
ab vom Urbild oben, im Geist das schöne Weltall
tragend, selbst der Schönste, es formend in ähnlichem Bilde."

Das läßt sich in bezug auf die Welt hinsichtlich ihrer höchsten Geschöpfe verstehen, die durch ihr Wesen in Wirklichkeit seiende Intellekte sind, oder er faßt die Benennung „Bild" allgemein als eine wie auch immer beschaffene Ähnlichkeit mit Gott.

Und so geht der tätige Intellekt als Bild hervor. Er geht nämlich aus der Bestimmung auf die erste Weise hervor und somit in völliger Angeglichenheit an die göttliche Substanz.

Meister Eckhart

(geb. um 1260, gest. 1327)

Vieles vom Leben dieses Großen unter den Denkern seiner Zeit liegt im dunkeln, andere Fakten lassen sich nur indirekt belegen, und doch wird ihm auch heute bezeugt, er zähle zu den Gestalten, die nur alle Jahrtausende aufträten, Buddha, Laotse, Plotin oder Nietzsche vergleichbar.

> „Kein Deutscher vor ihm, keiner nach ihm hat je so geredet, ja, einige Worte von ihm lassen sich nur noch mit den gebieterischen Selbstbekenntnissen der größten Propheten und Religionsstifter aller Zeiten vergleichen.“[1]

Eckhart wurde um 1260 in Hochheim bei Gotha geboren. In jungen Jahren trat er dem Konvent der Dominikaner in Erfurt bei, studierte Theologie und Philosophie in Köln und wurde in den neunziger Jahren Prior des Erfurter Dominikanerkonvents und zugleich, auf Wunsch des schon genannten Dietrich von Freiberg, Vikar von Thüringen. Aus dieser Zeit stammt sein erstes uns bekanntes Werk in deutscher Sprache: „Die Reden der Unterscheidung“, Niederschriften abendlicher Tischgespräche, in denen es um die Gegenüberstellung von echten und äußerlichen Verhaltensformen geht.
1302 erhielt Eckhart in Paris die Magisterwürde und nannte sich seitdem „Magister in Sacra Theologia“. „Meister“ Eckhart – ein Titel, den er zu Recht führte, wie der Philosoph Franz von Baader, der Eckhart im 19. Jahrhundert wiederentdeckte, feststellt, denn „er übertrifft alle Mystiker“.
Nach der Rückkehr nach Deutschland wurde Meister Eckhart 1303 zum Provinzial der neu gegründeten Ordensprovinz Saxonia gewählt.
1314 ist er urkundlich in Straßburg belegt und entfaltete als berühmter und verehrter Prediger eine rege Tätigkeit am Oberrhein. Vermutlich sind in dieser Zeit das berühmte „Buch der göttlichen Tröstung“ und die Predigt „Vom edelen Menschen“ entstanden.
1323 wurde Eckhart auf die Lehrkanzel des Albertus Magnus in Köln berufen. Nach nur dreijähriger Lehr- und Predigttätigkeit eröffnete der Kölner Erzbischof Heinrich von Virneburg einen Inquisitionsprozeß gegen Eckhart wegen „Verbreitung glaubensgefährdender Lehren unter dem Volke“. Der Prozeß, dessen Akten in einer Handschrift der Soester Stadtbibliothek erhalten sind, endete nach mehrjährigen Untersuchungen in Köln und beim päpstlichen Stuhl in Avignon 1321 mit der Verurteilung von 28 Thesen aus Eckharts Werken.
Eckhart, der am 13. Februar 1327 in einer öffentlichen Erklärung in der Köl-

ner Dominikanerkirche feierlich seine Rechtgläubigkeit beteuert hatte und für den Fall, daß man ihm Irrtümer in seinen Schriften nachweisen könne, zum Widerruf bereit war, starb wahrscheinlich noch 1327 in Köln.
Im folgenden werden Auszüge aus den genannten deutschen Schriften Eckharts wiedergegeben und einige der Predigten. Eingeleitet werden diese Texte durch den Wortlaut der Bulle Papst Johannes XXII. („In agro dominico") vom 27. März 1329, in welcher 28 Sätze Eckharts verdammt werden.

Bulle von Papst Johannes XXII. »In Agro Dominico«

vom 27. März 1329, in welcher achtundzwanzig Sätze Eckharts verdammt werden

Johannes, der Bischof, der Knecht der Knechte Gottes, zum ewigen Gedächtnis der Angelegenheit!
Auf dem Acker des Herren, dessen Hüter und Arbeiter wir nach himmlischer Verfügung – wenngleich unverdientermaßen – sind, müssen wir die geistliche Pflege so wachsam und umsichtig ausüben, daß, wenn irgendeinmal auf ihm ein feindlicher Mensch über dem Samen der Wahrheit Unkräuter aussät, sie im Entstehen erstickt werden, bevor sie sich zu Auswüchsen verderblicher Keime entwickeln, damit, nachdem der Same der Laster getilgt und die Dornen der Irrtümer herausgerissen sind, die Saat der katholischen Wahrheit fröhlich gedeihe.
Fürwahr mit Schmerz müssen wir feststellen, daß in dieser Zeit einer aus deutschen Landen, Eckardus mit Namen, wie verlautet ein Doktor der heiligen Schrift und Professor der Brüder des Predigerordens, mehr verstehen wollte als nötig war, nicht mit Nüchternheit und nicht nach dem Maße des Glaubens, weil er sein Ohr von der Wahrheit abwandte und sich Erdichtungen zukehrte. Verführt nämlich durch jenen Vater der Lüge, der sich oft in den Engel des Lichtes verwandelt, um den dunkeln und abscheulichen Dunst der Sinne statt des Lichtes der Wahrheit zu verbreiten, hat dieser Mensch, entgegen der hell leuchtenden Wahrheit des Glaubens, auf dem Acker der Kirche Dornen und Unkraut hervorbringend und emsig beflissen, schädliche Disteln und giftige Kräuter zu erzeugen, zahlreiche Lehren vertreten, die den wahren Glauben in vieler Herzen umnebelten, die er aber soviel als möglich vor dem einfachen Volke in seinen Predigten vorgetragen und auch in Schriften niedergelegt hat.
Aus der Untersuchung, welche hierüber auf Veranlassung unseres ehrwürdigen Bruders, des Erzbischofs Heinrich von Köln, bereits früher gegen ihn

eingeleitet und schließlich auf unser Betreiben in der römischen Kurie von neuem aufgenommen worden ist, haben wir – als durch das Bekenntnis jenes Eckardus zuverlässig feststehend – erfahren, daß er sechsundzwanzig Sätze gepredigt, gelehrt und geschrieben hat, welche folgenden Wortlaut enthielten:

1. Satz
Einst befragt, warum Gott die Welt nicht früher geschaffen habe, gab er damals, wie auch jetzt noch, die Antwort, daß Gott nicht „zuerst" die Welt habe erschaffen können, weil nichts wirken kann, bevor es ist. Darum: Sobald Gott war, sobald hat er auch die Welt geschaffen.

2. Satz
Desgleichen kann zugegeben werden, daß die Welt von Ewigkeit her gewesen ist.

3. Satz
Desgleichen: Einmal und zugleich, da Gott ward, da er seinen gleich ihm ewigen Sohn als ihm völlig gleichen Gott erzeugte, schuf er auch die Welt.

4. Satz
Desgleichen: In jedem Werk, auch im bösen, im Übel der Strafe ebensosehr wie im Übel der Schuld, offenbart sich und strahlt gleichermaßen hervor die Herrlichkeit Gottes.

5. Satz
Desgleichen: Wer jemanden mit einer Beschimpfung lästert, lobt Gott gerade durch die Sünde der Beschimpfung; und je mehr er schimpft und je schwerer er sündigt, um so kräftiger lobt er Gott.

6. Satz
Desgleichen: Selbst wer Gott lästert, lobt Gott.

7. Satz
Desgleichen: Wer um dies oder jenes bittet, der bittet um Übles und in übler Weise, weil er um die Verneinung des Guten und um die Verneinung Gottes bittet, und er betet darum, daß Gott sich ihm versage.

8. Satz
Menschen, die nach keinen Dingen trachten, weder nach Ehren noch nach Nutzen noch nach innerer Aufopferung noch nach Heiligkeit noch nach Belohnung noch nach dem Himmelreich, sondern auf dieses alles verzichtet haben, auch auf das, was das Ihre ist, in solchen Menschen wird Gott geehrt.

9. Satz
Ich habe neulich darüber nachgedacht, ob ich wohl von Gott etwas annehmen oder begehren wollte: Ich möchte mir das gar sehr überlegen, weil ich da, wo ich der von Gott Empfangende wäre, unter ihm oder unterhalb seiner stünde wie ein Diener oder Knecht, er selbst aber ein Herr wäre durch sein Geben – und so soll es mit uns nicht stehen im ewigen Leben.

10. Satz
Wir werden völlig in Gott umgeformt und in ihn verwandelt; auf ähnliche Weise, wie im Sakrament das Brot verwandelt wird in den Leib Christi: So werde ich in ihn verwandelt, daß er selbst mich hervorbringt als sein eigenes, eines, nicht etwa nur ähnliches Wesen; beim lebendigen Gott, es ist wahr, daß da kein Unterschied besteht.

11. Satz
Alles, was Gott Vater seinem eingeborenen Sohne in der menschlichen Natur gegeben hat, das hat er völlig auch mir gegeben: Hiervon nehme ich nichts aus, weder die Einigung noch die Heiligkeit, sondern er hat mir alles ebenso gegeben wie ihm.

12. Satz
Alles, was die heilige Schrift über Christus sagt, das bewahrheitet sich völlig an jedem guten und göttlichen Menschen.

13. Satz
Alles, was der göttlichen Natur eigen ist, das ist auch ganz dem gerechten und göttlichen Menschen eigen; darum wirkt solch ein Mensch auch alles, was Gott wirkt: Er hat zusammen mit Gott Himmel und Erde geschaffen, er ist Zeuger des ewigen Wortes, und Gott wüßte ohne einen solchen Menschen nichts zu tun.

14. Satz
Der gute Mensch soll seinen Willen so dem göttlichen angleichen, daß er selber alles will, was Gott will: Weil nun Gott irgendwie will, daß ich gesündigt habe, so wollte ich nicht, daß ich keine Sünden begangen hätte, und das ist wahre Buße.

15. Satz
Wenn ein Mensch tausend Todsünden begangen hätte, und es wäre ein solcher Mensch in rechter Verfassung, so dürfte er nicht wünschen, er hätte sie nicht begangen.

16. Satz
Gott befiehlt nicht ausdrücklich das äußere Werk.

17. Satz
Das äußere Werk ist nicht eigentlich gut und göttlich, und Gott wirkt und gebiert es nicht eigentlich.

18. Satz
Laßt uns nicht die Frucht äußerer Werke bringen, die uns nicht gut machen, sondern innere Werke, die der Vater, in uns bleibend, tut und wirkt.

19. Satz
Gott liebt die Seelen, nicht das äußere Werk.

20. Satz
Der gute Mensch ist der eingeborene Sohn Gottes.

21. Satz
Der „edele Mensch" ist jener eingeborene Sohn Gottes, den der Vater von Ewigkeit her gezeugt hat.

22. Satz
Der Vater zeugt mich als seinen und als denselben Sohn. Was immer Gott wirkt, das ist Eines; darum zeugt er mich als seinen Sohn ohne allen Unterschied.

23. Satz
Gott ist in jeder Weise und in jedem Betracht nur Einer, so daß in ihm selber keinerlei Vielheit zu finden ist, weder in der Vernunft noch außerhalb der Vernunft; wer nämlich Zweiheit oder Unterschiedenheit sieht, der sieht Gott nicht, denn Gott ist Einer außerhalb aller Zahl und über aller Zahl und fällt mit nichts anderem in eins zusammen. Woraus folgt: In Gott selbst kann keinerlei Unterschied sein noch erkannt werden.

24. Satz
Jede Unterschiedenheit ist Gott fremd, sowohl in bezug auf seine Natur wie in bezug auf die Personen. Beweis: Seine Natur selbst ist Eine und eben dieses Eine, und jede Person ist Eine und eben dieses selbe Eine, was die Natur ist.

25. Satz
Wenn es heißt: „Simon, liebst du mich mehr als diese?", so ist der Sinn der:

„Mehr als diese – das ist zwar gut, aber nicht vollkommen." Wo nämlich von einem „Ersten" und „Zweiten", von „mehr" oder „weniger" die Rede ist, da ist noch Gradunterschied und Rangordnung, im Einen aber gibt es weder Grad noch Rang. Wenn man also Gott mehr liebt als den Nächsten, so ist das zwar gut, aber nicht vollkommen.

26. Satz
Alle Kreaturen sind ein reines Nichts: Ich sage nicht, daß sie etwas Unbedeutendes oder überhaupt etwas sind, sondern daß sie ein reines Nichts sind.

Außerdem lag wider besagten Eckardus der Vorwurf vor, daß er noch zwei andere Sätze folgenden Wortlauts gepredigt hatte:

1. Satz
Es gibt etwas in der Seele, was unerschaffen und unerschaffbar ist; wenn die ganze Seele solcherart wäre, so wäre sie unerschaffen und unerschaffbar – und dies ist die Vernunft.

2. Satz
Gott ist weder gut noch besser noch vollkommen; wenn ich Gott gut nenne, das ist ebenso verkehrt ausgedrückt, als wenn ich das Schwarze weiß nennen würde.

Wir haben nun alle hier angeführten Sätze durch viele Doktoren der heiligen Theologie prüfen lassen und haben sie auch selber mit unseren Brüdern sorgfältig untersucht. Und schließlich haben wir – sowohl auf Grund des Berichtes jener Gelehrten selbst, wie auf Grund unserer eigenen Prüfung – gefunden, daß die ersten fünfzehn der erwähnten Sätze und auch die beiden letzten sowohl nach ihrem Wortlaut wie nach dem Zusammenhange ihrer Gedanken Irrtum oder schändliche Ketzerei enthalten; von den elf anderen aber, deren erster mit den Worten beginnt: „Gott befiehlt nicht usw.", haben wir festgestellt, daß sie überaus übel klingen und sehr kühn sind und der Ketzerei verdächtig, wenn auch zugegeben werden mag, daß sie mit Hilfe vieler Erklärungen und Ergänzungen einen katholischen Sinn bilden oder abgeben könnten.
Damit nun Sätze solcher Art oder ihr Inhalt die Herzen der Einfältigen, denen sie gepredigt worden sind, nicht weiter vergiften und bei ihnen oder anderen nicht irgendwie Geltung erlangen können, verdammen und verwerfen wir ausdrücklich auf den Rat unserer genannten Brüder die ersten fünfzehn angeführten Sätze sowie die zwei letzten als ketzerisch, die anderen elf angeführten aber als übelklingend, verwegen und der Ketzerei verdächtig und ebenso alle Bücher und kleineren Schriften dieses Eckardus, welche die an-

geführten Sätze oder einen davon enthalten. Wenn aber jemand es wagen sollte, diese Sätze hartnäckig zu vertreten oder zu billigen, so wollen und verordnen wir, daß gegen diejenigen, welche die ersten fünfzehn und die zwei letzten der genannten Sätze oder einen von ihnen auf diese Weise vertreten oder billigen sollten, als gegen Ketzer, gegen diejenigen aber, welche die elf anderen genannten Sätze nach ihrem Wortlaut vertreten oder billigen sollten, als gegen der Ketzerei Verdächtige eingeschritten werde.
Ferner aber wollen wir denjenigen, bei denen die angeführten Sätze gepredigt oder gelehrt worden sind sowie auch allen anderen, zu deren Kenntnis sie gekommen sind, kundmachen, daß – wie durch eine öffentliche, darüber ausgestellte Urkunde feststeht – der genannte Eckardus am Ende seines Lebens, den katholischen Glauben bekennend, die angeführten sechsundzwanzig Sätze, welche gepredigt zu haben er zugegeben hat, ferner auch alles andere von ihm Geschriebene und in Schulen wie in Predigten Gelehrte, was in den Gemütern der Gläubigen einen ketzerischen oder irrtümlichen und dem wahren Glauben feindlichen Sinn erzeugen könnte, soweit es diesen Sinn anlangt, widerrufen und sogar verworfen hat und es für so schlechthin und völlig widerrufen gelten lassen wollte, als wenn er jene Sätze und alles andere einzeln und besonders widerrufen hätte, wodurch er sich und alle seine Schriften und Aussprüche der Entscheidung des apostolischen und unseres Stuhles unterworfen hat.
Gegeben zu Avignon, am 27. März 1329, im dreizehnten Jahre unseres Pontifikates.

Reden der Unterscheidung
Von der Abgeschiedenheit und vom Innehaben Gottes

Ich ward gefragt: Manche Leute zögen sich ganz von den Menschen zurück und wären gern allein, und daran läg' ihr Friede, und daß sie in der Kirche wären, – ob das das Beste sei? Da sagte ich: Nein! Und merke dir, warum. Mit wem es recht steht, wahrlich, dem ist's an allen Stätten und bei allen Leuten recht. Mit wem es aber unrecht steht, dem ist's an allen Stätten und bei allen Leuten unrecht. Mit wem es aber recht bestellt ist, der hat Gott in Wahrheit bei sich. Wer aber Gott recht in Wahrheit hat, der hat ihn an allen Stätten und auf der Straße und bei allen Leuten gerade so gut wie in der Kirche oder in der Einöde oder in der Zelle. Wenn er ihn nur recht, wenn er ihn nur immer hat, so kann ihn niemand hindern.
Warum?
Da hat er Gott allein und meint allein Gott, und alle Dinge werden ihm lauter Gott. Solch ein Mensch trägt Gott in allen seinen Werken und an allen Stätten, und dieses Menschen ganzes Tun wirkt lediglich Gott. Denn wer

das Werk verursacht, dessen ist das Werk eigentlicher und wahrhafter denn dessen, der es ausführt. Meinen wir also Gott lauterlich und allein, fürwahr! so muß er unser Tun wirken, und an allen seinen Werken kann ihn niemand hindern, keine Vielheit und keine Stätte. Niemand also kann diesen Menschen hindern, denn er meint nichts und sucht nichts und schmeckt ihm nichts als Gott; der wird ja mit dem Menschen durch dessen ganze Gesinnung eins. Und so wie Gott durch keine Mannigfaltigkeit zerstreut werden kann, so kann auch diesen Menschen nichts zerstreuen noch vermannigfaltigen. Denn er ist eins in dem Einen, da alle Mannigfaltigkeit Einheit und Unvermannigfaltigkeit ist.

In allen Dingen soll der Mensch Gott ergreifen und soll sein Gemüt gewöhnen, alle Zeit Gott gegenwärtig zu haben in seinem Innern, in der Meinung und in der Minne. Gib acht darauf, wie du nach deinem Gotte trachtest. Wie du in der Kirche bist oder in der Zelle – dieses selbe Gemüt behalte und trage es unter die Menge und in die Unruhe und in die fremde Welt. Und – wie ich schon öfter gesagt habe – wenn man von „Gleichheit“ spricht, so ist damit nicht gemeint, daß man alle Werke, alle Stätten oder alle Menschen für gleichwertig erachten soll. Das wäre gar unrecht; denn es ist ein besser Werk zu beten, als zu spinnen und eine edlere Stätte die Kirche denn die Straße. Du sollst aber in deinem Tun ein gleiches Gemüt und ein gleiches Vertrauen haben und einen gleichen Ernst hegen gegen deinen Gott. Traun! Verharrtest du in solcher Gleichheit, so hinderte dich niemand, deinen Gott gegenwärtig zu besitzen.

Wer aber Gott nicht also in Wahrheit innehat, sondern ihn immer von draußen her nehmen muß in diesem und jenem, und wer Gott in ungleichmäßiger Weise sucht, mittels eines Werkes, bei Menschen oder Örtern: der hat Gott nicht. Und da kann's leicht geschehen, daß den Menschen etwas hindert, denn er hat ja Gott nicht und sucht und minnt und meint ihn nicht allein. Und darum hindert ihn nicht nur böse Gesellschaft, ihn hindert auch die gute und nicht nur die Straße, sondern auch die Kirche, nicht allein böse Worte und Werke, nein, sondern auch gute. Denn das Hindernis liegt in ihm – Gott ist in ihm noch nicht alle Dinge geworden. Wäre Gott ihm das, so wäre ihm an allen Orten und bei allen Leuten recht und wohl. Denn er besäße Gott; den könnte ihm niemand rauben, und niemand könnte ihn in seinem Werke hindern.

Woran liegt nun dieses wahre Innehaben Gottes, daß man ihn wirklich besitze?

Dieses wahrhafte Gott-Innehaben liegt am Gemüte und an einem innigen, aufmerksamen Sich-Hinwenden und Trachten nach Gott. Nicht an einem stetigen gleichmäßigen Drandenken; denn das wäre der Natur ein unmögliches Vorhaben und sehr schwer und wäre nicht einmal das Allerbeste. Der Mensch soll sich nicht begnügen mit einem gedachten Gott; wenn der Gedanke vergeht, so vergeht auch der Gott. Viel mehr! Man soll haben einen wesentlichen Gott, der erhaben ist über den Gedanken des Menschen und aller Kreatur. Der Gott vergeht nicht, der Mensch kehre sich denn mit Willen von ihm ab.

Wer Gott so im Wesen innehat, der nimmt Gott göttlich und dem leuchtet er in allen Dingen; denn alle Dinge schmecken ihm nach Gott, und Gott spiegelt sich ihm aus allen Dingen – in ihm blickt Gott allezeit. In ihm ist eine abgeschiedene Abkehr und ein inneres Gestalten seines geminnten, gegenwärtigen Gottes. Es ist, wie wenn es einen hitzig dürstet so in rechtem Durst: Der mag anderes tun als trinken und mag wohl auch anderer Dinge gedenken; aber was immer er tue oder bei wem er sei, in welcher Absicht, in welchen Gedanken oder welchem Geschäft – ihm vergeht doch das Bild des Trankes nicht, dieweil sein Durst währt; und soviel größer der Durst ist, soviel lebendiger und inwendiger, gegenwärtiger und stetiger ist das Bild des Trankes. Oder wer da heiß ein Ding liebt mit ganzer Kraft, so daß ihm nichts anderes Lust gibt und zu Herzen geht als dieses nur und trachtet allein nach ihm und nach gar nichts weiter: wahrhaftig, wo der Mensch auch ist oder bei wem, was er auch beginne oder tue, so verlischt doch in ihm nimmer, was er so liebt, in allen Dingen findet er desselben Dinges Bild, und es ist ihm um so lebendiger da, je mehr seine Liebe stärker und stärker wird. Solch ein Mensch sucht die Ruhe nicht, denn ihn stört keine Unruhe.

Dieser Mensch ist Gott um so wohlgefälliger, als er alle Dinge göttlich nimmt und für mehr, denn sie an sich selber sind. Traun! Dazu gehört Eifer und Liebe, ein sorgsames Achtgeben auf des Menschen Inwendigkeit und eine wache, wahre, wirkliche Einsicht, auf der das Gemüt stehen kann gegenüber Dingen und Menschen. Das kann der Mensch nicht durch Fliehen lernen, indem er vor den Dingen flüchtet und sich zur Einsamkeit kehrt weg von der Außenwelt; sondern er muß eine innerliche Einsamkeit lernen, wo oder bei wem es sei. Er muß die Dinge zu durchbrechen lernen und seinen Gott darinne greifen und ihn kräftiglich in sich gestalten können in einer wesenhaften Weise.

Gerade so, wie wenn einer will schreiben lernen. Soll er die Kunst verstehen, so muß er sich viel und oft darin üben, wie sauer und schwer es ihm auch werde und wie unmöglich es ihm dünke. Wird er nur fleißig üben und oft, so lernt er's und gewinnt die Kunst. Traun, zuerst muß er sich jeden Buchstaben einzeln denken und den oft und genau in sich vorbilden. Dann aber, wenn er die Kunst innehat, so wird er völlig ledig der Vorstellung und des Drandenkens und schreibt fließend und frei, es seien Federübungen oder kühne Werke, die aus seiner Kunst erstehen sollen. Ihm genügt's zu wissen, daß er seine Kunst ausübt. Und wenn er auch nicht immer daran denkt, er vollbringt dennoch, woran er auch denken mag, sein Werk kraft seiner Kunst.

Also soll auch der Mensch von Gottes Gegenwart durchdrungen, soll mit der Form seines geminnten Gottes durchformt und in ihm eingewest sein, daß ihm seine Gegenwärtigkeit leuchte ohne alles Bemühen, daß er die Urbilder aller Dinge erfasse und der allzumal ledig bleibe. Dazu gehört anfangs ein Drandenken und ein aufmerksames Einprägen wie beim Schüler zu seiner Kunst.

Wie der Wille alles vermag, und wie alle Tugend im Willen liegt, wenn er gerecht ist

Der Mensch soll über nichts erschrecken, solange er sich in einem guten Willen findet, und soll sich nicht betrüben, wenn er ihn nicht in Werken zu vollbringen vermag; er soll sich aber nicht für ferne achten von der Tugend, wenn er einen rechten guten Willen in sich findet, denn die Tugend und alle Güte liegt im guten Willen. Dir kann's an nichts gebrechen, wenn du einen wahren, rechten Willen hast, weder Minne noch Demut noch irgendeine Tugend. Sondern was du kräftig und mit allem Willen willst, das hast du, und Gott und alle Kreatur können's dir nicht wegnehmen, wenn anders dein Wille ein ganzer und ein recht göttlicher, gottgegenwärtiger Wille ist. Also kein: „Ich möchte schon", das wäre noch etwas Zukünftiges, sondern: „Ich will, daß es jetzund also sei!" Merke dir: Wär' ein Ding über tausend Meilen weg und ich will es haben, so habe ich's noch eigentlicher denn das, was ich in meinem Schoße halte und nicht besitzen will.

Der gute Wille ist nicht minder kräftig zum Guten denn der böse zum Bösen. Das wisse: Wenn ich auch nimmer etwas Böses täte, dennoch, habe ich den Willen zum Bösen, so habe ich die Sünde, als ob ich die Tat getan hätte. Ich könnte lediglich mit einem durchaus bösen Willen so große Sünde tun, als ob ich alle Welt gemordet hätte und brauchte doch keinen Finger dazu zu rühren. Warum sollte dieselbe Gewalt nicht auch in einem guten Willen liegen können? Ja, viel und ungleich mehr!

Fürwahr, mit dem Willen vermag ich alle Dinge. Ich kann aller Menschen Mühsal tragen und alle Armen speisen, kann aller Menschen Werke wirken und was du erdenken magst. Gebricht's dir nicht am Willen, sondern nur am Vermögen dazu, wahrhaftig, so hast du es alles vor Gott getan, und niemand kann dir's nehmen noch dich einen Augenblick darin beirren; denn tun wollen, sobald ich's vermag, und getan haben, das ist vor Gott gleich. Ferner, wollte ich so viel Willen haben, wie die ganze Welt hat, und ist mein Begehren danach groß und ganz, wahrlich, so habe ich ihn; denn was ich haben will, das habe ich. Und ebenso, wollte ich so viel Minne haben, wie alle Menschen je gewannen und Gott damit lieben, oder was du sonst erdenken magst, das hast du in Wahrheit alles, wenn dein Wille vollkommen ist.

Nun möchtest du fragen, wann denn der Wille jetzt ein rechter Wille sei? Da ist der Wille ganz und recht, wo er ohne alle Eigenheit, wo er aus sich selbst ausgegangen und in den Willen Gottes hineingebildet und geformt ist. Ja, je mehr er das ist, desto mehr ist der Wille recht und wahr. Und in solchem Willen vermagst du alle Dinge, es sei Minne oder was du willst.
Nun fragst du: „Wie könnte ich die Minne haben, dieweil ich ihrer nicht empfinde noch gewahr werde; wie ich sie an vielen Menschen sehe – die haben große Taten aufzuweisen, und finde an ihnen große Andacht und Wunder, die ich nicht vollbringe?"
Hier mußt du zwei Dinge beachten, die in der Minne enthalten sind: Das eine ist das Wesen der Minne, das andere aber ein Werk oder Ausbruch des Wesens der Minne. Stätte der Minne ist allein der Wille; wer mehr Willen hat, der hat auch der Minne mehr. Aber wer des mehr habe, das weiß keiner vom anderen, das liegt verborgen in der Seele, dieweil auch Gott im Seelengrund verborgen liegt. Diese Minne liegt allzumal im Willen; wer mehr Willen hat, der hat auch mehr der Minne.
Nun ist da aber noch ein zweites, das ist ein Ausbruch und ein Werk der Minne. Das leuchtet sehr als Innigkeit und Andacht und Jubilieren und ist dennoch allweg das Beste nicht. Denn es stammt ja mitunter gar nicht aus der Minne, sondern kommt aus der Natur, daß man so viel Süßigkeit zu schmekken hat, es kann auch des Himmels Eindruck sein oder von den Sinnen zugetragen; und die dergleichen öfters erleben, das sind nicht immer die Allerbesten. Denn wenn es auch wirklich von Gott herstammen sollte, so gibt unser Herr das solchen Menschen, um sie zu locken oder zu reizen und auch, um sie dadurch von den anderen recht fern zu halten. Wenn aber diese selben Menschen hernach mehr Minne gewinnen, so haben sie gar leicht nicht mehr soviel Empfindungen; und erst daran wird's offenbar, ob sie Minne haben: wenn sie auch ohne solchen Rückhalt Gott ganz und stet die Treue wahren.
Wenn nun auch das alles wirklich Minne wäre, so ist es doch nicht das Beste. Das zeigt sich daran: Man soll von solchem Jubilus unterweilen ablassen, um einer besseren Art von Minne willen, und zwischendurch einen Liebesdienst leisten, wo man seiner gerade not hat, geistlich oder leiblich. Wie ich oft schon sagte: Wäre der Mensch so in Verzückung, wie einst Sankt Paulus war und wüßte einen siechen Menschen, der eines Süppleins von ihm bedürfte, ich achtete es weit besser, du ließest aus Liebe von der Verzückung und dientest dem Bedürftigen in größerer Minne.
Der Mensch soll nicht meinen, daß er dadurch um Gnaden komme; denn was er aus Minne williglich läßt, das wird ihm um so köstlicher vergolten, wie Christus sprach: Wer etwas läßt um meinetwillen, der soll hundertfältig dafür wiedernehmen. Ja fürwahr, was der Mensch fahren läßt und aufgibt um Gottes willen, ja, begehrte er auch heiß nach solchen Trostes Empfinden und Innigkeit und täte dazu, was er vermag, und Gott gibt es ihm nicht, und

er getröstet sich dessen und entbehrt es willig um Gottes willen –: wahrhaftig, er soll es in ihm finden ebenso, als ob er's besessen hätte wie nur je ein Gut in vollem Besitzen und hätte das willig aufgegeben und sich seiner getrost entschlagen um Gottes willen; er soll hundertfältig dafür wiedernehmen. Denn was der Mensch gerne hätte, was er aber verschmerzt und entbehrt um Gottes willen, es sei leiblich oder geistlich, das findet er alles in Gott, als ob er's besessen und willig preisgegeben hätte; denn der Mensch soll aller Dinge williglich beraubt sein um Gottes willen und in der Minne allen Trost fahren lassen und verschmerzen – aus Minne.
Daß man solches Empfinden um der Minne willen bisweilen lassen solle, das zeigt uns der minnende Paulus, da er spricht: Ich habe gewünscht, daß ich von Christo müsse geschieden werden aus Minne zu meinen Brüdern. Das meint er in dieser Weise: nicht von der ersten Art der Minne, denn von der wollte er nicht einen Augenblick geschieden sein um alles, das geschehen mag im Himmel und auf Erden; sondern er meint: von dem Troste.
Du mußt aber wissen, daß die Freunde Gottes nimmer ohne Trost sind; denn was Gott will, das ist ihr allerhöchster Trost, es sei Trost oder Untrost.

Vom edelen Menschen

Unser Herr spricht im Evangelium: „Ein Edeler fuhr aus in ein fernes Land, daß er sich ein Königreich gewönne und wiederkäme." Unser Herr lehrt uns in diesen Worten, wie edel der Mensch geschaffen ist in seiner Natur und wie göttlich das ist, dazu er kommen kann aus Gnade. Auch ist in diesen Worten berührt ein großer Teil der heiligen Schrift.
Zum ersten soll man wissen und ist auch geoffenbart, daß der Mensch in sich hat zweierlei Naturen: Leib und Geist. Darum heißt es in einer Schrift: „Wer sich selber erkennt, der erkennt alle Kreaturen; denn alle Kreaturen sind entweder Leib oder Geist." Darum sagt die Schrift vom Menschen, daß es in uns einen äußerlichen Menschen gibt und einen anderen, den innerlichen Menschen.
Zum äußeren Menschen gehört alles das, was zwar der Seele anhaftet, aber verbunden und vermischt mit dem Fleische ist und ein leibhaftiges Zusammenwirken hat mit jeglichem Gliede, als da sind Auge, Ohr, Zunge, Hand und dergleichen. Und das alles nennt die Schrift den alten Menschen, den irdischen Menschen, den äußeren Menschen, den feindlichen Menschen, einen knechtischen Menschen.
Der andere Mensch, der in uns ist, das ist der innere Mensch; den heißt die Schrift einen neuen Menschen, einen himmlischen Menschen, einen jungen Menschen, einen Freund, einen edelen Menschen. Und den meint unser Herr, wenn er spricht, daß ein Edeler fuhr in ein fernes Land und sich ein

Königreich gewann und wiederkam. Hieran ist auch zu denken, wenn Hieronymus sagt und überhaupt gemeinhin die Meister lehren, daß ein jeder Mensch, weil er eben ein Mensch ist, einen guten Geist: einen Engel, und einen bösen Geist: einen Teufel, hat. Der gute Engel rät und lockt ohne Unterlaß zu dem, was gut und göttlich, was tugendlich, himmlisch und ewig ist. Der böse Geist rät und zieht allezeit den Menschen zu dem, was zeitlich und vergänglich, was sündig, böse und teuflisch ist. Dieser böse Geist hat immer ein Kosen mit dem äußeren Menschen und vermittelst seiner lauert er allezeit dem inneren Menschen auf, recht wie auch die Schlange ihr Kosen hatte mit Frau Even und durch sie mit dem Manne Adam. Der innere Mensch ist Adam, der Mann in der Seele. Der ist der gute Baum, von dem unser Herr spricht, der immer ohne Unterlaß gute Frucht bringt; er ist auch der Acker, darein Gott sein Bild und Gleichnis gepflanzt hat und in den er den guten Samen sät, die Wurzel aller Weisheit, aller Kunst, aller Tugend, aller Güte – Samen göttlicher Natur. Der Same ist Gottes Sohn, Gottes Wort.

Der äußere Mensch ist ihm feindlich und hat böslich das Unkraut darauf gesät und geworfen. Von dem sagt Sankt Paulus: „Ich finde etwas in mir, was mich hindert und dem zuwider ist, was Gott gebeut und rät“ – was Gott geboten und gesprochen hat und noch spricht in dem Höchsten, im Grunde meiner Seele. Und anderswo sagt er und klagt: „Weh über mich unseligen Menschen! Wer löst mich von dem Leibe meines todbringenden Fleisches?“ Und an einer anderen Stelle schreibt er, daß des Menschen Geist und sein Fleisch allezeit widereinander streiten. Das Fleisch rät Untugend und Bosheit, der Geist Gottes rät Gottesminne, Friede, Freude und alle Tugenden. Wer dem Geiste folgt und nach seinem Rate lebt, der gehört dem ewigen Leben an; wer aber dem Fleische nachfolgt, der stirbt. Der innere Mensch ist der, von dem unser Herr sagt, daß ein edeler Mensch fuhr aus in ein fernes Land, und ist auch der gute Baum, von dem Gott spricht, daß er allezeit gute Frucht bringt und nimmer böse; denn er will das Gute und trachtet nach dem Guten, im in sich selber Guten schwebend, unberührt vom Dies und vom Das. Der äußere Mensch ist der böse Baum, der nimmer gute Frucht bringen kann.

Vom Adel des inneren geistlichen und vom Unadel des äußeren fleischlichen Menschen sagen auch die heidnischen Meister Tullius und Seneca: Keine vernunftbegabte Seele sei ohne Gott. Der Same Gottes ist in uns. Hätte er nur einen tüchtigen Anleiter und fleißigen Ackersmann, so nähme er desto besser zu und wüchse auf zu Gott, des Same er ja ist, und würde die Frucht gleichermaßen eine Natur Gottes. Birnbaumes Same wächst heran zu einem Birnbaum und Nußbaumes Same zu einem Nußbaum, Same Gottes zu Gott! Wenn aber der gute Same einen törichten und bösen Anleiter und Besteller hat, so wächst Unkraut dazwischen und verdeckt und verdrängt den guten Samen, daß er nicht zum Licht gelangt und sich nicht auswachsen kann. Doch lehrt Origenes, ein großer Meister: Weil Gott selber uns diesen Samen eingesät, eingedrückt und eingeboren hat, so kann er wohl bedeckt und verborgen, aber doch nimmer vertilgt noch in sich ausgelöscht werden; er glüht und glänzt, leuchtet und brennt und strebt ohn' Unterlaß hinauf zu Gott.

Der erste Grad des inneren oder neuen Menschen – spricht Sankt Augustin – ist, daß der Mensch nach dem Bilde guter und heiliger Leute lebt, aber noch an den Stühlen geht und sich noch an den Wänden hält und sich noch labt mit der Milch.

Der zweite Grad ist, so er jetzund nicht allein mehr auf die Vorbilder hinschaut, auch guter Menschen, sondern er läuft und eilt zur Lehre und zum Rate Gottes und göttlicher Weisheit, kehrt dem Menschlichen den Rücken und das Antlitz zu Gott, kriecht der Mutter aus dem Schoß und lacht den himmlischen Vater an.

Der dritte Grad ist, so der Mensch mehr und mehr der Mutter sich entzieht und ihrem Schoß ferner und ferner bleibt, der Fürsorge entflieht und die Furcht abwirft. Wenn er die Möglichkeit hätte, allen Leuten übel und unrecht zu tun, ohne daß er selbst Verdruß hätte, es würde ihn doch nicht danach gelüsten; denn er ist durch Minne also mit Gott verbunden und vertraut in stetem Eifer, bis der ihn gesetzt und eingewiesen hat in Freude und Süßigkeit, wo ihm zuwider ist alles, was Gott ungleich und fremd ist und vor ihm nicht ziemt.

Der vierte Grad ist, so er mehr und mehr zunimmt und sich einwurzelt in der Liebe zu Gott, also, daß er allzeit bereit ist, jederlei Anfechtung und Prüfung, Ungemach und Leid willig und gern, begierig und mit Freuden auf sich zu nehmen.

Der fünfte Grad ist, so der Mensch allenthalben von sich selber aus in Frieden lebt, still ruhend im Reichtum und im Genuß der höchsten, unaussprechlichen Weisheit.

Der sechste Grad ist, so der Mensch entbildet ist und überbildet wird mit Gottes Ewigkeit, wenn er zu ganzer Vollkommenheit gelangt ist und alle Zergänglichkeit zeitlichen Lebens vergessen hat, wenn er gezogen und hinübergewandelt ward in ein göttliches Bildnis, wenn er ein Kind Gottes geworden ist. Einen weiteren, höheren Grad gibt es nicht mehr; da ist ewige Ruhe und Seligkeit. Denn das Endziel des inneren und neuen Menschen ist ewiges Leben.

Von diesem inneren, edelen Menschen, dem Gottes Ebenbild eingedrückt, Gottes Same eingesät ist, wie dieser Same und dieses Bildnis göttlicher Natur und göttlichen Wesens, wie Gottes Sohn erscheine und man seiner gewahr, wie er auch mitunter verborgen werde, davon spricht der große Meister Origenes ein Gleichnis: Gottes Sohn, Gottes Bild sei in der Seele Grund wie ein lebendiger Brunnen. Wer nun Erde, das ist irdisches Begehren, darauf wirft, das hindert und verdeckt ihn, daß man ihn gar nicht mehr erkennt und gewahr wird. Doch bleibt er in sich lebendig, und so man nur die Erde, die von außen darauf geworfen ist, wegnimmt, so kommt er wieder zum Vorschein, wird man sein wieder gewahr. Und er sagt weiter, daß diese Wahrheit angedeutet sei im ersten Buche Mosis, wo geschrieben steht, daß Abraham in seinem Acker lebendige Brunnen gegraben hatte, böswillige Leute jedoch die Brunnen mit Erde füllten; als aber dann die Erde herausgeworfen ward, wurden die Quellen wieder lebendig.

Es gibt dafür auch noch andere Gleichnisse: Die Sonne scheint ohne Unterlaß; doch wenn eine Wolke oder ein Nebel zwischen uns und der Sonne ist, so werden wir des Scheines nicht gewahr. Ebenso, wenn das Auge krank ist und siech in sich selber, so ist ihm die Helligkeit unbekannt. Ferner habe ich bisweilen ein sinnfälliges Gleichnis angewandt: Wenn ein Meister ein Bild macht aus Holz oder aus Stein, so trägt er das Bild nicht hinein in das Holz, vielmehr, er schneidet die Späne weg, die das Bild verborgen und verdeckt hatten. Er gibt dem Holze nicht, sondern er benimmt ihm, er gräbt die Dekke ab und nimmt den Rost weg, und nun kann glänzen, was darunter verborgen war. Das ist der „Schatz, der im Acker verborgen liegt“, von dem unser Herr im Evangelium spricht.

Sankt Augustinus sagt: Wenn des Menschen Seele sich gänzlich hinaufkehrt in die Ewigkeit, in Gott allein, so kommt das Gottesbild in ihm zum Vorschein und leuchtet auf; wenn aber die Seele sich nach außen kehrt, mag's auch in äußerlicher Tugendübung sein, so wird das Bildnis ganz und gar verdeckt. Und darauf zielt auch, daß die Frauen ihr Haupt bedecken, die Männer aber es entblößt tragen nach Sankt Paulus' Lehre; denn alles, was sich niederwärts von der Seele kehrt, das trachtet nach dem, welchem es sich zukehrt: einer „Decke“, einem „Kopftuche“; was sich aber emporhebt von der Seele, das ist „entblößt“ für Gottes Bild und Gottes Gebärung, unbedeckt und frei in der bloßen Seele des edelen Menschen. Wie denn auch Gottes Bild, Gottes Sohn, der Same der göttlichen Natur in uns nimmer vertilgt wird, wenn er auch verdeckt werden kann. David sagt im Psalter: „Ob auch falle auf den Menschen mancherlei Nichtiges an Leid und Jammer, dennoch bleibt er in dem Bilde Gottes und das Bild in ihm.“ Das wahre Licht leuchtet in der Finsternis, obschon man seiner nicht gewahr wird.

Im Buch der Minne heißt es: „Achtet nicht darauf, daß ich braun bin; ich bin doch wohlgestaltet und schön, nur hat die Sonne mich entfärbt.“ „Die Sonne“ ist das Licht dieser Welt und soll andeuten, daß auch das Höchste und Beste, das geschaffen und gemacht ist, das Bild Gottes in uns überdeckt und verfärbt. „Nehmet den Rost vom Silber weg“, sagt Salomo, „so leuchtet und glänzt das allerlauterste Gefäß, das Bild Gottes in der Seele.“

Und das ist es auch, was unser Herr in jenem Worte meint, wenn er spricht, daß ein edeler Mensch „ausfuhr“. Denn der Mensch muß aus allen Bildern und aus sich selber ausgehen und dem allen ganz fremd und ganz unähnlich werden, wenn er fürwahr Sohn werden will und die Sohnschaft empfangen soll in des Vaters Schoß und Herzen. Jederlei Vermittelung nämlich ist Gott fremd. Gott spricht: „Ich bin der Erste und der Letzte." Unterschied ist weder in der Natur Gottes noch in den göttlichen Personen, nach der Einheit der Natur betrachtet. Die göttliche Natur ist Eine, und jegliche Person ist auch Eine, ist dasselbe Eine, das die Natur ist. Der Unterschied zwischen Sein und Dasein wird hier in das Eine zurückgenommen, sie sind Ein- und Dasselbe. Erst wo das Eine nicht mehr in sich selber ruht, da hat und wirkt es Unterschied. Und darum findet man in dem Einen Gott, und Eines muß der werden, der Gott finden soll. Unser Herr spricht: „Ein Mensch ging aus." Im Unterschiedlichen findet man weder das Eine noch das Sein noch Gott noch Rast noch Seligkeit noch Genügen. Sei Eines, auf daß du Gott finden mögest! Und fürwahr, wärest du durchaus eines, so bliebest du auch eines im Unterschiedlichen, die Unterschiede würden dir eines und könnten dich nun nicht mehr hindern. Eins bleibt ebenso eins in tausend mal tausend Steinen wie in vier Steinen, und tausend mal tausend ist wahrhaftig eine ebenso einfache Zahl, wie es die Vier ist.

Ein heidnischer Meister sagt, das Eine sei geboren aus dem obersten Gott. Seine Eigenschaft ist, Eines in Einem zu sein. Wer es unterhalb von Gott sucht, der betrügt sich selbst. Derselbe Meister (auf den ich mich nunmehr zum vierten Male berufen kann) betont auch, daß dieses Eine mit keinem eigentlich Freundschaft halte, denn mit magdlichen und jungfräulichen Gemütern. Wie denn auch Sankt Paulus spricht: „Als keusche Jungfrauen habe ich euch dem Einen angetraut." Und also sollte der Mensch vereint sein mit dem Einen, das Gott nur ist.

„Ein Mensch fuhr aus", sagt unser Herr. „Mensch", gemäß des Wortes eigentlicher Bedeutung im Lateinischen, damit ist – der einen Auffassung nach – jemand gemeint, der sich mit allem, was er ist und hat, gänzlich Gott unterwirft, der hinaufschaut zu Gott, nicht auf das Seine, das er hinter sich und unter sich weiß; denn das ist vollkommene und eigentliche Demut. Den Namen hat er von der Erde (wovon ich hier nicht weiter reden will). Aber das Wort „Mensch" bedeutet auch etwas, das über der Natur ist, über der Zeit und allem Räumlichen und Körperlichen, was der Zeit unterworfen ist und nach Vergänglichkeit schmeckt, weil es räumlich und körperlich ist.

Wenn er noch weiter fortgeschritten ist, hat der Mensch mit dem Nichtigen gar nichts mehr gemein. Und zwar einmal in dem Sinne, daß er nicht nach diesem oder nach jenem gebildet sei noch ihm gleiche und vom Nichtigen überhaupt nichts mehr wisse, daß man in ihm gar nichts mehr vom Nichtigen finde noch gewahr werde und das Nichtige ihm so gänzlich benommen sei, daß man da nur noch finde reines Sein, Wahrheit und Gutheit. Und wer also getan ist, der ist ein „edeler Mensch" und keiner sonst.

Es gibt noch eine andere Auffassung und Lehre, was unser Herr einen „edelen Menschen" heißt. Man muß nämlich wissen, daß die, welche Gott unverhüllt erkennen, mit ihm zugleich die Kreatur erkennen. Ist doch Erkenntnis das Licht der Seele, und alle Menschen begehren von Natur danach, da ja gar kein besser Ding ist. Erkenntnis ist gut. Nun lehren die Meister: So man die Kreaturen nur erkennt, wie sie in sich selber sind – das heißt eine „Abenderkenntnis" –, da sieht man die Schöpfung in lauter unterschiedenen Bildern. So man aber die Kreaturen in Gott erkennt – das heißt eine „Morgenerkenntnis" –, da schaut man die Kreatur ohne allen Unterschied, aller Bilder entbildet und aller Gleichheit entglichen, in dem Einen, das Gott selber ist. Auch dies ist gemeint mit dem „edelen Menschen", von dem unser Herr sagt, „er fuhr aus". Darum edel, weil er Eines ist und auch Gott und Kreatur in Einem erkennt.

Ich will noch in einem anderen Sinne auslegen, was ein „edeler Mensch" sei. Ich sage: So der Mensch (die Seele und der Geist) Gott schaut, so weiß er es auch und erkennt sich als Erkennenden, das heißt: Er erkennt, daß er schaut und Gott erkennt. Nun hat es etlichen Leuten dünken wollen und scheint auch ganz glaublich zu sein, Blume und Kern der Seligkeit liege in der Erkenntnis, da der Geist sich bewußt wird, daß er Gott erkennt. Denn wenn ich alle Wonne hätte und wüßte es nicht, was hülfe mir das und was für Wonne wäre mir das? – Dieser Meinung kann ich mich nicht anschließen. Wenn es auch wahr wäre, daß die Seele ohne das nicht selig sein könnte, so ist doch ihre Seligkeit nicht dadurch bedingt; denn das erste, worauf die Seligkeit sich gründet, ist dies: daß die Seele Gott unverhüllt erschaut – da empfängt sie ihr ganzes Sein und Leben und schöpft alles, was sie ist, aus dem Grunde Gottes und weiß von Wissen nichts noch von Minne noch von irgend etwas überhaupt! Sie wird ganz und gar im Wesen Gottes stille, sie weiß nichts, als daß sie hier ist, weiß nichts denn Gott. Wenn sie aber bewußt erkennt, daß sie Gott schaut und minnt und erkennt, das ist bereits ein Wieder-Herausfallen, ein Zurückschnellen auf die höchste Stufe der natürlichen Rangordnung. Denn niemand erkennt sich als weiß, als wer auch wirklich weiß ist. Darum, wer sich als weiß erkennt, der überbaut schon und trägt etwas auf über dem Weiß-Sein; seine Erkenntnis nimmt er nicht unmittelbar und noch unwissend von der Farbe ab, sondern die Seele nimmt diese Erkenntnis und dieses Wissen von etwas, das jetzund weiß ist, schöpft also ihr Erkennen nicht allein von der Farbe, wie sie an sich selber ist, sondern sie schöpft dies Erkennen und Wissen von etwas Gefärbtem, Weißgewordenem, und erkennt sich so als weiß. Sich weiß wissen, ist etwas viel Geringeres und viel äußerlicher, denn weiß sein. Die Wand ist etwas ganz anderes als das Fundament, darauf sie gebaut ist.

Die Meister lehren, eine andere sei die Kraft, vermöge deren das Auge sieht, eine andere die Kraft, vermöge deren es erkennt, was es sieht. Jenes erstere: daß es überhaupt sieht, das nimmt das Auge ganz und gar nur von der Farbe, nicht von dem, was gefärbt ist. Darum ist es eine Sache für sich, ob das, was farbig ist, ein Stein oder ein Holz, ein Mensch oder ein Engel sei: einzig daß es Farbe habe, darauf kommt alles an.

Ebenso, sage ich, nimmt und schöpft der edele Mensch all sein Wesen und Leben, seine ganze Seligkeit durchaus nur von Gott, bei Gott und in Gott allein, nicht aber vom Erkennen, Schauen, Minnen Gottes oder dergleichen. Darum sagt unser Herr gar wohl, das nur sei ewiges Leben: Gott allein zu erkennen als den einen, wahren Gott; und nicht: zu erkennen, daß man Gott erkennt. Wie sollte der Mensch sein Gotterkennen erkennen, der er sich selber nicht mehr kennt! Denn das ist sicher: Wenn der Mensch selig wird, selig ist in Grund und Wurzel seiner Seligkeit, dann kennt er sich selbst und andere Dinge überhaupt nicht mehr, sondern nur noch Gott allein. So aber die Seele erkennt, daß sie Gott erkennt, so weiß sie von Gott – und von sich. Und die Kraft, vermöge deren der Mensch sieht, ist doch – wie ich eben auseinandersetzte – eine andere Kraft, als die, vermöge deren er weiß und erkennt, daß er sieht. Allerdings ist es richtig, daß jetzt, hienieden, für uns diejenige Kraft, welche uns zum bewußten Erkennen unseres Sehens befähigt, die edlere und höhere ist als jene, vermöge deren wir sehen; denn die Natur beginnt ihr Werk mit dem Geringsten. Gott aber beginnt sein Werk mit dem Vollkommensten. Die Natur macht den Mann aus dem Kinde und das Huhn aus dem Ei – Gott aber macht den Mann vor dem Kinde und das Huhn vor dem Ei. Die Natur macht das Holz erst warm und heiß, und danach erst läßt sie das Feuer sein. Gott aber gibt aller Kreatur zuerst das Sein, und danach erst gibt er in der Zeit – und doch zugleich auch sonder Zeit – alle die Eigenschaften, welche zur Zeitlichkeit gehören. Auch gibt Gott den heiligen Geist eher denn die Gaben des heiligen Geistes.

Ebenso sage ich nun: Zwar kommt Seligkeit nicht vor, ohne daß der Mensch sich seines Gottschauens und Gotterkennens wohl bewußt werde; doch will Gott durchaus nicht, daß meine Seligkeit darauf gegründet sei. Wem's anders lieber ist, der mache es mit sich selber ab; mir tut er leid. Hitze des Feuers und Sein des Feuers sind gar ungleich und wunder wie fern voneinander in der Natur, obschon sie zeitlich und räumlich ganz nah zusammen sind. Gottes Schauen und mein Schauen ist einander durchaus fern und ungleich.

Darum sagt unser Herr gar treffend, daß ein edeler Mensch ausgefahren ist in ein fernes Land, um sich ein Königreich zu gewinnen, und wiederkam. Denn der Mensch muß in sich selber Eines sein, muß das suchen gehen in sich selber und im Einen, muß es empfangen im Einen, das heißt: Er muß Gott lediglich schauen. Und muß dann „wiederkommen", das heißt: wissen und erkennen, daß er Gott erkennt und von ihm weiß.

Alles, was ich hier gesagt habe, das hat schon der Prophet Ezechiel angedeutet, da er spricht: „Ein gewaltiger Adler mit großen Flügeln, mit langen

Schwingen voll Federn mancherlei kam zu dem lauteren Berge und faßte nach Kernholz und Mark des höchsten Baumes, brach seine Krone aus und brachte sie hernieder." Was unser Herr einen edelen Menschen heißt, das nennt der Prophet einen großen Adler. Wer ist edeler, als wer zur Hälfte geboren ist von dem Höchsten und Besten, was die Kreatur zu bieten hat, und zur anderen aus dem innerlichsten Grunde der göttlichen Natur und ihrer Einsamkeit?
Unser Herr spricht im Propheten Hosea: „Ich will die edelen Seelen in eine Wüste führen und will da sprechen in ihre Herzen" – Eines mit Einem, Eines vom Einen, Eines in Einem und im Einen das Eine ewiglich!

Von der ewigen Jugend unserer Seele

Predigt über Lukas 7, 14: Adolescens, tibi dico: Surge!

Man liest im Evangelium, daß Herr Sankt Lukas von einem Jünglinge schreibt, der tot war. Ihm begegnete unser Herr, trat näher hinzu und erbarmte sich seiner, rührte ihn an und sprach: „Jüngling, ich sage und befehle dir, stehe auf!"
Nun müßt ihr wissen, in allen guten Menschen ist Gott ganz und gar. Es gibt ein Etwas in der Seele, darin lebt Gott, und es gibt ein Etwas in der Seele, da lebt die Seele in Gott. Wenn aber die Seele sich von da herauskehrt zu äußerlichen Dingen, so stirbt sie, und Gott stirbt der Seele. Darum stirbt freilich Gott durchaus nicht an sich selber und bleibt in sich selber ebenso lebendig. Wenn die Seele vom Leibe scheidet, so ist der Leib tot, und die Seele in sich selbst bleibt lebendig; ebenso kann auch Gott für die Seele tot sein, in sich selbst aber lebendig bleiben. Nun wißt, es gibt eine Kraft in der Seele, die ist weiter denn der weite Himmel, der doch unfaßbar weit ist, so weit, daß man es gar nicht ausdrücken kann – und noch viel weiter ist eben diese Kraft!
Wohlan, nun gebt mit Eifer acht! In jener edeln Kraft spricht der Vater zu seinem eingeborenen Sohne: „Jüngling, stehe auf!" So groß ist die Einung zwischen Gott und der Seele, daß es unglaublich scheint – ist doch Gott in sich selber so erhaben, daß niemand mit dem Verstande dahin gelangen kann. Jenes Etwas in der Seele ist weiter denn alle Himmel, ja, weiter denn alle Engel – und schon von einem Fünklein des Engels lebt doch alles, was auf Erden ist! Unser Begehren ist weit, über die Maßen weit. Aber alles, was der Verstand begreifen, alles, was das Begehren begehren kann, das ist nicht Gott. Sondern wo der Verstand und das Begehren enden, wo es finster wird, da leuchtet Gott.

Unser Herr spricht: „Jüngling, ich sage dir, stehe auf!" Nun denn, soll ich das Sprechen Gottes in mir vernehmen, so muß ich von allem, was mein ist, und besonders von allem Zeitlichen, so völlig entfremdet sein, als läge es jenseits des Meeres. Die Seele ist ja so jung wie ihr erster Ursprung, und das Alter, dem sie zu verfallen scheint, ist nur auf seiten des Leibes, an dessen Sinnen sie sich übt. Ein Meister sagt: „Hätte ein alter Mensch die Augen eines jungen, er sähe ebenso gut wie ein junger." Ich saß gestern an einer Stätte und sprach da ein Wort, das lautet gar unglaublich – sagte ich doch: „Jerusalem ist meiner Seele ebenso nahe wie die Stätte, wo ich jetzt stehe." Ja, in vollem Ernst, sogar was über tausend Meilen weiter ist denn Jerusalem, auch das ist meiner Seele ebenso nahe wie mein eigener Leib – ich bin dessen ebenso gewiß, wie daß ich ein Mensch bin, und kundige Pfaffen werden es leicht verstehen. *Glaubt mir, meine Seele ist so jung wie mein Ursprung, ja, sie ist noch viel jünger! Und glaubt mir, ich würde es verschmähen, wenn sie morgen nicht noch jünger denn heute wäre!*

Die Seele hat zwei Kräfte, die haben mit dem Leibe nichts zu schaffen und wirken oberhalb der Zeit: Vernunft und Willen. Ach, wären der Seele Augen aufgetan, so daß die Vernunft die Wahrheit anschaute – glaubt mir, *der* Mensch vermöchte alle Dinge so leicht zu lassen wie eine Erbse oder eine Linse, ja, bei meiner Seele, die ganze Welt wäre solch einem Menschen wie ein Nichts! Nun gibt es etliche Leute, die lassen von den Dingen aus Liebe und achten die Dinge, die sie gelassen haben, für gar groß. Jener Mensch aber, der wirklich die Wahrheit erkennt, dem gilt es nicht das geringste, daß er die ganze Welt und sogar sich selber aufgibt. O, der Mensch, der so lebt, dem ist in Wahrheit die ganze Welt zu eigen!

Es gibt eine Kraft in der Seele, der sind alle Dinge gleichermaßen süß; ja, das Allerschlechteste und das Allerbeste, das ist ganz gleich für diese Kraft. Ergreift sie doch alle Dinge oberhalb von „Hier" und „Jetzt", oberhalb von Raum und Zeit. Wäre ich, so wie ich jetzt hier stehe, aus mir selbst herausgegangen und gänzlich ledig geworden, ach, so würde der himmlische Vater sogleich seinen eingeborenen Sohn so lauterlich in meinem Geiste gebären, daß der Geist ihn wiedergebären könnte. Ja, in vollem Ernst, wäre mein Geist ebenso bereit wie die Seele unseres Herren Jesu Christi, so würde der Vater ebenso lauterlich in mir wirken wie in seinem eingeborenen Sohne und weniger nicht; denn er liebt mich mit derselben Liebe, mit der er sich selber liebt.

Sankt Johannes sprach: „Im Anfang war das Wort, und das Wort war bei Gott, und Gott war das Wort." Nun denn, wer dieses Wort soll hören können in dem Vater, – da ist es gar stille –, der muß ganz stille werden und abgeschieden sein von allen Bildern und Formen. Wohlan, er soll sich so getreulich zu Gotte halten, daß die ganze Welt ihn nicht im mindesten erfreuen oder betrüben kann. Er soll alle Dinge nehmen, wie sie in Gott sind.

„Jüngling, ich sage dir, stehe auf!“ spricht unser Herr. Er will das Werk selber wirken. Wer mich einen Stein tragen hieße, der sollte mich auch tausend Steine tragen heißen, so er es selber wollte tun. Oder hieße jemand einen anderen einen Zentner tragen, der dürfte ihn auch tausend Zentner tragen heißen, so er sie selber tragen wollte. Wohlan denn, weil Gott dieses Werk selber wirken will, so folge der Mensch nur und widerstehe in nichts. Ach, und wohnte die Seele *innen,* so wäre ihr die ganze Welt gegenwärtig! Es gibt eine Kraft in der Seele – nicht nur eine Kraft, nein, mehr: ein Wesen, nicht nur ein Wesen, nein, mehr: etwas, was das Wesen *frei* macht, das ist so lauter, so erhaben und so edel in sich selber, daß keine Kreatur hineingelangen kann; nur Gott allein wohnt darin. Ja, in vollem Ernst, auch Gott selber vermag da nicht hineinzugelangen, sofern er *Weise* an sich hat. Mit irgendeiner Weise kann Gott da nicht hinein, sondern einzig und allein mit seiner bloßen göttlichen Natur.

Wohlan, nun überlegt noch einmal, was unser Herr spricht: „Jüngling, ich sage dir, stehe auf!“ Was ist das „Sprechen“ Gottes? Es ist das *Werk* Gottes, und dies Werk ist so edel und so erhaben, daß Gott allein es wirkt. Glaubt mir, alle unsere Vollkommenheit und alle unsere Seligkeit ist daran gelegen, daß der Mensch durchschreite und hinter sich lasse alle Geschaffenheit und alle Zeitlichkeit, ja, sogar alles Wesen, und in den Grund gelange, der grundlos ist.

Wir bitten unseren lieben Herren, daß wir das Eine werden und darin wohnen können. Des helf uns Gott! Amen.

Warum die Seele alle Heiligen aus sich herauswerfen soll

Predigt über Johannes 16, 7: Expedit vobis, ut ego vadam etc.

Man liest im heiligen Evangelium, daß unser Herr zu seinen Jüngern sprach: „Es ist förderlich für euch, daß ich von euch gehe; denn wenn ich nicht von euch gehe, so könnt ihr den heiligen Geist nicht empfangen.“ Und das gilt von drei Arten von Hindernissen, durch die drei Arten von Leuten sich hindern lassen.

Die ersten, das sind sündige Menschen, die lassen sich hindern durch die Kreaturen, indem sie ihrer wider Gott genießen nach ihrem Gelüsten. Solche Menschen verfehlen den Weg zu Gott; denn die Kreaturen sind ein Weg, der von Gott wegführt. Darum sagt Sankt Augustinus: „Verflucht sind sie, die irregehen auf Gottes Wegen!“ Von diesen Menschen will ich nicht weiter sprechen, denn sie folgen ihren tierischen Sinnen und werden dadurch von Gott geschieden. – Es gibt aber auch etliche *gute* Leute, die wenden zuviel Eifer auf ihre natürlichen Bedürfnisse und suchen zuviel Lust an äußeren Dingen. Wider die spricht Gott: „Wer seine Seele lieb hat (das heißt: sie in sinnlicher Weise liebt, sie zu sehr liebt), der verliert sie; wer aber seine Seele haßt (damit meint er die, welche ihrer eigenen ungeordneten Lust und Begierde nicht nachgeben), der behält sie fürs ewige Leben."

Das zweite Hindernis, welches eine andere Art von guten Leuten an der wahren Geistlichkeit hindert, das sind *die sieben Sakramente.* Sacramentum bedeutet Symbol. Nun aber kommt der nicht zu der inwendigen Wahrheit, wer am Symbol haften bleibt und seine Lust daran hat; denn alle die sieben Heiligtümer weisen uns nur zu der *einen* Wahrheit. Die Ehe zum Beispiel ist ein Sinnbild göttlicher und menschlicher Natur und der Einung, welche die Seele mit Gott verbindet. *Wer da nun will haftenbleiben an dem Sinnbild, der versperrt sich den Weg zu der einigen Wahrheit!* Ihr dürft nicht wähnen, daß das eheliche Leben darin bestehe, daß Mann und Frau sich miteinander vereinen, ihren äußeren Sinnen folgen und nach ihrem Gelüsten leben – das ist gar kein richtiges eheliches Leben. Sondern das nur ist eheliches Leben, daß man die Gebote der Ehe hält oder die sieben geistlichen Tageszeiten und die Werke der Barmherzigkeit.

Ferner gibt es etliche gute Leute, die hindern sich selber, weil sie zuviel an *Reue und Beichte* haftenbleiben; auch sie bleiben am *Zeichen* hängen und beeifern sich nicht, zu der lauteren Wahrheit zu kommen. Wider diese Leute spricht unser Herr: „Wer bereits gebadet hat, der bedarf nichts weiter, denn daß er sich die Füße wasche." Das soll heißen: Wer sich einmal gewaschen hat mit ganzer Reue und in rückhaltloser Beichte, der braucht seine alten Sünden nicht wieder neu zu beichten, sondern er soll nur „seine Füße waschen", das heißt: sein Begehren und sein Gewissen, die soll er läutern durch Beichte täglicher Sünde.

Ferner auch hindern sich etliche gute Leute, indem sie äußerlich gar zu beflissen aus sind nach dem heiligen *Sakramente des Leibes unseres Herren,* den sie gar nicht oft genug empfangen können. Sie verwenden zuviel äußeren Fleiß auf die dingliche *Ausübung,* üben sich aber nicht auf die *Wahrheit* hin – ist doch die Wahrheit etwas Innerliches und nicht zu finden in ihrer äußerlichen Erscheinungsweise. Und darum empfangen sie des Herren Leib nicht würdiglich; denn alle die Sakramente, die weisen uns nur zu der *einen Wahrheit. Deshalb soll man nicht hängenbleiben am Symbol, man soll gehen in die innere Wahrheit!* Die dem Geiste der göttlichen Wahrheit folgen wollen, die sollen beten im Geist und in der Wahrheit. In diesem Sinne sprach Christus selber zu der Frau, die am Brunnen zu Samaria schöpfte, da sie ihn fragte, wo man beten solle – ob auf dem Berge, wo schon ihre Eltern gebetet hatten, oder dort, wo nun die Juden beteten? Unser Herr antwortete: „Die Zeit wird kommen und ist schon da, wo die wahren Anbeter nicht nur auf

dem Berge oder im Tempel beten werden, sondern im Geiste und an der Stätte Gottes." Hierbei ist zu erwägen: Man soll Gott nicht nur im Tempel und auf dem Berge anbeten, sondern man soll beten ohne Unterlaß an allen Stätten und zu allen Zeiten. Darum fordert auch Sankt Paulus: „Man soll sich freuen allezeit und Gott danken aus jedem Anlaß und beten ohne Unterlaß!" Auf solche Weise aber beten die, welche alle ihre Werke in einer immer gleichen Minne Gott zuliebe verrichten, die aus ihrem Selbst herausgehen, ohne nach Genuß zu trachten, sich vor Gott demütiglich neigen und ihn alleine wirken lassen. Denn das Gebet des *Mundes* hat die heilige Christenheit nur darum eingesetzt, daß die Seele gesammelt werde von den äußeren Sinnen, in denen sie sich zerstreut hatte auf die Vielheit der vergänglichen Dinge. Wenn sie alsdann gesammelt wird in die *obersten* Kräfte (das sind Vernunft, Willen und Gedächtnis), so wird sie *vergeistet* – und wenn nun der Geist sich an *Gott* haftet mit voller Einung des Willens, so wird er *vergottet.* Und jetzt erst ist er in der wahren Anbetung, denn er ist endlich zu seinem Ziel gekommen, zu dem er geschaffen ist. Sind wir doch allein zu Gott geschaffen und dementsprechend nach ihm gebildet. Wer nicht gelangt zu dieser Einung des Geistes mit Gott, der ist kein rechter geistlicher Mensch!
Ferner hindern sich gute geistliche Leute an der rechten Vollkommenheit, indem sie mit ihres Geistes Begierde haftenbleiben am Bilde der *Menschheit unseres Herren Jesu Christi.* Und auch damit versperren gute Leute sich den Weg, daß sie sich zuviel *Visionen* überlassen, wobei sie gewisse Dinge bildhaft in ihrem Geiste sehen – seien es nun Menschen oder Engel oder unseres Herren Jesu Christi menschliche Gestalt – und der Ansprache glauben, die sie da in ihrem Geiste vernehmen, wenn sie etwa hören, daß sie Gottes Lieblinge seien oder was für Gebrechen und Tugenden ein anderer habe oder daß Gott um ihretwillen etwas Besonderes tun wolle. Damit werden sie gar oft betrogen! Denn Gott tut überhaupt nichts um irgendeiner *Kreatur* willen, sondern allein um seiner lauteren Güte willen. Klingt doch alles Beten der Christenheit in der Bitte aus: „Herr, das tue um deines eingeborenen Sohnes Jesu Christi willen!" Prägte der doch selber seinen Jüngern ein: „Es ist euch förderlich, daß ich jetzt von euch gehe!" Damit meinte er nicht nur seine Jünger von damals, sondern alle, die noch seine Jünger werden würden und ihm folgen wollen zu hoher Vollkommenheit. Denn auch ihnen ist seine menschliche Gestalt ein Hindernis, sobald sie mit Lust daran haftenbleiben; sie sollen ja Gott folgen auf *allen* seinen Wegen, darum dürfen sie nicht steckenbleiben auf dem Wege seiner Menschheit, der uns doch nur weisen soll auf den Weg der Gottheit! Wie ja Christus selber sprach: „Ich bin der Weg, die Wahrheit und das Leben, es kommt niemand zum Vater denn durch mich – und wer zu einer anderen Pforte will eingehen, der ist ein Mörder und schuldig des ewigen Todes!" Damit sind alle die gemeint, die sich anmaßen, sie vermöchten selber etwas Gutes zu tun oder Gott wolle um

ihretwillen etwas tun, während doch sogar Christus von sich sagte, er wäre nichts von sich selber, und auch die ewige Weisheit sprach von sich: „Der mich *geschaffen* hat, der ruhet in meinem Zelte" – sie, die doch ungeschaffen ist! Gott nämlich ist die ungeborene Weisheit. Das muß man beziehen auf die Geburt der ewigen Weisheit; der Sohn nämlich ist ausgegangen in der Weise der Geburt, geboren werden aber bedeutet: Geschöpf sein. So ist also die ewige Weisheit geboren aus der Gewalt des Vaters, der Sohn ist die Weisheit, und der heilige Geist (ihrer beider Minne zueinander) ist die Güte; sie sind eines in der göttlichen Natur, aber unterschieden als Personen. Und was ist das „Zelt", von dem die Weisheit sprach? Das ist die Menschheit Jesu Christi, darin der Vater geruht hat mit dem Sohne; denn sie sind der Natur nach gleich, sind Gott der Person und Gott auch der Natur nach. Dieses „Zelt" der Menschheit sollen wir allein anbeten um der Einung mit der *Gottheit* willen; denn der *Mensch ist wahrlich Gott und Gott ist wahrlich Mensch!* Darum sollen wir uns um gar nichts Geschaffenes bekümmern, sondern nur um Jesus Christus, der allein unser Vater und unser Helfer ist und ein Weg zu seinem Vater.

Und doch, auch wenn wir uns abscheiden von allen Kreaturen und auf den Weg der Wahrheit kommen, welcher ist Jesus Christus, so sind wir noch nicht völlig selig, obwohl wir doch in die göttliche Wahrheit schauen. Solange wir nämlich noch im *Schauen* begriffen sind, sind wir noch nicht eins mit dem, was wir schauen. Solange noch ein Etwas Gegenstand unserer Betrachtung ist, sind wir noch nicht eines in dem Einen. Denn wo nichts denn eines ist, da sieht man nichts denn eines. Darum kann man Gott nicht sehen denn nur mit Blindheit, nicht erkennen denn nur mit Nicht-Erkennen und nicht vernehmen denn nur mit Unvernunft. In diesem Sinne sagt Sankt Augustinus, keine Seele könne zu Gott kommen, sie gehe denn ohne Kreaturen zu ihm und suche ihn ohne Gleichnisse. Christus selber deutet das an mit seinem Ausspruch: „Wirf erst den Sparren aus deinem eigenen Auge und wische dann den Staub aus eines anderen Auge!" Dabei ist zu bedenken, daß alle Geschöpfe vergleichbar sind einem Sparren in der Seele Auge, hindern sie doch die Einung mit Gott, weil sie kreatürlich sind. Und darum, weil auch die Seele noch etwas Kreatürliches ist, so soll sie sich aus sich selber werfen – *ja, sie soll sogar alle Heiligen aus sich herauswerfen und selbst Unsere liebe Frau, weil die alle noch Kreaturen sind!*

Nackt also soll die Seele dastehen und unbedürftig sein aller Dinge; so nur gelangt sie zur Einung mit der heiligen Dreifaltigkeit. Noch seliger aber kann sie werden, wenn sie der bloßen Gottheit nachgeht, da ja die Dreifaltigkeit nur eine Offenbarung dieser Gottheit ist. In der bloßen Gottheit gibt es überhaupt kein Wirken mehr; darum wird die Seele nur dadurch vollkommen selig, daß *sie sich wirft in die wüste Gottheit,* wo es weder Wirken noch Gestalten mehr gibt, damit sie sich dort versenke und verliere in die Wüste, wo ihr Selbst zunichte wird und sie sich aller Dinge so wenig annimmt wie damals, als sie noch nicht war. So erst ist sie in sich selber tot und lebt nur noch in Gott; was auf solche Weise tot ist, das wird zunichte. So nur wird die Seele zunichte, die in der Gottheit begraben wird. Von solchen Menschen sagt Sankt Paulus: „Ihr seid tot, und euer Leben ist mit Christo verborgen in Gott."

Es gibt etliche Leute, die wähnen, sie seien verwandelt worden in der heiligen Dreifaltigkeit, obwohl sie noch niemals aus sich selber herausgelangten. Die wollen ihr Selbst nicht gerne fahren lassen, wollen recht viel eigenen Gewinn, recht viel Genuß und Süßigkeit fürs Herze haben – und müßten doch auf alles das verzichten, im Denken wie im Begehren! Derartige Menschen sind *keine* Nachfolger unseres Herren Jesu Christi, der niemals nach Süßigkeit trachtete in allen seinen Werken. Sprach er doch selber: „Meine Seele ist betrübt bis in den Tod." Damit meinte er seine vieledele Seele, er meinte aber auch sein leibliches Leben, das betrübt war „bis in den Tod", bis alles vollbracht war, was zu unserem Heile gehörte, bis getötet ward unser Tod. *Bis in den Tod muß auch unsere Seele betrübt sein,* bis an uns getötet wird alles, was da noch lebt an Eigennutz und Eigenwillen, an Willen überhaupt. Wenn die Seele in solcher Weise getötet wird an dem Leben ihrer Begierde und ihres Eigennutzes und begraben wird in Gott, so ist sie allen Kreaturen verborgen und unbekannt, so kann sie nimmermehr betrübt werden.

Nun gebt acht, woran man es erkennen kann, ob man hineingezogen sei in die heilige Dreifaltigkeit!

Das erste: Der Anblick des heiligen Geistes bewirkt, daß an der Seele vertilgt wird alle ihre Schuld und daß sie sich selbst und alle Dinge vergißt.

Das zweite, was sie von der Gottheit empfängt, ist die ewige Weisheit des Vaters – Erkenntnis und Verständnis aller Dinge. Auf diese Weise wird ihr benommen das Dünken, das Wähnen und Glauben, denn sie ist zur *Wahrheit* gekommen. Und was immer sie vorher glaubte und erkannte mit Hilfe von lauter Worten und Beweisungen, was immer ihr sinnbildlich vorgestellt wird, sei's von Menschen oder vom Geiste – *danach braucht sie niemanden zu fragen!* Wie's freilich manche Leute müssen, welche die Wahrheit nicht empfangen haben: wenn sie *denen* geoffenbart wird, die lautere Wahrheit, so wollen sie mit *menschlichen* Sinnen begreifen, was doch hinausgeht über aller Engel Verstehen. Darum fragen sie andere Leute – und bringen sie's denen vor, wie sie es empfangen haben mit groben Sinnen, so nehmen die es *auch* in grobem Sinne auf, wie sie's von ihnen hören, und behaupten alsdann, es sei falsch und könne nicht zusammen bestehen mit christlichem Glauben und halten es für unrichtig und wähnen nun, es sei wirklich das, wofür sie's halten, denn sie erkennen es ja gar nicht! Aber damit betrügen sie sich nur. –

Schließlich empfängt die Seele, die mit der Wahrheit hineingezogen wird in

die heilige Dreifaltigkeit, in einem Augenblick von des Vaters Kraft und Macht, daß es ihr möglich wird, *alle Dinge zu tun.* Das spricht auch Sankt Paulus aus: „Ich vermag alle Dinge in dem, der mich stark macht!“ Nun wirkt die Seele nicht mehr, nun erkennt, nun minnt sie auch nicht mehr, sondern Gott, der wirkt in ihr und erkennt sich in ihr. Das kündet auch Jeremias: „Ihr seid wahrlich Götter darin, daß ihr Gott erkennt und minnt!“
Zu dieser Wahrheit helfe uns Gott! Amen!

Was manche Pfaffen nicht begreifen

Predigt über Joh. 15, 19: Ego elegi vos de mundo

Diese Worte, die ich auf lateinisch gesprochen habe, die liest man heute im heiligen Evangelium zum Tage eines Heiligen, der Barnabas hieß und von dem die Schrift gemeinlich sagt, daß er ein Apostel gewesen sei. Und spricht unser Herr: „Ich habe euch auserkoren, habe euch auserwählt und auserlesen aus der ganzen Welt und aus allen geschaffenen Dingen, auf daß ihr viel Früchte bringet und die Frucht euch bleibe“; denn es ist gar lustlich, was da Frucht bringt und dem die Frucht bleibt. Dann aber bleibt die Frucht, wenn man wohnt in der Liebe. Sprach doch unser Herr am Ende dieses Evangeliums: „Habt euch untereinander lieb, wie ich euch von Ewigkeit her liebgehabt habe! So wie mein Vater mich von Ewigkeit her geliebt hat, so habe ich euch geliebt. Haltet ihr mein Gebot, so bleibt ihr in meiner Liebe.“
Alle Gebote Gottes stammen aus der Liebe und aus der Güte seiner Natur; denn kämen sie nicht aus der Liebe, so könnten sie nicht Gottes Gebot sein. Ist doch Gottes Gebot die Güte seiner Natur, und seine Natur seine Güte in seinem Gebote. Wer nun wohnt in der Liebe, der wohnt in der Güte seiner Natur, wohnt in Gottes Liebe – und Liebe hat kein Warum! Hätte ich einen Freund und liebte ich ihn darum, daß mir Gutes von ihm geschähe und aller Wille würde, so liebte ich nicht meinen Freund, sondern mich selber. Ich soll ja meinen Freund um seiner eigenen Güte willen lieben, um seiner eigenen Tugend und um alles dessentwillen, was er in sich selber ist: Dann nur liebe ich meinen Freund recht, wenn ich ihn so liebe, wie es eben gesagt wurde. Und ebenso steht es mit dem Menschen, der da steht in *Gottes* Liebe, der nicht das Seine sucht, weder an Gott noch an sich selber noch an irgendwelchen Dingen, der Gott allein um seiner Güte willen liebt, um der Güte seiner Natur und um alles dessentwillen, was er in sich selber ist. *Das* ist rechte Liebe!
Liebe zur Tugend ist eine Blume und eine Zierde aller Tugend, ja, eine Mutter aller Tugend, aller Vollkommenheit und aller Seligkeit. Ist sie doch Gott, weil Gott die Frucht der Tugend ist und diese Frucht dem Menschen

bleibt. Wenn einem Menschen, der da arbeitete um einer Frucht willen, die Frucht bliebe, so wäre ihm das gar lustlich. Und wäre ein Mann, der einen Weingarten hätte oder einen Acker, und überließe er den seinem Knechte, damit der ihn bestelle, ihm selber aber die Frucht verbleibe: Hätte er dem Knecht auch alles, was der dazu haben muß, gegeben, es wäre ihm doch gar lustlich, daß ihm *selber* die Frucht zum Genuß verblieben wäre. Ebenso ist's dem Menschen gar lustlich, der da wohnt in der *Frucht* der Tugend; denn er hat keinen Verdruß und keine Verwirrung, weil er sich selber gelassen hat und alle Dinge.

Nun sagt unser Herr: „Wer etwas fahren läßt um meinetwillen und um meines Namens willen, dem will ich hundertfältig wiedergeben und das ewige Leben dazu." Lässest du's aber fahren um des Hundertfältigen und um des ewigen Lebens willen, so hast du nichts gelassen; ja, lässest du fahren um tausendfältigen Lohnes willen, so hast du nichts gelassen. Du mußt dich selber lassen, ganz und gar lassen, so nur hast du recht gelassen. Es kam einmal – es ist noch nicht lange her – ein Mensch zu mir und sagte, er hätte große Dinge gelassen, Grundeigentum und Güter, um deswillen, daß er seine Seele behielte. Da dachte ich: Ach, wie wenig, wie Kleines hast du gelassen! Es ist eine Blindheit und eine Torheit, wenn du noch irgendwelchen *Wert* darauf legst, daß du etwas gelassen hast. Nur wenn du dich selber gelassen hast, so hast du recht gelassen.

Der Mensch, der sich selber gelassen hat, der ist so lauter, daß ihn die Welt nicht leiden mag, wie ich unlängst hier sagte. Wer die Gerechtigkeit liebt, dessen bemächtigt sich die Gerechtigkeit, er wird ergriffen von der Gerechtigkeit, und er ist eins mit der Gerechtigkeit. Ich schrieb einst in mein Buch: Der gerechte Mensch dient weder Gott noch den Kreaturen, denn er ist frei; und je näher er der Gerechtigkeit ist, desto näher ist er auch der Freiheit und um so mehr ist er die Freiheit selber. Alles, was geschaffen ist, das ist nicht frei. Solange noch irgend etwas über mir ist, das nicht Gott selber ist, das drückt mich, wie klein auch oder wie immer es geartet sei; und wäre es auch Vernunft und Liebe: Sofern sie geschaffen und nicht Gott selber ist, bedrückt es mich, denn es ist unfrei. Der ungerechte Mensch dient der Unwahrheit, es sei ihm lieb oder leid, dient aller Welt und allen Kreaturen und ist ein Knecht der Sünde.

Ich dachte einmal – es ist noch nicht lange her: Daß ich ein Mensch bin, das haben auch die anderen Menschen mit mir gemein; daß ich sehe und höre, esse und trinke, hat auch das Vieh mit mir gemein; aber daß ich *bin,* das ist keinem Menschen weiter eigen denn mir allein, keinem Menschen, keinem Engel, nicht einmal Gott, sondern nur sofern ich *eines* mit ihm bin. Alles, was Gott wirkt, das wirkt er in dem *Einen,* ihm selber Gleichen – und doch sind die Kreaturen in ihrem Wirken gar ungleich und trachten in ihrem Tun nach dem, was ihnen selber gleicht. Die Natur wirkte in meinem Vater das

Werk der Natur. Der Natur Absicht war, daß ich Vater würde, wie er Vater war. Wirkt doch jegliches Werk nur um seinesgleichen, um seines eigenen Bildes willen; daß es selber das Gewirkte sei, danach trachtet alles Männliche. Wo nämlich die Natur verkehrt oder gehindert wird, so daß sie nicht zu ihrer vollen Auswirkung kommen kann, da entsteht Weibliches, und wo die Natur abläßt von ihrem Werke, da hebt Gottes Wirken und Schaffen an; denn wären nicht Frauen, so wären auch keine Männer. Wenn das Kind empfangen wird in der Mutter Leibe, so hat es Bildung, Farbe und Gestalt; das ist Werk der Natur. So bleibt es vierzig Tage und vierzig Nächte; am vierzigsten Tage aber erschafft Gott die Seele – viel schneller denn in einem Augenblick. Und jetzt muß alles weichen, was die Natur wirken kann an Farbe, Bildung und Gestalt. Das Werk der Natur geht ganz und gar heraus; aber in eben dem Maße, in dem es herausgeht, wird es alles wieder eingebracht in der vernünftigen Seele. Nun ist dies ein Werk der Natur und eine Schöpfung Gottes. In allem aber, was nur kreatürlich ist – wie ich schon öfters gesagt habe – ist keine Wahrheit.

Es gibt etwas, was über dem geschaffenen Seelenwesen ist, etwas, an das nichts Geschaffenes zu rühren vermag, etwas, wo nichts ist. Selbst der Engel hat es nicht, der doch ein lauteres, strahlendes Wesen hat. *Es ist Sippschaft göttlicher Art,* ist in sich selber Eines, es hat mit gar nichts irgend etwas gemein. *Hierüber geraten manche Pfaffen ins Hinken!*

Es ist Eines und ist viel zu unnennbar, denn daß es einen Namen haben könnte, ist viel zu unbekannt, denn daß man es erkennen könnte. Könntest du dich selber vernichten auch nur für einen Augenblick, ja, ich sage, noch für kürzer denn einen Augenblick, so wäre dir alles eigen, was es in sich selber ist. Solange du noch irgendwie auf dich selber achtest oder auf irgendein Ding, weißt du ebenso wenig, was Gott ist, wie mein Mund weiß, was Farbe ist und mein Auge weiß, was Geschmack ist: so wenig weißt du und ist dir bekannt, was Gott ist.

Nun läßt Plato, der große Pfaffe, sich vernehmen und will reden von hohen Dingen. Er spricht von einer Lauterkeit, die nicht in der Welt ist, nicht in der Welt noch *außer* der Welt – von etwas, das weder in der Zeit noch in der Ewigkeit ist, das weder ein Außen noch ein Innen hat. Hier gebiert Gott, der ewige Vater, die Fülle und den Abgrund seiner ganzen Gottheit in seinem eingeborenen Sohne, *auf daß auch wir derselbe Sohn seien.* Und sein Gebären ist zugleich sein Innebleiben, sein Innebleiben aber zugleich sein Ausgebären: Es bleibt alles das Eine, das in sich selber quillt. *Ego,* das Wort Ich, ist niemandem eigen denn allein Gott in seiner Einheit. *Vos:* das Wort bedeutet soviel als daß ihr Eines seid in der Einheit. Das heißt: Das Wort *Ego* und *Vos,* ich und ihr, das zielt auf die Einheit.

Daß auch wir eben diese Einheit sein, diese Einheit bleiben mögen, dazu helf uns Gott! Amen.

Die Seele kann nichts über sich ertragen – nicht einmal Gott!

Predigt über Sprüche Salomonis 31, 27: Consideravit semitas domus suae et panem otiosa non comedit

Im Buche der Weisheit stehen diese Worte geschrieben, und man kann sie predigen von einer jeglichen heiligen Seele, sonderlich aber von Sankt Elisabeth. Salomo sagt in den Sprüchen: „Sie hat wohl geachtet auf die Stiege ihres Hauses und hat ihr Brot nicht müßig gegessen."

Dieses „Haus" bedeutet ganz die Seele und die „Stiege" des Hauses die Kräfte der Seele. Ein alter Meister sagt, daß die Seele gemacht ist mitten zwischen Einem und Zweien. Das Eine ist die Ewigkeit, die sich allezeit allein hält und wandellos ist. Die Zwei aber, das ist die Zeit, die sich wandelt und vermannigfaltigt. Damit will er sagen, daß die Seele mit den obersten Kräften an die Ewigkeit, das ist: an Gott, rühre; mit den niedersten Kräften aber rührt sie an die Zeit, und davon wird sie des Wechsels teilhaftig, neigt sich leibhaftigen Dingen zu und verliert da ihren Adel. Könnte die Seele Gott ganz erkennen wie die Engel, sie wäre nie in den Körper gekommen. Vermöchte sie Gott zu erkennen ohne die Welt, so wäre die Welt nie für sie geschaffen worden. Die Welt ist darum für sie gemacht worden, damit der Seele Auge geübt und gestärkt werde, daß es das göttliche Licht ertragen kann. So wie der Sonne Schein sich nicht aufs Erdreich wirft, er werde denn erst gedämpft in der Luft und ausgebreitet über andere Dinge, weil ihn des Menschen Auge sonst nicht ertragen könnte, ebenso ist das göttliche Licht so übergewaltig und hell, daß der Seele Auge es nicht ertragen könnte, wenn unser Blick nicht stetig gemacht würde durch die Materie, nicht emporgetragen würde durch Gleichnisse und so gewöhnt und geleitet würde zum göttlichen Licht.

Mit den obersten Kräften rührt die Seele an Gott; davon wird sie nach Gott gebildet. Gott ist nach sich selber gebildet, hat sein Bild von sich selber und von niemand sonst. Sein „Bild" ist, daß er sich durchkennt und alleine Licht ist. Wenn die Seele ihn berührt mit rechter Erkenntnis, so ist sie ihm gleich in diesem Bilde. Drückt man ein Siegel in grünes oder rotes Wachs oder in ein Tuch, so daß es ganz zum Bilde wird, dann drückt das Siegel ganz und gar durch das Wachs, so daß kein Wachs übrigbleibt und alles in das Siegel gedrückt wird: Das Wachs ist eins geworden mit dem Siegel ohne Scheidung. Ebenso wird die Seele ganz mit Gott vereint im Bild und im Gleichnis, wenn sie ihn anrührt in rechter Erkenntnis. Sankt Augustinus sagt, die Seele sei so edel geschaffen, über allen Kreaturen, daß kein vergängliches Ding, das am Jüngsten Tage vergehen soll, in die Seele hineinsprechen noch wirken kann ohne Mittel und ohne Boten. Das aber sind die Augen und die Ohren und die fünf Sinne. Das sind die „Stiegen“, auf denen die Seele hinausgeht in die Welt, und auf diesen Stiegen hinwieder geht die Welt zur Seele. Ein Meister spricht, daß die Kräfte der Seele mit großem Gewinn wieder zur Seele zurücklaufen sollen: wieder etwas einbringen, wenn sie ausgehen. Darum soll der Mensch seine Augen mit Fleiß hüten, daß sie nichts einbringen, was der Seele schädlich sei. Ich bin des gewiß: Was immer der gute Mensch sieht, davon wird er gebessert. Sieht er böse Dinge, so dankt er Gott, daß er ihn davor behütet hat und bittet Gott, er möge den bekehren, in dem das Böse ist. Sieht er aber gute Dinge, so begehrt er, sie würden an ihm vollbracht.

Dies Sehen soll zwiefach sein: Man soll ablegen, was Schaden bringt, und man soll sich da bessern, wo man Mängel hat. Ich hab' es auch sonst schon gesagt: Die da viel fasten und viel wachen und große Werke tun, aber ihre Gebrechen und ihren Wandel nicht bessern (worin allein das wahre Zunehmen liegt), die trügen sich selber und sind des Teufels Spott. *Der Mensch würde wahrlich reich an Tugenden, wenn er sich prüfte, an welcher Stelle seine größte Schwäche läge, auf daß er hier besserte und seinen Fleiß daran kehrte, dies zu überwinden.*

Das aber hat fleißiglich getan Sankt Elisabeth. Sie hatte weislich besehen die Stiege ihres Hauses. Darum fürchtete sie den Winter nicht, denn ihr „Gesinde“ war „zwiefach“ gekleidet: Wenn etwas ihr schaden mochte, so war sie davor auf der Hut; wo ihr aber etwas mangelte, da kehrte sie ihren Fleiß daran, daß es vollkommen würde. Darum hatte sie ihr Brot nicht müßig gegessen. Sie hatte auch ihre obersten Kräfte unserem Gotte zugekehrt. Die höchsten Seelenkräfte, derer sind drei. Die erste ist Erkenntnis; die zweite ist *„irascibilis“*, das ist eine aufstrebende Kraft; die dritte ist der Wille. Wenn die Seele sich zieht in die Erkenntnis der rechten Wahrheit, in die einfaltige Kraft, darin man Gott erkennt, da heißt die Seele ein „Licht“. Auch Gott ist ein Licht, und wenn das göttliche Licht sich in die Seele gießt, so wird die Seele mit Gott vereint wie ein Licht mit dem Lichte. Alsdann spricht man von einem Licht des Glaubens, und das ist eine göttliche Tugend. Und wohin die Seele mit ihren Sinnen und Kräften nicht kommen kann, da trägt sie der Glaube hin.

Die andere ist die aufstrebende Kraft; deren Werk ist's recht eigentlich, daß sie nach oben dringt. Wie es dem Auge eigen ist, Gestalten und Farben zu sehen und wie es dem Ohre eigen ist, süße Laute und Stimmen zu hören, so ist's der Seele eigen, mit dieser Kraft ohne Unterlaß emporzudringen; und sieht sie beiseite und fällt sie davon ab, das ist Sünde. *Sie kann nicht ertragen, daß irgend etwas über ihr sei. Ich glaube, sie kann nicht einmal das ertragen, daß Gott über ihr sei; ist er nicht in ihr und hat sie's nicht ebenso gut wie er selber, so kann sie nimmer ruhen.* Mit dieser Kraft wird Gott von der Seele ergriffen, soweit es überhaupt der Kreatur möglich ist, und in diesem Sinne spricht man von der Hoffnung, die auch eine göttliche Tugend ist. Kraft deren hat die Seele so große Zuversicht zu Gott, daß ihr dünkt, Gott mit allem seinem Wesen habe nichts, das nicht auch ihr möglich wäre zu empfangen. Herr Salomo sagt, das gestohlene Wasser sei besser denn anderes Wasser. Sankt Augustinus spricht: „Süßer waren mir die Birnen, die ich stahl denn die, welche mir meine Mutter gab, eben weil sie mir verboten und vor mir verschlossen waren." So ist auch der Seele viel süßer die Gnade, die sie erringt mit sonderlicher Weisheit und Bemühung als die, welche allen Leuten gemein ist.

Die dritte Kraft, das ist der inwendige Wille, der wie ein Antlitz allezeit Gott zugekehrt ist in göttlichem Wollen und aus Gott die Liebe in sich hineinschöpft. Da wird Gott ergossen in die Seele und die Seele in Gott, und so wird es geheißen eine göttliche Minne; und das ist auch eine göttliche Tugend. Göttliche Vollkommenheit ist gelegen an drei Dingen: an Erkenntnis, am Unbezwungenbleiben von aller Kreatur und an vollkommenem Genügen, bei dem man sich selber und aller Kreatur Genüge tut. Daran ist auch der Seele Vollkommenheit gelegen: an Erkenntnis, am Begreifen des, daß sie Gott begriffen hat, und an der Vereinung in vollkommener Liebe. Wollen wir wissen, was Sünde sei? Das Sichabkehren von der Seligkeit und von der Tugend, davon kommt alle Sünde. Die Stiege soll auch besehen eine jegliche Seele. Darum fürchtet sie den Winter nicht, weil das Gesinde auch gekleidet ist mit zwiefachen Kleidern, wie die Schrift von jener Frau sagt. Sie war bekleidet mit Stärke, aller Unvollkommenheit zu widerstehen, und war geziert mit der Wahrheit. Die Frau war in Reichtum und Ehre auswendig der Welt gegenüber, inwendig aber hatte sie die wahre Armut. Und als der auswendige Trost ihr abging, da floh sie zu dem, zu dem alle Kreaturen fliehen und verschmähte die Welt und sich selber. Damit aber kam sie *über* sich selber und verachtete es, daß man sie verachtete, also, daß sie sich von nun an durch nichts mehr beirren ließ; und das war ihre Vollkommenheit. Darum begehrte sie, die Kranken zu pflegen, schmutzige Leute zu waschen und *handeln* zu müssen mit ihrem reinen Herzen.

Daß auch wir ebenso umleuchten die Stiege unseres Hauses und unser Brot *nicht müßig* essen, dazu helf uns Gott! Amen.

Johannes Tauler
(geb. um 1300–1361)

Man hat vom „Dreigestirn" der großen deutschen Mystiker Eckhart, Tauler und Seuse gesprochen, und dieses Bild wird von den biographischen und geistigen Beziehungen, die diese drei miteinander verbinden, bestätigt.

Tauler, der um 1300 in Straßburg Geborene, trat 1315 dort in den Dominikanerorden ein und studierte, wohl als Schüler des Johannes von Sterngassen, sieben bis acht Jahre lang, ehe er drei Jahre am „Studium Generale" in Köln teilnahm. Es ist ungewiß, ob dort Meister Eckhart noch sein Lehrer war (wahrscheinlicher ist die Betreuung durch Nikolaus von Straßburg), doch war Tauler Eckharts geistiger Schüler.

Als Prediger und Seelsorger in den Frauenklöstern von Köln, Straßburg und Basel, 1350 vorübergehend in Paris, erlangte Tauler hohes Ansehen und wurde zentrale Figur der als „Gottesfreunde" bekanntgewordenen Gruppe um Rulman Merswin in Straßburg.

An diesen Kreis knüpft sich das mysteriöse Element, das jahrhundertelang mit der Person Johannes Taulers in Verbindung gebracht wurde.

Eine aus dem Nachlaß Rulman Merswins, eines ehemaligen Bankiers und Kaufmanns aus Straßburg, der sich bekehrt und den genannten Kreis der „Gottesfreunde" um sich versammelt hatte, stammende Handschrift aus dem Jahre 1389 berichtet die „Historie des ehrwürdigen Doctors Johannes Tauler". Dieses sogenannte „Meisterbuch" erzählt ausführlich die Bekehrungsgeschichte eines berühmten Predigers, dessen Name nicht genannt wird.

Dieser soll selbstgefällig und eitel gewesen sein und erst durch einen anonymen „wahren Christen", der aus dem „Oberland" zu ihm kam, zu echter Gottesliebe gebracht worden sein.

Da diese „Historie" in den folgenden Jahrhunderten den meisten gedruckten Ausgaben von Taulers Predigten beigefügt wurde, prägte sie das Tauler-Bild.

Möglicherweise hatte Tauler tatsächlich eine Lebenskrise zu überwinden, die vor seinem 40. Lebensjahr gelegen haben könnte, denn in einer seiner Predigten nimmt er auf dieses Alter ausdrücklich Bezug: „Der Mensch mag es anstellen, so gut er kann, und es richten, wie immer er will, er gelangt niemals zu wahrem Frieden noch wird er ein wesentlicher himmlischer Mensch, bevor er in die Vierzigerjahre kommt. Es ist so mancherlei Sorge im Menschen und es treibt ihn die Natur hin und her, und vieles bestimmt diese Natur, während man meint, daß es von Gott komme; so kann der Mensch keinen wahren, vollkommenen Frieden finden, auch nicht himmlisch werden vor der Zeit."[1] Nach Tauler sind also, ähnlich dem Meisterbuch, erst nach

positiv bestandener Krise der Lebenswende alle personalen Grundschichten vom Wirken Gottes gänzlich durchdrungen.
Die Schrift selbst, so haben gründliche Untersuchungen ergeben, dürfte Fiktion und Fälschung Rulman Merswins sein, der sich selbst in der Figur des „wahren Christen aus dem Oberland“ ein Denkmal setzen wollte. Als unecht herausgestellt haben sich jedoch auch zahlreiche andere Texte, die Tauler zugeschrieben wurden, so das um 1350 entstandene „Buch von der geistlichen Armut“ sowie verschiedene Briefe und Traktate.
Als Tauler am 16. Juni 1361 in Straßburg starb, hinterließ er jedoch eine Reihe von Predigten, die auf die Zuhörer tiefen Eindruck gemacht haben müssen. Christine Ebner, die Mystikerin von Engelthal, sagte von Taulers Predigergabe, er habe „mit feuriger Zunge die Erde angezündet“. Wir geben im folgenden Auszüge aus drei Predigten seiner Straßburger Zeit und einen Brief an einen unbekannten Empfänger wieder.
Daß Tauler nicht nur über Sprachgewalt verfügte, sondern auch stille, empfindsame Töne fand, die ihn in die Reihe der schöpferischen Geister deutscher Zunge rücken, verdeutlicht ein Adventslied, das zum konfessionsübergreifenden Besitz deutschsprachiger Christen geworden ist.

Es kommt ein Schiff geladen
bis an sein höchsten Bord,
trägt Gottes Sohn voll Gnaden,
des Vaters ewigs Wort.

Das Schiff geht still im Triebe,
es trägt ein teure Last;
das Segel ist die Liebe,
der Heilig Geist der Mast.

Der Anker haft' auf Erden,
da ist das Schiff an Land.
Das Wort tut Fleisch uns werden,
der Sohn ist uns gesandt.

Zu Bethlehem geboren
im Stall ein Kindelein,
gibt sich für uns verloren,
gelobet muß es sein.

Und wer dies Kind mit Freuden
umfangen, küssen will,
muß vorher mit ihm leiden
groß Pein und Marter viel.

Danach mit ihm auch sterben
und geistlich auferstehn,
ewigs Leben zu erben,
wie an ihm ist geschehn.

Die ewige Wahrheit sagt: Mein Joch ist sanft

Die Predigt aus dem Evangelium St. Matthäi (11, 30) vom Sonntag vor Septuagesima sagt, wie die Seele ein Mittel zwischen Zeit und Ewigkeit ist, die aber, wenn sie sich von allen Bildern freimacht, ein süßes Joch trägt und der äußere Mensch eine leichte Bürde

Die ewige Wahrheit unseres Herrn Jesu Christi hat gesprochen: „Mein Joch ist süß und meine Bürde ist leicht." Dem widersprechen alle natürlichen Menschen, soweit sie ihrer Natur ergeben sind, und meinen, Gottes Joch sei bitter und seine Bürde schwer. Und doch muß es wahr sein, denn die ewige Wahrheit hat es gesprochen.

Ein Joch ist ein Ding, das man mit schwerer Mühe nachschleift oder zieht, und eine Bürde ein Ding, das sehr drückt und schwer lastet. Unter dem Joch versteht man den inwendigen Menschen und unter der Bürde den äußeren Menschen, den alten, den ersten Menschen. Der inwendige, edle Mensch ist aus dem edlen Grunde der Gottheit herausgekommen und ist gebildet nach dem edlen, lauteren Gott und ist wieder dahin geladen und wieder hinein gerufen und wird wieder hingezogen, damit er all des Gutes teilhaftig werden kann. Denn was der köstliche, wonnige Grund von Natur hat, das kann die Seele aus Gnaden erlangen. Wie Gott nun in dem inwendigen Grunde der Seele den Grund gelegt hat und da verborgen und bedeckt liegt: wer das finden und erkennen und schauen könnte, der wäre ohne allen Zweifel selig. Und wie der Mensch auch sein Gesicht abgekehrt hat und in die Irre geht, so hat er dennoch ein ewiges Locken und Neigen hierzu und kann nirgends Ruhe finden, wie er dies auch umgeht, denn alle anderen Dinge, außer diesem einen, können ihm nicht genügen, dies trägt und zieht ihn ohne sein Wissen ganz in das Allerinnerste. Denn dies ist sein Ziel. Wie alle Dinge rasten an ihrer Stätte, wie der Stein auf der Erde und das Feuer in der Luft, so rastet die Seele in Gott.

Wem ist nun dieses Joch süß, dies Ziehen und Tragen? Niemand als den Menschen, die sich, ihr Antlitz, ihr Gemüt, ihr Werk von allen Kreaturen abgekehrt haben. Die Seele ist recht ein Mittel zwischen Zeit und Ewigkeit. Kehrt sie sich zu der Zeit, so vergißt sie die Ewigkeit; werden ihr die Dinge fern und entrückt, so sind sie klein, wie das, was man fern sieht, klein erscheint, und was nah ist, groß scheint, denn es hat wenig Hindernis vor sich. So ist es mit der Sonne, wenn sie auch sechzig mal größer ist als das ganze Erdreich: Wer im Sommer ein Becken mit Wasser nimmt, wenn die Sonne hoch am Himmel steht, und dort einen kleinen Spiegel hineinlegt, dem erscheint darin die große Sonne vollkommen und kaum wie ein kleiner Grund. Und wie klein auch das Mittel sei, das da zwischen den kleinen Spiegel und die große Sonne käme, das würde dem Spiegel sofort das Bild der großen Sonne entziehen. Genau so ist es mit dem Menschen, der das Mittel bereitet hat, es sei was es sei oder wie klein es sei, er kann nicht mehr in diesen Grund hineinsehen. Ohne allen Zweifel verhindert dies Mittel, daß sich das große Gut, Gott selbst, in dem Spiegel seiner Seele erbilden kann.

Nun, wie kostbar und wie lauter die Bilder auch sind, alle drängen sie sich als Mittel vor das unverbildete Bild, das Gott ist. Die Seele, in der sich die Sonne widerspiegeln soll, muß bloß und frei sein von allen Bildern, denn wo sich nur ein einziges Bild in dem Spiegel zeigt, da wird sie an dem Erkennen des wahren Bildes gehindert. Alle, die diese Bloßheit nicht erstreben, so daß sich der verborgene Grund nicht enthüllen noch bildhaft darstellen kann, sind wie Küchendirnen, und denen ist das Joch bitter. Und wer nie in diesen Grund hineinsah noch ihn fühlte, für den ist das ein deutliches Zeichen, daß er ewig ihn niemals schmecken noch genießen wird wie Origines sagt.

Welcher Mensch nicht mindestens einmal am Tage in diesen Grund kehrt, doch je nach seinen Kräften, lebt nicht als ein rechter Christenmensch. Aber die diesem Raum geben und sich ihm müßigen und die Bilder ablegen, damit sich die Sonne drein ergießen kann, denen ist das Joch Gottes über Honig und über allen Geschmack süß, und ohne Geschmack und bitter alles, was dies nicht ist. Ja, allen, die je davon schmeckten, ist diese ganze Welt eine bittere Galle; denn wo dieser köstliche Grund einmal gespürt worden ist, da drängt er, und er zieht so sehr, daß das Mark aus den Knochen und das Blut aus den Adern gezogen wird. Und wo sich dieses Bild in Wahrheit gebildet hat, da verlöschen alle schädlichen Bilder.

Daß dich alle möglichen Dinge daran hindern, liegt darin, daß du durch sie mit Eigenschaft verbildet bist. Wärst du des Bildes und der Eigenschaft ledig und hättest du dann ein Königreich, es schadete dir nichts. Sei ohne Eigenschaft und bildlos und habe, was du bedarfst, an allen Dingen. Man weiß von einem heiligen Vater, der war so bildlos, daß kein Bild in ihm haften blieb. Nun klopfte da jemand an seine Tür und verlangte etwas von ihm; er sagte, er wolle es ihm holen. Als er aber hineinkam, da hatte er es völlig vergessen. Jener klopfte wieder, er sprach: „Was willst du?“ Der bat zum zweiten Male; wieder sagte er, er wolle es ihm holen und vergaß es abermals. Jener klopfte zum dritten Male. Da sagte er: „Komm und nimm es dir selbst, ich kann das Bild nicht so lange in mir behalten, so bloß ist mein Gemüt von allen Bildern.“

In solche bildlosen Leute scheint die göttliche Sonne hinein, die werden so kostbar aus sich selbst und aus allen Dingen gezogen, sie haben ihren Willen, sich selbst und alle Dinge dem göttlichen Willen, darin sie verstrickt sind, gefangen gegeben. Sie werden so wonniglich in das Joch Gottes gezogen, daß sie die Dinge vergessen, so klein erscheinen sie ihnen. Ewige Dinge aber sind ihnen nahe, die sind inwendig, die scheinen ihnen groß wegen ihrer Nähe, die sind unmittelbar. Dadurch kommen sie zur Süßigkeit.

Nun nehmen wir das andere Wort: „Meine Bürde ist leicht." Damit meint man den äußeren Menschen, auf den mannigfaches Leiden fällt. O liebreicher Gott, wo sind aber die seligen Leute, denen die Bürde Gottes leicht ist? Denn niemand will leiden, und doch muß es immer ein Leiden und Lassen geben, kehre es wie du willst. „Christus mußte leiden und so zu Ehren kommen."

Was sollst du nun leiden? Du sollst die Urteile und die Verhängnisse Gottes ertragen, wo und wie sie dich befallen, es sei von Gott oder von den Leuten. Dir sterben deine Freunde oder du verlierst Gut und Ehre, Trost inwendig und auswendig, von Gott oder den Kreaturen, diese Bürde sollst du leicht tragen und ebenso deine eigenen Gebrechen, die dir leid sind und die du nicht überwinden kannst oder magst. Lege dich unter die Bürde, zu leiden nach dem göttlichen Willen, und überlaß es Gott. Das Pferd macht den Mist im Stall, und obgleich der Mist einen Unflat und Stank an sich hat, so zieht ihn das gleiche Pferd doch mit großer Mühsal auf das Feld, und daraus wächst köstlicher Weizen und der edle, süße Wein, der nimmer so wüchse, wenn der Mist nicht da wäre. So trage du deinen Mist, deine eigenen Gebrechen, die du nicht abtun und ablegen noch überwinden kannst, mit Mühe und Fleiß auf den Acker des liebreichen Willens Gottes in rechter Gelassenheit deiner selbst. Breite deinen Mist aus auf das treffliche Feld, ohne Zweifel wächst da in einer demütigen Gelassenheit köstliche, wonnigliche Frucht daraus.

Wer sich unter diese Bürde und unter alle Urteile und Schickungen Gottes mit demütiger Gelassenheit beugte und sich in Gottes Willen litte, im Haben und Darben, mit einem steten Ernst und in demütiger Hoffnung, und alle Dinge von Gott nähme und sie ihm wieder hinauftragen wollte in rechter Abgeschiedenheit und mit einem Verbleiben in sich selbst, und sich versenken wollte in den ewigen Willen Gottes in eigner und aller Kreaturen Verleugnung: wer dies täte und darin beharrte, dem wäre die Bürde Gottes in Wahrheit leicht, ja so leicht; würden auch auf diesen Menschen alle Bürden gelegt, die die ganze Welt trägt, sie würden ihm so leicht, daß es ihm wie ein reines Nichts wäre. Ja, es wäre ihm eine Wonne, ein Genießen, eine Freude, ein Himmelreich, denn Gott trüge die Bürde und der Mensch wäre völlig ledig und aus sich selbst herausgegangen, und zugleich ginge Gott auf jede Weise ein in all des Menschen Tun und Lassen.

Zu solcher Wirkung des edlen Gottes an uns, durch die uns sein Joch süß und seine Bürde leicht werde, verhelfe uns Gott! Amen.

Folge mir nach, und er verließ alles und folgte ihm nach

Die Predigt über St. Matthäus (Lk 5, 27) spricht von zwei Weisen, wie man Gott in rechter Gelassenheit folgen soll. Die eine ist bildlich, die andere ohne Bilder, ein inwendiges gelassenes Stillschweigen in eingekehrtem Gemüte

Unser Herr sprach zu St. Matthäus: „Folge mir." Und er ließ alle Dinge und folgte ihm.

Dieser liebwerte Heilige ist ein Vorbild für alle Menschen gewesen, denn er war zuerst ein großer Sünder, wie die Schrift von ihm schreibt, und ward danach der allergrößten Gottesfreunde einer, denn als unser Herr ihm inwendig im Grunde zusprach, da ließ er alle Dinge und folgte ihm. Daran liegt ja alles, Gott in Wahrheit zu folgen, und dazu gehört ein ganzes, wahres Ablassen von allen den Dingen, die nicht Gott sind – es sei, was es sei, was der Mensch in seinem Grunde findet, womit er behaftet ist, es sei, was es sei, Lebendes oder Lebloses, er selbst oder etwas vom Seinen. Denn Gott ist ein Liebhaber der Herzen, und es ist ihm nicht um das zu tun, was auswendig ist, sondern um eine innige, lebendige Gunst, die in sich eine zu allem Göttlichen und Tugendhaften, wo und an wem es auch sei, willige Neigung trägt. Das hat mehr Wahrheit in sich, als wenn ich so viel betete wie die ganze Welt, und so laut sänge, daß es an den Himmel reichte, und als alles, was ich auswendig mit Fasten, mit Wachen und allen andern Dingen tun könnte.

Nun sprach unser Herr: „Folge mir nach." In diesen sechs Stücken folgt der Mensch unserm Herrn nach, wovon drei in den niedersten und drei in den obersten Kräften liegen. In den niedersten sind Demut, Sanftmut und Geduld. Die andern drei erheben sich über alle Kräfte. Es sind Glaube, Zuversicht und Liebe.

Nun aber: „Folge", wie unser Herr sagte. Diese Folge geschieht in einer Weise nach dem liebreichen Vorbilde unseres Herrn in Begehren, Danken und Loben, zuweilen aber auch auf einem näheren Wege der Nachfolge: ohne dies alles weder mit Gedanken noch mit irgend etwas, sondern nur mit einem inwendigen, ganzen, gelassenen Stillschweigen in einem eingekehrten Gemüt und einem lauteren Abwarten, was Gott im Menschen wirken will, hin nach dem allerlautersten Nächsten, das ihm gefällig ist oder sein kann. Man findet wohl Leute, denen bei auswendigen Übungen so recht wohl ist, und es fließt recht durch sie hindurch: Beten, Fasten, Wachen und alle Dinge; daran empfinden sie so große Lust, daß Gott um so weniger daran hat. Und die Lust kann leicht so groß sein, daß Gott nichts mehr daran läge und sich davon abkehrte. Das kommt daher, daß die Leute ihr Werk aus sich selbst tun, mit dem Gefühl des Eigentums und mit großer Anmaßung, und alles Gute ist doch von Gott und nicht ein Tropfen dein eigen!

Nun könnte man fragen, wie man die Lust von dem, was gut ist, scheiden könne. Dafür nehmt ein Gleichnis: im alten Bunde war den Priestern verboten, das Fett von dem geopferten Fleisch zu essen, sie sollten es verbrennen und Gott opfern. Das Fett aber, das innen in dem erlaubten Fleisch war, das durften sie wohl essen.

So soll man alles Wohlbehagen, das man an allen Übungen der Tugend und der Werke haben mag, in das Feuer der Liebe werfen und Gott wieder opfern, dem es auch gehört. Die eigene Annehmlichkeit oder die Befriedigung, die von Natur den Werken anhaftet, sofern sie gute Werke sind, die kann der Mensch in einfältiger Weise ohne jede Anmaßung wohl haben.

Nun etwas von dem Wort „Folge mir", davon, wie St. Matthäus alle Dinge ließ und Gott folgte: der Mensch, der alle Dinge und sich selbst in allen Dingen gelassen hat, soll Gott über alle Dinge folgen, äußerlich in aller Übung der Tugend und in allgemeiner Liebe, und innerlich in rechter Gelassenheit seiner selbst in allen Weisen, wie sie fallen, und wie es Gott über ihn verhängt von innen und außen.

Nun versteht recht: was ich von mir selbst sage, damit meine ich alle Menschen. Ich habe durch Gottes Gnade und von der heiligen Kirche meinen Orden empfangen und diese Kappe und diese Kleider und meine Priesterschaft, ein Lehrer zu sein und Beichte zu hören.

Käme es nun so, daß mir der Papst dies nehmen wollte und die heilige Kirche, von der ich es empfangen habe, ich müßte es ihnen alles miteinander lassen und würde nicht fragen, warum sie es mir nehmen, wäre ich wirklich ein gelassener Mensch, und ich müßte einen grauen Rock antun, wenn ich ihn haben könnte, und dürfte ich nicht mehr in meinem Kloster bei den Brüdern sein, so ginge ich hinaus, und sollte ich nicht mehr Priester sein, nicht Beichte hören noch predigen: alles in Gottes Namen, so sei nichts mehr, denn sie haben es mir gegeben und können es mir auch nehmen. Nach dem „warum" habe ich sie nicht zu fragen, wollte ich nicht ein Ketzer heißen oder in den Bann getan sein.

Wollte mir aber jemand anderer auch nur eins von diesen Dingen nehmen: wäre ich ein recht gelassener Mensch, ich sollte lieber den Tod erwählen, ehe ich es mir nehmen ließe. Wollte uns auch die heilige Kirche das heilige Sakrament äußerlich nehmen, wir müßten uns damit zufrieden geben. Es aber geistig zu nehmen, daran kann uns niemand hindern. Aber alles, was uns die Kirche gegeben hat, das darf sie uns nehmen. Und das müßten wir alles gelassen über uns ergehen lassen ohne Murren und Widerspruch.

Das ist nun aber äußerlich. So sollte es auch sein, und noch mehr, bei inneren Dingen: „Was haben wir, das uns nicht Gott gegeben hat?" Und darum soll man ihm alles, was er uns gegeben hat, in rechter Gelassenheit lassen, als ob man es nie erhalten hätte.

Euch, liebe Leute, die ihr mit heiligen Vorbildern, Gedanken, Weisen und Werken umgeht, meine ich nicht, zu solchen spreche ich nun nicht, die nehmen sich doch dieser Rede nicht an. Sondern ich meine allein die besonderen Menschen, die die finsteren Wege gehen sollen und durch die engen Pfädlein hindurchschlüpfen: das ist nicht aller Leute Sache. Diese Menschen müssen ganz anders gehn als die, von denen wir gesprochen haben, wie sie die Dinge halten sollen. Einige sind zu tun, einige zu lassen. Man soll die Dinge in den Kräften halten, jedoch ohne jeden Gedanken an Eigentum und über alle Kräfte hinaus, und man soll weder die Dinge besitzen noch das Gefühl des Eigentums.

Nun aber ist aller Menschen Natur geneigt auf das Haben, Wissen und Wollen. Das sind die Werke der Kräfte.

Hier handelt es sich um die sechs Dinge, die wir zu Beginn der Predigt berührten, die müssen wir nun betrachten. In den niedersten liegen Demut, Sanftmut und Geduld, in den obersten Glaube, Zuversicht und Liebe.

Nun kommt der Glaube und raubt und benimmt der Vernunft all ihr Wissen und macht sie blind, und sie muß das Wissen verleugnen. Die vernünftige Kraft muß fort. Dann kommt die Zuversicht und nimmt die Sicherheit und das Haben. Dann endlich kommt die Liebe und raubt dem Willen alles Selbstgefühl und allen Besitz.

Dann kommen die Dinge in den niedersten Kräften: Demut, Sanftmut und Geduld. Die entsprechen jenen dreien. Die Demut entsinkt gänzlich in einen Abgrund und verliert ihren Namen und steht auf ihrem lauteren Nichts und weiß nichts mehr von Demut. Die Sanftmut hat die Liebe der Eigenschaft des Willens beraubt, und so sind ihr alle Dinge gleich, und sie hat kein Dawider mehr. Darum fühlt sie sich nicht im Besitz der Tugend, und so hat sie die Dinge in gleichem Frieden. Die Tugend hat ihren Namen verloren und ist Wesen geworden. So ist es auch mit der Geduld. Solche Menschen lieben wirklich, und sie dürsten nach Leiden, und sie wissen so nichts von Geduld.

Liebes Kind, es mag wohl geschehen, daß dir in aller Gelassenheit trotzdem ein recht hartes Wort entfährt: darüber erschrick nicht. Gott hat es zu deinem Wohl verhängt, daß du noch tiefer in dein Nichts versinkst. Und so kommt auch wohl noch ein Zorn. Das weist dich alles auf eine noch größere Selbstverleugnung hin. Es weist dich alles völlig in dein Nichts, damit du dich dessen unwürdig dünkst, daß Gott dir einen guten Gedanken einsende. Hieran liegt alles: an einem unergründlichen Entsinken in ein unergründliches Nichts. Dieser Leute Tun liegt nicht in äußerem Wirken, noch in Weisen und Bildern. Darin sollt ihr euch, liebe Leute, die ihr noch nicht hierher gelangt seid, fleißig üben! Gott wird euch eure Sünde vergeben und das

Himmelreich geben, wenn ihr euer Fegefeuer ganz ausleidet. Aber wißt: mit euern Weisen könnt ihr noch nicht dazu kommen, die Knechte von dieser Leute Knechten zu sein. Wenn aber diese Leute recht geraten, dann ist ihr Wesen über alle Maßen wonniglich. Aber es ist sehr gefährlich und so gefährlich wie der wildeste Mensch in der Welt in seiner Weise. Denn dieser Weg ist ein völlig finsterer, unbekannter Weg. So wie ich es von Hiob sagte: „Dem Manne ist der Weg verborgen, und er ist umfangen von Finsternis." Auf diesem wilden Wege müssen die Menschen alle Gegenstände, die sich je darbieten mögen, ständig verleugnen. Und unser Herr sagt beständig: „Folge mir, geh durch alle Dinge hindurch. Das alles bin ich nicht. Geh vorwärts, folge mir, geh vorwärts." Da könnte der Mensch sagen: „Herr, wer bist du, daß ich dir so tief, wild und hilflos folgen soll?" So mag der Herr antworten: „Ich bin Mensch und Gott, und ich bin weit mehr als Gott." Könnte ihm der Mensch nun aus einem wesentlichen, erkannten Grunde antworten: „So bin ich nichts und noch viel weniger als nichts", Kinder, dann wäre es schier getan, denn die namenlose Gottheit hat nirgends eine eigentliche Stätte zu wirken als im Grunde der allertiefsten Vernichtung. Denn so schreiben die Meister: wenn eine Form werden soll, so muß notwendig die alte ganz verderben, und sagen weiter: wenn das Kind im Mutterleibe empfangen wird, so ist es zuerst eine bloße Materie. Danach wird der Materie eine tierische Form eingegossen, die lebt wie ein Tier. Nach der festgesetzten Zeit schafft Gott darauf eine vernünftige Seele und gießt sie hinein. So vergeht dann die ganze erste Form der Sobeschaffenheit: die Wirksamkeit, die Denkfähigkeit, die Größe, die Farbe. Dies muß alles ganz von dannen, nur eine lautere, bloße Materie bleibt da. Also sage ich: soll der Mensch hier überformt werden mit diesem überwesentlichen Wesen, so müssen notwendig alle die Formen von dannen, die man in allen Kräften je empfing: das Erkennen, das Wissen, das Wollen, das Wirken, die Gegenständlichkeit, das Empfinden, die Selbstheit. Als St. Paulus nichts sah, da sah er Gott. Das ist auch die Ursache, daß Elias den Mantel vor die Augen nahm, als der Herr kam.

Hier werden alle starken Felsen zerbrochen. Alles, worauf der Geist rasten möchte, all das muß hier fort. Und wenn alle diese Formen entwerden, dann wird der Mensch in einem Blicke überformt. Und so mußt du vorwärts schreiten. Darum spricht der himmlische Vater zu ihm: „Du sollst mich Vater heißen und sollst nicht aufhören einzugehen", stets vorwärts eingehen, je näher, desto tiefer versinken in den unerkennbaren und unnennbaren Abgrund, über alle Weisen, Bilder und Formen, über alle Kräfte sich selbst verlieren und sich völlig hierin entbilden, so bleibt in dieser Verlorenheit nichts als ein Grund, der wesentlich auf sich selbst steht, ein Wesen, ein Leben, ein Überall. Aus diesem heraus kann man sagen, man werde erkenntnislos, lieblos, wirkungslos und geistlos. Das geschieht nicht aus natürlicher Eigenschaft, sondern durch die Überformung, die der Gottesgeist dem geschaffenen Geist aus seiner freien Güte und aus der unergründlichen Verlorenheit und unergründlichen Gelassenheit des geschaffenen Geistes gegeben hat. Von diesen Leuten kann man wohl sagen, daß Gott sich in ihnen erkenne, liebe und genieße. Denn er ist nichts als Leben, Wesen und Wirken. Die aber mit unrechter Freiheit oder mit falschem Lichte in diese Weise sehen, für die wäre es die gefährlichste Weise, die man in der Zeitlichkeit haben könnte. Der Weg zu diesem Ziel muß durch das hochwürdige Leben und Leiden unseres Herrn Jesu Christi führen, denn er ist der Weg, und er ist es, durch den man gehen soll. Er ist die Wahrheit, die auf diesem Wege leuchten soll. Er ist das Leben, zu dem man gelangen soll. Er ist die Tür, und wer zu einer andern Tür eingeht, der ist ein Missetäter. Durch diese liebliche Tür soll man gehn mit einem Durchbrechen der Natur und in Übungen der Tugend, mit Demut, Sanftmut und Geduld. Und wißt fürwahr: wer diesen Weg nicht so geht, der geht zuletzt irre, und den Leuten, die diesen Weg nicht gehen, geht Gott wohl voraus, und er geht durch sie hindurch, aber sie bleiben doch blind.

Aber über die Leute, die diesen Weg gehen, hat der Papst keine Gewalt, denn Gott hat sie selbst befreit. St. Paulus sagt: „Die vom Geist Gottes getrieben oder geführt werden, die sind unter keinem Gesetz." Diesen Leuten wird keine Zeit zu lang, und in sie fällt kein Verdruß. Das geschieht aber den Liebhabern der Welt nicht, daß kein Verdruß auf sie fällt und die Zeit ihnen nie zu lang werde. Die aber hierin stehen, deren Wesen ist nach dem obersten Teil über der Zeit, und nach dem niedersten Teil sind sie ganz befreit und ganz ergeben: wie alle Dinge kommen, sie befinden sich in einem wesentlichen Frieden. Sie nehmen alle Dinge von Gott und tragen ihm alle Dinge lauter wieder empor, und sie bleiben im Frieden, wie Gott auch alle Dinge fügt, obgleich der äußere Mensch wohl sehr stark leiden und auch bewegt werden mag. Dies sind selige Menschen. Wo sie sind, soll man sie loben. Aber ich fürchte, daß sie sehr dünn gesät sind.

Bitten wir unsern Herrn darum, daß wir ihm so folgen, damit wir dies lautere Gut wahrlich erlangen! Amen.

Wen da dürstet, der komme zu mir und trinke

Die Predigt aus dem Evangelium St. Johannis (7, 37) vom Montag vor dem Palmtage, vom Leiden unseres Herrn, handelt vom Liebesdurst nach Gott und von dem Gejage, wie der Mensch mit den Hunden von mancherlei Versuchungen gejagt wird

Am letzten Tage eines großen Festes rief unser Herr mit voller, lauter Stimme: „Wen da dürstet, der komme zu mir und trinke!"

Das liebreiche Leiden unseres Herrn, das nun vor uns liegt, soll kein Mensch aus seinem Herzen kommen lassen ohne große Bewegung, Mitleid und Dankbarkeit. Da nun unser ewiger Vater, Gott und Herr so große Schmach und mannigfache Pein gelitten hat, so sollen auch alle, die gern seine Freunde wären, das, was zu Recht oder Unrecht auf sie fällt, willig leiden, sie sollen sich der Ehre und Seligkeit billig freuen, um ihm darin gleich zu werden und ihm auf dem gleichen Wege nachzufolgen, den er selbst gegangen ist.

Nun heißt es: „Wen dürstet!“ Was ist dieser Durst? Nichts anderes, als daß ein Liebesbrand in der Seele entsteht, wenn der Heilige Geist in die Seele kommt, dort ein Liebesfeuer empfängt, eine Liebeskohle. Die Hitze wirft Liebesfunken aus, die dann einen Durst nach Gott und eine innerliche Begehrung gebären. Dann weiß der Mensch vielleicht nicht, was mit ihm ist, aber er empfindet Herzeleid in sich und Verdruß an allen Kreaturen. Dieses Begehren ist dreierlei Art in dreierlei Leuten, die sehr ungleich sind. Die erste Art ist in anhebenden Leuten, die zweite in zunehmenden, die dritte in vollkommenen Leuten, soweit das in diesem Leben möglich ist.

Der heilige David sagt im Psalter: „Wie den Hirsch dürstet nach dem Born des Wassers, so, Herr dürstet meine Seele nach dir, Gott!“ Wenn der Hirsch von den Hunden stark durch die Wälder und Berge gejagt wird, so wird von der großen Hitze in ihm ein großer Durst und ein Begehren nach Wasser erzeugt, viel mehr als bei anderen Tieren. Wie nun der Hirsch von den Hunden gejagt wird, so wird der anhebende Mensch von den Versuchungen gejagt. Wenn er sich gerade erst abwendet von der Welt, und besonders von seinen starken, großen, groben Sünden, wird der Mensch stark gehetzt. Das sind die sieben Hauptsünden, die jagen ihm nach mit großen, heftigen Anfechtungen, viel mehr, als da er noch ganz in der Welt stand, denn da kam die Versuchung wohl überraschend über ihn, aber nun wird er ihr Jagen gewahr. So sagt Salomon: „Mein Sohn, wenn du beginnst Gott zu dienen, dann bereite sogleich dein Herz gegen die Versuchung.“ Je stärker und heftiger nun dies Jagen ist, desto größer soll auch der Durst sein, den wir nach Gott haben, und die Hitze und das Begehren. Nun geschieht es zuweilen, daß einer der Hunde den Hirsch erreicht und ihm mit den Zähnen an den Bauch fährt; kann dann der Hirsch den Hund nicht loswerden, so schleift er ihn nach bis zu einem Baum und schlägt ihn dann wohl hart da herum und bricht ihm den Kopf und wird ihn so los. So soll es der Mensch auch machen. Kann er seine Hunde, seine Versuchungen, nicht überwinden, so soll er mit großer Eile an den Baum des Kreuzes und Leidens unseres Herrn Jesu Christi laufen, und da schlägt er seinem Hunde, das ist seiner Versuchung, den Kopf entzwei; das heißt, er überwindet da alle Anfechtung und wird ganz frei von ihr.

Wenn nun der Hirsch sich der großen Hunde erwehrt hat, so kommen die kleinen Hündlein und laufen den Hirsch von unten an und fassen ihn hie und da, und davor hütet sich der Hirsch nicht allzusehr, und doch setzen sie ihm so zu, daß er davon verenden muß. So geschieht es auch dem Menschen. Hat er sich der großen Sünden erwehrt und sie überwunden, so kommen dann die kleinen Hündlein, vor denen er sich nicht hütet, das sind die Gespielen oder Kleinodien oder die Gesellschaft oder Kurzweil und der Menschen Freundlichkeit. Die reißen ihm hie und da Stücklein aus, sie ziehen ihm sein Herz und seine Inwendigkeit auseinander, daß er notwendig verderben muß an allem göttlichen Leben, an aller Gnade und Andacht, an allem göttlichen Ernst, Empfinden Gottes und heiliger Andacht. Das ist ihm oft viel schädlicher als die großen Versuchungen, denn vor denen hütet er sich und hält sie für Unrecht, auf die kleinen achtet er aber nicht. Wie nun alle Dinge, die man nicht erkennt, viel schädlicher sind als die, welche man kennt, so ist es auch mit diesen Lebensumständen, auf die man nicht achten will, wie Gespielschaft oder Tücher, Kleider und Kleinodien.

Wie nun der Hirsch von jedem Jagen immer mehr erhitzt wird und sein Durst immer wächst und größer wird, so sollte in Wahrheit der Mensch von jeder Versuchung mehr erhitzt, in wahrem Durst zu Gott gelockt und gezwungen werden, wo er nichts als Wahrheit und Frieden, Gerechtigkeit und Trost findet.

Nun machen es die Jäger öfter so: Ist der Hirsch zu verdurstet und zu müde, so geben sie den Hunden ein wenig zu fressen und halten sie an, da sie des Hirsches in dem Tiergarten sicher sind. Sie lassen ihn sich ein wenig abkühlen, etwa eine kleine Stunde lang. Dadurch wird er dann wieder gestärkt und kann das Jagen ein zweites Mal um so besser aushalten. So macht es auch unser Herr. Wenn er sieht, daß dem Menschen die Versuchung und das Jagen zu groß und zu schwer werden, so hält er sie ein wenig an. Dem Menschen wird ein Tropfen in den Mund seines Herzens zuteil, ein Vorgeschmack von Süßigkeit göttlicher Dinge. Das stärkt ihn so, daß ihm alle Dinge nicht schmecken, die nicht Gott sind, und er glaubt dann, er habe alle seine Not überwunden. Es ist aber nur ein Stärken zu neuem Jagen. Und wenn er es am wenigsten wähnt, so sind ihm die Hunde schon wieder am Halse und setzen ihm viel mehr als vorher zu, aber er ist nun gestärkt und vermag auch mehr auszuhalten als vorher.

Dies tut Gott aus wunderbarer Treue und großer Liebe, daß er die Jagd über den Menschen kommen läßt; denn von dem Gejage wird der Hirsch billig zu Gott gejagt und ein Durst gewonnen nach dem, da wahrlich aller Friede, Wahrheit und voller Trost ist. Und er tut es, damit dem Menschen der Trank, der nach dem Durst folgt, desto süßer und lustvoller und wonniger werde, hier in der Zeit und danach in der Ewigkeit, wo man den allersüßesten Brunnen trinken wird mit vollem Munde aus seinem eigentlichen Ursprung, aus seinem väterlichen Herzen, und hier schon zu einem solchen Trost, daß ihm alle Dinge nichtig werden und um Gottes willen zu ertragen.

Wenn nun der Hirsch alle diese Hunde überwunden hat und zum Wasser kommt, so stürzt er sich mit vollem Munde in das Wasser und trinkt mit ganzer Lust, soviel er kann. So macht es der Mensch, wenn er sich mit unseres Herrn Hilfe von der ganzen Schar der großen und kleinen Hunde frei gemacht hat und in Vertrauen mit diesem Durst zu Gott kommt. Was soll er dann tun? Er ziehe so viel in sich und trinke mit ganzem, vollem Munde, daß er wohl trunken und Gottes so voll wird, daß er in Wonne und in Fülle seiner selbst vergißt, daß ihn dünkt, er vermöge Wunder. Er glaubt, er könne wohlbehalten und fröhlich durch Feuer, Wasser, durch tausend Schwerter, ja durch die Spitze des Schwertes gehen. Er fürchtet weder Leben noch Tod, weder Liebe noch Leid. Das kommt daher, daß er trunken geworden ist, und dieser Zustand heißt Jubilieren. Sie schreien, sie lachen, dann singen sie wieder. Da kommen dann die Vernünftigen, die nichts davon wissen, was der Heilige Geist für Wunder und Werke mit den Seinen vorhat, denn sie haben und wissen nichts weiter, als was ihnen die Natur gibt. Die sagen nun: „Gott behüte, wie seid ihr so ungesetzt und ungestüm?" Gott hat sie in diese Trunkenheit versetzt, doch davon wissen diese aber nichts.

Dann kommen sie in unaussprechliche Freude, daß ihnen alle Dinge eine Wonne und Freude sind. Wie es ihnen geht, was man ihnen tut, immer sind sie in wahrem Frieden und in Freuden, denn die Liebeskohle liegt in ihnen und glimmt und glüht und löscht alles Wasser, das in ihnen ist; das Feuer aber läßt sie aufwallen in Wonnen und in Freuden.

Die Dritten sterben. Ihnen bricht das Herz, daß sie die großen Werke Gottes nicht ertragen können, die so stark und so groß in ihnen sind. Wißt, hieran ist mancher Mensch gestorben, der sich diesem wunderbaren, großen Werke so sehr hingab, daß es die Natur nicht ertragen konnte und darunter zusammenbrach.

Wenn nun unser lieber Herr sieht, daß sie die Dinge übertreiben wollen und sich darin ertränken, so macht er es recht wie ein guter ehrsamer Hausvater, der viel edlen, guten Wein bei sich stehen hat und sich niederlegt und schläft. Und da gehen nun seine Kinder hinzu und trinken von dem edlen Wein so viel, daß sie wohl trunken werden. Wenn dann der gute Mann aufsteht und das sieht, so macht er eine gute Rute und schlägt sie wohl, daß sie so traurig werden, wie sie vorher froh waren, und gibt ihnen so viel Wasser, daß sie so nüchtern werden, wie sie vorher trunken waren. Ebenso macht es unser Herr: er gebärdet sich, als ob er schliefe, und läßt seine Freunde von dem Seinen nehmen und genießen, soviel sie begehren. Wenn er aber sieht, daß es ihnen nicht nützlich ist und es ihnen zu viel werden will, so entzieht er ihnen die Empfindung und den Trost und den starken Wein und macht sie so traurig, wie sie vorher froh waren, und so nüchtern, wie sie vorher trunken waren, da ihnen nun der Trost und die Empfindung fremd zu werden beginnen.

Ach, was nützt es ihnen nun, daß sie so trunken geworden sind? Sie dürstete sehr und man gab ihnen in vollem Maße. Aber er wollte sie nur locken und aus sich selbst und aus allem Leid der Gefangenschaft der leidigen Kreaturen erlösen. Aber sie sind ihm zu wild geworden, nun will er sie wieder in Nüchternheit zu sich selbst bringen. Dann werden sie so gemäßigt und gesetzt und sehen nun, wer sie sind und was sie vermögen, weil sie zu sich selbst gekommen sind. Die vorher niemand hatte enden können, die mehr wollten, als ihnen jemand sagen konnte, die immer mehr leiden, mehr wirken wollen, die werden nun so gemäßigt. Solange sie in ihrer eigenen Macht stehen, können sie kaum ein kleines Werk ohne große Beschwerde tun und kaum ein kleines Wörtlein ertragen. Nun sehen sie aber, wer sie selbst sind und was sie vor sich bringen mit ihrem Vermögen und mit ihrer eigenen Kraft, und so werden sie dann gesetzt, wesentlich gläubig und ganz still.
Und das ist noch alles in den niedersten Kräften gewesen, alle diese Weisen und Stürme und Werke. In ihnen will aber Gott in keiner Weise wohnen, da ist seine Stätte nicht, es ist ihm da zu eng und zu klein, er kann sich da nicht bewegen, er kann da sein Werk nicht schaffen, er will und muß in den obersten Kräften wohnen und da göttlich und eigentlich wirken. Da allein ist seine Stätte, da findet er sein eigenes Bild und Gleichnis, da wohnt Gott und da wirkt er, und wer Gott sicher finden will, der suche da und nirgend anders. Wer dahin kommt, der findet, was er auf fernen und langen Umwegen gesucht hat. Da wird dann der Geist gezogen über alle Kräfte in eine wüste Wildnis, von der niemand sprechen kann, in die verborgene Finsternis des weiselosen Gutes. Da wird der Geist so nahe hineingeführt in die Einheit der einfachen weiselosen Einheit, daß er jeden Unterschied verliert, ohne Gegenständlichkeit und inneres Fühlen; denn in der Einheit verliert man alle Mannigfaltigkeit, und die Einheit eint alle Mannigfaltigkeit. Wenn diese Menschen wieder zu sich selbst kommen, so haben sie schönere, wonnigere Unterscheidung von allen Dingen, als irgend jemand haben kann. Sie besitzen eine in der Einfältigkeit und Einheit geborene, klare, wahre Unterscheidung aller Artikel des lauteren Glaubens, wie der Vater, der Sohn und der Heilige Geist ein Gott sind, und weiterhin von allen Wahrheiten. Niemand versteht die wahre Unterscheidung besser als die, die in die Einheit geraten sind. Sie heißt und ist eine unaussprechliche Finsternis und ist doch das wesentliche Licht, und sie ist und heißt eine unbegreifliche wilde Wüste, da niemand Weg noch Weise findet, denn es ist über alle Weise.
Diese Finsternis soll man so verstehn: sie ist ein Licht, zu dem kein geschaffenes Verständnis gelangen, noch es von Natur aus verstehen kann, und sie ist wild, weil sie keinen Zugang hat. Hierin wird der Geist über sich selbst hinausgeführt, über all sein Begreifen und Verstehen. Da wird der Bronnen aus seinem eigenen Grunde getrunken, aus der wahren, wesentlichen Quelle. Oh, da ist er so süß, so frisch und so lauter, wie ja alle Brunnen in ihrem

Ursprunge am allersüßesten sind, lauter und frisch. Im Dahinfließen erst sind sie warm und sauer. Oh, welch ein lauterer, wonniglicher Bronnen wird der Seele hier aus der Quelle geschenkt! Hierin versinkt sie völlig mit allem, was sie ist und vermag, und mit vollem Munde wollte sie gern trinken, aber das kann ihr hier noch nicht zuteil werden. Aber sie sinkt und entsinkt in den Grund, ganz wie ein Wasser, das auf der Erde stand und nun in das Erdreich einsickert.

Wenn nun der Mensch, so weit gekommen, nach den niedersten Kräften müßig liegen und nichts tun wollte, als die niedersten Kräfte schlafend liegen lassen, so wird nichts draus. Die niedersten Kräfte soll man nach ihrer Weise halten, oder der Heilige Geist ginge völlig hinweg, und daraus würde geistliche Hoffart und zuchtlose Freiheit geboren, man fällt in vernünftige Wohlgefälligkeit, und es würde nichts daraus und läge völlig brach. Man soll sich vielmehr in großer Demut unter den göttlichen Willen legen, und der fordert dann in dem Menschen größere Abgeschiedenheit denn je, aber immer in besserer Weise, köstlicher denn zuvor, und mehr Lauterkeit, Bloßheit, unverbildete Freiheit und Einheit, inneres und äußeres Schweigen und tiefere Demut und alle Tugenden in den niedersten Kräften, und so wird dann der Mensch Gott vertraut, und es wird ein göttlicher Mensch aus ihm.

Seht ihr nun das Wie und Was? Habt ihr nun erkannt, wie wunderbare Wege er die Seele geführt hat und wie sein Spiel hier gezeigt ist? Zuerst, als sie das Seine in sich, in ihre Kräfte aufnahm, wie es ihr da entwich und sie das Seine nicht in sich behalten konnte, ohne daß sie entsetzt, in Unordnung gebracht und abgedrängt wurde. Aber nun führt er sie hierher und hat sie über sich selbst und über alle ihre Kräfte in sich selbst geholt und gibt sich hier ihr selber, ungleich dem ersten Male, und hier wird sie wonniglich geordnet. Das ist es, was die Braut sprach im Buch der Liebe: *„Introduxit me rex in cellarium.“* Der König hat mich eingeführt und geleitet in seinen Weinkeller, und da hat er seine Liebe geordnet. Sicherlich, er hat sie vollkommen wohl geordnet und sie durch wunderliche wilde Wege geführt und geleitet und sie hinübergeführt in den tiefen Abgrund, in sich selbst. Was sie da findet, geht über alle Sinne, die Vernunft kann es nicht erlangen, niemand kann es begreifen noch verstehn, es ist ein wahrer Vorschmack des ewigen Lebens.

Seht, wie die liebreiche Güte Gottes mit den Auserwählten spielen kann! Daß er uns hineinbringen könne und daß uns danach dürste, danach dürstet er in großem Durste, und darum rief er mit voller, lauter Stimme: „Ist jemand, den dürstet, der komme zu mir und trinke!“ Ihn dürstet so sehr danach, daß er in uns einen Durst finde, und daß wir Durst empfinden sollten: dann aber will er uns so reichlich tränken, daß vom Leibe derer, die so von dem Tranke trinken, lebendige Wasser fließen, die da in das ewige Leben springen sollten.

Was heißt das: „Von deren Leibe?“ In gleicher Weise, wie der Leib die leibliche Speise genießt und sie der Magen empfängt, und sie dann auf alle Glieder des Leibes verteilt wird und dadurch der ganze Körper gestärkt wird: ebenso empfängt hier der Geist bei diesem Trinken die kostbare, göttliche Speise, und die wird von der wahren, göttlichen, heißen Liebe verteilt auf alle Glieder, auf das ganze Leben und Wesen des Menschen, so daß all seine Werke besser geordnet werden, wie sie nicht besser geordnet sein könnten. Und wie allen Menschen auch besser wird von der inneren, wahren Ordnung, so wird dadurch auch der äußere Mensch wohlgeordnet und wird blühend und groß und stark zu all dem, wozu Gott ihn haben will, und quillt in das ewige Leben.

Daß uns dies allen geschehe, dazu helfe uns Gott! Amen.

Brief Taulers an einen unbekannten Empfänger

„In Christo Jesu. Teuerster Sohn, wenn Du wissen willst, was dazu erforderlich ist, daß jemand ein ganz himmlischer, engelgleicher und göttlicher Mensch werde, so beachte folgendes! Eine solche Person wird sich so verhalten, daß ihr stets jeder Eingang ein wahrer und vollkommener Ausgang aus sich selbst und ein Verzicht auf sich selbst und auf alle Dinge in Wahrheit sei; und hinwiederum, daß ihr jeder Ausgang ein reiner und wahrer Eingang in Gott sei. Wer so steht, der hat die höchste Vollkommenheit. Er ist so arm an allem Besitz, daß er nicht einmal das bißchen Raum sein eigen nennt, auf dem er Almosen empfängt. Er will gar nichts für sich. Wenn ein solcher Mensch sich etwas zu sein dünkte, so wäre das ohne Zweifel ein höchst gefährlicher Sturz, und er wäre schuldig.

Aber festbegründet in dieser innerlichen Armutsgesinnung könnte er sogar ein ganzes Königreich besitzen. Denn wie er nichts für sich will und sich nichts Gutes zuschreibt, so beansprucht er auch gar nichts von den äußeren Dingen, selbst wenn alles seiner Herrschaft unterworfen wäre. – Und woran, so fragt man, können solche liebenswürdige Menschen erkannt werden? Nun, daran, daß ihnen völlig genügt und wohlgefällt, was immer ihnen Gott geschehen läßt. Hierin beginnt schon hienieden ihre Seligkeit und dauert immerzu, da sie in allen Dingen wahren, unversehrten Frieden haben. Was ist das anderes, als schon hier auf Erden das beginnen, was sie in Gott ewig genießen werden?

Diese Menschen lassen Gott das Seine und behalten das Ihre, nämlich die Für-Nichts-Achtung ihres eigenen Ichs. Dafür nimmt ihnen Gott das Ihre und gibt ihnen das Seine, nämlich die Allmacht in ihm. Sie fangen nämlich so sehr an, gleichsam Gewalt über Gott zu haben, daß er nichts ohne sie tut; und umgekehrt hat Gott solche Gewalt über sie, daß sie nichts ohne ihn tun wollen. Diese Menschen kann man nicht am scharfsinnigen Verstande oder

an übermäßig großen Bußübungen erkennen, noch auch an sonst irgend etwas Äußerem, nicht an ihrem Benehmen oder ihrer Kleidung welcher Art immer, ob sie nun reich oder arm seien, in einem Kloster oder außerhalb leben. Sie machen nichts Großes aus sich. Nur am wahren, göttlichen Wesen, worin sie wirklich gefunden werden, kann man sie erkennen. Und wenn sie ein großes Mißgeschick oder ein großer Schmerz trifft, werden sie willig befunden. Sie sind nämlich im eigentlichen Wesen der Seele und senken sich immer tiefer in diesen Grund. Ihr eigenes Nichts betrachtend, übergeben und überlassen sie sich gänzlich dem, dem sie zu eigen sind.
Und nun, geliebtester Sohn, beklage und bejammere gemeinsam mit mir im süßen Namen Jesu vor dem himmlischen Vater sowohl mich als Dich und alle, die wir jenes Leben vernachlässigt haben; und lassen wir niemals ab, bis daß die Kraft der lebenspendenden Weisheit in uns erstarke und in uns das ganz vollendet werde, was wir – ach, leider! – bisher vernachlässigt haben. Nichts schenkt uns Gott lieber als dies, nichts ist ihm teurer, nichts uns nützlicher und vorzüglicher. Dazu möge er uns seine Hilfe schenken und die Rechte seines himmlischen Beistandes darreichen! Amen.

Heinrich Seuse

(1295–1366)

Seuse, der sich in latinisierter Form auch „Suso“ nannte, wurde am 21. März 1295 (anderen Quellen zufolge: 1300) in Überlingen am Bodensee geboren. Eigentlich hätte er den Namen seines Vaters „von Berg“ tragen müssen, doch nahm Heinrich den Mädchennamen seiner Mutter an, deren Vorbild als einer „viel großen Leiderin“ für sein Leben bestimmend wurde.
In früher Jugend kam Heinrich mit seinen Eltern nach Konstanz und fand hier schon mit 13 Jahren – das normale Eintrittsalter war 15 Jahre – Aufnahme im Inselkloster des Dominikanerordens.
Ob diese Sonderregelung nicht aufgrund der außergewöhnlichen Begabung

Seuses, sondern als Folge großzügiger Spenden seiner Eltern an das Kloster getroffen wurde, war Seuses großes Problem, das ihn über zehn Jahre lang quälte und das erst im Gespräch mit Meister Eckhart, der ihm seine Berufung als von Gott gewollt bestätigte, bewältigt wurde.
Die ersten Jahre seines Klosterlebens verliefen ohne außergewöhnliche Ereignisse, da begann im Alter von 18 Jahren sein Leben eine Wende zu nehmen. Seuse berichtet darüber in eigenen Worten:

> „Der erste Anfang des Dieners geschah in seinem 18. Jahre. Und obwohl er fünf dieser Jahre schon das geistliche Kleid getragen hatte, war dennoch seine Seele ungesammelt; wenn ihn Gott nur vor den größten Gebrechen, die seinen Leumund schwärzen mochten, bewahrte, so könnte, schien ihm, des Gemeinen nicht zu viel werden. Dabei wurde er von Gott doch irgendwie umhütet, so daß er etwas Unbefriedigtes in sich fand, wo er sich auch zu den Dingen hinwandte, die ihm begehrenswert erschienen, und daß ihn oft deuchte, es müsse irgend etwas anderes sein, was seinem umherirrenden Herzen Frieden und Heimat geben könne; und es war ihm weh bei all seiner Unruhe.
> Zwar biß er allzeit gegen dies Leben, das ihn an seiner Kette hielt, doch konnte er sich selbst nicht helfen, bis ihm der milde Gott durch eine plötzliche Wendung die Kette abnahm.
> Man wunderte sich über die plötzliche Änderung, und es sagte einer dies, der andere das, wie es wohl so weit mit ihm gekommen sei; aber wie es wirklich war, ahnte niemand. Denn es war ein verborgener, lichtreicher Zug von Gott, und der bewirkte plötzlich die Umkehr."[1]

Die Zeit bis zu seinem 40. Lebensjahr wird nun für Seuse eine Zeit des Kampfes mit Anfechtungen über die Richtigkeit und Strenge des gewählten Lebensweges. Immer wieder glaubt er, zu weich und zu nachlässig gegen sich selbst zu sein und führt ein Leben der Askese und Selbstpeinigung.
Seit 1324 nimmt Seuse am „Studium Generale" seines Ordens in Köln teil und verfaßt dort unter dem Einfluß Eckharts sein erstes Werk, das „Büchlein der Wahrheit", in dem Seuse eine Klarstellung der Position Eckharts gegen die mißbräuchlichen Deutungen der „ketzerischen Begarden" und der „Brüder des freien Geistes" versucht.
Wann Seuse von Köln, wo er bereits mit großem Erfolg predigte, nach Konstanz zurückkehrte, ist nicht genau zu bestimmen. Wir wissen, daß er im Inselkloster das Amt eines Lektors bekleidete und dort auch zum Prior gewählt wurde.
In die Zeit dieses Konstanzer Aufenthalts fällt die Entstehung des „Büchlein der ewigen Weisheit", das zwei Jahrhunderte lang zu den meistgelesenen deutschen Andachtsbüchern gehörte. Das Büchlein „handelt von der Be-

trachtung der Marter unseres Herrn und wie man innerlich leben und selig sterben soll".[2] In Form eines Dialoges zwischen der ewigen Weisheit und ihrem Diener werden die Leiden Christi verglichen mit der Nichtigkeit dessen, was Menschen als Leid zu beklagen pflegen. Im zweiten Teil legt Seuse eine „Sterbelehre" vor, in der am Beispiel eines unvorbereitet Sterbenden gezeigt wird, welche inneren Voraussetzungen der Mensch erfüllen muß, der mit Christus leben will.

Um 1338 mußte Seuse wegen des Konfliktes zwischen Kaiser Ludwig und dem Papst, der in Konstanz zur Ausweisung der meisten Dominikanermönche führte, die Stadt verlassen. Damals begann sein Wanderleben als Prediger, das ihn unter anderem auch in das Kloster Töß bei Winterthur führte, wo er mit Elsbeth Stagel zusammentraf, der wir die Niederschrift seiner Biographie verdanken.

Nach Konstanz kehrte Seuse erst 1346 zurück und geriet in rascher Folge in verschiedene ehrenrührige Verdächtigungen, so des Diebstahls, der Brunnenvergiftung und der Unzucht, was sogar seinen Freund Heinrich von Nördlingen bewog, sich von ihm zu trennen. Seuse hat die erhobenen Beschuldigungen und sein auf Gottes Hilfe vertrauendes Verhalten in seiner Lebensbeschreibung geschildert, die wir im Textteil auszugsweise wiedergeben. Obwohl in allen Fällen Seuses Unschuld zutage trat, wurde er aus Gründen der Ordensehre nach Ulm versetzt, wo er von 1348 bis zu seinem Tode am 25.1.1366 wirkte. Seuses letzte Ruhestätte befindet sich im Kreuzgang des Predigerklosters.

In die Ulmer Zeit fällt die Abfassung seiner Biographie und die Überarbeitung seines „Briefbüchleins".

Die erstgenannte Schrift, der Seuse den Titel „Des Dieners Leben" gab, wurde von Elsbeth Stagel, der Mystikerin aus dem Kloster Töß, niedergeschrieben und anschließend von Seuse überarbeitet, so daß wir davon ausgehen können, daß der Text die Absicht des Autors wiedergibt. In dem zweiteiligen Werk schildert Seuse sein Leben bis zur Begegnung mit Elsbeth Stagel und entwirft anschließend eine „Anleitung zur Vollkommenheit" für seine geistige Tochter.

Die Texte des „Briefbüchleins" sind nur in Ausnahmefällen an bestimmte Empfänger gerichtet. Überwiegend sind sie gekürzt und so aufgebaut, daß sie einen kleinen „Katechismus des geistigen Lebens"[3] ergeben, dessen Aussagen auch den heutigen Leser noch berühren.

Des Dieners Leben (Auszüge)

Von schwerem Leiden, das einst durch einen seiner Gesellen über ihn kam

Einstmals, da er verreisen wollte, wurde ihm ein Geselle mitgegeben, ein Laienbruder, der nicht sehr besonnen war. Den nahm er ungern mit, denn er dachte, was er zuvor für Unarten mit Gesellen durchgemacht hatte; und doch gab er sich am Ende darein und nahm ihn mit.

Nun fügte es sich, daß sie vor dem Morgenessen in ein Dorf kamen; da war an dem Tage Jahrmarkt, und es kam gar viel und allerlei Volk dahin. Der Geselle war vom Regen naß geworden, trat in ein Haus ans Feuer und meinte, er könne durchaus nicht weitergehen, der Bruder solle ohne ihn schaffen, was er zu schaffen habe, er wolle ihn da erwarten.

Kaum war der Bruder aus dem Hause, so stand der Geselle auf und setzte sich an den Tisch zu einem wildfremden Volke und Handelsleuten, die auch zu dem Jahrmarkt gekommen waren. Als die sahen, daß ihm der Wein zu gut anschlug und er gerade aufgestanden war und unter der Hoftür stehend um sich gaffte, griffen sie ihn an und sprachen, er habe ihnen einen Käse gestohlen. Während diese bösen Leute noch also ausgelassen mit ihm umsprangen, kamen vier oder fünf leichtfertige Kriegsgesellen und fielen ihn auch an und sprachen, der böse Mönch sei ein Giftträger; denn es spielte zu der Zeit, wo das Geschrei von dem Gifte umging. Also fingen sie ihn und machten ein großes Gelärme, daß männiglich herbeilief.

Als der Geselle sah, wie es stand und daß er gefangen war, hätte er sich gerne selber geholfen, wandte sich um und rief ihnen zu: „Haltet eine Weile, stehet still und laßt mich zu Worte kommen, so will ich Euch bekennen und sagen, wie es gekommen ist; denn es ist leider übel gekommen!" Sie hielten still und hörten alle zu. Er hub an und sprach: „Schaut, Ihr merkt mir wohl an, daß ich ein Tor und ein unweiser Mann bin, und man schenkt mir keine Beachtung. Aber mein Geselle ist ein wohlerfahrener, weiser Mann, und dem hat der Orden Giftsäcklein anbefohlen, die soll er in die Brunnen versenken hin und her im Lande bis ins Elsaß hinab, wo er jetzt hin will; und er will überall, wo er hinkommt, alles verunreinigen mit bösem Gifte. Seht zu, daß Ihr ihn bald faßt, oder er stiftet ein Unheil an, das nimmermehr heilt; und jetzt eben hat er ein Säcklein herausgenommen und hat es in den Dorfbrunnen geworfen, daß alle, die hierher zum Markte kommen, alle, die aus dem Brunnen trinken, sterben müssen. Darum blieb ich hier und wollte nicht mit hinausgehen, weil es mir leid ist. Und zum Zeugnis dafür, daß ich die Wahrheit sage, sollt Ihr wissen, daß er einen großen Büchersack hat, der ist angefüllt mit diesen Giftsäcklein und den vielen Gulden, die er und der Orden von den Juden bekommen haben, auf daß er diesen Mord vollbringe."

Als das wilde Gesindel und alle, die herumstanden und sich hinzugedrängt hatten, diese Worte hörten, da tobten sie und schrieen mit lauter Stimme: „Auf, sofort über den Mörder her, daß er uns nicht entrinne!“ Der eine griff nach einem Spieß, der andere nach einer Mordaxt, jeder nahm, was er gerade bekommen konnte, und sie liefen mit wildem, tobendem Fuchteln davon, stießen die Häuser und Klausuren auf, durchstöberten jedes Ecklein, wo sie ihn zu finden wähnten, und stachen mit bloßen Schwertern durch Bett und Stroh, so daß der ganze Jahrmarkt herbeigelaufen kam. So kamen auch von auswärts ehrbare Leute dazu, die den Diener wohl kannten; als die seinen Namen nennen hörten, traten sie vor und redeten den Leuten zu, sie täten ihm unrecht, er sei ein gar frommer Mann, der schwerlich einen solchen Mord beginge. Als sie ihn nicht fanden, ließen sie endlich ab und führten den Gesellen gefangen vor den Dorfvogt, und der ließ ihn in eine Kammer einschließen.

Dies zog sich wohl bis Tagesanbruch hin. Von diesen Nöten wußte der Diener nichts; als es ihn dann an der Zeit deuchte, den Fastenimbiß zu nehmen, und er hoffte, sein Geselle sei bei dem Feuer nun wohl trocken geworden, kam er dahin und wollte frühstücken. Als er aber in die Herberge kam, fingen sie an und sagten ihm die leidige Geschichte und wie es ergangen war. Da lief er alsbald mit erschrockenem Herzen hin in das Haus, in dem der Geselle und der Vogt waren, und bat für seinen Gesellen, man solle ihn freilassen. Doch der Vogt sprach, das könne nicht sein, er wolle ihn in einen Turm legen für seine Missetat. Das war ihm schwer und unleidlich, und er lief einmal hierhin, einmal dahin um Hilfe, und zuletzt setzte er es mit einer großen Geldbuße durch, daß man ihn freiließ.

Er glaubte nun, sein Leid habe ein Ende; da fiel es ihn erst an. Denn als er vom Vogte kam, so um die Vesperzeit, war es unter dem gemeinen Volke und den Buben ruchbar geworden, er sei ein Giftträger; und die verschrien ihn als Mörder, so daß er das Dorf nicht zu verlassen wagte. Sie zeigten auf ihn und sagten: „Guckt, Leute, das ist der Giftträger! Er wischt uns schon den ganzen Tag aus, er muß getötet werden! Bei uns hilft ihm kein Pfennig, wie eben beim Vogte!“ Als er dann entrinnen und ins Unterdorf entweichen wollte, schrieen sie noch lauter auf ihn ein. Einige sagten: „Wir wollen ihn im Rhein ertränken“, denn der floß am Dorfe vorbei; die andern riefen: „Nein, der unreine Mörder verunreinigt all das Wasser, wir wollen ihn verbrennen!“

Ein ungeheurer Bauer mit einer rußigen Joppe erwischte einen Spieß, drängte sich durch sie alle nach vorne und rief: „Höret mich, Ihr Herrn alle zusammen! Wir können dem bösen Ketzer da keinen schändlicheren Tod antun, als wenn ich diesen langen Spieß mitten durch ihn bohre, wie man es mit einer giftigen Kröte macht, die man spießt. So laßt mich auch den Giftträger da nackt wie eine Kröte auf diesen Spieß stecken, rücklings aufheben und fest in diesen starken Zaun stoßen und versichern, daß er nicht fällt; laßt den unreinen toten Körper winddürr werden, daß all die Welt, die vor ihm auf und ab geht, den Mörder vor Augen habe und ihm nach seinem schändlichen Tode noch fluche und er in dieser und der andern Welt desto verwünschter sei; denn das hat der Grundbösewicht wohl verschuldet."

Als der elende Dulder so in Todesnöten war und ihm alle menschliche Hilfe entfiel, auch jedermann nur wartete, bis sie ihn angriffen und töteten, fiel er vor Jammer und Todesfurcht neben einem Zaune nieder, hob seine elenden, verschwollenen Augen zu dem himmlischen Vater und klagte ihm seine Not. Diese jämmerliche Klage kam einem Priester zu Ohren; der lief mit Gewalt und Vollmacht herbei, zog ihn empor und aus ihren Händen, führte ihn heim in sein Haus und behielt ihn die Nacht über, daß ihm nichts geschah; und half ihm morgens früh weg aus seinen Nöten.

Von einem jammervollen Leiden, das dem Diener begegnete, als er liederliche Menschen zu Gott zog und leidende tröstete

Mit andern Menschen, die er gern zu Gott gezogen hätte, kam nämlich eine heuchlerische und hinterhältige Frau zu ihm. Die trug ein Wolfsherz in der Brust und verbarg es so fein unter einem braven Wandel, daß der Bruder gar lange Zeit nichts merken konnte. Sie hatte früher einmal mit einem Manne zusammen ein großes Sünden- und Lasterleben geführt und ihre Missetat noch dadurch vermehrt, daß sie das Kind einem andern als dem wirklich Schuldigen zuschob, der dagegen erzählte, er sei an dieser Sache ganz unschuldig. Diese Tochter ließ der Diener ihre Missetat nicht entgelten und hörte sie Beichte; und sie half ihm mehr als die andern mit ehrbaren Diensten der Notdurft, wie sie jene Geistlichen im Lande gewöhnlich in Anspruch nehmen.

Als das so lange Zeit gut gegangen war, da merkten er und andere ehrliche Menschen klar, daß sie heimlich wieder dieselben bösen Werke trieb wie vordem. Dazu schwieg er still und wollte sie nicht gerne verraten; er brach aber mit ihr und wollte ihre Dienste nicht mehr annehmen. Als sie das inne ward, ließ sie ihm sagen, er solle das nicht tun; breche er ihr aber den Nutzen ab, den sie bisher durch ihn hatte, so müsse er es entgelten, und sie wolle ihm ein Kind zuschieben, das sie von einem weltlichen Manne empfangen habe; des Kindes Vater müsse er sein, und sie wolle ihn mit dem Kinde so schänden, daß er allenthalben verrufen werde.

Er erschrak über diese Worte, daß sein Herz stille stand, seufzte innig und sprach bei sich: „Angst und Not halten mich allenthalben umgeben, und ich weiß nicht, wohin ich mich wenden soll. Tue ich es, dann weh mir, tue ich es nicht, dann weh mir abermals; und also bin ich von Weh und Not allenthalben umgeben, daß ich wohl darin versinken muß." So wartete er denn erschrockenen Herzens, was Gott durch den Teufel über ihn verhängen wolle. Er ging mit Gott und sich selbst zu Rate und fand, daß an diesem jammervollen Scheidewege ihm für Seele und Leib der Bruch mit dem bösen Menschen das beste sei, wie sehr auch seine zeitliche Ehre darunter leiden mochte. Und so tat er.

Da nun ergrimmte sie in ihrem schamlosen Herzen so sehr über ihn, daß sie hin und her bei Geistlichen und Weltlichen herumlief und in ihrer unmenschlichen Bosheit sich selbst lästerlich schänden wollte, nur um den armen Mann in Not zu bringen, und jedermann erzählte, sie habe ein Kind empfangen, und das sei von dem Bruder. Darüber erhob sich größtes Ärgernis bei allen, die ihren Worten glaubten, und das Ärgernis wurde desto größer, je weiter der Ruf seiner vornehmen Heiligkeit erschollen war.

Das alles drang durch das innerste Mark seines Herzens und seiner Seele, und er ging umher, in sich selbst versinkend, von Jammer und Not umgeben, hatte lange Tage und herbe Nächte, und sein kurzes Ruhen noch war mit Schrecken vermischt. Er sah voll Anklage zu Gott auf und sprach mit innigem Seufzen: „O weh, Gott, die Stunde meines Jammers ist gekommen! Wie soll und kann ich diese Verlassenheit und Not meines Herzens aushalten? O weh, wäre ich doch tot, daß ich den Jammer nicht mehr sähe und hörte! Herr, Herr, nun habe ich all mein Tag deinen würdigen Namen geehrt und ihn weit und breit manchem Menschen verkündigt, der ihn jetzt wieder liebt und ehrt, und du willst meinen Namen so in Unehre verstoßen? Das ist meine große Klage! Sieh, der würdige Predigerorden, der muß nun durch meine Person so in Verruf kommen. Das klage ich heute und immerdar! O weh, der Not meines Herzens! Alle die reinen Menschen, die mich vordem als einen heiligen Mann ehrten – was mir oft wieder neuen Mut gab –, weh mir, die sehen mich nun als einen bösen Betrüger der Welt an; Herz und Seele wird mir so durchwundet und durchbohrt."

Als der arme Dulder sich so, wer weiß wie lange, abgehärmt hatte und ihm Leib und Leben dahinschwanden, da kam eine Frauensperson zu ihm und sprach: „Eija, guter Herr, was rennt Ihr gar so kläglich in Euer Verderben? Richtet Euch auf! Ich will schon raten und helfen, und wollt Ihr mir nur folgen, so wird Eurer Ehre nichts geschehen. Darum Mut!"

Er sah auf und sprach: „O weh, wie willst du das zuwegebringen?"

Sie sprach: „Ich will das Kindlein heimlich unter meinen Mantel nehmen und will es bei Nacht lebend begraben oder ihm eine Nadel in sein Hirn treiben, daß es sterben muß. Ist das Kind erst unter dem Boden, so liegt bald auch das böse Gerede begraben, und Ihr behaltet Eure Ehre!"

Er sprach mit wütender Stimme: „O weh, du böse Mörderin mit deinem mordwütigen Herz! So willst du das unschuldige Kindlein töten? Was kann es dafür, daß seine Mutter ein böses Weib ist? Du willst es also lebend begraben? Nein, nein, das verhüte Gott, daß dieser Mord je durch mich geschehe!

Sieh, das Schlimmste, was durch diese Sache mir zustoßen mag, ist doch der Verlust meiner zeitlichen Ehre; aber stünde auch eines ganzen Landes weltliche Ehre bei mir, ich wollte sie heute noch ganz dem werten Gotte anheimgeben, lieber, als das unschuldige Blut so verderben lassen!"
Sie sprach: „Nun, es ist doch Euer Kind nicht; was habt Ihr denn für Nöte damit?" Und sie zog ein scharfes, spitzes Messer heraus und sagte: „Laßt mich das Kind nur ein wenig aus Euren Augen tragen, so haue ich ihm die Kehle ab oder steche ihm dies Messer in sein Herzlein, so ist es gleich tot, und Ihr kommt zur Ruhe."
Er sprach: „Schweige, du unreiner, böser Teufel! Es sei, wessen es wolle auf Erden, so ist es doch nach Gott gebildet und mit dem kostbaren unschuldigen Blute Christi gar sauer erkauft; darum will ich nicht, daß sein junges Blut also vergossen werde!"
Sie sprach ungeduldig: „Wollt Ihrs nicht töten lassen, so laßt es doch eines Morgens früh heimlich in die Kirche tragen, und ihm geschieht nur, wie andern verworfenen Findelkindern auch; sonst aber werdet Ihr große Kosten und Widerwärtigkeiten haben, bis das Knäblein großgezogen ist!"
Er sprach: „Ich vertraue dem reichen Gott des Himmels, er hat bisher mich Einsamen genährt, er wird uns auch wohl selbander nähren!" Und er befahl ihr: „Geh und bringe mir ganz heimlich das Kindlein, daß ich es sehe!"
Als er nun das Kindlein auf seinen Schoß setzte und es ansah, lachte es ihm zu. Da seufzte er wieder aus Herzensgrund und sprach: „Sollte ich ein mich anlachendes hübsches Kindlein töten? Wahrlich nein, ich nicht! Lieber will ich alles erleiden, was über mich hereinbrechen mag!" Und er kehrte sich zärtlich zu dem Kinde und sprach diese Worte: „O weh, du verlassenes, armes Kindlein, wie bist du ein so bitterarmes Waislein! Denn dein eigner ungetreuer Vater hat dich verleugnet, deine mordgierige Mutter wollte dich fortwerfen wie ein lästiges, verstoßenes Hündlein. Nun hat dich Gottes Verhängnis mir gegeben, ich soll und muß dein Vater sein, und das will ich gerne tun; ich will dich von Gott haben und von niemand sonst; und da mir der lieb ist, so mußt auch du mein liebes Kindlein sein. Ach, mein Herzenskind! Da sitzest du nun auf meinem traurigen Schoße und siehst mich freundlich an und kannst doch nicht sprechen. Ach, so sehe ich dich auch an mit verwundetem Herzen; nur mit den Tränen meiner Augen und mit den Küssen des Mundes kann ich zu dir reden und überströme dein kindliches Antlitz mit dem Bache meiner heißen Zähren."
Als dem hübschen Knäblein des weinenden Mannes große Tränen so heiß über seine Äuglein rannen, da fing es auch an herzlich mit ihm zu weinen, und also weinten sie beide miteinander. Als er aber das Kindlein so weinen sah, drückte er es voll Liebe an sein Herz und sprach: „Schweige, mein Glück! Ach, mein Herzenskind, soll ich dich darum töten, weil du mein Kind nicht bist und weil ich dich erst sauer verdienen muß? Ach schönes, lie-

bes, mein zartes Kind, sieh, ich kann dir wirklich kein ander Leid antun, als daß du mein und Gottes Kind sein mußt; und sollte mir Gott auch nur einen einzigen Bissen gönnen, so will ich den mit dir teilen, dem liebsten Gott zum Lobe, und alles will ich geduldig tragen, was auch über mich kommen mag durch dich, mein zartes Kind!"

Als das grimme Herz des Weibes, die es vordem hatte töten wollen, dies Weinen und Kosen sah und hörte, wurde sie so von Herzen zu großem Mitleid gerührt, daß sie in ein Weinen und Heulen ausbrach und er sie beruhigen mußte; denn er fürchtete, es möchte jemand kommen und etwas merken. Als sie sich endlich ausgeweint hatte, reichte er ihr das Kindlein wieder, segnete es und sprach: „Nun segne dich der liebe Gott, und die heiligen Engel mögen dich beschirmen vor allem Übel!" Und er ließ es auf seine Kosten mit allem Nötigen wohl versehen.

Darnach nun machte sich das böse Weib, des Kindes Mutter, daran, und wenn sie ihn bis dahin schon übel genug beschmutzt hatte, so tat sie es jetzt noch mehr und schadete ihm, wo sie konnte. Manch reines, tugendhaftes Herz hatte Erbarmen mit ihm und wünschte ihr oft, der gerechte Gott möchte sie von der Erde nehmen.

So fügte es sich einst, daß einer seiner Verwandten zu ihm kam und sprach: „O weh, Herr, das ist ein großer Frevel, den dieses böse Weib an Euch begangen hat. Weiß Gott, ich will Euch an ihr brav rächen: ich will mich heimlich auf die lange Brücke stellen, die über das Wasser führt; und wenn sie etwa darüber geht, so will ich die Gottesschänderin hinabstoßen und will sie ertränken, daß dieser große Frevel an ihr gerochen werde."

Er sprach: „Nein, mein Freund, das wolle Gott verhüten, daß *ein* lebender Mensch meinetwegen getötet werde. Das weiß Gott, der alle verborgenen Dinge weiß, daß sie mir mit dem Kinde unrecht getan hat; ich befehle die Sache in seine Hand, er mag sie alsogleich töten oder leben lassen, so wie er will; und ich sage dir: wollte ich auch meine Seele vergessen und dies Weib in den Tod wünschen, so wollte ich doch aller reinen Frauen Namen in ihr ehren und wollte sie leben lassen!"

Das Büchlein der Ewigen Weisheit

Wie man innerlich leben soll

Der Diener: Herr, zahlreich sind die Übungen und mannigfaltig die Formen des Lebens, eine so, die andere so; der Wege sind viele und vielerlei. Herr, die Schriften sind unergründlich, die Lehren ohne alle Zahl. Ewige Weisheit, darum hilf mir über den Abgrund all der Lehren und Schriften und leh-

re mich mit kurzen Worten, woran ich mich auf meinem Wege zu einem wahren Leben am allermeisten halten soll!
Antwort der Ewigen Weisheit: Die wahrste, die nützlichste, die fruchtbarste Lehre, die dir aus all diesen Büchern aufgehen könnte, eine Lehre, die dir mit kurzen Worten alle Wahrheit erschließt und dich zur höchsten Vollkommenheit eines lauteren Lebens emporschwingt, ist diese:
Lebe abgeschieden von allen Menschen!
Halte deine Seele rein von allen Bildern, die durch die Sinne sich in dich drängen!
Sei frei von allem, was Leid und Sorge über dich bringen und dich an die Erde fesseln könnte!
Lenke deinen Geist allzeit nach oben zu verborgener gottinniger Schauung; was es aber sonst noch an Übungen gibt, es sei nun Armut, Fasten, Wachen und alle andern Kasteiungen, die richte nach jenem als ihrem Ziel und Ende und wende sie so weit an, wie sie dich dabei fördern können! Sieh, so gewinnst du das höchste Ziel der Vollkommenheit, das unter tausend Menschen nicht einer begreift, weil ihr Ziel nur bei diesen Übungen stehen bleibt und sie darum die langen Jahre irregehen.
Der Diener: Herr, wer kann in dem unbeirrten Anblicke deiner göttlichen Erscheinung allezeit beharren?
Antwort der Ewigen Weisheit: Niemand, der heute und in der Zeit lebt. Dies alles wurde dir nur darum gesagt, damit du wissest, wo du landen, wohin du steuern sollst und wonach Herz und Sinn in dir sehnend verlangen soll. Und wenn dir dieser Anblick entzogen wird, so soll dir zumute sein, als würde dir deine ewige Seligkeit genommen, und du sollst geschwind wieder einkehren, damit dir dieselbe Schauung wiederum zuteil werde, und sollst dich selbst bewachen; denn wenn dir Gott entschwindet, so geschieht dir wie einem Schiffsmanne: im starken Gewoge sind ihm die Ruder entglitten, und er weiß nun nicht, wohin er soll. Kannst du aber in diesem Anblick Gottes noch nicht beharren, so soll dich stets neu versuchte Einkehr in Gott und unablässige Flucht in ihn der Stetigkeit entgegenführen, so gut es möglich ist.
Höre, höre, mein Kind, die getreue Lehre deines getreuen Vaters, öffne ihr deine Seele, schließe sie in den Grund deines Herzens! Gedenke, wer der ist, der dich dies lehrt, und wie so recht von Grund aus gut er es meint! Willst du je vollkommen werden, so halte dir diese Lehren vor Augen; wo du auch sitzest, stehst oder gehst, soll dir sein, als ob mein Mund dich immerfort mahne und zu dir spreche: „Mein Kind, hege deine Seele, sei rein, sei frei und suche Gott!“
Siehe, so werden sich dir meine Worte bald erschließen, du wirst auch das wohl erkennen, was dir noch tief verborgen ist.
Der Diener: Herr, ich soll und will all meinen Fleiß darauf verwenden.

Wie man Gott in Liebe empfangen soll

Der Diener: Ewige Weisheit, könnte meine Seele nur über den heimlich süßen Schrein deiner göttlichen Verborgenheit kommen, so wollte ich noch mehr von Liebe fragen; und dies ist meine Frage: Herr, du hast das Meer deiner unerschöpflichen Liebe so ganz in deinem liebevollen Leiden hinströmen lassen, daß mich wundernimmt, ob du etwa noch mehr Zeichen der Liebe zu tun vermagst?
Antwort der Ewigen Weisheit: Ja, wie die Sterne am Himmel unzählig sind, so sind auch die Zeichen meiner unerschöpflichen Liebe ungezählt.
Der Diener: Ach, meine süße Liebe, ach, zarter, liebster, auserwählter Herr, sieh an, wie meine Seele deiner Liebe entgegenlodert! Wende dein liebeschenkendes Antlitz zu mir verworfenen Kreatur! Sieh, wie alle Dinge in mir hinschwinden und vergehn, nur nicht deiner inbrünstigen Liebe Hort ohnegleichen; darum erzähle mir noch ein wenig mehr von diesem edlen verborgenen Horte!
Herr, du weißt, daß es der Liebe gutes Recht ist, nie genug zu bekommen von ihrem Geliebten; je mehr sie hat, je mehr sie begehrt, auch wenn sie sich dessen für noch so unwürdig erkennt; denn das wirket die Überkraft der Liebe. O weh, schöne Weisheit, nun sage mir, welches ist das größte und lieblichste Liebeszeichen, das du – außer dem unergründlichen Liebeszeichen deines bitteren Leidens – je erzeigtest, als du Menschheit annahmst?
Antwort der Ewigen Weisheit: Nun beantworte auch du mir eine Frage: Was ist das, was unter allen wonnigen Dingen einem liebenden Herzen von seinem Geliebten am allerwonnigsten ist?
Der Diener: Herr, soweit ich es verstehe, gibt es für ein liebendes Herz nichts Lieblicheres als den Geliebten selbst und dessen lieberfüllte Gegenwart.
Antwort der Ewigen Weisheit: Also ist es. Siehe, damit nun meinen Geliebten auch nichts abgehe, was zu rechter Liebe gehört, zwang mich meine unergründliche Liebe, ihrer zu gedenken, als ich von dieser Welt scheiden und durch den bitteren Tod zu meinem Vater eingehen wollte. Ich kannte ja schon im voraus das Heimweh, das manch ein liebendes Herz nach mir haben würde; und also gab ich meinen lieben Jüngern mich selbst und meine liebliche Gegenwart damals, am Tische des jüngsten Nachtmahles, und gebe mich noch alle Tage meinen Auserwählten.
Der Diener: Ach, lieblicher Herr, und bist du denn selbst und eigentlich zugegen?
Antwort der Ewigen Weisheit: Du hast mich im Sakramente so wahrhaft und eigentlich vor dir und bei dir, als Gott und Mensch, mit Seele und Leib, mit Fleisch und Blut, wie mich meine reine Mutter wahrhaft in ihren Armen trug und wie ich wahrhaft im Himmel in meiner vollkommenen Klarheit wohne.

Der Diener: Ach, zarter Herr, nun lastet noch eine Frage auf meinem Herzen, darf ich auch sie, mit Verlaub, vor dir aussprechen? Herr, sie kommt nicht vom Unglauben; ich glaube, daß du vermagst, was du willst. Aber, mein zarter Herr, mich wundert, wenn ich es aussprechen darf, wie der schöne, wonnige, verklärte Leib meines lieblichen Herrn in all seiner Größe und Vollkommenheit sich so geheimnisvoll unter der kleinen Form des Brötleins verbergen kann, das deinen Ausmaßen so wenig entspricht. Zarter Herr, nun zürne nicht über diese Frage! Weil du meine auserwählte liebliche Weisheit bist, so möchte ich gerne mit deiner Gnade etwas darüber aus deinem süßen Munde hören.
Antwort der Ewigen Weisheit: Wie mein schöner Leib und meine Seele ganz und wahrhaftig in dem Sakrament sein kann, das vermag keine Zunge auszusprechen, weil kein Sinn es begreifen kann; es ist ein Werk meiner Allmacht. Darum sollst du es in Einfalt glauben und sollst ihm nicht viel nachgrübeln.
Und doch muß ich noch ein klein wenig davon mit dir reden; ich will dir dies Wunder mit einem andern Wunder austreiben. Sage mir, wie mag das in der Natur zugehen, daß ein großes Haus sich in einem kleinen Spiegel und in jedem seiner Stücke, wenn er geteilt wird, abbildet? Oder wie mag das zugehen, daß sich der große Himmel so zierlich in das kleine Auge einschmiegt und doch beide einander an Größe so ungleich sind?
Der Diener: Herr, wahrlich, dafür kann ich keine Antwort finden; es ist eine wundersame Sache; denn das Auge, verglichen mit dem Himmel, ist wie ein Pünktlein.
Antwort der Ewigen Weisheit: Siehe, zwar kommt weder dieser noch sonst ein anderer Vorgang in der Natur dem Wunder meiner Verwandlung gleich, und doch, kann schon die Natur solche Wunder vollbringen, warum sollte dann ich, der Herr der Natur, nicht noch viel größere Dinge über alle Natur hinaus vollbringen können? Nun sage mir, ist das nicht ein ebenso großes Wunder, Himmel und Erde und alle Kreatur aus nichts zu erschaffen, wie das Brot unsichtbar in mich zu verwandeln?
Der Diener: Herr, soweit ich es verstehe, wirst du ebensogut etwas in etwas anderes verwandeln, wie etwas aus nichts erschaffen können.
Antwort der Ewigen Weisheit: Und wundert dich denn das eine, aber nicht das andere? So sage mir, du glaubst doch, daß ich fünftausend Menschen mit fünf Broten speiste? Wo war denn damals der verborgene Stoff, der meinen Worten diente?
Der Diener: Herr, ich weiß es nicht.
Die Weisheit: Oder glaubst du, du habest eine Seele?
Der Diener: Herr, das glaube ich nicht, sondern ich weiß es, denn sonst lebte ich ja nicht.
Antwort der Ewigen Weisheit: Du kannst aber doch die Seele nicht mit leib-

lichen Augen sehen; glaubst du denn, daß es noch irgendwelche andere Wesen gibt außer denen, die man sehen und hören kann?
Der Diener: Herr, ich weiß, daß es viel mehr Wesen gibt, die für alle leiblichen Augen unsichtbar sind, als solche, die man sehen kann.
Die Weisheit: Nun sieh; da hat mancher Mensch so grobe Sinne, daß er trotzdem kaum glauben will, es gebe noch etwas anderes, als was er mit seinen Sinnen greifen kann; die Gelehrten aber wissen, daß der Ungelehrte manches für unmöglich hält, von dem der Kundige den allersichersten Beweis hat. Ebenso verhält sich hier menschliches Verstehen zu göttlichem Wissen. Hätte ich dich nun gefragt, wie sind die Eingänge des Abgrundes beschaffen oder wie sind die Wasser über den Himmeln bestellt, du sagtest vielleicht so: „Das ist mir zu tief; ich grüble dem nicht nach, ich kam nie in den Abgrund und nie an den Himmel." Ich fragte dich aber nach irdischen Dingen, die du siehst und hörst, und du begreifst sie nicht; wie wolltest du dann das begreifen, was alles, Erde und Himmel und alle Sinne, übertrifft? Oder wie willst du danach fragen?
Sieh, solches Nachgrübeln und solche aufwuchernde Gedanken kommen nur von der Grobheit der Sinne, die von göttlichen und übernatürlichen Dingen annehmen, sie seien irdischen und natürlichen Dingen gleich; und dem ist nicht so. Würde eine Frau ihr Kind in einem Turme gebären und es im Turme auch großziehen, und die Mutter erzählte ihm dann von der Sonne und von den Sternen, das Kind würde sich höchst verwundern; es erschiene ihm unnatürlich und unglaublich, was doch der Mutter wohlbekannt ist.
Der Diener: Herr, wahrlich, ich kann gar nichts mehr erwidern; denn du hast meinen Glauben erleuchtet, und ich darf keinen Zweifel mehr in meinem Herzen aufkommen lassen. Wie will ich den höchsten Dingen nachgrübeln, wo ich die niedersten nicht begreifen kann? Du bist die Wahrheit, die nicht lügen kann; du bist die oberste Weisheit, die alle Dinge kennt; du bist der Allmächtige, der alle Dinge vermag.
Eija, liebwerter, schöner Herr, wie sehnte ich mich so oft von Herzen nach dir und hätte dich mit dem gerechten Simeon im Tempel leiblich auf meine Arme nehmen, ach, liebreicher Herr, und dich mit meinen Armen in Seele und in Herz drücken mögen, um so wahrhaft wie er den geistigen Kuß deiner wahren Gegenwart zu empfangen! Herr, jetzt aber sehe ich, daß ich dich so wahrhaft empfange wie er, ja noch viel herrlicher, da dein zarter Leib damals noch dem Leid unterworfen war, nun aber verklärt und leidenthoben ist. Herr, ich finde keinen andern Unterschied, als daß dich Herr Simeon sichtbar empfing, ich aber unsichtbar. Aber so wenig mein leibliches Auge jetzt deine wahre Menschheit sehen kann, ebensowenig konnte sein leibliches Auge damals deine Gottheit sehen, außer im Glauben wie auch ich nun. Herr, welche Kraft soll mir denn aus leiblichem Sehen fließen? Wem des Geistes Augen aufgetan sind, der schlägt leibliches Sehen nicht hoch an;

denn die Augen des Geistes sehen wesentlicher und wahrer. Herr, wenn nur mein Glaube weiß, soweit man überhaupt wissen kann, daß ich dich da besitze, was will ich dann mehr? Dann besitze ich alles, was mein Herz begehrt. Herr, mir ist tausendmal nützlicher, daß ich dich nicht sehen kann; wie könnte ich es denn sonst je über mein Herz bringen, dich also sichtbar mit Fleisch und Blut zu genießen? So aber bleibt, was leiblich, und fällt ab, was unmenschlich ist. Herr, wenn ich so alles durchdenke, wie unergründlich gut, wie liebevoll, wie gesetzmäßig du alle Dinge geordnet hast, dann ruft mein Herz mit lauter Stimme: O unendlicher Reichtum des Abgrundes göttlicher Weisheit, welche Fülle mag erst in dir selbst ruhen, wenn schon der Überfluß deiner schönen Entgießungen so groß ist!

Nun aber, lieblicher Herr, nun betrachte die Begierde meines Herzens! Herr, nie wurde ein König oder Kaiser so würdig empfangen, nie ein lieber, aus der Fremde heimkehrender Gast so liebevoll umfangen, nie eine Braut so freundlich und zärtlich ins Haus geführt und so in Ehren gehalten, wie meine Seele dich, meinen allererhabensten Kaiser, meines Herzens allersüßesten Gast, meiner Seele allerlieblichste Braut heute zu empfangen und in das Innerste und Beste, was Herz und Seele bieten kann, einzuführen begehrt, um dich so würdig zu bewirten, wie du nur je von einer Kreatur bewirtet wurdest. Mein König und mein Gott, deine Gnade, nicht mein Verdienst hat mich zum Amte des Priesters auserwählt und zum Diener so vieler Geheimnisse gemacht, täglich darf ich dich, fleckenloses Lamm, emporheben und opfern; so bitte ich denn, lehre mich auch, wie ich dich würdig genug empfangen soll!

Antwort der Ewigen Weisheit: Du sollst mich in Ehren empfangen, in Demut genießen, aufrichtigen Herzens beherbergen, in bräutlicher Inbrunst umfangen, in göttlicher Würde vor Augen haben; geistiger Hunger und lebendige Andacht sollen dich mehr zu mir treiben als Gewohnheit. Die Seele, die mich in der trauten stillen Klause eines abgeschiedenen Lebens innerlich empfinden und süß genießen will, muß vorher alle Untugenden auskehren, ihr Haus mit Tugenden ausschmücken, mit Entsagen umkränzen, mit roten Rosen inbrünstiger Liebe bestecken, mit den schönen Veilchen demütiger Selbstverabscheuung und den weißen Lilien rechter Reinigkeit bestreuen. Sie soll mir in Herzensfrieden betten, denn im Frieden ist meine Wohnstatt; sie soll mich in ihre Arme schließen und alle fremde Liebe verstoßen; denn die scheue und fliehe ich wie der wilde Vogel den Käfig. Sie soll mir den Sang von Sion singen, das ist der Einklang inbrünstiger Liebe mit unerschöpflichem Loben; dann will ich sie umfangen, und sie soll sich auf mein Herz neigen. Wird ihr da ein herzstillendes Ruhen, ein unverhülltes Schauen, ein ungewöhnliches Genießen, ein Vorgeschmack ewiger Süßigkeit und ein Empfinden ewiger Seligkeit zuteil, so halte sie das Geheimnis geheim und gebe es nicht dem Fremden preis; denn der sinnliche Mensch hat keinen Sinn für

das, was des Geistes ist, sondern hält es für Torheit. Sprich also voll Inbrunst der Seele: „Wahrlich, du bist der verborgene Gott, du bist das heimliche Liebesgut, das niemand kennen kann, der es nicht selbst empfunden hat."
Der Diener: O weh, über meine große Blindheit, in der ich bis jetzt gestanden habe! Ich brach die roten Rosen und roch nicht ihren Duft; ich wandelte unter den schönen Blumen und sah nicht ihren Schmelz; ich war wie ein dürrer Zweig im süßen Maientau. O weh, ich kann es nie genug bereuen, daß du mir so manchen Tag so nahe warst, und ich war dir so fern. O weh, du süßer Gast der reinen Seele, wie selten habe ich dir bisher ein gastliches Haus angeboten, wie oft habe ich es dir verboten! Wie zeigte ich so wenig Verlangen nach der süßen Engelsspeise! Ich hatte den edlen Balsam im Munde und empfand ihn nicht. Ach, du freudenreiche Augenweide aller Engel, ich freute mich deiner noch nie so recht und ganz. Und doch, sollte ich für den Morgen einen lieben Verwandten bei mir erwarten, ich freute mich schon die ganze Nacht hindurch auf ihn; so aber bereite ich mich auf dich, werten Gast, den Himmel und Erde ehren, nie so, wie ich von Rechts wegen sollte. Ach, wie wandte ich mich stets so schnell wieder von dir ab, wie vertrieb ich dich so bald aus deinem Eigentume! O weh, liebreicher Gott, und doch bist du selbst und ganz zugegen, und der Engel Schar ist hier, ich aber stand immer so lässig dabei! Herr, ich will von dir ganz schweigen; wahrlich, Herr, es ist kein Ort im Umkreis vieler Meilen, zu dem ich nicht willig wallfahren möchte, wenn ich fürwahr wüßte, daß die heiligen Engel, die hohen Geister, die dich zu allen Zeiten schauen, dort weilten; und hätte ich sie auch nicht sehen können, mein Herz im Leibe hätte sich doch an ihnen erfreut. O weh, süßer Herr, nun aber bist du selbst, der Herr aller Engel, hier gegenwärtig, und bei dir wohnt die große Schar der Engel. Daß ich diese Stätte nicht eifriger wahrnahm, das muß mir immer leid sein. Ich hätte mich doch wenigstens, wenn mir kein anderes Zeichen der Ehrfurcht einfallen wollte, vor der Stätte, wo ich dich gegenwärtig wußte, neigen sollen.
O weh, Gott, wie stand ich oft so recht gedankenlos und unandächtig an der Stätte, wo du im Sakramente vor mir und bei mir warst! Der Leib stand da, aber das Herz war anderswo. Wie bin ich so manches Mal ganz zerstreut an dir, werter Herr, vorübergegangen, ohne daß dir mein Herz durch andächtiges Verneigen einen herzlichen Gruß bot! Herr, mein zarter Herr, diese Augen hätten mit leuchtender Freude zu dir aufsehen sollen, mein Herz mit all seinem Trachten hätte dich suchen, mein Mund mit inbrünstigem, herzlichem Jubilieren dich loben, all meine Kräfte hätten in deinem fröhlichen Dienste verströmen sollen! Was tat dein Knecht David? Er tanzte und sprang so fröhlich mit all seinen Kräften vor jener Bundeslade einher, in der doch nur irdisches Manna und irdische Dinge waren.
Herr, nun stehe ich hier vor dir selbst und vor deinen heiligen Engeln und falle mit innigen Zähren meines Herzens zu deinen Füßen. Gedenke, geden-

ke, zarter Herr, daß du hier vor mir mein Fleisch und mein Bruder bist, laß alles Böse vergangen sein und vergib mir heute all die Unehre, die ich dir je antat; denn es ist mir leid und muß mir immer leid sein. Das Licht der Weisheit beginnt mir ja jetzt erst zu leuchten. Die Stätte aber, wo du auch in deiner schönen liebevollen Menschheit wohnst, soll fürderhin stets mehr und mehr von mir geehrt werden.

Ach, liebliches Gut, würdiger Herr und süßer Gast, meine Seele stellte so gerne noch eine Frage: Zarter Herr, was bringst du deiner Geliebten, wenn sie dich voll Liebe und Verlangen empfängt, mit deiner wahren Gegenwart im Sakramente?

Antwort der Ewigen Weisheit: Ist das eine Frage, die einem Liebenden ziemt? Was habe ich Besseres als mich selbst? Wer sein Lieb selbst besitzt, nach wem hat der noch zu fragen? Wer sich selbst gibt, was hat der versagt? Ich gebe mich dir und nehme dich dir und vereinige mich mit dir; du verlierst dich und wirst verwandelt in mich. Was bringt die Sonne in ihrem allerschönsten strahlenden Glanze der wolkenlosen Luft? Was bringt der aufbrechende lichte Morgenstern der finsteren Nacht? Oder was bringt die schöne Lenzeswonne mit ihrer anmutsvollen Pracht nach der kalten, traurigen Winterszeit?

Der Diener: Ach, Herr, die bringen reiche Gaben.

Antwort der Ewigen Weisheit: Sie scheinen dir reich, weil deine Augen sie sehen. Siehe, die kleinste Gnade aber, die im Sakramente aus mir fließt, ist in Ewigkeit strahlender als all die Glut irdischen Sonnenglanzes. Sie leuchtet heller als je ein Morgenstern und schmückt dich wonniger mit ewiger Schönheit, als je eine Lenzespracht die Erde zierte. Oder ist meine lichte Gottheit nicht strahlender als jede Sonne, ist meine edle Seele nicht leuchtender als jeder Stern und mein verklärter Leib nicht anmutsvoller als jede Lenzeswonne? Die aber hast du wahrhaft heute empfangen.

Der Diener: O weh, Herr, warum sind dann deine Gaben nicht fühlbarer? Herr, ich trete oft mit solcher Verhärtung an deinen Tisch, daß mir ist, als sei mir alles, Licht, Gnade und Süßigkeit, so sehr versagt wie einem Menschen, der blind geboren ist und das Licht nie sah. Herr, darf ich es aussprechen, ich wünschte wohl, du hättest uns mehr Zeichen deiner wahren Gegenwart gegeben.

Antwort der Ewigen Weisheit: Je weniger Zeichen, desto reiner der Glaube und desto größer dein Lohn! Es wirkt der Herr der Natur so verborgen ein wonniges Wachsen in manchem schönen Baume, und doch kann kein Auge und kein Sinn davon merken, bis es vollbracht ist. Ich bin da nicht ein nach außen leuchtendes Licht, ich bin nicht ein nach außen wirkendes Gut, ich bin ein innerlich wirkendes Gut; und das ist desto edler, je geistiger es ist.

Der Diener: O weh, wie sind der Menschen so wenige, die das, was sie da empfangen, auch gründlich zu würdigen wissen! Alle andern treten gemeinhin in leichtfertiger Gedankenlosigkeit an deinen Tisch und, wie sie leer herantreten, so gehen sie auch leer und gnadenlos von dannen; sie verdauen die Speise nicht, sie wissen ja nicht zu würdigen, was sie da empfangen.

Die Ewige Weisheit: Ich bin den Wohlbereiten das lebendige Brot, den Halbbereiten das trockene Brot, aber den Unbereiten ein zeitlicher Schlag, ein tödlicher Fall und ein ewiger Fluch.

Der Diener: O weh, zarter Herr, wenn nun aber in der Stunde deines Einzuges einem Menschen seine Sünden von Herzen leid sind, wenn er nach bestem Vermögen und getreu den Geboten der Christenheit alles tut, um ihrer ledig zu werden?

Antwort der Ewigen Weisheit: So ist er in demselben Augenblicke auch nicht mehr in Sünden.

Der Diener: Herr, wer lebt in der Zeit, der sich würdig genug auf dich vorzubereiten vermag?

Antwort der Ewigen Weisheit: Wenn der Mensch tut, was er kann, so wird nicht mehr von ihm gefordert; denn Gott vollbringt das Unvollbrachte. Ein Kranker soll alle blöde Scheu hinwerfen und soll dem Arzte nahen, dessen Gegenwart seine Genesung ist.

Der Diener: Liebreicher Herr, ist es besser, dich oft oder selten in dem würdigen Sakramente zu empfangen?

Antwort der Ewigen Weisheit: Solchen Menschen, deren Ehrfurcht und Andacht dadurch merklich wachsen, ist die Emsigkeit nützlich. Ich bin ein Gut, das gebraucht wächst und gespart schwindet. Es ist besser, aus Liebe hinzugehn, als aus Furcht abzustehn; es ist besser, alle Wochen einmal mit tiefer Versenkung in rechter Demut, denn alle Jahre einmal mit Überhebung in Selbstgerechtigkeit hinzugehn.

Der Diener: Zarter Herr, wenn nun aber ein Mensch sich mit unendlichem Heimweh nach deiner leiblichen Gegenwart im Sakramente sehnt und dich doch entbehren muß?

Antwort der Ewigen Weisheit: Mancher Mensch wird voll von mir ohne zu essen, und mancher geht hungrig von meinem Gastmahle; der kaut mich nur leiblich, aber jener genießt mich geistig.

Der Diener: Zarter Herr, hat aber ein Mensch, der dich leiblich und geistig empfängt, etwas voraus vor dem, der dich nur geistig genießt?

Antwort der Ewigen Weisheit: Besitzt der Mensch mehr, der mich und meine Gnade hat, oder der andere, der nur meine Gnade hat?

Aus dem „Briefbüchlein“

Zweiter Brief
Vom demütigen Untergang eines gottseligen Menschen
Habitabit lupus cum agno.[4]

Als der Herr der Natur herabkam und Mensch wurde, wollte er neue Wunder wirken und machte das Wilde zahm, das Grimme sanftmütig, wie der weissagende Isaias sprach: Der Wolf wird bei dem Lamme wohnen.
Mein Kind, ich las einst ein Wort in der Schrift, das beginne ich jetzt erst zu verstehn: Liebe macht ungleiche Dinge gleich. Darum malt man Frau Venus blind und ohne Augen, weil sie an den Liebsten ihren eignen freien Willen verliert. Und wenn dies gilt für zeitliche Liebe, so noch viel mehr für geistige Liebe. Um solcher Liebe willen hat mancher hohe würdengeschmückte Mensch all seine Herrlichkeit abgelegt. Einige, die hohe Fürsten zu Rom waren, gaben alles auf und wurden armer Leute Diener, um ganz dem göttlichen Lieb, dem kleinen Kindlein, gleich zu werden. Darum, mein Kind, reiße den heimlichen Hochmut auf deinen leiblichen Adel und die falsche Zuversicht auf deine Verwandtschaft aus deinem Herzen, wo beides bisher verblendet sich unter dem geistlichen Kleide versteckte! Neige dich heute zu dem Kindlein in seine Krippe, in seine Verworfenheit, damit es dich erhebe in seine ewige Herrlichkeit! Wer kärglich sät, der schneidet auch ärmlich, aber wer reichlich sät, der sammelt auch reichlich. Tue es ganz zu deinem Nutzen und beuge dich unter die Füße aller Menschen, als ob du ihr Fußtuch seiest! Das Fußtuch zürnt mit niemand, was man auch mit ihm tun mag, es ist ja ein Fußtuch.
Ein wahrhafter Untergang des Menschen ist eine Wurzel aller Tugend und aller Seligkeit. Daraus entspringt sanfte Stille in wahrer Gelassenheit seiner selbst, die sich im kleinsten wie im größten bewährt. Es tut freilich weh: wohl reden können und doch schweigen, böse Lästerworte hinnehmen und sich nicht rächen, als wohlvermögender, angesehener Mensch vor einem ungeachteten, lasterhaften Menschen verstummen; und doch heißt das sich nach dem edlen Christus bilden. Was kann dem Menschen mehr nützen und Gott mehr verherrlichen? Es fördert dich auch, wenn du schweigst und den Mund nicht auftust zum Reden, es sei denn rechte Sanftmut und wohlgezügelter Verstand dabei, so daß nichts geredet wird, als was zum Lobe Gottes oder aber zum Nutzen des Nächsten unbedingt gesagt werden muß.
Sieh, ich mute dir keine große Strenge zu: du sollst essen und trinken und schlafen, so lange und so viel du nötig hast, und es sei dir alles erlaubt, was deine Schwachheit verlangt. Willst du aber selig werden, so mußt du dich in dem üben, was ich dir eben sagte, und verzage nicht, wenn du nicht gleich am Ziele bist! Wie wäre es möglich, daß sich all das Gerümpel, das sich

zwanzig Jahre an einem Plätzlein sammelte, so schnell hinaustreiben ließe. Es wird schon selbst von Tag zu Tag mehr hinausgehn, wenn es sieht, daß es sein Plätzlein nicht mehr findet. Heilige Betrachtungen, andächtiges Gebet und rastloser geistiger Eifer werden dir helfen. Läßt Gott dich nicht viel Süßigkeit kosten, so werde darum nicht schwermütig, du sollst dich dessen für unwürdig halten; liege vor seinen milden Füßen, bis er dich begnadigt, und laß Gott wirken, wie er will! Es muß noch manch wandelbares Wetter über dich hingehn, ehe die himmlische Heiterkeit ständig über dir blaut. Ging es dir denn zuvor immer gleich gut? Nein, es kamen Freud und Leid, Leid und Freud, je nachdem sie aus dem Glücksrade fielen. So nimm denn auch dasselbe vom herrlichen Gotte an und verlaß dich recht auf ihn; sein lieberfülltes Zürnen ist besser als falsches Liebkosen; übersieh ihm manches, er hat dir auch manches übersehen! Habe volles Vertrauen zu Gott, denn er verläßt dich nicht! Sieh, er ist ein so tugendsamer Ritter, daß sein mildes Herz es nicht über sich bringen könnte, den Menschen zu verlassen, der sich ihm ganz anvertraut hat.

Mein Kind, wohl mag es kaum jemand geben, der nicht manchmal in Lauigkeit verfällt, das eine Mal mehr, das andere weniger; doch muß ich dir eines sagen: der Berg ist hoch, der Weg ist schlüpfrig, er kann nicht im ersten Anlauf erklommen werden; es heißt wieder und wieder anheben, bis das Ziel erfochten ist. Der ist kein herzhafter Ritter, der nicht wieder keck anstürmt, wenn er vor der Überkraft des Heeres einmal weichen mußte. Dies Streiten ist auf Erden das Kennzeichen guter Menschen.

Ich kenne einen Prediger, wenn der von mancher starken Welle zurückgeworfen wurde und meinte, jetzt habe sein Herz allen rechten Eifer und alle Andacht verloren, so ging er in sich und fing wieder an, sich Abbruch zu tun, den Leib zu kasteien, sich von den Leuten abzusondern, sich ernsthaft ans Werk zu wagen und selbst zu hüten, neue Gebete zu erdenken, neue Übungen an sich vorzunehmen und alle die Wege, auf denen er vorhin ausgeglitten war, zu umgehen; so trieb er es Tag und Nacht, bis sein Herz wieder in gottseligem Eifer und frommer Andacht entbrannte und, was nachher kam, oft viel besser wurde als je etwas zuvor. Dann betrachtete sein Herz das Einst und Jetzt und begrub so den alten Menschen, als ob er nie gewesen wäre, fand auch manch neue Wege sich zu hüten, Wege, an die er vorher nie gedacht hatte, und wurde also immer weiser und weiser. Doch wenn er abermals strauchelte, so fing er wieder von vorne an. Also mag ihm unzählige Male geschehen sein. Siehe, dasselbe lehrt die Ewige Weisheit durch den Mund St. Bernhards, der sagt: „Dies ist das einzige Pünktlein, das die Auserwählten von den Nichtauserwählten unterscheidet, daß die Verdammten liegen bleiben, wenn die Auserwählten sich immer wieder erheben; denn dauernde Beständigkeit kann keiner haben in der Zeit."

Vierter Brief
Wie ein im geistigen Leben unerprobter Mensch sich nur um sich selbst kümmern und andere Menschen in Frieden lassen soll
Quomodo potest caecus caecum ducere?[5]

Liebe, wie läßt du dich an? Wie kannst du die getreuen Lehren deines geistigen Vaters so verwerfen und schon wieder anfangen, dich an jene Dinge zu hängen, denen ich dich kaum eben entrissen hatte, weil sie dir Seele, Leib und Ehre zerstörten? Meinst du, du könntest nun hingehn und tun, was dir in den Sinn kommt? Bist du jetzt so gefestigt, daß du dir selbst alle Dinge erlauben kannst? O weh, warum denkst du nicht an all das, was hinter dir liegt, was dir Gott nachsichtig übersehen hat, wie du mit Mühe und Not gerade noch bis hierher kamst und noch ganz und gar nichts bist? Warum kümmerst du dich nicht um dich allein und läßt alle andern Menschen ihre Wege gehn? Siehst du den Teufel nicht, der dir einen seidenen Faden um die Kehle gebunden hat und dich gern hinter sich her schleppen möchte? Du wußtest doch dir selbst nie Rates, du bist doch schwächer als Eva im Paradiese, und nun willst du andre Leute zu Gott führen? Du willst Stroh zu dem Feuerbrand legen, der kaum ein klein wenig zugedeckt und noch nie ganz erloschen ist.
Freilich sagst du, du wolltest alles in den Strom des Geistes leiten. Weiß Gott! es mag wohl im Geiste anfangen, es wird aber bald im Fleische enden. Bist du noch nicht genug gewitzigt? Dünkt dich nicht, Gott habe Geduld genug mit dir gehabt? Wahrlich, du willst nicht eher Ruhe haben, als bis du an des Teufels Seil gebunden wirst. Ich habe es dir oft gesagt: Ihr wähnt Gott und die Welt fein höfisch zu betrügen, und wenn man es dann rundum besieht, seid ihr selbst betrogen. Du mußt fest in dir selber stehn, allem Anhang aus dem Wege gehn, sonst wirst du nicht den Kampf bestehn. Laß es dir wohl genügen, wenn du selbst dem Teufel entfliehen kannst!
Ich muß dir hier noch etwas erzählen: Sieh, der Diener war eines Tages hinausgezogen und hatte sich in den Hinterhalt gelegt, um dem Teufel einen geistigen Raub abzujagen und ihn Gott wiederzubringen; dieser Raub war eine Frau im geistlichen Gewande wie du. Sie hatte ihr Herz in leichtsinnige Liebe verstrickt und konnte nicht wieder loskommen; denn sie wollte es mit Schonung versuchen, wo weder Schonung noch Rücksicht angebracht war. Als diese Frau nun, angetrieben durch die guten Lehren des Dieners, es über sich gewann, ihrem alten Leben den Rücken zu kehren und sich an Gott zu halten, da begannen die bösen Geister um ihren Verlust zu bangen und sich zu regen, wollten ihr auch die Bekehrung schwer machen, daß ihr war, als sei ein schwerer Berg auf ihr Herz gefallen.
Als der Diener sich in der gleichen Nacht nach der Mette niedergelegt hatte, sah er ein Gesicht, und es war ihm, als komme eine große Schar gewaltiger

Vögel vor seine Zelle gestürmt. Sie waren alle ganz ungestalt, aber doch sah nicht einer aus wie der andere: einer glich dem Wiedehopf, einer dem Specht, einer dem hohen Reiher, andere wieder anderen Vögeln, und sie verwandelten sich oft vor seinen Augen. Einer unter ihnen war grün und nahm einen Anlauf, als wolle er gegen die Zelle stürmen, doch kam keiner von ihnen hinein. Da beugte sich der Diener verwundert zum Zellenfenster hinaus und fragte einen Jüngling, der neben ihm stand: „Ach, Waffen, was für unstät Gesindel ist das?" Der antwortete: „Das hier ist eine Teufelsmesse, und sie sind zornig und wütend auf jene Frau, die sich von ihnen scheiden will; deshalb flattern sie hier herum und suchen, wie sie die Frau in ihrem guten Vorsatze irremachen und sie wieder ins alte Leben zurückreißen könnten."

Als der Morgen tagte, schrieb er ihr gleich auf seiner Tafel einen Brief und entbot ihr also:

Viriliter agite et confortetur cor vestrum, omnes, qui speratis in domino![6]

Wenn ein ehrsamer Ritter zum ersten Male einen Lehrknappen gewaffnet an der Hand in den Ring streitbarer Übung führt, so richtet er sein Haupt auf und spricht ihm wacker zu: „Ei, schmucker Held! Halte dich heute wie ein braver Mann, tritt keck heran und streite frisch! Laß dir das Herz nicht entfallen! Besser ehrlich sterben als unehrlich leben! Wenn nur der erste Speerstoß ausgehalten ist, so wird es leichter." So ermutigt geistig auch der kühne Ritter David alle die Lehrknappen geistigen Lebens und führt sie ein in den Ring des geistigen Streites, in dem es gilt, vergänglicher Liebe und zeitlicher Dinge sich zu entschlagen; er ruft ihnen zu: *„Viriliter agite* ... Tummelt Euch kühn und mannhaft und habt ein keckes Herz, ihr alle, die ihr zu Gottes Fahne steht!" Ach, mein Kind, dasselbe rufe auch ich dir zu; du bedarfst dessen noch sehr, meine Tochter, damit du feststehst und den bösen Räten des Teufels nicht folgest. Du stehst jetzt in der größten Bitternis, die über dich hereinbrechen mag; kommst du aber über diesen schmalen Steg, so wirst du auch bald fürbaß auf die schöne weite Heide eines ruhigen geistigen Lebens kommen. Wollte Gott, ich könnte in deinen Fußtapfen den Kampf für dich bestehn und die harten Schläge auffangen, die dein umfochtenes Herz jetzt empfängt! Aber das wäre dein Schaden; denn wo bliebe dann die grüne Palme, die du wie andere erlesene Gottesritter in ewiger Würde tragen sollst, wenn du siegst? So viele Pfeile auf dich geschossen werden, so viele Rubine wirst du in der Krone tragen.

Eija, mein Kind, darum reiche mir deine Hand und halte dich fest, nicht an mir, sondern an dem starken Herrn, in dessen Dienst du nun diesen Streit durchfechten sollst! Du weißt, er verläßt dich nicht, wenn du dich ganz auf ihn verläßt.

Nun will ich dir aber noch eines sagen und nimm es mir nicht übel: Ich habe dir angemerkt, daß dein Sinnen und Trachten sich noch nicht ganz in Gott geborgen, daß du noch nicht entschlossen alle Dinge von dir geworfen hast. Wahrlich, du mußt entweder haben oder lassen, sonst wirst du nie dein Glück gründen. Kann jemand zwei Herrn dienen? Nein, niemals! Wage einen Sprung, so bist du frei und gerettet! Laß den Menschen von Grund aus – du verstehst mich doch –, laß ab von dem Getriebe vergänglicher Liebe, ob es nun in Gesellschaft oder in Briefen und Botschaften bestehen mag! Laß dich nicht wieder dazu verführen, nicht durch Drohen und nicht durch Liebkosen! Sage dich öffentlich los von allen deinen Gespielinnen, die dir zu solchem Treiben rieten oder dabei behilflich waren oder noch dasselbe Leben führen, das du lassen willst und lassen mußt; denn ohne alles Schönreden, sie sind Gift für dich, und das weißt du selbst sehr wohl. Du mußt allen Ausfahrten entsagen und keine Nebelmänteleien mehr hervorzaubern, um eine Ursache zu finden, wie du deinen Obern ein scheinbar notwendiges Ausfährtlein abringen kannst. Gott und die Leute wissen wohl, daß von solchen Ausfahrten noch nie viel Gutes heimkam. Statt dessen muß es früh und spät deine Sorge sein, wie du dein sündhaftes Leben bessern, deine mannigfaltigen Gebrechen ablegen und dich mit dem gestrengen Richter versöhnen kannst. Wahrlich, du tust nicht genug, wenn du schön zierlich den Klee auszupfst und die Disteln stehen läßt, du mußt deinen übermütigen Leib angreifen, deine geschliffene Zunge binden, deine ungesammelte Seele wieder sammeln, auf daß dein Herz nicht wie ein gemeines Gasthaus sei, wie ein offenes Weinhaus, eine Taverne, wo jedermann freisteht zu verlangen, was er sich erdenken mag. Eija, treibe aus den Pöbel, oder du kannst gewiß nie mehr den zarten Herrn empfangen! Bedenke, daß er dich zu seiner Gemahlin gefordert hat, und darum hüte dich, daß du nicht zur Schenkdirne werdest!

Achter Brief
Wie sich ein gottseliger Mensch in göttlicher Süßigkeit verhalten soll

An Elsbeth Stagel.
Annunciate dilecto, quia amore langueo![7]

Stelle dir vor, es sitze ein Mensch an einem Sommertage vor einem Keller, kühl überschattet von dem schönen Gezelte des Laubwaldes, bekränzt mit der bunten Schönheit der Blumen; und diesem Menschen tische man Zyperwein auf in durchleuchtenden Gläsern und lasse ihn trinken, so viel sein Herz begehrt! – Aber ein anderer Mensch sitze draußen durstig in der Glut der dürren Heide unter einem stacheligen Wacholderbaume und zupfe dessen Beeren ab, um damit dämpfige Menschen gesund zu machen! – Fragte nun der Zecher den mit dem dürren Munde, wie er beim süßen Saitenspiel, das zum Weine erklingt, tanzen solle, der Durstige gäbe ihm zur Antwort und spräche unwirsch: „Der mag wohl trunken sein; er wähnt, aller Welt sei zumute wie ihm; mir ist ein wenig anders zumute, wir sind ungleich gestellt. Auf dem vollen Leibe steht das fröhliche Haupt."

Mein Kind, so könnte auch ich dir antworten auf die Botschaft, die du mir gesandt hast; du erzählst da, eine inbrünstige Fackel ganzer, gieriger, glühender Liebe zur wonnigen Ewigen Weisheit sei in deinem Herzen entbrannt; und du sprichst von dem neuen Lichte und den nie geschauten Wundern, die sie in dir wirkt, und wie dein Herz dabei süßes Weh und liebeseliges Zerfließen und so überschwengliche Seligkeit genossen hat, daß du sie nicht schildern kannst. Nun aber begehrst du, ich soll dich lehren, wie du dich deinem Geliebten am allerliebsten erzeigen und dich gegen solche Wunder verhalten sollst.

Tochter, unermeßliche Freude steht auf in meinem Herzen, weil sich der liebreiche Gott so liebreich erzeigt und dich und einige andere empfinden läßt, was ich so oft und eindringlich wiederholte, daß er ganz Liebe ist. Könnten das alle Herzen so wonnig wie du empfinden, so wollte ich gerne dafür durstig bleiben. Es ist ein großes Staunen in mir, daß du in so kurzer Zeit diesen Gipfel erstiegen hast. Nur deine gänzliche Hingabe an Gott, deine vollkommene Abkehr von den Dingen, dein nie erschöpfter Eifer und die Schmerzen deines Leibes, mit denen du dein altes Leben getilgt und alle Dinge so ganz unter deine Füße gezwungen hast, konnten solche Wunder wirken.

Ein Mensch, der zum ersten Male Wein trinkt, wird heiß von ihm erfaßt. Also scheint mir, sei auch dir von der lauteren, süßen Liebe der Ewigen Weisheit geschehen, die dich so kraftvoll überwunden hat. Das bedeutet entweder, daß Gott dich locken, dich bald von hinnen nehmen und aus dem grundlosen Brunnen tränken will, aus dem du jetzt nur ein Tröpflein verkostet hast; oder aber es bedeutet, daß er nach dem Überfluß seiner Güte seine Wunder hier an dir erzeigen will. Verhalte dich dabei so, daß du nach seinem Willen ausspähst, ohne Lust für deine Selbstheit zu suchen! Doch brauchst du auch nicht ängstlich zu sein, es kommt alles zusammen von Gott und ist ein Minneköder Gottes in der Seele; es geht seinen geraden Weg, dem soll so sein. Doch sollst du auf deine leibliche Kraft achthaben, daß du nicht zuviel dabei verzehrt werdest. Wenn der Zeiten Lauf weitergeht, kann es sich fügen, daß dir ein gut Teil dieser Seligkeit wieder genommen wird, nur damit du in Höheres eingesetzt werdest.

Die schöne Erscheinung, die du am heiligen Tage zu Weihnachten hattest, wo du sahst, wie licht und liebevoll die Ewige Weisheit sich freudig mit des Dieners Seele vereinigte und ihm entbot, er könne wohl ein fröhlicher Diener der Ewigen Weisheit sein, – diese Erscheinung hat mich herzlich seufzen gemacht; denn ich bin nicht Gottes Liebling. Mir kommt oft vor, ich sei sein Kärrner und fahre aufgeschürzt durch die Lachen, suchend, wie ich die

Menschen aus dem tiefen Pfuhle ihres Sündenlebens ziehe und zur Schönheit emporhebe; darum soll mir genügen, wenn er mir einen Roggenlaib als Dankeslohn in die Hand legt.

Und doch muß ich dir noch etwas von dem Geliebten erzählen, was er, ich weiß nicht wie oft, in mir gepflogen hat.

An jenem lichten Morgen, wo man den fröhlichen Gesang von dem väterlichen Glanze der Ewigen Weisheit zur Messe singen sollte, war der Diener frühmorgens in seiner Kapelle in eine stille Ruhe seiner äußeren Sinne versunken. Da hatte er ein Gesicht, und es war ihm, als werde er in einen Chor geführt, wo man die Messe sang. Im Chore war eine große Schar himmlischen Ingesindes, von Gott dahin geschickt, damit sie eine süße Melodie himmlischer Töne sängen. Das taten sie und sangen eine neue fröhliche Weise, die er noch nie gehört hatte; die war so süß, daß er meinte, seine Seele müsse vor übergroßer Freude zerfließen. Aber das Sanctus wurde besonders herrlich gesungen, und er hub auch an und sang mit ihnen. Als man an das Wort kam: *Benedictus, qui venit,* erhoben sie ihre Stimmen zu den höchsten Tönen, und da bot auch der Priester unsern Herrn empor. Zu ihm sah der Diener auf mit demütiger Hingabe an seine wahre, leibliche Gegenwart, und es war ihm, als ginge, unaussprechlich allen Zungen, eine Art lieberfüllten, geistigen Glanzes von ihm aus und rühre an seine Seele. Und damit wurden sein Herz und seine Seele so überfüllt mit neuer, heißer Inbrunst und mit innerem Lichte, daß es ihm all seine Kraft nahm; es war, als wenn sich Herz mit Herz in bloßer Geistigkeit vereinigte. Er kam in eine solche Zerflossenheit seiner Seele, daß er diesem Zustand nichts Irdisches vergleichen könnte. Als er so kraftlos und schwach nach Hilfe rang, lachte der himmlische Jüngling, der neben ihm stand, was er nicht gemerkt hatte. Da sprach der Diener zu ihm: „O weh, warum lachst du? Siehst du nicht, daß ich mit meiner großen Ohnmacht und inbrünstigen Liebe fast zusammenbreche?" Bei diesen Worten sank er wirklich zur Erde nieder wie ein Mensch, der vor Kraftlosigkeit zusammenbricht. Doch im Niedersinken kam er wieder zu sich und tat die äußeren Augen auf; die standen voller Tränen, aber seine Seele war erfüllt mit lichten Gnaden. Und er trat vor den Altar, in dem unseres Herrn Fronleichnam war, und summte heimlich die Weise: *Benedictus qui venit,* so wie die geistlichen Klänge noch in seiner Seele webten.

Heinrich von Nördlingen

(geb. um 1310, gest. vor 1387)

Weder Geburts- noch Todesjahr des aus Nördlingen stammenden Weltpriesters Heinrich sind bekannt. Wir wissen, daß er geistlicher Berater eines Kreises von „Gottesfreunden" im fränkischen Raum war und in Verbindung mit den Zisterziensern von Kaisheim und den Dominikanerinnen in Maria Medingen und Engelthal stand.
Im Kloster Maria Medingen lernte er 1332 Margarete Ebner kennen, die sich ganz dem mystisch-visionären Leben hingegeben hatte. Die geistliche Freundschaft mit ihr dauerte bis zu ihrem Tod im Jahre 1351, trotz jahrelanger Trennung und insgesamt nur acht persönlichen Begegnungen.
Die Lebensstationen Heinrichs sind vielfältig: 1335 reiste er nach Avignon, um sich einen päpstlichen Rechtstitel für eine erstrebte Pfarrstelle zu verschaffen, mußte 1338 als Anhänger des Papstes im Streit gegen Kaiser Ludwig fliehen, wollte Seuse in Konstanz antreffen und suchte, wie es jener bereits getan hatte, in der Schweiz Zuflucht, zuerst im Kloster Königsfelden, wo er mit Königin Agnes von Ungarn zusammentraf, dann im papsttreuen Basel, wo er auf Fürsprache Taulers eine Predigerstelle erhielt. 1344 bewog er bei einem Besuch in Maria Medingen Margarete Ebner zur Aufzeichnung ihrer Offenbarungen, 1345 ist ein Zusammentreffen mit Rulman Merswin, dem Führer der Straßburger „Gottesfreunde", belegt, ab 1349 führt Heinrich das Leben eines Wanderpredigers. Als Margarete 1351 stirbt, versucht er, in Christine Ebner geistigen Ersatz zu finden. Bis zu deren Tod 1356 lassen sich Spuren Heinrichs nachweisen, dann verlieren sie sich.
„Gemessen an dem großen Mystikerdreigestirn seiner Zeit, an Meister Eckhart, Tauler und Seuse, erscheint Heinrich von Nördlingen sicherlich als eine Person zweiten Ranges. Er entwickelt keine eigene mystische Lehre, ist überhaupt kein wirklicher Gelehrter und dazu ein Mensch von etwas weichlichem, unstetem Charakter"[1] – so ein Urteil aus der Distanz unseres Jahrhunderts über einen Menschen, der im Kreise der mystischen Bewegung seiner Zeit gerade dadurch bemerkenswert ist, daß die Anziehungskraft seiner Persönlichkeit fasziniert.
Die Mystikerinnen Margarete Ebner und Christine Ebner stehen unter seinem starken Einfluß, in Basel schart er einen Kreis von „Gottesfreunden" um sich, darunter Margaretha zum Goldenen Ring und Heinrich von Rumersheim, als Prediger hat er großen Zulauf, ist aber zugleich umstritten und muß „liden nit und hasz".
Heinrich ist es zu verdanken, daß Margarete Ebner ihre „Offenbarungen" in Buchform darstellte, und daß Mechthild von Magdeburgs „Fließendes Licht der Gottheit" erhalten blieb, ist ebenfalls Heinrichs Verdienst, der es um

1344 für seinen Freundeskreis aus dem niederdeutschen Urtext ins Oberdeutsche übertrug. Während Mechthilds Originalwerk verlorenging, blieb die Neufassung Heinrichs erhalten. Von besonderer Bedeutung sind jedoch die Briefe Heinrichs, eine der ältesten erhaltenen Briefsammlungen in deutscher Sprache. Aus ihnen gewinnen wir ein anschauliches Bild vom Leben der süddeutschen Mystikerkreise, von den äußeren Lebensbedingungen in den Frauenklöstern, aber auch von den „inneren Ereignissen" – sowohl des Schreibers als auch seiner Gesprächspartnerin Margarete Ebner.
Um einen Eindruck dieser Beziehung wiederzugeben, stellen wir neben drei Briefen Heinrichs auch eine Antwort Margaretes vor.

Heinrich an Margarete

(1395)

„Der fernentrückten Braut unseres lieben Herrn Jesu Christi, deren Treue ich wahrlich unwürdig bin, entbietet ihr Armer und Getreuer die Frucht des minniglichen Grußes, den nun Gabriel Marien gebracht hat, sowie des erhöhten und gottergebenen Herzens Mariä Reinigkeit und Demut mit dem minniglichen Kusse, in dem vereint sind das ewige Wort und die Seele Deines Liebs Jesu Christi, der der einzige Friede geworden ist und von den Engeln auf die Erde verkündet wurde den Menschen, die guten Willens sind.
Du meine ganz Getreue und meiner Seele sichere Zuflucht, ich weiß nicht, was ich sagen soll; denn mein Herz ward gar wundersamer Sehnsucht voll, als ich Deinen Brief las, und ich verlor Wort und Weise infolge des heiligen Duftes und göttlichen Geschmackes, der aus Deinen feurigen Worten in mich drang, und es ward ein gütlicher Krieg in mir zwischen großer Furcht und großer Begierde. Die Furcht gebot mir zu schweigen, aber die Begierde, die gebot mir zu reden und hat auch also gesiegt, daß mein Herz und mein Mund offenstehen und weit geworden sind, mit Dir, meinem Lieb in Gott, zu plaudern.
Ach, wüßte ich nun, was ich reden soll, um Dich und Dein Lieb Jesus Christus nicht zu betrüben! Doch mit Gottes Erlaubnis nehme ich mir einen Anlaß, mit Dir zu reden, aus jener Eingebung, die Dir neulich geschah an dem Festtag, da man das Rorate in der Messe sang; und ich vertraute den freigebigen Güssen und den reichen Flüssen der Barmherzigkeit Gottes, in der uns der ewigen Minne anlachender Gruß auf Erden gesandt ist in das reine Herz Mariens. Es mögen die ewigen Himmel der Heiligen Dreifaltigkeit Dein Herz betauen und die Wolken der sieben Gaben des Heiligen Geistes den Gerechten in Deine Seele regnen! Wer ist der? Das ist Dein Lieb Jesus Christus, in dem Du aufgerichtet werden sollst aus allem Jammer und aus aller sehnsüchtigen Qual der Verbannung. Eja, meine Treue, nun harre ihm

aus, wirke kräftiglich, gehabe Dich mannhaft, dulde in Züchten und in liebendem Gehorsam, in stillem Frieden, in schweigendem Herzen seinen wohlgefälligen Willen, seinen minniglichen Blick in Deine Seele, sein zärtliches Locken und sich wieder Verbergen, sein gewaltiges Erhöhen und sein demütigendes Erniedern, sein lichtes Durchscheinen und sein süßes Berühren, seines ewigen Wortes kräftigen Durchschuß und noch kräftigeren Ausbruch, seines leuchtenden Antlitzes gnadenreiche Gestalt und auch den gar furchtbaren Anblick seines auswallenden lebendigen Flusses sowie seiner gütigen, in sich selbst zurückströmenden Lust.

Dies alles ist er allein in Deiner demütigen Seele und wird noch mehr werden. Darum tu auf das Erdreich Deines Herzens und gebäre Dir und uns den Erhalter, der aus Dir grünen und blühen und neue Frucht bringen soll, der gar sänftiglich und still geboren werden soll in voller Lust, in ganzem Frieden, in gnadenreicher Ruhe ohne Schmerzen, wie es Marien geschehen ist. Mein Lieb in Gott, das sind die angenehmen Früchte des Heiligen Geistes; das ist die Morgengabe Deines Liebs Jesu Christi; das ist der Vorschmack ewigen Lebens; das sind die ewigen Gedanken und die alten Ratschlüsse des barmherzigen Vaters über seine Kinder, die Du freilich besser erkennst und besser erkennen und empfinden wirst, als ich Armer es aussprechen könnte. Und darum berührt mich abermals die Furcht Gottes und macht mich darum verzagt, daß ich Blinder dem Wohlsehenden den Weg weise, daß ich Stummer dem wohllobenden und wahrsprechenden Mund predige, daß ich Lahmer dem in das ewige Leben schnell Laufenden und hoch Springenden voran gehe, kurz, daß ich den lehren will, den Gott selbst gelehrt hat und noch künftig seine verborgenen Wunder lehren will, wie ich voll Begierde vertraue aus meinem eigenen Herzen und auch aus dem Herzen heiliger Kinder Gottes, die mich dessen von Dir wohl versichert haben, durch Gottes Gnade. Besonders Ellin von Crailsheim; die sandte mir Gott in Zimmern zu. Die trug wohl achtzehn Jahre und noch mehr das Leiden Gottes in wundersamer Minne, in großer Ergriffenheit, mit verwundetem Herzen, und blieb sieben Jahre verschwiegen darüber. Und als es Gott gefiel, da schlug er sie danieder, daß sie fünf Tage dalag und nicht wußte, wie ihr äußerlich geschah, gleichwie es Sankt Paulus erging. Und da ward ihr offenbart die bloße, unverhüllte Wahrheit, und es ward ihr der Eingang in die innere Heiligkeit des Herzens des Vaters erlaubt. Da ward sie in Gott vergottet, in dem einzigen Eins vereint, mit Minne gebunden, von Licht umfangen, von Frieden durchgossen, von Lust durchschossen, so daß nun ihr Leben gesetzt ist in einem Schweben über allen widerwärtigen Dingen und sie also harrt auf ihr Lieb Jesus Christus in einer friedvollen Unterwerfung all ihres Willens, in lieblichem Schauen, in geduldigem Harren, mit minnefließendem Herzen und Augen, und was sonst noch dergleichen ist, was niemand ganz aussprechen kann.

Diesem lieben Kinde Gottes habe ich Dich mit meinen Tränen in sein Herz geschrieben, und auch unserer lieben Irmel. Diese beiden wollen Dich mit mir in Gott hineintragen mit allem ihrem Vermögen. Nun habe ich eine schüchterne Begierde und ein minnendes Vertrauen und ein demütiges Heischen zu dem allerbarmherzigsten Jesus. Bitte ihn, daß seines Vaters Ehre an uns vollbracht werde. Amen.
Gott danke Euch, meine Herrin und meine Mutter und meine Schwester und mein liebes Kind für die große Begierde, die Ihr zu Gott über mich habt. Ich begehre nach den Brosamen, die von Eures Herrn Tisch fallen und von eurer Beider reichem Gastmahl. Für die Treue, in der Ihr mich so ganz mütterlich versorget, möge Euch Gott in allem Euren Bedarf versorgen. – Diesen Brief will ich Euch schicken vor Ostern. So Gott will, komme ich zu Dir. Meines Herzens Begierde, danke besonders allen denen, die mir jetzt ihre Treue erzeigt haben mit Gebet oder mit anderem. Das wünsche ich; denn ich hätte es fast vergessen.
Schepach, Gott grüße Euch, und grüßet die anderen in Treuen! Leset die Epistel und das Evangelium und die Lektionen der Matutin alle Tage einmal, ich bitte Euch darum, und legt sie aus! Es hilft Euch wohl! – Ach, meine Allerliebste, wie bin ich wegen der Velmannin erschrocken! Kehret euch mit ganzem Ernst zu Gott und zu Maria; sie sollen uns erhören für sie. Bittet den Konvent fleißiglich, daß es ihnen aller Ernst sei. (...)“

Heinrich an Margarete

(Basel, Fastenzeit 1339)

„Dir, meiner Allerliebsten in unserem Herrn, entbiete ich, Dein unwürdiger Freund in Gott, all das minnigliche Werk zu verstehen und zu minnen, das Jesus Christus, Dein Lieb, in sich, in seiner Mutter Maria und in allen seinen Erwählten, Engeln und Menschen wirkt. Ich lasse Dich, mein getreues Lieb in Gott, wissen, daß ich durch Gottes Gnade wohl und gesund bin, so daß es mich gut dünkt. Und wisse auch, daß ich nach dem Epiphanietage Konstanz verließ und zur Frau Königin von Ungarn kam, dort aber nichts erreichte. Danach kam ich nach Basel zu meinem und Deinem lieben, getreuen Vater, dem Tauler, der mit mir bei Dir war. Und der half mir mit ganzen Treuen, soviel er vermochte. Dort war ich lange, ohne daß ich eine Stellung nach meinem Willen fand. Nachher, als Gott es wollte, gab man mir Herberge im Spital zu Basel. Da habe ich Vollmacht zu predigen und habe alle Tage gepredigt, etwann auch zweimal am Tage, seit dem Ausfall des Alleluja, der Zeit, da Du, mein treues Kind und mein keusches Lieb in Gott, zu schweigen anfängst. Und da kommt zu meiner Predigt das beste Volk, das in Basel ist an armen und reichen Gotteskindern, an Männern und Frauen, Priestern, Mönchen, Brüdern, Bürgern, Chorherren, edlen und gewöhnlichen Leuten. Die kommen vor der Mette und suchen Platz mit großer Begierde, daß ich davon nicht sprechen kann. Dieser Schüler, Hans Schuster, unser lieber Bote, der hat es wohl gesehen; den laß Dir wohl empfohlen sein, denn er kommt wieder zu mir zurück, wenn Du und auch meine anderen Freunde es wollen. Ich lese auch alle Tage Messe. Bei den Deutschherren zu Basel, da habe ich einen Herrentisch, und sie taten mir, was sie nur konnten, damit sie mich bei ihnen behielten. Das beste Volk, das in Basel ist, das beichtet gerne bei mir, wenn ich sie nur alle anhören könnte. Die besten Herren und Bürger zu Basel, die erwarben mir, ohne daß ich darum wußte, für vierzig Tage die Erlaubnis, bei meinen Predigten Ablaß zu geben. Gott gibt dem Volk wundersame Neigung zu mir, und mir zu ihnen. Man bietet mir Pfarren an, Kapellen, Pfründen, Orden und noch viele andere Dinge, worüber viele andere froh wären, so daß ich nicht weiß, was ich nehmen soll.

Dies schreibe ich Deinem getreuen Herzen vor Gott ohne Rühmen, sondern darum, daß Du Gott für mich dankest mit neuem Dienste und ihn bittest, daß seine Ehre an mir mit seinem Willen vollbracht werde und daß er mir Kraft verleihe und mir hinfür gebe, sein Werk mit wahrhafter Treue zu wirken bis in den Tod. Denn man muß Neid und Haß erleiden.

Ein neues Chorröcklein haben mir ehrbare Frauen gekauft. Denke Dir, die besten Kürschner zu Basel brachten mir, ohne daß ich darum wußte, eine schöne Chorhaube und schenkten sie mir mit Begierde. Wisse auch, meine selige, freudenreiche Zuflucht, daß ich das Büchlein aus Schönenfeld, um das Du mir schriebst, dem Studenten mitgab, der jüngst von Paris nach Kaisheim gegangen ist, und ich bat ihn fleißiglich, daß er es den Frauen von Graispach übergebe. Er gelobte es mir, und ich bin jetzt sehr erschrocken, daß er es nicht getan hat. Ich habe ihm darum geschrieben. – Gott danke Dir für all Deine Treue, die Du mir und meiner Mutter und all den Meinen so gänzlich erzeigst; und laß Dir meine Mutter empfohlen sein, daß Du sie tröstest mit Deinen innigen Briefen. Geschähe es, daß der Bayer aus dem Lande führe, so könnte es sich mit dem Willen Gottes fügen, daß ich Dich sehe. Ich bin gar vielbeschäftigt von früh an mit Beten, Predigen, Messelesen, Beichthören und Studieren, so daß ich den Briefboten während vieler Tage nicht abfertigen konnte. Denn ich werde oft schwach. Aber dann hilft mir unser lieber Jesus wieder.

Mein getreuer Vater, der Tauler, und ich senden Dir eine Büchse mit Pulver und ein Messerlein, und euch, getreue Schepach und Scharenstetten, zwei Messerlein.[2] Sendet mir schnell diesen Boten wieder zurück! Ich sehne mich nach Dir, meines Herzens Glück und Freude, und schreib mir viel! Gott sei mit Dir und mit allen Frauen; grüße sie mir getreulich! Gib dem Herrn Hans von Günzburg zwei Schillinge Heller! Das liebliche Lieb Jesus sei Dein und Du sein! Es begehren auch unser lieber Vater, der Tauler, und andere Gottesfreunde, daß Du uns insgemein etwas schreibest, was Dir Dein Lieb Jesus eingebe, und sonderlich vom jetzigen Zustand der Christenheit und der Gottesfreunde, die darunter viel leiden. Tu hierzu, was Dir Gott gebietet. (...)"

Heinrich an Margarete

(Basel, 1345)

„Ich sende euch ein Buch, das heißt ‚Das Licht der Gottheit'. Dazu zwingt mich das lebendige Licht der heißen Minne Christi, denn es ist mir das entzückendste Deutsch und das innerlichst rührende Minnegeschoß, das ich je in deutscher Sprache las. Eja, ich mahne euch an all das Gute, das Gott in sich selbst ist und in diesem Buche erzeigt hat. Leset es begierlich mit einem inneren Aufmerken eures Herzens, und ehe ihr es anfanget zu lesen, so begehre und gebiete ich euch im Heiligen Geiste, daß ihr ihm sieben ‚Veni, sancte Spiritus' mit sieben Kniebeugen vor dem Altar sprechet und unserem Herrn und seiner jungfräulichen Mutter Maria sieben Paternoster und Ave Maria sprechet, auch mit sieben Kniebeugen, und der jungfräulichen himmlischen Orgelkönigin, durch die Gott diesen himmlischen Gesang ausgesprochen hat, und zugleich mit ihr allen Heiligen ebenfalls sieben Paternoster und Ave Maria mit sieben Kniebeugen sprechet. Und eher brecht das versiegelte Buch nicht auf, ehe ihr diese Gebete getan habt ... Die Worte, die ihr nicht versteht, die bezeichnet und schreibt sie mir, dann verdeutsche ich es euch. Denn es ward' uns in gar fremdem Deutsch dargeboten, so daß wir wohl zwei Jahre Fleiß und Arbeit hatten, ehe wir es ein wenig in unser Deutsch brachten. Überleset es dreimal; drinnen steht: neunmal. Ich vertraue, daß dies Buch euren Seelen viel mehr Eifer zur Gnade geben wird. Ich wollte es auch nach Engeltal ausleihen. O Margareta, Tochter, höre und sieh, glaube und schaue, wie süß Dein Lieb Christus ist. Jesus Christus. Amen."

Margarete Ebner an Heinrich von Nördlingen

(1346)

„Dir, den die ewige Weisheit minniglich umfangen und aus innerer Lust süßiglich gezogen hat in das wahre Licht seiner Heiligen Gottheit, in der Gott Dich verklärt hat zu einer Zierde seiner Ehre, nach dem Willen seines göttlichen Gefallens, weil er Deine Seele wahrlich in Besitz genommen hat, die er sich zum Paradiese erwählt hat, zu seiner ewigen Ruhe – da wird sie aus der wirkenden Kraft der teuren Gottheit in rechter Klarheit lustvoll erleuchtet und Dein Herz minniglich in inbrünstiger Minne entzündet, die nun gewaltiglich in Dir herrscht mit der wirkenden Kraft seiner Gottheit, wie es in der Wahrheit aus allem Deinem Leben leuchtet, in rechter Wahrheit aus Deinen Worten, die eine wahre Zeugenschaft für die Ehre Gottes sind, und in vollkommener Demütigkeit aus Deinen Werken – Dir sendet eine getreue Nachfolgerin der Menschheit Jesu Christi ihren Gruß.

Nun begehre ich für Deine demütige Niedrigkeit, daß Du vom Kriechen erhoben werdest zu dem hohen Flug des Adlers meines lieben Herrn Sankt Johannes, hin zu dem minnenden Herzen meines Liebs Jesu Christi, an dem Du wahrlich ruhen mögest und minniglich mit seiner Gnade getränkt und mit seiner inneren Süßigkeit durchgossen werden mögest, auf daß Du da verlierest die Unkenntnis der Empfindung der Gnade Gottes und daß Dir da gegeben werde die Empfindung der inneren Lust Gottes, die ich und alle die empfunden haben, welche sie in der Gnade Gottes bei Dir gesucht, und diejenigen noch mehr als ich empfunden haben, die die Gnade unseres Herrn mehr erleuchtet hat als mich. Denn mein Herr weiß wohl, daß ich mich immer zu unwürdig und zu klein erkannt habe für das vollkommene Licht, das mir aus Dir geleuchtet hat. Nun begehre ich von der wirkenden Kraft, die alle Dinge geordnet und gerichtet hat und dem Lichte der Sonne die Eigenschaft gegeben hat, daß sie leuchte über Gute und Böse, – derselbe weise Ordner, der das vollkommene Licht in der Wahrheit in Dich gegossen hat, das da freigebig aus Dir fließt für alle die, denen Du Dich aus Minne in Gütigkeit gibst: es möge Dich die wahre Sonne in sich selbst ehren und möge alle verdunkelten Sinne erleuchten, die zu der Gnade unseres Herrn nicht bereit sind, und sonderlich diejenigen, die die Gnade unseres Herrn widerwärtig von denen empfangen, die sie sonderlich an Dir ehren und fördern sollten.

Ich begehre für Dich das starke gewaltige Vermögen Gottes gegen alle Widerwärtigkeit, die an Dir zunichte wird gegenüber dem Lichte der Wahrheit. Derlei ist mir gar unleidlich für Dich, wären es nicht die Minnewerke unseres lieben Herrn, womit er seine allerliebsten Freunde an sich gezogen hat. Denn er hat Dir seine Gabe vollkommen gegeben in allem seinen Wirken in Dir, worin er seine ewige Ehre sucht. Ich begehre für Dich, meinen wahrhaften Freund in Gott, den er mir aus Minne und Barmherzigkeit gegeben hat, daß es Dir wohl ergehe und daß die Gnade unseres Herrn stark in Dir wirke, daß Dein Feuer nichts anderes sei denn süße Gnade und Deine Kraft seine inbrünstige Minne.

Nun weiß mein Herr Jesus Christus, der die lautere Wahrheit ist, gar wohl, daß ich Deine Gegenwart begehre und ihrer auch bedürftig wäre. Nun hast Du mir gesagt, als Du bei mir warst, daß unser Herr Jesus Christus zu seinen Jüngern sprach: ‚Es ist euch nützlich, daß ich von euch fahre.' Das habe auch

ich an Dir empfunden, daß ich allerwege Trost und göttliche Kraft aus Dir empfinde.
Ich lasse Dich wissen, daß ich oft gar krank bin und unbekannte Krankheit habe, wovon ich Dir nicht schreiben kann noch vermag. Nach den Reliquien von Sankt Agnes habe ich selbst Verlangen, und habe es gar sehr. Aber ich will damit auf Dich warten, weil ich alle meine Wünsche gerne mit Deinem Rat und mit Deiner Lehre vollbringe (...)“

Margarete Ebner

(geb. um 1291, gest. 1351)

Margarete Ebner entstammte einem Patriziergeschlecht von Donauwörth. Entgegen früherer Annahmen war sie nicht mit ihrer Zeit- und Geistesgenossin Christine Ebner aus Nürnberg verwandt, deren beider Seelenführer Heinrich von Nördlingen war.

Margarete trat früh in das Dominikanerinnenkloster Maria Medingen bei Dillingen in Bayern ein und blieb dort, auch bedingt durch schwere Krankheit, bis zu ihrem Lebensende.

Ihre mystische Begnadung begann mit dem 20. Lebensjahr. Trotz körperlichen Leidens führte sie ein Leben in strenger Askese, „versagte sich den Ge-

nuß von Fleisch, Fischen und Obst, trank dreißig Jahre keinen Wein und mied das Bad, obwohl sie alle Unreinlichkeit haßte".[1]
Durch Visionen gestärkt, gelangte sie zur völligen Hingabe an Gott.
Von entscheidender Bedeutung für ihr Leben wurde die Begegnung mit Heinrich von Nördlingen, der ihr Beichtvater und Seelenfreund wurde und auf dessen Wunsch sie seit 1344 ihre Offenbarungen niederschrieb.
Daß Margarete Ebner trotz ihres Klosterdaseins über die Klostermauern in die Welt hinausreichte, wird deutlich an ihren Stellungnahmen zum Streit zwischen Kaiser und Papst, wobei sie – im Gegensatz zu Heinrich von Nördlingen – entschieden Partei für den gebannten Kaiser ergriff.
Weit über ihr Kloster hinaus bekannt und verehrt, starb Margarete im Alter von 60 Jahren am 20. Juni 1351. Bis heute ist ihr Grab in Maria Medingen Wallfahrtsort für die Gläubigen. Auch literarisch wirkte sie fort: Ihre „Offenbarungen", aus denen wir einen Auszug vorstellen, wurden im 16., 17. und 18. Jahrhundert mehrfach veröffentlicht.
„Weichheit der Empfindung, angeborene Bescheidenheit, gottvertrauendes Entsagen und tiefe Friedensliebe und Wahrheitsliebe sind der Grundcharakter dieses mystischen Lebens."[2]

„Offenbarungen" *(Einleitung)*

Im süßen Namen unseres Herrn *Jesu Christi* und in seinem wahrhaftigen Leben und in seinen minniglichen Worten, die er um unsers ewigen Heiles willen vollbracht auf Erden, und in seinen heiligen Minnewerken, die er so barmherziglich für uns gewürket und in starker Minne zu unserem Heil vollführt hat: das alles möge mit der innern Güte vollkommener Gnade auch vollenden helfen dies angefangene Werk.
Da man zählte nach Christi Geburt dreizehnhundertundzwölf Jahre, da erzeigte Gott mir seine große, väterliche Treue am Tag *Vedasti* und *Amandi* vor Fastnacht und gab mir großes niegekanntes Siechtum. Aber das Jahr zuvor, da hört ich allzeit innere Mahnung von Gott, daß ich mich seinem Willen füge in allem meinem Tun. Wie aber ich zuvor gelebt wohl zwanzig Jahr, davon kann ich nicht schreiben; denn da nahm ich meiner selbst nicht wahr, nur soviel weiß ich, daß mich Gott allzeit in seiner väterlichen Hut und Treue hielt.
Gar wunderlich begann mein Siechtum. Mit unerträglich großem Wehe schnitt es mir ins Herz, daß ich kaum Atem fand und man mich ferne keuchen hörte. Dann schoß es in die Augen mir, so daß ich nicht mehr sehen konnte, so lang dies währte. Dann fuhr es in die Hände, daß ich sie nicht regen konnte. Und meinen ganzen Leib durchdrang es, nur das Gehör verließ mich nicht. Und dieses Leiden trug ich bis ins dritte Jahr, daß meiner selbst

ich nicht mehr mächtig war. Und wenn es mir zu Kopf stieg, lacht ich oder weinte vier Tage oder länger unaufhörlich.

Im ersten Jahr noch suchte ich von Menschen Arzenei und ward doch krank und kränker, besonders in der Fastenzeit die letzten Wochen stieg mein Schmerz aufs höchste. In den ersten Fasten war es, daß ich kein Wort mehr sprechen konnte, also befing es mir die Zunge. Nun trug ich aber doch dies erste Jahr das größte Leiden inwendig und auswendig, daß ich mich Gott nicht gänzlich hingab und nur Gesundheit wünschte. Nun wohnte eine selige Frau im Kloster, die mir sonderlich vertraut und lieb war, die sprach zu mir: ich soll mich Gott ergeben und beten, wann ich könnte. Denn großes Weh um Gottes willen leiden, das wäre der längsten Leben eins auf Erden. Dazu ermahnte mich der Lauf der Welt, denn ich sah jene mich verlassen, die vorher gerne um mich waren. Besonders wenn es mir recht übel ging, so schieden sie von mir und sagten, es leide sie nicht mehr bei mir. Da dachte ich, daß Gott allein die wahre Treue sei, der nimmer mich verließe, und übergab mich da dem Willen Gottes und begehrte, daß nimmer er gesund mich mache, wenn nicht zugleich an Leib und Seele. Da schickte ich mich ins Gebet, das ich den armen Seelen gab, so viel ich ihnen schulden mochte, und trug auch alle Tage groß Begehren danach in allem, was mir anlag, besonders um Gesundheit.

Da ich ins andre Jahr eintrat, da war das innre Leiden mir genommen, so daß ich gerne siechte und konnte alles Leiden wohl ertragen um Gottes willen und lud Gebet auf mich. Wie weh mir auch zuvor gewesen, wenn ich nur betete, so ward mir besser.

So trat ich in das dritte Jahr und konnte keinen Schritt mehr gehen und jedes hielt mich für gelähmt. Da hob sich an mir andres Siechtum an, das währte dreizehn Wochen: Vom Morgen, da es tagete, bis hin zur Nacht, solange war ich meiner selbst nicht mächtig und lag da wie tot, daß ich nicht aß noch trank. Da brach es alle meine Glieder und mich verließ die Krankheit. Danach drang größter Schweiß aus mir durch zwanzig Wochen, jeden Tag und jede Nacht einmal und der war also heftig, daß es niemand glauben möchte: man schöpfte ihn mit hohlen Händen weg von mir und füllte damit Becken. Kurz danach ward es mit mir besser, so daß ich gehen konnte, wenn auch noch unsicher.

Als ich nun gehend war, da lag ich dreizehn Jahre durch die Hälfte jeden Jahrs zu Bett mit großen, schweren Wehen. Ich schwebte oft in Todes Nöten, daß ich mich selbst schon in den letzten Zügen wähnte. Und auch die Schwestern um mich meinten oft, die Augen wären mir gebrochen und ich läge in den Zügen. Doch wenn es besser ging und ich gewann die Rede wieder, befleißigte ich des Gebetes mich; es war einfältiges Gebet, Vigilie oder Psalter, einfältig war auch mein Begehren. Ich zeigte keine Neigung zu den Menschen. Ich pflog mit niemand Umgang oder Rede, nur mit meiner

Schwester. Ich hörte keine Rede gern als die von Gott ging. Ich war gar ungeduldig, wenn Nachrede oder harte Worte mir begegneten, so daß ich oft in Weinen ausbrach; und von dem Unmut ward ich dann ganz krank. Es lag vielleicht an meiner Krankheit, daß ich Unmut nicht ertragen konnte. Und oft geschah es, daß an solchem Unmut ich ein halbes Jahr litt. Da ich bettlägerig war, empfand ich auch Begierde, noch größre Schmerzen freudig zu erdulden, da ich doch nicht gemäß dem Orden leben konnte. Da überließ ich mich dem Paternoster und empfahl mich in die Minnewerke unsers Herrn, und so erging es mir gar wohl und überstand ich manche Krankheit.
Und da ich mich soweit gebessert, daß ich gehend ward, da überkam mich Eifer und Verlangen, daß mich mein erster Gang vom Siechenhaus zur Messe führte. Ich empfand auch darob große Trübsal, weil mir die Minnewerke unsers Herrn nicht lieb genug erschienen und ich mich darum täglich nicht so kümmerte, wie billig, und mein Begehren danach mir nicht groß genug war. Und weiter lag mir an, daß ich mich Gott nicht konnte zugesellen mit innerster Begierde, wie es ihm gemäß ist, und seinem Willen nicht in Wahrheit lebte; insonderheit daß ich zum Leib des Herrn nicht jene Minne und Begier empfunden als ich sollte und nicht so wohlbereitet ihn empfing. Da klagte ich mich an, dies käme davon, daß ich nicht kräftiglich genug mich losgelöst von allen irdischen Dingen. Von diesen Dingen ward ich allezeit gar sehr betrübet und umhergetrieben; so zog ich mich zurück vor Red und Umgang mit allen Leuten in dem Kloster und außerhalb und zeigte keine Neigung zu den Menschen. Auch zu den Freunden unsers Herrn ging ich nicht; denn niemand, dünkte mich, als Gott allein vermag zu helfen. Kasteiungen und andre große Dinge übte ich gar wenig, nur soviel als mir Gott in seiner Güte gab an großem Siechtum. Ich konnt in diesen Jahren keinen Freitag, keinen Fasttag halten, das schuf mir bitterliches Weh. Und wenn die Fastenzeiten nahten, dann überkam mich sonderliche Traurigkeit darob, daß meine Oberin mich zwang zu essen. Da schuf ich meiner Schwester oft Betrübnis, da ich argwöhnte, sie füge dies. So gut es ging, entzog ich mich all den Gedanken, die mich bekümmern mochten und mich irre machen an den Gebeten, dem Begehren. Mein selber nahm ich wahr in allen Dingen, beim Essen, Trinken und im Schlafe. Insonderheit, da ich die Paternoster anfing zu den Minnewerken unsers Herrn, da schlief ich keine Nacht durch ohne Sorge. Große Begierde hieß mich beten für die armen Seelen. Die gaben mir viel Trost in allen Dingen und offenbarten mir, was ich zu wissen gehrte von mir und ihnen. Besonders faßte mich gar groß Erbarmen mit einem Menschen, der in schwerem Leiden lag, ihm galt mein inständig Gebet. Von diesem ward mir kundgetan durch Gott und durch die Seelen, wie's ihm ergehen sollt in seiner Mühsal. Denselben Menschen zeigte mir ein Traum, wie unser Herr am Arm ihn faßte und zu ihm sprach, daß er ihn nimmermehr verlasse hier noch dort. In diesen Zeiten wurde mir von meinen lieben See-

len auch gesagt, daß mein Gebet nur diesem Menschen so langes Leben gab. Die Seelen sagten mir, daß von Lamparten dieser Mensch wohl komme. Und in der Zeit, da er vor Burgau lag, ward mir in der Erleuchtung eines Traumes der Vers gesprochen: *Adorabunt eum omnes reges, omnes gentes servient ei.*[3] Ich hielt ihn als von Gott gegeben. Denn ich empfand besondre Gnade und Begierde zu jedem Ding, das ich für ihn begehrte.
Ich freute mich allzeit auf Allerseelentag, da kam mir ein besondrer Trost von ihnen. Sie sandten eine Seele da zu mir, die eine Schwester unseres Konventes war; sie dankte mir für alles, was ich ihnen zu gute tat. Da wollte ich von ihnen wissen, ob mein Gebet denn keiner Seele noch zum Guten verholfen habe. Da ward mir Antwort, daß ich vielen Seelen schon geholfen hätte. Sie stärkten mein Vertrauen auf Gottes Güte, daß ihm mein Leben wohl gefiele und sonderlich, daß ihm das allerliebste an mir wäre die große Demut. Viel sagten sie mir davon, was Gottes Gütigkeit gewürkt an ihnen, unde sonderlich in ihren jüngsten Nöten. Auch suchten viel Seelen mich, die ich nicht kannte, und gaben mir ihr Leben zu erkennen und baten mich um ein Gedenken.
Nun hatte mir mein zartes Lieb Jesus Christus in denselben Jahren viel gegeben, drin süße Lust liegt, wovon er allein weiß. Gar oft ist mir verliehen, so meine Paternoster ich begann, daß mir das Herz gefangen war mit so unkunder Gnade, daß ich nicht wußte, welchen Weg es weist. Manchmal ward mir gegeben, daß ich nicht beten konnte und saß ich also in der Lust göttlicher Freude von der Mette bis zur Prim. Manchmal war mir der Weg gewiesen, daß draus die Rede kam, von der ich schon geschrieben habe. Manchmal ward ich emporgehoben, daß ich die Erde nicht berührte. Und manchesmal geschah mir, daß ich dasaß in wundersamer Freude göttlicher Lust und konnt nicht beten, aber all mein Denken konnte ich zu Gott hinwenden und konnte reden was ich wollte, und damit wurde mir gar wohlig. Nun weiß es der gar wohl, aus dem geflossen alle Gnade kam, was diese Gnaden sind. Doch meinen menschlichen Sinnen sind sie unerkannt. Nun weiß das wohl mein Herz Jesus Christus, daß ich in allem meinem Leben begehre den liebsten Willen Gottes; welche Gabe er mir gebe, die will ich gerne haben und allezeit begehre ich, daß ich sterbe in seiner Minne. Mir kommt bisweilen so große Lieb und Minne gegen Gott, daß ich in diesen Zeiten nicht glauben kann, daß einem andern Menschen je Gott gleich lieb erschien, es sei denn unsre zarte, liebe Frau und sein geminnter Jünger Sankt Johannes, die beide ich billig ausnehmen will. Auch weiß mein Herre wohl, daß mir zu dieser Zeit gegeben war, wenn ich das Leiden unsers Herrn eitel nennen hörte, das tat mir so gar weh und ich bedachte, daß wir nicht würdig wären, mit rechter Andacht Mahnung zu empfangen. Da wider ward mir dann gegeben und ist mir heute noch, wenn ich den Namen Jesus nennen hörte, wo ich auch ging, so überkam mich allergrößte Freude und wünschte selig den, von dem ichs

hörte, und wäre ich auch nicht befriedigt in dem Kloster, ich sollte doch gern darin sein, damit ich Jesu Namen recht oft nennen hörte.
Die nächste Fastenzeit ward mir gegeben, wenn ich das heilige Leiden meines Herren hörte in Predigt oder frommer Lesung und wo immer ich es nennen hörte, da schoß es mir so kräftig in mein Herz und teilte sich all meinen Gliedern mit und so ward ich gefangen und gebunden inwendig und auswendig, daß ich mich nicht mehr regen konnte; das währte manchmal einen halben Tag. Auch nicht ein Wort vermag ich dann zu sprechen und will nicht dulden, daß man mich berühre und gern bin ich allein.
Wiederum in der Zeit ward mir gegeben eines Nachts, daß ich an mir erschaute die heiligen fünf Minnezeichen an Händen, Füßen und im Herzen, und davon kam mir allergrößte Gnade, wenn ich daran gedachte.
Und wieder danach schaute ich ganz klar und lauter eines Mannes Leib, der lag vor mir ganz bloß. Von diesem Leibe kam mir größte Süßigkeit und Gnade, denn er war ganz Glast und Glanz. Da wurde mir gegeben, daß wir ihn genießen sollten. Da hatte ich große Hoffnung, daß man den Leib verteilen und verkosten werde. Doch meine Schwester sprach: „Er kommt, der ihn teilen soll", und danach ward mir kund, daß es der zarte Fronleichnam wäre unsers Herrn; denn kurz darauf empfingen wir unsern Herrn.
In derselben Fasten, da man wiederum den Hymnus sang: *Vexilla regis,* da konnt ich nichts davon vernehmen, noch weniger als wie zuvor und saß da in dem langen Schweigen, von dem ich schon geschrieben. Das geschah mir beharrlich in dieser Woche und wurde ich ganz krank davon, daß ich zu Bette mußte und lag da in der Stube, da ich singen hört und lesen und was im Chore vor sich ging. Und da Palmsonntag kam, da hörte ich, wie der Konvent die Prozession sang, da überkam mich das gewohnte Schweigen, das dauerte an mir, bis man die Passion unter der Messe las. Da fuhr mir größter Schmerz und Jammer von gegenwärtiger Leidempfindung durchs Herz in alle meine Glieder, daß es mich mit Macht zerbrach und man mich halten mußte; da brach es aus mir mit einer Stimme, in Weinen klagend und mit den Worten „O weh, o weh, mein Herre Jesus Christus, o weh, o weh, mein herzliches Lieb Jesus Christus". Und nimmer konnt ich dieser Rede mich entziehen, bis es mit Gottes Wille geschah. Was aber Minne da zuteil ward und Begierde und Lust inmitten der mitleidenden Gottgegenwart, davon kann ich nicht schreiben.
Danach ward ich gar krank und lag den Tag bis Vesperzeit, daß ich gar nichts genoß und war die Woche durch ganz krank vor Weh und auch Begierde, die ich nach unserm Herren trug und vor Gelüsten nach dem heiligen Fronleichnam unsers Herrn. Da konnte ich nicht warten bis zum Antlaßtag und empfing ihn schon am Mittwoch. Aber am Antlaßtag zur Mette ergriff mich wieder das gegenwärtige Mitleiden meines Herrn mit allem Schmerz und Leid, von dem ich eben sprach, und das geschah mir bei jeder Tagzeit, die ich las.

Nun trug ich Sorge auf den Freitag, daß ich doch was zu tun vermöchte, weil ich die Nacht hindurch gelegen war in Schweigen bis zur Prime. Doch da ging es in Leichtheit von mir. Da trat ich in den Chor und las den Psalter und konnte auch das ganze Amt anhören. Die Tage hatt ich großes Leiden und doch übervolle Gnade. Aber am Ostertag ward mir so wohl, daß ich mein Paternoster sprach und auch zum Chor ging und singen und lesen konnte. Wie es mir aber das Jahr zuvor geschehen war, daß ich nichts sprechen konnte von lustlichen Werken, so mehrte sichs in diesem Jahr, daß ich auch nichts mehr hören konnte. So war ich denn gebunden und gefangen im Schweigen, wie ich oben schrieb, und dieses dauerte an mir das Jahr hindurch.

Die nächsten Fasten mehrte es sich an mir aufs neue zwei Wochen vor Ostern. Da ward ich ganz krank von dem gebundnen Schweigen und auch von der Rede, die ich beharrlich hatte bis auf den Antlaßtag zur Mette. Da ich die Mette anfing, da kam mir in das Herz die allerherbste Sehre und das bitterste Leid, als ob ich gegenwärtig bei meinem geminnten herzliebsten Lieb gewesen wäre und schmerzliches Leiden mit meinen Augen sähe, was in der Zeit alles vor mir geschehen wäre und ward auch rechten Leides nicht mehr inne bis an die Zeit. Auch war mein Schmerz und bittres Leid so groß, daß mich bedünkte, kein Mensch auf Erden hätte mehr Leid erduldet, nicht einmal Sankt Maria Magdalena sollte ausgenommen sein. Nun hatt ich in der Mette drei Lektionen gelesen und konnte fürder nicht mehr weiter lesen und dieses gegenwärtig Leid hielt an, bis daß die Mette ausgesungen war. Da legten sie mich nieder und mir ward also weh, daß ich den Tod annahen glaubte und wär mir da kein Ding begehrlicher und lustlicher gewesen in dieser Welt, als daß ich in der Minne und dem Leid ob meines Herren Leiden sterben könnte. Nun lag ich im Dormenter auf dem Bett, denn ich konnte den Sang in der Stube nächst dem Chor nicht hören. In dieser Krankheit harrte ich bis nach der Prim. Nun konnte ich die Mette und auch die andern Tagzeiten an diesem Tag nicht lesen. Kein Wort vermochte ich vor Weh zu sprechen und nur ein Zeichen gab ich, daß ich gern den Leib unseres Herrn empfangen hätte. Darauf kam unser Beichtiger zu mir. Da meinte ich, kein Wort hervorzubringen und doch gelang mit Gottes Hilfe mir das Beichten ohn jede Irrung und ich empfing dann unsern Herrn. Und das geriet mir inwendig und auswendig gar wohl von seiner Güte. So lag ich den Tag über und die Nacht hindurch. Und als ich am Karfreitag die Mette las, da kam mir wieder das gebundene und gefangene Schweigen; darob war ich betrübt und wähnte, daß ich des Tages nichts verrichten könnte. Da ward mir von der Treu und Güte Gottes gar große Leichtigkeit gegeben, in der ich aufstand und zum Chore ging, worüber der Konvent sich wunderte, auch las den Psalter ich und hörte das Amt. Doch unter der Passion empfand ich allergrößte Süßigkeit und Gnade, wie unter meinem Paternoster, das dauerte an mir, bis man das *Sanctus* und das *Hagios* bei der Kreuzentblößung sang. Da ward

ich abermals gefangen mit dem Schweigen, so lang bis der Konvent vom Tisch ging. Da kam ich ins Reventer und genoß Brot und Wasser. Danach kam in mich größte Lust, ich möchte die Passion in deutscher Sprache hören und bat eine der Frauen, daß sie die mir deute. Das wollt sie nicht tun. Da sagt ich ihr, daß es mir unterm Amt so wohl getan. So las sie mir ihn vor, und da sie anfing, ward ich aufs neue gebunden mit dem Schweigen, und das wuchs so, daß ich laut aufschrie, was mir nie zuvor geschehen.
Und dann am heiligen Abend auf die Nacht, da hörte ich schwören bei dem heiligen Leiden meines Herrn; da geschah mir wiederum auf gleiche Weise. Das dauerte das ganze Jahr an mir. Wenn mir aber von der milden Güte Gottes gegeben wurden die lauten Rufe und Schreie – das war dann, wenn ich vom heiligen Leiden sprechen hörte –, so schoß es mir ins Herz und rann in alle meine Glieder und ich ward gefangen und gebunden mit dem Schweigen. Diesmal war es stärker. So sitze ich denn lange, bisweilen länger, bisweilen kürzer. Danach trifft es wie ein Geschoß ins Herz mit ungekannter Kraft und dringt mir auf zum Kopf und fährt in alle meine Glieder und bricht diese mit Kraft; dann werde ich gezwungen von derselben Kraft, daß ich laut aufschreie und rufe. Dann bin ich meiner selbst nicht mächtig. (...)

Paternoster der Margarete Ebner

O Herr, in deiner höchsten Minne und in deiner allergrößten und süßen Erbarmnis, so wie sie von deiner ewigen Gottheit je niederfloß vom Himmel auf das Erdenreich, so empfehle ich dir in Lauterkeit unsere Seele, in Reinigkeit unsere Herzen, in wahrer Unschuld all unser Leben und in lauterer Wahrheit all unsere Begierde und all unsere Meinung. Dazu muß uns, o Jesu Christus, deine grundlose Erbarmnis bereit machen und deine vollkommene Minne zwingen, daß wir kommen in die allersüßeste Gnade und in die allerwahrhafteste Liebe, wozu du deine allerliebsten Freunde erwählt hast im Leben und im Sterben und in Ewigkeit.
Ich bitte dich, mein Herr, daß du uns in deiner lautern Minne verleihest eine sichere Vereinung in das innerste Gut, das du Gott selber bist. Und ich bitte dich, mein Herr, durch die kräftige Hilfe, die du uns in deinem heiligen menschlichen Leben gegeben hast in allen deinen Minnewerken, daß wir inne werden in deiner Gegenwart, sichtbar und ungesehen mit süßer Berührung – daß wir inne werden, was rechte herzliche Liebe gegen dich sei, daß unsre Lust nirgends sei als in dem heiligen Leiden und in deinen heiligen Sakramenten, und daß du darin uns verleihest wahre Abgeschiedenheit von aller dieser Welt und ein Hinwegziehen unseres Selbst, eine lautere Erkenntnis unsrer Sünden, um in rechter Minne sie zu bereuen und davon abzulas-

sen, und ein bittres Leid um alle Zeit, die wir verloren in Gedanken, in Worten, in Werken und in aller Saumsal trotz deiner süßen Gnade.
Gib uns, mein Herr, eine beständige Warnung unser selbst in deiner herzlichen Liebe und ein kräftiges Siegzeichen wider alles Böse. Und gib uns, mein Herr, die lautere Wahrheit, in der wir dich kennen und minnen werden; und auch deine grundlose Erbarmnis, in der wir geläutert und gereinigt werden von allen unsern Schulden, damit wir also lauter erscheinen vor dem Spiegelglanz deines göttlichen Antlitzes wie damals, da unsre Seele in unsern Leib eingegossen wurde und unser Leib aus der Taufe gehoben ward.
Ich bitte dich, mein Herr Jesu Christe, durch deine vollkommene Gnade, daß du uns helfest, daß wir in allem deinem Willen folgen, es geschehe uns dabei Lieb oder Leid, und daß uns deine starke Gewalt dazu binde und deine süße Minne dazu zwinge, daß wir kein natürlich Leben an uns haben, außer du, Jesus Christus, lebest in uns mit all deiner Gnade, und daß wir dir allein leben in rechter Wahrheit und daß du kräftiglich in uns würkest die allersüßesten Werke, die du aus innerer Lust in deinen auserwählten Freunden gewürkt hast, bis daß wir inne werden, was rechte Liebe zu dir sei, bis daß wir zum letzten Augenblick unseres Endes kommen, daß wir dann innewerden in den himmlischen Freuden, was eine reine Vereinung sei zwischen dir und einer bedürftigen Seele, die du geziert hast mit deiner Gottheit und dich ihr klärlich eingesenket hast in allem göttlichen Adel und minniglich an dich gedrückt in göttlicher Kraft, daß außer dir sie nichts ist, denn nur das Bild deiner heiligen Dreifaltigkeit erscheint an ihr in göttlicher Klarheit.
Ich bitte dich, mein Herr, daß du uns durchsehrest mit den Schmerzen deines Herzens, daß es uns eingedrückt werde zu einem also wahren Minnezeichen deiner herzlichen Liebe, als du es keinem wahrhaften Herzen je noch hast gegeben in rechter minnender Lust.
Gib uns, mein Herr, eine innre süße Lust aus einem reinen Herzen nach dieser lebenden Speise deines heiligen Leichnams und einen minnenden Mut, in dem wir dich zu empfangen wagen, im Innersten deiner Barmherzigkeit. Und nimm ein barmherziges Werk in uns vor mit Süßigkeit und voller Gnade, daß wir aus deinen heiligen Sakramenten verborgene Kraft in uns wahrlich empfinden werden mit der Vervollkommnung der Tugend und mit zunehmenden Gnaden.
Und bitte ich dich, mein Herr, daß du uns heute speisest in Gemeinschaft mit dem allerwürdigsten Priester, der heut auf Erden dich empfängt, daß wir im Sakrament mit allen deinen Gnaden so wahrlich heut erfüllt uns dünken, als ob wir gegenwärtiglich aus seinen Händen dich empfingen und in der Würdigkeit all seines Begehrens. Und daß wir durch die Gnade deiner Gegenwart nicht Mangel fühlen in der Wirrsal unsrer Christenheit, und daß wir nicht Schaden und nicht Schlechtes hinbringen vor die lautre Wahrheit, die du Gott selber bist, darin geschaut wird alle Wahrheit. Und daß wir nun vor

deinem göttlichen Antlitz ohne diese und alle andre Schuld erscheinen und wohl gezieret mit allen vollkommenen Gnaden. Und daß wir mit deiner lebendigen Speise gekräftigt werden zu einer zunehmenden feurigen Minne und daß wir dann mit dir umgeben werden mit deiner grundlosen Erbarmnis wider alles Übel und umfangen mit deiner lautern Wahrheit. Daß uns umschließe alle deine Gnade und sie nun alle Zeit in uns gemehret werde und nimmermehr von uns genommen bis in das ewige Leben, auf daß sie uns dann sei vor dir ein ewiger Lohn und eine ewige Freude und eine ewige Lust in dir auf immerdar. Und hilf uns, mein Herr, daß wir in lautrer Minne sterben und daß uns gegeben werde aus derselben Minne, die dich um unsrer Minne willen getötet hat am heiligen Kreuz, in der Zeit noch, da wir am Leben sind, auf daß wir danach in den ewigen Freuden sind bei dir. Und hilf uns, daß wir dies Elend mit rechter Freude bis zu Ende tragen, und daß unsre Seele nach diesem Elend keine Traurigkeit mehr spüre und keinen Schrecken, und daß wir nimmer dich ermangeln müssen und von der innersten Güte deiner grundlosen Erbarmnis nichts andres bei dir zuteil werden möge als ewige Lust in dir und ewige Freude bei dir und ewiger Lohn, mit dem wir geziert werden, zu genießen deine heilige Gottheit in der allerlautersten Klarheit, wie du dich deinen allerliebsten Freunden gibst.

Nun bitte ich dich, mein Herr, durch die kräftige Hilfe, die du uns in deiner heiligen Menschheit und in deinem heiligen kräftigen Leiden gegeben hast, daß du dich minniglich und erbarmungsvoll allen unsern Begierden gebest. Ich bitte dich, mein Herr, daß du dich uns schenkest mit der allersüßesten Gnade, in der du dich deinen lieben Freunden gegeben hast, und uns mit dir benehmest alles Übel. Was ist Übel? Mein Herr, all das, was du nicht bist. Und gib uns den Kuß deines ewigen Friedens durch das Herz in die Seele mit der allersüßesten Empfindung, wie deine lautre Seele kein reines Herz in rechter minnender Lust des allersüßesten Kusses je empfunden oder empfangen hat, zu einer Sühnung deiner feurigen Minne, zu einer Hilfe deiner grundelosen Erbarmnis, zu einer Stärkung der lautern Wahrheit, zu einer Lehre des wahren, christlichen Glaubens im Leben und im Sterben, zu einer Festigung rechten, wahren Vertrauens.

Mein Herr, deine lauterklare, wohl gezierte Menschheit Jesus Christus, die muß wohl meine innerlichste Kraft sein und eine Reinigung all meines Lebens und ein Durchleuchter aller meiner Sinne zu der Erkenntnis der rechten, lautern Wahrheit. Mein nächster Weg muß uns, mein Herr, zu dir sein in dem Weg der rechten Wahrheit das wahre Licht deines lautern Lebens dreiunddreißig Jahre auf Erden, deine demütigen Werke, dein sanftmütiger Wandel, dein kräftiges Leiden, dein minnender Tod, deine wahrhaften Worte.

Mein Herr, gib süße Hut mir mit vollen Gnaden, ein minnigliches Ende mit reichen Sinnen, von lautrer Minne ewigen Genuß, mein Herr, da du allein

ein Herr bist und niemand sonst, da deine Ehre unsre ewige Speise ist und deine Gewalt unsre ewige Freude ist, da dein klarer Anblick unsre ewige Wegzehrung ist, da alle Traurigkeit ein Ende hat und alle Freude versichert ist aus dem Ursprung des lebendigen Brunnens. Von wannen ist er geflossen? Aus dem Vaterherzen das ewige Wort, aus Minne zu uns beschlossen in einer Jungfrau Schoß in lautrer Reinigkeit. Maria, Gottesmutter, deine Reinheit und deine reine Geburt möge uns reinigen, deine mütterliche Hilfe möge uns mit der Hilfe aller deiner Heiligen und aller deiner Engel erschließen den Brunnen deiner Barmherzigkeit, aus dem keinem Menschen je versagt war zu schöpfen – auf daß du dich, mein Herr, eingießest in uns und über uns mit reichen, gnadenvollen Gaben. Und wasch uns rein von allen unsern Schulden mit deinem heiligen Blut aus deinen heiligen Wunden und tränke uns, mein Herr, mit dem Wasser, von dem du, ewige Weisheit und Wahrheit, gesprochen hast: wer davon trinke, den werde nimmer dürsten. Daraus möge unsre Seele recht mit Klarheit getränkt werden. Daß deine minnende Lust an uns erfüllt werde, dein Lob durch uns gemehret, mein Herr, in deinen ewigen Freuden: das verleihe uns Jesus aus der Kraft deiner innersten Minne, aus der all unsre ewige Seligkeit uns zugeflossen kam. Aus der überströmenden Kraft deines heiligen Leidens werde uns zuteil deine grundlose Barmherzigkeit, in der du uns bereitest zu deinem liebsten Willen mit aller deiner Gnade, sonderlich daß du uns zierest mit Gnaden rechter, lautrer Reinheit und der lautern, bloßen Wahrheit, mit starker, brennender Minne, mit einem wahren Frieden inwendig und auswendig, mit wahrer Demut, mit einem wahren, leuchtenden Schein des wahren christlichen Glaubens.

Und gib uns, mein Herr, ein wahres Wachsen in allen deinen Gnaden, bis wir dahin gelangen, daß uns deine göttliche Gnade sei ewige Freude und ewiger Lohn. Amen. Deo Gratias.

Jan van Ruysbroeck
(1293–1381)

Das Leben des „größten niederländischen Mystikers und besten niederländischen Prosaschriftstellers des Mittelalters“[1] spielte sich in einer eng begrenzten Region ab, seine Bedeutung für die Verbreitung mystischen Denkens in ganz Europa ist demgegenüber überwältigend.
Dabei war der rege geistige Austausch zwischen Deutschland und den damaligen „Niederlanden“ förderlich (Mechthild von Hackeborn, David von Augsburg, Meister Eckhart, Seuse und Tauler waren auch in Flandern vielgelesene Autoren), hinzu kam die starke mundartliche Verwandtschaft des Kölner und des Brabanter Deutsch, am stärksten wirkte aber paradoxerweise die Übersetzung der zahlreichen Schriften Ruysbroecks ins Lateinische: Die flämischen Texte wurden so zum Gedankengut Europas.
Jan wurde 1293 in dem Dorfe Ruysbroeck bei Brüssel geboren. Als Zehnjähriger entlief er dem Elternhaus und fand bei einem Onkel, der Kanonikus an der Brüsseler St.-Gudula-Kirche war, Zuflucht. Dort studierte Jan mehrere Jahre die „Freien Künste“, wandte sich dann der Theologie zu und wurde 1318 Vikar an der St.-Gudula-Kirche.
In dieser Stellung bezog er entschieden Front gegen die ekstatisch-schwärmerische Seherin „Bloemardinne“, die Tochter eines reichen Brüsseler Patriziers, die von ihren Anhängern als Heilige verehrt wurde. Als sie 1336 starb, versuchten Hunderte von Kranken den Leichnam zu berühren, um dadurch Heilung zu erlangen.
Über Ruysbroecks Predigertätigkeit wissen wir wenig. Einige seiner Schriften sind aber wohl zu seiner Amtszeit entstanden in der Absicht, zwischen echter und unwahrhaftiger Religiosität zu unterscheiden.
Im Alter von 60 Jahren zog sich Ruysbroeck vom Priesteramt in die Einsiedelei Groenendael zurück und gründete dort eine Klostergemeinschaft, die nach den Regeln Augustins lebte. Der Ruhm seines heiligen Lebens, seine Visionen und seine Schriften führten dazu, daß Groenendael zu einem Zentrum der mystischen Bewegung wurde. Auch Tauler war dort mehrmals zu Gast.
Als Ruysbroeck am 2. Dezember 1381 starb, hinterließ er ein Werk, das noch Generationen Stoff zum Nachdenken und Nachempfinden bot.
Aus der Fülle des Werkes stellen wir Auszüge aus folgenden Texten vor:

„Das Buch von den zwölf Beghinen“,
„Von den 7 Stufen der geistlichen Liebestreppe“,
„Vom blinkenden Steine“,

und aus seinem Hauptwerk „Die Zierde der geistlichen Hochzeit“.

Ein Brief Ruysbroecks an eine weltliche Jungfrau bildet den Abschluß der Auswahl.

Das Buch von den zwölf Beghinen

Zwölf Sprüche über die Liebe zu Jesus

Es saßen zwölf Beghinen.
Die, unserm Herrn zu dienen,
Besprachen sich im Kreise:
„Laßt preisen uns die Minne!
Wie süß doch vom Beginne
Und zart ist ihre Weise."

Die Erste sprach:

Jesu Minne will ich tragen
Und hierzu niemands Beistand fragen.
Kraft geb mir Gottes Güte!
Mit Recht soll man in Lieb entbrennen
Zu Ihm, den als so hold wir kennen
Und edel von Geblüte.

Die Zweite sprach:

Gar gerne würde ich Ihn minnen,
Wenn ich bloß wüßt, wie es beginnen;
Er hält sich mir verborgen.
Mein Herz ist locker und zerstreut.
Ich beichte oft, wie mich das reut,
Und bin in Angst und Sorgen.

Die Dritte sprach:

Gleichwie ein Heiliger, so trat
Er zu mir, und gar schön Er tat.
Nun flieht Er mich als wie ein Dieb,
Und nichts von allem mir verblieb.
Ich setz Ihm nach, so gut ich mag.
Nicht klug ist, welcher lobt den Tag,
Eh er die Abendstunde schaut
Sich niedersenken lind und traut.

Die Vierte sprach:

Es hat mich Jesu Minne betrogen,
Hat Herz und Sinn mir ausgesogen,
Und keinen weiß ich, dem ichs klage.
Er zehrt an mir bei Nacht und Tag,
Heischt mehr von mir, denn ich vermag:
Dies ist ein ungleich Festgelage.

Die Fünfte sprach:

Falsch wär es, wollt ich mich erregen
Ob einem, der zuvor erlegen
Nicht will die Zeche. Dessen nicht
Bin ich verwundert. Es geschieht
Allwärts, daß dem, der wenig tut,
Man wenig schenkt an Hab und Gut.

Die Sechste sprach:

Was wird hier gesagt?
Und zu fragen gewagt?
Macht Jesus uns denn so verwirrt?
Ihr Schwestern lieb seid abgeirrt
Und werdet Jesum noch erzürnen.
Ihr seid von Worten allzu leicht
Und ginget besser rasch zur Beicht.

Die Siebente sprach:

Ich leide solche Hungersgier
Der Seele, daß, wenn alles mir
Gott böte, ich doch darbend bliebe.
Gibt Er sich selbst nicht, bin ich tot.
Weiß keiner Rat mir in der Not
Von diesem Ungestüm der Liebe?

Die Achte sprach:

Herr Jesus ist ein klarer Bronnen,
Aus Ihm entfließen alle Wonnen:
Ich halte mit Ihm Trinkgelage.

Er ist mein, und ich bin sein:
O daß Er sich mir nie versage!
Mein Los, das ich erfüllen muß,
Heißt Er. Er ist die süße Nuß,
Die mir im Kern birgt Hochgenuß.
wer sie nicht knackt, ist wert zum Spott.
Hätt über Alles ich Gebot,
Ich wählte Jesum doch zum Gott.
Wie lieb ich Seinen sanften Kuß!

Die Neunte sprach:

Jesu Lieb hat mich verlassen,
Ich suche Ihn auf fremden Straßen
Und bin ganz irr vom Schmerze.
Was mein einst war, hab ich nun nicht.
Deshalb drückt schwer mich das Gewicht
Des Grams. Er stahl mein Herze.

Die Zehnte sprach:

Des Herren Liebe ist so fein!
Sie hält erfüllt die Seele mein.
Er schenkt mir Seinen edlen Wein
Allzeit aus vollen Krügen.
Wenn Seiner lieben Augen Schein
Mich anblickt und den edlen Wein
Ich trinke: – mag wer froher sein!
Die es behaupten, lügen.

Die Elfte sprach:

Wüßt ich, was ich begehre, bloß!
In ein Nichtwissen gründelos
Bin ich mir selbst entgangen.
Verschwelgt bin ich in Seinen Mund,
Der ist ein Strudel ohne Grund.
Werd nie herausgelangen.

Die Zwölfte sprach:

Mein Will ist: Ständig Gutes tun;
Denn nimmer will die Liebe ruhn.

Treu wandeln auf der Tugend Straßen
Und Gott nicht aus den Augen lassen:
Ist, was ich preise.
Starren in der Gottheit Augen,
In den Liebesblick sich saugen,
Trunken in ihn untertauchen:
Ist Glückesweise.
Laßt bleiben uns vereint und singen
Gemeinsam von den Himmelsdingen,
Dies ist ein edles Leben.
Uns hat sich liebend zugewandt
Gottvater. Seinen Sohn gesandt
Hat Er und Ihn gegeben,
Daß Er mit seinem Tod uns löste
Und jeder stets sich dessen tröste.
O, laßt uns nach Ihm streben! –
So bitten wir den Himmelsgott,
Daß wir vollbringen Sein Gebot
Allzeit zu Seinen Ehren,
Und wir in diesem Jammertal
Bemeistern mögen jede Qual,
Um in Sein Reich zu kehren.

Das Wesen des wahren Schauens

Die Schau ist Wissen sonder Enden.
Bewußtheit greift sie nicht mit Händen.
Nicht zum Verstand mag sie sich senken,
Er kann sich bis zu ihr nicht renken.
Ein Spiegel ist das Endlossein,
In den strahlt Gottes ewiger Schein.
Das Endlossein ist ohn Gestalt,
Erdachtem Werk raubt es den Halt.

Das Endlossein ist Gott zwar nit,
Jedoch das Licht, mit dem man sieht.
Der, wer im Licht-Endlosen geht,
Das Unerschaffene erspäht.
Das Endlossein, verstandentrückt,
Ist nicht verstandlos. Tiefbeglückt
Faßt unverwundert man die Welt

In ihm. Das Wundern, schauend, fällt.
Das Endlossein sieht ungeahnt
Erhaben alles sich verwandt. –

Nun will den Reim ich lassen bleiben,
Um klar das Schauen zu beschreiben.

Wie der beschaffen sein muß, welcher das wahre Schauen in sich erfahren will

Soll sich das schauende Leben in dir einfinden, so mußt du dich aller Erlebnisse der Sinne entäußern und mußt dich kehren in deine höchste Inwendigkeit. Du mußt geziert sein mit den Tugenden, die ich aufgezählt habe. Du mußt vor Gott huldigen mit Danke und Lobsingen und beständiger Ehrerbietung. Deine Gedanken müssen sich leeren und entblößen von allen sinnlichen Bildeindrücken. Dein Verstand muß sich ausschließen und muß sehnlich emporverlangen zur ewigen Wahrheit. Dein Geist sei als wie ein lebendiger Spiegel, der vor Gott sich aufdeckt, um in ihm Gottes ewigen Abglanz einzufangen.

Alsbald zeigt sich in dem Spiegel ein erkenntnishaftes Licht, das zu begreifen weder die Sinne ausreichen noch die Vernunft noch das innere Gefühl noch das schärfste Hinmerken. Das Licht aber erfüllt uns gegen Gott mit Freiheit und kühner Zuversicht.

Es steht höher und ist erlauchter denn alles, was Gott im Irdischen schuf. Es ist die Überbietung des Irdischen. Es webt jenseits der irdisch-natürlichen Dinge und ist das verklärte Bindemittel zwischen Gott und uns.

Unser eigenes, aller Bilder lediges und entblößtes Denken, das ist der lebendige Spiegel, wohinein dieses Licht strahlt.

Dieses Licht in dem lebenden Spiegel unseres bilderlosen Denkens heischt von uns, daß wir mit Gott eins und ihm gleich seien: – Also daß Gott in uns mit seiner Gnade lebt, und wir in Gott leben kraft unseres mildtätigen und tugendhaften Wandels.

In diesem lebenden Spiegel sind wir geeint mit unserem ewigen Urbilde, welches Gott ist. Denn der ewigen Vorsehung Leben und unser Leben geht ganz ineinander über.

Das Licht ist hinausfließend in Gleichheit und einwärtsziehend in Einheit: Über alle Vernunft werden wir des gewiß in unserem bloßen, einwärtsgerichteten Erkennen. Und hier in unserem Geiste spricht die Wahrheit Gottes also:

„Blicke Mich an, gleichwie Ich dich anblicke, und bekenne dich zu Mir, gleichwie Ich Mich zu dir bekenne. Wie Ich dich liebe, also liebe du Mich. Genieße Meiner, gleichwie Ich deiner genieße: und so vollständig, ungeteilt und ein für alle Male Ich in dir bin, will Ich, daß du in Mir seist, ungeteilt und ein für alle Male.

Von Ewigkeit her, noch vor der Weltschöpfung, habe Ich dich gesehen in Mir und eins mit Mir und dergestalt wie Mich selber. Allda schon habe Ich dich gekannt, geminnt, berufen und auserwählt. Ich habe dich geschaffen zu Meinem Bilde und zu Meinem Gleichnisse. Ich habe deine Natur angenommen und darein Mein Bild geprägt, auf daß du eins seiest mit Mir, ohne Verbindungsmittel in der Glorie Meines Vaters. Ich habe Meine Seele mit ihren Kräften geschaffen und sie angefüllt mit allen Gaben, auf daß Ich Meinem Vater und deinem Vater, Meinem Gott und deinem Gott dienen könne und Ihm gehorsam sein im uns gemeinsamen Menschentume, dienen bis an den Rand Meiner Kräfte und selbst bis in den Tod.

Und aus der Fülle Meiner Gnaden und Meiner Gaben habe Ich deine Seele und deine Kräfte angefüllt, auf daß du Mir gleich seiest und du in Meiner Kraft und mit Meinen Gaben Unserem Gotte dienen, Ihm danken und Ihn lieben mögest, ewiglich und ohne Aufhören."

Wie Jesus uns entgegenkommt

Derart, siehst du, sind wir alle eins mit Gotte in unserer ewigen Erscheinung, welche die Weisheit Gottes ist und der unser aller Natur angenommen hat. Vermöge der Angenommenheit unserer Natur sind wir alle Gott gleich im Ebenbilde. Wollen wir uns mit Gott in unserer ewigen Erscheinung, die Gott selber ist, vereinigen, so müssen wir ihm nachtun auch in Tugenden und in Vollkommenheit.

Und derart war und ist die Menschlichkeit unseres Herrn Jesu Christi erhöht und ein und dasselbe mit der Weisheit Gottes; und seine Seele und alle seine Kräfte waren beladen, und sind es noch, mit der Fülle aller Gaben.

Und er ist für uns wie ein lebender Springquell, aus dem wir empfahen alles, dessen wir bedürftig sind. Und er selber spricht also: –

„Mein Vater hat Mich gesandt, daß Ich lebe, als Gott und als Mensch, für jeden, der Meiner begehrt.

Liebe erwählte Seele, merke es wohl, Ich bin dein allzumale. Ich habe für dich gelebt, habe dich unterwiesen und belehrt und bin gestorben um deinetwillen. Mit meinem Tode habe Ich dich Meinem Vater zum Opfer gebracht, und Ich habe deine Schuld bezahlt mit Meinem eigenen heiligen Blute.

Ich bin herrlich auferstanden an Leib und Seele, auf daß auch du herrlich wieder aufstehen sollst an Leib und Seele, beim Jüngsten Gerichte, und an-

schauen mögest Meine Herrlichkeit und die Herrlichkeit Meines Vaters ewig und ohne Aufhören.
Und Ich bin aufgefahren, zu sitzen neben der rechten Hand Meines Vaters, oberhalb aller Chöre und aller Rangordnungen der Engel und der Menschen. Und Ich habe für jedermann seinen Platz vorbereitet, nach Maßgabe seines Wertes und nach dem Verdienste seiner Tugenden und seines Lebenswandels. Und am letzten Tage werde Ich niedersteigen in Meiner Pracht, mit Meinen Engeln und mit Meinen Heiligen, und Ich werde Urteil fällen über jedweden, Guten wie Bösen, nach der Weise ihrer Verdienste und nach der Gerechtigkeit.
Nun merke auf, liebe Seele, was noch mehr Ich für dich getan habe:
Ich habe dir Mein Fleisch und Mein lebendiges Blut gegeben und sie dir gelassen zu Speise und zu Tranke mit ihrem innewohnenden himmlischen Wohlgeschmacke, derart, daß ihn ein jeglicher begehren, schmecken und empfinden kann.
Ich habe deine Begierden und das Leben deiner Sinne gespeist und gesättigt mit Meinem gemarterten, erhabenen Leibe.
Ich habe deine Liebeskraft und das Leben deines Verstandes gespeist und gesättigt mit Meinem Geiste und mit allen Meinen Gaben und mit allen Meinen Verdiensten, derentwillen Mein Vater an Mir Wohlgefallen hat.
Ich habe dein Schauen und die Entrücktheit deines Geistes gespeist und gesättigt mit Meiner Persönlichkeit, auf daß du in Mir lebest und Ich in dir, als Gott und als Mensch, in der Übereinstimmung unserer Tugenden und der Einheit unseres gegenseitigen Genießens.
Mein Vater und Ich haben die Welt angefüllt mit Unserem Geiste und mit Unseren Gaben und mit Unseren Sakramenten, mit dem also, wonach ein jeglicher Begehr und Bedarf hat.
O Mensch, schaue Mir ins Antlitz, wie Ich bin und wie Ich für dich gelebt und dir gedient habe, und was Ich um deinetwegen geduldet und was Ich dir angelobt habe.
Sei folglich voll Dankes und entgelte Mir dies alles im Maße deines Vermögens."

Von den 7 Stufen der geistlichen Liebestreppe

Zahlreiche Menschen wähnen groß zu sein, aber irren auf vielerlei Art

Man trifft gar viele Leute, die sich selber gar wohl gefallen und die sich dünken, sie ständen groß im Leben und erhaben vor Gott; dabei irren sie aber auf vielerlei Weise. Denn die ihres natürlichen Selbstes nicht abgestorben und verlassen sind, die sind auch nicht entrückt und wissen nichts von der Gnade und sind nicht für recht befunden vor der Würdigkeit Gottes. Sie können zwar verständig sein und scharfsinnig und hell von Vernunft; – solange sie sich selber gefallen und ihr Begehren nur darauf richten, anderen Menschen zu gefallen, ist dies Abkehr von Gott und eine hauptsächliche Wurzel aller Sünden.

Hieraus kommt auch, daß sie sich über ihre Mitmenschen, ja über alle Menschen überhaupt erheben möchten, wenn das anginge. Sie schließen sich niemandem gänzlich aufrichtig an, verlangen jedoch, daß die anderen Menschen vor ihrem Gutdünken nachgeben sollen. Sie sind mißvergnügt und eigenwillig; alle Zeit meinen sie im Recht zu sein gegenüber jedwelchen, der anderer Ansicht ist. Leicht werden sie aufgeregt, gereizt, zornig, jäh, bösartig, verhärtet und würdelos in Worten, Werken und Unterlassen. Darum erblüht kein Frieden daraus, mit ihnen zusammen zu sein. Auch gegen sich selber, innerlich, haben sie keinen Frieden, denn sie zergliedern und beurteilen immer ihre Mitmenschen, sich selber aber nicht. Darum hegen sie Verdacht, böse Einfälle, Mißgunst, Groll, heimliche Bosheit und Verachtung für andere Menschen, die ihnen nicht zu Gefallen sind. Und sie selber werden davon gequält und beunruhigt, dieweil es ihnen ja dünkt, daß sie alle Dinge besser wüßten und besser täten denn irgendwer anderes. Sie wollen andere Menschen belehren, anleiten, rügen und strafen; sie selber aber wollen von keinem belehrt, angeleitet noch gerügt sein; denn es dünkt ihnen ja, sie wären die Weisesten von der Welt. Sie drücken und verachten mit Vorliebe diejenigen, die unter ihnen stehen, oder die ihnen zwar gleich stehen, aber ihnen keine Ehre antun, oder auch die von ihnen nicht viel halten. Sie sticheln und schelten; sie sind oft spottsüchtig, hart und bitter, denn sie ermangeln innerlich des Salböles des Heiligen Geistes. Sie führen gerne das große Wort unter anderen guten Menschen; denn sie dünken sich würdig, vor jedwedem zu reden; in ihren Augen sind sie ja die Gescheitesten, die leben. Sie überdekken ihre Hoffart mit demütigen Gebärden und ihre Selbstsucht mit dem Anschein der Gerechtigkeit. Sie sind zutunlich und freundschaftlich gegen jene, die ihnen schmeicheln oder ihnen gegenüber nachsichtig sind. Für Angelegenheiten, die sie selber betreffen, sind sie nur allzu beflissen, aufmerksam und besorgt. Nach Art der Weltkinder hängt ihr Entzücken oder Betrübtsein vom Glück oder Unglück irdischer Dinge ab. Lobt sie oder spottet ihrer ins Gesicht, dann werdet ihr erfahren, wes Geistes sie sind. Ihr Ich ängstigt und sorgt sich vor Krankheit, vorm Sterben, vor der Hölle, vorm Fegefeuer, vor Gottes Urteil und vor seiner Gerechtigkeit. Sie sind neugierig auf sich selber; darum packt sie Zweifel und Furcht vor allen Dingen, die eintreten könnten; denn sie lieben nur triebhaft sich selber, nicht aber Gott oder die Ehre Gottes. Darum ist ihre Natur dumpf, unfrei und ungeschickt vor Gott; sie sind angefüllt mit zerstreuenden Sorgen und Ängsten um zeitliche Dinge weltlicher Art. Sie versehen sich böser Obrigkeit, von der ihnen Hab und Gut genommen werden könnte; sie versehen sich, daß man sie ihrer Habe bestehle, sie ihnen vorenthalte, sie schlecht bezahlen könnte; daß sie arm, elend, verachtet, alt und krank, des Trostes von Freunden und des irdischen Genusses beraubt werden könnten. Dies alles sind zerstörende, sinnlose Sorgen, die aus unverbesserlicher Habsucht stammen und einen manchmal bis zum Wahnsinn treiben können.

Leute dieser Art findet man sogar in den Orden und geistlichen Gemeinwesen; es sind die, welche noch voll eigensüchtigen Willens und noch ihres Selbstes nicht abgestorben sind. So befürchten diese etwa, daß ein Vorgesetzter oder irgendein Abt in ihr Leben treten könnte, der sie drücken und gering achten könnte; und sie dünkt, daß sie derartiges sich nicht bieten lassen könnten. Über einen, der ihnen ihres Bedünkens nicht wohl will, überlegen sie sich nun: „Gesetzt dieser Mann würde mein Prälat, wie könnte ich diesem untertänig und gehorsam sein? Er kann mich nicht leiden; er wird mich drücken und gering achten, wo immer er es kann; und alle die seine Freunde sind, werden es ebenso tun und gegen mich sein ...“ Und vor dieser Angst stockt ihnen das Herzblut und sie werden friedlos und sie sprechen zu sich selber: „Das werde ich niemals ertragen; ich werde also entweder den Verstand verlieren oder das Kloster räumen müssen.“

Seht, dies alles sind unvernünftige Ängste und verwilderte Grübelei und eine Voraussicht, die aus einem hoffärtigen Grunde kommt. Machte man sie selber zu Prälaten, sofort würden sie alle diejenigen, die ihnen unbequem sind und ihrem Gutdünken nicht nachkommen wollen, bedrücken und belästigen. Denn sie bilden sich ein, besser und klüger als jemand anders über alle Dinge walten und regieren zu können. Und darum kritisieren sie gar häufig ihre Prälaten und diejenigen, die ein Amt verwalten in ihrem Herzen, aber auch öffentlich solchen gegenüber, von denen sie wissen, daß sie es gerne hören. In ihrer Gegenwart jemanden loben zu hören ist ihnen verdrießlich, denn es dünkt ihnen, sie würden dabei herabgesetzt. Niemand billigen sie heilige Erlebnisse zu, die höher sein könnten als was sie selber fühlen und verstehen. Kurz, es sind Menschen, die weiser und beschlagener zu sein wähnen als alle übrigen ihrer Umgebung, obwohl sie doch unfähig und ganz ungeordnet sind, die wahrhafte Heiligkeit zu erlangen.

Und darum prüfe, durchforsche und beurteile jeder seinen Geist und seine Natur, ob er einen von den erwähnten Zügen nicht in sich selber fühle oder bemerke; will er je zur wahrhaften Heiligkeit gelangen, so muß er solches ausmerzen und besiegen. Wollen wir vor Gott leben, müssen wir der Sünde absterben. Wollen wir das Reich Gottes erschauen, müssen wir frei von Bildern und abgelöst von Leid und Liebe sein. Wollen wir Gott schmecken, so müssen unser Herz und unsere Triebe für alle irdischen Dinge geschlossen, gegen Gott und die ewigen Dinge aber geöffnet sein. Wir müssen die ganze

Welt verlassen und mit Gott sowohl lieben als hassen, wenn Gott unser Besitztum werden soll.

Soll Gottes Geist in uns gedeihen
und uns vom Irdischen befreien,
muß unser Ich ganz ihm sich weihen.

Wir dürfen überirdisch kennen
ihn dann und völlig sein uns nennen,
und sollen unsern Dank ihm bieten
und hören, stimmenreich, voll Frieden
des Himmels Melodienklang
in buntem Takt und Überschwang.

Vom blinkenden Steine

Von den drei Dingen, die den gottschauenden Menschen ausmachen

Soll ein solch geistlicher Mensch zu einem entrückt gottschauenden Menschen werden, so gehören dazu drei Dinge. Zum ersten muß er den Unterbau seines Wesens bis ins letzte fühlen, also sein Wesen unermeßlich besitzen; zum zweiten müssen seine Andachtsübungen überlegungslos sein; zum dritten soll seine Versunkenheit ein göttliches Genießen sein.
Nun höre gut zu, wer im Geiste leben will; denn zu ihm und sonst niemandem spreche ich. Die Vereinung, welche der geistliche Mensch mit Gott fühlt, sobald der Herr dem Geiste die Vereinung grundlos offenbart, die ist über alles Maß tief, über alles Maß hoch, über alles Maß lang und breit; und bei eben dieser Offenbarung wird der Geist gewahr, daß er sich selber, durch die Liebe, entsunken ist in die Tiefe, entstiegen in die Höhe, entgangen in die Länge, er fühlt sich verirrt in die Weite und fühlt sich wohnen in unbekannter Bekanntheit. Er fühlt sich verschmolzen in Einheit und Vereinung und dadurch sich selber entflossen; er ist gestorben in die Lebendigkeit Gottes. Dies ist die Grundlage und gehört als erstes zum gottschauenden Leben.
Und hieraus entspringt das zweite, nämlich das von Vernunft und Überlegung befreite Andächtigsein. Denn die Einheit Gottes, wie sie von jedem schauenden Geiste durch die Liebe Besitz nimmt, die zieht und lädt ewiglich die göttlichen Personen und alle liebenden Geister hinein in ihre Selbstheit. Dieses Hineinziehen spürt ein jeder, der liebt, mehr oder minder, nach Maßgabe seiner Liebeskraft und nach dem Grade seines Andächtigseins.

Und wer diesem Hineinziehen nachgibt und dabei bleibt, der kann nicht in Todsünden fallen. Dieser schauende Mensch, der auf sich und alle Dinge verzichtet hat, und keine Ablenkung kennt, dieweil er kein Ding als solches besitzt, sondern sich von den Dingen entledigt hat, der vermag jederzeit entblößt und bilderlos in das Innerste seines Geistes einzutreten. Allda findet er geoffenbart ein ewiges Licht; und in diesem Lichte findet er das ewige Gemahnen der Einheit Gottes; und sich selber fühlt er als einen ewigen Liebesbrand, den es über alles gelüstet, eins mit Gott zu sein. Und je deutlicher er das Gemahnen und das Hineinziehen wahrnimmt, desto stärker fühlt er es; je stärker er es aber fühlt, desto mehr gelüstet es ihn, eins zu sein mit Gott; denn ihn gelüstet es, die Schuld zu bezahlen, um die er von Gott gemahnt wird. Das ewige Gemahnen der Einheit Gottes, das erzeugt in dem Geiste einen unendlichen Brand des Liebens; indem aber der Geist ohne Unterlaß die Schuld bezahlt, erzeugt sich in ihm ein unendliches Verbrennen. Denn bei der Umformung in die Einheit versagt allen Geistern die Kraft ihres Wirkens: sie fühlen nichts anderes denn nur ein Verbrennen in der einfachen Einheit Gottes. Diese einfache Einheit Gottes kann aber keiner fühlen oder besitzen, der nicht zuvor gestanden hat in ungemessener Klarheit und in von Vernunft und Überlegung befreiter Liebe. In diesem Gegenüberstehen fühlt der Geist in sich ein unendliches Brennen der Liebe und findet in diesem Brande des Liebens weder Ende noch Anfang; und er fühlt sich selber mit diesem Liebesbrande eins. Derart bleibt der Geist in sich immerfort brennend, denn seine Liebe ist unendlich. Er fühlt selber, wie er liebend brennt, denn er wird hineingezogen in die Umformung der Einheit Gottes, allda der Geist in Liebe brennt. Solange er sich selber beobachtet, bemerkt er zwischen sich und Gott Trennung und Unterschied; indem er aber brennt, wird er einheitlich und weiß keinen Unterschied; so fühlt er nichts anderes denn Einheit; denn die ungeheure Flamme der Liebe Gottes, sie verzehrt und verschlingt alles, was sie mit ihrer Selbstheit erreichen kann.
Solcherart mögt ihr erkennen, daß die hineinziehende Einheit Gottes nichts anderes ist als unergründliche Liebe, welche den Vater und den Sohn und alles was durch sie lebt, liebend hineinzuziehen sucht in ein ewiges Genießen. In dieser Liebe laßt uns brennen und verbrennen, ohne Ende, für alle Ewigkeit; denn hierin ist aller Seelen Seligkeit inbegriffen. Und darum sollen wir alle unser Leben auf einen unergründlichen Abgrund gründen, auf daß wir ewig in die Liebe einsinken mögen und uns selber entsinken in die grundlose Tiefe, und mit derselben Liebe sollen wir aufsteigen und uns selber entsteigen in die unbegreifliche Höhe. Wir sollen uns in die überlegungslose Liebe verirren und sie soll uns verleiten in die ungemessene Weite der Liebe Gottes. Darin sollen wir fließen und uns selber entfließen in die namenlose Wonne der Güte und Fülle Gottes. Wir sollen darin schmelzen und verschmelzen und ewiglich wallen und verwallen in der Herrlichkeit Gottes.

Seht, mit jedem dieser Bilder zeige ich den schauenden Menschen, sein Wesen und seine Übung; ein anderer kann es nicht verstehen; denn ein schauendes Leben kann keiner dem anderen lehren. Wo sich aber die ewige Wahrheit einem Geiste offenbart, da eben werden alle Dinge gelehrt, die not tun.

Wie wir Gottes genießen wollen

Will der Mensch Gottes genießen, so gehört dazu als Bedingung ein Dreifaches, nämlich wahrhafter Frieden, inwendiges Schweigen, liebendes Anhangen.

Wer zwischen sich und Gott wahrhaften Frieden finden will, der muß Gott dermaßen lieb haben, daß er mit freiem Gemüte und Gott zu Ehren auf alles verzichten kann, was er triebhaft liebt und verrichtet und was er entgegen der Ehre Gottes besitzt oder besitzen möchte. Dieses ist die erste, allen Menschen nötige Voraussetzung.

Zweitens gehört dazu inwendiges Schweigen; das heißt, er muß ledig und bilderentleert von all den Dingen sein, die er je sah oder vernahm.

Drittens gehört dazu ein liebendes Anhangen an Gott; eben dieses Anhangen ist das Genießen; denn wer an Gott hangt aus reiner Liebe und nicht um des eigenen Vorteils willen, der genießt Gott in der Wahrheit und fühlt, daß er Gott liebt und von Gott wiedergeliebt wird.

Um aber den Menschen beständig und dauernd tauglich zu machen, daß er für alle Zeit Gottes genießen und fühlen könne, soweit Gott sich dazu fügen will – dazu gehören drei weitere Vorgänge, höher als die ersten.

Der erste Vorgang von den dreien ist: Ruhen in demjenigen, dessen man genießt; es geschieht, wenn Liebe von Liebe überwunden und Liebe durch Liebe besessen wird in der nackten wesenhaften Liebeshingabe. Jetzt ist Lieb mit Lieb der Liebe verfallen und jedes ist des anderen alles, im Besitz und im Ruhen.

Der zweite Vorgang, der hierauf folgt, heißt das Entschlafen in Gott; es geschieht, wenn der Geist sich selber entsinkt, er weiß nicht wie, oder wohin oder an wen.

Hierauf folgt der letzte Vorgang, der sich aussprechen läßt, nämlich wo der Geist eine Finsternis schaut, in die er mit dem Verstande nicht einzudringen vermag. Da drinnen fühlt er sich gestorben und verloren im Einssein mit Gott, sonder Zwischenmittel und Verschiedenheit. Und im Grade wie er sich eins mit Gott fühlt, ist Gott selber sein Friede, sein Genießen und sein Ruhen. Und so ist alles um ihn eine unergründliche Tiefe, wo er seines Selbstes in Seligkeit ersterben muß und wieder aufleben muß in Tugenden, wie es die Liebe und ihr Antrieb verlangt.

Seht, wenn ihr diese sechs Tatsachen in euch fühlt, dann fühlt ihr alles, was

ich im vorhergehenden gesagt habe oder sagen wollte. Und in eurer Einkehr ist euch so leicht und euer Schauen und Genießen wird euch so selbstverständlich wie euer Leben in der Natur.
Und aus diesem Reichtum kommt das allumfassende Leben, wovon zu sprechen ich euch eingangs versprach.

Die Zierde der geistlichen Hochzeit

Vom geistlichen Ausgehen zu allen Tugenden

Nun versteht und beachtet. In der Einleitung seines Satzes spricht Christus: „Sehet"; und das geschieht, wie ihr es gehört habt, durch Liebe und ein reines Gewissen. Dann hat er uns, was wir sehen sollen, gezeigt, nämlich seine dreifache Art der Ankunft.
Mit den Worten: „Sehet hinaus!" gebietet er nun, was wir alsbald tun sollen. Sowie ihr die erste Bedingung besitzt und Sehende geworden seid durch Gnade und Liebe, und wenn ihr auf Christus, euer Vorbild, und auf seine Ankunft recht gelauert habt, entspringt in euch aus Liebessorglichkeit und minnlichem Belauern eures Bräutigams eine Gier, gerecht befunden zu werden und es ihm gleich zu tun in Tugenden. Und da spricht Christus zu euch: „Gehet hinaus!"
Dieses Hinausgehen muß in drei Richtungen erfolgen: Wir sollen ausgehen zu Gott, ausgehen zu uns selbst und ausgehen zu unsern Mitchristen, und dies mit Gerechtigkeit und voll Liebeseifer. Der Liebeseifer nämlich trachtet allerwege aufwärts zum Reiche Gottes, welches Gott selbst ist; denn er ist der Ursprung, aus dem sie unmittelbar hervorgeflossen ist und wohin sie in Einung zurückmündet. Die Gerechtigkeit, welche aus dem Liebeseifer entspringt, will ihrerseits, daß all den Sitten und Tugenden nachgekommen werde, die für das Reich Gottes, nämlich für das Reich der Seele ehrenvoll und geziemend sind.
Liebeseifer und Gerechtigkeit, die zwei legen in dem Reiche der Seele, wo Gott wohnen soll, den Grundstein, und dieser Grundstein heißt Demütigkeit.
Diese drei Tugenden tragen alle Last und das ganze Gerüste frommen und edelsinnigen Lebenswandels. Der Liebeseifer nämlich hält dem Menschen ständig die grundlose Güte Gottes, woraus er herabfließt, vor Augen, damit der Mensch vor Gott ehrbar lebe und nicht strauchle, vielmehr zunehme an Besserung und wahrer Demut. Und die Gerechtigkeit hält dem Menschen Gottes ewige Wahrheit vor Augen, damit ihm die Wahrheit entdeckt sei und er erleuchtet werde und er ohne Irrtum immer das Gute vollführe. Die De-

mütigkeit aber hält dem Menschen ständig die hohe Allmacht Gottes vor Augen, damit er allezeit gering und klein bleibe, sich Gott anheimgebe und von sich selber nichts halte. Dies ist die Stellung, welche der Mensch Gott gegenüber einnehmen soll, auf daß er wachse und gedeihe in neuen Tugenden.

Wie die Demut der Grundstein aller Tugenden ist

Da wir die Demut als einen Grundstein gelegt haben, so wollen wir auch zuerst von ihr sprechen.
Demut ist Unterwerfung und Niedrigkeit, ist inwendiges Niederbeugen und Niederneigen des Herzens und des Gemütes vor der Erhabenheit Gottes. Solches heischt und gebietet die Gerechtigkeit; das minnende Herz kann sich aus Liebeseifer dem nicht entziehen. Denn wenn der demütig liebende Mensch bedenkt, wie Gott ihm so demütiglich gedient hat, so minnelich und treu, obwohl er so großmächtig und hochgestellt ist, er, der Mensch, hingegen so arm, klein und niedrig geboren, da entsteht in dem demütigen Herzen die größte Ehrerbietung und die größte Ehrfurcht vor Gott. Gott Ehre zu erweisen bei allem äußeren und inwendigen Tun ist aber für die Demut die erste und lustvollste Aufgabe und die wohlschmeckendste für den Liebeseifer und die allererwünschteste für die Gerechtigkeit. Denn das demütig liebende Herz kann Gott und seiner edlen Menschlichkeit gar nicht genug Ehre erweisen noch sich selber nach Wunsch niedrig genug einschätzen. Dem Demütigen dünkt es darum, er bleibe vor Gott beständig hinter der Verehrung und dem demütigen Dienste zurück. Auch ist er demütig und erweist Ehre der heiligen Kirche und den Sakramenten; und er ist bescheiden im Essen und Trinken, in Wort und Antwort gegen jedermann, im Auftreten, im Anzug, bei niederer Arbeit und in seinem Blick, ohne zu heucheln und sich zu verstellen. Und er ist demütig beim Gottesdienste, inwendig und auswendig, vor Gott und vor den Menschen, also daß niemand sich an ihm ärgere. Und so wehrt er ab und überwindet er die Hoffart, welche Ursache und Anfang aller Sünden ist. Durch Demut werden vereitelt die Fallstricke des Feindes, der Sünden und der Welt. Und der Mensch wird in sich selber geordnet und in den wahrhaften Zustand der Tugend gesetzt. Die Himmel werden ihm aufgetan, und Gott ist geneigt, seine Bitten anzuhören, und er wird überschüttet mit Gnaden. Christus, der starke Fels, ist sein Grundpfeiler; wessen Tugend sich darauf in Demut gründet, der kann nicht schwanken.

Ruysbroeck an Katharina von Löwen, eine fromme Jungfrau zu Mecheln

Die ewige Weisheit Gottes, unser Herr Jesus Christus, gebe Dir guten Willen! Denn Friede wird den Menschen guten Willens. Alle diejenigen, welche mit diesem guten Willen begabt sind, gehorchen Gott und der heiligen Kirche und sind fähig, die Gnade Gottes zu empfangen. Aber die Menschen bösen Willens können weder Gottes Gnade noch die aus Gott fließende Weisheit erlangen, die alle Tugenden und alle Wahrheit lehrt.

Wenn Du also Gottes Weisheit in Dir empfangen willst, reinige Dich, soweit Du kannst, von sämtlichen seit Deiner Kindheit begangenen schweren Sünden, und zwar vor einem weisen, verständigen Beichtvater, der Dich verstehen kann und gemäß der Anordnung der Kirche die Vollmacht hat, Dich loszusprechen. Wenn Du dies einmal getan hast, ist es genug und reicht hin für die ewige Wahrheit Gottes. So hast Du Frieden vor Gott und in Deinem reinen Gewissen.

Sei einfältig und durchaus unverfälscht und ungeschminkt im Angesichte der unfehlbaren Wahrheit, die Gott selbst ist. Folge in Liebe Gott empor über alle Dinge, die von ihm geschaffen worden sind. Minnet Gott um seiner selbst willen, zu seiner ewigen Ehre! Glaubet an ihn und an seine unergründliche Güte und Gnade! Und suchet, niemandem zu leben noch zu gefallen, außer ihm allein! Meinet und minnet Euch selbst und alle Menschen, um sie zu Gott zu führen mit allem, was Ihr vermögt.

Wenn Du in Dir die Neigung bemerkst, den Menschen gefallen zu wollen, sei es wegen Deiner natürlichen Schönheit, die Du von Gott hast, wegen Deiner Hände, Deiner Augen, Deines Angesichts oder irgendwelcher Körperglieder, oder sei es auch wegen irgendwelcher Kenntnisse, oder in der Unterhaltung, im Sprechen, im Benehmen, wodurch andere verlockt werden, Dich zu lieben, oder sei es endlich durch gewähltere Kleidung: was immer derartiges Du an Dir findest, das verachte und verfolge mit Haß! Denn wenn Du darin Deiner Neigung wissentlich mit Zustimmung nachgibst, ist Dein Grund unrein und unkeusch, und Du bist in schwere Sünden verstrickt.

Aber auch wenn Du dem Priester, der Deine Beichte entgegennimmt, oder einem anderen Ordensmanne gefallen willst, sei es durch den geistlichen Anschein von Heiligkeit oder durch feinsinnige Reden oder durch eine Art, gut zu beichten, oder durch demütiges Benehmen oder durch Vernachlässigung und Verachtung der Kleidung oder durch irgendwelche andere geistliche Mittel: wenn Du, sage ich, Dir in solchen Dingen gefällst und wissentlich und freiwillig anderen mehr gefallen willst als Gott, dann bist Du schon falsch und betrogen. Denn dies ist der Grund des geistlichen Hochmuts, und alle daraus hervorkommenden Handlungen sind schwere Sünden und Gelegenheiten zu Lastern aller Art.

Wollt Ihr alles erreichen, was Ihr begehrt, und alles besiegen, was Euch hemmt und schadet, dann setzt Euch auf die niederste Stufe, verschmähet Euch selbst, achtet Euch klein und schätzet alle Eure Werke und all Euer Vermögen als nichts, ohne die Gnade Gottes! Kehre und sammle Dich selbst in Deinen Geist, in bloßem Schauen, einfältig und ohne Phantasiebilder, und Du wirst hier Wahrheit und Licht finden. Habe Deine Wohnung und Deine Zuflucht in Gott, ihm hingegeben; so werden Dich einfallende Gedanken oder fremde Bilder nicht stören können. Denn Deine Wohnung ist ja hoch über allen Dingen, die Deinen Geist bewegen könnten.

Verehret Gott in Minne und Ehrfurcht; so wird er Euch allzeit antworten in Eurer innerlichen Übung. Seid sanft und demütig von Herzen; so ruht der Geist Gottes in Eurer Seele. Seid freundlich, eifrig und gütig zu jedem, der Euer bedarf! Seid genügsam in Speise und Trank und in allem, was Ihr nötig habt; so lebt Ihr ohne Kummer und Sorge um Euch selbst. Beobachtet Euch selbst und all Eure Gebrechen, verurteilt Euch selbst innerlich und äußerlich vor der Wahrheit, die Gott ist, und urteilt über niemand anderen, der Euch nicht empfohlen ist; so lebt Ihr ohne Stachel, Zorn und Rache im Herzen, und so findet Ihr Frieden in Euch selbst und in Gott Gnade.

In allen Betrübnissen und Leiden sei geduldig und ergib Deinen Willen in Gottes Willen; so wird Christus in Dir leben mit seinem Troste, er wird mit Dir leiden und alle Deine Lasten mit Dir tragen. Denn er ist mächtig, und niemand wird Dich über Deine Kräfte beschweren oder beladen können. Was immer jemand Euch Übles tut, seid geduldig und rächet Euch nicht, weder äußerlich noch innerlich, nicht mit Worten, nicht mit Werken, nicht im Wollen; so lebt in Euch der Geist unseres Herrn Jesu Christi und aller seiner Heiligen, die ihre Feinde minnten bis zum Tode. Habt Ihr guten Willen und begehrt Ihr, Gott zu gefallen in allen Tugenden, so habt Ihr den Heiligen Geist in Euch und habt Frieden im Innern, und Ihr könnt nicht leicht in Todsünde fallen. Ohne läßliche Sünden aber wirst Du nicht leben können.

Seid demütig und ohne Falsch, lebt ohne Kummer und Sorge um Euch selbst! Klaget mit demütigem Herzen Gott und Eurem Priester Eure Gebrechen und Sünden mit kurzen Worten! Beschuldigt Euch selbst und bewahret dann Frieden; denn viele Worte verwirren das Gewissen und bringen den Menschen in ungeordnete Furcht; je mehr er beichtet, desto mehr will er beichten. Denn niemand kann sich selbst aus sich selbst noch mit allem, was er tun kann, zu Ruhe und zu Frieden bringen. Sondern eröffnet Euch der ewigen Wahrheit, fürchtet die Gerechtigkeit Gottes, hoffet und vertrauet auf seine Gnade und übergebet Euch seiner Güte; und darin bleibet zufrieden!

Wollt Ihr zum Heiligen Sakrament gehen, so gedenket, daß der Herr seinen heiligen Leib denjenigen geschenkt und gegeben hat, die rein sind von groben Sünden und ihn mit herzlicher Liebe minnen und begehren. Er hat, sage ich, seinen Leib und sein Blut den Seinigen als Speise und Trank geschenkt und gegeben, als durchdringende Süßigkeit, die allen natürlichen Wohlgeschmack und Trost weit übertrifft. Er will, daß wir ihn in unserem Herzen abgebildet tragen, seine Passion, sein Blutvergießen, seine Minne, seine Treue bis zum Tode, sein Leben und Sterben um unsertwillen.

Er gibt unserer minnenden Seele sein glorreiches Leben, auf daß sie glaube, hoffe und minne; und also lebt sie ewig in ihm. „Wer mein Fleisch ißt und mein Blut trinkt", usw. Er hat unseren minnenden Kräften seine glorreiche Seele voll Glorie gegeben, auf daß wir allzeit wachsen und zunehmen in Minne und in Tugenden. Und er hat unserem minnenden Geiste, der danach begierig und hungrig ist, seine Person zu empfangen gegeben, die zugleich Gott und Mensch ist, auf daß wir minnen und geminnt werden, verzehren und verzehrt werden, verschlingen und verschlungen werden, also daß wir Ein Geist und Ein Christus mit ihm seien in Minne. Endlich hat er uns über unsere Geschaffenheit hinaus, wo wir Eins mit ihm sind in Minne, alles das gegeben, was er in der Person und Substanz seiner Gottheit ist: da sind wir, in Erhöhung unseres Geistes uns selbst entrückt, frei und stille mit Gott Eine einfältige Seligkeit. Amen.

Anonymus „Der Frankfurter“: Theologia Deutsch

1516 gab Luther in Wittenberg ein Buch heraus, das er ohne Namen und Titel aufgefunden hatte.
Er benannte es „Ein geistlich edles Büchlein“ und empfahl es einem Freund als „Theologie in der Art Taulers“.[1]
Wir wissen auch heute noch nicht, wer der Verfasser dieser Schrift war, die wahrscheinlich in der zweiten Hälfte des 14. Jahrhunderts entstand, deren Original verlorenging und deren älteste Abschrift aus dem Jahre 1497 stammt.
In der Vorrede erfahren wir lediglich:
„Dieses Büchlein hat der allmächtige ewige Gott ausgesprochen durch einen weisen einsichtigen wahrhaftigen gerechten Menschen, seinen Freund, der da vorzeiten gewesen ist ein Deutschherr, ein Priester und Custos in der Deutschherrn Haus zu Frankfurt ...“[2]
Die begeisterte Aufnahme durch den späteren Reformator Luther hat zu Vermutungen geführt, bei der „Theologia Deutsch“ handle es sich um einen Versuch „innerer Auflehnung“ gegen die bestehende Kirche, eine ketzerische Schrift also, gegen deren Auswirkungen sich der Verfasser durch Anonymität absichern wollte.
Diese Interpretation erscheint überkompliziert. Der allgemein verbindliche Schwur der Mitglieder des Deutschordens verpflichtete zu absoluter Loyalität („Ich verheiße und gelobe Keuschheit meines Leibes und ohne Eigentum zu sein und Gehorsam Gott und St. Marien und Euch, dem Meister des deutschen Hauses und Euren Nachkommen nach der Regel und Gewohnheit des Ordens, daß ich Euch gehorsam sein will an den Tod.“)[3], so daß entweder die Annahme, der Verfasser sei tatsächlich Deutschherr gewesen, fallengelassen werden müßte oder eben aus der unerbittlichen Strenge der Ordenszucht die Notwendigkeit der Anonymität geschlossen werden müßte.
Die näherliegende Erklärung ist auch die wahrscheinlichere: Die „Theologia Deutsch“ ist eine in der mystischen Tradition stehende Anleitung, wie der Leser den Weg zu Gott – zur „Vergottung“ – finden könne, wobei die drei Stufen (Reinigung, Erleuchtung, Einung) deutlich auszumachen sind. Zweck der Schrift war nicht die Reform der Institution Kirche, sondern persönliche Beratung und Erbauung des Lesers, vermittelt durch einen Verfasser, der sich aus unbekanntem Grunde nicht zu erkennen geben wollte.
Die „Theologia Deutsch“, später auch als „Der Frankfurter“ oder als „Theologia Germanica“ veröffentlicht, wurde zu einer „Grundschrift deutscher Mystik“[4], aus deren 54 Kapiteln hier nur wesentliche Auszüge wiedergegeben werden können.

Aus der „Theologia Deutsch"

Wie das zu verstehen sei, daß man weiselos, willenlos, liebelos, begierdlos, erkenntnislos und dergleichen werden soll.

Etliche Menschen, die sagen, man solle weiselos, willenlos, liebelos, begierdlos, erkenntnislos und dergleichen werden. Das ist nicht also zu verstehen, daß im Menschen keine Erkenntnis sein solle und daß Gott in ihm nicht geliebt, gewollt oder begehrt und gelobt oder geehrt werde, denn das wäre ein gar großer Mangel, und der Mensch wäre gleich dem Vieh und wie ein unvernünftiges Tier; sondern darin soll es bestehen, daß des Menschen Erkenntnis so gar lauter und vollkommen sei, daß er in Wahrheit erkenne, er habe und vermöge nichts Gutes aus sich selbst und alle seine Erkenntnis, Weisheit und Kunst, sein Wollen, Lieben und Gutestun von ihm nicht kommen und auch des Menschen oder einer Kreatur gar nicht seien, sondern daß es alles ist des ewigen Gottes, von dem es alles kommt, wie Christus selber sagt: „Ihr könnt ohne mich nichts Gutes tun." Es spricht auch Sankt Paulus: „Was hast du Gutes, was du nicht von Gott empfangen hast?" So als ob er sage: „Nichts!" „Wenn du nun alle Dinge von Gott empfangen hast, was rühmst du dich dann, als ob du es nicht empfangen hättest?" Er spricht ferner: „Wir vermögen aus uns selbst nichts Gutes zu denken, sondern unsere Vollkommenheit ist von Gott."

So nun der Mensch diese Dinge eigentlich in sich erkennt, so geht er, die Kreatur, hin und maßt sich nichts an, und je weniger er sich die Dinge anmaßt, um so vollkommener das Erkennen. Also ist es auch mit dem Willen und der Liebe, mit der Begehrung und dergleichen: denn je weniger man sich diese Dinge anmaßt, um so vollkommener, edler und göttlicher werden sie, und je mehr man sie sich anmaßt, um so gröber, vermengter und unvollkommener sie werden. Siehe, also soll man aller Dinge los und ledig werden, das ist: des Anmaßens. Wenn man denn der Dinge los wird, so ist das die beste, vollkommenste, lauterste und edelste Erkenntnis, die im Menschen jemals sein kann, und auch das alleredelste und lauterste Lieben, Wollen und Begehren: denn dies gehört dann alles Gott allein. Es ist viel besser, es sei Gottes denn der Kreatur!

Daß ich mir nun Gutes anmaße, als ob ich es wäre, ich es getan hätte, ich es wüßte, könnte und vermöchte oder als ob es mein wäre, das kommt alles von Blindheit und Torheit. Denn wäre die rechte Wahrheit in mir, so säh ich ein, daß nicht ich es bin, daß es nicht mein und von mir ist, und daß nicht ich es weiß, ich es kann und vermag und dergleichen. Ja, wenn dies geschähe, so fiele das Anmaßen von selber dahin. Es ist besser, Gott und das Seine werde, soviel es uns möglich ist, erkannt und geliebt, gelobt und geehrt und dergleichen, und wenn der Mensch auch wähnte, er sei es, der Gott lobe oder liebe, als daß Gott zumal ungelobt, ungeliebt, ungeehrt und unerkannt bliebe. Denn wenn der Wahn und die Unwissenheit zu einem Wissen und zur Erkenntnis der Wahrheit wird, so fällt die Anmaßung von selber dahin. So spricht dann der Mensch: „Sieh, ich armer Tor, ich meinte, es wäre ich, nun ist es und war es wahrlich Gott!"

Wie man das Beste und das Edelste am allerliebsten haben soll, allein darum, weil es das Beste ist.

Ein Meister, Boethius mit Namen, spricht: Daß wir nicht das Beste lieb haben, das kommt von unserer Unzulänglichkeit. Er hat wahr gesprochen: das Beste sollt das Liebste sein! Und bei dieser Liebe sollte nicht angesehen werden Nutz oder Unnutz, Frommen oder Schaden, Gewinn oder Verlust, Ehre oder Unehre, Lob oder Unlob oder sonst dergleichen, sondern was in Wahrheit das Edelste und das Allerbeste ist, das sollte auch das Allerliebste sein und um nichts sonst als dessentwillen, daß es das Edelste und das Beste ist. Hienach sollte der Mensch sein Leben richten nach außen und nach innen! Nach außen: denn unter den Kreaturen ist eines besser als das andre, je nachdem das ewige Gut in einem mehr oder minder scheint und wirkt denn in dem andern. In welchem nun das ewige Gut am allermeisten scheint, leuchtet, wirkt und erkannt und geliebt wird, das ist auch das beste unter den Kreaturen; und in welchem am wenigsten, das ist auch am allerwenigsten gut. So nun der Mensch das Kreatürliche in die Hand nimmt und damit umgeht und diesen Unterschied erkennt, so soll ihm je die beste Kreatur die liebste sein, und er soll sich mit Bedacht zu ihr halten und sich mit ihr vereinigen und allermeist mit dem, was man Gott zueignet, also daß sie Gott zugehören oder göttlich sind, wie Weisheit, Wahrheit, Gütigkeit, Frieden, Liebe und Gerechtigkeit und dergleichen. Darnach soll sich der äußere Mensch richten, und was diesen Tugenden zuwiderläuft, das soll man alles verschmähen und fliehen. Aber so der innere Mensch einen Übersprung täte und spränge in das Vollkommene, so fände und empfände man, daß das Vollkommene ohne alles Maß und Zahl und Ende edler und besser ist denn alles Unvollkommene und Teilwesen, das Ewige über das Zeitliche oder Zergängliche, der Bronnen oder der Ursprung über alles das, was daraus fleußt oder immer fließen mag. Also würden das Unvollkommene und die Teile abschmäckig und nichtig. Das wisse: soll das Edelste, das Höchste und Beste auch das Liebste sein, so muß das geschehen.

Von den zwei geistigen Augen, mit denen der Mensch in die Ewigkeit und in die Zeit schaut, und wie eines vom andern gehindert wird.

Wisset: man liest und spricht, die Seele Christi habe zwei Augen, ein rechtes und ein linkes. Im Anbeginn, da sie geschaffen ward, da kehrte sie das rechte Auge in die Ewigkeit und in die Gottheit und stund da in vollkommenem Genuß und Anschauung göttlichen Wesens und ewiger Vollkommenheit, unbeweglich; und blieb da unbewegt und frei von allem Geschehnis und Mühseligkeiten, Leiden, Marter und Pein, die dem äußern Menschen je widerfuhren. Mit dem linken Auge aber sah sie in die Kreatur und erkannte da alle Dinge und unterschied in den Kreaturen, was da besser oder unbesser, edler oder unedler wäre, und darnach ward der äußere Mensch Christi gerichtet. Also stand der innere Mensch Christi, nach dem rechten Auge der Seele, in vollkommenem Genusse göttlicher Natur, in vollkommener Wonne, Freude und in ewigem Frieden. Aber der äußere Mensch und das linke Auge der Seele Christi stand in vollkommenem Leiden in aller Trübsal, Jammer und Mühsal. Und dies geschah solcher Weise, daß das inwendige und rechte Auge unbewegt, frei und unberührt blieb von all den Mühsalen, Leiden, Schmerzen und Marter, die dem äußern Menschen je geschehen. Man sagt, als Christus an der Säule gegeißelt ward und als er am heiligen Kreuze hing, nach seinem äußern Menschen, da stund die Seele oder der innere Mensch nach dem rechten Auge in so vollkommenem Genuß göttlicher Freude und Wonne wie nach der Himmelfahrt oder wie jetzund. So ward der äußere Mensch oder die Seele nach dem linken Auge, in ihren Werken, in all dem, was sie nach außen zu vollbringen hatte, nie gehindert oder getrübt und beirrt von dem inwendigen Auge. Keines wartet auf das andere.

Nun hat auch die geschaffene Seele des Menschen zwei Augen. Das eine ist das Vermögen zu sehen in die Ewigkeit, das andere zu sehen in die Zeit und in die Kreaturen, darin Unterschiede zu erkennen, wie vorhin gesagt, und dem Leibe Leben und Notdurft zu geben und den zu richten und zu regieren nach dem Allerbesten. Aber diese beiden Augen der Seele des Menschen vermögen nicht zugleich miteinander ihr Werk zu üben, sondern, soll die Seele mit dem rechten Auge in die Ewigkeit sehen, so muß das linke Auge sich all seines Tuns enthalten und begeben und muß sich halten, als ob es tot sei. Soll dann das linke Auge seine Werke nach außen üben, nämlich wirken mit der Zeit und Kreatur, so muß auch das rechte Auge an seinem Werk behindert werden, das ist an seiner Beschauung. Darum, wer das eine haben will, der muß das andere lassen fahren. Denn es kann niemand zweien Herren dienen.

Wie die Seele des Menschen, dieweil sie noch im Leibe ist, einen Vorschmack ewiger Seligkeit empfangen kann.

Man fraget, ob es möglich sei, daß die Seele, dieweil sie in dem Leibe ist, dazu gelangen könne, einen Blick in die Ewigkeit zu tun und da einen Vorschmack des ewigen Lebens und ewiger Seligkeit zu empfangen. Man sagt gewöhnlich „nein“ dazu, und das ist wahr in dem Sinne: Alldieweil die Seele den Blick hat auf den Leib und auf die Dinge, die dem Leibe dienlich und bezüglich sind, und auf die Zeit und auf die Kreatur und sich damit trübt, beschäftigt und zerstreut, so lange kann's nicht sein. Denn soll die Seele dahin kommen, so muß sie ganz lauter, ledig und bloß sein von allen Bildern und muß auch gänzlich abgeschieden sein von allen Kreaturen und zu allererst von sich selber. Und davon meinen viele, es sei nicht zu machen und sei unmöglich in dieser Zeit. Aber Sankt Dionysius will es möglich wissen; das vernimmt man aus seinen Worten, die er an Timotheus schreibt, da er sagt: „Um göttliche Heimlichkeit zu schauen, mußt du lassen Sinne und Sinnlichkeit und alles was Sinnlichkeit begreifen und Vernunft vernünftig wirken mag und alles das, was der Verstand begreifen und erkennen kann, Geschaffen und Ungeschaffen, und trachte allein auf ein Ausgehen aus dir selbst, vergessend all der vorgenannten Dinge, und geh ein in die Einung mit dem, das da ist über alles Wesen und Erkenntnis.“ Hielte er nun dieses nicht für möglich in der Zeit, warum lehrte er's und sagte es einem Menschen in dieser Zeitlichkeit? Wisset auch, daß ein Meister über Sankt Dionysius' Wort aussagt, es sei wohl möglich und könne gar dem Menschen so oft geschehen, daß er darein also gewöhnt werde, bis er hineinschauet, sooft er will. Denn wenn ihm ein Ding anfangs schwer und fremd ist und ganz unmöglich dünkt, und er tut dann all seinen Fleiß und Ernst dazu und verharrt darin, so wird es ihm danach gar leicht und gering, was ihn zuvor unmöglich deuchte; denn es nützt kein Anfang, er habe denn ein gutes Ende.

Und solch ein edler Blick ist ohnegleichen besser, würdiger, höher und Gott lieber denn alles das, was eine Kreatur vermag als Kreatur. Sobald der Mensch mit seinem Gemüt und ganzem Willen zurückkehrt und seinen Geist überhalb der Zeit einsenkt in Gottes Geist, so wird das alles, was je sich abgekehrt hatte, in einem Augenblick zurückgeleitet. Und wollte das der Mensch zu tausend Malen am Tage tun, so wäre es jedesmal eine neue wahre Vereinung, und in diesem köstlichen und göttlichen Werk geschieht die wahrste und lauterste Vereinung, die es in dieser Zeitlichkeit irgend geben kann. Denn wer es dahin bringt, der fragt nach nichts weiter: er hat gefunden das Himmelreich und das ewige Leben auf Erden.

Wie der Mensch die Sinnenbilder manchmal zu früh fahren läßt.

Es sagt der Tauler: Es gibt manche in dieser Zeit, die den Sinnenbildern zu früh Urlaub geben, ehe Wahrheit und Erkenntnis sie darüber hinausgeführt; darum können sie die rechte Wahrheit kaum oder vielleicht niemals mehr begreifen. Denn solche Menschen wollen niemand folgen, bestehen auf ihrem eigenen Sinn und wollen fliegen, eh daß sie Federn gewonnen. Sie wollen eines Flugs gen Himmel fahren, was doch auch Christus nicht getan, denn nach seiner Auferstehung blieb er wohl vierzig Tage bei seinen lieben Jüngern. Es kann niemand in einem Tage vollkommen werden. Der Mensch soll sich vor allem selber ganz verleugnen und willig alle Dinge um Gottes willen verlassen und soll seinen eigenen Willen und alle natürliche Neigung aufgeben und sich ganz läutern und reinigen von allen Untugenden und Sünden. Danach soll man demütig das Kreuz auf sich nehmen und soll Christo nachfolgen. Auch soll man Beispiel und Erfahrung, weisen Rat und Lehre annehmen und von den andächtigen, vollkommenen Dienern Gottes sich sagen lassen und nicht seinem eigenen Kopf folgen; so kann es von Bestand sein und zu einem guten Ende kommen. Und wenn der Mensch also zeitlich Ding und Kreatur durchbricht und überspringt, so mag er's darnach in einem beschaulichen Leben zur Vollkommenheit bringen. Denn wer das eine haben will, der muß das andere lassen fahren. Das ist einmal nicht anders.

Von den drei Stufen, die den Menschen führen und bringen zu rechter Vollkommenheit.

Nun muß man wissen, daß niemand erleuchtet werden kann, er habe sich denn zuvor rein und lauter und frei gemacht. Auch kann niemand mit Gott vereinigt werden, er sei denn zuvor erleuchtet. Und so sind denn auch drei Wege. Zum ersten die Reinigung; zum andern die Erleuchtung; zum dritten die Vereinigung. Die Reinigung geziemt dem anfangenden und büßenden Menschen und geschieht auf dreierlei Weise: mit Reue und Leid um die Sünde, mit unumwundener Beichte, mit vollkommener Buße. Die Erleuchtung geziemt dem zunehmenden Menschen und geschieht gleichermaßen auf dreierlei Weise, das ist: in Zurückweisung der Sünde, in Übung der Tugend und guter Werke und im willigen Erleiden von Ungemach und Widerwärtigkeit. Die Vereinigung trifft die vollkommenen Menschen und geschieht auch in dreierlei Weise, das ist: in Reinheit und Lauterkeit des Herzens, in göttlicher Liebe und in Betrachtung Gottes, des Schöpfers aller Dinge.

Wie man zum wahren Licht und zum Christusleben nicht kommen kann durch viel Fragen oder Lesen oder mit hoher natürlicher Kunst und Vernunft, sondern mit einem wahren Verzicht auf sich selber und alle Dinge.

Niemand denke, daß man zu diesem wahren Licht und vollkommenen Erkennen und zum Christusleben kommen könne mit viel Fragen oder von Hörensagen oder durch Lesen und Studieren, noch mit hoher Kunst und großer Wissenschaft. Ja, solange der Mensch überhaupt etwas werthält oder etwas zu eigener Lieb und Begierde, in eigener Absicht und Strebung tut oder hegt, was dies oder das ist, es sei der Mensch selber oder die Kreatur oder was immer es sei: so gelangt er nicht dazu. Das hat Christus selbst gesagt. Er spricht: „Willst du mir nachfolgen, so verleugne dich selbst und folge mir nach; und wer nicht sich selbst und alle Dinge verläßt und aufgibt, der ist meiner nicht würdig und kann auch mein Jünger nicht sein." Das meint er so: Wer nicht alle Dinge verläßt und verliert, der kann nimmer mich ewige Wahrheit erkennen noch zu meinem Leben kommen. Und wäre dies nicht durch Menschenmund gesprochen, so spricht es doch die Wahrheit in sich selber, denn in der Wahrheit ist es so. Aber solange der Mensch die Teile und Stücke und zu allermeist sich selber lieb hat, damit umgeht und etwas davon hält, so ist er betrogen und wird so blind, daß er von keinem Guten mehr weiß; denn was ihm selber und dem Seinigen am nützesten, bequemsten und lustvollsten ist, das hält er für das beste und ist ihm das allerliebste. So kommt er zu der Wahrheit nimmer.

Vier Dinge gehören dazu, daß der Mensch für göttliche Wahrheit empfänglich und ergriffen werde vom Heiligen Geist.

Noch mehr der Wege führen, wie zuvor gesagt, zu dem köstlichen Leben Christi, wo und wann Gott und Mensch gänzlich vereint worden sind, also daß man in Wahrheit sagen kann: Gott und der Mensch sind eines. Das geschieht in solcher Weise: Sofern dies allzeit sich vollzieht, also daß wahrer vollkommener Gott und wahrer vollkommener Mensch ein Einzigeines ist – wo denn der Mensch so ganz vor Gott zurücktritt, daß Gott allda selber ist, und doch hinwieder auch der Mensch und Gott vereinigt da sind –, und dieses wahre Einssein wirkt nun stätiglich in Tun und Lassen ohn alles Ich, Mir, Mein, Mich und dergleichen: sieh, da ist wahrer Christus und nirgend sonst. Weil nun hier der wahre vollkommene Mensch ist, so ist hier auch das vollkommene Bewußtsein und Empfinden von Wohl und Weh, Lieb und Leid, sauer und süß, Freude und Traurigkeit, von allem, was wahrgenommen und empfunden werden kann von außen und von innen. Und weil denn Gott allda dieser selbe Mensch ist, so hat er auch Bewußtsein und Empfindung des Lieben und Leiden, Bösen und Guten und dergleichen. So wie ein Mensch, der nicht Gott ist, alles das empfindet und wahrnimmt, was dem Menschen wohl und wehe tut, und es ihm zu Herzen geht, besonders was ihm zuwider ist, also ist es auch, wo Gott und Mensch eines ist und doch Gott der Mensch ist; da wird alles vernommen und empfunden, was Gott und Mensch zuwider ist. Und insoweit daselbst der Mensch zunichte wird und Gott allein alles ist, also auch das, was dem Menschen zuwider und sein Leben ist. Und dies muß währen von Gott aus, solange das leibliche, wesenhafte Leben währt und ist. Weiter soll man wissen: Das Eine, darin Gott und Mensch vereint sind, steht seiner selbst und aller Dinge ledig; und wenn etwas da ist, das ist Gottes und nicht des Menschen oder der Kreatur wegen da. Denn Gottes Wesenheit ist ohne Dies und Das, ohne Selbstheit und Ichheit und was dem gleich sei; aber der Kreatur Natur und Eigen ist, daß sie sich selber und das Ihre und dies und das hier oder dort sucht, und will in allem, was sie tut und läßt, ihnen Frommen und Nutzen empfangen. Wo nun die Kreatur oder der Mensch sich und sein Eigen und seine Selbstheit verleugnet und verläßt, da geht Gott ein mit seinem Eigen, das ist mit seinem Selbst.

Wie Gott ein wahres, einiges, vollkommenes Gut ist, und wie er ein Licht ist und eine Einsicht und alle Vorzüglichkeit, und wie man das allerhöchste und beste Gut am meisten lieben soll.

Kurz ist noch zu betrachten: Gott, sofern er gut ist, ist gut schlechthin, nicht aber dieses oder jenes Gute. Hie aber ist etwas Besonderes zu merken. Sieh, was bald hier ist und dann da, das ist nicht aller Enden und über allen Enden und Stätten; und was etwa heut oder morgen ist, das ist nicht allweg und allzeit und über alle Zeit; und was irgend etwas ist, dies oder das, das ist nicht alles und über allem. Sieh, wäre nun Gott ein Etwas, dies oder das, so wäre er nicht alles und über allem, wie er doch ist, und so wäre er auch nicht das wahrhaft Vollkommene. Darum: Gott ist, und ist doch weder dies noch das, das die Kreatur, als Kreatur, erkennen, benennen, denken oder aussprechen könnte. So auch: wäre Gott, indem er gut ist, dieses oder jenes Gute, so wäre er nicht das Gute überhaupt und wäre nicht das einige und vollkommene Gut, das er doch ist. – Nun ist Gott auch Licht und Erkenntnis, und dessen Eigenschaft ist, daß es leuchte und scheine und sich kundmache, und darum, weil Gott Licht und Erkenntnis ist, so muß er leuchten und erleuchten und sich kundmachen, und all dies Leuchten und Kundmachen in Gott ist ohne Kreatur. Doch ist es kein Wirken, sondern ein Sein oder Quellen. Soll es aber zum Werk und Wirken werden, so muß es in den Kreaturen geschehen. Sehet, wo nun dieses Erkennen und Leuchten in einer Kreatur wirkend ist, da bekennt und lehrt es, daß es ist; so auch ist er gut, und darum ist er nicht dies oder das. Er gibt kund und lehrt erkennen, daß er ein wahres,

einiges, vollkommenes Gut ist, daß doch weder dies noch jenes Gute ist, sondern das schlechthin Gute und über allem Gut.
Nun wurde gesagt, das Licht lehre das Eine Gut. Was lehrt es aber von ihm? Dies soll man wohl betrachten. Sieh, ebenso wie Gott das Eine Gut, Erkenntnis und Licht ist, also ist er auch Wille und Liebe und Gerechtigkeit und Wahrheit, kurz, jede Vorzüglichkeit, und ist doch alles nur ein Sein in Gott, und es kann ihrer keine je gewirkt und geübt werden ohne Kreatur, denn es ist in Gott ohne Kreatur nichts anderes als ein Sein und Quellen, aber kein Wirken. Doch indem das Eine, das doch dieses alles ist, eine Kreatur an sich nimmt und ihrer mächtig wird, und die sich ihm fügt, und ihm scheint, daß er sich in seinem Eigensten in ihr kundmachen kann: sieh, da es denn ein Wollen und Lieben ist, so wird es belehrt von ihm selber, insofern es Licht und Erkenntnis ist: Es soll nichts wollen denn das Eine, das es selber ist.
Sieh, so wird denn fürderhin nichts anderes gewollt und geliebt denn das Gute um des Guten willen und um nichts andres als darum, daß es gut ist, nicht weil es dies oder das sei, diesem oder jenem lieb oder leid, wohl oder weh, süß oder sauer und dergleichen. All dessen wird nicht gefragt und geachtet, und auch nicht um sich selber oder als eignes Ich. Denn hier ist alle Selbstheit und Ichheit und Ich und Mir und Mein und Wir und dergleichen entlassen und abgefallen. Da heißt es nicht: ich hab mich lieb oder dies oder das und dergleichen. Und fragte man die Liebe: „Was hast du lieb?" sie spräche: „Ich hab das Gute lieb." „Warum?" Sie spräche: „Weil es gut ist um des Guten willen." So ist es gut und recht und wohlgetan, daß es geliebt würde vor Gott. Und darum denn hat Gott sich nicht lieb als sich selber, sondern als das Gute. Und gäbe es und wüßte Gott etwas Besseres denn Gott, dieses hätte er lieb und nicht sich selbst. So ganz ist Ichheit und Selbstheit von Gott geschieden und gehört ihm nicht zu, außer soviel er dessen bedarf zur Persönlichkeit. Sieh, dies soll alles so sein und ist in Wahrheit so in einem göttlichen oder in einem wahren vergotteten Menschen, denn er wäre anders nicht göttlich oder vergottet.

Wie der ein vergotteter Mensch heißt und ist, der da durchleuchtet ist mit dem göttlichen Licht und entzündet ist mit ewiger Liebe, und wie Licht und Erkenntnis nichts taugen ohne Liebe.

Falls nun jemand fragt, was ein vergotteter oder göttlicher Mensch sei, so ist die Antwort: der durchleuchtet und durchglänzt ist mit dem ewigen oder göttlichen Licht und entzündet und entbrannt mit ewiger und göttlicher Liebe, der ist ein göttlicher und vergotteter Mensch. Des wahren Lichtes ist schon zuvor gedacht; aber man muß wissen, daß Licht oder Erkenntnis nichts ist noch taugt ohne Liebe.

Das mag man daraus ersehen: Ob einer auch gar wohl weiß, was Tugend oder Untugend ist, hat er die Tugend nicht lieb, so ist er darum nicht tugendsam, denn er geht der Untugend nach. Hat er aber die Tugend lieb, so folgt er ihr nach, und die Liebe macht, daß er der Untugend feind wird und mag sie nicht tun und üben und haßt sie auch in allen Menschen; und er hat die Tugend so lieb, daß er sie nicht ungetan und ungeübt läßt, wo er nur kann, und das um keinen Lohn, sondern allein der Tugend zuliebe. Ihm wird die Tugend zum Lohn, und der genüget ihm wohl, und er nähme nicht Schatz und irdisches Gut für die Tugend. Der also ist oder wird tugendsam. Und wer ein wahrhaft tugendsamer Mensch ist, der nähme nicht die ganze Welt, wenn er dafür untugendsam werden müßte, ja er stürbe lieber eines jämmerlichen Todes.

So ist es auch mit der Gerechtigkeit. Mancher weiß wohl, was recht oder unrecht ist, und wird doch nicht gerecht. Weil er die Gerechtigkeit nicht liebt, darum übt er Untugend und Unrecht. Aber hätte er die Gerechtigkeit lieb, so möchte er kein Unrecht tun, denn er wäre der Ungerechtigkeit so feind und gram, daß er, wo er sie in einem Menschen fände, gern große Dinge leiden oder vollbringen wollte, auf daß die Ungerechtigkeit vertilgt und der Mensch gerecht würde. Und eh daß er Unrecht tun wollte, würde er lieber sterben, und das alles allein der Gerechtigkeit zuliebe. Ihm wird Gerechtigkeit zum Lohn, und sie lohnt ihm mit sich selber. So wird und ist er ein Gerechter, und er wollte lieber hundertmal sterben als ungerecht leben.

So ist es auch mit der Wahrheit. Ob einer viel weiß, was wahr oder falsch und gelogen ist, hat er die Wahrheit nicht lieb, so ist er nicht wahrhaftig, hat er sie aber lieb, so geschieht ihm wie bei der Gerechtigkeit. Von der Gerechtigkeit sagt Isaias im 6. Kapitel: „Wehe, wehe denen, die einen zwiespältigen Geist haben. Das sind die, die von außen gut scheinen und inwendig voll Lüge sind, und in ihrem Munde wird Lüge gefunden.“ So sieht man, daß Wissen und Erkennen ohne Liebe nichts taugen. Auch sieht man es am Teufel, der kennt und unterscheidet Böses und Gutes, Recht und Unrecht, doch da er nicht Liebe hat zum Guten, das er erkennt, so wird er nicht gut, was doch geschähe, wenn er Liebe hätte zur Wahrheit und zu andern Tugenden, die er erkennt. Es ist wohl wahr, daß Liebe und Erkenntnis angeleitet und gelehrt werden muß, aber folgt die Liebe der Erkenntnis nicht nach, so wird nichts daraus.

So ist es auch mit Gott und dem, was Gott zugehört. Ob einer auch viel erkennt von Gott und Gottes Eigenschaft und vermeint, er wisse und erkenne auch, was Gott ist, hat er die Liebe nicht, so wird er nicht göttlich oder vergottet. Ist aber wahre Liebe dabei, so muß sich der Mensch an Gott halten und alles lassen, was nicht Gott ist oder Gott nicht zugehört, und all dem ist er feind und gram, es ist ihm zuwider und leidig. Und diese Liebe vereinigt den Menschen mit Gott, daß er nimmermehr von ihm geschieden wird.

Johann von Kastl

(gest. nach 1426)

Über das Leben des Benediktinermönches Johann von Kastl liegen nur wenige gesicherte Daten vor. Er ist wohl in Bayern geboren, studierte in Prag und wurde 1399 zum Prior der Reformabtei Kastl in der Oberpfalz gewählt. Im Jahre 1410 verfaßte er die Schrift, die wir im Textteil vorstellen: „De lumine increato“ (Vom ungeschaffenen Licht), eine Variante der in der Mystik immer wieder auftauchenden Deutung des Lichtes als Ausfluß Gottes, dessen erleuchtende Kraft den Menschen zu seinem Ebenbild machen kann. Johann von Kastl, der um 1417 als Reformator in Weihenstephan genannt wird, dürfte auch Verfasser des lange Zeit Albertus Magnus zugeschriebenen Buches „De adhaerendo Deo“ (Wie man Gott anhangen soll) sein. Den Abschluß unserer Textauswahl bildet Johann von Kastls „Kunst des Sterbens“, eine der für das späte Mittelalter typischen „Sterbelehren“.
„Die Bedeutung Johannes' liegt weniger im Schöpferischen als vielmehr in der Repräsentanz für seine Zeit.“[1] Johann von Kastl greift auf die 200jährige Tradition der deutschen Mystik zurück und entwirft ein Bild von der Auswirkung des Denkens der Großen unter den Mystikern auf seine Gegenwart.
In diesem Sinne ist es sicher nicht verfehlt, bei dem Werk des belesenen Bayern von einer „Spätblüte der deutschen Mystik“[2] zu sprechen.

Vom ungeschaffenen Licht

Der Herr, Gott der Vater, ist Licht und Leuchten; das erhellt aus dem ersten *Kapitel des Jakobusbriefes (1, 7):* Alle beste Gabe und alles vollkommene Geschenk stammt von oben, herabsteigend vom Vater der Lichter.
Auch der Sohn im göttlichen Leben ist Licht; das erhellt aus dem *achten Kapitel des Johannes (8, 12):* Ich bin das Licht der Welt; und aus seinem *ersten Kapitel (1, 9):* Er war das wahre Licht, wo Johannes vom göttlichen Leben spricht; und aus dem *Glaubensbekenntnis der allgemeinen Kirche:* Gott von Gott, Licht vom Licht; der Vater, der Licht ist, konnte doch nichts anderes erzeugen, als was er selbst ist.
Und vom Heiligen Geist singt der *Psalm (42, 3):* Sende aus dein Licht und deine Wahrheit; das meint den Heiligen Geist, der nach *dem vierzehnten Kapitel bei Johannes (14, 7):* Geist der Wahrheit, also des Lichts, genannt wird. Die Wahrheit ist doch Licht für die Vernunft. Das gleiche wird auch einsichtig, weil er hervorgeht vom Vater der Lichter und vom Sohn, der leuchtend an Gestalt ist unter den Menschenkindern. Deshalb redet *Augu-*

stinus, wenn er in den *Selbstgesprächen* auf den Heiligen Geist zu sprechen kommt, den Heiligen Geist selbst an: Du bist das wahre Leuchten, das wahrhafte Licht; wahrlich Feuer Gottes und Meister der Geister, der du durch deine Salbung uns alle Tugend und Wahrheit lehrst. Du Geist der Wahrheit, abseits von dir kann keiner Gott gefallen; denn du bist in dir selbst Licht vom Licht, Gott von Gott; du gehst in unsagbarer Weise hervor aus dem Vater der Lichter und aus dessen Sohn, dem Herrn Jesus Christus; mit ihnen bist du da im gleichen Sein und in gleicher Gestalt und wirst verherrlicht und regierst in der einen Dreifaltigkeit, die über alle Wesenhaftigkeit hinaus ist.
Und noch einmal: Der Dreieine in sich ist ein und dasselbe ungeschaffene, ewige Licht, wie er auch von Natur und vom Wesen her der eine und selbe Herr und Gott ist; das erhellt aus dem ersten Johannesbrief (1. Joh 1, 5): Gott ist Licht, das heißt von Natur wesenhaft und unverstellt, nicht bildlich oder leiblich, sondern wahrhaftig und geistlich; und Dunkelheit, nämlich der Sünde, der Falschheit und des Irrtums, gibt es in ihm keine, auch nicht über irgendwelche Umwege. So auch heißt es in der Glosse zum ersten Kapitel des Johannes (1, 4): Und das Leben war das Licht der Menschen; Gott ist Licht aus seinem Wesen heraus. Oder an der gleichen Stelle (1, 9): Er war das wahre Licht, ohne Falschheit, ohne Schatten, kein Teilhaber an größerem Licht; er ist Licht durch sein Wesen, und damit der Grund für jedes andere Licht.

Deshalb schreibt Hugo im Kommentar zur Himmlischen Hierarchie des Dionysius: Es gibt nur ein Licht, Gott, das ganz Licht ist; und Gnade ist göttliche Erleuchtung; und die Gaben der Gnade erleuchten diejenigen, denen sie geschenkt werden; und die Gnade steigt herab aus einer Quelle und Wurzel; und jede Erleuchtung von dem einen Licht. Es gibt viele Strahlen und nur ein Licht; und das eine Licht breitet sich aus, damit es die vielen erleuchten kann. Es strahlen die vielen Erleuchteten, aber in ihnen wird nur ein einziges Licht sichtbar, und alle werden eins in diesem einen Licht.
So verschenkt sich das eine Gut an die Vielen als Anteil, damit die in ihm eins seien, die von ihm die eine Ähnlichkeit erhalten. Wie nämlich das eine durch Teilhabe in viele aufgeteilt wird, so werden die Vielen in dem einen geeint durch Ähnlichkeit und Nachahmung. So stammen auch alle Gaben von einem; und alle Gewalt steht unter einem; und das eine ist in allen; und alles sammelt sich in einem durch das Hingerichtetsein auf das eine. So aber sind die vielen Erleuchteten, Leuchtenden und Erleuchtenden geeint in dem einen Licht, das sie erleuchtet.
Derselbe schreibt im gleichen Kommentar: Dieses Gut, das die Herzen der Seligen durch die Freude ewiger Schau so auf sich lenkt, daß sie nicht mehr davon loskommen und nicht mehr zum Hinfälligen zerfließen; das sie zur gleichen Zeit durch die Kraft der Sehnsucht auf sich zieht; dieses Gut ist

Licht und ist Süßigkeit. Es ist Licht, weil es durch Schönheit leuchtet und durch Süße erfreut. Deshalb kommt alles, was du siehst, von dort her, so der Sinn und der Grund von allem ist.

Obgleich nun der dreieine Gott in seiner Ganzheit, in Natur und Wesen das eine, ungeschaffene Licht ist, spricht man das Lichtsein normalerweise dem Wort Gottes, Jesus Christus, dem Sohn unter den drei Personen, zu; was übrigens von allen Eigenschaften Gottes gilt, die zum Erkennen und Offenbarwerden gehören, wie Weisheit, Wissen, Verstand. Wie also der dreieine Gott in seiner Ganzheit vom Wesen her eine einzige Weisheit ist und dennoch die Weisheit dem Sohn zugeeignet wird, der die Weisheit des Vaters ist, so gilt Entsprechendes vom Licht.
Deshalb heißt es im achten Kapitel bei Johannes (8, 12): Ich bin das Licht, nämlich von Natur, in Wahrheit und Eigentlichkeit, wer mir folgt, nämlich in gnadenhafter Nachfolge und vollem Glauben, wandelt nicht im Dunkel des Nichtwissens und der Schuld; sondern er wird das Licht des Lebens haben, nämlich das der Glorie in ungebrochener Gottesschau, im Gegensatz zur Dunkelheit der Hölle.
Dazu gehört wiederum, was in der Autorität der katholischen Kirche gesungen wird: Christus, du Licht und Tag, du erhellst die Dunkelheit der Nacht, an dich, an das Licht des Leuchtens, an das wir glauben; du, verkünde das selige Licht.
Und so heißt es auch im einundzwanzigsten Kapitel der Apokalypse (21, 23): Die Stadt, gemeint ist jene himmlische, braucht weder Sonne noch Mond, daß sie in ihr leuchten; denn die Herrlichkeit Gottes erleuchtet sie, und ihr Licht ist das Lamm, nämlich der Mensch Jesus Christus; und die Heiden wandeln in ihrem Licht.

Überdies schreibt auch Albertus im Kommentar zu Dionysius: Das göttliche Licht erleuchtet und erneuert und bestärkt jeden Geist, den der Engel wie den der Menschen; es erleuchtet durch das natürliche Licht, das es zuteilt; es erneuert durch das Licht der Gnade, das es eingießt; es bestärkt durch den Glanz der Herrlichkeit, mit dem es sie erfüllt.
Und Meister Hugo, an der gleichen Stelle wie oben: Das eine Licht gießt sich durch Anteilgeben aus in viele Lichter, um die vielen Erleuchteten zu einem Licht hin zu erneuern, um den vielen an dem einen Licht teilzugeben, um in dessen Gestalt alle eins werden zu lassen; was von ihm durch das Aufteilen in Teilhaber ausfließt, wird durch die Gleichheit der Gleichgestaltung auf ihn hin geeint.

Die Kunst des Sterbens

„In seinem Todeskampf und über ihn hinaus bis zu dem Zeitpunkt, an dem die Seele den Körper verläßt, soll jeder Gläubige inmitten der Angriffe von Dämonen und aller Feinde das folgende fest und ständig und inständig in sich tragen:

- Zuerst den sicheren und unerschütterlichen katholischen Glauben.
- Zweitens die feste Hoffnung, die jede Verzweiflung weit von sich weist.
- Drittens die Geduld in Liebe und Treue zu Jesus Christus, die alles in Ausdauer durchstehen macht.
- Viertens möge er das leere Wohlgefallen des geistigen Hochmuts über eigene Verdienste immer wieder zurückweisen und verachten; es ist nämlich eine Versuchung des Satans.
- Fünftens soll er seinen Willen ganz und gar in den göttlichen Willen einsinken und ihm gleichförmig werden lassen; so als ob der Mensch sich diese Strafe des drohenden Todes und des Schmerzes aus seinen Sünden selbst erwählt habe zur Gleichgestaltung mit dem Willen Gottes.
- Sechstens soll er sich bemühen – soweit die göttliche Gnade es ihm schenkt –, daß er im Leben wie im Tod eher aus Liebe zu Gott und zur Gerechtigkeit trauere über die Menge seiner Sünden und Bosheiten als aus Angst vor irgendeiner Strafe, sei es die der körperlichen Qual, sei es die der inneren Ehre, sei es die des Todes.

Weiterhin: Gut sterben zu können, ist die Kunst der Künste, der Wissenschaften.

Gut und in Frieden sterben zu können, heißt fürwahr: sein Herz und seine Seele jederzeit bereit zu halten für das Jenseitige; dann nämlich wird, wenn der Tod nach Gottes Willen kommt, er einen bereitet und frei von allem finden; und dann wird die Seele ohne angstvolles Zurückweichen den Tod aufnehmen als etwas Gutes und Ersehntes; dann nämlich wird sie die Ankunft des Boten von unserem Herrn Jesus Christus erwarten und begrüßen.

Wenn nun dem Sterbenden in seinem Todeskampf von Gott dem Herrn oder von den Dämonen seine Sünden vorgehalten werden, wie zahlreich und wie groß sie seien, dann halte er dem sofort vertrauend und bewußt das Verdienst des Leidens unseres Herrn Jesus Christus entgegen und das Blut seiner Wunden, wie groß es sei und welche Genugtuung es gebracht habe.

Und dann sage er:

Herr, mein Gott, schau auf das Antlitz deines Christus, und sei gnädig meinen Sünden; zwischen dich und mich, zwischen dein Gericht und meine Sünden werfe ich die Erlösung unseres Retters Jesus Christus. Er ist Gott gepriesen über alles, von Ewigkeit zu Ewigkeit. Amen."

Nikolaus von Kues

(1400–1464)

Der Sohn des Moselschiffers Henne Krebs wurde 1400 in Kues bei Bernkastel geboren. Vom Vater mißhandelt, entfloh er dem Elternhaus und erhielt in der Schule der „Brüder vom gemeinsamen Leben" in Deventer eine umfassende Bildung.
Schon mit 16 Jahren beginnt Nikolaus in Heidelberg mit dem Studium der Naturwissenschaften, erweitert seine Studiengebiete in Padua von 1417–1423 durch die Rechtswissenschaft und die Mathematik und wird 1424 zum juristischen „doctor decretorum" promoviert.
Über Rom und Köln führt ihn sein Weg nach Mainz, wo er 1426 eine An-

waltspraxis eröffnet, in seinem ersten Prozeß jedoch scheitert und sich dem Studium der Theologie zuwendet. 1430 wird Nikolaus zum Priester geweiht, im darauffolgenden Jahr zum Dekan an St. Florian in Koblenz ernannt.
Die folgenden beiden Jahrzehnte verlaufen sehr bewegt. 1432 nimmt Nikolaus am Basler Konzil teil, 1437/38 reist er mit einer päpstlichen Gesandtschaft nach Konstantinopel, zwischen 1438 und 1448 ist er Gesandter Papst Eugens IV. auf den deutschen Reichstagen und auf dem Fürstentag von Aschaffenburg.
1449 wird Nikolaus von Papst Nikolaus V. in den Kardinalsrang erhoben und mit dem Bistum Brixen belehnt. Dort gerät er 1452 mit Erzherzog Sigismund von Tirol in Streit, als er alte Bischofsrechte wieder durchsetzen will, und gleichzeitig mit seinen kirchenreformerischen Bestrebungen in Konflikt mit dem Nonnenkloster Sonnenburg im Pustertal, das er 1457 erstürmen und besetzen läßt. 1460 wird Kardinal Nikolaus in Bruneck von Anhängern Sigismunds gefangengenommen und muß sein Bistum für immer verlassen.
Die letzten vier Jahre seines Lebens verbrachte Nikolaus in Italien. Er starb am 11. August 1464 in Todi/Umbrien.
Nikolaus von Kues ist zweifellos eine der eindrucksvollsten Persönlichkeiten des Mittelalters. Er war gewandter Diplomat, streitbarer Bischof und einer der größten Gelehrten seiner Zeit. Sein Wissensgebiet umfaßte Theologie, Philosophie, Geschichte, Mathematik und Naturwissenschaften. Er beherrschte neben Latein Griechisch, Hebräisch und verstand Arabisch.
„Dieser Mann griff jahrzehntelang in die großen kirchenpolitischen Krisen Europas ein und war zugleich verzehrt von glühender Liebe zu rein wissenschaftlichem Studium, zu stiller Betrachtung und Versenkung in die Spekulationen mystischer Theologie. Es ist bewunderungswürdig, wie viele bedeutsamen Werke er inmitten der mannigfaltigsten und oft verantwortungsvollen kirchenpolitischen Geschäfte zu verfassen Zeit und Kraft fand."[1]
Wir stellen aus der Fülle seiner Schriften, die er mit wenigen Ausnahmen in lateinischer Sprache verfaßte, Auszüge vor aus seinem Hauptwerk „De docta ignorantia" (Die wissende Unwissenheit); aus der naturwissenschaftlichen Schrift „De beryllo" (Der Beryll), in der die Idee der „Welt im kleinen" (Mikrokosmos) deutlich wird; aus dem mystischen Text „De visione Dei" (Die Gottesschau) und aus dem „Dialogus de pace fidei" (Dialog vom Glaubensfrieden), verfaßt im Jahre 1453 nach dem Fall Konstantinopels, in dem Nikolaus den Vertretern von 17 Religionen und Nationen begreiflich zu machen sucht, daß die römische Kirche den Anliegen aller gerecht zu werden vermöge.
Ein Brief, der von den Diskussionen der Zeit über die von Nikolaus vertretene „theologia ignorantia" zeugt, möge das Bild des Mannes abrunden, dessen Verständnis von Mystik in seinem Paradoxon zum Ausdruck kommt: „Gott ist nur jenseits des Zusammenfallens der Gegensätze. In ihm fallen

das Große und Kleine, das Viel und Wenig zusammen. Und das ist die mystische Theologie."[2]

De docta ignorantia – Die wissende Unwissenheit

Auf welche Weise Wissen Nichtwissen bedeutet

Wir werden gewahr, daß durch göttliches Geschenk allen Dingen ein natürliches Verlangen innewohnt, auf die bestmögliche Weise, zu der eines jeden Natur die Voraussetzungen in sich birgt, zu sein; sie besitzen geeignete Mittel, um auf dieses Ziel hinzuarbeiten. Von diesen entspricht die angeborene Urteilskraft dem, was zu erkennen vorgegeben ist, damit Streben und Verlangen nicht vergebens seien, sondern im geliebten Drang der eigenen Natur die Ruhe erreichen können. Wenn dies vielleicht anders ist, dann notwendigerweise durch äußeren Einfluß, wenn Schwäche den Geschmack oder irrige Meinung das Denkvermögen verführt. Darum sagen wir, daß der gesunde und freie Geist das Wahre, das er in unstillbarem Streben, alles durchforschend, zu erreichen verlangt, in liebender Umarmung ergreift und erkennt; und wir zweifeln nicht, daß das wirklich Wahre jenes ist, dem kein gesunder Geist widersprechen kann.

Alle, die etwas untersuchen, beurteilen das Ungewisse im Vergleich und gemäß seinem Verhältnis zu einem als gewiß Vorausgesetzten; also ist jede Untersuchung ein Vergleich, der sich eines Verhältnisses als Mittel bedient, so daß, wenn das zu Erforschende durch nahestehende, verhältnisbezügliche Rückführung mit dem Vorausgesetzten verglichen werden kann, das begreifende Urteil leicht ist. Wenn wir viele Zwischenglieder notwendig haben, stellen sich Schwierigkeit und Mühe ein. Dies ist von der Mathematik her bekannt, wo sich die ersten Sätze leichter auf die ursprünglichen völlig bekannten Prinzipien zurückführen lassen, die späteren aber schwieriger, da dies nur durch die Vermittlung der ersten möglich ist. Alles Untersuchen besteht also in einer leichten oder schwierigen vergleichenden Verhältnisbeziehung. Deshalb ist das Unendliche als Unendliches, da es sich jeder Verhältnisbeziehung entzieht, unbekannt.

Da die Verhältnisbeziehung in einem bestimmten Punkt zugleich Übereinstimmung und Anderssein aussagt, kann sie ohne Zahl nicht verstanden werden. Die Zahl schließt also jeden möglichen Verhältnisbezug ein; sie ist folglich nicht nur in der Quantität, die den Verhältnisbezug bewirkt, sondern in allem, was irgendwie an Grundsätzlichem oder von außen Hinzukommendem übereinstimmen oder sich unterscheiden kann. Daher kam wohl Pythagoras zu dem Urteil, daß alles durch die Kraft der Zahlen geordnet und erkannt werde. Dennoch überschreitet vollkommene Genauigkeit der Verbindungen in körperlichen Dingen und eine völlig entsprechende Anpassung des Bekannten an das Unbekannte den menschlichen Verstand so sehr, daß es Sokrates schien, er wisse nichts, außer, daß er nichts wisse, während der weise Salomon versicherte, daß alle Dinge schwierig und in der Sprache nicht ausdrückbar seien. Und ein anderer, von göttlichem Geist erfüllter Mann sagt, daß die Weisheit und der Ort der Einsicht den Augen aller Lebendigen verborgen sei.

Wenn dies sich also so verhält (und das versichert auch der tiefgründige Aristoteles in der „Ersten Philosophie“: in der Natur bereite uns auch das Offenkundigste die größten Schwierigkeiten, gleich einer Eule, welche die Sonne zu sehen versucht), dann sehnen wir uns – da Drang und Verlangen in uns nicht vergeblich sind – danach, zu wissen, daß wir nicht wissen. Können wir das in seiner Fülle erreichen, so erreichen wir die wissende Unwissenheit. Denn nichts käme dem Menschen, auch dem gelehrtesten, in vollkommenerer Weise zu, als in der Unwissenheit selbst, die ihm eigentümlich ist, höchst weise erfunden zu werden; und je weiser einer ist, um so mehr wird er um seine Unwissenheit wissen.

Um dieses Zieles willen habe ich die Mühe auf mich genommen, einiges wenige über die wissende Unwissenheit zu schreiben.

Da ich die größte Wissenschaft der Unwissenheit behandeln will, halte ich es für notwendig, die Natur der Größe selbst zu untersuchen.

Das Größte nenne ich das, über das hinaus nichts größer sein kann. Die Überfülle jedoch kommt dem Einen zu. Es koinzidiert also die Einheit, die auch die Seiendheit ist, mit der Größe. Wenn diese Einheit von jeder Beziehung und Verschränkung völlig losgelöst ist, dann ist es, da sie die losgelöste Größe ist, offenkundig, daß ihr nichts entgegengesetzt werden kann. Das absolute Größte ist also das Eine, das alles ist; alles ist in ihm, weil es das Größte ist. Und da ihm nichts entgegengesetzt wird, koinzidiert mit ihm zugleich das Kleinste, welches darum auch in allem ist. Und weil es absolut ist, ist es als Wirklichkeit jedes mögliche Sein; da alles von ihm stammt, zieht es nichts von den Dingen an sich.

Dieses Größte, das im Glauben aller Völker ohne jeden Zweifel für Gott gehalten wird, werde ich mich im ersten Buch jenseits menschlicher Vernunft unter der Führung dessen, der allein im unzugänglichen Lichte wohnt, auf unbegreifliche Weise zu erforschen bemühen.

An zweiter Stelle werde ich folgendes zeigen: Wie die absolute Größe die absolute Seiendheit ist, durch die alles das ist, was es ist, so ist sie auch die allgemeine Einheit des Seienden, das das vom Absoluten abhängige Größte genannt wird und das daher in Verschränkung als Gesamt besteht. Seine Einheit ist nämlich in der Vielheit, ohne die es nicht sein kann, verschränkt. Wenn dieses Größte auch in seiner allgemeinen Einheit alles umfaßt, so daß alles, was vom Absoluten stammt, in ihm und es selbst in allem ist, hat es dennoch außerhalb der Vielfalt, in der es ist, keinen Grundbestand, da es ohne Verschränkung, von der es nicht losgelöst werden kann, nicht existiert. Über dieses Größte, d.h. über das Gesamt, werde ich im zweiten Buch einiges hinzufügen.

An letzter Stelle wird das Größte nach einer dritten Betrachtungsweise folgerichtig verdeutlicht werden. Denn da das Gesamt nur in der Vielfalt auf verschränkte Weise Bestand hat, suchen wir im Vielen nach dem Einen Größten, in dem das Gesamt als in seinem Ziel wirklich am größten und vollkommensten besteht. Und weil dieses mit dem Absoluten, der allgemeinen Zielgrenze, vereint ist, ist es das unser Fassungsvermögen überschreitende, vollkommenste Ziel. Ich werde über dieses Größte, das zugleich verschränkt und absolut ist, und das wir Jesus, den immer Gepriesenen nennen, einiges sagen, soweit er selbst mich erleuchten wird.

Jener, der den Sinn erreichen will, muß, statt auf den Eigentümlichkeiten der Wörter, die derartigen, geistigen Geheimnissen nicht vollkommen angepaßt werden können, zu verharren, mit seinem Geist über die Bedeutung der Worte hinaus vordringen. Auch muß man, um den Weg zu weisen, Beispiele im übertragenen Sinn gebrauchen, wobei das Sinnliche zu verlassen ist, damit der Leser ohne Schwierigkeit zu einem einfachen Verstehen gelangt. Ich habe mich bemüht, die Suche dieses Weges, soweit ich es vermochte, dem allgemeinen Verstand zu eröffnen, indem ich alle Rauheit des Stils vermied und auch die Wurzel der wissenden Unwissenheit vermittels der unbegreiflich genauen Abgrenzung der Wahrheit sogleich aufwies.

Da es aus sich offenkundig ist, daß es *keinen Verhältnisbezug des Unendlichen zum Endlichen* gibt, so ist daraus auch völlig einsichtig, daß man dort, wo Ausgehendes und Ausgegangenes zu finden ist, nicht zum schlechthin Größten gelangen kann; denn Ausgehendes und Ausgegangenes ist endlich. Das schlechthin Größte aber ist notwendigerweise unendlich. Selbstverständlich kann es also, sobald etwas, das nicht das schlechthin Größte ist, gegeben ist, ein noch Größeres geben. Und da wir eine abgestufte Gleichheit finden, so daß das Eine der Zusammengehörigkeit und dem Unterschied von Gattung, Eigengestalt, Ort, Einfluß und Zeit entsprechend, dem Einen gleicher ist als dem Anderen, ergibt sich, daß es nicht zwei oder mehrere Dinge geben kann, die einander so ähnlich und gleich sind, daß sie nicht noch unendlich ähnlicher sein könnten. Daher werden Maß und Gemessenes, wie gleich sie einander auch sind, stets verschieden bleiben.

Es kann also der endliche Geist durch Ähnlichkeit die Wahrheit der Dinge nicht genau erreichen. Die Wahrheit nämlich ist nicht mehr noch weniger. Sie besteht in einem Unteilbaren und nichts, das nicht selbst als Wahres besteht, kann sie in genauer Abgrenzung messen; so wie der Nicht-Kreis den Kreis, dessen Sein in etwas Unteilbarem besteht, nicht messen kann.

Der Geist also, der nicht die Wahrheit ist, begreift diese niemals so genau,

daß er sie nicht unendlich genauer begreifen könnte; er verhält sich zur Wahrheit wie ein dem Kreis eingeschriebenes Vieleck, welches dem Kreis um so ähnlicher sein wird, je mehr Winkel es hat. Dennoch wird es, auch wenn man die Winkel unendlich vervielfacht, ihm niemals gleich werden, außer es löst sich in die Identität mit dem Kreis auf.
Es ist also offenkundig, daß wir über das Wahre nichts anderes wissen, als daß es selbst, in genauer Abgrenzung, so wie es ist, unbegreiflich bleibt, und daß es sich in der Wahrheit, als in absoluter Notwendigkeit, in unserem Geist als in der Möglichkeit verhält. Die Washeit der Dinge also, die Wahrheit der Seienden, in ihrer Reinheit unerreichbar, ist von allen Philosophen erfragt, von niemandem aber, so wie sie ist, erschlossen worden; und je tiefer wir in dieser Unwissenheit wissend und weise geworden sein werden, um so mehr werden wir uns der Wahrheit selbst nähern.

De Beryllo – Der Beryll

I.

Wer gelesen hat, was ich in meinen verschiedenen Büchern geschrieben habe, wird sehen, daß ich mich häufig mit dem Zusammenfall der Gegensätze beschäftigte und mich oft bemühte, mein Denken einer vernunfthaften Schau gemäß, die über die Kraft des Verstandes hinausgeht, zu entfalten. Um dem Lesenden einen möglichst deutlichen Begriff zu vermitteln, will ich ein Spiegelbild und Gleichnis zu Hilfe nehmen, damit dadurch jeder an der äußersten Grenze des Wissbaren Hilfe und Leitung für seinen schwachen Verstand finde. Auch will ich gewichtige Ansichten und Aussagen von Männern, die in schwierigen Fragen erfahren sind, hinzufügen, so daß man, wenn man Spiegel und Gleichnis angewendet hat, in vernunfthafter Schau ein Richter darüber wird, inwieweit sich jene der Wahrheit genähert haben.
Obwohl dieses Buch kurz zu sein scheint, gibt es doch genügend Anleitung über das Verfahren, wie man vom Gleichnis zu umfassender und erhabener Schau gelangen kann. Es wird dabei in der Möglichkeit jedes einzelnen liegen, die zugrunde liegende Methode auf jedes Forschungsthema anzuwenden und zu erweitern. Der Grund aber, warum sowohl Platon in seinen Briefen, als auch der große Dionysios es verboten, solche Geheimnisse denjenigen, welchen geistige Erhebung unbekannt ist, mitzuteilen, war der, daß diese nichts lächerlicher finden als solche erhabenen Dinge.
Der dem Tierischen verhaftete Mensch erfaßt die göttlichen Geheimnisse nicht. Wessen Geist jedoch darin geübt ist, dem wird nichts Ersehnenswerteres begegnen. Wenn dir dies beim ersten Anblick als törichte Albernheiten erscheint, dann mußt du wissen, daß der Fehler an dir liegt. Wenn du

aber in tiefstem Erkenntnisstreben ein wenig fortfährst und Meditation und praktisches Verfahren von jemandem annimmst, der dir das Gleichnis erklärt, dann gelangst du dahin, daß du diesem Licht nichts voranstellst und dich freust, einen geistigen Schatz gefunden zu haben. Und das wirst du in kürzester Zeit erfahren. Zur Sache kommend, will ich nun zuerst darlegen, warum ich dem Buch den Namen Beryll gegeben habe und was meine Absicht ist.

II.

Der Beryll ist ein leuchtender, weißer und durchscheinender Stein. Man schleift ihn zugleich konkav und konvex zu, und wenn dann jemand durchschaut, so sieht er Dinge, die ihm vorher unsichtbar waren. Wenn den geistigen Augen ein vernunfthafter Beryll angepaßt wird, der die größte und zugleich die kleinste Form hat, erreicht man mit seiner Hilfe den unteilbaren Ursprung aller Dinge. Wie dies geschieht, will ich mit größtmöglicher Klarheit entwickeln. Zuvor aber muß ich einige zweckdienliche Überlegungen vorausschicken.

III.

Zunächst achte darauf, daß das Eine der erste Ursprung ist. Nach Anaxagoras wird er Vernunft genannt. Aus ihr tritt alles ins Sein, auf daß sie sich selbst offenbare. Denn die Vernunft freut sich, das Licht ihrer Einsicht und ihres Vernehmens zu zeigen und mitzuteilen. Das gründende Denken, das sich zum Ziel seiner Werke macht – gleichsam, um in seiner Herrlichkeit offenbar zu werden – schafft erkennende Substanzen, die fähig sind, seine Wahrheit zu sehen. Ihnen verleiht und zeigt sich der Schöpfer in der Weise, in der sie ihn erfassen können. Dieses Wissen ist das erste, in dem eingefaltet alles enthalten ist, das gesagt werden kann.

IV.

An zweiter Stelle mußt du wissen, daß das, was weder wahr noch wahrähnlich ist, nicht ist. Alles aber, was ist, ist in einem Anderen anders als in sich selbst. In sich selbst ist es als in seinem wahren, in einem Anderen als in seinem wahr-ähnlichen Sein, so, wie das Warme in sich als in seinem wahren Sein ist, im Erwärmten aber durch die Ähnlichkeit seiner Wärme.
Es gibt drei Arten der Erkenntnis: die sinnliche, die verständige und die der

Einsicht. Diese werden Augustinus zufolge Himmel genannt. Das Sinnliche ist im Sinn durch seine sinnliche Eigengestalt oder Ähnlichkeit und der Sinn im Sinnlichen durch seine sinnenhafte Eigengestalt. Ebenso ist das Verstehbare im Verstand durch seine verständige Ähnlichkeit und der Verstand im Verstehbaren durch seine verstandhafte Ähnlichkeit; genauso das Vernunft-Einsichtige in der Vernunft-Einsicht und umgekehrt. Diese Ausdrükke sollen dich nicht verwirren, da manchmal das Vernunft-Einsichtige auch das Verstehbare genannt wird. Ich nenne es wegen der Vernunft-Einsichten so.

V.

An dritter Stelle merke dir den Satz des Protagoras: der Mensch ist das Maß aller Dinge. Denn mit dem Sinn mißt er das Sinnliche, mit dem Verstehen das Verstehbare und das, was über dieses hinausgeht, erreicht er im Überstieg. Er tut dies auf Grund von Prämissen. Denn wenn er weiß, daß die erkennende Seele das Ziel des Erkennbaren ist, so weiß er auf Grund der sinnhaften Kraft, daß das Sinnliche so sein muß, wie es sinnlich aufgenommen werden kann. Ebenso verhält es sich mit dem Verstehbaren, damit es verstanden werden kann; und dem Überragenden, damit es überragt. Darum findet der Mensch in sich selbst gleichsam als der messenden Wesensbestimmung alles Geschaffene.

VI.

An vierter Stelle beachte den Ausspruch des Hermes Trismegistos zu: der Mensch ist ein zweiter Gott. Denn so wie Gott der Schöpfer der wirklichen Seienden und der natürlichen Formen ist, ist der Mensch der Schöpfer der Verstandesdinge und der künstlichen Formen. Diese sind nichts anderes als Ähnlichkeiten seines Denkens so wie die Geschöpfe Gottes Ähnlichkeiten des göttlichen Denkens sind. Demgemäß hat also der Mensch sein Vernunft-Denken, das eine Ähnlichkeit des göttlichen ist, im schöpferischen Tun.

Darum schafft er Ähnlichkeiten von den Ähnlichkeiten des göttlichen Denkens, in einer Weise wie die äußerlichen künstlichen Figuren Ähnlichkeiten der inneren natürlichen Gestalten sind. Daher mißt er sein Denken durch die Mächtigkeit und Möglichkeit seiner Werke und gewinnt danach das Maß für das göttliche Denken in ähnlicher Weise, wie die Wahrheit durch ihr Bild gemessen wird. Und das ist gleichnishaftes Wissen. Der Mensch hat einen zutiefst dringenden Blick, mit dem er sieht, daß das Gleichnis ein Gleichnis der Wahrheit ist, so daß er weiß, daß das die Wahrheit ist, die nicht in irgendeinem Gleichnis darstellbar ist.

De visione Dei – Die Gottesschau

Abhandlung über die Gottesschau oder das Bild, verfaßt von dem in Christus verehrungswürdigen Vater und Herrn Nikolaus von Kues, Priester, Kardinal von St. Peter in Ketten und Bischof von Brixen, an den Abt und die Brüder von Tegernsee

Ich will euch jetzt, geliebte Brüder, meine Gedanken über einen leicht faßlichen Zugang zur mystischen Theologie darlegen, wie ich es schon früher versprochen habe. Ich weiß, daß euch der Eifer für Gott leitet und so halte ich euch für würdig, daß euch dieser so überaus kostbare und fruchtbare Schatz zugänglich gemacht werde. Vor allem bitte ich den Allmächtigen, daß er mir sein göttliches Wort schenke und jene Rede gebe, die allein sich selbst offenbaren kann, auf daß ich eurem Fassungsvermögen gemäß das Wunderbare darzulegen vermag, das sich uns über aller sinnlichen, verständigen und vernunfthaften Schau enthüllt. Ich werde versuchen, euch in ganz einfacher und allgemein begreiflicher Weise an der Hand zu nehmen und nach Art der Selbstbetätigung in das heilige Dunkel zu führen. Weilt ihr dort, so werdet ihr empfinden, daß das unzugängliche Licht gegenwärtig ist. Jeder muß dann aus sich selbst in einer Weise, in der es ihm Gott zugesteht, danach trachten, ihm immer näher zu kommen und in süßem Vorgeschmack hier schon jenes Mahl ewiger Glückseligkeit zu kosten, zu dem wir gerufen sind im Wort des Lebens durch die Frohbotschaft Christi, der immer gepriesen sei.

Trachte ich, euch in menschlicher Weise zum Göttlichen zu führen, so muß dies auf dem Weg des Gleichnisses geschehen. Unter den menschlichen Werken aber fand ich kein Bild, das unserem Vorhaben besser entspräche als das des Alles-Sehenden. Ich meine ein solches Bild, das durch außerordentliche Kunst der Malerei so wirkt, als ob es alles ringsherum überschaue. Es gibt viele ausgezeichnete Bilder dieser Art; z. B. das des Bogenschützen in Nürnberg, ferner ein sehr kostbares Bild im Rathaus zu Brüssel, das von dem großen Maler Roger stammt; in Koblenz ist eines in meiner Veronikakapelle; ferner in der Burg von Brixen, d. h. der Engel, der das Wappen der Kirche trägt und viele andere. Damit ihr aber nun bei der tatsächlichen Betrachtung, die ein solches Bild erfordert, nicht versagt, schicke ich Euch, liebe Brüder, das Bild, das ich eben bekommen konnte. Es stellt einen Alles-Sehenden dar, und ich nenne es ein Bild Gottes. Befestigt es irgendwo, z. B. an einer Nordwand und stellt euch dann in gleichem Abstand von ihm auf.

Schaut es an und jeder von Euch, von welcher Stelle er es auch betrachtet, wird erfahren, daß jenes Bild ihn gleichsam allein anblickt. Dem Bruder, der im Osten steht, scheint das Antlitz in östlicher Richtung zu blicken, dem im Süden, in südlicher und dem in Westen, in westlicher.

Zuerst werdet ihr euch darüber wundern, wie es geschehen kann, daß es alle und jeden einzelnen zugleich ansieht. Denn derjenige, welcher im Osten steht, kann sich in keiner Weise vorstellen, daß der Blick des Bildes auch in eine andere Richtung, nach Westen oder Süden, gerichtet ist. Nun mag der Bruder, der im Osten steht, sich nach Westen begeben und erfahren, daß der Blick hier ebenso auf ihn gerichtet ist wie vordem im Osten. Und da er weiß, daß das Bild fest hängt und unbeweglich ist, wird er sich über die Wandlung des unwandelbaren Blickes wundern. Auch wenn er seinen Blick fest auf das Bild heftet und von Osten nach Westen geht, wird er erfahren, daß der Blick des Bildes ununterbrochen mit ihm geht und, kehrt er von Westen nach Osten zurück, ihn auch dann nicht verläßt. Er wird sich wundern, wie dieser Blick sich unbeweglich bewegte. Und noch weniger wird sein Vorstellungsvermögen es fassen können, daß er sich mit einem anderen, der ihm selbst aus entgegengesetzter Richtung begegnet, in derselben Weise bewegt. Um dies zu erproben lasse er einen Mitbruder, den Blick auf das Bild geheftet, von Osten nach Westen gehen, während er selbst von Westen nach Osten wandert; sobald er ihm begegnet, mag er ihn fragen, ob der Blick der Bildes ständig mit ihm wandle, und ihm glauben, so er hört, daß der Blick des Bildes sich gleichermaßen mit ihm und entgegengesetzt bewegt. Sollte er nicht glauben, würde er nicht fassen, daß dies möglich ist.

So gelangt er durch die Mitteilung des Berichtenden zum Wissen, daß jenes Antlitz alle, auch die in entgegengesetzter Richtung wandernden nicht verläßt. Er erfährt, daß das unbewegliche Antlitz sich ebenso nach Osten wie nach Westen, ebenso nach Süden wie nach Norden bewegt, und ebenso zu einem Ort wie zu allen und ebenso zu einer Bewegung wie zu allen hinblickt. Und während er darauf achtet, daß dieser Blick niemanden verläßt, wird er gewahr, daß er um jeden einzelnen so Sorge trägt, als ob er sich allein um ihn, der erkennt, daß er angeblickt wird, kümmern würde und um keinen anderen; und das so sehr, daß derjenige, den er anblickt, nicht zu begreifen vermag, daß er auch um einen anderen Sorge trägt. So wird er auch sehen, daß er dem geringsten Geschöpf die gleiche eifrige Sorge widmet wie dem größten und dem ganzen Gesamt. Durch solche sinnliche Erscheinungen möchte ich euch, geliebte Brüder, mittels einer Art Andachtsübung zur mystischen Theologie emporführen, wobei ich drei hierzu geeignete Dinge vorausschicken will:

I.
Die Vollkommenheit der Erscheinung wird in bezug auf den vollkommenen Gott bewahrheitet

An erster Stelle, so meine ich, muß man zugrunde legen, daß im Blick des Bildes Gottes nichts erscheinen kann, das im wahren Blick Gottes nicht wahrer wäre. Gott, die Höhe aller Vollkommenheit und größer als er gedacht werden kann, wird ja deshalb so, d. h. der Theos genannt, weil er alles schaut. Wenn daher ein gemalter Blick auf einem Bild so erscheinen kann, als betrachte er zugleich alles und jedes einzelne, dann kann dies, da es die Vollendung des Blickes ist, der Wahrheit nicht weniger wahrhaft zukommen als dem Abbild oder der Erscheinung erscheinungshaft zukommt.
Auch wenn bei uns das eine Sehen schärfer ist als ein anderes und eines nur das Nahe, ein anderes hingegen auch das Fernere unterscheidet, und eines einen Gegenstand schneller, ein anderes ihn langsamer erreicht, so gibt es keinen Zweifel, daß das absolute Sehen, von dem jedes Sehen der Sehenden herstammt, alle Schärfe, Schnelligkeit und Kraft aller tatsächlich Sehenden und aller, die zu Sehenden werden können, übertrifft.
Wenn ich das losgelöst Sehen, das ich im Geist von allen Augen und Organen abgelöst habe, betrachte und bedenke, daß dieses entbundene Sehen in seinem verschränkten Sein – dem gemäß eben die Sehenden durch das Sehen sehen – zu Zeit, Himmelsrichtungen, einzelnen Gegenständen und dergleichen Bedingungen verschränkt ist und daß das abstrakte Sehen von diesen Bedingungen gleichermaßen gelöst und frei ist, dann begreife ich wohl, daß es nicht der Seinsheit des Sehens entspricht, ein Ding mehr zu betrachten als ein anderes, wenn es auch zum Sehen im verschränkten Sein gehört, daß es, während es das eine betrachtet, nicht das andere oder alles in absoluter Weise betrachten kann. Gott aber, da er das wahre, unverschränkte Sehen ist, ist nicht geringer als das, was die Vernunft vom entbundenen Sehen begreifen kann. Er ist vielmehr über jedes Vergleichsverhältnis hinaus vollkommener. Darum vermag auch die sichtbare Erscheinung des Bild-Blickes noch viel weniger als der Begriff der höchsten Vollendung des absoluten Sehens nahekommen. Darum dürfen wir nicht zweifeln, daß das, was in jenem Bild erscheint, im absoluten Sehen in überragendem Maße enthalten ist.

II.
Das absolute Sehen umfaßt alle Maßweisen des Sehens

Weiters achte darauf, daß das Sehen im Sehenden je nach der Verschiedenheit seiner Verschränkung verschieden ist. Unser Sehen folgt sowohl den Eindrücken körperlicher als auch seelischer Art. Darum sieht einer zuerst in

Liebe und Freude, dann in Schmerz und Zorn, zuerst kindlich, dann männlich, ernst und greisenhaft. Das von aller Verschränkung losgelöste Sehen jedoch umfaßt zugleich und auf einmal alle und jede einzelne Weise des Sehens; gleichsam als das angemessene Maß und das wahrste Urbild alles Sehens. Denn ohne das absolute Sehen kann es kein verschränktes geben. Es umfaßt in sich alle Maßweisen des Sehens, und zwar so, daß es alle wie jede einzelne in sich begreift. Dennoch bleibt es von aller Verschiedenheit völlig frei. Im absoluten Sehen sind nämlich alle Blickweisen der Verschränkungen unverschränkt. Jede Verschränkung ist im Absoluten, weil das absolute Sehen die Verschränkung der Verschränkungen ist. Diese Verschränkung aber ist unverschränkbar. Die einfachste Verschränkung fällt daher mit dem Absoluten zusammen. Ohne Verschränkung aber wird nichts verschränkt. So ist die absolute Schau in jedem Sehen, weil durch sie jede verschränkte Schau ist und ohne sie in keiner Weise sein kann.

III.
Alle Aussagen über Gott sind in Wirklichkeit voneinander nicht verschieden

Ferner achte darauf, daß alles, was über Gott ausgesagt wird, wegen der höchsten Einfachheit Gottes voneinander nicht verschieden sein kann, auch wenn wir wegen dieser und jener Gründe Gott immer andere Namen beilegen. Gott ist der absolute Wesenssinn eines jeden bildbaren Wesenssinnes, schließt alle Wesensbestimmungen in sich ein. Obwohl wir daher Gott Sehen, Hören, Geschmack, Geruch, Gefühl, Sinn, Verstand und Vernunft und dergleichen beilegen, gemäß der je anderen Bedeutungen dieser Worte, ist dennoch in ihm das Sehen vom Hören, Schmecken, Riechen, Berühren, Empfinden und Verstehen nicht verschieden. Und darum sagt man, daß die ganze Theologie in der Kreisstruktur gegeben sei, weil die eine der Gott zugeschriebenen Eigenschaften durch die andere bestätigt wird. Bei Gott ist Haben Sein, Bewegung Stehen, Laufen Ruhen; und dasselbe gilt für die übrigen Attribute. Wenn wir ihm also auch nach der einen Betrachtungsweise die Aussage zuteilen, er bewege sich, und nach der anderen, er stehe, so kann es doch in Gott, als dem absoluten Wesenssinn, in dem alle Andersheit Einheit und alle Verschiedenheit Selbigkeit ist, die Verschiedenheit der Wesensgründe, als welche wir die Verschiedenheit verstehen, welche nicht die Selbigkeit ist, nicht geben.

IV.
Das Sehen Gottes wird Vorsehung, Gnade und ewiges Leben genannt

Tritt nun, Bruder und Betrachter, heran zum Bild Gottes; zuerst stelle dich im Osten auf, danach im Süden und zuletzt im Westen. Weil der Blick des

Bildes dich überall gleichermaßen anschaut und nicht verläßt, wohin immer du auch wandern magst, so wird in dir die Betrachtung geweckt; du fühlst dich aufgerufen und wirst sprechen: Herr, ich schaue nun in Deinem Bild Deine Vorsehung in sinnlicher Erfahrung. Denn wenn Du mich, der ich der niedrigste von allen bin, nicht verläßt, dann wirst Du niemals irgendeinen verlassen. In gleicher Weise bist Du mit allen und jedem Einzelnen, so wie das Sein mit ihnen ist, ohne das sie nicht zu sein vermögen.

Du bist also als das absolute Sein von allem so bei sämtlichen Wesen, als ob du um nichts anderes Sorge trügest. Und darum gibt es kein Ding, das nicht sein Sein allem Übrigen und seine Seinsweise allen anderen Seinsweisen vorzöge. Und so sehr blickt es auf sein Sein, daß es lieber zuläßt, daß das Sein aller anderen zugrunde geht als sein eigenes. Denn Du Herr, betrachtest alles, was ist, in einer Weise, daß man auch durch alles, das ist, nicht fassen kann, daß Du noch um etwas anderes Sorge trügest, als darum, daß nur es allein auf die bestmögliche Weise bestehe, nach der es bestehen kann, und daß alle anderen Dinge, die sind, allein dazu da sind, dem, welches Du ansiehst, so zu dienen, daß es auf die beste Weise sei. Du läßt mich in keiner Weise begreifen, Herr, daß Du etwas außer mir mehr als mich liebst, da mich Dein Blick nicht verläßt. Und weil das Auge dort ist, wo die Liebe weilt, erfahre ich, daß Du mich liebst; denn über mir, deinem geringen Diener, ruht Dein Auge in größter Aufmerksamkeit.

Dein Sehen, Herr, ist Lieben, und wie Dein Blick mich so aufmerksam betrachtet, daß er sich nie von mir abwendet, so auch Deine Liebe. Und weil Deine Liebe immer mit mir und sie nichts anderes ist als Du selbst, der mich liebt, darum bist Du immer mit mir, Herr, Du verläßt mich nicht. Von allen Seiten behütest Du mich, weil Du aufmerksamst Sorge für mich trägst. Dein Sein, Herr, verläßt mein Sein nicht. Soweit Du mit mir bist, soweit bin ich. Und da Dein Sehen Dein Sein ist, bin ich also, weil Du mich anblickst. Wendest Du Dein Antlitz von mir, so würde ich in keiner Weise weiter bestehen. Aber ich weiß, daß Dein Blick jene größte Güte ist, die nicht anders kann, als sich jedem Aufnahmefähigen mitzuteilen. Darum kannst Du mich nie verlassen, solange ich fähig bin, Dich aufzunehmen. An mir also liegt es, soviel ich nur vermag, mich immer empfänglicher für Dich zu machen. Ich weiß aber, daß diese Aufnahmefähigkeit, welche Vereinigung gewährt, nichts ist als Ähnlichkeit. Die Unfähigkeit aber stammt aus Unähnlichkeit. Wenn ich mich also in jeder nur möglichen Weise Deiner Gutheit ähnlich gemacht habe, werde ich gemäß dem Grad dieser Ähnlichkeit die Wahrheit empfangen können.

Du hast mir, Herr, das Sein gegeben; und zwar ein solches Sein, das sich Deiner Gnade und Güte ständig mehr empfänglich machen kann. Diese Kraft, die ich von Dir erhalten habe und in der ich ein lebendiges Abbild der Kraft Deiner Allmacht besitze, ist der freie Wille, durch den ich die Aufnah-

mefähigkeit für Deine Gnade vergrößern oder verringern kann. Ich kann sie vergrößern durch Angleichung, wenn ich mich bemühe, gut zu sein, weil Du gut bist, gerecht zu sein, weil Du gerecht bist und barmherzig zu sein, weil Du barmherzig bist; ich kann es tun, wenn mein ganzes Bemühen auf Dich hin gerichtet ist, weil all Dein Bemühen mir zugewandt ist; wenn ich Dich allein mit ganzer Aufmerksamkeit betrachte und meine Augen nie abwende, weil Du mich in ständiger Schau umfängst; wenn ich meine Liebe allein auf Dich richte, da Du, der Du die Liebe bist, allein mir zugewandt bist.
Und was ist, Herr, mein Leben, wenn nicht jene Umarmung, in der die süße Freude Deiner Liebe mich so liebevoll umschließt? Aufs höchste liebe ich mein Leben, da Du die Süßigkeit meines Lebens bist. Ich betrachte nun im Spiegel, Bild und Gleichnis das ewige Leben, das nichts anderes ist als die selige Schau, in der Du mich ohne Unterlaß in voller Liebe bis in das Innerste meiner Seele anblickst. Und nichts anderes ist Dein Sehen als Lebendigmachen; es ist nichts anderes als Deine süße Liebe ständig in mich einströmen zu lassen, und durch dieses Einströmenlassen der Liebe die Liebe zu Dir zu entflammen und durch dieses Entflammen zu nähren; durch das Nähren meine Sehnsucht zu entzünden, im Entzünden mich mit dem Tau der Freude zu tränken und damit den Quell des Lebens mit einströmen zu lassen, und in diesem Einfließen zu vergrößern und ewig zu machen. Es ist nichts anderes als Deine Unsterblichkeit mitzuteilen, die unerreichbare Herrlichkeit des erhabenen und gewaltigen himmlischen Reiches zu schenken, und mich an jenem Erbe teilhaben zu lassen, das dem einzigen Sohne gehört; es ist nichts anderes als den Besitz der ewigen Seligkeit zu begründen. In ihr ist der Ursprung aller Freuden, die wir ersehnen können. Besseres als sie könnte nicht nur kein Mensch oder Engel erdenken, sondern es könnte es auch in keiner Seinsweise geben. Sie ist die absolute Erfüllung alles wesensmäßigen Verlangens, über die hinaus es keine größere geben kann (...)

XVI.
Wäre Gott nicht unendlich, könnte er nicht Ziel der Sehnsucht sein

Das Feuer läßt nicht ab von der Glut und die Liebe nicht von der Sehnsucht, die zu Dir hinträgt, o Gott, der Du die Gestalt alles Ersehnenswerten bist und jene Wahrheit, die in jeder Sehnsucht ersehnt wird. Daher habe ich begonnen, aus Deinem honiggleichen Geschenk die unfaßbare Süßigkeit Deiner Liebe zu kosten, die mir umso teurer wird, je unendlicher sie erscheint. Aus diesem Grund erkenne ich, daß Du darum allen Geschöpfen unbekannt bist, o Gott, auf daß sie wie in einem unzählbaren und unerschöpflichen Schatz in dieser heiligen Unwissenheit umso größere Ruhe finden. Weitaus größere Freude erfüllt ja einen Mann, der einen Schatz findet, von dem er weiß, daß er unzählbar und unendlich ist, als einen, der einen zählbaren und endlichen findet. Darum ist das heilige Nichtwissen Deiner Größe die ersehnteste Nahrung meiner Vernunft; vor allem deshalb, weil ich diesen Schatz in meinem Acker finde, so daß er mein eigen ist.

O Quelle des Reichtums! Du willst als mein Eigentum erfaßt werden und zugleich unfaßlich und unendlich bleiben, weil Du ein Schatz voll von solcher Wonne bist, daß niemand nach deren Ende verlangen kann. Wie könnte das Verlangen verlangen nicht zu sein? Ob der Wille verlangt, zu sein oder nicht zu sein, das Verlangen selbst vermag nicht zu ruhen, sondern geht weiter ins Unendliche. Du läßt Dich herab, o Herr, um begriffen zu werden und bleibst doch unzählbar und unendlich; bliebest Du nicht unendlich, so wärest Du nicht das Ziel der Sehnsucht. Du bist ja unendlich, um das Ziel jeder Sehnsucht zu sein. Das vernunfthafte Sehnen bezieht sich ja nicht auf etwas, das größer oder begehrenswerter zu sein vermag. Alles aber, das diesseits des Unendlichen liegt, vermag größer zu sein. Das Ziel der Sehnsucht ist also unendlich.

Du bist, o Gott, die Unendlichkeit, die allein ich in jeder Sehnsucht ersehne. Dem Wissen um diese Unendlichkeit kann ich mich nicht mehr nähern als soweit, daß ich weiß, sie ist unendlich. Je besser ich also erfasse, mein Gott, daß Du unerfaßlich bist, desto besser erreiche ich Dich, weil ich dem Ziel meiner Sehnsucht näher komme.

Was immer mir entgegentritt, das Dich als erfaßbar zu beweisen bemüht ist, verwerfe ich, da es mich auf Irrwege führt. Meine Sehnsucht, in der Du widerstrahlst, führt mich zu Dir, weil sie das Endliche und Begrenzte verwirft. In ihm vermag sie keine Ruhe zu finden, da sie von Dir zu Dir geführt wird. Du aber bist der Ursprung ohne Ursprung und das Ende ohne Ende. Die Sehnsucht wird also vom ewigen Ursprung, von dem sie hat, daß sie Sehnsucht ist, zu dem Ende ohne Ende geführt. Und dieses ist unendlich. Daß ich geringer Mensch nicht zufrieden wäre in Dir, wenn ich wüßte, daß ich Dich erfassen kann, kommt daher, daß ich von Dir in das Unfaßbare und Unendliche geführt werde.

Ich sehe Dich, mein Gott, in einer Art geistiger Entrückung; denn wenn schon das Auge nicht im Sehen Genüge findet, und das Ohr nicht im Hören, so noch weniger die Vernunft in dem, was sie einsieht. Denn nicht das, was die Vernunft einsieht, sättigt sie oder ist ihr Ziel. Aber auch nicht das, was sie durchaus nicht versteht, vermag sie zu sättigen, sondern vielmehr das, was sie durch Nicht-Einsehen erkennt. Weder das Einsichtige, das sie erkennt noch das Einsichtige, das sie gar nicht erkennt, sättigt sie; vielmehr vermag ihr nur dasjenige Einsichtige, das sie als so sehr einsichtig erkennt, daß sie es niemals völlig einsehen kann, Sättigung zu bringen. Wer an unersättlichem Hunger leidet, den vermag weder ein wenig Speise, die er hinunterschlucken kann, noch Speise, die gar nicht zu ihm hingelangt, zu sättigen, sondern allein jene Speise, die zu ihm kommt, und die, auch wenn er ständig von ihr zehrt, doch nie völlig verzehrt werden kann, da sie von solcher Art ist, daß sie sich durch das Verzehrtwerden nicht verringert, weil sie unendlich ist.

De pace fidei – Der Friede im Glauben

I.

Die Kunde von den Grausamkeiten, die kürzlich in Konstantinopel vom Türkenkönig verübt worden sind und jetzt bekannt wurden, hat einen Mann, der jene Gebiete einstmals sah, so mit Inbrunst zu Gott erfüllt, daß er unter vielen Seufzern den Schöpfer aller Dinge bat, er möge die Verfolgung, welche wegen der verschiedenen Religionsausübung mehr denn je wütete, in seiner Güte mildern. Da geschah es, daß dem ergriffenen Mann nach einigen Tagen – wohl auf Grund der täglich fortgesetzten Betrachtung – eine Schau zuteil wurde, aus der er entnahm, daß es möglich sei, durch die Erfahrung weniger Weiser, die mit all den verschiedenen Gewohnheiten, welche in den Religionen über den Erdkreis hin beobachtet werden, wohl vertraut sind, eine einzige und glückliche Einheit zu finden, und durch diese auf geeignetem und wahrem Weg einen ewigen Frieden in der Religion zu bilden.
Damit diese Schau irgendwann einmal zur Kenntnis jener gelange, die so bedeutende Dinge entscheiden, hat er sie, soweit sein Gedächtnis sie ihm vergegenwärtigte, im folgenden einfach und klar dargestellt.
Er wurde in einen bestimmten Bereich geistiger Höhe entrückt, wo unter den aus dem Leben Abgeschiedenen in der Ratsversammlung der Himmlischen, welcher der Allmächtige vorstand, die Prüfung dieser Frage folgendermaßen durchgeführt wurde. Der König des Himmels und der Erde sagte, daß ihm aus dem Reiche dieser Welt traurige Boten die Klagen der Unterdrückten zu Ohren gebracht haben; daß viele um der Religion willen die Waffen gegeneinander kehren und in ihrer Macht die Menschen zur Abschwörung lange beobachteter Lehre zwingen oder sie töten.
Es waren sehr viele Künder solcher Klagen, die von der ganzen Erde kamen und der König befahl, sie in der Vollversammlung der Heiligen vorzuführen. Alle schienen den Himmelsbewohnern bekannt zu sein, da sie vom König des Weltalls von Anfang an über die einzelnen Provinzen und Religionen der Erde gesetzt worden waren. Ihrem Erscheinen nach waren sie nicht Menschen, sondern geistige Kräfte.
Ein Anführer, der Vertreter all dieser Gesandten, sprach folgende Worte: Herr, König der Gesamtheit, was hat das Geschöpf, das Du ihm nicht gege-

ben hast? Es gefiel Dir, den aus Staub gebildeten Leib des Menschen mit verständigem Geisthauch zu beleben, damit in ihm das Bild Deiner unaussprechlichen Kraft widerstrahle. Aus einem Menschen sind viele Völker entstanden, welche die Oberfläche der festen Erde bewohnen.

Obwohl dieser geistige Hauch, der in Erde gesät und von Schatten umfangen ist, das Licht und den Anfang seiner Herkunft nicht sieht, hast Du ihm dennoch all das anerschaffen, durch das er, voll Staunen über das, was er mit dem Sinn erreicht, irgendwann einmal seine Geistesaugen zu Dir, dem Schöpfer aller Dinge zu erheben vermag und mit Dir in höchster Liebe vereint werden und so endlich zu seinem Ursprung fruchtbeladen zurückkehren kann.

Du weißt jedoch, o Herr, daß eine große Masse nicht ohne viel Verschiedenheit sein kann und daß beinahe alle gezwungen sind, ein mühsames und mit Sorgen und Nöten volles Leben zu führen und in knechtlicher Unterwerfung den Königen, die herrschen, untertan sein müssen. Daher ist es gekommen, daß nur Wenige von allen Menschen Zeit und Muße haben, um die Freiheit ihres Willens zu gebrauchen und zur Kenntnis ihrer selbst zu gelangen. Sie werden von vielen körperlichen Sorgen und Diensten in Beschlag genommmen. So können sie nicht Dich, der Du der verborgene Gott bist, suchen.

Aus diesem Grund hast Du Deinem Volk verschiedene Könige und Seher, welche man Propheten nennt, gegeben, von denen die meisten der Aufgabe ihrer Sendung entsprechend Kulte und Gesetze in Deinem Namen einrichteten und so das ungebildete Volk belehrten. Sie nahmen in der Folge diese Gesetze an, als hättest Du, der König der Könige, mit ihnen von Angesicht zu Angesicht gesprochen, und glaubten, nicht jene Männer, sondern Dich in ihnen zu hören.

Den verschiedenen Völkerschaften hast Du aber verschiedene Propheten und Lehrer gesandt, die einen zu dieser, die andern zu anderer Zeit.

Es gehört zum irdischen Menschenwesen, lange Gewohnheit, die als Teil der Natur betrachtet wird, als Wahrheit zu verteidigen. Und so entstehen nicht geringe Meinungsverschiedenheiten, wenn irgendeine Gemeinschaft ihren Glauben einem andern vorzieht.

Komm darum zu Hilfe, der Du allein mächtig bist. Deinetwegen nämlich, den allein sie in alledem, was alle anzubeten scheinen, verehren, tobt dieser Streit. Niemand nämlich erstrebt in allem, von dem man sieht, daß es erstrebt wird, etwas anderes als das Gute, das Du bist. Auch fragt bei aller geistigen Überlegung niemand nach etwas Anderem als dem Wahren, das Du bist. Was sucht der Lebende anderes als Leben? Was das Seiende anderes als Sein? Du also, der du Leben und Sein verleihst, bist jener, der offenbar in den verschiedenen Gebräuchen und Übungen gesucht und mit den verschiedenen Namen genannt wird, da Du, wie Du bist, für alle unerkannt und unaussprechlich bleibst.

Du, der Du die unendliche Kraft bist, bist nichts von dem, was Du geschaffen hast, noch kann das Geschöpf den Gedanken Deiner Unendlichkeit begreifen, da es von Endlichem zu Unendlichem keinen Verhältnisbezug gibt. Du, der allmächtige und für jeden Geist unsichtbare Gott, kannst Dich, so, wie Du begriffen werden möchtest, dem sichtbar zeigen, dem Du Dich zeigen willst. Verbirg Dich darum nicht länger, o Herr. Sei gnädig und zeige Dein Antlitz und alle Völker, die den Quell des Lebens und seine noch so selten verkostete Wonne nicht weiterhin verlassen können, werden gerettet und erlöst sein. Niemand weicht von Dir ab, es sei denn, er kennt Dich nicht. Wenn Du in Güte gewillt bist, so zu handeln, wird das Schwert und der Neid des Hasses und jegliches Übel weichen. Alle werden erkennen, daß und wie es nur eine einzige Religion in der Mannigfaltigkeit von Übungen und Gebräuchen gibt. Wohl wird man diese Verschiedenheit von Übungen und Gebräuchen nicht abschaffen können, bzw. dies zu tun wird nicht förderlich sein, da die Verschiedenheit eine Vermehrung der Hingabe bringen mag, wenn jegliches Land seinen Zeremonien, die es Dir, dem König gleichsam für die angenehmste hält, die aufmerksamste Bemühung zuwendet; doch sollte es wenigstens so wie Du nur einer bist – nur eine einzige Religion und einen einzigen Kult von Gottesverehrung geben.
Sei also versöhnlich, o Herr, da Dein Zorn Güte und Deine Gerechtigkeit Barmherzigkeit ist. Schone Dein schwaches Geschöpf. So flehen und beten wir, Deine Beauftragten, die Du Deinem Volk als Wächter gegeben hast und hier in dieser Versammlung siehst, mit der ganzen Kraft unserer Hingabe demütig zu Deiner Majestät.

II.

Auf dieses feierliche Bittgebet des Erzengels hin neigten sich alle Himmelsbürger in gleicher Weise dem höchsten König zu und er, der auf dem Throne saß, sprach: er habe den Menschen mit seinem freien Willen in die Welt gesetzt, und durch diesen Willen fähig gemacht, Gemeinschaft mit seinen Mitmenschen zu halten. Weil jedoch der tierhafte und irdische Mensch unter dem Fürsten der Finsternis in Unwissenheit darniedergehalten wird und den Gegebenheiten jenes sinnenhaften Lebens entsprechend, welches nur von der Welt des Fürsten der Dunkelheit stammt, und nicht nach dem geistigen und inneren Menschen, dessen Leben aus dem Lande seines Ursprungs stammt, über diese Erde geht, habe er mit größter Sorge und Liebe den irrenden Menschen durch verschiedene Propheten, die im Vergleich mit den anderen Sehende waren, zurückgerufen.
Endlich, als all diese Propheten den Fürsten der Unwissenheit nicht hinreichend überwinden konnten, habe er sein Wort geschickt, durch das er auch

die Zeit geschaffen hat. Dieses bekleidet sich mit der Menschheit, um endlich auf diese Weise den gelehrigen Menschen mit freiem Willen zu erleuchten, damit dieser erkenne, daß er nicht dem äußeren, sondern dem inneren Menschen gemäß über diese Erde gehen müsse, wenn er hoffen wollte, einmal zur Wonne unsterblichen Lebens zu gelangen.
Und da sein Wort den sterblichen Menschen anzog, gab es in seinem Blut Zeugnis für jene Wahrheit, daß der Mensch ausgestattet sei für das ewige Leben, daß um dessentwillen das tierhafte und sinnliche Leben für nichts zu erachten sei, und daß jenes ewige Leben nichts anderes sei als das tiefste Verlangen des inneren Menschen, d. h. die Wahrheit, die allein er erstrebt und die, da sie ewig ist, dem Denken auf ewig Nahrung schenkt.
Diese Wahrheit, die den Geist nährt, ist nichts anderes als das Wort selbst, in dem alles eingefaltet und mittels dessen alles entfaltet wird. Es zog die menschliche Natur an, damit kein Mensch Zweifel daran hätte, daß er der Wahl seines freien Willens entsprechend in seiner menschlichen Natur in jenem Menschen, der auch das Wort ist, die unvergängliche Speise der Wahrheit erlangen könnte.
Und Gott fügte hinzu: Da dies getan worden ist, was bleibt da noch, das getan werden könnte und nicht getan wurde?

III.

Auf diese Frage des Königs der Könige antwortete das fleischgewordene Wort, das über alle Himmelsbewohner herrscht im Namen aller: Vater der Barmherzigkeit! Wohl sind alle Deine Werke vollendet und nichts bleibt, das zu ihrer Ergänzung hinzugefügt werden müßte! Dennoch bedarf die menschliche Natur fortgesetzter Heimsuchungen, damit die Irrtümer, deren es in bezug auf Dein Wort sehr viele gibt, ausgetilgt werden und so die Wahrheit beständig erstrahle; dies ist darum so, weil Du von Anfang an beschlossen hast, daß dem Menschen der freie Wille bleibe und, da in dieser sinnlichen Welt nichts beständig verharrt, wandelbare Meinungen und Mut-Maßungen und ebenso auch Sprachen und ihre Deutungen mit der Zeit sich ändern. Da jedoch die Wahrheit eine einzige ist und von einer freien Vernunft unmöglich begriffen werden kann, sollte die ganze Verschiedenheit der Religionen zu dem einzigen rechten Glauben geführt werden.
Dies gefiel dem König. Er rief die Engel, welche allen Völkerschaften und Sprachen vorstehen, herbei und befahl jedem, einen erfahrenen Menschen zu dem fleischgewordenen Wort zu bringen. Und alsbald erschienen die bedeutsamsten Männer dieser Welt vor dem Angesichte des Wortes, gleichsam in einer Ekstase emporgerissen: Zu ihnen sprach das Wort Gottes folgendermaßen:

Der Herr, König Himmels und der Erde, hörte das Seufzen der Ermordeten und Gefesselten und der in Knechtschaft Geführten, die dies um der Verschiedenheit ihrer Religionen willen erdulden. Und da alle, die solche Verfolgung ausüben oder erleiden, aus keinem andern Grund dazu geführt werden als dem, daß sie glauben, so ihr Heil zu fördern und ihrem Schöpfer zu gefallen, hat sich der Herr seines Volkes erbarmt und stimmt dem Vorhaben zu, alle Verschiedenheit der Religionen durch gemeinsame Zustimmung aller Menschen einmütig auf eine einzige, fürder unverletzliche Religion zurückzuführen.
Diese Aufgabe zu erfüllen, überträgt er euch, den erwählten Männern. Aus seiner Ratsversammlung gibt er euch helfende und dienende Engel-Geister, die euch beschützen und leiten mögen. Als Versammlungsort bestimmt er Jerusalem, das dazu am geeignetsten ist.

Nikolaus von Kues an Kaspar Aindorffer, Abt des Klosters Tegernsee

Ewiges Heil Euch, ehrwürdiger Vater und ganz besonderer Freund!
Euren wunderschönen Brief, mir wie immer hochwillkommen, duftend vom süßen und herzlichen Wohlgeruche Christi, habe ich mit größter Freude zu Gesicht bekommen und gelesen, indem ich die flammende Sehnsucht der Brüder nach Erlangung der vollkommenen Liebe lobte.
Gesucht wird Gott, der vor den Augen aller Weisen verborgen ist. Und weil er selbst es eingibt, daß man ihn suche, läßt der verlangende Geist nichts unversucht, um dereinst den Geliebten zu erreichen. Ein Jagdhund läuft vielfältig hin und her, wenn er einen Hasen zu suchen anfängt, den er noch nie gesehen hat. Wenn nicht seine Natur irgendeinen Eindruck von der Beschaffenheit des Hasen hätte, würde er sich nicht angetrieben fühlen zu laufen; denn er würde sich ins Leere hinein abmühen, wenn er nichts von ihm wüßte. Ebenso geschieht es unserer geistigen Natur, die sich zur Wahrheit als zu ihrem Leben hingezogen fühlt. Hienieden, solange wir Erdenwanderer sind, laufen wir, um sie zu erfassen, der Eine auf diese, der Andere auf jene Weise. Und manchmal ist uns der Weg des Einen lieber als der Weg des Anderen, und jenen schlagen wir ein. Der kürzeste Weg aber und der sicherste ist die Liebe, wie uns die heilige Schrift belehrt. „Wer Gott liebt, der ist von ihm erkannt." Und wer von Gott erkannt ist, der erkennt Gott. Denn etwas Unbekanntes wird nicht geliebt. Die Liebe also führt zur Umfassung von etwas Bekanntem. „Gott ist die Liebe, und wer in der Liebe bleibt, der bleibt in Gott und Gott in ihm." Die vollkommene Liebe reicht über das Zusammenfallen der Gegensätze zwischen dem Umfassenden und dem Um-

faßten hinaus. Deshalb geschieht jenes Erjagen Gottes in der Höhe, oberhalb des Zusammenfallens der Gegensätze, wohin der Mensch auf andere Weise nicht gelangen kann. Ich habe darüber ein weniges geschrieben, um mich selbst über mich selbst zu erheben. Aber aus jenen höchsten Höhen werde ich meistenteils zurückgerissen durch die Geschäfte dieser Welt. Deshalb habe ich Euren Mitbrüdern gesagt, es solle bei Euch eine Zelle für mich bereitet werden. Ach, wenn mir doch gegeben würde, in heiliger Muße unter Mitbrüdern zu leben, die Zeit haben, um zu sehen, wie lieb der Herr ist.
Da ich jetzt mit mühevollen Arbeiten für die Festigung des Friedens im Trienter Bistum beschäftigt bin, konnte ich auf Eure Anfragen nicht antworten. Zu anderer Zeit werde ich Euch mitteilen, was mir Gott gibt. Ich schikke die neue Dionysius-Übersetzung, den Apokalypse-Kommentar, den Ihr verlangt, und „De mathematicis complementis". Den Eusebius werdet Ihr später bekommen. Das Werk „De beryllo", das Ihr verlangt, konnte ich wegen Augenschmerzen nicht schreiben. Ich will es aber, so Gott will, möglichst bald schreiben.
Aus Brixen, am 12. Februar des Jahres 1454, Euer N., Kardinal zu St. Peter.

Thomas von Kempen
(geb. um 1380, gest. 1471)

Thomas Hemerken wurde um 1380 in Kempen am Niederrhein geboren. Er entstammte wohl einer wenig begüterten Handwerkerfamilie. Ein älterer Bruder, Johannes, war in Deventer Schüler der „Brüder vom gemeinsamen Leben“ gewesen und dann Prior des Klosters der Augustiner-Chorherren auf dem St. Agnetenberg bei Zwolle geworden. Thomas ging denselben Weg, zuerst 1392 nach Deventer, dann 1399 auf den St. Agnetenberg, wo er 1413 zum Priester geweiht wurde.
Die Jahre 1429–1432 ausgenommen, als die gesamte Klostergemeinschaft wegen kirchenpolitischer Auseinandersetzungen nach Friesland auswei-

chen mußte, lebte Thomas in seinem Kloster, wo er als Schreiber und Kopierer wirkte. Noch heute sind einige schön geschriebene Texte Zeugnis dieser Tätigkeit, doch liegt Thomas' zentrale Bedeutung für die Geschichte der deutschen Mystik in einer einzigen der zahlreichen von ihm verfaßten Schriften, dem Buch „Von der Nachfolge Christi" („De imitatione Christi").

In kurzen, eindrucksvollen poetischen Sentenzen nach dem Vorbild alttestamentarischer Dichtungen zeigt Thomas auf, wie der Gläubige sein Leben verinnerlichen kann. Es ist ein Buch „ohne Ekstatik und Phantastik, mit nüchtern-praktischem Sinn für den Alltag von jedermann geschrieben".[1]

Weil Thomas mit einer Ausnahme alle seine Schriften anonym verfaßte, entspann sich um die Autorenschaft der „Nachfolge Christi" ein jahrhundertelanger Streit, der nach heutiger Erkenntnis zugunsten Thomas' von Kempen entschieden ist.

Wir stellen aus dem Gesamtwerk der „Nachfolge Christi" im folgenden Auszüge vor aus dem 1. Buch („Anleitung zum geistlichen Leben"), aus dem 2. Buch („Ermahnungen zum inneren Leben") und aus dem 3. Buch („Vom inneren Trost") und schließen mit der kurzen Schrift „Vom guten friedfertigen Leben und vom Verzicht auf sich selbst", einem Plädoyer für ein sinnerfülltes Leben, das den Leser von heute in besonderer Weise ansprechen dürfte.

Von der Nachfolge Christi

1. Buch: „Anleitung zum geistlichen Leben"
Von der demütigen Meinung über sich selbst

Jeder Mensch hat von Natur den Wunsch nach Wissen; aber was nützt Wissen ohne Gottesfurcht? Ein demütiger Bauer, der Gott dient, ist wahrlich besser als ein stolzer Gelehrter, der den Lauf der Gestirne berechnet und nicht auf sich selber achtet. Wer sich selbst gut kennt, hält sich selbst für klein und freut sich nicht über das Lob der Menschen. Wenn ich alles wüßte, was in der Welt ist, und hätte die Liebe nicht, was würde es mir vor Gott helfen, der mich nach meinem Tun richten wird? Laß ab von dem Wunsch, sehr viel zu wissen, denn es ist viel Zerstreuung und Täuschung dabei. Wer viel weiß, will gern anerkannt und weise genannt werden. Es gibt vieles, was zu wissen der Seele wenig oder nichts nützt. Und sehr töricht ist, wer anderen Dingen nachstrebt als denen, die seinem Heil dienen. Viele Worte sättigen die Seele nicht; aber ein gutes Leben erfrischt den Geist, und ein reines Gewissen gibt großes Vertrauen zu Gott. Je mehr und je Besseres du weißt, um so strenger wirst du gerichtet werden, wenn dein Leben nicht um so heiliger war.

Darum überhebe dich nicht wegen deines Könnens und Wissens, sondern fürchte dich vielmehr wegen der Kenntnisse, die du erhalten hast. Scheint es dir, daß du vieles weißt und recht gut verstehst, so wisse doch, daß es noch viel mehr gibt, was du nicht weißt. Sei nicht hochmütig; sondern bekenne vielmehr deine Unwissenheit. Warum willst du dich einem anderen vorziehen, da es doch viele gibt, die gelehrter sind als du und mehr im Gesetz erfahren? Willst du etwas zu deinem Nutzen wissen und lernen, dann liebe es, unbekannt zu bleiben und für nichts gehalten zu werden. Das ist die höchste und nützlichste Lehre: sich selbst wahrhaft zu erkennen und geringzuachten. Von sich selber nichts halten und von den anderen immer gut und hoch denken: das ist große Weisheit und Vollkommenheit. Siehst du einen anderen offen sündigen oder sich schwer vergehen, so darfst du dich doch nicht für besser halten, weil du nicht weißt, wie lange du im Guten bestehen kannst. Wir sind alle gebrechlich; halte aber niemand für gebrechlicher als dich selbst.

Von der Lehre der Wahrheit

Glücklich, wen die Wahrheit selber lehrt, nicht durch vergängliche Bilder und Worte: sondern so, wie sie ist. Unsere Meinung und unser Gefühl täuschen uns oft; sie sehen nur wenig. Was nützt großes Gerede über verborgene und dunkle Dinge, deren Kenntnis im Gericht von uns nicht verlangt werden wird? Große Torheit ist es, das Nützliche und Notwendige zu versäumen und statt dessen nach dem zu trachten, was eitel und schädlich ist. Wir haben Augen und sehen nicht; und warum kümmern wir uns um Begriffe und Arten? Zu wem das ewige Wort redet, der wird von vielen Meinungen frei. Aus einem Wort sind alle Dinge; und eines sprechen sie alle: und das ist der Anfang, der auch zu uns spricht. Niemand erhält Einsicht oder urteilt recht ohne das Wort. Wem dieses Eine alles ist, und wer alles auf das Eine bezieht und alles in dem Einen sieht, der kann standhaft im Herzen sein und in Gott voll Frieden verbleiben. Du Wahrheit, Gott: mach mich eins mit dir in ewiger Liebe. Es widersteht mir oft, viel zu lesen und zu hören; in dir ist alles, was ich will und verlange. Schweigen sollen alle Gelehrten, still sein mögen alle Geschöpfe vor dir; du allein rede zu mir.

Je mehr ein Mensch mit sich einig und innerlich einfach ist, um so mehr und höhere Dinge begreift er ohne Mühe, weil er von oben das Licht der Erkenntnis empfängt. Ein reiner, einfacher und standhafter Geist wird nicht zerstreut durch viele Werke; denn er wirkt alles zur Ehre Gottes und bemüht sich, innerlich von aller Eigensucht frei zu sein. Was hindert und beschwert dich mehr als deines Herzens unabgetötete Neigung? Der gute und fromme Mensch ordnet zuerst in seinem Innern die Werke, die er nach außen vollbringen soll. Sie treiben ihn nicht zu bösen Wünschen, sondern er selbst

lenkt sie nach dem Urteil der gesunden Vernunft. Wer kämpft einen härteren Kampf als der, der sich bemüht, sich selbst zu besiegen? Und das sollte doch unsere Aufgabe sein: uns selbst zu besiegen, uns täglich mehr zu beherrschen und einen kleinen Fortschritt im Guten zu machen.
Jede Vollkommenheit in diesem Leben hat etwas Unvollkommenes an sich; und all unser Denken ist nicht frei von einiger Dunkelheit. Demütige Selbsterkenntnis ist ein sichererer Weg zu Gott als tiefsinniges Trachten nach Wissen. Nicht zu tadeln ist die Wissenschaft oder die einfache Kenntnis einer Sache, die für sich betrachtet gut und von Gott geordnet ist; aber vorzuziehen bleibt immer ein gutes Gewissen und ein rechtschaffenes Leben. Weil aber viele sich mehr um das Wissen als um das rechte Leben bemühen, darum irren sie oft und bringen fast keine oder nur geringe Frucht. Wenn sie doch nur so großen Fleiß darauf verwendeten, ihre Fehler auszurotten und dafür Tugenden einzupflanzen wie gelehrte Fragen aufzuwerfen: dann gäbe es nicht so viele Mißstände und Ärgernisse im Volk und nicht solchen Verfall in den Klöstern. Sicher werden wir, wenn der Tag des Gerichts kommt, nicht danach gefragt werden, was wir gelesen, sondern was wir getan haben, nicht, wie gut wir gesprochen, sondern wie fromm wir gelebt haben.
Sage mir, wo sind jetzt alle die Herren und Meister, die du gut gekannt hast, solange sie noch lebten und durch Gelehrsamkeit glänzten? Andere besitzen nun ihre Stellen; und ich weiß nicht, ob man noch an sie denkt. In ihrem Leben schienen sie etwas zu sein, und jetzt wird über sie nicht mehr gesprochen. Wie bald vergeht die Herrlichkeit der Welt! Hätte doch ihr Leben mit ihrem Wissen besser zusammengestimmt, dann hätten sie gut gelernt und gelesen. Wie viele gehen in der Welt durch eitles Wissen zugrunde, weil sie sich wenig darum kümmern, Gott zu dienen! Und weil sie lieber groß als demütig sein wollen, werden sie nichtig in ihren Gedanken. Wahrhaft groß ist, wer große Liebe hat. Wahrhaft groß ist, wer in sich klein ist und alle Gipfel der Ehre für nichts ansieht. Wahrhaft klug ist, wer alles Irdische für Unrat hält, um Christus zu gewinnen. Und wahrhaft gelehrt ist, wer Gottes Willen tut und den eigenen Willen aufgibt.

2. Buch: „Ermahnungen zum inneren Leben“

Vom inneren Wandel

Das Reich Gottes ist in euch, sagt der Herr. Wende dich von ganzem Herzen zum Herrn und laß diese elende Welt, und deine Seele wird Ruhe finden. Lerne das Äußere geringachten und dich dem Innern hingeben, und du wirst sehen, wie das Reich Gottes in dich kommt. Denn das Reich Gottes ist Friede und Freude im Heiligen Geist; den Gottlosen wird es nicht gegeben. Christus wird zu dir kommen und dir seinen Trost bringen, wenn du ihm in deinem Innern eine würdige Wohnung bereitest. All seine Herrlichkeit und Schönheit ist im Innern; und dort fühlt er sich wohl. Häufig sucht er den innerlichen Menschen auf; sein Wort ist freundlich, er tröstet lieb, sein Friede ist groß und wunderbar seine Vertraulichkeit. Wohlan, treue Seele, bereite diesem Bräutigam dein Herz, damit er zu dir kommen und in dir wohnen mag. Denn er sagt: Wenn jemand mich liebt, so wird er mein Wort halten, und wir werden zu ihm kommen und bei ihm wohnen. Mache also Platz für Christus und lasse keinen anderen ein. Wenn du Christus hast, bist du reich; er genügt dir. Er wird für dich sorgen und in allem dein treuer Verwalter sein, so daß du nicht nötig hast, auf Menschen zu hoffen. Denn die Menschen wandeln sich bald und schwinden schnell dahin; Christus aber bleibt in Ewigkeit und steht fest bei uns bis ans Ende. Kein großes Vertrauen kann man auf einen gebrechlichen sterblichen Menschen setzen, sei er auch noch so lieb und nützlich; auch soll man sich nicht viel darüber betrüben, wenn uns jemand manchmal entgegenhandelt und widerspricht. Die heute mit dir sind, können morgen gegen dich sein; auch umgekehrt ändern sie sich oft wie der Wind.

Setze dein ganzes Vertrauen auf Gott; er sei deine Furcht und deine Liebe. Er wird für dich antworten, er wird es gut machen, so wie es für dich am besten ist. Du hast hier keine bleibende Stätte: wo du auch bist, überall bist du ein Fremder und Pilger; und du wirst keine Ruhe haben, solange du nicht mit Christus innig vereint bist. Warum blickst du hier umher, da doch dies nicht der Ort deiner Ruhe ist? Im Himmel muß deine Wohnung sein, und nur wie im Vorübergehen mußt du alles Irdische sehen. Alle Dinge vergehen, und du gleichermaßen mit ihnen. Sieh zu, daß du an nichts hängst, damit du nicht gefangen wirst und zugrunde gehst. Beim Allerhöchsten seien deine Gedanken, und dein Gebet sei ständig auf Christus gerichtet.

Wenn du hohe und himmlische Dinge nicht schauen kannst, so verweile im Leiden Christi und wohne gern in seinen heiligen Wunden. Denn wenn du in den Wunden und kostbaren Malen Jesu fromm deine Zuflucht suchst, wirst du in der Bedrängnis große Stärkung empfinden, dich nicht viel um die Verachtung der Menschen kümmern und kränkende Worte leichter ertragen. Christus war auch in der Welt von den Menschen verachtet und in der größten Not unter Schmähungen von Bekannten und Freunden im Stich gelassen. Christus wollte leiden und verachtet werden; und du wagst, über etwas zu klagen? Christus hatte Feinde und Widersacher; und du willst alle zu Freunden und Wohltätern haben? Wie soll deine Geduld gekrönt werden, wenn dir nichts Unangenehmes begegnet? Wenn du nichts Widriges leiden willst, wie wirst du ein Freund Christi sein? Leide mit Christus und für Christus, wenn du mit Christus herrschen willst. Hättest du dich einmal vollkommen in das Innere Jesu versetzt und hättest ein wenig von der Glut seiner Liebe gespürt, dann würdest du dich um den eigenen Vorteil oder Nachteil nicht kümmern, sondern dich vielmehr über die erlittene Schmach freuen; denn die Liebe zu Jesus macht, daß der Mensch sich selbst nicht mehr wichtig nimmt.

Wer Jesus und die Wahrheit liebt, wer wirklich innerlich ist und frei von ungeordneten Neigungen, kann sich frei zu Gott wenden, sich im Geist über sich selbst erheben und in Seligkeit ruhen. Wer alles so erkennt, wie es ist, und nicht, wie man es nennt oder schätzt, der ist wahrhaft weise und mehr von Gott als von den Menschen belehrt. Wer im Innern zu wandeln und die äußeren Dinge geringzuschätzen weiß, der sucht nicht nach Orten, noch erwartet er Zeiten, um fromme Übungen abzuhalten. Der innerliche Mensch sammelt sich schnell wieder, weil er sich niemals ganz dem Äußeren hingibt. Ihn hindert nicht äußere Arbeit oder die zur Zeit notwendige Beschäftigung: sondern wie die Dinge kommen, so fügt er sich ihnen. Wer innerlich recht gestimmt und geordnet ist, der achtet nicht auf das wunderliche und verkehrte Treiben der Menschen. Der Mensch wird nur so viel gehindert und abgelenkt, als er die Dinge zu sich heranzieht. Stünde es gut mit dir und wärest du recht geläutert, so würde dir alles zum Guten und zum Fortschritt dienen. Darum mißfallen dir oft so viele Dinge und verwirren dich, weil du dir selbst noch nicht vollkommen abgestorben bist und nicht von allem Irdischen abgeschieden. Nichts befleckt und verstrickt des Menschen Herz so sehr wie unreine Liebe zu den Geschöpfen. Wenn du äußeren Trost verschmähst, wirst du himmlische Dinge schauen und dich oft innerlich freuen können.

Von der Selbstbetrachtung

Wir dürfen uns selbst nicht zuviel vertrauen, weil uns oft die Gnade fehlt und die Einsicht. Ein spärliches Licht ist in uns, und auch dies verlieren wir schnell durch Nachlässigkeit. Oft bemerken wir es auch nicht, daß wir im Innern so blind sind. Oft handeln wir böse, und, was noch schlimmer ist, wir entschuldigen uns. Manchmal treibt uns Leidenschaft, und wir halten sie für Eifer. Kleines tadeln wir an andern, und unsere größeren Fehler übergehen wir. Recht schnell empfinden wir und wägen wir ab, was wir von anderen aushalten müssen; aber was die anderen von uns zu leiden haben, das beachten wir nicht. Wer sein eigenes Handeln sorgfältig und gerecht abwägen wollte, hätte keinen Anlaß, den anderen hart zu beurteilen. Der innerliche Mensch stellt die Sorge um sich selbst allen Sorgen voran. Und wer sorgfältig auf sich selber achtet, schweigt leicht über die anderen. Du wirst niemals ein innerlicher und frommer Mensch werden, wenn du nicht über die andern schweigst und vor allem in dich selbst blickst. Wenn du nur auf dich und Gott achtest, dann wird dich wenig aufregen, was du draußen bemerkst. Wo bist du, wenn du nicht bei dir selbst bist? Und hast du alles durchlaufen, was hast du gewonnen, wenn du dich selbst vernachlässigt hast? Willst du Frieden und wahre Einheit haben, so mußt du alles andere zurückstellen und dich allein vor Augen haben. Viel wirst du daher gewinnen, wenn du dich von aller zeitlichen Sorge freihältst. Du wirst sehr viel verlieren, wenn du auf etwas Zeitliches Wert legst. Nichts sei dir groß, nichts hoch, nichts lieb und nichts angenehm außer Gott allein oder was von Gott ist. Halte alles für eitel, was immer an Trost von irgendeinem Geschöpf zu dir kommt. Die Seele, die Gott liebt, schätzt alles gering, was nicht Gott ist. Gott allein, der ewige und unermeßliche, der alles erfüllt, ist der Trost der Seele und die wahre Freude des Herzens.

3. Buch: „Vom inneren Trost"

Vom inneren Gespräch Christi mit der gläubigen Seele

Ich will hören, was Gott, der Herr, in mir spricht. Glücklich die Seele, die den Herrn in sich reden hört und aus seinem Mund ein Wort des Trostes empfängt. Selig die Ohren, die den Hauch des göttlichen Flüsterns vernehmen und auf die Einflüsterungen dieser Welt nicht achten. Ja, selig die Ohren, die nicht auf äußere Stimmen, sondern auf die im Innern lehrende Wahrheit hören. Selig die Augen, die für das Äußere verschlossen und auf das Innere gerichtet sind. Selig, die in die innere Welt eindringen und durch tägliche Übungen sich mehr und mehr darum bemühen, himmlische Geheimnisse zu erfassen. Selig, die Freude daran haben, für Gott da zu sein, und sich von allen Hindernissen der Welt frei machen. Bedenke das, meine Seele, und schließe die Pforten deiner Sinne, damit du hören kannst, was der Herr, dein Gott, in dir spricht. Dein Geliebter sagt: Ich bin dein Heil, dein Friede und dein Leben. Bleibe bei mir, und du wirst Frieden finden. Laß alles Vergängliche; suche das Ewige. Was ist alles Zeitliche anderes als Verführung? Und was nützen dir alle Geschöpfe, wenn du vom Schöpfer verlassen bist? Darum entsage allem, ergib dich still und treu deinem Schöpfer, damit du die wahre Seligkeit zu erlangen vermagst.

Daß die Wahrheit im Innern ohne den Lärm der Worte spricht

Sprich, Herr, dein Knecht hört. Ich bin dein Knecht, gib mir Einsicht, damit ich dein Zeugnis verstehe. Neige mein Herz zu den Worten deines Mundes; deine Rede fließe wie Tau. Die Kinder Israels sagten einst zu Moses: Rede du zu uns, und wir werden hören; nicht der Herr rede zu uns, damit wir nicht etwa sterben. Nicht so, Herr, nicht so bete ich; sondern ich bitte lieber mit dem Propheten Samuel demütig und voll Sehnsucht: Sprich, Herr, dein Knecht hört. Nicht Moses rede zu mir oder einer der Propheten, vielmehr sprich du, Herr Gott, du Geist und Licht aller Propheten; denn du allein kannst, ohne sie, mich vollkommen belehren; sie aber werden ohne dich nichts erreichen. Sie können wohl Worte ertönen lassen; aber den Geist schaffen sie nicht herbei. Sie sprechen schön; aber wenn du schweigst, entzünden sie nicht das Herz. Sie lehren den Buchstaben; du aber öffnest den Sinn. Sie tragen Geheimnisse vor; du aber erklärst den Sinn des Versiegelten. Sie verkünden Gebote; du aber hilfst, sie zu erfüllen. Sie zeigen den Weg; du aber gibst Kraft, ihn zu gehen. Jene wirken nur äußerlich; du aber unterrichtest und erleuchtest die Herzen. Jene begießen von außen; du aber spendest die Fruchtbarkeit. Jene rufen mit Worten; du aber schenkst dem Gehör das Verständnis. Darum rede nicht Moses zu mir, sondern du, Herr, mein Gott, ewige Wahrheit, damit ich nicht etwa sterbe und ohne Frucht bleibe, wenn ich nur von außen ermahnt und nicht im Innern entflammt werde; damit das Wort mir nicht zum Gericht wird, wenn ich es nur gehört und nicht getan, nur gekannt und nicht geliebt, nur geglaubt und nicht befolgt habe. Sprich daher, Herr, dein Knecht hört; denn du hast Worte des ewigen Lebens. Rede zu mir, zum Trost meiner Seele und zur Besserung meines ganzen Lebens, dir aber zum Lob und Ruhm und zur ewigen Ehre.

Daß man die Worte Gottes mit Demut hören muß und daß viele sie nicht beachten

Höre, Sohn, meine Worte, die kostbarsten Worte; sie übertreffen die Weisheit aller Gelehrten und Weisen der Welt. Meine Worte sind Geist und Leben; sie sind nicht mit menschlichem Sinn zu erwägen. Du sollst sie nicht zu eitlem Vergnügen gebrauchen, sondern schweigend hören und mit aller Demut und großer Liebe empfangen.

Und ich habe gesagt: Selig, wen du, Herr, unterrichtest und über dein Gesetz belehrst. Du munterst ihn auf in bösen Tagen und läßt ihn nicht ohne Trost auf Erden.

Ich, sagt der Herr, habe die Propheten gelehrt von Anbeginn, und bis jetzt höre ich nicht auf, zu allen zu reden; aber viele sind taub für mein Wort und harten Herzens. Viele hören die Welt lieber als Gott; sie richten sich lieber nach den Wünschen ihrer Sinne als nach dem Wohlgefallen Gottes. Die Welt verspricht Vergängliches und Geringes, und man dient ihr mit großem Eifer; ich verspreche das Höchste und Ewige, und die Herzen der Sterblichen bleiben lau. Wer dient und gehorcht mir mit solcher Sorgfalt in allem, wie man der Welt und ihren Herren dient? Erröte, Sidon, sagt das Meer. Und fragst du nach der Ursache: höre, warum. Für eine kleine Belohnung läuft man einen weiten Weg; für das ewige Leben heben viele kaum einmal den Fuß von der Erde. Man jagt nach Dingen von geringem Wert, um eine Münze wird oft schändlich gestritten; für eine nichtige Sache, für ein kleines

Versprechen scheut man sich nicht, sich Tag und Nacht abzuplagen; aber welche Schande: für das unwandelbare Gut, für den unschätzbaren Lohn, für die höchste Ehre und die unendliche Herrlichkeit ist man zu träge, auch nur eine kleine Mühe auf sich zu nehmen. Schäme dich also, du fauler und mürrischer Knecht, daß jene bereitwilliger sind zum Untergang als du zum Leben. Sie haben mehr Freude an der Eitelkeit als du an der Wahrheit. Sie werden jedoch öfter in ihrer Hoffnung getäuscht: mein Versprechen aber täuscht niemand, es läßt den nicht leer ausgehen, der auf mich vertraut. Was ich versprochen habe, werde ich geben; was ich gesagt habe, werde ich erfüllen, wenn man nur bis zum Ende treu in meiner Liebe verbleibt. Ich belohne alle Guten und prüfe streng alle Frommen.
Schreibe meine Worte in dein Herz und bedenke sie fleißig; denn sie werden dir in der Zeit der Versuchung sehr nötig sein. Was du nicht verstehst, wenn du es liest, das wirst du am Tage der Heimsuchung begreifen. Auf zweifache Weise pflege ich zu meinen Erwählten zu kommen: in der Versuchung und im Trost. Und zwei Lesungen halte ich ihnen täglich, in der einen tadle ich ihre Fehler, in der anderen ermuntere ich sie, im Guten fortzuschreiten. Wer meine Worte hat und sie nicht beachtet, der hat seinen Richter am Jüngsten Tag.

Gebet um die Gnade der Andacht

Herr mein Gott, du bist all mein Gut. Und wer bin ich, daß ich es wage, mit dir zu sprechen? Ich bin dein ärmster Knecht und ein elender Wurm, viel ärmer und verächtlicher, als ich es weiß und zu sagen wage. Gedenke doch, Herr, daß ich nichts bin, nichts habe und nichts vermag. Du allein bist gut, gerecht und heilig: du kannst alles, gibst alles und erfüllst alles, den Sünder allein läßt du leer. Erinnere dich an dein Mitleid und erfülle mein Herz mit deiner Gnade, da du nicht willst, daß deine Werke fruchtlos seien. Wie kann ich mich in diesem elenden Leben ertragen, wenn du mich nicht durch dein Erbarmen und deine Gnade stärkst? Wende dein Antlitz nicht von mir ab, zögere nicht, zu mir zu kommen; entziehe mir nicht deinen Trost, damit nicht meine Seele vor dir wie Land ohne Wasser werde. Herr, lehre mich deinen Willen tun, lehre mich würdig und demütig vor dir wandeln; denn du bist meine Weisheit, du kennst mich in Wahrheit, und du hast mich gekannt, bevor die Welt war und bevor ich geboren wurde auf dieser Erde.

Vom guten friedfertigen Leben und vom Verzicht auf sich selbst

Willst du würdig für Gott leben, so mußt du dich ihm überlassen. Richte dein Herz, wie es sein soll; und du wirst überall Frieden finden. Bereite dich, Schwereres auf dich zu nehmen; dann wirst du Geringeres leichter ertragen. Lerne, dich in allem zu überwinden; und du wirst den inneren Frieden haben. Ich will, was ich soll, und habe den Himmel. Durch Geduld und Schweigen erlangt man den größeren Frieden. Weise ist, wer sehr geduldig ist. Wenn ich mich und alles überwinden soll, dann muß ich mit der Abtötung beginnen. Die Abtötung ist für mich vor allen Dingen notwendig und gut. Hätte ich auch dieses oder jenes, so wäre es mir doch nicht genug. Nimm Gefallen und Mißfallen aus deinem Herzen, und nichts wird dich quälen. Du wirst ruhig im Innern sein, wenn du dich nicht zu sehr nach außen wendest. Sei nicht um irdische Güter besorgt, sonst verlierst du die ewigen Güter im Himmel, die Christus seinen Freunden versprochen hat. Was jemand weiß und besitzt, ist nichts, wenn er nicht Gott vor Augen hat. Wer alles geringachtet, was unter dem Himmel erfreut, kann den Geist über den Himmel erheben und etwas von den himmlischen Freuden erlangen.

Wie kann das nur sein, daß wir durchaus etwas gelten wollen? Nichts sind wir in Wahrheit, obwohl wir uns selbst etwas dünken. Warum willst du viel klagen und hierhin und dorthin laufen; wohin du auch gehst und kommst, du wirst nicht alles angenehm finden; denn überall muß man etwas erleiden. Auch wenn du dich darüber nicht freuen kannst, so mußt du es dennoch ertragen und dich schließlich zufriedengeben und so alles in Geduld überwinden.

Alles nützt nichts, wenn du nicht aufhörst, dich selbst in den Dingen zu suchen. Solange du hier lebst, hast du gegen dich selber zu kämpfen und den Feind zu ertragen. Dadurch wächst dein Verdienst, wenn du das, was dir beschwerlich ist, um Gottes willen erduldest. Wer das Leiden flieht, dem wird es folgen: denn dieses Leben ist voll von Schwächen und Qual. Du wärest gern frei von allen Leiden, aber es wäre nicht immer zu deinem Gewinn. Halte daher geduldig aus, wenn du Gott gefallen und große Verdienste erwerben willst. Denn alles wendet sich dir zum Guten, wenn du alles Unglück aus der Hand Gottes als Gewinn für deine Seele betrachtest. Das ist der rechte Weg zum Himmel: um Gottes willen zu leiden. Im demütigen Dulden erkennt man das rechte Leben und die himmlische Weisheit.

Jakob Böhme
(1575–1624)

Mit Jakob Böhme rückt einer der großen protestantischen Mystiker in den Mittelpunkt des mystischen Denkens seiner Zeit.
Für den in Alt-Seidenberg (Schlesien) geborenen Bauernsohn waren von früh an zwei Themen zum Lebensinhalt geworden: Durch das intensive Leben der Familie mit der Bibel die Frage nach Gott, durch die Tätigkeit als Hirtenjunge die Auseinandersetzung mit der Natur. Daß beide Bereiche, Gott und Natur, in Böhmes Leben zwei Betrachtungsweisen eines „Ur-Grundes“ werden sollten, deutet sich in einem Erlebnis des jungen Jakob an, das sein erster Biograph, Abraham von Franckenberg, berichtet.

„Nachdem er nun etwas erwachsen, hat er neben anderen Dorfknaben das Vieh auf dem Felde hüten und also seinen Eltern mit billigem Gehorsam zur Hand gehen müssen.
Bei welchem seinem Hirtenstande ihm begegnet, daß er einstmals um die Mittagsstunde sich von andern Knaben abgesondert und auf den davon nicht weit abgelegenen Berg, die Landeskrone genannt, allein für sich selbst gestiegen, und allda zuoberst (welchen Ort er mir selber gezeiget und erzählet), wo es mit großen roten Steinen verwachsen und beschlossen, einen offenen Eingang gefunden, in welchen er aus Einfalt gegangen und darinnen eine große Bütte mit Geld angetroffen, worüber ihm ein Grausen angekommen, darum er auch nichts davon genommen, sondern also ledig und eilfertig wieder herausgegangen sei. Ob er nun wohl nochmals mit andern Hütejungen zum öftern wieder hinaufgestiegen, hat er doch solchen Eingang nie mehr offen gesehen (welches eine Vorbedeutung auf seinen geistlichen Eingang in die verborgene Schatzkammer der göttlichen und natürlichen Weisheit und Geheimnisse wohl sein können). Es ist aber selbiger Schatz nach etlichen Jahren, wie er berichtet, von einem fremden Künstler gehoben und hinweggeführet worden, worüber solcher Schatzgräber (weil der Fluch dabei gewesen) eines schändlichen Todes verdorben."[1]

Wegen seiner schwächlichen Konstitution verzichtete Jakobs Vater darauf, ihn zum Bauern zu machen und ließ ihn das Schuhmacherhandwerk erlernen.
In Görlitz, wo Böhme sich nach seinen Wanderjahren 1599 als Meister niedergelassen, eine Familie gegründet und ein Haus gekauft hatte, führte er ein arbeitsames, geregeltes Leben.
Innerlich litt Böhme jedoch an Selbstzweifeln und Depressionen, die durch das Nachsinnen über mystische und theosophische Schriften, welche er trotz seiner geringen Schulbildung las, verstärkt wurden. Beim Anblick eines im Sonnenlicht aufleuchtenden dunklen Zinngefäßes begann Böhme den Grundgedanken zu erahnen, der sein späteres Werk prägt: Der Ursprung aller Dinge, selbst der Gottheit, beruht in einem Gegensatz, im Ja und Nein, Für und Wider, in den beiden Urgewalten Licht und Finsternis.
Zwölf Jahre lang versuchte Böhme, das Geschaute in Begriffe zu fassen, bis es ihn „wie ein Platzregen" überfiel und er im Januar 1612 sein erstes Werk, „Aurora oder Morgenröte im Aufgang", niederzuschreiben begann.
Abschriften dieses ersten Werkes gerieten in die Hände des Görlitzer Pfarrers, der in Böhme einen Ketzer sah und dessen Manuskript durch den Magistrat der Stadt beschlagnahmen ließ. Böhme wurde Schreibverbot auferlegt, und er gedachte auch, dieser Auflage nachzukommen.
Da wurde er 1619 durch einen inneren Drang dazu gezwungen, wieder zu

schreiben. In rascher Folge entstanden 32 weitere Schriften und zahlreiche Briefe.
Als in Böhmes letztem Lebensjahr einer seiner Anhänger die Schrift „Auf dem Weg zu Christo“ drucken ließ, geriet der Verfasser erneut in Konflikt mit der orthodoxen lutherischen Geistlichkeit seiner Heimatstadt. Ein Versuch Böhmes, in Dresden am dortigen Hofe Verständnis für seine Idee einer „neuen Reformation“ zu finden, schien erfolgreich, da erlag Jakob Böhme einer Erkrankung, die er sich auf der Reise zugezogen hatte.
Böhme, dessen Gedankenwelt gigantisch war, der in Gott den „Ur-Grund“ sah, den Willen, der sich selbst zu verwirklichen sucht, und für den die Natur der Prozeß jener Selbstverwirklichung Gottes ist, war von wenig eindrucksvoller äußerer Erscheinung.
Abraham von Franckenberg beschreibt die auffällige Diskrepanz zwischen „Sein“ und „Schein“:

> „Jakob Böhmes äußerliche Leibesgestalt war verfallen und von schlechtem Ansehen, kleiner Statur, niedriger Stirne, erhobener Schläfe, etwas gekrümmter Nase, grau und fast himmelbläulich blinzender Augen, sonsten wie die Fenster am Tempel Salomonis, kurzdünnen Bartes, kleinlautender Stimme, doch holdseliger Rede, züchtig in Gebärden, bescheidentlich in Worten, demütig im Wandel, geduldig im Leiden, sanftmütig von Herzen. Seinen über alle Natur von Gott hocherleuchteten Geist, und ganz reine wohlverständliche hochdeutsche Redensart hat man aus diesen seinen unverfälschten Schriften in göttlichem Lichte zu prüfen und zu erkennen.“[2]

Angelus Silesius faßt das Gemeinte in einem Vierzeiler zusammen:

Unter einem Bildnis Jakob Böhmes

Im Wasser lebt der Fisch, die Pflanzen in der Erden,
Der Vogel in der Luft, die Sonn im Firmament.
Der Salamander muß im Feur erhalten werden:
Und Gottes Herz ist Jakob Böhmens Element.[3]

Während Böhme in Holland und England früh Beachtung fand, blieb die Resonanz in Deutschland zwei Jahrhunderte lang gering.
Erst die Romantik und die Philosophie des „Deutschen Idealismus“ entdeckten die Kraft der Sprache und die Tiefe der Gedanken des „Teutonicus Philosophus“, des „ersten deutschen Philosophen“, als den Hegel ihn pries.
Aus dem umfangreichen Werk Böhmes geben wir Auszüge wieder aus „Aurora oder Morgenröte im Aufgang“, aus den weithin unbekannten „40 Fragen an die Seele“ und aus dem Werk „Auf dem Weg zu Christo“.

Aurora oder Morgenröte im Aufgang (Auszüge)

Günstiger Leser!
Ich vergleiche die ganze Philosophie, Astrologie und Theologie samt ihrer Mutter, einem köstlichen Baum, der in einem schönen Lustgarten wächst. – 2. Nun gibt aber die Erde, da der Baum innen stehet, dem Baum immer Saft, davon der Baum seine lebendige Qualität hat; der Baum aber in sich selbst wächst von dem Saft der Erde und wird groß und breitet sich aus mit seinen Ästen. – 3. Nun gleichwie die Erde mit ihrer Kraft an dem Baum arbeitet, daß derselbe wachse und zunehme, also arbeitet der Baum stets mit seinen Ästen aus ganzem Vermögen, daß er möchte immer viel gute Früchte bringen. – 4. Wenn aber der Baum wenig Früchte bringt, dazu ganz klein, madig und wurmstichig, so ist die Schuld nicht an des Baumes Willen, daß derselbe begehre, böse Früchte zu tragen, dieweil er ein köstlicher Baum guter Qualität ist; sondern die Schuld ist, daß oft große Kälte, Hitze, Meltau, Raupen und Ungeziefer auf ihn fällt: denn die Qualität in der Tiefe, von den Sternen ausgeworfen, verderbt ihn, daß er wenig gute Früchte bringt. – 5. Nun hat aber der Baum diese Art an sich, daß, je größer und älter der Baum wird, je süßere Früchte trägt er; in seiner Jugend trägt er wenig Früchte, denn das macht die rauhe und wilde Art des Erdbodens und die überlei Feuchte in dem Baum; und ob er gleich schön blüht, so fallen doch im Gewächse seine Äpfel meistenteils ab, es sei denn Sache, daß er gar in einem guten Acker stehet. – 6. Nun hat der Baum auch eine gute, süße Qualität an sich, dagegen auch drei andere, dem zuwider, als bitter, sauer und herbe. Nun wie der Baum ist, also werden auch seine Früchte, bis sie die Sonne wirkt und süße macht, daß sie einen lieblichen Geschmack bekommen, und müssen seine Früchte bestehen im Regen, Wind und Ungewitter. – 7. Wenn aber der Baum alt wird, daß seine Äste verdorren, daß der Saft nicht mehr in die Höhe kann, so wachsen unten um den Stamm viel grüne Zweiglein aus, letztlich auch auf der Wurzel, und verklären den alten Baum, wie er auch ein schönes grünes Zweiglein und Bäumlein gewesen ist, und nun gar alt geworden. Denn die Natur oder der Saft wehrt sich, bis der Stamm gar dürre wird: dann wird er abgehauen und im Feuer verbrannt. – 8. Nun merke, was ich mit diesem Gleichnis angedeutet habe. Der Garten dieses Baumes bedeutet die Welt, der Acker die Natur, der Stamm des Baumes die Sterne, die Äste die Elemente, die Früchte, so auf diesem Baume wachsen, bedeuten die Menschen, der Saft in dem Baume bedeutet die klare Gottheit. Nun sind die Menschen aus der Natur, Sternen und Elementen gemacht worden: Gott der Schöpfer aber herrscht in allen, gleichwie der Saft in dem ganzen Baume. – 9. Die Natur aber hat zwei Qualitäten in sich bis in das Gericht Gottes, eine liebliche, himmlische und heilige, und eine grimmige, höllische und durstige. – 10. Nun qualifiziert und arbeitet die gute immer mit ganzem

Fleiß, daß sie gute Früchte bringe, darinnen herrschet der Heilige Geist, und gibt dazu Saft und Leben; die böse quillt und treibt auch mit ganzem Fleiße, daß sie immer böse Früchte bringt, dazu gibt ihr der Teufel Saft und höllische Lohe. – 11. Nun dieses beides ist in dem Baum der Natur, und die Menschen sind aus dem Baum gemacht, und leben in dieser Welt, in diesem Garten zwischen beiden in großer Gefahr, und fällt auf sie bald Sonnenschein, bald Regen, Wind und Schnee. – 12. Das ist, so der Mensch seinen Geist erhebt in die Gottheit, so quillt und qualifiziert in ihm der Heilige Geist; so er aber seinen Geist sinken läßt in die Welt, in Lust des Bösen, so quillt und herrscht in ihm der Teufel und der höllische Saft. – 13. Gleichwie der Apfel auf dem Baum madig und wurmstichig wird, wenn Frost, Hitze und Meltau auf ihn fällt, und leicht abfällt und verdirbt, also auch der Mensch, wenn er läßt den Teufel mit seinem Gift in ihm herrschen. – 14. Nun gleichwie in der Natur Gutes und Böses quillt, herrscht und ist, also auch im Menschen: der Mensch aber ist Gottes Kind, den er aus dem besten Kern der Natur gemacht hat, zu herrschen in dem Guten und zu überwinden das Böse. Ob ihm gleich das Böse anhängt, gleichwie in der Natur das Böse am Guten hängt, so kann er doch das Böse überwinden, so er seinen Geist in Gott erhebt, so quillt in ihm der Heilige Geist und hilft ihm siegen. – 15. Gleichwie die gute Qualität in der Natur mächtig ist zu siegen über die böse, denn sie ist und kommt aus Gott, und der Heilige Geist ist Herrscher darinnen, also auch ist die grimmige Qualität mächtig zu siegen in der boshaftigen Seele, denn der Teufel ist ein mächtiger Herrscher in der Grimmigkeit, und ist ein ewiger Fürst derselben. – 16. Der Mensch aber hat sich selbst in die Grimmigkeit geworfen durch den Fall Adams und Evas, daß ihm das Böse anhängt, sonst wäre sein Quell und Trieb allein in dem Guten, nun aber ists in beiden, und heißt nun, wie Paulus sagt: Wisset ihr nicht, welchem ihr euch begebet zu Knechten in Gehorsam, dessen Knechte ihr seid, dem ihr gehorsam seid, entweder der Sünde zum Tode, oder dem Gehorsam Gottes zur Gerechtigkeit (Röm 6, 16). – 17. Weil aber der Mensch in beiden den Trieb hat, so mag er greifen, zu welchem er will, denn er lebet in dieser Welt zwischen beidem, und sind beide Qualitäten, bös und gut in ihm, in welchem der Mensch wallet, damit wird er angetan, in heilige oder höllische Kraft. – 18. Denn Christus spricht: Mein Vater will den Heiligen Geist denen geben, die ihn darum bitten (Lk 11, 13). Auch so hat Gott dem Menschen das Gute befohlen und das Böse verboten und läßt noch täglich predigen, rufen und schreien, und den Menschen ermahnen zum Guten, dabei man ja wohl erkennt, daß Gott das Böse nicht will, sondern will, daß sein Reich zukomme, und sein Wille geschehe, wie im Himmel, also auch auf Erden. – 19. Weil aber der Mensch durch die Sünde vergiftet, daß die grimme Qualität sowohl als die gute in ihm herrscht, und halb tot, und mit großem Unverstand Gott seinen Schöpfer sowohl als auch die Natur und ihre Wirkung nicht mehr erkennen kann;

so hat die Natur ihren höchsten Fleiß vom Anfang bis auf heute angelegt, dazu hat Gott seinen Heiligen Geist gegeben, daß sie je und allewege hat weise, heilige und verständige Menschen geboren und zugerichtet, welche die Natur sowohl als Gott ihren Schöpfer haben lernen erkennen, und welche allzeit mit ihrem Schreiben und Lehren der Welt Licht sind gewesen. Damit hat Gott seine Kirche auf Erden zugerichtet, zu seinem ewigen Lobe; dagegen hat der Teufel gewütet und getobt, und manchen edlen Zweig verderbt, durch die Grimmigkeit in der Natur, deren Fürst und Gott er ist. – 20. Wenn die Natur hat oft einen gelehrten, verständigen Menschen zugerichtet mit schönen Gaben, so hat der Teufel seinen höchsten Fleiß daran gelegt, daß er denselben verführt in fleischliche Lüste, in Hoffart, in Begierde reich zu sein und Gewalt zu haben. Damit hat der Teufel in ihm geherrscht, und die grimme Qualität hat die gute überwunden, und ist aus seinem Verstande und aus seiner Kunst und Weisheit Ketzerei und Irrtum gewachsen, welche der Wahrheit gespottet und großen Irrtum auf Erden angerichtet hat, und ist dem Teufel ein guter Heerführer gewesen. – 21. Denn die böse Qualität in der Natur hat vom Anfang und noch immer mit der guten gerungen, und sich empor gehoben, und manche edle Frucht im Mutterleibe verdorben, wie solches klar zu sehen ist, erstlich bei Kain und Abel, die aus einem Mutterleibe kamen; Kain war von Mutterleibe ein Verächter Gottes und hoffärtig, dagegen Abel ein demütiger, gottesfürchtiger Mensch. So sieht man es auch bei den drei Söhnen Noä; sowie auch bei Abraham mit Isaak und Ismael; sonderlich aber bei Isaak mit Esau und Jakob, welche sich im Mutterleibe gestoßen und gerungen, darum auch Gott sagt: Jakob habe ich geliebt und Esau gehaßt (Gen 25, 23). Ist anderes nichts, denn daß beide Qualitäten in der Natur haben heftig miteinander gerungen. – 22. Denn als Gott in der Natur zur selben Zeit wallete, und wollte sich der Welt offenbaren durch den frommen Abraham, Isaak und Jakob, und wollte ihm eine Kirche auf Erden zurichten zu seiner Glorie und Herrlichkeit, so wandelte in der Natur auch die Bosheit mit, und derselben Fürst Luzifer. Weil denn in dem Menschen Böses und Gutes war, so konnten beide Qualitäten in ihm regieren; deswegen ward ein böser und guter Mensch in einer Mutter auf einmal geboren. – 23. Auch so ist es bei der ersten Welt, desgleichen auch an der andern bis ans Ende unserer Zeit klar zu sehen, wie das himmlische und das höllische Reich in der Natur hat je und allezeit miteinander gerungen und in großer Arbeit gestanden, als ein Weib in der Geburt. – 24. Bei Adam und Eva ist es am lautersten zu sehen: denn da wuchs ein Baum im Paradies auf von beider Qualität, Böses und Gutes; da sollten Adam und Eva versucht werden, ob sie könnten in der guten Qualität, in englischer Art und Form bestehen. Denn der Schöpfer verbot Adam und Eva von der Frucht zu essen, aber die böse Qualität in der Natur rang mit der guten, und brachte Adam und Eva in Lust, von beiden zu essen. Darum bekamen sie auch bald zur Stunde tierische Art und Form, und aßen von Bös und Gut, und mußten sich auf tierische Art mehren und leben, und verdarb mancher edle Zweig, von ihnen geboren. – 25. Hernach siehet man, wie Gott in der Natur gewirkt, als die heiligen Väter in der ersten Welt geboren, als Abel, Seth, Enos, Kenan, Mahaleel, Jared, Henoch, Methusala, Lamech und der heilige Noah; die haben der Welt des Herrn Namen verkündigt und Buße gepredigt, denn der Heilige Geist hat in ihnen gewirkt. – 26. Dagegen hat der höllische Gott auch wirklich in der Natur, und Spötter und Verächter geboren, erstlich Kain und seine Nachkommen, und ist mit der ersten Welt gegangen, wie mit einem jungen Baume, der wächst, grünt und blüht schön, bringt aber wenig gute Früchte wegen seiner wilden Art. Also brachte die Natur in der ersten Welt wenig gute Früchte, ob sie gleich schön blühete in weltlicher Kunst und Üppigkeit, denn das konnte den Heiligen Geist nicht ergreifen, der auch diesmal in der Natur sowohl als jetzt hat gewirket. – 27. Darum sprach Gott: Es reuet mich, daß ich die Menschen gemacht habe (Gen 6, 6), und erregte die Natur, daß alles Fleisch starb, was im Trocknen lebte, bis auf die Wurzel und den Stamm, der blieb stehen; und hat hiermit den wilden Baum gedünget und angerichtet, daß derselbe sollte bessere Früchte tragen. Aber als derselbe wieder grünte, brachte er bald wieder gute und böse Früchte bei den Söhnen Noä, da fanden sich bald wieder Spötter und Verächter Gottes, und wuchs kaum ein guter Ast in dem Baum, der heilige, gute Früchte brachte, die andern Äste trugen und brachten die wilden Heiden. – 28. Als aber Gott sah, daß der Mensch also in seiner Erkenntnis erstorben war, bewegte er die Natur abermals und zeigte den Menschen, wie in derselben Böses und Gutes wäre, damit sie das Böse fliehen und in dem Guten leben sollten, und ließ Feuer aus der Natur fallen, und zündete an Sodom und Gomorra zum schrecklichen Exempel der Welt. – 29. Als aber der Menschen Blindheit überhand nahm, und sie sich Gottes Geist nicht wollten lehren lassen, gab er ihnen Gesetze und Lehre, wie sie sich halten sollten, und bestätigte die mit Wunder und Zeichen, damit nicht erlösche die Erkenntnis des rechten Gottes. – 30. Aber das Licht wollte hiemit auch nicht an Tag kommen, denn die Finsternis und Grimmigkeit in der Natur wehrte sich, und derselben Fürst regierte gewaltig. – 31. Als aber der Baum der Natur in sein Mittelalter kam, da hob er an, und trug etliche milde, süße Früchte, anzuzeigen, daß er hinfort würde liebliche Früchte tragen. Denn da wurden die heiligen Propheten geboren aus dem süßen Ast des Baumes, die lehrten und predigten von dem Licht, welches künftig die Grimmigkeit in der Natur überwinden würde. – 32. Auch so ging unter den Heiden ein Licht in der Natur auf, daß sie erkannten die Natur und ihre Wirkung, wiewohl dieses nur ein Licht in der wilden Natur war, und noch nicht das heilige Licht, denn die wilde Natur war noch nicht überwunden, und es rang Licht und Finsternis so lange miteinander, bis die Sonne aufging, und zwang diesen Baum mit ihrer Hitze, daß er liebliche, süße Früchte trug. – 33. Das ist, bis da kam der Fürst des Lichts aus dem Herzen Gottes, und ward ein Mensch in der Natur, und rang in seinem menschlichen Leibe, in Kraft des göttlichen Lichts, in der wilden Natur. – 34. Derselbe Fürsten- und königliche Zweig wuchs auf in der Natur, und wurde ein Baum in der Natur, und breitete seine Äste aus vom Orient bis in Okzident, und umfassete die ganze Natur, rang und kämpfte mit der Grimmigkeit, die in der Natur war, und mit denselben Fürsten, bis daß er überwand und triumphierte, als ein König in der Natur, und nahm den Fürsten der Grimmigkeit gefangen in seinem eigenen Hause (Ps 68, 19). – 35. Als dieses geschah, da wuchsen aus dem königlichen Baume, der in der Natur gewachsen war, viel tausend Legionen köstlicher, süßer Zweiglein, die hatten alle den Geruch und Geschmack des köstlichen Baums. Und obgleich auf sie fiel Regen, Schnee, Hagel und Ungewitter, daß manches Zweiglein vom Baum gerissen und geschlagen ward, noch wuchsen immer andre Zweiglein. Denn die Grimmigkeit in der Natur und derselben Fürst erregte großes Ungewitter mit Hagel, Donner, Blitz und Regen, daß ja oft viel herrliche Zweiglein von dem süßen und guten Baum abgerissen wurden. Aber dieselben Zweiglein schmeckten also holdselig, süß und freudenreich, wie keines Menschen noch Engels Zunge aussprechen kann: denn sie hatten große Kraft und Tugend in sich, sie dienten zur Gesundheit der wilden Heiden. Welcher Heide von den Zweiglein dieses Baumes aß, der ward entledigt von der wilden Art der Natur, darinnen er geboren war, und ward ein süßer Zweig in dem köstlichen Baum, und grünete in dem Baum, und er trug köstliche Früchte, wie der königliche Baum. – 36. Darum liefen viele Heiden zu dem köstlichen Baum, da die köstlichen Zweiglein lagen, welche der Fürst der Finsternis hatte mit seinen Sturmwinden abgerissen, und welcher Heide an diesen abgerissenen Zweiglein roch, der ward gesund von der wilden Grimmigkeit, die ihm von seiner Mutter angeboren war. – 37. Als aber der Fürst der Finsternis sah, daß sich die Heiden um die Zweiglein rissen, und nicht um den Baum, und seinen großen Verlust und Schaden sah, so ließ er ab vom Sturm gegen Aufgang und Mittag, und stellte einen Kaufmann unter den Baum, der las die Zweiglein auf, die von dem köstlichen Baume gefallen waren. – 38. Und wenn dann die Heiden kamen, und fragten nach den guten und kräftigen Zweiglein, so bot der Kaufmann dieselben an ums Geld zu verkaufen, damit er Wucher von dem köstlichen Baum hätte. Denn solches forderte der Fürst der Grimmigkeit von seinem Kaufmanne, darum, weil ihm der Baum in seinem Lande gewachsen war, und verderbte seinen Acker. – 39. Als nun die Heiden sahen, daß die Frucht von dem köstlichen Baum ums Geld zu verkaufen feil war, liefen sie haufenweise zu dem Krämer, und kauften von der Frucht des Baumes, und kamen auch von fernen Inseln dahin zu kaufen, ja von der Welt Ende. – 40. Als nun der Krämer sah, daß seine Ware so viel galt, auch so angenehm war, erdachte er sich eine

List, damit er seinem Herrn möchte einen großen Schatz sammeln, und schickte Kaufleute aus in alle Lande, und ließ seine Ware feilbieten und hochloben; aber er verfälschte die Ware und verkaufte andere Frucht für die gute, die nicht auf dem guten Baum gewachsen war, darum daß seines Herrn Schatz nur groß würde. – 41. Die Heiden aber und alle Inseln und Völker, die auf Erden wohnten, waren alle aus dem wilden Baum gewachsen, der da gut und böse war: darum waren sie halb blind, und sahen den guten Baum nicht, der doch seine Äste ausstreckte vom Aufgang bis zum Niedergang; sonst hätten sie die falsche Ware nicht gekauft. – 42. Weil sie aber den köstlichen Baum nicht kannten, der doch seine Äste über sie alle ausstreckte, so liefen sie alle den Krämern nach, und kauften vermengte falsche Ware für gute, und vermeinten, sie diene zur Gesundheit. Weil sie aber alle so hart nach dem Baum gelüstete, der doch über ihnen allen schwebte, so wurden ihrer viel gesund von der großen Lust und Begierde, die sie zu dem Baum trugen. Denn des Baumes Geruch, der über ihnen schwebte, machte sie gesund von ihrer Grimmigkeit und wilden Geburt, und nicht des Krämers falsche Ware: das währte eine lange Zeit. – 43. Als nun der Fürst in der Finsternis, der da ist der Quell der Grimmigkeit, Bosheit und Verderbens, sah, daß die Menschen gesund wurden von seinem Gift und wilden Art, von dem Geruch des köstlichen Baums, ward er zornig, und pflanzte einen wilden Baum gegen Mitternacht, der wuchs aus der Grimmigkeit in der Natur, und ließ ausrufen: Das ist der Baum des Lebens, wer davon isset, der wird gesund und lebt ewiglich! Denn an dem Orte, da der wilde Baum wuchs, war eine wilde Stätte: und die Völker daselbst hatten das rechte Licht aus Gott vom Anfang bis zur selben Zeit und auch noch heute nicht erkannt; und der Baum wuchs am Berge Hagar, in dem Hause Ismaels des Spötters. – 44. Da aber ausgerufen war von dem Baum: Siehe, das ist der Baum des Lebens! da liefen die wilden Völker zu dem Baum, die nicht waren aus Gott geboren, sondern aus der wilden Natur, und liebten den wilden Baum, und aßen von seiner Frucht. Und der Baum wuchs und ward groß von dem Saft der Grimmigkeit in der Natur, und breitete seine Äste aus von Mitternacht gegen Morgen und Abend: der Baum aber hatte seinen Quell und Wurzel aus der wilden Natur, die da bös und gut war; und wie der Baum war, also war auch seine Frucht. – 45. Weil aber die Menschen dieses Orts alle aus der wilden Natur waren gewachsen, so wuchs der Baum über sie alle, und ward also groß, daß er mit seinen Ästen reichte bis in das werte Land, unter den heiligen Baum. – 46. Das war aber die Ursache, daß der wilde Baum so groß ward: die Völker unter dem guten Baum liefen alle den Krämern nach, die die falsche Ware verkauften, und aßen von der falschen Frucht, die auch bös und gut war, und vermeinten, sie würden dadurch gesund werden, und ließen den heiligen, guten, kräftigen Baum immer stehen. Indes wurden sie immer blinder, matter und schwächer, und konnten dem wilden Baum gegen

Mitternacht nicht wehren, daß er nicht wuchs. Denn sie waren viel zu matt und schwach: sie sahen wohl, daß es ein wilder, böser Baum war, aber sie waren zu matt und schwach, und konnten ihm sein Gewächse nicht wehren! So sie aber nicht wären den Krämern mit der falschen Ware nachgelaufen, und hätten von der falschen Frucht gegessen, sondern hätten von dem köstlichen Baum gegessen, so wären sie kräftig worden, dem wilden Baum Widerstand zu tun. – 47. Weil sie aber der wilden Natur im Menschentand nachhureten in ihres Herzens Gelüste, in Heuchelei, so herrschte auch die wilde Natur über sie, und der wilde Baum wuchs hoch und weit über sie, und verderbte sie mit seiner wilden Kraft. – 48. Denn der Fürst der Grimmigkeit in der Natur gab dem Baum seine Kraft, zu verderben die Menschen, die von des Krämers wilder Frucht aßen: dieweil sie verließen den Baum des Lebens, und suchten eigene Klugheit, wie Mutter Eva im Paradies, so herrschte ihre eigene angeborene Qualität über sie, und gerieten in solchen kräftigen Irrtum, wie St. Paulus sagt (2. Thess. 2, 11). – 49. Und der Fürst der Grimmigkeit erregte Krieg und Sturmwinde von dem wilden Baum gegen Mitternacht über die Völker, die nicht aus dem wilden Baum geboren waren; und sie fielen in ihrer Mattigkeit und Schwachheit vor dem Ungewitter, das aus dem wilden Baum ging. – 50. Und der Kaufmann unter dem guten Baum heuchelte mit den Völkern gegen Mittag und Abend, und gegen Mitternacht, und lobte seine Ware hoch, und betrog die Einfältigen mit List: und die Klugen machte er zu seinen Kaufleuten und Krämern, daß sie ihren Gewinn auch davon hatten; bis daß ers dahinbrachte, daß niemand den heiligen Baum mehr recht sah und erkannte, und er das Land zum Eigentum kriegte. – 51. Da ließ er ausrufen (2. Thess. 2): Ich bin der Stamm des guten Baums, und stehe auf der Wurzel des guten Baums, und bin eingepfropft in den Baum des Lebens! Kauft meine Ware, die ich euch verkaufe, so werdet ihr gesund werden von eurer wilden Geburt, und ewig leben. Ich bin aus der Wurzel des guten Baumes gewachsen, und habe die Frucht des Baumes in meiner Gewalt, und sitze auf dem Stuhl der göttlichen Kraft, und habe Gewalt im Himmel und auf Erden; kommet zu mir und kaufet euch ums Geld von der Frucht des Lebens! – 52. Da liefen alle Völker zu, und kauften und aßen, bis sie verschmachteten; alle Könige von Mittag, Abend und gegen Mitternacht aßen von des Krämers Frucht, und lebten in großer Ohnmacht; denn der wilde Baum wuchs je länger je größer über sie, und vertilgte sie eine lange Zeit. Und es war eine elende Zeit auf Erden, als nicht gewesen war, weil solange die Welt gestanden; aber die Menschen meinten, es wäre gute Zeit, so hart hatte sie der Kaufmann unter dem guten Baum verblendet. – 53. Am Abend aber jammerte die Barmherzigkeit Gottes der Menschen Elend und Blindheit, und bewegte abermal den guten Baum, den herrlichen göttlichen Baum, der die Frucht des Lebens trug; da wuchs ein Zweig nahe bei der Wurzel aus dem köstlichen Baume und grünete; und ihm ward gegeben des Baumes Saft und Geist, und redete mit Menschenzungen, und zeigte jedermann den köstlichen Baum, und seine Stimme erscholl weit in viel Länder. – 54. Da liefen die Menschen, zu sehen und hören, was da wäre; da ward ihnen gezeigt der köstliche und tugendreiche Baum des Lebens, davon die Menschen im Anfang gegessen hatten, und waren entledigt worden von ihrer wilden Geburt. – 55. Und sie wurden hoch erfreut, und aßen von dem Baum des Lebens mit großer Freude und Erquickung, und erhielten neue Kraft von dem Baum des Lebens, und sangen ein neues Lied von dem wahrhaftigen Baum des Lebens, und wurden entledigt von der wilden Geburt, und haßten den Kaufmann mit seinen Krämern und falscher Ware. – 56. Es kamen aber alle, die da hungerte und dürstete nach dem Baum des Lebens, und die im Staube saßen, und aßen von dem heiligen Baum, und wurden gesund von ihrer unreinen Geburt, und von der Grimmigkeit der Natur, darinnen sie lebten, und wurden eingepfropft in den Baum des Lebens. – 57. Allein die Krämer des Kaufmanns und ihre Heuchler, und die ihren Wucher hatten mit der falschen Ware getrieben, und ihre Schätze gesammelt, kamen nicht, denn sie waren im Wucher der Hurerei des Kaufmanns ersoffen, und im Tode erstorben, und lebten in der wilden Natur; und die Angst und Schande, die da aufgedeckt ward, hielt sie zurück, daß sie mit dem Kaufmann so lange gehuret hatten, und die Seelen der Menschen verführt; da sie doch rühmten, sie wären in den Baum des Lebens eingepfropft, und lebten in göttlicher Kraft, in Heiligkeit, und trügen die Frucht des Lebens feil. – 58. Weil nun offenbar ward ihre Schande, Betrug, Geiz und Schalkheit, verstummten sie und blieben zurück, und schämten sich, daß sie hätten Buße getan für ihre Greuel und Abgötterei, und wären mit den Hungrigen und Durstigen zu dem Brunnquell des ewigen Lebens gegangen: darum verschmachten sie auch in ihrem Durste, und ihre Qual steigt auf von Ewigkeit zu Ewigkeit, und ihr Gewissen naget sie. – 59. Da nun der Kaufmann sah mit der falschen Ware, daß sein Betrug war offenbar worden, ward er sehr zornig und verzagt, und richtete seinen Bogen wider das heilige Volk, das seine Ware nicht mehr kaufen wollte, und tötete viel des heiligen Volks, und lästerte wider den grünen Zweig, der aus dem Baum des Lebens gewachsen war; aber der Großfürst Michael, der vor Gott steht, kam und stritt für das heilige Volk, und siegte …

80. Die aber im Licht der Natur und des Geistes geboren waren, und auf Erden den Baum des Lebens nie recht erkannt hatten, waren aber in seiner Kraft gewachsen, der über alle Menschen auf Erden geschattet hatte, als da sind viel Heiden und Völker, und Unmündige, die wurden auch aufgenommen in derselben Kraft, worin sie gewachsen waren, und damit ihr Geist bekleidet war, und sangen das Lied ihrer Kraft von dem edeln Baum des ewigen Lebens; denn ein jeder wurde nach seiner Kraft glorifiziert. – 81. Und die heilige Natur gebar freudenreiche, himmlische Früchte; gleichwie sie auf

Erden in beider Qualität irdische geboren hatte, die da bös und gut waren, also gebar sie jetzt himmlische, freudenreiche. Und die Menschen, die jetzt den Engeln gleich waren, aßen ein jeglicher von der Frucht seiner Qualität, und sangen das Lied Gottes, und das Lied von dem Baum des ewigen Lebens. Und das war in dem Vater wie ein heiliges Spiel, eine triumphierende Freude, denn dazu waren alle Dinge im Anfang aus dem Vater gemacht, und bleibt nun in seine Ewigkeit so. – 82. Die aber auf Erden waren in Kraft des Zornbaumes gewachsen, das ist, die die grimme Qualität überwunden hatte, und waren verdorrt in der Bosheit ihres Geistes, in ihren Sünden, die gingen auch alle hervor, ein jeder in seiner Kraft, und wurden aufgenommen in das Reich der Finsternis, und ein jeder ward angetan in der Kraft, worin er gewachsen war; und ihr König heißt Luzifer, ein Verstoßener aus dem Licht. – 83. Und die höllische Qualität brachte auch Früchte hervor, wie sie auf Erden getan hatte; allein das Gute war von ihr geschieden, darum brachte sie jetzt Früchte in ihrer eigenen Qualität; und die Menschen, welche jetzt auch den Geistern gleich waren, aßen ein jeglicher von der Frucht seiner Qualität, sowie auch die Teufel; denn gleichwie ein Unterschied ist in den Menschen auf Erden in den Qualitäten, und nicht alle einer Qualität sind, also auch bei den verstoßenen Geistern; also auch in der himmlischen Pomp, in Engeln und Menschen, und das währt in seine Ewigkeit, Amen. Günstiger Leser, dieses ist ein kurzer Bericht von den zwei Qualitäten in der Natur, vom Anfang bis zum Ende, wie daraus zwei Reiche entstanden sind, ein himmlisches und ein höllisches, und wie sie in dieser Zeit gegeneinander wallen und streiten, und wie es zukünftig mit ihnen ergehen wird. – 84. Nun habe ich aber diesem Buch den Namen gegeben: die Mutter oder Wurzel der Philosophie, Astrologie und Theologie. Damit du aber wissest, wovon dies Buch handelt, so verstehe: 1) durch die Philosophie wird gehandelt von der göttlichen Kraft, was Gott sei, und wie im Wesen Gottes die Natur, Sterne und Elemente beschaffen sind, und woher alle Dinge ihren Ursprung haben, wie Himmel und Erde beschaffen sind, auch Engel, Menschen und Teufel, dazu Himmel und Hölle, und alles, was kreatürlich ist; auch was da sind beide Qualitäten in der Natur, aus rechtem Grunde in Erkenntnis des Geistes, im Trieb und Wallen Gottes. – 85. 2) Durch die Astrologie wird gehandelt von den Kräften der Natur, der Sterne und Elemente, wie daraus alle Kreaturen hergekommen sind, und wie dieselben alles treiben, regieren und in allem wirken, und wie Böses und Gutes durch sie gewirkt wird in Menschen und Tieren, woher es kommt, daß Böses und Gutes in dieser Welt herrscht und ist, auch wie der Höllen und Himmel Reich darin besteht. – 86. Nicht ist das mein Fürnehmen, daß ich wollte aller Sterne Lauf, Ort oder Namen beschreiben, oder wie sie jährlich ihre Konjunktion oder Gegenschein, oder Quadrat und dergleichen haben, was sie jährlich und stündlich wirken. – 87. Welches durch die lange Verjährung ist erfahren worden von den hochweisen und klugen, geistreichen Menschen, durch fleißiges Anschauen und Aufmerken und tiefen Sinn, und Rechnen. Ich habe dasselbe auch nicht studiert und gelernt, und überlasse es daher den Gelehrten; sondern mein Fürnehmen ist, nach dem Geist und Sinne zu schreiben, und nicht nach dem Anschauen. – 88. 3) Durch die Theologie wird gehandelt von dem Reich Christi, wie dasselbe beschaffen sei, wie es dem Reich der Hölle entgegengesetzt sei, auch wie es in der Natur mit dem Reich der Hölle kämpft und streitet, und wie die Menschen durch den Glauben und Geist das Reich der Hölle können überwinden, und triumphieren in göttlicher Kraft, die ewige Seligkeit erlangen, und als einen Sieg im Streit davonbringen, auch wie sich der Mensch durch die Wirkung der höllischen Qualität selbst in das Verderben wirft, und endlich, wie es einen Ausgang mit beiden nehmen wird. – 89. Der oberste Titel, Morgenröte im Aufgang, ist ein Geheimnis, Mysterium, den Klugen und Weisen in dieser Welt verborgen, welches sie selbst in kurzem müssen erfahren. Denen aber, so dieses Buch in Einfalt lesen, mit Begierde des Heiligen Geistes, die ihre Hoffnung allein auf Gott stellen, wird es nicht ein Geheimnis sein, sondern eine öffentliche Erkenntnis. – 90. Ich will diesen Titel nicht erklären, sondern dem unparteiischen Leser, der da in dieser Welt in der guten Qualität ringet, zu urteilen geben. – 91. Wenn nun Meister Klügling, der da in der grimmen Qualität qualifizieret, über dies Buch kommen wird, der wird Widerpart halten, gleichwie das Himmel- und Höllenreich widereinander wallet und ist; erstlich wird er sagen, ich sei viel zu hoch in die Gottheit gestiegen, mir gezieme solches nicht; danach wird er sagen, ich rühme mich des Heiligen Geistes, ich müßte auch also leben, und solches mit Wunderwerken beweisen; drittens wird er sagen, ich tue solches aus Begierde des Ruhms; viertens wird er sagen, ich sei nicht gelehrt genug dazu; fünftens wird ihn die große Einfalt des Autors sehr ärgern, wie denn der Welt Brauch ist, nur auf das Hohe zu sehen, und sich an der Einfalt zu ärgern. – 92. Den parteiischen Klüglingen will ich entgegensetzen die Altväter in der ersten Welt, die waren auch nur geringe, verachtete Leute, wider welche die Welt und der Teufel wütete und tobte, als zur Zeit Henoch, da die heiligen Väter haben erstlich gewaltig von des Herrn Namen gepredigt, die sind auch nicht mit dem Leibe in Himmel gestiegen, und haben alles mit Augen gesehen, allein der Heilige Geist hat sich in ihrem Geist offenbart. Hernach sieht man es in der andern Welt auch bei den heiligen Altvätern, Patriarchen und Propheten, die waren alle nur einfältige Leute, und ein Teil nur Viehhirten. – 93. Auch als Messias Christus, der Held im Streit, in der Natur ein Mensch ward, ob er gleich ein Fürst und König der Menschen war, so hielt er sich doch in dieser Welt in großer Einfalt, und war nur der Welt Hausgenosse, so wie auch seine Apostel waren allesamt nur arme verachtete Fischerknechte und Leutlein. Ja, Christus selbst dankt seinem himmlischen Vater, daß er es den Klugen und Weisen in dieser Welt hatte verborgen gehalten, und den Unmündigen offenbart (Mt 11, 25). – 94. Dazu sieht man, wie sie auch in gleicher Weise sind arme Sünder gewesen, und haben beide Triebe, bös und gut, in der Natur an sich gehabt; daß sie aber gleich wider die Sünde der Welt, ja wider ihre eigene Sünde haben gepredigt und die gestraft, das haben sie durch den Trieb des Heiligen Geistes getan, und nicht aus Ruhmsucht. Auch so haben sie aus eigenen Kräften und Vermögen nichts gehabt, oder in den Geheimnissen Gottes lehren können, sondern es ist alles im Trieb Gottes geschehen. – 95. Also auch kann ich von mir selbst nichts sagen, rühmen oder schreiben, als daß ich bin ein einfältiger Mann, dazu ein armer Sünder, und muß alle Tage bitten: Herr, vergib uns unsere Schuld! und mit den Aposteln sagen: O Herr, du hast uns durch dein Blut erlöset (Kol 1, 14). Ich bin auch nicht in Himmel gestiegen, und habe alle Werke und Geschöpfe Gottes gesehen, sondern derselbe Himmel ist in meinem Geiste offenbaret, daß ich im Geist erkenne die Werke und Geschöpfe Gottes; auch ist der Wille dazu nicht mein natürlicher Wille, sondern es ist des Geistes Trieb; ich habe auch manchen Sturz des Teufels müssen hiermit erleiden. – 96. Es ist aber der Geist des Menschen nicht allein aus den Sternen und Elementen gekommen, sondern es ist auch ein Funke aus dem Licht und der Kraft Gottes darin verborgen. Es ist nicht ein leeres Wort, das in Genesis (Kap. 1, 21) steht: Gott schuf den Menschen ihm zum Bilde, ja zum Bilde Gottes schuf er ihn: denn es hat eben den Verstand, daß er aus dem ganzen Wesen der Gottheit ist gemacht worden. – 97. Der Leib ist aus den Elementen, darum muß er auch elementische Speise haben; die Seele hat ihren Ursprung nicht allein vom Leibe, und ob sie gleich in dem Leibe entstehet, und ihr erster Anfang der Leib ist, so hat sie doch ihren Quell auch von außen in sich durch die Luft, auch herrscht darin der Heilige Geist, nach Art und Weise, wie er alles erfüllt, und wie in Gott alles ist, und Gott selber alles ist. – 98. Darum, weil der Heilige Geist in der Seele kreatürlich ist, als der Seele Eigentum, so forscht sie bis in die Gottheit, und auch in die Natur; denn sie hat aus dem Wesen der ganzen Gottheit ihren Quell und Herkommen. Wenn sie vom Heiligen Geiste angezündet wird, so sieht sie, was Gott ihr Vater macht, gleichwie ein Sohn im Hause wohl sieht, was der machet; sie ist ein Glied oder Kind in des himmlischen Vaters Hause. – 99. Gleichwie das Auge des Menschen sieht bis in das Gestirne, daraus es seinen anfänglichen Ursprung hat; also auch die Seele sieht bis in das göttliche Wesen, darin sie lebt. – 100. Weil aber die Seele auch aus der Natur ihren Quell hat, und in der Natur Böses und Gutes ist, und sich der Mensch auch hat durch die Sünde in die Grimmigkeit der Natur geworfen, daß also die Seele täglich und stündlich mit Sünden befleckt wird: so ist ihre Erkenntnis nur stückweise, denn die Grimmigkeit in der Natur herrscht nun auch in der Seele. – 101. Der Heilige Geist aber geht nicht in die Grimmigkeit, sondern herrscht in dem Quell der Seele, der in dem Licht Gottes ist, und streitet wider die

Grimmigkeit in der Seele. – 102. Darum kann die Seele zu keiner vollkommenen Erkenntnis in diesem Leben kommen bis ans Ende, da sich Licht und Finsternis scheidet; und wird die Grimmigkeit mit dem Leibe verzehrt in der Erde, dann sieht die Seele hell und vollkommen in Gott ihrem Vater. Wenn aber die Seele vom Heiligen Geist angezündet wird, so triumphiert sie in dem Leibe, wie ein großes Feuer aufgeht, daß also Herz und Nieren vor Freuden zittern; es ist aber nicht bald große und tiefe Erkenntnis da, in Gott ihrem Vater, sondern die Liebe gegen Gott ihren Vater triumphiert also in dem Feuer des Heiligen Geistes. – 103. Die Erkenntnis Gottes aber wird in dem Feuer des Heiligen Geistes gesäet, und ist zuerst klein wie ein Senfkorn, wie es Christus vergleicht (Mt 13, 31). Hernach wächst sie groß wie ein Baum und breitet sich aus in Gott ihrem Schöpfer, gleichwie ein Tröpflein Wasser in dem großen Meer nicht kann sehr wallen, so aber ein großer Strom darein gehet, der kann etwas mehr tun. – 104. Es ist aber das Geschehene, Gegenwärtige und Zukünftige, sowie die Weite, Tiefe und Höhe, nahe und weit, in Gott als ein Ding, eine Begreiflichkeit; und die heilige Seele des Menschen sieht solches auch, aber in dieser Welt nur stückweise. Es entfällt ihr auch oft, daß sie nichts sieht, denn der Teufel setzt ihr heftig zu in dem grimmen Quell, der in der Seele ist, und verdeckt oft das edle Senfkörnlein, darum muß der Mensch immer im Streit sein. – 105. Auf eine solche Weise, in solcher Erkenntnis des Geistes will ich in diesem Buch von Gott unserem Vater schreiben, in dem alles ist, und der selber alles ist, will ich handeln, wie alles schiedlich und kreatürlich ist worden, und wie sich alles treibt und bewegt in dem ganzen Baum des Lebens. – 106. Allhier wirst du den rechten Grund der Gottheit sehen, und wie es ein Wesen gewesen ist vor den Zeiten der Welt, auch wie die heiligen Engel sind erschaffen worden, und woraus; auch von dem schrecklichen Fall Luzifers samt seinen Legionen; auch woraus Himmel, Erde, Sterne und Elemente worden sind, sowie in der Erde, Metalle und Steine, und alle Kreaturen; wie da sei die Geburt des Lebens und die Leiblichkeit aller Dinge; auch was da sei der rechte Himmel, da Gott und seine Heiligen darin wohnen, und was da sei der Zorn Gottes und das höllische Feuer, und wie alles anzündlich worden sei; in Summa, was oder wie da sei das Wesen aller Wesen. – 107. Die ersten sieben Kapitel handeln ganz schlicht und begreiflich vom Wesen Gottes und den Engeln mit Gleichnissen, damit der Leser möchte von einer Stufe zur andern, endlich in tiefen Sinn und rechten Grund kommen. Im achten Kapitel sahet sich an die Tiefe im göttlichen Wesen, und so fort, je weiter, je tiefer. Es wird manche Spezies oft wiederholt und immer tiefer beschrieben, um des Lesers, auch meiner selbst zähen Begreiflichkeit willen. – 108. Was du aber in diesem Buch nicht genug erklärt findest, das wirst du im zweiten und dritten hell und klar finden, denn wegen unserer Verderbnis ist unsere Erkenntnis Stückwerk, und nicht auf einmal ganz vollkommen; wiewohl dieses Buch ein

Wunder der Welt ist, welches die heilige Seele wohl verstehen wird. – 109. Hiermit tue ich den Leser in die sanfte und heilige Liebe Gottes empfehlen.

Aus „Vierzig Fragen von der Seele"

Und ob wir wohl nicht können von Gott sagen, daß die lautere Gottheit Natur sei, sondern Majestät in Dreizahl, so müssen wir doch sagen, daß Gott in der Natur sei; ob ihn wohl die Natur nicht greifet oder fasset, so wenig die Luft kann den Sonnenglanz fassen; so müssen wir doch sagen, daß die Natur sei in seinem Willen erboren, und eine Sucht sei aus der Ewigkeit: Denn wo kein Wille ist, da ist auch kein Begehren. – So ist aber in Gott ein ewiger Wille, der er selber ist, sein Herz oder Sohn zu gebären, und derselbe Wille machet die Rügung oder den Ausgang aus dem Willen des Herzens, welches ein Geist ist: Also daß die Ewigkeit in dreien ewigen Gestalten stehet, welche Personen genennet werden, wie wir solches haben gar scharf im dritten Buche erkläret. – Erstlich ist die ewige Freiheit, die hat den Willen und ist selber der Wille. Nun hat ein jeder Wille eine Sucht etwas zu tun oder zu begehren, und in demselben schauet er sich selbst; er siehet in sich in die Ewigkeit, was er selber ist; er machet ihm selber den Spiegel seinesgleichen; denn er besiehet sich, was er ist, so findet er nun nichts mehr als sich selber, und begehret sich selber. – Das ist die andere Gestalt, die begehrend ist und hat doch nichts als sich selbst: So zeucht sein Begehren das Modell seines Willens in sich, und schwängert sich selber, daß also eine Finsternis oder Überschattung im Willen wird, welches der Wille auch nicht haben will, sondern das Begehren: Die Sucht macht das und ist auch nichts, das das Begehren verzehren oder vertreiben mag. Denn was vor dem Begehren ist, außer der Sucht, das ist frei und ein Nichts und da es doch ist: So es aber etwas Erkenntliches wäre, so wäre es ein Wesen, und stünde wieder in einem Wesen, das das gäbe. So es aber ohne Wesen ist, so ists die Ewigkeit, das ist gut, denn es ist keine Qual, auch hats keinen Wandel, sondern ist eine Ruhe und ewiger Friede. – So ist nun ein Begehren, scharf und ziehend und machet die dritte Gestalt, nämlich eine Regung in sich selber, und ist der Urstand der Essentien, daß im Auge und im Willen Essentien sind, und der Wille mags doch auch nicht leiden, daß er gezogen wird: denn sein eigen Recht ist stille sein und das Auge im Zirkel in der Kugel halten und kann sich auch nicht wehren vorm Ziehen und vorm Erfüllen; denn er hat nichts, damit er sich kann wehren als das Begehren. – Und die vierte Gestalt macht es selber, als den Blitz, denn die Freiheit ursachet das, und das ist der Anzünder der Angstqual; denn das Begehren in der Finsternis will nur die Freiheit haben. So ist die Freiheit ein Licht ohne Schein, ist gleich einer hochtiefen blauen Farbe, mit Grün gemenget, da man nicht weiß, was das für eine Farbe ist, denn es sind alle Farben darinnen; und das Begehren in sich selber in seiner strengen Angst und Schärfe bricht die Farben und macht in sich den schrecklichen verzehrenden Blitz und verwandelt ihn nach der Angst, daß er rot wird. So lässet sich doch auch die Freiheit im Begehren nicht binden oder fangen, sondern sie wandelt sich vom roten Blitze im Lichte in einen Glanz der Majestät: Und das ist in der Freiheit eine erhebliche große Freude. – Gott ist zusammen ein Geist, und stehet von Ewigkeit in dreien Anfängen und Enden, und nur in sich selber: ihm ist keine Stätte funden, und hat auch nichts in sich, das ihm gleichet; es ist auch nichts, das etwas mehrers könnte suchen und offenbaren, als sein Geist; der offenbart sich von Ewigkeit in Ewigkeit immer selber: er ist ein ewiger Sucher und Finder, als nämlich sich selber in großen Wundern; und was er findet, das findet er in der großen Kraft. Er ist das Eröffnen der Kraft, sein ist nichts gleich, und ihn findet nichts, als nur was sich in ihn anneiget, das gehet in ihn ein, was sich selber verleugnet, daß es sei; so ist der Geist Gottes darinnen alles, denn es ist ein Wille im ewigen Nichts, und ist doch in allem wie Gottes Geist selber. – Und das ist das höchste Mysterium, und darum, so ihr dies wollet finden, so suchets nicht in mir, sondern in euch selber, aber nicht in eurer Vernunft, die muß sein als tot, und eurer begehrender Wille in Gott: so ist doch in euch das Wollen und Tun, so führet der Geist Gottes euren Willen in sich, so möget ihr alsdann wohl sehen, was Gott ist. – Ich ermahne euch brüderlich, daß ihr es nicht also schwer suchet. Ihr werdets nicht also mit Forschen ergründen, wiewohl ihr von Gott erkannt und lieb seid und euch auch dieses darum gegeben wird zu einer Richtschnur: So habe ich doch keine Gewalt außer mir euch zu geben; allein folget meinem Rate und gehet aus eurem schweren Suchen in der Vernunft aus, in Willen Gottes, in Gottes Geist, und werfet die äußere Vernunft weg, so ist euer Wille Gottes Wille und Gottes Geist wird euch suchen in euch. – Und so er euren Willen in sich findet, so offenbaret er sich in eurem Willen, als in seinem Eigentum: denn so ihr den los gebet, so ist er sein; denn er ist alles, und wenn er gehet, so fahret ihr fort, denn ihr habet göttliche Macht: alles was ihr dann forschet, da ist er innen, so ist ihm nichts verborgen; also sehet ihr in seinem Lichte, und seid sein. – Lasset euch keine Furcht schrecken, es ist nichts, das euch das könne wegnehmen, als eure Imagination; die lasset nicht im Willen, so werdet ihr Gottes Wunder in seinem Geiste wirken. – Denn diese Welt ist eine materialische Sucht aus der ewigen und ist in der Schärfung als im *Verbo Fiat* durch den Wasser-Himmel materialisch greiflich worden, wie an Erde und Steinen zu sehen: Und das Firmament mit den Elementen ist noch die Sucht und suchet das Irdische, denn es kann nicht zurück ins Ewige greifen. Denn alle Wesen gehen vor sich, bis so lange das Ende den Anfang findet, dann verschlingt der Anfang das Ende wieder und ist als es ewig war, ohne daß das Modell bleibet, denn das Modell ist aus dem Ewigen, daraus die Schöpfung ausging in ein

Wesen, gleich dem Wunderauge Gottes. – So wir gründlich wüßten die Stunde des sechsten Tages, in der die Schöpfung ist vollendet worden, so wollten wir euch das Jahr und Tag, verstehe des Jüngsten Tages, darstellen; denn es schreitet keine Minute darüber, es hat sein Ziel, das stehet im innern *Circul* verborgen. – Denn ein Begehren ist Sucht, und in der Sucht stehet die Figur der Sucht: Die Figur machet die Sucht offenbar. Also wohnet der Geist auch in seiner eigenen Figur, in der Kraft und im Lichte der Majestät, und ist eine Bildnis nach Geistes Eigenschaft. – Nicht ist der Geist die Bildnis, sondern die Sucht und sein Begehren ist die Bildnis; denn er wohnet in sich selber in seiner Sucht und ist eine andere Person in seiner Figur, als der Kraft Figur, und nach diesem Wesen wird Gott dreifaltig in Personen genannt. – Die Seele urstandet im Feuerleben; denn ohne die Feuerquelle besteht kein Geist, und gehet mit ihrem eigenen Willen aus sich durch den Tod, das ist, sie achtet sich als tot, und ersinket in sich selber als ein Tod, so fällt sie mit ihrem Willen durch des Feuers *Principium* in Gottes Lichtauge, da ist sie des Heiligen Geistes Wagen, darauf er fähret. – Und aus Magia entstehet *Philosophia,* welche *Magiam* gründet und darinne suchet und findet *Astrologiam* ewig: Und *Astrologia* suchet wieder seinen Meister und Macher als *Astronomiam,* den *Sulphur* und den *Mercurium,* welcher ein eigen *Principium* hat, und ist die dritte *Magia* drinne, als der *Medicus,* der suchet den Zerbrecher, und will ihn heilen; aber er findet die vierte *Magiam* als den *Theologum,* der suchet die *Turbam* in allen und will die *Turbam* heilen, aber er findet das Auge der ersten *Magiae,* da siehet er, daß alles der *Magiae* Wunder ist, da lässet er ab vom Suchen, und wird ein *Magus* im ersten Willen; denn er siehet, daß er alle Gewalt hat zu finden, und zu machen was er will: So machet er aus sich einen Engel und bleibet in sich selber, also ist er von den andern allen frei und bleibet ewig stehen, und das ist der höchste Grund des Wesens aller Wesen. – Ihr sollet aber wissen, daß diese Welt nicht das Wesen der Ewigkeit ist, sondern eine Figur, ein Spiegel, darum wirds ein eigen *Principium* genannt, daß es ein eigen Leben hat, und stehet doch nur in der magischen Sucht des Innern. – Das Verbum *Fiat* ist der Meister des Äußeren; denn es hält das Äußere in seinem gefaßten Spiegel; es ist nicht der Spiegel selber, sondern ein Gleichnis, in welchem sich sein Geist in Wundertat erblicket zu schauen die Wunder beider Feuer, als des Grimmes und der Liebe: Und führet also immer das Wesen aller Wesen in Anfang: Darum ist diese Welt drehend, denn das Ende suchet immer den Anfang, und wenn es Wunder findet, so gibt das Ende die Wunder dem Anfang, und das ist die Ursach der Schöpfung dieser Welt. – Aller Kreaturen Leben ist ein Wunder vor den Anfang; denn der Abgrund weiß nichts davon, und der Anfang des Auges findet das alles und stellet das Modell in sich, daß es also eine ewige Zahl hat, und sich ergötzt in der Zahl der Wunder. – Lassets euch gesagt sein, Menschenkinder, es gilt euch; denn kein Tier ist aus dem ewigen Anfange, sondern aus dem Modell des Ewigen und erreicht in seinem Geiste nicht das Ewige, als die Seele des Menschen. – Auch kann der verderbte Leib nicht das Ewige besitzen, er ist der Turba heimgefallen; aber der neue Mensch, in Gott geboren, wird das Ewige besitzen, denn er ist aus dem Zerbrechlichen ausgegangen und hat Gott in Christo angezogen, der hat Gottes Leib im alten Leibe. – Denn ein Kind kennet wohl seinen Vater und Mutter; aber es weiß nicht, wie ihn sein Vater gemacht hat: Es ist auch so hoch gradiert als sein Vater: Aber das ist ihm verborgen, wie es im Samen gewesen; und ob es gründet, so weiß es doch nicht Zeit, und Stätte, denn es war im Samen, im Wunder, und im Leben, ein Geist im Wunder. – Und da wir doch das *Fiat* kennen und wissen, wie wir sind gemacht worden, so wissen wir doch nicht die erste Bewegung Gottes zur Schöpfung: Das Machen der Seelen wissen wir wohl, aber wie das, welches in Ewigkeit ist in seinem Wesen gestanden, ist beweglich worden, wissen wir keinen Grund, denn es hat nichts, das es erreget hätte, und hat einen ewigen Willen, welcher ohne Anfang und unveränderlich ist.

Christus sagte, wenn ihr Glauben habt als ein Senfkorn, so möget ihr sagen zu dem Berge, hebe dich weg und stürze dich ins Meer; das ist nicht ein leer Wort ohne Wahrheit. – Der Wille, so der stark für sich gehet, ist Glaube: Er formiert seine eigene Gestalt im Geiste: Er hat auch die Macht, daß er kann ein ander Bildnis im Geiste aus dem *Centro Naturae* formieren: Er kann dem Leibe eine andere Form geben nach dem äußeren Geiste: Denn der innere ist ein Herr des äußern, der äußere muß ihm gehorsam sein, und er kann den äußern in eine andere Bildnis setzen, aber nicht beharrlich. – Denn Adams Seele hat die *Turbam* dieser Welt eingelassen, also daß die *Turba,* so sie ein fremd Kind siehet, bald über her ist, und das zerbricht: Es bestehet nur so lange, als der innere Geist kann den äußern bändigen und bewältigen. – Und die Gestalt heißet *Nigromantia,* eine Veränderung, da das Innere das Äußere bewältiget; denn das ist natürlich, als wir dann gedenken, daß wir sollen verändert werden, also geschiehts durch dieselbe *Turbam,* welche das erste *Fiat* hat. – Denn der Leib ist Sulphur und stecket in der Tinktur, und der Geist führet die Tinktur. So nun der erste Grund ganz hinein williget, als die Seele, so kann der Geist der Seelen eine andere Form der Bildnis im Sulphur machen; aber der Teufel mischt sich gern darein; denn es ist des Abgrundes Wunder, darinnen er ein Herz ist. – Also verstehet uns auch, kann der ernste Wille, welcher sonst Glaube heißt, mit dem Geiste große Dinge tun: Der Wille kann den Geist selber in eine andere Form setzen, das ist also: Ob der Geist ein Engel wäre, ein Gleichnis Gottes, so kann der Wille einen stolzen Teufel aus ihm machen und auch aus dem Teufel einen Engel, so er sich in den Tod in die Demut unters Kreuz senket, und sich wieder in Gottes Geist einwirft, daß er sich seines Regiments verzeihet, so ersinkt er in die stille Ewigkeit aus der Qual in das stille Nichts, und doch alles: So stehet er wieder

am Anfange, da ihn Gott schuf, und empfähet ihn wieder das Verbum *Fiat,* welches Gottes Bildnis hält. –
Ein Ding, das von keinem Anfange ist, das hat auch nichts, das ihm etwas gäbe: und so es doch etwas ist, so suchets in sich den Anfang; denn jeder Geist wohnet in dem tiefsten Abgrunde seines Wesens. So er ihm aber selber das Wesen machen muß, so kann er in nichts Fremdem wohnen, sondern in sich selber in seinem eigenen Wesen. – Da Gott die Seele schuf, da umgab sie der Heilige Geist mit der Tinktur, denn sie stund darinne; auf einem Teil in sich war sie roh, als eine Feuersglut roh ist, und ist mit der Tinktur umgeben, als ihr das verstehet, daß von der Wärme das Wachsen entstehet, das ist ein Treiben der Tinktur, welche den Zweig aus der Wurzel treibet, als aus demselben Feuer, es sei kalt oder hitzig Feuer. – Denn die Finsternis hat kalt Feuer, so lange bis es die Angst erreicht, dann entzünd sichs in Hitze, wie dies an einem Kraute zu sehen, so es in andere Qual kommt. – Also geben wir euch zu verstehen, daß die Tinktur der rechten Seele Leib sei: denn die Seele ist Feuer, und die Tinktur gehet aus dem Feuer aus, die zeucht das Feuer wieder in sich, und sänftiget sich damit, daß die grimme Qual erlischet. – So stehet die Tinktur in Sanftmut, denn sie hat kein Wesen einer Macht in sich, sondern das Feuer ist ihre Macht: sie wird aus der Sanftmut der Tinktur, Wasser. Denn das Feuer ist begehrend, und wo ein Begehren des Urstands ist, so ist auch ein Finden des Urstands. – Der Leib gehöret (was die Seele pur anbetrifft) nicht zum Wesen der Seele, es sind zwei Wesen; denn der Leib ist der Seele Spiegel und Wohnhaus, auch Eigentum, und ist auch eine Ursache, daß die pure Seele den Geist verändert, als nach der Lust des Leibes oder des Geistes dieser Welt; da denn das Bildnis im Geiste verändert wird, alles nach Inhalt des Willens, den die Seele aus dem *Centro* geschöpfet hat, auch aus dem Grimm ins Licht, als nach der Imagination. – Und geben euch zu verstehen, daß der Geist kann sich in dieser Zeit des Leibes verändern, welches ohne sein Bewußt geschieht durch die Imagination, als durch die Lustsucht, da das Begehren eine solche Gestalt in der Seelen Willen figurieret, als die Lust zum Bösen oder Guten.
Du bist in der Welt, hast du einen redlichen Beruf ohne Falschheit, bleibe darinnen, werke, arbeite, werbe alsdann, als es die Notdurft erfordert, suche Wunder beides in Elementen und in der Erden, es sei in Künsten was es wolle, es ist alles Gottes Werk; suche in der Erden Silber und Gold, mache künstliche Werke daraus, baue und pflanze, es ist alles zu Gottes Wundertat. – Aber höre dies ABC. Du sollst Deinem Geist nicht zulassen, daß er darein gehe, sich damit fülle, und einen Mammon draus mache, und sich darein setze als in eine Finsternis; er ist sonst Gottes Narr darinne und des Teufels Affe und setzt seinen Willen darein und wird dir deine edle Bildnis nach deiner Imagination im Geiste verändert, nach deinem Willen, welcher im Geize ist: Du verlierest Gottes Bildnis, denn sie ist magisch, sie ist subtil

als ein Geist, und noch viel subtiler, ja viel subtiler und dünner als die Seele selber. – Sie ist als Gott, der in der ewigen Freiheit wohnt, unergriffen von etwas: denn er ist dünner als das Etwas: Also auch deine edle Bildnis, welche doch im himmlischen Fleische und Blute stehet, und ist Wesenheit aus Gottes Leibe, sie ist Christi Fleisch und Blut, und deine Seele wohnet darinnen, sie ist das Feuer der Majestät darinnen, und der Heilige Geist sitzt im Herzen der Bildnis, und gehet aus der Bildnis aus mit Grimmen, Sprachen, Wundern, Sang und Klang. In diese Bildnis bringst du deine Wunder, so du treu bist: Tu ihm also. – Setze deinen linken Willen ins Werk, das du machest, und denke, daß du Gottes Knecht im Weinberge Gottes bist, und arbeite treulich: Und deinen rechten Willen setze in Gott ins Ewige: Und denke, daß du keine Stunde sicher bist, daß du nur in deinem Tagewerke bist und mußt immer nach der Stimme hören, wann dich dein Herr heißet heimkommen. – Gib der Vernunft keinen Raum, daß sie sage, das ist mein Schatz, er ist mein, ich habe genug, ich will viel sammeln, daß ich in der Welt zu Ehren komme und meinen Kindern viel lasse. – Denke, daß deine Kinder Gottes Kinder sind und du Gottes Knecht, daß dein Werk Gottes Werk ist und dein Geld, Gut, Mut und Blut in Gottes Hand stehet, er mag damit tun was er will, wann er dich heißt heimgehen in dein eigen Land, so mag er deine Arbeit nehmen, und andern geben: Und laß deinem Herzen keinen Raum, daß dir der Willen Geist Hochmut in die Bildnis einführe. – Ersenke deinen Willen alle Stunden in die Demut vor Gott, so gehet dein Bildnis immer in der Demut mit deinem Willen in Gottes Majestät, und wird dein Bildnis mit dem hoch triumphierenden Lichte Gottes immer erleuchtet. O, wie fröhlich ist die Seele, wenn ihre Angstqual des Feuers Gottes Licht kostet! Wie gar freundlich wird sie, wie beuget sie sich doch vor Gott! Also bestehet die Seele und auch das Bildnis im Geiste, alle drei ineinander: denn es ist ein Wesen nach der Heiligen Dreifaltigkeit.

So die Seele also in das majestätische Licht, wie oben gemeldet, eingehet, und das Licht Gottes empfahet, so wird sie ganz sehnend und lüstern, und zeucht in ihrem Begehren immer Gottes Kraft, das ist Gottes Leib in sich, und der Heilige Geist ist die Kraft Gottes Geist. Also krieget sie Gottes Leib und Geist, und isset an Gottes Tische; alles was der Vater hat, das ist seines Sohnes; und alles was der Sohn hat, das ist seiner Bildnis: Sie isset Gottes Fleisch, Christi Leib, und von solchem Essen wächset ihr auf Gottes Leib, daß sie also Gottes Leib hat und ist Gottes Kind; nicht alleine Gleichnis, sondern Kind, aus Gottes Essenz, in Gott geboren, und lebet in Gott.

Die Sünde macht sich nicht selber, sondern der Wille macht die, sie kommt von der Imagination in Geist: denn der Geist gehet in ein Ding und wird von dem Dinge infiziert, also kommt die Turba desselben Dinges in den Geist, und zerstöret erstlich das Bildnis Gottes, und alsdann gehet sie weiter und suchet tiefer; so findet sie den Abgrund als die Seele, und suchet in der Seele; so findet sie das grimmige Feuer, mit dem vermischt sie sich mit dem eingeführten Dinge im Geist; also ist itzt die Sünde ganz geboren. – So ist nun alles Sünde, was begehrt das Äußere in Willen zu führen; der Wille soll schlecht in die Liebe und Sanftmut gerichtet sein, gleich als wäre er nichts oder tot, er soll nur Gottes Leben begehren, daß Gott in ihm schaffe; alles was er sonst tut, soll sein Wille also gerichtet sein, daß ers Gott tue: Und so er seinen Willen in das Wesen setzt, so führet er das Wesen in Geist, das besitzt ihm sein Herz, also ist die Turba geboren und die Seele mit dem Dinge gefangen.

So dann alle Wesen sind aus einem kommen, so ist der Anfang auch im letzten Wesen, denn das letzte ist wieder zurück in das erste gewandt und suchet das erste und findet das in sich, und so er das erste findet, so lässet es das ander alles fahren und wohnet am Ziel, da kann es ohne Qual sein; denn es ist nichts, das ihm Qual mache, es ist selber das Ding des ersten Wesens; und obs ein anders ist, so ists doch nur sein Zweig, und hat sonst keinen als seinen Willen, denn es ist nichts, das einen andern Willen gebe. – Also verständigen wir euch des Sterbens; der Anfang sucht das Ziel, und wann ers findet, so wirft er das Suchen weg, das ist das irdische Leben, das wird weggeworfen, es muß sich selber zerbrechen: Denn der Anfang, als die Seele, bleibet im Ziel und lässet den Leib hinfallen, und ist keine Klage um ihn, die Seele begehret ihn auch nicht mehr, er muß auch in sein Ziel gehen, als in die Wunder dessen, was er gewesen ist.

Wenn der Gottlosen Seelen kein Wesen in ihren Willen hätten eingeführet, so wäre kein Wehe darinnen, es wäre keine Empfindlichkeit, sondern *Magia.* – So ist das Wesen eine Bildnis und ist der *Turba:* Also ists empfindliche Qual; es ist Sterben, sondern ein Wille des Sterbens und doch kein Sterben, als eine Angst in demselben Wesen, was in Willen ist eingeführt worden.

Also wisset dies, was das gottlose Wesen antrifft, da gehet keine Seele hinein, so vom Leibe geschieden ist; es sei dann eine verdammte Seele, die gehet auch magisch hinein und hat ihre Freude darin und lehret manche im Traum große Schelmstücke, denn sie dienet dem Teufel. – Was nur der böse Mensch begehret, das füget ihm auch der Teufel gerne zu; denn durch eine Menschenseele kann er das besser tun, als durch sich selber; er ist zu rauh und erschreckt die *Magiam,* daß sich der elementische Geist entsetzt und den Leib erwecket. – Und fügen auch solches, daß es nur alles magisch im Willen geschehe, ohne Erweckung der Qual: Keine Seele erweckt sich mit ihren Essentien dem Menschen zu gefallen; der Mensch erwecke und verunruhige sie dann selber.

Wann der Jüngste Tag wird anbrechen, so eröffnet sich abermal als nun zum dritten Mal, die Gottheit in allen Gestalten, in Liebe und Zorn: da wird alles zugleich auf einmal offenbar stehen, und vor allen Kreaturen sichtlich: Und das ist also getan. – Der Anfang der Schöpfung im *Verbo Fiat* hat diese Welt als ein Modell in sich geschlossen und das Ziel gegründet; darin sind nun die Wunder eingeschlossen worden, welche sollten im Mittel und in der Zeit eröffnet werden und zum Wesen kommen, welche waren von Ewigkeit in der Weisheit, in Gottes *Magia* gesehen worden, dieselbe Wunder sind alsdann alle im Wesen, so ist das Ziel vorhanden, und keine Zeit des Suchens mehr: Denn es ist vollbracht; was Gott in seinem ewigen Rat hatte, das hat er gefasset und eröffnet das in einer Zeit. – Nun ist der Zeit Ende da und der Anfang hat das Ende alsdann gefunden und das Ende ist alsdann der Anfang und tritt wieder in das, als es von Ewigkeit war: Aber das Mittel in der Zeit mit seinen eröffneten Wundern bleibt ewig im Anfange und im Ende, als ein ewig Mittel mit seinen Wundern, als mit den Engeln und Menschen in ihrem Wesen, sowohl aller Kreaturen Figuren, auch sonst aller Kreaturen, und alles das was jemals ist essentialisch worden, die Erde mit ihren Metallen, Steinen, und allen materialischen Wesen, sowohl Bäume, Kraut und Gras, das alles stehet in der Figur, im Mittel und im Wunder, aber ohne solche Essentien und Leben. – Denn kein Tier kommt wieder, aber seine Figur in Magia bleibt stehen, denn es ist aus dem ewigen Spiegel geurständet: Also muß es nun auch, wann der äußere irdische Spiegel zerbricht, in dem ewigen, als ein Wunder zu Gottes Ehren und Herrlichkeit ewig stehen. – Und dieselben Wesen gehören alle dem Paradies zu; denn es wird das heilige Paradies sein, da die himmlischen Essentien werden wesentliche begreifliche Früchte tragen.

In diesem ist uns das Paradies zu betrachten: Denn diese äußere Welt ist eine Figur mit seinen Früchten und Farben des Paradieses gewesen: Denn das Paradies war in uns, und der äußere Geist raubete uns solches und zog uns in sich, indem Adam darnach lüsterte, so fing ihn seine Lust. – Nun aber werden wir wieder allda innen sein und uns ewig freuen, auch der Gewächse von allerlei Blumen und Formen, sowohl von Bäumen und Stauden, und allerlei Früchten; aber nicht also irdisch, dicke und begreiflich: Dann sind doch unsere Leiber nicht also, wie sollte dann das Wesen also sein? Es ist alles gleich als englisch: Die Früchte sind klärer und subtiler als die äußeren *Elementa* jetzt sind, denn es macht keinen Stank, so wie die essen: Wir haben keine Därme, da wir dürfen einen Sack voll einsacken, als allhier in den Madensack: sondern es ist alles von Kraft, wir essen im Maule und nicht im Leibe, wir bedürfen nicht erst Zähne zum Kauen, es ist Kraft und doch in recht natürlicher Form und Gestalt mit schönen Farben. – Auch ist das Reich Gottes nicht Essen und Trinken, sondern Frieden und Freude im Heiligen Geist, Singen und Klingen von Gottes Wundertat, von der Lieblichkeit des Paradieses. – Wir führen ein Kinderleben, als sich diese über einer Docke erfreuen und fröhlich sind, denn in unserm Herzen ist kein Trauern, keine Furcht einiges Dinges, sondern ein Spiel mit den Engeln: Es wird dieser Welt nicht mehr gedacht, denn alle irdische Wissenschaft und Gedanken bleiben in der

Turba des irdischen Leibs im Feuer. – Wir wissen nichts mehr von unsern Eltern, oder Kindern, oder Freunden, welche in der Höllen sind. – Wir werden einander alle kennen und mit Namen wissen, wiewohl der irdische Name bleibt auch der *Turbae:* Wir haben aus unserem ersten Namen einen Namen nach der Engelsprache, die wir allhier nicht verstehen, in der Natursprache verstehen wir etwas davon, aber wir haben allhie keine Zunge zum Aussprechen. – Niemand sagt zum andern, du bist Mann, du bist Weib, du bist Sohn, Tochter, Knecht, Magd, es ist alles gleich, wir sind alle Kinder, weder Mann noch Weib, Kinder, noch Knechte oder Mägde, sondern alle Freie, ein jeder ist alles, es ist nur einerlei Geschlecht, als himmlische Jungfrauen, voller Zucht, Keuschheit und Reinigkeit. – Wir sind alle Gottes Weib, er ist unser Mann, er säet seine Kraft in uns, und wir gebären ihm Lob und Ehre: Es sind gleichwohl Reigen und Singen, als die Kinder pflegen zu tun, welche aneinander hangen und singen einen Reigen. – Alle Kunst wird nicht geachtet: Wisset aber dieses, daß diejenigen, welche allhier das Mysterium getragen und an ihnen eröffnet worden, daß sie auch große Weisheit und Witze vor andern haben werden und den andern vorgehen: Zwar nicht im Zwang oder Lehre, sondern ihre Weisheit fänget allerlei Übungen aus dem himmlischen Mysterium an, daß also die Freude aufgerichtet wird. – Denn als die Kinder zusammenlaufen, so eins ein Spiel anhebt, also auch hier: Und sind die kleinen Kinder unsere Schulmeister, ehe sie die Bosheit betritt, daß sie *Turbam Magnam* fangen, so bringen sie doch ihr Spiel mit aus Mutter Leibe, das ist noch ein Stück vom Paradies, sonst ist alles hin, bis wirs wieder werden erlangen. – Ein König gilt da nichts mehr als ein Bettler; so er wohl regieret hat, so folgen ihm seine Tugenden nach, und wird dessen Ruhm in der Majestät haben, denn er erlanget eine schöne Glorifizierung, als ein Hirte seiner Schäflein; ist er aber böse gewesen und doch endlich bekehret worden und am Faden eingegangen, so bleiben seine königlichen Werke im Feuer und wird allhier nichts mehr als ein Bettler sein oder gelten, der fromm gewesen ist, und noch nicht so schöne. – In eines jeden Werk wird man erkennen was jeder gewesen ist, wenn sie ihren Kram werden in der himmlischen *Magia* darstellen, als die Kinder im Spiele tun. – Doch wisset, daß es wird nicht eben ein Spielreich sein, denn man wird von Gottes Wunder und Weisheit sagen, von den großen Mysterien der himmlischen *Magiae:* Das Lied vom Treiber wird bleiben dem Teufel zu Spott und Gott zu Lobe. – Man wird doch etwas wissen von der Höllen, aber nichts sehen, als in der *Magia* im *Mysterio;* denn die Teufel müssen in der Finsternis wohnen, das grimmige Feuer in ihnen ist ihr Licht, sie haben Feueraugen, damit sehen sie, sonst ist alles Feuer hinweg, denn die Majestät hat es alles ersenket, daß es in Liebe brennet. – Wiewohl im *Centro* Feuer ist, davon die Majestät urständet, aber dasselbe wird den Teufeln nicht gegönnet, sie werden ausgestoßen in die Finsternis, da Heulen und Zähneklappen ist, da mehr Frost als Hitze ist.

„Auf dem Weg zu Christo“

Aus: Das erste Büchlein „Von wahrer Buße“

O du Odem der großen Liebe Gottes, erquicke doch meinen schwachen Odem in mir, daß er anfange nach dir zu hungern und zu dürsten! O Jesu, du süße Kraft, gib doch meiner Seele aus deinem Gnadenbrünnlein deines süßen Wassers des ewigen Lebens zu trinken, daß sie vom Tode aufwache und nach dir dürste. Ach wie gar matt ist sie doch an deiner Kraft! O barmherziger Gott, bekehre doch du mich, ich kann nicht! O du Ritter des Todes, hilf du mir doch ringen, wie hält mich der Feind an seinen drei Ketten und will meiner Seelen Begierde nicht lassen für dich kommen, komm doch du und nimm meiner Seelen Begierde in dich, sei doch du mein Zug zum Vater und erlöse mich von des Teufels Banden! Siehe nicht an meine Ungestalt, daß ich vor dir nackend stehe und habe dein Kleid verloren, bekleide doch du nur meinen Odem, der noch in mir lebet und deiner Gnade begehret, und laß mich noch eins sehen dein Heil.

Aus: Das zweite Büchlein „Vom heiligen Gebet“

Zum vierten sollen wir betrachten, daß wir in dieser Welt nichts eigenes haben und daß wir uns selber nicht eigen sind, sondern nur eine kleine Zeit allhier in dieser Welt Arbeiter und dazu fremde Gäste, nur Amtsleute unsres Gottes über seine Geschöpfe und Kreaturen: daß wir dasjenige, was wir wirken und tun, nicht allein uns tun, sondern Gott und unserm Nächsten. Und daß wir allesamt in Christo unserm Heil, nur einer sind, der ist selber in uns allen: Und daß wir deswegen sollen eine gemeine Liebe untereinander haben und uns begehren herzlich zu lieben, wie uns Gott in Christo unserm Heilande geliebt hat. Und daß wir wollen herzlich gerne die Gaben, die uns Gott durch unser Gebet gibt, es seien himmlische oder irdische, unsern Mitgliedern mitteilen und uns halten, wie der Baum in seinen Ästen, oder wie die Erde mit ihren Früchten tut, welche sich willig allen ihren Früchten einergibt, und sie alle liebet und trägt. – Darum gehöret zu rechtem ernsten Beten, so wir wollen etwas von Gott erlangen, allezeit eine rechte Buße und eingekehrte Demut. Denn recht beten ist ein Nehmen dessen, das die Seele begehret, davon Christus saget: Von nun an leidet das Himmelreich Gewalt und die Gewalt tun, reißen es zu sich.

Aus: Das dritte Büchlein „Von wahrer Gelassenheit“

Ich sage nicht, daß der Mensch in natürlichen Künsten nichts forschen, erfahren und lernen soll; denn dasselbe ist ihm nützlich, aber die eigene Vernunft soll nicht der Anfang sein. Der Mensch soll sein Leben nicht allein durch das äußere Vernunftlicht regieren, dasselbe ist wohl gut: aber er soll sich mit demselben in die tiefste Demut für Gott einsenken und den Geist und Willen Gottes in allem seinen Forschen vorne anstellen, daß das Vernunftlicht, durch Gottes Licht sehe: Und ob die Vernunft viel erkennet, so soll sie sich des nicht annehmen, als eines Eigentums, sondern Gott die Ehre geben, welchem alleine die Erkenntnis und Weisheit gebührt.

Aus: Das vierte Büchlein „Von der neuen Wiedergeburt"

Wenn wir nicht halb so viel wüßten, und wären viel kindischer, hätten aber nur einen brüderlichen Willen untereinander und lebten als Kinder einer Mutter, als wie die Zweige an einem Baume, die alle von einer Wurzel Saft nehmen, so wären wir viel heiliger ...
Das Wissen ist nur zu dem Ende, daß wirs lernen, wie wir haben die göttliche Kraft verloren in Adam und sind nun jetzt zum Bösen geneigt, daß wir es lernen erkennen, wie wir böse Eigenschaften in uns haben, und daß das Böse tun Gott nicht gefällt: damit wir mit dem Wissen lernen recht tun. So wir aber die Kraft Gottes in uns haben und begehren von allen Kräften recht zu tun und recht zu leben; so ist das Wissen nur unser Spiel, darin wir uns erfreuen.

Aus: Das fünfte Büchlein „Vom übersinnlichen Leben"

Der Jünger sprach: Was ist denn der Leib eines Menschen? Der Meister sprach: Er ist die sichtbare Welt, ein Bild und Wesen alles dessen, was die Welt ist: Und die sichtbare Welt ist eine Offenbarung der innern geistlichen Welt, aus dem ewigen Lichte und aus der ewigen Finsternis, aus dem geistlichen Gewirke: Und ist ein Gegenwurf der Ewigkeit, mit dem sich die Ewigkeit hat sichtbar gemacht, da eigen Wille und gelassener Wille untereinander wirket, als Böses und Gutes. Ein solches Wesen ist auch der äußere Mensch. Denn Gott schuf den äußern Menschen aus der äußern Welt und blies ihm die innere geistliche Welt zu einer Seele und verständigem Leben ein: Darum kann die Seele in der äußern Welt Wesen Böses und Gutes annehmen und wirken. – Der Jünger sprach: Was wird denn nach dieser Welt sein, wenn das alles vergeht? Der Meister sprach: Es höret nur das materialische Wesen auf, als die vier Elementa, die Sonne, Mond und Sterne: Alsdann wird die innere geistliche Welt ganz sichtbar und offenbar: Was aber in dieser Zeit ist durch den Geist gewirkt worden, es sei böse oder gut, da wird sich ein jedes Werk geistlicher Art nach, entweder in das Licht, oder in die ewige Finsternis scheiden: Denn was aus jedem Willen geboren ist, das bringet wieder in seine Gleichheit ein. Und da wird die Finsternis die Hölle genannt, als eine ewige Vergessenheit alles Guten, und das Licht wird das Reich Gottes genannt, als ein ewiges Lob der Heiligen, daß sie sind von falscher Pein erlöset worden. Das endliche Gericht ist eine Anzündung des Feuers nach Gottes Liebe und Zorn: Darinnen vergehet die Materia aller Wesen und wird ein jedes Feuer das seine, als das Wesen seiner Gleichheit, in sich ziehen. Als was in Gottes Liebe ist erboren, das zeugt das Liebefeuer Gottes in sich, darinnen es auch wird nach der Liebe Art brennen und sich demselben Wesen selber einergeben: Was aber in Gottes Zorn nach der Finsternis ist gewirket worden, das zeugt die Peinlichkeit in sich und verzehrt das falsche Wesen; alsdann so bleibet nur der peinliche Wille in eigener Bildung und Form.

Angelus Silesius
(1624–1677)

Johannes Scheffler wurde in der Weihnachtszeit des Jahres 1624 in Breslau als Sohn des polnischen Edelmannes Stenzel Scheffler und seiner Ehefrau Maria, Tochter des Breslauer Hofmedikus Hennemann, geboren und am 25.12. lutherisch getauft.
Der Altersunterschied der Eltern war beträchtlich: Stenzel Scheffler war bei der Geburt des ersten seiner drei Kinder schon 62 Jahre alt, die Mutter erst 24.
Als Johannes 13 Jahre war, verlor er den Vater, zwei Jahre später auch die Mutter. Wer sich der Erziehung der drei Waisen annahm, ist nicht überlie-

fert. Von dem jüngeren Bruder wissen wir, daß er dem Wahnsinn verfiel. Johannes' Lebensweg war trotz dieser Schicksalsschläge gradlinig. Von 1639 bis 1643 besuchte er das Elisabeth-Gymnasium in Breslau, wo der Barockdichter Christof Köler sein Lehrer war und ihn zu ersten dichterischen Versuchen anregte. 1643 wechselte Johannes an die Universität Straßburg und 1644 an die damals in ganz Europa berühmte Universität in Leyden, wo er Medizin studierte, zugleich mit den Schriften Jakob Böhmes, Jan van Ruysbroecks und anderer Mystiker bekannt wurde.

1647 ging Scheffler an die Universität Padua, wo er 1648 zum „Dr. phil. et med." promoviert wurde.

Nach Deutschland zurückgekehrt, trat Scheffler 1641 als fürstlicher Hofmedikus in die Dienste des Herzogs Sylvius Nimrod von Württemberg, der die Regierung des Fürstentums Oels übernommen hatte.

Hier machte er die Bekanntschaft Abraham von Franckenbergs, jenes Schriftstellers und Mystikers, der mit Jakob Böhme befreundet gewesen war. Durch ihn wurde Scheffler erneut mit Texten zeitgenössischer und mittelalterlicher Mystiker bekannt. Nachweislich beschäftigte er sich mit Schriften, die Mechthild von Magdeburg, Gertrud die Große und Johannes Tauler verfaßt hatten.

Als Scheffler ein eigenes Gebetbüchlein, das auf Anregungen durch diese Mystiker zurückging, veröffentlichen wollte, verwehrte der Oelser Hofprediger Freitag als theologischer Zensor die Druckerlaubnis – ein Konflikt, der der Auseinandersetzung Jakob Böhmes mit der Görlitzer Geistlichkeit glich. Die unerwarteten Widerstände, die er hier erfuhr, aber auch der Tod Abraham von Franckenbergs, der ihm nahegestanden hatte, bewogen Scheffler, sein Amt in Oels aufzugeben und nach Breslau zurückzukehren.

Am 12. Juni 1653 kam es zu dem Eklat, der Schefflers Leben in vielfacher Hinsicht verändern sollte: In der Breslauer St.-Matthias-Kirche trat der Lutheraner zur römisch-katholischen Kirche über und erhielt den Namen Johannes Angelus. Um Verwechslungen mit dem 1608 in Darmstadt gestorbenen gleichnamigen lutherischen Theologen Johann Angelus zu entgehen, fügte Scheffler fortan in seinen Schriften die Bezeichnung „Silesius" („der Schlesier") an.

Die Konversion Schefflers erregte großes Aufsehen.

Als Hauptgrund für diesen Schritt dürfen wir die Enttäuschung über die starre Haltung der lutherischen orthodoxen Geistlichkeit annehmen, wie sie in dem ausgesprochenen Publikationsverbot zum Ausdruck kam.

Schefflers Sehnsucht galt einem verinnerlichten, von Gefühlen getragenen Verhältnis zu Gott, ein Empfinden, das sicherlich vom Mangel an tieferen persönlichen Beziehungen verstärkt wurde, der für sein Leben bezeichnend war. Aber auch für die Idee eines überkonfessionellen Christentums, die Scheffler vor allem von Jakob Böhme her vertraut und lieb geworden war,

konnte er in der Zeit der Gegenreformation bei der lutherischen Kirche kein Verständnis erhoffen. Der Konvertit schlug sich mit – wie man meinen möchte – verzweifeltem Mut auf die Seite des Katholizismus und scheute dabei auch den kämpferischen Einsatz der eigenen Person nicht.
Als Angelus Silesius durch seine Beziehungen zum Wiener Hof erreicht hatte, daß die seit 1525 in Breslau verbotenen Fronleichnamsprozessionen wieder abgehalten werden durften, zog er selbst dem Zuge voran.
1661 empfing er in Neisse die Priesterweihe.
In zahlreichen Rechtfertigungsschriften versuchte Angelus Silesius seinen Konfessionswechsel zu begründen. Die wichtigsten dieser Schriften veröffentlichte er 1677 in dem Sammelband „Ecclesiologia".
Wichtiger für das Verständnis des mystischen Denkers sind jedoch die Textformen, die auch seinen literarischen Ruhm begründeten: prägnante Sinnsprüche, Epigramme, auf wenige Zeilen komprimierte, pointierte Paradoxa, geschliffene Aussagen in These und Antithese.
Hier tritt uns das Grundproblem mystischen Denkens in überzeugender Form gegenüber: Das Bedürfnis, anderen die eigenen inneren Erfahrungen mitzuteilen, stößt an die Grenzen der Ausdrucksfähigkeit und Mitteilbarkeit. Widersinn wird so zum Sinn. Widersprüche werden nicht nur aufgezeigt, sondern sie haben einen Hinter-Sinn, der den Weg zu der Einheit weist, die hinter den Dingen steht.
Hierin, aber auch in der Umsetzung der barocken Schäferdichtung auf die Liebe der christlichen Seele zu Jesus, ist Angelus Silesius Kind, aber auch Meister seiner Zeit. „Der Gott-Liebende steht im Mittelpunkt und spricht von sich, von seinem Sehnen, von seiner Trostlosigkeit, von seinem Jubel und Glück."[1]
Die Intensität der Zuwendung, wie sie die „in ihren Jesum verliebte Psyche" zeigt, ist aber mehr als „Geist der Zeit". Sie ist auch Ausdruck persönlicher Entbehrung. Eine kurze Zeit in den Diensten des Fürstbischofs Sebastian von Rostock in den Jahren 1664 bis 1666 bildete den Abschluß der nach außen gerichteten Lebensbezüge des Angelus Silesius. Durch Krankheit gezeichnet, vereinsamt und verbittert lebte er bis zu seinem Tode am 9.7.1677 im Kreuzherrenstift von St. Matthias in Breslau.
Wir stellen im folgenden Auszüge aus den für den „Schlesischen Engel" bezeichnenden Schriften vor: aus den sechs Büchern des „Cherubinischen Wandersmannes", aus der „Heiligen Seelenlust" und aus der „Sinnlichen Beschreibung der vier letzten Dinge" – gemeint sind damit „Tod", „Jüngstes Gericht", „Ewige Pein der Verdammten", „Ewige Freuden der Seligen".

Auszüge aus „Der Cherubinische Wandersmann“

Gott kann allein vergnügen

Weg, weg, ihr Seraphim, ihr könnt mich nicht erquicken,
Weg, weg, ihr Heiligen und was an euch tut blicken.
Ich will nun eurer nicht, ich werfe mich allein
Ins ungeschaffne Meer der bloßen Gottheit ein.

Man muß ganz göttlich sein

Herr, es genügt mir nicht, daß ich dir englisch diene
Und in Vollkommenheit der Götter vor dir grüne.
Es ist mir viel zu schlecht und meinem Geist zu klein;
Wer dir recht dienen will, muß mehr als göttlich sein.

Man weiß nicht, was man ist

Ich weiß nicht, was ich bin; ich bin nicht, was ich weiß;
Ein Ding und nit ein Ding, ein Stüpfchen und ein Kreis.

Du mußt, was Gott ist, sein

Soll ich mein letztes End und ersten Anfang finden,
So muß ich mich in Gott und Gott in mir ergründen
Und werden das, was er: ich muß ein Schein im Schein,
Ich muß ein Wort im Wort, ein Gott in Gotte sein.

Man muß noch über Gott

Wo ist mein Aufenthalt? Wo ich und du nicht stehen.
Wo ist mein letztes End, in welches ich soll gehen?

Gott lebt nicht ohne mich

Ich weiß, daß ohne mich Gott nicht ein Nu kann leben;
Werd ich zunicht, er muß von Not den Geist aufgeben.

Gott ist in mir und ich in ihm

Gott ist in mir das Feur und ich in ihm der Schein;
Sind wir einander nicht ganz inniglich gemein?

Die Über-Gottheit

Was man von Gott gesagt, das genüget mir noch nicht,
Die Über-Gottheit ist mein Leben und mein Licht.

Ich tue es Gott gleich

Gott liebt mich über sich; lieb ich ihn über mich,
So geb ich ihm so viel, als er mir gibt aus sich.

Die geistliche Maria

Ich muß Maria sein und Gott aus mir gebären,
Soll er mich ewiglich der Seligkeit gewähren.

Du mußt nichts sein, nichts wollen

Mensch, wo du noch was bist, was weißt, was liebst und hast,
So bist du, glaube mir, nicht ledig deiner Last.

Man liebt auch ohne Erkennen

Ich lieb ein einzig Ding und weiß nicht, was es ist;
Und weil ich es nicht weiß, drum hab ich es erkiest.

Der Brunnquell ist in uns

Du darfst zu Gott nicht schrein, der Brunnquell ist in dir;
Stopfst du den Ausgang nicht, er fließet für und für.

Leib, Seele und Gottheit

Die Seel ist ein Kristall, die Gottheit ist ihr Schein;
Der Leib, in dem du lebst, ist ihrer beider Schrein.

In dir muß Gott geboren werden

Wird Christus tausendmal zu Bethlehem geboren
Und nicht in dir, du bleibst noch ewiglich verloren.

Der Himmel ist in dir

Halt an, wo laufst du hin, der Himmel ist in dir;
Suchst du Gott anderswo, du fehlst ihn für und für.

Das Ein ist in dem Andern

Ich bin nicht außer Gott und Gott nicht außer mir:
Ich bin sein Glanz und Licht und er ist meine Zier.

Dein Kerker bist du selbst

Die Welt, die hält dich nicht, du selber bist die Welt,
Die dich in dir mit dir so stark gefangen hält.

Der Weisen Stein ist in dir

Mensch, geh nur in dich selbst! Denn nach dem Stein der Weisen
Darf man nicht allererst in fremde Lande reisen.

Der Tod

Der Tod bewegt mich nicht, ich komme nur durch ihn,
Wo ich schon nach dem Geist mit dem Gemüte bin.

Das Innere bedarf nicht des Äußeren

Wer seine Sinnen hat ins Innere gebracht,
Der hört, was man nicht redt, und siehet in der Nacht.

Wer wahrhaftig reich

Viel haben macht nicht reich. Der ist ein reicher Mann,
Der alles, was er hat, ohn Leid verlieren kann.

Beschluß

Freund, es ist auch genug. Im Fall du mehr willst lesen,
So geh und werde selbst die Schrift und selbst das Wesen.

Auszüge aus „Heilige Seelenlust der in ihren Jesum verliebten Psyche“

Die Seele verspricht sich, ihn bis in den Tod zu lieben

1

Ich will dich lieben, meine Stärke,
Ich will dich lieben, meine Zier,
Ich will dich lieben mit dem Werke
Und immerwährender Begier.
Ich will dich lieben, schönstes Licht.
Bis mir das Herze bricht.

2

Ich will dich lieben, o mein Leben,
Als meinen allerbesten Freund,
Ich will dich lieben und erheben,

Solange mich dein Glanz bescheint.
Ich will dich lieben, Gottes Lamm,
Als meinen Bräutigam.

3

Ach, daß ich dich so spät erkennet,
Du hochgelobte Schönheit du!
Und dich nicht eher mein genennet,
Du höchstes Gut und wahre Ruh!
Es ist mir leid und bin betrübt,
Daß ich so spät geliebt.

4

Ich lief verirrt und war verblendet,
Ich suchte dich und fand dich nicht,
Ich hatte mich von dir gewendet
Und liebte das geschaffne Licht.
Nun aber ists durch dich geschehn,
Daß ich dich hab ersehn.

5

Ich danke dir, du wahre Sonne,
Daß mir dein Glanz hat Licht gebracht,
Ich danke dir, du Himmelswonne,
Daß du mich froh und frei gemacht.
Ich danke dir, du güldner Mund,
Daß du mich machst gesund.

6

Erhalte mich auf deinen Stegen
Und laß mich nicht mehr irre gehn.
Laß meinen Fuß in deinen Wegen
Nicht straucheln oder stille stehn.
Erleucht mir Leib und Seele ganz,
Du starker Himmelsglanz.

7

Gib meinen Augen süße Tränen,
Gib meinem Herzen keusche Brunst,
Laß meine Seele sich gewöhnen,
Zu üben in der Liebe Kunst.
Laß meinen Sinn, Geist und Verstand
Stets sein zu dir gewandt.

8
Ich will dich lieben, meine Krone,
Ich will dich lieben, meinen Gott,
Ich will dich lieben ohne Lohne
Auch in der allergrößten Not,
Ich will dich lieben, schönstes Licht,
Bis mir das Herze bricht.

Die Seele fragt bei den Kreaturen nach ihrem Allerliebsten

1
Wo ist der Schönste, den ich liebe?
Wo ist mein Seelenbräutigam?
Wo ist mein Hirt und auch mein Lamm,
Um den ich mich so sehr betrübe?
Sagt an, ihr Wiesen und ihr Matten,
Ob ich bei euch ihn finden soll,
Daß ich mich unter seinem Schatten
Kann laben und erfrischen wohl.

2
Wo ist das zarte Lilienkind?
Ihr Rosen, saget mir geschwind,
Ob ich ihn kann bei euch genießen?
Ihr Hyazinthen und Violen,
Ihr Blumen alle mannigfalt,
Sagt, ob ich ihn bei euch soll holen,
Damit er mich erquicke bald?

3
Wo ist mein Brunn, ihr kühlen Brünne?
Ihr Bäche, wo ist meine Bach?
Mein Ursprung, dem ich gehe nach?
Mein Quell, auf den ich immer sinne?
Wo ist mein Lustwald, o ihr Wälder?
Ihr Ebenen, wo ist mein Plan?
Wo ist mein grünes Feld, ihr Felder?
Ach, zeigt mir doch zu ihm die Bahn!

4
Wo ist mein Täublein, ihr Gefieder?
Wo ist mein treuer Pelikan,

Der mich lebendig machen kann?
Ach, daß ich ihn doch finde wieder!
Ihr Berge, wo ist meine Höhe?
Ihr Täler, sagt, wo ist mein Tal?
Schaut, wie ich hin und wieder gehe
Und ihn gesucht hab überall!

5

Wo ist mein Leitstern, meine Sonne,
Mein Mond und ganzes Firmament?
Wo ist mein Anfang und mein End?
Wo ist mein Jubel, meine Wonne?
Wo ist mein Tod und auch mein Leben?
Mein Himmel und mein Paradeis?
Mein Herz, dem ich mich so ergeben,
Daß ich von keinem andern weiß?

6

Ach Gott, wo soll ich weiter fragen?
Er ist bei keiner Kreatur.
Wer führt mich über die Natur?
Wer schafft ein Ende meinem Klagen?
Ich muß mich über alles schwingen,
Muß mich erheben über mich:
Dann hoff ich, wird mirs wohl gelingen,
Daß ich, o Jesu, finde dich.

Die Seele ergibt sich der ewigen Liebe

1

Liebe, die du mich zum Bilde
Deiner Gottheit hast gemacht,
Liebe, die du mich so milde
Nach dem Fall hast wieder bracht.
Liebe, dir ergeb ich mich,
Dein zu bleiben ewiglich.

2

Liebe, die du mich erkoren,
Eh als ich geschaffen war,
Liebe, die du Mensch geboren
Und mir gleich wardst ganz und gar.

Liebe, dir ergab ich mich,
Dein zu bleiben ewiglich.

3

Liebe, die für mich gelitten
Und gestorben in der Zeit,
Liebe, die mir hat erstritten
Ewge Lust und Seligkeit.
Liebe, dir ergeb ich mich,
Dein zu bleiben ewiglich.

4

Liebe, die mich hat gebunden
An ihr Joch mit Leib und Sinn,
Liebe, die mich überwunden
Und mein Herze hat dahin,
Liebe, dir ergeb ich mich,
Dein zu bleiben ewiglich.

5

Liebe, die mich ewig liebet,
Die für meine Seele bitt,
Liebe, die das Lösgeld gibet
Und mich kräftiglich vertritt.
Liebe, dir ergeb ich mich,
Dein zu bleiben ewiglich.

6

Liebe, die mich wird erwecken
Aus dem Grab der Sterblichkeit,
Liebe, die mich wird umstecken
Mit dem Laub der Herrlichkeit,
Liebe, dir ergeb ich mich,
Dein zu bleiben ewiglich.

Auszüge aus: „Sinnliche Beschreibung der vier letzten Dinge“

Die ewigen Freuden der Seligen

„Und ich sahe die heilige Stadt, das neue Jerusalem, von Gott aus dem Himmel herabfahren, zubereitet als eine geschmückte Braut ihrem Manne.“ Apk 21, 2.

1

Ich bin voll Trost und ewger Freud,
Voll himmelischer Güte,
Voll Lebens, voller Seligkeit,
Voll Jauchzens im Gemüte,
Wenn ich an dich, du werte Stadt,
Jerusalem, gedenke
Und in dich meiner Sinnen Rad,
Du Liebesland, versenke.

2

Du bist ganz schön und wohlgebaut,
Ganz herrlich aufgeführet,
Kein Makel wird an dir geschaut,
Kein Ungestalt gespüret.
Du übertriffst der Sonnen Licht,
Dein Ansehn glänzt von ferne
Weit über Himmels Angesicht,
Wenn er voll goldner Sterne.

3

Die Mauern sind hoch aufgespitzt,
Ganz schußfrei, voller Türme,
Sie lachen, wenn es kracht und blitzt,
Sie fürchten kein Gestürme.
Die Steine sind dem Jaspis gleich,
Durchscheinend wie kristallen,
Der Grund ist köstlich, stark und reich,
Kann ewig nicht zerfallen.

4

Sie funkeln, daß auch fast's Gesicht
Vergeht noch auf den Grenzen,

Dort leucht des Chalzedoniers Licht,
Da steht der Goldstein glänzen.
Dort blickt der Sardonyk hervor
Mit seinen schönen Wangen,
Da steigt der Amethyst empor,
Mit Purpur reich behangen.

5

Dort färbet sich der Karneol,
Da spieln die Hyazinthen,
Hier sieht man den Chrysopras wohl
Und den Topas dort hinten.
Wie schöne scheint das Himmelblau
Der würdigen Saphiren,
Wie grünet das Smaragdes Au,
Wie kann Beryll sie zieren.

6

Unglaublich ist der Pforten Pracht,
Ein jed (ich muß's doch sagen)
Ist nur aus einer Perl gemacht
Und wunderlich beschlagen.
Es ist nur ein Stück und dabei
So künstlich ausgeätzet,
Daß man das Werk allein ganz frei
Für unvergleichlich schätzet.

7

In allen steht ein Seraphin
Mit herzlichem Verlangen,
Der pflegt mit großem Freudensinn
Die Pilger zu empfangen.
Er heißet sie willkommen sein
Mit freundlichen Gebärden
Und führet sie frohlockend ein,
Daß sie da Bürger werden.

8

Die Gassen alle sind durchaus
Mit klarem Gold gebrücket,
Es ist kein Ort, kein einzigs Haus,
Welchs nicht das Aug berücket.

Man weiß schier nicht, wo mans Gesicht
Zum ersten hin soll wenden,
Ein solches übertrefflichs Licht
Sieht man an allen Enden.

9

Dies Licht kommt nicht vom Mondenschein,
Nicht von der Sonnen Strahlen,
Es fällt auch nicht vom Blitz hinein,
Der alls im Hui kann malen.
Es ist das Licht der Herrlichkeit,
Die wesentliche Sonne,
Die Flamme der Durchläuchtigkeit,
Gott selbst und seine Wonne.

10

Glückselger Pilger, der du hast
Den Weg hieher genommen
Und bist zu deiner Ruh und Rast
In diese Herberg kommen.
Hier kannst du deine matte Brust
Für alle Müh ergötzen
Und dir mit tausendfacher Lust
Die kurze Qual ersetzen.

Paul Gerhardt

(1607–1676)

Das Leben des am 12. März 1607 in Gräfenhainichen bei Wittenberg geborenen Paul Gerhardt verlief in räumlich engen Grenzen: Über Kursachsen und Kurbrandenburg kam der Sohn des Bürgermeisters, Bauern und Gastwirts Christian Gerhardt nie hinaus. In seiner Bedeutung als der alles überragende geistliche Liederdichter des 17. Jahrhunderts sprengte er die Grenzen von Fürstentümern und Konfessionen.
Viele der 134 Lieder, die ihm zugeschrieben werden, gehören zum festen Bestand des Glaubensgutes der Christen aller deutschsprachigen Länder und aller Konfessionen.

Seine lateinische Schulbildung erhielt Paul Gerhardt in der berühmten Fürstenschule von Grimma.
Mit 20 Jahren wechselte er an die Universität von Wittenberg, die damals geistiges Zentrum Mitteldeutschlands war. Beide Stätten prägten Gerhardts Leben: Die Verwurzelung in der humanistischen Bildung und das Bekenntnis zur lutherischen Tradition wurden zur wesensbestimmenden Einheit, die in seinen Gedichten, vor allem aber in seinem beruflichen Schicksal als Geistlicher deutlich wird.
1643 kam Gerhardt als Kandidat der Theologie nach Berlin, wo er keine feste Anstellung fand und seinen Unterhalt als Hauslehrer verdiente. Diese Aufgabe dürfte ihn auch in das Haus seines künftigen Schwiegervaters, des Kammergerichtsadvokaten Berthold, geführt haben, doch erst 1651, als er sein erstes geistliches Amt als Propst in Mittenwalde antrat, konnte Gerhardt einen eigenen Hausstand gründen.
Für die Dauer der Studienzeit und die ebenso außergewöhnlich lange berufslose Zeit können nicht allein die Verhältnisse während des 30jährigen Krieges verantwortlich gemacht werden.
Wenn Paul Gerhardt in einem Brief betont, „was vor Angst oftmals nur allein die große schwere Arbeit demjenigen Prediger, der sein Amt treulich meinet, mache“[1], so werden eben jene schon genannten Charakterzüge, das Bemühen um sachliche Fundiertheit der Aussagen und die Verpflichtung gegenüber der orthodoxen Lehre Luthers, deutlich, die in Gerhardts Verhalten zu übergroßer Gewissenhaftigkeit, ja Ängstlichkeit sich darzustellen führten.
Die Notwendigkeit, über seinen eigenen Schatten zu springen, kam im Jahre 1666. 1657 war Gerhardt Diakonus an der St.-Nikolai-Kirche in Berlin geworden. Als der Kurfürst, der konfessionellen Streitigkeiten zwischen Reformierten und Lutheranern müde, von seinen Geistlichen die Unterzeichnung eines Ediktes verlangte, das zu wechselseitiger Toleranz verpflichtete, lehnte der Lutheraner Paul Gerhardt dies ab und wurde daraufhin aus dem Amt entfernt.
Erst 1669 erhielt er im kursächsischen Lübben, wo er bis zu seinem Tode 1676 wirkte, eine neue Pfarrstelle.
Wie bei keinem anderen seiner Zeitgenossen wird der „Weg nach innen“ in den Gedichten und Liedern Paul Gerhardts deutlich: Ein äußerer Anlaß, ein aufsteigender Gedanke wird auf seinen Ursprung hin verfolgt, verströmt dabei in der Breite der Empfindungen in vielfältigen Bildern und bleibt doch stets auf einen zentralen Punkt bezogen, in dem Mensch, Natur und Gott eins werden.
Paul Gerhardt weiß um seine eigenen Schwächen und um die seiner Mitchristen, und dennoch steht am Ende seiner Meditationen immer die Gewißheit einer kindlichen Geborgenheit. Dieses Gefühl versuchte er auch in dem für

seinen Sohn bestimmten Testament zu vermitteln, das wir als erstes Zeugnis vorstellen. Die nachfolgende Auswahl der schönsten geistlichen Lieder wird im Leser manch vertraute Erinnerung wecken und ihn dazu ermutigen, des „großen Gottes großes Tun mit allen Sinnen"[2] zu erfassen.

Das Testament Paul Gerhardts

„Nachdem ich nunmehr des 70. Jahr meines Alters erreicht, auch dabei die fröhliche Hoffnung habe, daß mein lieber frommer Gott mich in kurzem aus dieser Welt erlösen und in ein besseres Leben führen werde, als ich bisher auf Erden gehabt habe: so danke ich ihm zuvörderst für alle seine Güte und Treue, die er mir von meiner Mutter Leibe an bis auf jetzige Stunde an Leib und Seele und an allem, was er mir gegeben, erwiesen hat. Daneben bitte ich von Grund meines Herzens, er wolle mir, wenn mein Stündlein kommt, eine fröhliche Abfahrt verleihen, meine Seele in seine väterlichen Hände nehmen, und dem Leibe seine sanfte Ruhe in der Erde bis zu dem lieben jüngsten Tage bescheren, da ich mit allen Meinigen, die nur vor mir gewesen und auch künftig nach mir bleiben möchten, wieder erwachen und meinen lieben Herrn Jesum Christum, an welchen ich bisher geglaubet und ihn doch nie gesehen habe, von Angesicht zu Angesicht schauen werde. – Meinem einigen hinterlassenen Sohne überlasse ich von irdischen Gütern wenig, dabei aber einen ehrlichen Namen, dessen er sich sonderlich nicht wird zu schämen haben. – Es weiß mein Sohn, daß ich ihn von seiner zarten Kindheit an dem Herrn meinem Gott zu eigen gegeben, daß er ein Diener und Prediger seines heiligen Wortes werden soll. Dabei soll er nun bleiben und sich daran nicht kehren, daß er nur wenig gute Tage dabei haben möchte; denn da weiß der liebe Gott schon Rat zu und kann das äußerliche Trübsal mit inniglicher Herzenslust und Freudigkeit des Geistes genugsam ersetzen. – Die heilige Theologiam studiere in reinen Schulen und auf unverfälschten Universitäten, und hüte dich ja vor Synkretisten, denn sie suchen das Zeitliche und sind weder Gott noch Menschen treu. – In deinem gemeinen Leben folge nicht böser Gesellschaft, sondern dem Willen und Befehl deines Gottes. Insonderheit 1. tue nichts Böses, in der Hoffnung, es werde heimlich bleiben, denn es wird nichts so klein gesponnen, es kommt an die Sonnen. 2. Außer deinem Amte und Berufe erzürne dich nicht. Merkst du dann, daß der Zorn dich erhitzet habe, so schweige stockstille und rede nicht eher ein Wort, bis du ernstlich die 10 Gebote und den christlichen Glauben bei dir ausgebetet hast. 3. Der fleischlichen sündlichen Lüste schäme dich, und wenn du dermaleinst zu solchen Jahren kommst, daß du heiraten kannst, so heirate mit Gott und gutem Rat frommer, getreuer und verständiger Leute. 4. Tue Leuten Gutes, ob sie dir es gleich nicht zu vergelten haben, denn was Menschen nicht vergelten können, das hat der Schöpfer Himmels und der Erden längst vergolten, da er dich erschaffen hat, da er dir seinen lieben Sohn geschenket hat, und da er dich in der heiligen Taufe zu seinem Kinde und Erben auf- und angenommen hat. 5. Den Geiz fleuch als die Hölle, laß dir genügen an dem, was du mit Ehren und gutem Gewissen erworben hast, ob es gleich nicht allzuviel ist. Beschert dir aber der liebe Gott ein Mehreres, so bitt ihn, daß er dich vor dem leidigen Mißbrauche des zeitlichen Gutes bewahren wolle. Summa, bete fleißig, studiere was Ehrliches, lebe friedlich, diene redlich und bleibe in deinem Glauben und Bekenntnis beständig, so wirst du einmal auch sterben und von dieser Welt scheiden willig, fröhlich und seliglich. Amen."

Advents-Gesang

Wie soll ich dich empfangen
Und wie begegn' ich dir?
O aller Welt Verlangen,
O meiner Seelen Zier!
O Jesu, Jesu, setze
Mir selbst die Fackel bei,
Damit, was dich ergötze,
Mir kund und wissend sei.

Dein Zion streut dir Palmen
Und grüne Zweige hin,
Und ich will dir in Psalmen
Ermuntern meinen Sinn.
Mein Herze soll dir grünen
In stetem Lob und Preis
Und deinem Namen dienen,
So gut es kann und weiß.

Was hast du unterlassen
Zu meinem Trost und Freud?
Als Leib und Seele saßen
In ihrem größten Leid,
Als mir das Reich genommen,
Da Fried und Freude lacht,
Da bist du, mein Heil, kommen
Und hast mich froh gemacht.

Ich lag in schweren Banden,
Du kommst und machst mich los;
Ich stund in Spott und Schanden,
Du kommst und machst mich groß
  Und hebst mich hoch zu Ehren
Und schenkst mir großes Gut,
Das sich nicht läßt verzehren,
Wie irdisch Reichtum tut.

Nichts, nichts hat dich getrieben
Zu mir vom Himmelszelt
Als das geliebte Lieben,
Damit du alle Welt
  In ihren tausend Plagen
Und großen Jammerlast,
Die kein Mund kann aussagen,
So fest umfangen hast.

Das schreib dir in dein Herze,
Du hochbetrübtes Heer,
Bei denen Gram und Schmerze
Sich häuft je mehr und mehr.
  Seid unverzagt, ihr habet
Die Hilfe vor der Tür;
Der eure Herzen labet
Und tröstet, steht allhier.

Ihr dürft euch nicht bemühen
Noch sorgen Tag und Nacht,
Wie ihr ihn wollet ziehen
Mit eures Armes Macht.
  Er kommt, er kommt mit Willen,
Ist voller Lieb und Lust,
All Angst und Not zu stillen,
Die ihm an euch bewußt.

Auch dürft ihr nicht erschrecken
Vor eurer Sündenschuld.
Nein, Jesus will sie decken
Mit seiner Lieb und Huld.
  Er kommt, er kommt den Sündern
Zum Trost und wahren Heil,

Schafft, daß bei Gottes Kindern
Verbleib ihr Erb und Teil.

Was fragt ihr nach dem Schreien
Der Feind und ihrer Tück?
Der Herr wird sie zerstreuen
In einem Augenblick.
  Er kommt, er kommt, ein König,
Dem wahrlich alle Feind
Auf Erden viel zu wenig
Zum Widerstande seind.

Er kommt zum Weltgerichte,
Zum Fluch dem, der ihm flucht,
Mit Gnad und süßem Lichte
Dem, der ihn liebt und sucht.
  Ach komm, ach komm, o Sonne,
Und hol uns allzumal
Zum ewgen Licht und Wonne
In deinen Freudensaal.

Neujahrs-Gesang

Nun laßt uns gehn und treten
Mit Singen und mit Beten
Zum Herrn, der unserm Leben
Bis hierher Kraft gegeben.

Wir gehn dahin und wandern
Von einem Jahr zum andern,
Wir leben und gedeihen
Vom alten bis zum neuen;

Durch soviel Angst und Plagen,
Durch Zittern und durch Zagen,
Durch Krieg und große Schrecken,
Die alle Welt bedecken.

Denn wie von treuen Müttern
In schweren Ungewittern

Die Kindlein hier auf Erden
Mit Fleiß bewahret werden:

Also auch nichts minder
Läßt Gott ihm seine Kinder,
Wenn Not und Trübsal blitzen,
In seinem Schoße sitzen.

Ach Hüter unsers Lebens,
Fürwahr, es ist vergebens
Mit unserm Tun und Machen,
Wo nicht dein Augen wachen.

Gelobt sei deine Treue,
Die alle Morgen neue,
Lob sei den starken Händen,
Die alles Herzleid wenden.

Laß ferner dich erbitten,
O Vater, und bleib mitten
In unserm Kreuz und Leiden
Ein Brunnen unsrer Freuden.

Gib mir und allen denen,
Die sich von Herzen sehnen
Nach dir und deiner Hulde,
Ein Herz, das sich gedulde.

Schleuß zu die Jammerpforten
Und laß an allen Orten
Auf so viel Blutvergießen
Die Freudenströme fließen.

Sprich deinen milden Segen
Zu allen unsern Wegen,
Laß Großen und auch Kleinen
Die Gnadensonne scheinen.

Sei der Verlaßnen Vater,
Der Irrenden Berater,
Der Unversorgten Gabe,
Der Armen Gut und Habe.

Hilf gnädig allen Kranken,
Gib fröhliche Gedanken
Den hochbetrübten Seelen,
Die sich mit Schwermut quälen.

Und endlich, was das Meiste,
Füll uns mit deinem Geiste,
Der uns hier herrlich ziere
Und dort zum Himmel führe.

Das alles wollst du geben,
O meines Lebens Leben,
Mir und der Christen Schare
Zum selgen neuen Jahre.

O Haupt voll Blut und Wunden

O Haupt voll Blut und Wunden,
Voll Schmerz und voller Hohn,
O Haupt, zu Spott gebunden
Mit einer Dornenkron!
  O Haupt, sonst schön gezieret
Mit höchster Ehr und Zier,
Jetzt aber hoch schimpfieret,
Gegrüßet seist du mir!

Du edles Angesichte,
Davor sonst schrickt und scheut
Das große Weltgewichte,
Wie bist du so bespeit,
  Wie bist du so erbleichet,
Wer hat dein Augenlicht,
Dem sonst kein Licht nicht gleichet,
So schändlich zugericht?

Die Farbe deiner Wangen,
Der roten Lippen Pracht
Ist hin und ganz vergangen,
Des blassen Todes Macht
  Hat alles hingenommen,
Hat alles hingerafft,

Und daher bist du kommen
Von deines Leibes Kraft.

Nun, was du, Herr, erduldet,
Ist alles meine Last,
Ich hab es selbst verschuldet,
Was du getragen hast!
Schau her, hier steh ich Armer,
Der Zorn verdienet hat,
Gib mir, o mein Erbarmer,
Den Anblick deiner Gnad.

Erkenne mich, mein Hüter;
Mein Hirte, nimm mich an!
Von dir, Quell aller Güter,
Ist mir viel Guts getan.
Dein Mund hat mich gelabet
Mit Milch und süßer Kost;
Dein Geist hat mich begabet
Mit mancher Himmelslust.

Ich will hier bei dir stehen,
Verachte mich doch nicht!
Von dir will ich nicht gehen,
Wann dir dein Herze bricht.
Wann dein Haupt wird erblassen
Im letzten Todesstoß,
Alsdann will ich dich fassen
In meinen Arm und Schoß.

Es dient zu meinen Freuden
Und kommt mir herzlich wohl,
Wenn ich in deinem Leiden,
Mein Heil, mich finden soll.
Ach, möcht ich, o mein Leben,
An deinem Kreuze hier
Mein Leben von mir geben,
Wie wohl geschähe mir!

Ich danke dir von Herzen,
O Jesu, liebster Freund,
Für deines Todes Schmerzen,

Da du's so gut gemeint.
  Ach gib, daß ich mich halte
Zu dir und deiner Treu
Und, wenn ich nun erkalte,
In dir mein Ende sei.

Wenn ich einmal soll scheiden,
So scheide nicht von mir;
Wenn ich den Tod soll leiden,
So tritt du dann herfür.
  Wenn mir am allerbängsten
Wird um das Herze sein,
So reiß mich aus den Ängsten
Kraft deiner Angst und Pein.

Erscheine mir zum Schilde,
Zum Trost in meinem Tod
Und laß mich sehn dein Bilde
In deiner Kreuzesnot.
  Da will ich nach dir blicken,
Da will ich glaubensvoll
Dich fest an mein Herz drücken.
Wer so stirbt, der stirbt wohl.

Nun ruhen alle Wälder

Nun ruhen alle Wälder,
Vieh, Menschen, Städt und Felder,
Es schläft die ganze Welt;
  Ihr aber, meine Sinnen,
Auf auf, ihr sollt beginnen,
Was eurem Schöpfer wohlgefällt.

Wo bist du, Sonne, blieben?
Die Nacht hat dich vertrieben,
Die Nacht, des Tages Feind;
  Fahr hin! Ein ander Sonne,
Mein Jesus, meine Wonne,
Gar hell in meinem Herzen scheint.

Der Tag ist nun vergangen,
Die güldnen Sterne prangen

Am blauen Himmelssaal;
  Also werd ich auch stehen,
Wenn mich wird heißen gehen
Mein Gott aus diesem Jammertal.

Der Leib eilt nun zur Ruhe,
Legt ab das Kleid und Schuhe,
Das Bild der Sterblichkeit;
  Die zieh ich aus. Dagegen
Wird Christus mir anlegen
Den Rock der Ehr und Herrlichkeit.

Das Haupt, die Füß und Hände
Sind froh, daß nun zu Ende
Die Arbeit kommen sei;
  Herz, freu dich, du sollst werden
Vom Elend dieser Erden
Und von der Sünden Arbeit frei.

Nun geht, ihr matten Glieder,
Geht hin und legt euch nieder,
Der Betten ihr begehrt;
  Es kommen Stund und Zeiten,
Da man euch wird bereiten
Zur Ruh ein Bettlein in der Erd.

Mein Augen stehn verdrossen,
Im Hui sind sie geschlossen,
Wo bleibt denn Leib und Seel?
  Nimm sie zu deinen Gnaden,
Sei gut für allem Schaden,
Du Aug und Wächter Israel.

Breit aus die Flügel beide,
O Jesu, meine Freude,
Und nimm dein Küchlein ein!
  Will Satan mich verschlingen,
So laß die Englein singen:
Dies Kind soll unverletzet sein.

Auch euch, ihr meine Lieben,
Soll heinte nicht betrüben

Ein Unfall noch Gefahr.
  Gott laß euch selig schlafen,
Stell euch die güldnen Waffen
Ums Bett und seiner Engel Schar.

Geh aus, mein Herz, und suche Freud

Geh aus, mein Herz, und suche Freud
In dieser lieben Sommerzeit
An deines Gottes Gaben;
  Schau an der schönen Gärten Zier
Und siehe, wie sie mir und dir
Sich ausgeschmücket haben.

Die Bäume stehen voller Laub,
Das Erdreich decket seinen Staub
Mit einem grünen Kleide;
  Narzissus und die Tulipan,
Die ziehen sich viel schöner an
Als Salomonis Seide.

Die Lerche schwingt sich in die Luft,
Das Täublein fleugt aus seiner Kluft
Und macht sich in die Wälder;
  Die hochbegabte Nachtigall
Ergötzt und füllt mit ihrem Schall
Berg, Hügel, Tal und Felder.

Die Glucke führt ihr Völklein aus,
Der Storch baut und bewohnt sein Haus,
Das Schwälblein speist die Jungen;
  Der schnelle Hirsch, das leichte Reh
Ist froh und kommt aus seiner Höh
Ins tiefe Gras gesprungen.

Die Bächlein rauschen in dem Sand
Und malen sich in ihrem Rand
Mit schattenreichen Myrten;
  Die Wiesen liegen hart dabei
Und klingen ganz von Lustgeschrei
Der Schaf und ihrer Hirten.

Die unverdroßne Bienenschar
Fleucht hin und her, sucht hie und dar
Ihr edle Honigspeise.
  Des süßen Weinstocks starker Saft
Bringt täglich neue Stärk und Kraft
In seinem schwachen Reise.

Der Weizen wächset mit Gewalt,
Darüber jauchzet Jung und Alt
Und rühmt die große Güte
  Des, der so überflüssig labt
Und mit so manchem Gut begabt
Das menschliche Gemüte.

Ich selbsten kann und mag nicht ruhn;
Des großen Gottes großes Tun
Erweckt mir alle Sinnen;
  Ich singe mit, wenn alles singt,
Und lasse, was dem Höchsten klingt,
Aus meinem Herzen rinnen.

Ach, denk ich, bist du hier so schön
Und läßt du uns so lieblich gehn
Auf dieser armen Erden,
  Was will doch wohl nach dieser Welt
Dort in dem festen Himmelszelt
Und güldnen Schlosse werden!

Welch hohe Lust, welch heller Schein
Wird wohl in Christi Garten sein!
Wie muß es da wohl klingen,
  Da so viel tausend Seraphim
Mit eingestimmtem Mund und Stimm
Ihr Halleluja singen!

O wär ich da, o stünd ich schon,
Ach, süßer Gott, vor deinem Thron
Und trüge meine Palmen,
  So wollt ich nach der Engel Weis
Erhöhen deines Namens Preis
Mit tausend schönen Psalmen!

Doch gleichwohl will ich, weil ich noch
Hier trage dieses Leibes Joch,
Auch nicht gar stille schweigen;
  Mein Herze soll sich fort und fort
An diesem und an allem Ort
Zu deinem Lobe neigen.

Hilf mir und segne meinen Geist
Mit Segen, der vom Himmel fleußt,
Daß ich dir stetig blühe!
  Gib, daß der Sommer deiner Gnad
In meiner Seelen früh und spat
Viel Glaubensfrücht erziehe!

Mach in mir deinem Geiste Raum,
Daß ich dir werd ein guter Baum,
Und laß mich wohl bekleiben;
  Verleihe, daß zu deinem Ruhm
Ich deines Gartens schöne Blum
Und Pflanze möge bleiben!

Erwähle mich zum Paradeis
Und laß mich bis zur letzten Reis
An Leib und Seele grünen;
  So will ich dir und deiner Ehr
Allein und sonsten keinem mehr
Hier und dort ewig dienen.

Gerhard Tersteegen
(1697–1769)

Gerrit ter Steegen, so die niederdeutsche Schreibweise seines Namens, wurde am 25.11.1697 im Grenzland zwischen Deutschland und den Niederlanden, in Moers, geboren. Der Vater, ein wohlhabender Kaufmann, starb schon 1703, und mit seinem Tode begann wohl auch der wirtschaftliche Abstieg der Familie, die nun aus der Mutter und acht Kindern bestand.
Den Besuch der Lateinschule mußte Gerhard im Alter von 15 Jahren abbrechen. Er begann in Mülheim/Ruhr eine Kaufmannslehre, eröffnete ein eigenes Geschäft und erlernte dann die Bandwirkerei, um Zerstreuungen, die ihn „an dem Wachstum der Gnade hinderten“[1], zu entgehen. 1719 begann in Tersteegen, ausgelöst durch Begegnungen mit Vertretern der holländischen Mystik und des französischen Quietismus, eine innere Wandlung, die er rückblickend als „erste“ und „zweite Bekehrung“ bezeichnete. Ihren Höhepunkt fand diese Entwicklung, als sich Tersteegen am Gründonnerstag des Jahres 1724 Christus mit seinem eigenen Blute „verschrieb“:

> „Meinem Jesu! Ich verschreibe mich dir, meinem einigen Heiland und Bräutigam, Christo Jesu, zu deinem völligen und ewigen Eigentum. Ich entsage von Herzen allem Recht und Macht, so mir der Satan über mich selbst mit Unrecht mochte gegeben haben, von diesem Abend an, als an welchem du, mein Blutbräutigam, mein Erlöser, durch deinen Todeskampf, Ringen und Blutschwitzen im Garten Gethsemane mich dir zum Eigentum und Braut erkaufet, die Pforten der Hölle zersprengt und das liebevolle Herz deines Vaters mir eröffnet hast. Von diesem Abend an sei dir mein Herz und ganze Liebe auf ewig zum schuldigen Dank ergeben und aufgeopfert! Von nun an bis in Ewigkeit nicht mein, sondern dein Wille geschehe! Befehle, herrsche und regiere in mir! Ich gebe dir die Vollmacht über mich und verspreche mit deiner Hilfe und Beistand eher dieses mein Blut bis auf den letzten Tropfen vergießen zu lassen, als mit Willen und Wissen, in- oder auswendig dir untreu oder ungehorsam zu werden. Siehe, da hast du mich ganz, süßer Seelenfreund, in keuscher, jungfräulicher Liebe dir stets anzuhangen. Dein Geist weiche nicht von mir und dein Todeskampf unterstütze mich. Ja. Amen. Dein Geist versiegle es, was in Einfalt geschrieben. Dein unwürdiges Eigentum am Gründonnerstag-Abend Anno 1724.“[2]

Von diesem Zeitpunkt an trat Tersteegen aus der selbstgewählten Isolierung heraus. Neben der Arbeit als Bandwirker, die er nun zusammen mit seinem Schüler Heinrich Sommer ausübte, begann er mit der christlichen Unterwei-

sung seiner Neffen und Nichten und schrieb hierfür einen „Unparteiischen Abriß christlicher Grundwahrheiten“. Auch der Beginn der Arbeiten an dem „Geistlichen Blumengärtlein inniger Seelen“ und an der „Frommen Lotterie“, einer Sammlung von Reimsprüchen, fällt in diese Zeit.
Ab 1727 begann Tersteegen auf „Erweckungsversammlungen“ zu reden, woraus sich rasch „Freundeskreise“ formierten, die sich ihm als geistlichem Führer unterstellten. 1728 gab Tersteegen seine handwerkliche Tätigkeit auf und lebte von den Erträgen seiner zahlreichen Schriften und von den Gaben seiner Anhänger. Auf Reisen im Bergischen Land, aber auch nach Holland, Dänemark und Schweden zog er wie ein Magnet gottsuchende Seelen an. In einem Reisebericht schildert Tersteegen selbst die Wirkung seiner Erweckungspredigten, die unter dem Titel „Geistliche Brosamen“ im Druck erschienen:

> „Die Erweckung hier und hiesiger Orten hält noch immer an. Von Zeit zu Zeit werden noch mehrere hinzugetan, und ich muß mich beinahe vom Morgen bis an den Abend dahingeben, um mich entweder mit einzelnen guten Seelen oder mit mehreren zugleich in ein Gespräch einzulassen. Ich habe doch seit letzt nur ein einziges Mal außer dem Haus zu einer öffentlichen Versammlung gesprochen. Ich denke, daß ich dabei wohl 400 Zuhörer gehabt. Mit einzelnen oder mit kleinen Gesellschaften habe ich beständig Werk. Verwichenen Donnerstag um acht Uhr, nachdem ich kaum, und das mit Mühe, aufgestanden war, um auf ein Brieflein zu antworten, das ich durch einen Expressen empfangen, so ward mir gesagt, daß ein ganzer Trupp Bauernleute ins Haus kämen, die mich sprechen wollten. Es dauerte auch keine halbe Stunde, oder ich hatte bei fünfzig Menschen beisammen, die haben wollten, ich sollte was zu ihnen reden, welches ich auch dann tat, und über Jesaia 55, 10 ff. sprach. Unter dem Reden entstund bei den Zuhörern eine gewaltige Bewegung, und wenn ich nicht unvermerkt durch einen Umweg, vorgekommen wäre, es würde alles in Alarm geraten sein, wie denn bereits zwei Menschen an ein starkes Beben gekommen und hingesunken waren. Allein ich suche dergleichen Dinge allezeit in Stille zu verhindern, wenn es nur möglich ist.“[3]

Tersteegen war nicht nur Seelsorger.
Ähnlich Hildegard von Bingen widmete er sich auch der Heilkunde und der Zubereitung von Medikamenten, die er kostenlos verteilte. Sein erster (anonymer) Biograph berichtet, sogar die Juden hätten in Krankheiten Arzneien bei ihm geholt und, als er selbst krank war, eine Gebetsstunde für seine Genesung eingerichtet.
Was ist das Besondere an diesem „größten, theologisch tiefsten, gedanklich reichsten evangelischen Mystiker“?[3]

„Mein Sinn und meine Religion“ schrieb Tersteegen im Jahre 1741, „ist diese, daß ich, als ein durch Christi Blut mit Gott Versöhnter, mich im täglichen Sterben, Leiden und Beten durch den Geist Jesu herausführen lasse aus mir selbst und allem Geschaffenen, um Gott ganz allein zu leben in Christo Jesu, und diesem meinem Gott durch Glauben und Liebe anhangend, hoffe ich mit demselben Ein Geist zu werden, und aus seiner puren Erbarmung in Christo die ewige Seligkeit zu erlangen. Mit allen, die unter allerlei Volk also gesinnet sind, habe ich einerlei Religion und liebe sie als Kinder Gottes ebenso herzlich als die, welche in meiner Erbreligion also gesinnet sein mögen. Im übrigen kann ich mich schon darein finden, daß in den Nebensachen ein jeder einen solchen Weg einschlage, den er am füglichsten und förderlichsten erachtet, zum Ziel zu gelangen. Ja, ich kann auch einen jeden darinnen lieben, wann er nur ohne Heuchelei und Sektiererei hierinnen zu Werke gehet. Ich bedaure es gar sehr, daß in der Christenheit schon so viele Spaltungen sind, aber unvergleichlich mehr, wenn man noch neue Spaltungen machet.“[4]

Am 3.4.1769 starb Gerhard Tersteegen, 72 Jahre alt, in Mülheim/Ruhr, betrauert und zu Grabe geleitet von unzähligen Menschen verschiedener Konfessionen.
Aus der Vielfalt der Werke Tersteegens stellen wir nachfolgend den „Kurzen Bericht von der Mystik“ und Auszüge aus den Reimsprüchen und Gedichten vor.
Den Abschluß bildet ein seelsorgerlicher Brief, aus dem die mitfühlende Güte und feinfühlige Zurückhaltung Tersteegens besonders deutlich wird.

Kurzer Bericht von der Mystik

Sie verlangen zu wissen, was man eigentlich durch die Mystik oder mystische Theologie verstehe. Ich antworte: Das kann keiner recht sagen oder er muß selbst ein Mystikus sein, und keiner gebührend verstehen, wo er nicht selbst auf dem Wege ist, ein solcher zu werden.
Ich bin zu gering nur dasjenige zu unterschreiben, was jene (vor der Welt verhaßte, vor Gott und allen Kennern aber) große Männer und teure Zeugen Gottes unter den Protestanten, ein Arnold und Poiret, von dieser Materie gründlich und reichlich bezeuget haben. Sie wollen aber doch auch meine Gedanken wissen.
Würde ich Ihnen nun sagen, mystisch sei dasjenige, was Davids Psalm 51 die Wahrheit im Verborgenen, die heimliche Weisheit nennet, und es sei die verborgene geheime Weisheit, von welcher Paulus nur zu den Vollkomme-

nen reden konnte, dann würde Ihre Antwort sein: das lautet zwar mystisch genug, allein ich weiß doch nun noch nicht, worin die Mystik besteht.
Sagte ich (und so ist es ganz eigentlich die Wahrheit), die Mystik sei nichts anders, als die christliche Gottseligkeit in ihrer besten Kraft, Schönheit und Völligkeit, dann würden Sie sagen: Nun, das lautet schön, aber man erkläret mir darum noch nicht, worin die Sache bestehet.
Antworte ich endlich: Werden Sie dann selbst ein Mystikus, dann verstehen Sie erst, was es für eine Sache sei: so ist es eben das, was ich schon anfangs geantwortet und sage nur, was Sie tun sollen, um die Sache recht zu erkennen; Sie sind aber dabei nicht weiter als Sie bisher gewesen und verstehen nicht mehr als Sie bisher verstanden. Ich will dann sehen, ob ich mich näher erklären kann.
Die Mystiker machen keine besondere Sekte aus, sie haben keine von andern christlichen Parteien unterschiedene Lehrsätze: so wenig als die Kinder Levi ein eigenes Land und eine von den andern Stämmen Israels unterschiedene Religion hatten, sondern unter allen Stämmen zerstreut lebten.
Unter den Römisch-Katholischen, unter den Protestanten, in der griechischen Kirche usw. können Mystiker sein, ohne Präjudiz ihrer besonderen Lehrsätze und Religionsübungen. Ich will damit nicht sagen, daß uns alle Religionsparteien gleichgültig sein müssen. Keineswegs! Zuvörderst müssen alle zur Seligkeit erforderlichen Grundwahrheiten ihre Richtigkeit bei uns haben; in allem übrigen ist ein jeder im Gewissen verpflichtet, so zu glauben und so zu handeln, wie er es vor Gott und nach der Schrift am richtigsten zu tun urteilet. Dieses vorausgesetzt, braucht einer keineswegs von einer Religionspartei zur andern überzutreten, weil er etwa höret oder lieset, daß da oder dort so viele heilige oder innige Seelen gewesen. Das wäre gewiß eine große und gefährliche Torheit. Ein Separatist kann auch ein Mystiker sein oder werden, obgleich ein wahrer Mystiker nicht so leicht ein Separatist wird: er hat wichtigere Sachen zu tun.
Mystiker sind keineswegs Enthusiasten zu schelten. Das unschuldige Wort Enthusiast wird heutigen Tages nur im bösen Verstande gebraucht. Menschen (Gelehrte oder Ungelehrte), die sich für Werkzeuge oder für Gesandte Gottes ausgeben und wollen, daß man ihre eigenen Einfälle, Meinungen, Triebe, Eifer und Reden als göttlich und für Gottes Wort halten und annehmen soll, zeigen aber mit der Tat, daß sie nicht vom Geiste Gottes, sondern vom Geist der Welt und von ihrem eigenen Geist regiert werden, das sind dergleichen schädliche Enthusiasten. In diese Zunft aber gehören die Leute keineswegs, welche Paulus Kinder Gottes nennet, von welchen er will, daß sie alle wahrlich und unumgänglich den Geist Gottes haben müssen: der müsse in ihnen wohnen, sie treiben, regieren und alles was gut, heilig und selig heißt, in ihnen wirken, wie solches die Früchte zeigen würden.
Ist es nicht eine beklagenswerte Torheit zu nennen, daß manche Theologen,

wenn sie im leeren Felde mit Gegnern sich in Streit einlassen, die Notwendigkeit der innern Wirkungen des Geistes und der Gnade tapfer genug verfechten können; denn so bringt es die Lehre mit sich: wenn sie aber mit Menschen zu tun bekommen, die wirklich solche heilsame Wirkungen in sich erfahren, alsobald mit Enthusiasten und Phantasten um sich werfen, ungeachtet man wohl alle Sonntage singet: Gutes denken, Gutes dichten, muß dein Geist in uns verrichten.

Gesichte, Offenbarungen, Einsprachen, Weissagungen und manche andere außerordentliche Dinge können zwar einem Mystiker auch ungesucht begegnen, gehören aber so gar nicht zum Wesentlichen der Mystik, daß vielmehr alle erfahrenen Mystiker in Ansehung solcher außerordentlichen Sachen die wichtigsten Erinnerungen geben.

Mystiker sind auch nicht Schwätzer von großer Geistlichkeit, sie affektieren keine dunkle, hochtrabende, verblümte Redensarten, sondern sprechen das, was sie erfahren, so aus, wie sie es mit Worten, die der heilige Geist lehret, deutlich machen können. Sie reden wenig, sie tun und sie leiden vieles, sie verleugnen alles, sie beten ohne Unterlaß, der geheime Umgang mit Gott in Christo ist ihr ganzes Geheimnis.

Theosophie und Mystik sind auch unterschieden. Die wahren und Original-Theosophen, deren uns von der Apostel Zeit an sehr wenige bekannt geworden, waren alle Mystiker, aber weit gefehlt, daß alle Mystiker auch Theosophen sein sollten. Unter Tausenden nicht einer. Theosophen sind solche, deren Geist (nicht Vernunft, esprit) die Tiefen der Gottheit nach göttlicher Führung erforschet und aus unzweifelbarer Schauung solche Wunder erkannt hat. Es könnte dieses genug sein, die Sache zu begreifen, ich komme aber näher.

Das Wort mystisch wird bisweilen im weitläufigeren, bisweilen im engeren Verstande genommen. Im ersteren Verstande ist es nichts anderes, als die praktische Theologie oder die Ausübung der Gottseligkeit, insofern sie Gnade und Herzensveränderung zum Grunde hat: demnach nicht eine bloß natürliche Moral.

Im engern und eigentlichen Verstande bedeutet es denjenigen Grad der Erfahrungserkenntnis Gottes, welchen Paulus und alle Mystiker nach ihm genannt haben die Erleuchtung, welche der Apostel den Gläubigen noch erbittet (weit unterschieden von der anfänglichen Erleuchtung).

Es gehöret demnach und ferner dahin, das Bleiben in Jesu; das Anhangen an Gott, um Ein Geist mit ihm zu werden; das Wandeln in der Gegenwart Gottes; das Anbeten im Geist und in der Wahrheit; die wirksame und leidentliche Reinigung von allen Befleckungen des Fleisches und des Geistes (welche etwas anderes ist als die anfängliche Reinigung von den toten Werken); die Ausgießung der Liebe Gottes ins Herz, einer Liebe, welche endlich alle Furcht austreibet; die Salbung, welche in allen Dingen lehret; das Beschauen der Herrlichkeit Gottes mit aufgedecktem Angesicht; die Offenbarung oder Inwohnung Gottes in der Seele (welche auch den gläubigen Korinthern noch eine Verheißung war); das Leben Gottes, da der Mensch oder das Ich nicht mehr lebet, sondern Christus in ihm; das Wandeln im Himmel; der Friede Gottes, welcher über allen Verstand ist; das Vollkommensein in Eins.

Dieses und unzählig anderes, welches wir wörtlich in der Schrift ausgedrückt finden, heißt und ist mystische Theologie, wovon sich die Leute so fürchterliche Vorstellungen machen.

Nicht aber bei allen (auch geförderten) Frommen finden sich diese Sachen so auf einmal, auf einerlei Weise, in einerlei Masse und Völligkeit, sondern nach der Ausleerung, Stärke und Fähigkeit eines Gefäßes gießet Gott das Übernatürliche hinein (übernatürlich und mystisch ist ein und eben dasselbe). Das höchste Gut ist reich und bereit zu geben: Tue deinen Mund weit auf, so will ich ihn füllen. Aber ach! der dürftige Mensch will nicht nehmen.

Die Patriarchen, die ausleuchtenden Heiligen des Alten Testamentes, die ersten brünstigen Christen überhaupt leerten sich ganz aus, kehrten sich völlig zu Gott, übergaben sich unbedingt seiner Führung hin. Diese waren demnach alle wahre Mystiker und haben, ein jeder in seinem Teil, die oben erwähnten und andere Wunder göttlicher Gemeinschaft erfahren.

Bei dem hernach erfolgten Abfall von dem ersten Ernst und Lauterkeit gab es zwar noch immer gottsuchende fromme Menschen in der Christenheit, welchen sich auch Gott, der Heiland aller Menschen, nicht entzog, sondern ihnen Gutes tat und das wenige Gute in ihnen unterhielt. Da aber insgemein ihre Ausleerungen sehr gebrechlich, ihre Zukehr so unvollkommen und unterbrochen und die ganze Gemütsbeschaffenheit so matt und krank war und blieb: so nahm zwar der Herr das Wenige, so sie ihm gaben (wo sie anders aufrichtig zu Werk gingen), gütigst an, ließ ihnen auch nach eines jeden Fähigkeit Gutes widerfahren und förderte sie, so weit eines jeden Umstände, Temperament, Vorurteile, Mut und Treue es zuließen; fast alle aber blieben bei der Wahrnehmung der sogenannten Gnadenmittel, beim buchstäblichen Wissen, bei gutgemeinten Andachtsübungen, bei vorübergehenden sinnlichen Rührungen stehen. Ihre Führer selbst wußten oder wollten nichts Besseres. Da wurde demnach das innere Leben oder die Mystik immer rarer und unbekannter, endlich gar verdächtig; der Unvollkommenheit und allem Elend machte man eine feines Pflaster; aber die Wirkung des Geistes Gottes im Innern abwarten und derselben Raum geben, das hieß Ketzerei und enthusiastisch. Und so steht es noch in der Christenheit bis auf den heutigen Tag.

Ein Mystiker setzt zum voraus zum unbeweglichen Fundament alle Wahrheiten der heiligen Schrift, auch besonders die durch Christum geschehene Versöhnung; aber er läßt es nicht dabei bewenden, daß er nur allein und im-

merdar dieses Fundament besehe und davon rühme, sondern er siehet hauptsächlich zu, daß auch was Schönes, Gold, Perlen und Edelsteine auf dieses Fundament gebauet werden, kann sich darum mit Holz, Heu und Stoppeln von allerhand Nebensachen nicht viel aufhalten.
Dennoch aber kann ein wahrer Mystiker auch nach den Umständen mit unverstellter Andacht und Herzensveneration sogar von den ersten Anfängen christlicher Lehre reden, lesen und hören. Nichts ist ihm klein und gering, was von seinem göttlichen Vorwurf kommt, was von demselben zeuget und dahin weiset. Das Große, so er in Gott und in allem Göttlichen siehet, macht ihm nur das Sichtbare klein und daß er auch selbst wahrlich klein wird ohne Kleinmütigkeit. Ein hochmütiger Mystiker ist eine Mißgeburt, eine sich selbst widersprechende Redensart.
Schließlich bedaure und erinnere ich noch dieses, daß in diesen unsern Tagen bei anfänglich Bekehrten die Notwendigkeit des Fortganges in der Heiligung nicht gebührend beherziget noch darauf gedrungen wird, wovon doch die Schrift so deutlich und so reichlich zeuget.
So wird auch die Glückseligkeit dieser Sache nicht recht beherziget und angezeiget. Heilig sein und selig sein ist eins und eben dasselbe, nur daß in diesem Leben die Sache stufenweise unter Kreuz und Proben fortgesetzet, in jenem Leben aber in völligem und unwandelbarem Genuß und Glanz erscheinen wird. Selbst die anfängliche Seligkeit bei der Vergebung der Sünden setzet schon voraus den Anfang der Heiligung in wahrer Buße und Glauben.
Auch dieses müßte als wichtig und vorsichtig angezeiget werden, daß diese Heiligkeit nicht gesucht und gesetzt werden müsse in einiges bloß äußere Ding, Übung oder Werk, als welches alles, aufs Beste genommen, nur Handleitungen oder auch Früchte der inneren Heiligkeit sind, woraus aber, wenn man die Sache selbst darinsetzt und sein Vertrauen darauf stellet, anstatt Gnadenmittel wohl Verhinderungen der Gnade werden können.
Man setze vielmehr die Heiligung nach der Schrift in die wirkliche Reinigung von Unart und Verderben und in die Erneuerung des innern Menschen von einer Klarheit zur andern nach dem Bilde dessen, der uns geschaffen hat oder in die Gleichförmigkeit mit Jesu Christo. Und man suche sie, bei Verleugnung alles andern, durch Herzensgebet und Einkehr bloß in dem inwendigen Umgang und Gemeinschaft mit Gott, so wie er uns in Christo unaussprechlich nahe ist, um uns kraft dessen Auferstehung durch den Geist der Heiligkeit von Grund aus zu heiligen, zu bewirken und zu beleben.
Und eben dieses ist der sichere Weg zur wahren Mystik oder zum inwendigen Christenleben, es besteht auch größtenteils darin.

Reimsprüche und Gedichte

Schalksauge und Einfaltsauge

Wenn du in Eigenheit suchst immer heimlich dich,
Wirst du im Finstern stets in Angst und Unruh schweben;
Doch wenn dein Einfaltsaug Gott meinet lauterlich,
So kannst du frei im Geist und still im Lichte leben.

Der göttliche Augenblick

Senk dich ins stille Nun, den göttlich'n Augenblick,
Sanft, lieblich und gedenk nicht vorwärts noch zurück:
So überlaß dich Gott und innig in ihn neige,
Und warte in Geduld, bis er sich selbst dir zeige.

Jesus zu der Seele:

Kind, schließ die Augen zu vor diesem ganzen Rund,
Die Welt laß von der Welt und ihren Puppen handeln;
Bleib du stets nah bei mir in deiner Seele Grund:
So innig wollen wir hier miteinander wandeln.
Was geht die Welt dich an? Bald gehest du hinaus,
Dann sind wir stets beisamm'n in meines Vaters Haus.

Herr, wie du willst!

Herr, wie du willst, nicht dies noch das ich wähle;
Herr, wie du willst, so laß es nur geschehn!
Ich bin dein Sklav, mein König, nur befehle,
Ich will als Kind dir nach den Augen sehn.

Äußere und innere Stille

Wie süß ist's, wenn Gedanken, Glieder, Sinnen,
Affekte, Wille und Begierden stille sind,
Wenn alles schweigt, von außen und von innen,
Und man im heitern Grund Gott gegenwärtig find't!

Nimm dichs nicht an, was wird getan

Wenn man dich haßt, wenn man dich liebt,
Wenn man dir nimmt, wenn man dir gibt,

Wenn man dich schilt, wenn man dich ehrt,
Und was dir sonst auch widerfährt:
Bleib ungestört und abgeschieden
In deinem Grund mit Gott zufrieden.

Bleib nur in der Festung

Laß wüten alle Macht der Höllen,
Laß stürmen Wind und Meereswellen,
Nimm du dich keiner Unruh an:
Es bleibt nur dein tiefster Wille
Bei Gott in innig sanfter Stille,
Da dich der Feind nicht finden kann.

Fruchtbares Stillesein

Still sein ist nicht müßig sein:
Wenn das Auge Gott allein
Kann beschauen und umfassen,
Und sich seinem Wirken lassen:
Ach ein solch verliebt Gemerk
Ist vor Gott ein großes Werk.

Beten ohn Unterlaß

Ich wählte vormals Ort und Zeit
Zum Beten und zur Einsamkeit:
Nun bet ich stets im stillen Sinn,
Nun bin ich einsam, wo ich bin.

Stille dem Herrn

So wie ein weißes Blatt ist unters Schreibers Hand,
In solchem Stand
Mußt du dich bilderlos und ohne Widerstreben
Nur übergeben:
Durch Lassen, Warten, und durchs Leiden
Kann Gott aufs beste uns bereiten.

Schule des Stillschweigens

Viele Worte sind ein Zeichen meist
Von einem noch zerstreuten Geist:

Wer Gott kommt nah, der lernet schweigen
Und sich in stiller Ehrfurcht beugen.

Leidentliche Reinigung des Geistes

Sobald des Feuers Glut ein grünes Hölzchen findet,
Saugt sie den Saft heraus, und alle Kraft vertreibt,
Sie macht die Rinde schwarz, die Flamme sich entzündet,
Und brennet durch und durch, bis nichts vom Holze bleibt:
Dann glüht es schön und still. So geht es auch im Herzen,
Wenn man sich unbedingt der Liebe Zucht ergibt.
Dies Feuer läutert uns durch wunderliche Schmerzen,
Und öfters um und um bis in den Tod betrübt.
Doch ist es Liebe nur: So muß sie mit uns handeln,
Und brennen weg, was ihr im Grunde widerstrebt.
Gib ihrer Flamme Raum, so wird sie dich verwandeln,
Bis du ganz eins mit Gott, und Gott in dir nur lebt.

Die Schule der Weisheit

Der ist gelehrt,
Wer nichts für sich begehrt,
Wer nichts will sein bei allen,
Wer sich auch selbst nicht will gefallen,
Wer in sich selbst nichts findt,
Als daß er wie ein kleines Kind,
Sonst nichts will wissen, nichts will denken,
Als in sein Nichts sich zu ersenken.
O schönes Nichts!
Du Fülle alles Lichts,
Du Sonne voller Klarheit,
Du Brunnen aller reinen Wahrheit,
Verborgnes Winkelein
So unansehnlich und so klein!
Wer sollte das von dir, du armes Häuslein, denken,
Daß du uns würdest so die wahre Weisheit schenken?

In Allem nur Eines

Was kommt, nimm an in sanfter Stille,
Die Schale ist nur mancherlei,
Der süße Kern ist Gottes Wille
Und stets die beste Arzenei.

Erinnerung der herrlichen und lieblichen Gegenwart Gottes

Gott ist gegenwärtig! Lasset uns anbeten
Und in Ehrfurcht vor ihn treten.
Gott ist in der Mitte! Alles in uns schweige
Und sich innigst vor ihm beuge.
Wer ihn kennt,
Wer ihn nennt,
Schlagt die Augen nieder,
Kommt, ergebt euch wieder.

Gott ist gegenwärtig! dem die Cherubinen
Tag und Nacht gebücket dienen;
Heilig, heilig! singen alle Engelchören,
Wenn sie dieses Wesen ehren:
Herr, vernimm
Unsre Stimm'
Da auch wir Geringen
Unsre Opfer bringen.

Wir entsagen willig allen Eitelkeiten,
Aller Erdenlust und Freuden;
Da liegt unser Wille, Seele, Leib und Leben
Dir zum Eigentum ergeben;
Du allein
Sollst es sein,
Unser Gott und Herre,
Dir gebührt die Ehre.

Majestätisch Wesen! Möcht' ich recht dich preisen
Und im Geist dir Dienst erweisen!
Möcht' ich, wie die Engel, immer vor dir stehen
Und dich gegenwärtig sehen!
Laß mich dir
Für und für
Trachten zu gefallen
Liebster Gott, in allen.

Luft, die alles füllet! Drin wir immer schweben;
Aller Dingen Grund und Leben!
Meer ohn' Grund und Ende! Wunder aller Wunder!
Ich senk' mich in dich hinunter:

Ich in dir,
Du in mir;
Laß mich ganz verschwinden,
Dich nur sehn und finden.

Du durchdringest alles, laß dein schönstes Lichte,
Herr, berühren mein Gesichte.
Wie die zarten Blumen willig sich entfalten
Und der Sonnen stille halten,
Laß mich so,
Still und froh,
Deine Strahlen fassen
Und dich wirken lassen.

Mache mich einfältig, innig, abgeschieden,
Sanfte und im stillen Frieden,
Mach mich reines Herzens, daß ich deine Klarheit
Schauen mag im Geist und Wahrheit.
Laß mein Herz
Überwärts
Wie ein Adler schweben
Und in dir nur leben.

Herr, komm in mir wohnen, laß mein'n Geist auf Erden
Dir ein Heiligtum noch werden.
Komm, du nahes Wesen! Dich in mir verkläre,
Daß ich dich stets lieb' und ehre;
Wo ich geh',
Sitz' und steh'
Laß mich dich erblicken
Und vor dir mich bücken.

Die Seele entziehet sich der Mannigfaltigkeit

Ich bin so satt der äußern Dingen,
So müd der Mannigfaltigkeit;
Es kann doch nichts als Plage bringen.
Wie enge wird mir's in der Zeit!
O Ewigkeit, ich sterbe schier,
Laß doch dem Geiste Luft in dir.

Vernunft und Sinne uns verrücken,
Man läßt sich ein in dies und das;

Viel fremde Bilder leicht verstricken,
Wo man nicht wacht ohn' Unterlaß:
Gott träget und beschützet zwar,
Doch endlich muß er's werden gar.

Sollt ich so Zeit und Kraft verzehren,
In Dingen, die nicht machen satt?
Mein Geist muß sich zum Ursprung kehren,
Der ihn für sich geschaffen hat.
Weg Schein und Traum! Weg Kreatur!
Dem Einen will ich leben nur.

Ich merke schon dein treues Winken,
Ich spür' im Grunde deinen Zug;
So laß denn alle Bilder sinken,
Und wirk die Stille, die ich such:
Es schweige Welt und Kreatur!
Dir will ich feiern, rede nur.

Du willst mich haben ganz alleine,
Du willst mich haben frei und bloß,
Du willst mich haben still und reine,
Ersunken stets in deinem Schoß.
Zerreiß denn alle meine Band',
Mein Ganzes sei dir zugewandt'.

Ach nimm mich ein, mein wahres Leben,
Mein tiefes Wohlsein, meine Ruh,
Laß mich nicht mehr zerstreuet schweben,
Ich schließ die matten Augen zu:
Von allem ab, in dich hinein,
Dies soll mein stetes Werk nur sein.

Johann Gottfried Herder
(1744–1803)

Für den am 25. August 1844 im ostpreußischen Mohrungen als drittes Kind des Küsters und Mädchenschullehrers Johann Herder und seiner Ehefrau Anna Elisabeth Geborenen war es zeitlebens von symbolischer Bedeutung, daß die Mitternacht seine Geburtsstunde war. „Er empfand das Düstere, Schaurige und Feierliche als Grundton seiner Seele und als Mitgift der Mitternachtsstunde.“[1]
Nach der ersten Schulzeit beim Vater wechselte Herder auf die Mohrunger Stadtschule, die das Privileg hatte, ihre Absolventen direkt an die Königsberger Universität zu überweisen. Durch Schreibdienste für den Diakonus

der Mohrunger Stadtkirche trug Herder früh schon dazu bei, seine Jugendjahre als „dunkle, aber nicht dürftige Mittelmäßigkeit“[2] zu gestalten. Dabei lernte er die Werke Klopstocks, Wielands, Ewald von Kleists, Rousseaus und vor allem Hamanns kennen, jenes „Magus aus dem Norden“, der ihn während seiner Königsberger Studienzeit noch stärker als Kant beeinflussen sollte.

Für den 18jährigen Studenten der Theologie wurde Hamanns orakelhafte, dunkle Sprache, dessen Glaube, daß „die höchste Wissenschaft in transzendenten Ahnungen und Gleichnissen“ bestehe[3], daß „Poesie die Muttersprache des Menschengeschlechts“ sei[4] und daß die Dichtung des „Morgenlandes“ viel von dieser Kraft der Sprache bewahrt habe, zum unauslöschlichen Eindruck.

Nach kurzer Lehrtätigkeit in Riga unternahm Herder 1769 jene Seereise nach Frankreich, von der sein berühmtes „Reisejournal“ berichtet – Dokument der Zwiesprache mit dem eigenen Ich und Versuch, die Vielfalt der menschlichen Kultur von einem „Ur-Sprung“ her zu begreifen.

In Straßburg kam es zur Begegnung mit Goethe, die für Herders künftiges Leben bestimmend sein sollte. Von Bückeburg, wo er als Konsistorialrat des Grafen von Schaumburg-Lippe amtierte, zog Goethe 1776 den älteren Freund an den Weimarer Hof, wo Herder bis zu seinem Tode am 18. Dezember 1803 als Generalsuperintendent die kirchlichen und schulischen Einrichtungen des Fürstentums leitete.

Herders Lebenswerk ist sicherlich nicht unter dem Leitgedanken der Mystik zu bestimmen, doch „Mystisches“ in seinem Denken tritt uns in vielen seiner Werke entgegen, so in der Abhandlung „Über den Ursprung der Sprache“, in der Schrift über die „Älteste Urkunde des Menschengeschlechts“ und in den „Briefen zur Beförderung der Humanität“.

In einem Brief an den Dichter Friedrich Heinrich Jacobi aus dem Jahre 1784 formulierte Herder:

„Gott ist das höchste, lebendigste, tätigste Eins – nicht in allen Dingen, als ob die, was außer ihm wären, sondern *durch* alle Dinge, die uns nur als sinnliche Darstellung für sinnliche Geschöpfe erscheinen. Das Bild ‚Seele der Welt‘ ist, wie alle Gleichnisse, mangelhaft. Denn für Gott ist die Welt nicht Körper, sondern ganz Seele.“[4] Das Nachdenken des Menschen über sich selbst und seine Geschichte in der Welt, über die Kulturzeugnisse aller Völker und Zeiten ist Eindringen in die Urkraft aller Kräfte – Gott.

Im folgenden stellen wir nach zwei Gedichten einen Text aus der Sammlung „Blätter der Vorzeit“ vor, der ein Wesensmerkmal des Mensch-Seins ausspricht: „Barmherzigkeit“. Den „Nachdichtungen aus der morgenländischen Literatur“ entnommen ist die Erzählung von der schönen Rahel, die an der Trennung von Zeit und Ewigkeit zu zerbrechen droht, bis Gott ihr die Grenzen ihrer Verantwortung aufzeigt.

Morgengesang der Nachtigall

Weißt du, was die Nachtigall singt? An jeglichem Morgen
Singt sie: „Wer bist du, Mensch, daß dich die Liebe nicht weckt?
Siehe, das Lüftchen weht, es säuseln die Blätter der Bäume;
Jegliche Blume fühlt sich neu gestärket und jung.
Jegliches Blatt der Rose wird Zunge, den Schöpfer zu preisen,
Zunge wird jegliches Laub; und du verstummest, o Mensch?“

Der nächste Freund

Näher, als ich mir selbst, ist mir die Güte des Schöpfers;
Wie dann, daß ich von ihm öfter mich fühle so fern?
Kann ich den Freund, der in Armen mich hält, abwesend beweinen?
Kann ich mich dem entzieh'n, der mir mich selber geschenkt?

Das Kind der Barmherzigkeit

Als der Allmächtige den Menschen erschaffen wollte, versammelte er ratschlagend die obersten Engel um sich.

„Erschaffe ihn nicht!“ so sprach der Engel der *Gerechtigkeit;* „er wird unbillig gegen seine Brüder sein, und hart und grausam gegen den Schwächeren handeln.“

„Erschaffe ihn nicht!“ so sprach der Engel des *Friedens.* „Er wird die Erde düngen mit Menschenblut; der Erstgeborne seines Geschlechts wird seinen Bruder morden.“

„Dein Heiligtum wird er mit Lügen entweihen“, so sprach der Engel der *Wahrheit,* „und ob du ihm dein Bildnis selbst, der Treue Siegel, auf sein Antlitz prägtest.“

Noch sprachen sie, als die *Barmherzigkeit,* des ewigen Vaters jüngstes liebstes Kind, zu seinem Throne trat, und seine Knie umfaßte. „Bild' ihn“, sprach sie, „Vater, zu deinem Bilde selbst, ein Liebling deiner Güte. Wenn alle deine Diener ihn verlassen, will ich ihn suchen, und ihm liebend beistehn, und seine Fehler selbst zum Guten lenken. Des Schwachen Herz will ich mitleidig machen und zum Erbarmen gegen Schwächere neigen. Wenn er vom Frieden und der Wahrheit irret, wenn er Gerechtigkeit und Billigkeit beleidigt: so sollen seines Irrtums Folgen selbst zurück ihn führen, und mit Liebe bessern.“

Der Vater der Menschen bildete den Menschen. Ein fehlbar-schwaches Geschöpf; aber in Fehlern selbst ein Zögling seiner Güte, Sohn der Barmherzigkeit, Sohn einer Liebe, die nimmer ihn verläßt, ihn immer bessernd. – Erinnere dich deines Ursprungs, Mensch, wenn du hart und unbillig bist. Von allen Gotteseigenschaften hat *Barmherzigkeit* zum Leben dich erwählt; und lebend reichte dir *Erbarmung* nur und *Liebe* die mütterliche Brust.

Das Grab der Rahel

Als Jakob von der heiligen Stätte wiederkehrte, auf welcher Gott sich ihm einst geoffenbart hatte, da er in seiner Jugend den offenen Himmel sah; da war sein Herz voll Freude: denn Jehovah hatte ihm jetzt seinen Freundesbund auf's neue bestätiget.

Bald aber traf ihn ein bitterer Schmerz. Die Liebe seiner Jugend, Rahel, starb bei ihrem zweiten Sohne, und da die Seele ihr entging und sie nun sah, daß sie sterben mußte, nahm sie den letzten Atem noch zusammen, küssete das Kind, nannte seinen Namen: „Benoni, den Sohn der Schmerzen“ und starb.

Und als sie vor dem Ewigen erschien, weinete sie und sprach: „Erfülle mir, o Vater, die erste Bitte hier an deinem Thron. Laß mich zuweilen noch die Meinigen sehen, von denen du mich trenntest, daß ich in ihrem Leiden ihnen beistehe, und ihre Tränen lindere.“

„Drei Mal soll dir dein Wunsch gewähret sein“, sprach Gott, „daß du auf Erden deine Kinder sehest, doch lindern kannst du ihre Tränen nicht.“

Sie ging zum ersten hinab, und fand den alten Jakob um ihre beiden Söhne ängstlich trauern. Des Josephs blutiges Kleid lag neben ihm: „Mein graues Haar“, rief er, „wird in die Grube fahren: mit Leide werde ich zu den Toten wandern: denn auch Benoni wird mir jetzt geraubt.“

Seufzend stieg sie wieder zum Himmel hinauf: bis späterhin ihr Mann und ihre Söhne, als Abgeschiedene, selbst zu ihr kamen und freudig ihr erzählten, wie schön sich all ihr Leid in Freude verwandelt habe.

Sie trocknete die Tränen und stieg, lange nach diesem, zum zweiten Mal hernieder auf ihr Grab. Da sah sie ihre Kinder in's Elend treiben, wie man die Herde treibt. Alles fand sie verwüstet, und auch ihr Grab war nicht verschont geblieben. Eine Zeitlang blieb sie auf dem öden Grabe, und lange hörte man auf ihm ein unsichtbares Ächzen.

Sie stieg zum dritten Mal hernieder; da floß um Bethlehem der unschuldigen Kinder Blut. Ihre Mütter weinten und auf ihrem Grabe weinte Rahel laut: „Sie sind, sie sind nicht mehr.“ Man hörte lang' am Grabe das weinende Ächzen: „Sie sind nicht mehr!“

Und als sie wiederkehrte, sprach der Allbarmherzige: „Ruhe jetzt, meine Tochter, und quäle dein Herz nicht mehr mit deiner Kinder Leiden. Der

Weg der Sterblichen führt bald in Täler, wo nur Klagen tönen; bald, wenn das Tal sich wendet, wird die Klage selbst Lobgesang. Vertrau' mir deine Kinder an; sie sind auch meine Kinder, dein Herz ist nicht gemacht, der Erdgebornen Schicksal zu tragen und zu lindern."

Beruhigt blieb der schönen Rahel Geist fortan im Paradiese. Zwar fragte sie die Neuankommenden um ihr vollendetes Geschick auf Erden; doch nimmer kehrte sie zu ihrem Grabe wieder, auf dem das Ächzen ihres mütterlichen Herzens nun längst verhallet ist. Das Grabmahl schweigt, und Rahel freuet sich mit ihren Kindern der ewigen Ruhe.

Friedrich von Hardenberg, genannt Novalis
(1772–1801)

Kaum ein Pseudonym ist so bekannt geworden wie „Novalis“, der als „Frühvollendeter“ im Alter von nur 29 Jahren die Welt verließ, beseelt von dem Verlangen, der verklärten Geliebten nachzusterben. Wenige Daten machen sein äußeres Leben aus:
Als ältester Sohn unter elf Geschwistern des alten niedersächsischen Adelsgeschlechts geboren, wuchs Novalis in der „heilen Welt“ seiner durch den herrnhutischen Pietismus geprägten Familie auf. 1790 nahm er das Studium der Rechte in Jena auf, das er 1791 in Leipzig fortsetzte und 1794 in Wittenberg abschloß.

Auf Wunsch des Vaters, der das Amt eines Salinendirektors ausübte, trat Novalis in Tennstedt, zwischen Thüringer Wald und Harz gelegen, in die Verwaltungspraxis ein. Wie sein Vorgesetzter und späterer Biograph, der Kreisamtmann Just, mitteilt, bearbeitete er „die gemeinsten Geschäfte des Praktikers mit eben dem Fleiße, als diejenigen, die ganz eigens für seinen Geist berechnet waren“.[1]

Konsequenz im Denken und im Handeln ist ein wesensbestimmender Charakterzug, der bei dem Dichter der „Blauen Blume“, dem Symbol der Romantik, häufig übersehen wird. Novalis erfüllte die Pflichten des Tages, seine Sehnsucht aber galt der geheimnisvollen, zeit- und raumlosen Nacht.

Auf einer Dienstreise lernte Novalis die 13jährige Sophie von Kühn kennen, mit der er sich 1795 verlobte. Als seine Braut am 19. März 1797 starb, war der gradlinig angestrebte Lebensplan zerstört. Zugleich begann in Novalis eine neue Denkweise zu reifen:

„Wenn ich bisher in der Gegenwart und in der Hoffnung irdischen Glücks gelebt habe, so muß ich nunmehro ganz in der echten Zukunft und im Glauben an Gott und Unsterblichkeit leben. Es wird mir sehr schwer werden, mich ganz von dieser Welt zu trennen, die ich so mit Liebe studierte ... aber ich weiß, daß eine Kraft im Menschen ist, die unter sorgsamer Pflege sich zu einer sonderbaren Energie entwickeln kann.“[3]

Ende 1797 setzte Novalis seine Studien an der Bergakademie in Freiberg/ Sachsen fort mit dem Ziel, die Stelle eines Amtshauptmannes des Thüringischen Bergkreises zu erlangen. 1798 verlobte er sich mit Julie von Charpentier, der Tochter eines Berghauptmanns, wiederum in der Absicht, ein bürgerliches Leben in der Welt des „Lichts“ zu führen. Gleichzeitig jedoch entstanden die „Hymnen an die Nacht“, in deren Mittelpunkt der Tod Sophies steht:

> „Einst, da ich bittre Tränen vergoß – da in Schmerz aufgelöst meine Hoffnung zerrann und ich einsam stand an dem dürren Hügel, der in engen dunkeln Raum die Gestalt meines Lebens begrub, Einsam wie noch kein Einsamer war, von unsäglicher Angst getrieben, kraftlos, nur ein Gedanken des Elends noch, – Wie ich da nach Hülfe umherschaute, vorwärts nicht konnte und rückwärts nicht – und am fliehenden, verlöschten Leben mit unendlicher Sehnsucht hing – da kam aus blauen Fernen, von den Höhen meiner alten Seligkeit ein Dämmrungs Schauer – Und mit einemmale riß das Band der Geburt, des Lichtes Fessel – Hin floh die irdische Herrlichkeit und meine Trauer mit ihr. Zusammen floß die Wehmut in Eine neue unergründliche Welt – Du Nachtbegeisterung, Schlummer des Himmels kamst über mich. Die Gegend hob sich sacht empor – über der Gegend schwebte mein entbundner neuge-

borner Geist. Zur Staubwolke wurde der Hügel und durch die Wolke sah ich die verklärten Züge der Geliebten – In Ihren Augen ruhte die Ewigkeit – ich faßte ihre Hände und die Tränen wurden ein funkelndes, unzerreißliches Band. Jahrtausende zogen abwärts in die Ferne, wie Ungewitter – an ihrem Halse weint ich dem neuen Leben entzückende Tränen. Das war der Erste Traum in Dir. Er zog vorüber, aber sein Abglanz blieb, der ewige unerschütterliche Glauben an den Nachthimmel und seine Sonne, die Geliebte."[4]

Die Vision am Grabe Sophies steht am Beginn einer neuen Sicht der Dinge: Für Novalis erschließt sich der Sinn des Lebens nur durch die Liebe, sie ist die „Idee der Natur".
Der „magische Idealismus", wie er seine neue „Welt-Anschauung" nennt, ist ein „Weg nach innen", und je tiefer dieser Weg führt, desto näher rückt zusammen, was im Reich des Lichtes unvereinbar scheint: Leben und Tod, Zeit und Ewigkeit, himmlische und irdische Liebe, Maria und Sopie:

„Ich sehe dich in tausend Bildern,
Maria, lieblich ausgedrückt,
Doch keins von allen kann dich schildern,
Wie meine Seele dich erblickt.

Ich weiß nur, daß der Welt Getümmel
Seitdem mir wie ein Traum verweht,
Und ein unnennbar süßer Himmel
Mir ewig im Gemüte steht."[5]

Als Novalis am 25. März des Jahres 1801 starb, hinterließ er neben den „Hymnen an die Nacht" den unvollendeten Roman „Heinrich von Ofterdingen", „Geistliche Lieder", Gedichte, Fragmente und Studien – ein Werk, dessen gedankliche Tiefe den Leser fasziniert, der bereit ist, auf die Symbolkraft der Sprache des Novalis einzugehen.
Wir stellen aus der Fülle des Gesamtwerks zwei Tagebucheintragungen vor, die unter dem Eindruck des Todes von Sophie entstanden, den Schlußteil der „Hymnen an die Nacht" und das sechste der „Geistlichen Lieder".

Aus dem Tagebuche:

„Ich will nicht klagen mehr, ich will mich froh erheben,
Und wohl zufrieden sein mit meinem Lebenslauf.
Ein einzger Augenblick, wo Gott sich mir gegeben,
Wiegt jahrelange Leiden auf."

„Nur Glauben, Herr, und Zuversicht!
So fürcht ich mich für mich und die Geliebte nicht.“[6]

Hymnen an die Nacht

Nun weint an keinem Grabe
Für Schmerz, wer liebend glaubt.
Der Liebe süße Habe
Wird keinem nicht geraubt.
Von treuen Himmelskindern
Wird ihm sein Herz bewacht;
Die Sehnsucht ihm zu lindern,
Begeistert ihn die Nacht.

Getrost, das Leben schreitet
Zum ewgen Leben hin,
Von innrer Glut geweitet
Verklärt sich unser Sinn.
Die Sternwelt wird zerfließen
Zum goldnen Lebenswein,
Wir werden sie genießen
Und lichte Sterne sein.

Die Lieb' ist frei gegeben
Und keine Trennung mehr.
Es wogt das volle Leben
Wie ein unendlich Meer –
Nur Eine Nacht der Wonne,
Ein ewiges Gedicht –
Und unser aller Sonne
Ist Gottes Angesicht.

Hinunter in der Erde Schoß,
Weg aus des Lichtes Reichen!
Der Schmerzen Wut und wilder Stoß
Ist froher Abfahrt Zeichen.
Wir kommen in dem engen Kahn
Geschwind am Himmelsufer an.

Gelobt sei uns die ewge Nacht,
Gelobt der ewge Schlummer,

Wohl hat der Tag uns warm gemacht
Und welk der lange Kummer.
Die Lust der Fremde ging uns aus,
Zum Vater wollen wir nach Haus.

Was sollen wir auf dieser Welt
Mit unsrer Lieb' und Treue –
Das Alte wird hintangestellt,
Was kümmert uns das Neue?
O! einsam steht und tiefbetrübt,
Wer heiß und fromm die Vorzeit liebt.

Die Vorzeit, wo die Sinne licht
In hohen Flammen brannten,
Des Vaters Hand und Angesicht
Die Menschen noch erkannten,
Und hohen Sinns, einfältiglich
Noch mancher seinem Urbild glich.

Die Vorzeit, wo an Blüten reich
Uralte Stämme prangten,
Und Kinder für das Himmelreich
Nach Tod und Qual verlangten,
Und wenn auch Lust und Leben sprach,
Doch manches Herz für Liebe brach.

Die Vorzeit, wo in Jugendglut
Gott selbst sich kundgegeben
Und frühem Tod in Liebesmut
Geweiht sein süßes Leben,
Und Angst und Schmerz nicht von sich trieb,
Damit er uns nur teuer blieb.

Mit banger Sehnsucht sehn wir sie
In dunkle Nacht gehüllet,
Und hier auf dieser Welt wird nie
Der heiße Durst gestillet.
Wir müssen nach der Heimat gehn,
Um diese heilge Zeit zu sehn.

Was hält noch unsre Rückkehr auf –
Die Liebsten ruhn schon lange.

Ihr Grab schließt unsern Lebenslauf,
Nun wird uns weh und bange.
Zu suchen haben wir nichts mehr –
Das Herz ist satt, die Welt ist leer.

Unendlich und geheimnisvoll
Durchströmt uns süßer Schauer;
Mir deucht, aus tiefen Fernen scholl
Ein Echo unsrer Trauer.
Die Lieben sehnen sich wohl auch
Und sandten uns der Sehnsucht Hauch.

Hinunter zu der süßen Braut,
Zu Jesus dem Geliebten,
Getrost, die Abenddämmrung graut
Den Liebenden Betrübten.
Ein Traum bricht unsre Banden los
Und senkt uns in des Vaters Schoß.

Geistliche Lieder (VI):

„Wenn alle untreu werden,
So bleib ich dir doch treu;
Daß Dankbarkeit auf Erden
Nicht ausgestorben sei.
Für mich umfing dich Leiden,
Vergingst für mich in Schmerz;
Drum geb ich dir mit Freuden
Auf ewig dieses Herz.

Oft muß ich bitter weinen,
Daß du gestorben bist,
Und mancher von den Deinen
Dich lebenslang vergißt.
Von Liebe nur durchdrungen
Hast du so viel getan,
Und doch bist du verklungen,
Und keiner denkt daran.

Du stehst voll treuer Liebe
Noch immer jedem bei,

Und wenn dir keiner bliebe,
So bleibst du dennoch treu;
Die treuste Liebe sieget,
Am Ende fühlt man sie,
Weint bitterlich und schmieget
Sich kindlich an dein Knie.

Ich habe dich empfunden,
O! lasse nicht von mir;
Laß innig mich verbunden
Auf ewig sein mit dir.
Einst schauen meine Brüder
Auch wieder himmelwärts,
Und sinken liebend nieder,
Und fallen dir ans Herz."[7]

Anmerkungen

Vorwort

[1] Vgl. Frankfurter Allgemeine Zeitung vom 15.8.86: „Jugendseelsorger vermißt in der Kirche das Mystische“
[2] Mystik – Struktur und Dynamik, Düsseldorf 1984
[3] Vgl. Holl, A.: Mystik für Anfänger, Reinbek 1979
[4] Tersteegen, Der Beschluß, in: Der Dom, Mystische Dichtung aus 7 Jahrhunderten, Leipzig 1925, S. 334
[5] Verkade, W.: Das neue Gertrudenbuch, Beuron 1955, S. IX
[6] Heilmann, A.: Seelenbuch der Gottesfreunde, Freiburg 1920, S. 2
[7] a. a. O., S. 51 f.

Der mystische Weg

[8] Wehr, G.: Deutsche Mystik, Gütersloh 1980, S. 8
[9] Vgl. Krebs, E.: Meister Dietrich, Münster 1906, S. 131
[10] Heilmann, A.: Seelenbuch, S. 259

Vorbilder der Mystik

[1] Sudbrack, J.: Komm in den Garten meiner Seele, Gütersloh 1979, S. 19
[2] a. a. O., S. 9
[3] Augustinus, Bekenntnisse, V; 5
[4] Caterina von Siena, Buch von der göttlichen Vorsehung: Die 4 Bitten der Seele

*

Im folgenden werden Hinweise auf die Zitate gegeben, deren Herkunft aus dem Kontext nicht deutlich hervorgehen. Auf die Texterläuterung am Ende der jeweiligen biographischen Einführung wird hingewiesen.

*

Aurelius Augustinus

[1] Bekenntnisse, 3. Buch, I; 1
[2] Bekenntnisse, 8. Buch, XII; 28, 29
[3] Soliloquia, I, 23; 24
[4] Wehr, Gerhard: Aurelius Augustinus, Gütersloh 1979, S. 50 f.
[5] Soliloquia, I, 7; 1

[6] Sermones 52, 6; 16
[7] Sermones 53, 11; 12
[8] Bekenntnisse, 10. Buch, VI; 8
[9] Ordensregel des hl. Augustinus, Würzburg 1956, S. 3

Bernhard von Clairvaux
[1] Schellenberger, B.: Bernhard von Clairvaux, Olten 1983, S. 14 f.
[2] Sudbrack, J./Ruhbach, G.: Große Mystiker, München 1984, S. 115
[3] Schellenberger, B.: a. a. O., S. 36
[4] Sudbrack/Ruhbach: a. a. O., S. 115
[5] a. a. O., S. 111

Dominikus
[1] Kondelka, Vladimir J.: Dominikus, Olten 1983, S. 7
[2] Wetzer/Welte: Kirchenlexikon, Freiburg 1884, Sp. 1931

Franz von Assisi
[1] Gobry, J.: Franz von Assisi, Hamburg 1982, S. 15
[2] a. a. O., S. 61
[3] a. a. O., S. 61
[4] Hug, E./Rotzetter, A.: Franz von Assisi, Olten 1984, S. 11
[5] a. a. O., S. 148
[6] Gobry, J.: a. a. O., S. 49
[7] a. a. O., S. 54

Caterina von Siena
[1] Sommer-von Seckendorff, E./Balthasar, H. U. v.: Caterina von Siena – Gespräch von Gottes Vorsehung, Einsiedeln 1964, S. VII
[2] a. a. O., S. VIII
[3] a. a. O., S. 3

Ignatius von Loyola
[1] Vgl. die Episode „Manresa“ in: Stierli, J.: Ignatius von Loyola, Olten 1981, S. 40 ff.
[2] Vgl. Sudbrack/Ruhbach: a. a. O., S. 209
[3] a. a. O., S. 216
[4] Vgl. Sudbrack/Ruhback: a. a. O., S. 218
[5] Balthasar, H. U. v. (Hrsg.): Die Exercitien, Einsiedeln 1954, S. 13

Teresa von Avila
[1] Dobhahn, U.: Teresa von Avila, Olten 1979, S. 20
[2] a. a. O., S. 15

[3] a. a. O., S. 16
[4] a. a. O., S. 18
[5] a. a. O., S. 51
[6] a. a. O., S. 180 ff.
[7] a. a. O., S. 50 f.
[8] a. a. O., S. 55 ff.
[9] a. a. O., S. 52
[10] a. a. O., S. 230
[11] a. a. O., S. 62
[12] a. a. O., S. 35

Johannes vom Kreuz

[1] Boldt, J.: Johannes vom Kreuz, Olten 1980, S. 14
[2] a. a. O., S. 35
[3] Wetzer/Welte: Kirchenlexikon, Freiburg 1889, Sp. 1708
[4] Boldt, J.: a. a. O., S. 208
[5] a. a. O., S. 206
[6] a. a. O., S. 205
[7] a. a. O., S. 57
[8] Johannes vom Kreuz, Geistlicher Gesang I, 1
[9] Boldt, J.: a. a. O., S. 86
[10] Johannes vom Kreuz, Dunkle Nacht, Strophe 8
[11] Boldt, J.: a. a. O., S. 30
[12] a. a. O., S. 14

Zeichen „deutscher“ Mystik

[1] Vgl. die Vorbereitung „völkischer“ Deutungen einzelner Mystiker durch Betonung des „Gothischen“ im 19. Jahrhundert
[2,3] Religion in Geschichte und Gegenwart, Handwörterbuch für Theologie und Religionswissenschaft, Tübingen 1960
[4] Nikolaus von Kues: Schriften, hrsg. v. E. Hofmann u. P. Wilpert, Leipzig 1936
[5] Novalis: Gesammelte Werke (Die Welt der Fragmente), Gütersloh 1967

Hildegard von Bingen

[1] Führkötter, A.: Das Leben der hl. Hildegard von Bingen, Düsseldorf 1968, S. 9
[2,3] a. a. O., S. 13
[4] Sudbrack/Ruhbach: a. a. O., S. 124
[5] Führkötter, A.: a. a. O., S. 128
[6] a. a. O., S. 13
[7] a. a. O., S. 32

Mechthild von Magdeburg

[1] Schmidt, M.: Mechthild von Magdeburg – Das fließende Licht der Gottheit, Einsiedeln 1956, S. 176

[2] a. a. O., S. 169

[3] a. a. O., S. 16

Mechthild von Hackeborn

[1] Oehl, W.: Deutsche Mystikerbriefe des Mittelalters, München 1931, S. 229

David von Augsburg

[1] Morgenblatt für gebildete Leser, Jahrgang 37 (1843), Nr. 307–309

Dietrich von Freiberg

[1] Vgl. Krebs, E. in: Beiträge zur Geschichte der Philosophie des Mittelalters, München 1906

[2] Mojsisch, B.: Dietrich von Freiberg – Abhandlung über den Intellekt, Hamburg 1980, S. XXIII

[3] a. a. O., S. 72

Meister Eckhart

[1] Der Dom – Bücher deutscher Mystik, Leipzig 1919 ff.

Johann Tauler

[1] Gnädinger, Luise: Johannes Tauler, Olten 1983, S. 20

Heinrich Seuse

[1] Der Dom, a. a. O., S. 8

[2] a. a. O., S. 240

[3] a. a. O., S. 334

Heinrich von Nördlingen

[1] Oehl, W.: a. a. O., S. 229

Margarete Ebner

[1] Oehl, W.: a. a. O., S. 310

[2] a. a. O., S. 315

Jan van Ruysbroeck

[1] Oehl, W.: a. a. O., S. 429

Der Frankfurter

[1] Vgl. Der Dom, a. a. O., S. 90
[2] a. a. O., S. 92
[3] a. a. O., S. 83 f.
[4] Vgl. das Buch von Gerhard Wehr: Theologia Deutsch – Eine Grundschrift deutscher Mystik, Freiburg 1980

Johann von Kastl

[1] Sudbrack, J., in: Neue Deutsche Biographie, Berlin 1974, S. 557
[2] a. a. O., S. 557

Nikolaus von Kues

[1] Oehl, W.: a. a. O., S. 533 f.
[2] Scharpff, A. v.: Des Kardinals und Bischofs Nikolaus von Kues wichtigste Schriften, Freiburg 1862

Thomas von Kempen

[1] Oehl, W.: a. a. O., S. 591

Jakob Böhme

[1] Der Dom, a. a. O., S. 20 f.
[2] a. a. O., S. 38 f.

Angelus Silesius

[1] Neue Deutsche Biographie, S. 290

Paul Gerhardt

[1] Allgemeine Deutsche Biographie, S. 266
[2] Vgl. P. Gerhardts Lied „Geh' aus mein Herz ..."

Gerhard Tersteegen

[1] Tersteegen, Gesammelte Schriften, Stuttgart 1844, S. 12
[2] Sudbrack/Ruhbach: a. a. O., S. 253 f.
[3] Tersteegen, a. a. O., S. 26
[4] a. a. O., S. 32

Johann Gottfried Herder

[1] Baur, E.: J. G. Herder, Stuttgart 1965, S. 3
[2] a. a. O., S. 15 ff.
[3] a. a. O., S. 20
[4] J. G. Herder: Werke, Berlin 1965

Novalis

[1] Novalis: Werke, a. a. O., S. 630
[2] a. a. O., S. 630
[3] a. a. O., S. 635
[4] a. a. O., S. 80

Literaturhinweise

Für den Leser, der – ausgehend von den in diesem Buch vorgestellten Biographien und Texten – den Wunsch verspürt, sich eingehender mit dem Thema „Mystik" zu befassen, werden im folgenden Hinweise auf weiterführende Literatur gegeben.
Die genannten Texte sollen zugleich als Belege für die in diesem Buch zitierten Quellen dienen. Es wurden daher auch Titel aufgenommen, die für den interessierten Laien nicht ohne weiteres verfügbar sind, doch wurde bei der Zusammenstellung besonderer Wert darauf gelegt, auch solche Texte zu benennen, die neueren Datums und daher leicht zugänglich sind.

Allgemeine Informationen zum Thema „Mystik"

Steggink, O. u. a.: Mystik (Band 1: Ihre Struktur und Dynamik; Band 2: Ihre Aktualität), Düsseldorf 1983
Mehlis, G.: Die Mystik in der Fülle ihrer Erscheinungsformen in allen Zeiten und Kulturen, München 1926
Stammler, W.: Die deutsche Literatur des Mittelalters (Verfasserlexikon), Berlin 1933 ff.
– Allgemeine Deutsche Biographie, Leipzig 1875 ff.
– Neue Deutsche Biographie, Berlin 1974
– Die Religion in Geschichte und Gegenwart – Handwörterbuch für Theologie und Religionswissenschaft, Tübingen 1960
Wetzer und Weltes Kirchenlexikon, Freiburg 1903

Vorbilder der Mystik

Sudbrack, J.: Zeugen christlicher Gotteserfahrung, Mainz 1981 und
Komm in den Garten meiner Seele, Gütersloh 1979
Ruhbach, G./Sudbrack, J.: Große Mystiker – Leben und Wirken, München 1984
Graef, H.: Der siebenfarbige Bogen – Auf den Spuren der großen Mystiker, Frankfurt 1959

Zu Aurelius Augustinus

Balthasar, H. U. v.: Augustinus – Die Bekenntnisse, Einsiedeln 1985
Boros, L.: Aurelius Augustinus – Aufstieg zu Gott, Olten 1982
Marron, H.: Augustinus in Selbstzeugnissen und Bilddokumenten, Hamburg 1958
Schmitt, A.: Denn es zertritt mich der Mensch – Augustinus-Predigten, Bern 1967
Wehr, G.: Aurelius Augustinus – Größe und Tragik des umstrittenen Kirchenvaters, Gütersloh 1979
Zumkeller, A.: Die Regel des hl. Augustinus, Würzburg 1956

Zu Bernhard von Clairvaux
Schellenberger, B.: Bernhard von Clairvaux, Olten 1982
Brauneck, J.: Bernhard von Clairvaux als Mystiker, Düsseldorf 1935
Leclercq, J.: Die Botschaft der Freude, Einsiedeln 1953

Zu Dominikus
Koudelka, J. V.: Dominikus, Olten 1983
Vicaire, H. M.: Geschichte des hl. Dominikus, Freiburg 1963

Zu Franz von Assisi
Gobry, J.: Franz von Assisi in Selbstzeugnissen und Bilddokumenten, Hamburg 1982
Hug, E./Rotzetter, A.: Franz von Assisi, Olten 1984
Franz von Assisi – Die Werke, Hamburg 1958

Zu Caterina von Siena
Sommer – von Seckendorff, E./Balthasar, H. U. v.: Gespräch von der Vorsehung, Einsiedeln 1964
Gnädinger, L.: Caterina von Siena, Olten 1983

Zu Ignatius von Loyola
Haas, A.: Geistliche Übungen, Freiburg 1966
Guillermou, A.: Ignatius von Loyola in Selbstzeugnissen und Bilddokumenten, Hamburg 1981
Stierli, J.: Gott suchen in allen Dingen, Olten 1981

Zu Teresa von Avila
Dobhan, U.: Teresa von Avila, Olten 1983
Alkofer, A.: Teresa von Avila – Sämtliche Schriften, München 1938

Zu Johannes vom Kreuz
Boldt, J.: Johannes vom Kreuz, Olten 1980
Johannes vom Kreuz – Sämtliche Werke in 5 Bänden, München 1927–1929

Die mystische Bewegung in Deutschland
Als wichtige, nun wieder zugängliche Übersicht werden die Bände der Reihe „Der Dom-Bücher deutscher Mystik“ (Faksimileausgabe der in den Jahren 1919–1927 erschienenen 13bändigen Reihe), Frankfurt 1980, empfohlen. Besonders mit der Rolle der Frau in der mystischen Bewegung befassen sich
Windstosser-David, M.: Frauenmystik im Mittelalter, München 1919
Dinzelbacher, P./Bauer, D. R.: Frauenmystik im Mittelalter, Ostfildern 1985
Cognet, L.: Gottes Geburt in der Seele – Einführung in die deutsche Mystik, Freiburg 1980
Gieraths, G.: Abgrund des Lichts – Texte deutscher Mystiker, Einsiedeln 1964

Deutsche Mystiker, Zürich 1977
Im Leiden Gott begegnen – Erfahrungen großer Mystiker, Zürich 1978
Heilmann, A.: Seelenbuch der Gottesfreunde, Freiburg 1920
Wehr, G.: Deutsche Mystik, Gütersloh 1980
Stammler, W.: Gottsuchende Seelen – Prosa und Verse aus der deutschen Mystik des Mittelalters, München 1948
Quint, J.: Textbuch zur Mystik des deutschen Mittelalters, Tübingen 1978
Oehl, W.: Deutsche Mystikerbriefe des Mittelalters 1100–1550, München 1931
Clemen, O.: Deutsche Mystik, Frankfurt 1926

Zu Hildegard von Bingen
Schnipperges, H.: Der Mensch in der Verantwortung – Das Buch der Lebensverdienste (Liber Vitae Meritorum), Salzburg 1972
Welt und Mensch – Das Buch „De Operatione Dei", Salzburg 1965
Mystische Texte der Gotteserfahrung – Hildegard von Bingen, Olten 1978
Böckeler, M.: Wisse die Wege – Scivias, Salzburg 1954
Führkötter, A.: Hildegard von Bingen – Briefwechsel, Salzburg 1965
Das Leben der hl. Hildegard von Bingen, Düsseldorf 1968

Zu Elisabeth von Schönau
Ibach, J.: Das Leben der hl. Jungfrau Elisabeth von Schönau nebst den schönsten ihrer Visionen, Limburg 1898
Roth, F. W. E.: Das Gebetbuch der hl. Elisabeth von Schönau, Augsburg 1886
Die Visionen der hl. Elisabeth und die Schriften der Äbte Ekbert und Emecho von Schönau, Brünn 1884

Zu Mechthild von Magdeburg
Müller, J.: Leben und Offenbarungen der hl. Mechthildis (von Hackeborn) und der Schwester Mechthildis (von Magdeburg), Regensburg 1880
Schmidt, M./Balthasar, H. U. v.: Das fließende Licht der Gottheit, Einsiedeln 1956

Zu Mechthild von Hackeborn
Balthasar, H. U. v.: Das Buch vom strömenden Lob, Einsiedeln 1955

Zu Gertrud der Großen
Weißbrodt, J.: Der hl. Gertrud der Großen Gesandter der göttlichen Liebe, Freiburg 1954
Verkade, W.: Das neue Gertrudenbuch, Beuron 1955

Zu David von Augsburg
Pfeiffer, F.: Deutsche Mystiker des 14. Jahrhunderts – Hermann von Fritslar, Nicolaus von Straßburg, David von Augsburg, Leipzig 1845
Ruh, K.: Die 7 Staffeln des Gebetes, München 1965

Zu Lamprecht von Regensburg
Weinhold, K.: Sanct Francisken Leben und Tochter Syon, Paderborn 1880
Simrock, K.: Die Tochter Sion oder die minnende Seele, Bonn 1851

Zu Dietrich von Freiberg
Mojsisch, B.: Abhandlung über den Intellekt und den Erkenntnisinhalt, Hamburg 1980
Krebs, E.: Meister Dietrich, Münster 1906

Zu Meister Eckhart
Schulze-Maizier, F.: Meister Eckharts deutsche Predigten und Traktate, Leipzig 1927
Mieth, D.: Meister Eckhart, Olten 1979

Zu Johann Tauler
Gnädinger, L.: Johannes Tauler, Olten 1983
Zoepf, L.: Der Mystiker Johannes Tauler, Tübingen 1915

Zu Heinrich Seuse
Gabele, A.: Seuse – Deutsche Schriften, Leipzig 1924
Gröber, C.: Der Mystiker Heinrich Seuse, Freiburg 1941

Zu Heinrich von Nördlingen
Strauch, Ph.: Margarete Ebner und Heinrich von Nördlingen, Freiburg 1882

Zu Margarete Ebner
Prestel, J.: Die Offenbarungen der Margaretha Ebner und der Adelheid Langmann, Weimar 1939

Zu Jan van Ruysbroeck
Huebner, F.: Die Zierde der geistlichen Hochzeit und die kleinen Schriften, Leipzig 1924
Verkade, W.: Das Reich der Geliebten, Mainz 1924

Zum „Frankfurter"
Bernhart, J.: Der Frankfurter – Eine deutsche Theologie, Leipzig 1922
Wehr, G.: Theologia Deutsch – Eine Grundschrift deutscher Mystik, Freiburg 1980

Zu Johann von Kastl
Sudbrack, J.: Vom ungeschaffnen Licht, Freiburg 1981

Zu Nikolaus von Kues
Hofmann, E./Wilpert, P.: Nikolaus von Kues – Schriften, Leipzig 1936
Gabriel, L.: Nikolaus von Kues – Philosophisch-theologische Schriften, Wien 1964 ff.

Schmid, A.: Vom Wissen des Nichtwissens, Hellerau 1919
Scharpff, A. v.: Des Kardinals und Bischofs Nikolaus von Kues wichtigste Schriften, Freiburg 1862

Zu Thomas von Kempen

Eichler, F.: Nachfolge Christi und 4 andere Schriften, München 1966
Janowksi, H. N.: Geert Groote, Thomas von Kempen und die Devotio moderna, Olten 1978
Thomas von Kempen, Die Nachfolge Christi, Aschaffenburg 1984

Zu Jakob Böhme

Wehr, G.: Jakob Böhme – Die Morgenröte bricht an, Freiburg 1983
Jakob Böhme in Selbstzeugnissen und Bilddokumenten, Reinbek 1971

Zu Angelus Silesius

Held, H. L.: Angelus Silesius – Sämtliche poetische Werke in 3 Bänden, München 1949
Rody, Th.: Cherubinischer Wandersmann, Aschaffenburg 1947

Zu Paul Gerhardt

Cranach-Sichart, E. v.: Dichtungen und Schriften, München 1957

Zu Gerhard Tersteegen

Nigg, W.: Gerhard Tersteegen – Eine Auswahl aus seinen Schriften, Basel 1948
Wir sind hier fremde Gäste, Wuppertal 1980
Gerhard Tersteegen's Gesammelte Schriften, Stuttgart 1844 ff.

Zu Johann Gottfried Herder

Werkausgabe in 5 Bänden, Berlin 1964
Familienbibliothek der Deutschen Classiker, 72. Band, Hildburghausen 1843
Baur, E.: J. G. Herder, Stuttgart 1965

Zu Novalis

Kohlschmidt, H. u. W.: Gesammelte Werke, Gütersloh 1967